审计署内部审计科研课题研究报告 2011—2012

SHENJISHUNEIBUSHENJIKEYANKETIYANJIUBAOGAO

● 中国内部审计协会／编

中国时代经济出版社

前　言

2011 至 2012 年度立项课题是中国内部审计协会负责组织的第三批审计署内部审计重点科研课题，于 2011 年 9 月正式立项。北京国家会计学院等 7 个课题组对《内部审计人员职业胜任能力框架研究》《国有企业领导人员经济责任审计理论与实务研究》《内部控制体系监督理论与内部控制评价实务研究》《企业集团公司内部审计管理体系研究》《发挥内部审计在促进企业转变发展方式中的作用研究》5 个课题进行了研究。

为保证课题的研究质量，确保达到预期的研究目的，在课题研究过程中，中国内部审计协会严格按照《审计署重点科研课题管理办法》的规定进行了课题的招标、立项评审、中期检查和结项评审等工作。及时了解掌握各课题组研究进展，加强工作协调和指导，在各方面的共同努力下，课题研究进展顺利，取得了良好的效果，一些课题成果得到了评审专家较高的评价。审计署领导对内部审计立项课题的研究工作十分重视，石爱中副审计长对立项课题研究给予了很多具体指导。协会还邀请了内部审计理论和实务领域的专家参与了课题评审工作，提出了许多有价值的意见和建议。在此，谨向这些领导和同志表示衷心的感谢。

为进一步促进科研课题成果的推广和应用，实现成果共享，我们将 2011 至 2012 年度已结项的 7 项课题进行汇编整理，结集出版。我们真诚希望广大内部审计人员从实际出发，在审计实践中尽力推广和转化这些研究成果，切实发挥它服务于内部审计实践的作用，不断推动内部审计理论与实践相互促进，共同发展。

在汇编过程中，我们对研究报告中的一些格式和个别字句做了修改。由于时间原因，书中难免存在一些疏漏和不足，敬请广大读者谅解并提出宝贵意见。

中国内部审计协会
二〇一三年五月

目　录

前言 …………………………………………………………… 1

内部审计人员职业胜任能力框架研究

北京国家会计学院课题组

第一章　引言 …………………………………………………… 2
第二章　内部审计人员职业胜任能力框架研究设计：
　　　　思路、原则与方法 …………………………………… 26
第三章　框架设计起点：内部审计的组织定位与角色扮演 …… 32
第四章　内部审计人员职业通用胜任能力框架设计内容：
　　　　职业特质、知识和技能 ……………………………… 47
第五章　企业的生命周期与内部审计组织
　　　　胜任能力的等级模型 ………………………………… 60
第六章　研究应用：基于胜任能力的内部审计人力资源
　　　　管理体系初步设计 …………………………………… 63
第七章　研究结论、局限性及展望 …………………………… 77
参考文献 ……………………………………………………… 79

内部审计人员职业胜任能力框架研究

南京审计学院课题组

第一章 引言	82
第二章 内部审计愿景：提出及实施	105
第三章 专业胜任能力：结构模型与框架体系	128
第四章 岗位胜任能力：职责任务与绩效评估	148
第五章 结语	173
参考文献	175
附录 首席审计执行官调查问卷	178

国有企业领导人员经济责任审计理论与实务研究

黑龙江省审计厅课题组

绪论	182
第一章 经济责任审计基本理论框架研究	185
第二章 企业经济责任审计的内容及重点	193
第三章 企业经济责任审计程序	205
第四章 企业经济责任审计评价	212
第五章 企业经济责任审计结果运用	231
结论	238
参考文献	239
附录一 审计评价指标计算流程实例	240
附录二 《经济责任审计报告》范文	281
附录三 《经济责任审计结果报告》范文	297
附录四 《经济责任审计决定和结论》范文	304

内部控制体系监督理论与内部控制评价实务研究

清华大学课题组

第一章	内部控制监督理论研究	309
第二章	内部控制自我评价研究	323
第三章	内部控制评价实务——基于《企业内部控制基本规范》及其配套指引实施的研究	339
第四章	在美上市公司内部控制重大缺陷认定、披露及对我国企业的借鉴	371
第五章	C公司内部控制评价研究	394
第六章	T公司内部控制评价研究	407
参考文献		418

证券公司内部控制体系监督理论与内部控制评价实务研究
——以广发证券为例

广发证券股份有限公司课题组

第一章	引言	423
第二章	内部控制监督理论探讨	424
第三章	内部控制监督、评价和自我评价的关系辨析	440
第四章	关于开展内部控制评价的几个现实问题的考虑	443
第五章	证券公司开展内控评价工作实务探讨	453
参考文献		476

企业集团公司内部审计管理体系研究

国家电网公司课题组

绪论		480
第一章	企业集团公司内部审计管理体系的理论基础研究	488

第二章	企业集团公司内部审计战略规划研究	509
第三章	企业集团公司内部审计功能定位研究	520
第四章	企业集团公司内部审计组织架构研究	530
第五章	企业集团公司内部审计运行机制研究	545
第六章	企业集团公司内部审计综合评价机制研究	563
第七章	企业集团公司内部审计保障机制研究	589
结论		606
参考文献		607
附录一	内部审计综合评价模型	610
附录二	问卷调查情况	630

发挥内部审计在促进企业转变发展方式中的作用研究
——基于浙江内部审计转型创新实践

浙江省审计厅课题组

第一章	导　论	641
第二章	企业转变发展方式的途径	648
第三章	内部审计在促进企业转变发展方式中的作用	655
第四章	内部审计服务企业转变发展方式的基本思路	662
第五章	企业内部审计发挥促进企业转变发展方式实践路径	668
第六章	结束语	679
参考文献		681
附录	浙江民营企业内部审计案例	684

课题编号：1101

内部审计人员职业胜任能力框架研究

北京国家会计学院课题组

课题负责人： 张庆龙
课题组成员： 张春喜　聂兴凯　韩　菲　黄国成　马　雯

【摘要】　近年来，内部审计定义和职责已经从传统的财务审计发展为以风险为导向的增值型审计服务，由此对内部审计人员提出新的能力要求。构建内部审计人员职业胜任能力框架有助于内部审计人员适应快速发展的市场，推动内部审计职业的持续发展。本课题首先通过对全国范围内一千多名内部审计人员的问卷调查分析了职业现状。结果表明：一是我国内部审计工作重心已经由传统财务审计向风险管理和内部控制领域转移；二是超过半数的内部审计人员来自财务部门，但整体专业背景已呈多元化趋势；三是领导者重视度是提升内部审计质量的主要因素；四是我国企业内部审计人员对能力的要求有着清醒的认识并与国际接轨；五是内部审计职业后续教育存在不足。运用能力要素法、功能分析法等研究方法，本课题立足于我国现阶段多元化法人治理结构，以内部审计人员是企业"风险监控者"与"控制确认者"为定位，设计出内部审计人员需具备的职业特质、知识和技能，形成胜任能力的系统框架。值得一提的是，本课题结合企业生命周期将内部审计人员职业胜任能力框架进一步细分为初创级、发展级、成熟级和优化级。最后，本课题根据框架设计的能力要求对我国内部审计人力资源管理体系提出设计和执行建议。

【关键词】　内部审计　胜任能力　框架

第一章 引 言

一、研究必要性

（一）内部审计职业面临的环境挑战需要能力素质的提升

21世纪的内部审计职业开始走向深层次的专业性与服务性，并且随着内部审计定义和职责范围的拓展而不断发展。

根据2001年IIA的最新定义，内部审计的最新变化体现在三个方面，第一，内部审计由确认服务向确认与咨询服务并举转变；第二，内部审计的目的是为企业增加价值；第三，内部审计人员关注的重点是企业的风险管理、内部控制和治理流程。内部审计和内部审计职业的新定义对于内部审计组织及其人员也提出了新的要求和挑战，内部审计职业既要帮助客户开发优秀的业务系统并提供客观的评价、鉴证等确认服务，又要为同样的系统提供咨询建议，并尝试在两者之间找到不同组合的平衡点。内部审计职业人员的职责一方面是协助经理及其团队，另一方面是为公司整体服务并经常向独立的审计委员会进行报告。

根据这个新定义，内部审计的发展开始出现了许多新的趋势，主要表现在：

1. 以组织增加价值为目的

"增加价值"一词是现代内部审计的指导方向，是内部审计活动的宗旨和目的。一直以来，发现问题一直是内部审计所擅长的一项技能，传统内部审计发现了问题将之汇报给相应的部门，审计工作便结束了。但增值型内部审计不同，它不仅要发现问题，还要促使和帮助解决问题，采取措施，防止问题的发生。并且增值服务强调内部审计部门与管理当局建立伙伴关系。长期以来，着重强调的是内部审计部门与管理部门保持独立，在这样的状态下，不利于内部审计部门为管理层提供价值增值的服务。新的内部审计的定义虽然用了独立性与客观性两个词，但在内部审计定义的初稿中，已将"独立性"三个字舍去，取而代之的是"客观性"。但考虑到一些政府部门维护公众利益的内部审计师需要独立性以保证其信誉，所以又恢复了"独立性"三个字。

所以说，虽然内部审计职能的独立是一个有用的属性，但审计工作独立性并不排斥审计部门和各个部门之间的相互配合与支持，深入发现组织实际工作中的关键问题。如果独立性妨碍了参与，马上就会有反效果。因为判断内部审计是否成功最重要的标准是其服务是否为组织提供了价值。因此，如果对独立性的强调损害了内部审计价值的增加，应当优先考虑后者。

2. 以风险为审计"焦点"，开拓风险管理和内部控制新领域

近年来，随着社会经济的发展，特别是经济全球化及国际化程度的加深，企业经营环境变得日趋复杂，企业经营风险也大大增加。知识经济的到来，加剧了企业的经营风险。因此，减少企业面临的风险是组织实现目标的关键，也是企业的管理人员十分关心的问题。内部审计的目的在于增加组织的价值和改善组织的经营，内部审计人员是企业的管理咨询师，因此，内部审计部门和内部审计人员参与企业的风险管理也就顺理成章了。

内部审计部门进行的风险管理是对一般部门进行的风险管理基础上的再监督，其风险管理过程应包括三个方面：（1）评估风险识别的充分性；（2）评价已有风险衡量的恰当性；（3）评估风险防范措施的充分性，并提出改进措施。

内部审计介入风险管理是一个崭新的事物，是内部审计部门对一般部门进行的风险管理基础上的再监督，但是，这绝不意味着内部审计部门不能作为直接的风险管理人，在必要的情况下，它可以直接进行风险管理。

随着经济的全球化，信息技术的发展，国际竞争日益激烈，跨国收购、兼并与战略联盟给企业带来严峻挑战，特别是集团公司还面临经营地点分散，跨度增加，控制层级增多等多重难题。环境的变化使企业面临的不确定性提高，风险增大。随之而来的大量的财务丑闻令公司的治理层开始关注内部控制的有效性和风险的防范。

内部控制作为现代企业的重要管理手段，是企业加强风险和危机管

理、保障企业可持续发展的基础。对内部控制进行审计监督，防范和控制企业制度性风险，发挥审计预防、揭示、抵御的"免疫系统"功能既是企业可持续发展的客观要求，也是内部审计实现自身价值的需要。特别是《萨班斯—奥克斯利法案》还明确要求上市公司年报应包括内部控制的评价部分，并有多项强调加强企业的内部控制的条款。所以，在治理导向的内部审计阶段，内部审计为了更好地发挥其在风险管理和公司治理中的作用，内部审计部门需要深入的介入内部控制，对内部控制进行有效评价和改善，以此完善治理程序，实现组织目标。

3. 推动更有效的公司治理

公司（或法人）治理（Corporate Governance）是现代公司制企业在决策、执行、激励和监督约束方面的一种制度或机制，其实质是确保经营者的行为符合股东和利益相关者的利益。在现代市场经济条件下，公司治理结构完善与否决定了公司能否有序运转，公司效益和持续发展能力能否不断提高。

美国证券交易委员会前任主席亚瑟·列威特（Arthur Levitt）指明了有效的公司治理的重要性，他指出：公司治理是"有效的市场规则必不可少的过程，是公司的管理层、董事及其财务报告制度之间的联结纽带"（1999年）。

2002年7月23日，IIA在对美国国会的建议中指出：一个健全的治理结构是建立在有效治理体系的四个主要条件的协同之上的，这四个主要条件是：董事会、执行管理层、外部审计和内部审计，这四个部分是有效治理赖以存在的基石。

近几年来，全球有27个国家颁布了有关的法令、准则、最佳实务或成立相关的委员会来推动更有效的公司治理。在推动更有效的公司治理方面，最重要的举措是加强审计委员会的职责。安然公司、世界通讯等公司的财务丑闻充分证明了三位一体，即董事会、高级管理层和外部审计（会计师事务所）的公司治理结构的缺陷，《萨班斯—奥克斯利法案》的颁布弥补了这一缺陷。该法案要求公司的审计委员会发挥更加积极的作用，要求所有的上市公司对其内部审计职能是否得到充分发挥出具有关的证明。

实践证明，审计委员会在完善公司治理结构方面具有不可替代的作用，可以弥补公司三位一体治理结构的缺陷，强化公司治理机制，加强对公司管理层的监督；在审计委员会领导下的内部审计机构，受公司董事长的直接领导，有较强的独立性和权威性，其工作范围不受管理部门的限制，能够确保审计结果受到足够的重视，进而提高内部审计的效率。

4. 开始关注组织的战略方向

由于现代管理水平的提升，审计理念也发生了新的变化，即要求对组织战略进行审计，将内部审计的目标与组织的战略目标融合在一起。开始用管理层的方式进行思维，并用管理层的语言进行表达。

对组织的战略审计是企业对影响企业全局、重大、长远的具有战略意义的决策，如企业的发展战略、技术创新战略和市场营销战略等进行审计，包括审查公司的战略地位、战略原则、财务战略层次、战略种类、战略实施和战略管理等。对组织来说，这些确实是重要事项，影响到组织的生死存亡，需要进行有效的控制。如果没有正确的战略方针，经营的改善只是使企业在错误的道路上越走越远，加速组织的灭亡。因此对组织战略的审计是内部审计最应该关注的根本环节，也是内部审计发展的方向。

战略决策和战略管理是管理职能中最重要和最高的层次，内部审计要提升自身地位和价值，更好地发挥其职能作用，应参与到高层次的管理活动中来。实施战略审计，能够提高战略决策和战略执行的效率、可以充分发挥内部审计实现组织价值增值的功能、可以进一步完善公司治理结构。

（二）内部审计职业面临的现实和机遇需要能力素质的提升

1. 从事后审计向事中、事前和全流程审计转变

目前的内部审计通常都是事后审计，是对已有的控制或已发生的经济事项进行检查和评价。随着企业经营活动的多元化和管理水平的提高，单纯的事后审计已经不能科学、全面、准确地对组织的经营活动进行评价和监督。内部审计不应只是事后监督，还应具有事前预防和事中控制的作用。此前，审计人员仅通过对历史事件进行评价并提出改进建议，以增加组织绩效。但是，在如今快速变迁的社会环境中，以史为鉴只能是隔靴搔痒，甚至会南辕北辙，不利于组织目标的实现。

现代内部审计的目标开始转向企业的价值增值，这不仅要求内部审计在事后对组织控制做出评价，而且在事前就要考虑组织所面临的潜在风险，判断组织是否采取了适当的预防和应对措施，是否具备足够的抵御风

险的能力，然后提出相应的改进建议。因此，内部审计要做好事前审计、事中审计、事后审计相结合，发挥好防护性和建设性作用，以降低企业在经营活动中的消耗，保证企业预期效益的实现。这就对现有的内部审计工作的开展提出了前所未有的挑战，并对内部审计人员的胜任能力提出了更高的要求。

和流程管理一样，流程审计这个新名词，还没有真正为企业所认识或运用。然而我们可以看到，随着流程管理的迅速推广与传播，越来越多的企业开始关注并大力去实践流程审计。有的企业在推行流程管理时先从流程审计开始，也有不少企业甚至成立了专门的流程审计部。

流程审计可用来促进业务流程的优化，解决企业实际问题，为公司带来经营绩效的提升。企业的经营绩效不是由单个的部门、流程、或产品决定，而是取决于公司整体的流程管理体系。因此，要改善经营绩效，要从流程管理入手，拿出整体解决方案。而流程体系整体评估与整体解决方案的设计显然不是哪个部门能够完成的，必须通过流程审计来实现。流程审计不仅能够检查流程体系是花架子还是真的在执行，还能够检验流程体系的绩效如何，有没有满足公司的考核要求，此外，内部审计人员还会提示流程体系设计是否简洁、高效，没有重大缺陷。通过这些问题的分析，企业就可以从设计与执行两个层面去进行流程体系改造和优化，从而促进企业经营绩效的提升。

引入流程审计有利于建立一套能够自我发现问题、自我纠错与完善的管理机制。一旦企业建立了这种机制，任何人都是这个流程体系的执行者，如果不称职，这个机制会低成本、快速地找到更合适的人来代替，不论企业出现任何问题，在这种机制下都可以得到解决。

2. 从单纯会计人员到复合型审计人才转变

过去的内部审计人员多是由财务会计部门抽调出来而组成，或者工作背景大多为财务会计领域。他们的知识结构单一，只对会计知识比较熟悉，认为只掌握会计知识和能够运用一定的审计方法就可以胜任内部审计工作。但因为对组织的业务流程、产品、技术等专业知识缺乏深入的了解，内部审计人员难以在实际工作中发现深层次的问题，因而提出的建议或为领导提供的决策依据缺乏现实性。

但随着经济的发展，内部审计领域的扩大，尤其是风险管理领域的介入，《萨班斯—奥克斯利法案》的出台，对内部审计人员的要求也从具备财务和会计知识的人员逐步转变为具备多种知识、技能，具有良好的职业道德素质的复合型审计人才。特别是对具有良好的人际交往和沟通能力，精通企业各项相关业务，有丰富经验和较高业务水平的人员的需求不断增加。

3. 从手工审计到计算机审计

信息技术的发展使得企业的经营环境与经济方式发生了巨大改变。对企业内部审计带来巨大冲击，内部审计的对象和环境也发生了相应变化。以手工操作为主的传统审计手段，因其效率低、准确程度差等原因，严重地影响了内部审计作用的发挥。而会计电算化在处理和提供会计信息中表现的稳定性、及时性和可靠性，凸显出利用计算机的优势，也使得运用计算机审计成为一种可能。在未来，企业内部审计人员应该是计算机专家。经营业务要由系统处理与控制，绝大部分的会计记录要由计算机自动编制。计算机系统是否合法、安全、正确与高效，直接关系到企业的安全与效益。企业内部审计部门必须适应企业的信息化要求，抓好企业信息基础设施建设和管理软件开发，选择适合的计算机设备、通讯网络、数据库、操作系统和管理软件，进行计算机辅助审计。所以，内部审计在审计手段上由传统的手工操作逐渐向计算机审计过渡，实现电子化并逐步发展到网络化，成为未来企业内部审计发展的一种必然趋势。

内部审计人员利用信息技术作为审计工具，可以使审计工作更加高效，如果内部审计的技术手段不能从手工审计逐步转向计算机审计，仍然采用旧的审计方法，那么，内部审计将很难顺利高效地进行，将无法在这个网络化、信息化的社会发挥其应有的作用。因此，组织应当引进信息技术，建立并维护信息技术审计系统，更好地为组织提供服务，准确高效地实现业务目标。

4. 从"居高临下"转向"参与式"审计

长期以来，内部审计都是以"警察"的形象出现，其身份是监督者，对被审计部门的业务和管理进行评价并发表意见，因此是组织中不受欢迎的人。哪些项目将纳入年度审计计划取决于内审人员的判断，不管被审计部门是否愿意，他们都得接受审计并予以配合。现在这一情况已开始发生变化。审计目标向为组织的价值增值转变，使得被审计部门对内部审计的态度也呈现由被动接受审计变为主动邀请的趋势。虽然没有受到各个部门的邀请，内部审计仍能决定审计什么，但是经理们已经开始主动邀请内部审计的参与。内部审计以其对组织全面深入的了解，客观而开放的视角，以及可以影响高层的特殊地位，能够促进被审计部门经营和管理的改善，赢得他们的信任和尊重。内部审计如果确实能够增加组织价值，为各个部门提供管理服务，并提出有效建议和解决问题，那么未来的审计活动理应是需求驱动而非供给驱动。

布瑞克·斯皮尔（Break Spear）曾经说过："我们必须学会营销自己，以及营销我们的技能和产品"，"如果能进行成功的营销，我们将会为组织增加价值，拓展我们的业务，并将分享其中的快乐"，他强调"这一战略对内部审计而言可谓生死攸关"。

内部审计报告是审计的主要产品。一直以来衡量审计报告是否成功的标准是其是否有说服力，一份有说服力的报告意味着内审人员的观点将被接受。由于审计报告中所提问题是否受到重视，所提建议能否付诸实施，直接取决于管理当局的兴趣和决心，因而审计人员往往通过增强事实的准确性、清晰性，建议的可行性，采用图表、照片、幻灯等多种手段，来争取管理当局的重视和支持。这一标准已经受到了质疑，因为被动接受审计人员观点的被审计部门缺乏足够的选择空间和内在动力。协商取代说服成为传递审计信息和寻求问题解决办法的新方式，管理当局通过协商可以既考虑管理当局的目标，又考虑内审人员利用其职业技能和专业判断对组织经营、管理和风险控制等的评价，来获取对组织最佳的结果，使各业务部门的经理与内部审计工作的合作更加广泛，在决策中发挥更为积极的作用。

在企业管理当局要求提供更富建设性服务和内部审计部门自身希望扩大审计效果以巩固、提高其组织地位这两个动因的共同作用下，内部审计的审计策略也在不断地发生变化。

在过去，内部审计部门根据审计计划安排或者单位领导的批示，在经济活动结束后对审计对象进行现场审计或者送达审计，经过审计后虽然也查出了经济问题，找出了造成不良后果的原因，提出了整改意见或切实可行的措施，但是已经造成的损失却无法挽回。这种"秋后算账"的审计方式虽然也有一定的作用，但却于事无补，不能防患于未然。实践证明这种审计方式迫切需要改善。而"参与式"审计是指在整个审计过程中让被审计人员参与到内部审计中来，改变过去内部审计人员居高临下的现象，共同分析和解决审计中发现的问题，调动被审计人员的积极性，寻求被审计人员的理解和支持。这个方法强调与被审计人员建立良好的伙伴关系，改变了"警察与小偷"的审计与被审计关系，更好地满足了内部审计增加组织价值、提高运营效率的要求。

上述内部审计职业的发展趋势涉及内部审计职业的方方面面。这些发展趋势给内部审计职业带来了独一无二的挑战，也对内部审计人员提出了更高的要求。内部审计人员不仅需要具备良好的职业道德，丰富的专业知识，还应具备良好的专业胜任能力。面对挑战，内部审计职业何去何从？是墨守成规，还是适应环境的变化、满足各种需求？应该承认，现实中的内部审计职业的确走到了十字路口，需要对未来进行选择。一条是墨守成规，依然遵循以财务和业务为导向的内部审计道路，但这条道路容易使内部审计走向退化；另一条道路则是以评价内部控制和风险管理，介入公司治理，发挥管理导向和公司治理导向的内部审计方式。这种发展跨越了风险与控制的樊篱，创建了新的价值主张。

英特尔公司总裁安迪·格罗夫曾经说过："创新是唯一的出路，淘汰自己，否则竞争将淘汰我们。"可见，面对挑战，对于内部审计职业，只能提升自身素质来迎接挑战，此外，别无选择！

（三）内部审计职业的现状需要研究能力素质框架

事实上，在过去的岁月里，内部审计的态度、方式和价值观都已经发生了翻天覆地的变化。内部审计从最低层次的查账转变到了高层次的确认服务和咨询服务，从审计货币资金到评估战略所带来的风险，从被动的检查合规情况到主动的帮助被审计单位提供风险管理的建议。然而，问题并不是所有的内部审计组织和人员都朝着这个方向步调一致地前进，甚至有很多人仍旧在原地踏步。即使是刚刚从事审计工作的内部审计人员已经被告知这种发展方向，许多故步自封的内部审计人员依然影响着他们。

虽然内部审计职业的发展对内部审计人员形成了挑战，审计人员需要具备这个职业的特质才能够胜任，但现实中的内部审计人员大多出身于会计，从事内部审计工作很多都是无意中选中了这个职业，有些人甚至是在没有其他选择时才从事的这个职业，更为可怕的是，很多人是会计部门的淘汰者。

目前来看，还有很多内部审计从业人员来自于财务报表审计的"注册会计师"。于是，在现实中，很多从事内部审计实务工作的执业人员产生了误解。许多人认为内部审计就是在重复外部审计的工作，走流程，走过场。许多人认为内部审计是风险规避者，当业务部门努力创造业绩时，内部审计人员希望加强风险管理，一味地增加控制程序。另一个误解是，内部审计人员经常被指定作为优秀的内部控制系统的设计者，这确实是"营销"内部审计的一种不错的方法，内部审计仿佛迎来了"春天"，受到领导者的重视。其实，内部审计人员已经充当了"裁判员"与"运动员"的不相容角色，为未来的内部控制评价埋下了"定时炸弹"。可见，成为胜任的内部审计人员仅仅拥有知识技能是远远不够的，还必须注意运用有效的行为方式。而现实中，内部审计人员总是考虑到了自身会计出身的背景引发的知识技能上的不足，一味的追逐"热点"，努力去寻求自身知识背景的改变，这些固然重要，但却忽略了内部审计人员胜任能力的整体提升。

如今，根据内部审计价值的新主张，内部审计已经发展到了确认服务和咨询服务，为了有效地提供服务，内部审计师需要是一个多面手而且具有迅速地接受新鲜事物的能力，尤其是咨询服务需要内部审计师具有流程方面的更多经验，具有引导技巧、战略思考、达成共识、创造性地解决问题的能力。内部审计职业面临挑战。

为了迎接挑战，提升内部审计人员的职业胜任能力，或者说成为明日胜任的内部审计师是一个不容回避的话题。《国际内部审计专业实务框架》（IPPF）认为："内部审计师必须通过持续职业发展来增加知识、提高技能和其他能力。"内部审计师有责任接受继续教育以加强和维持其专业能力。继续职业教育的形式包括：参加诸如IIA这样的专业协会、获得会员资格、在专业协会中担任志愿者、参加会议和研讨会、撰写专业论文、参加内部培训项目、进修大学和自学课程以及参加研究项目等。现实中内部审计师更多的选择了培训作为持续职业发展的主要途径。

但是，目前的培训大多缺乏系统性，受企业自身人力资源管理文化成熟度的限制，内部审计人员的培训内容的选择也大多是内部审计组织自己提出来的，缺乏现实性和前瞻性的考虑，更多的陷于准则与知识内容的培训，这些内容也大多是考虑到了社会经济生活中的热点问题。事实上，从西方国家优秀企业内部审计人员培训的现实来看，内部审计的培训内容大多是在内部审计职业胜任能力框架的统领下，由人力资源部门根据企业的发展战略与内部审计的现实提出内部审计从业人员培训的内容体系。而我国在这方面相对落后，且缺乏有效的能够应用于培训的，适应我国国情的内部审计职业胜任能力框架。

从现实出发，我们认为，应该通过制定内部审计职业胜任能力框架，来指导内部审计职业教育体系的建立和完善，尤其是利用这个能力框架来指导培训，有针对性的开发培训课程，考虑内部审计人员的职业特性，考虑不同内部审计人员的理论和业务水平、工作经验、所在行业或单位的特点等，针对不同层次、不同阅历、不同行业的特点安排不同的教学内容，弥补内部审计人员现实以及未来的不足，从而达到岗位要求，提高培训的效用，取得更好的培训效果。尤其是从实践上来看，内部审计职业胜任能力框架可以为组织的领导者提供一个关于内部审计人员能力与绩效的评价框架与等级晋升指南。

总之，内部审计人员能力素质的高低将直接影响到内部审计职责履行的效果，进而影响到管理层与决策层对于内部审计组织的重视程度，影响到内部审计人员组织地位的提升。内部审计职业能力建设是一项具有战略性、基础性、具有决定意义的任务，"内部审计人员胜任"能力框架的研究则是对于内部审计专业人员能力培养的基础，该项工作的理论研究与实践对于内部审计职业的发展十分必要。

二、研究现状：理论与现实评述

（一）理论研究现状：基于现有文献的研究分析

1. 职业胜任能力概念的研究现状

从国外来看，胜任能力（competency）源自于拉丁语 Competere，意思是"胜任特征"，"胜任力"，"胜任素质特征"等。这个概念最早可以追溯到古罗马时代，当时人们就曾通过构建胜任剖面图来说明"一名好的罗马战士"的属性特征。随着工业革命的到来，社会分工的细化，人们对于职业胜任资格的测验逐步产生，胜任能力的概念也应运而生。20世纪初，被称为"管理科学之父"的泰勒（Taylor）开展了对"管理胜任特征运动"（Management Competencies Movement）的研究，被人们普遍认为是胜任能力研究的开端。

20世纪60年代末，随着泰勒的管理科学被否定，智商学说越来越受到质疑。人们迫切希望了解驱动工人产生高绩效的根本原因，却找不到满意的答案。1973年，美国哈佛大学的戴维·麦克兰德（David McClelland）教授发表了"人才测量：从智商转为胜任力"（Testing for Competency Rather than Intelligence）一文，正式提出了"胜任能力（Competency）"这一概念，对胜任能力的研究起到了开创性的贡献。在此期间，理查德·鲍伊兹（Richard Boyatzis, 1982）曾对麦克兰德的胜任能力理论进行了深入和广泛研究，通过实证研究和分析，提出了"洋葱模型"，认为胜任能力的核心要素由内至外分别是动机、个性、自我形象与价值观、社会角色、态度、知识、技能等，更突出了胜任能力的层次性。至此，胜任能力模型开始大放异彩，各种研究层出不穷，例如：Spencer（1993）；Fishman 和 Uhlman（1995）；Parry（1996）；Mirabile（1997）；格林（Green，1999）；罗茨（Losey，1999）；Helly（2001）。但其中影响最大、运用最广泛的仍然是麦克兰德教授（1994）对"胜任能力"进行的最终描述，认为："能区分在特定的工作岗位和组织环境中绩效水平的个人行为特征，包括以下几个方面的内容：知识、技能、社会角色、自我概念、特质和动机，它具有客观性、与环境密切相关和行为导向三方面的特点。"并将这些区分为"冰川以上"显性的基准胜任能力和"冰川以下"隐性的鉴别胜任能力，即著名的胜任能力"冰川模型"。

随着胜任能力概念的提出与内容的不断完善，人们开始将其运用到各种职业领域的研究之中。美国、英国、加拿大、澳大利亚和新西兰等国家或地区逐步开始了对CEO、CFO、AICPA、ACCA和CGA等职业胜任能力的研究。例如，英国职业资格体系（National Vocational Qualification, NVQ, 1986）以职业岗位所需的胜任能力为基础，认为有效的工作所要求的行为是职业胜任能力中最为重要的，而不是潜在的内因（Mayer & Semark, 1996）。他们认为职业胜任能力主要是对从事某一职业所必备的学识、技术、能力的基本要求和职业道德。美国注册会计师协会（AICPA, 1999）将职业胜任能力定义为：以一种能干、高效和恰当的方式履行高质量职责的能力；国际内部审计师协会（IIA, 1999）将职业胜任能力定义为：在完成任务的过程中反映和体现出的个人特性（知识、技能、态度）、任务的执行情况或业绩表现；国际会计师联合会（IFAC, 2003；2004）将职业胜任能力定义为：在真实的工作环境下，个体可以完成某一职责范围内工作，并使之达到既定标准的能力。

总之，自20世纪90年代以来，国外对职业胜任能力研究的出发点已经从关注个人绩效发展到关注组织绩效的提高，大多数的职业胜任能力研究者都在强调优秀绩效员工的胜任能力，将胜任能力带入更高的层次，提出组织胜任能力分析框架，把个体层次的职业胜任能力概念置于"人—职位—组织"匹配的框架之中，运用到人力资源管理的培训、评价与考核之中，走上了理论与实践相结合的道路。

从国内来看，对胜任能力的研究起步较晚，即使到20世纪90年代，仍然没有形成相关的理论研究框架，且观点不一。例如，王重鸣（2000）认为胜任能力是人们适应工作和管理环境，产生具有绩效和成就感的个体特征；秦荣生（2002）认为，职业胜任能力主要包括业务知识和业务胜任能力。

当然，可喜的是国内已经出现将专业胜任能力运用到各种职业能力建设中。时勘（2002）运用行为事件法对我国通信行业管理干部的胜任力进行了实证研究，得出了与西方管理人员大致相符的胜任能力模型，2003年，其又对我国家族企业胜任能力进行了实证研究，构建了家族企业管理者胜任能力模型；上海国家会计学院CFO胜任能力研究课题组（2005）认为，职业胜任能力主要包括职业知识、职业技能和职业价值观等，并将其运用到CFO胜任能力框架建设之中。宋夏云、曹小秋（2006）认为国家审计人员的专业胜任能力指国家审计人员所具备的在既定标准下胜任某项职责范围内工作的能力。国家审计人员的专业胜任能力是国家审计机关的一项重要资源，它对国家审计机关有效履行职责，并顺利实现审计目标具有重要的作用。根据能力要素法，国家审计人员的专业胜任能力要素主要包括专业知识、专业技能和专业品质。赵曙明（2008）认为：职业化是职业群体逐渐符合专业标准，成为专业性职业并获得相应的专业地位的动态过程，职业胜任能力是那些有助于取得较高工作绩效、胜任工作任务要求的个体素质和特征，并构建了管理者职业化胜任素质模型。陈丽花（2009）运用职业胜任能力的一般概念论述了信息化环境下会计职业胜任能力架构。我国独立审计准则（2010）中认为胜任能力是指"具备必要的学识和业务能力、较强的人际交往技能和必要的职业谨慎"。

2. 内部审计人员职业胜任能力研究现状

从国外来看，内部审计人员能力框架历来都是国际社会组织研究的重点。国际内部审计师协会（简称 IIA）曾于 1999 年对内部审计人员胜任能力做出一次非常系统的研究，发布了"内部审计人员胜任能力框架"的研究报告（The Competency Framework for Internal Auditing，简称 CFIA），CFIA 认为，风险导向内部审计的关注点发生了变化，直接影响了对内部审计人员胜任能力的要求，内部审计人员应当具备两方面的素质：知识技能和行为技能。在知识技能方面包括技术、分析设计能力、鉴别能力；在行为技能方面包括个人技能、人际技能以及组织技能。除此之外，IIA 分别针对初级内部审计人员、有经验的内部审计人员以及内部审计部门负责人就这六种技能要求分别进行详细的规范，因而 CFIA 成为一个对各层次内部审计人员胜任能力要求的系统、详细的规范。从 CFIA 上还可以看出，除了对知识技能上的强调外，风险导向内部审计还强调内部审计人员行为及心理方面的能力及特征。

2003 年 IIA 全球审计信息网络调查结果表明，认为内部审计人员的职责与角色应该是：调查人员（44.6%）；指导顾问（57.%）；咨询专家（45.6%）；管理层的有益助手（34.7%）；其他人士（32.1%）。并认为，未来的内部审计师必须具备以下素质：①多面手（Versatile）：拥有大局观，对整个组织的价值具有前瞻性考虑；②置身其中（Involvement）：要参与和了解公司各项业务，发现问题及时提出解决措施，不搞秋后算账；③精通技术（Technology）：应用专业技术知识来预防和减少公司的风险，改进治理过程和提高效率；④顾问（Advisor）：提供保证、培训和咨询服务；⑤领导人（Leader）：在风险控制和改进组织的效果方面发挥领导作用。

2004 年颁布的《内部审计实务标准》（Standards for the Professional Practice of Internal Auditing，简称 SPPIA），其中包含有《内部审计职业道德规范》（Internal Audit Code of Ethics），它不再对内部审计人员行为规范进行简单罗列，而是分为两个层次，即基本要求和行为规则，其中基本要求包括正直、客观、保密和胜任，行为规则是对基本要求的细化；其中的"职业道德规范"是根据 2001 年内部审计新定义调整的，并确定为"强制推行部分"。

2006 年，英国特许公共财务会计师公会（CIPFA）发布《优秀内部审计师——技能和胜任能力的一个良好的实践指南》，从战略焦点、胜任能力矩阵、胜任能力考核和发展培训、培训及资源等方面，提出有针对性的、具有很好的可操作性的要求。其中，战略焦点包括公司治理、保证服务、增加价值、胜任能力和培训焦点。胜任能力矩阵对实习审计人员、审计师、主任审计师、审计经理、高级审计经理、审计主管领导6种不同水平或角色的内部审计人员的能力做出不同的要求，并认为关键技能包括行为、技术和管理。胜任能力的考核和发展培训包括绩效和薪酬、个人发展计划以及跟进等。培训及资源包括培训战略、培训需求、培训资源选择和来源等。

2010年，比利时内部审计协会发布了《内部审计人员胜任能力框架和任务》，认为内部审计人员胜任能力由三部分组成：内部审计工具、技术和方法，即内部审计过程要求的知识，包括理论、方法以及工具和技术三方面内容；知识领域，即执行审计活动所需要的信息，包括商业、财务和管理会计、治理、舞弊、IT以及其他知识；行为技能，即与他人有效交流的软技能，包括运营和交流两方面内容。针对以上三方面能力，分别对新加入的内部审计人员、有经验的内部审计人员以及内部审计管理人员提出了不同的要求，并指出三种不同水平的内部审计人员要从事的具体任务。该报告将能力要求、不同水平的内部审计人员以及具体任务一一对应，明确指出不同水平的内部审计人员应具备怎样的能力及应从事的工作，而且水平越高要求越高、越严。

2010年7月，澳大利亚内部审计协会发布了《内部审计人员胜任能力框架》，包括标准、技术技能、人际沟通技能、知识领域。其中，标准是指IPPF；技术技能包括研究和调查、业务流程和项目管理、风险与控制、数据收集和分析、问题解决工具和技术、计算机辅助审计技术（CAATS）；人际沟通技能包括影响与沟通、领导能力和团队精神、变更管理和解决冲突；知识领域包括财务和管理会计、监管、法律和经济学、质量和控制、伦理和欺诈、信息技术、治理、风险和控制。同时，针对四种不同水平的内部审计人员，即初级内部审计人员、熟练内部审计人员、内部审计管理人员以及首席审计执行官，分别从以上四个能力构成要素做出不同的要求。该框架是目前关于内部审计人员胜任能力的一个较好的框架，既体现了国际化的要求，又具体实用。

知识共同体（Common Body of Knowledge，简称CBOK）（2010）研究

报告《今日内部审计师的核心胜任能力》(Core Competencies for Today's Internal Auditor) 对比了2006年的全球内部审计胜任能力调查结果，重新设计了问卷，调查了来自107个国家的13582名国际内部审计师协会会员及非会员。该报告通过一般能力、行为技能、技术技能、知识、审计工具和技术五个层面分析了不同职级的内部审计人员（例如，内部审计员工、内部审计管理人员、首席审计官）、不同行业、不同地区的调查结果，指出：

从一般能力来看，沟通能力（包括口头交流、书面交流、撰写报告及演讲），问题识别及解决技能（包括核心、观念及分析能力），对行业变化及专业准则调整保持与时俱进，这是三种层次审计人员所共同具备的一般核心能力。除了这些核心能力外，内部审计员工应具备会计框架、工具和技术的能力、IT/ICT框架、工具和技术的能力；内部审计管理人员应具备组织技能（包括项目管理和时间管理）、解决或化解冲突技能；首席审计官应具备在组织内部提升内部审计部门价值的能力、解决或化解冲突技能。针对行为技能，他们共同的核心胜任能力包括保密性和沟通技能（传递清晰的信息的能力）。除了这些核心能力外，内部审计员工应具备客观性、判断力、团队合作精神；内部审计管理人员应具备领导能力、员工管理能力、管理和道德敏感性；首席审计官应具备领导能力、管理和道德敏感度、影响力（例如，说服能力等）。针对技术技能，在所有三个职业领域中被列为最重要的共同核心胜任能力包括：了解业务、风险分析和控制评估技术。除了这些核心能力外，内部审计员工应具备数据收集和分析工具及技术、业务流程分析、识别控制类型（如预防性控制、检测性控制等）；内部审计管理人员应具备项目管理技能、谈判技能、经营和管理研究技能；首席审计官应具备谈判技能、管理、风险和控制工具和技术、项目管理技能。除了上述内容外，IIA还从知识、审计工具和技术两个层面论述了现在以及未来审计实务中已经运用、没有运用和未来准备运用涉及的内容进行了展望。应该承认，这是到目前为止，比较权威的一个全球内部审计师核心胜任能力的阐述。

考虑到公共部门内部审计人员的特殊性，2009年IIA又颁布专门针对公共部门的内部审计能力全球应用模型——IA-CM模型。IA-CM模型是一个在原则、实践和程序方面具有相容性的通用模型，这个模型可以在全球范围内应用，以提高各国公共部门内部审计组织的有效性。公共部门组织可以根据其性质、复杂性及其业务相关风险确定其内部审计需求，然后对照已确定的需求，评估其现有的内部审计能力。最终确认既有需求和现有的内部审计能力间的任何重大差距，并努力提高内部审计人员的能力达到合适的水平。

与国外相比，我国内部审计人员专业胜任能力的研究起步较晚。虽然，中国内部审计协会于2003年制定颁布了《内部审计准则》，在一般准则中规定内部审计人员应当具备必要的学识及业务能力，遵循职业道德规范，保持独立性和客观性，并具有较强的人际交往技能。2003年中国内部审计协会还参照IIA的《内部审计职业道德规范》，颁布了我国《内部审计人员职业道德规范》。其中，结合了我国的道德文化观念和内部审计实际情况共制定了11条规范。但是，应该看到，目前针对我国内部审计人员的专业胜任能力的法规还很欠缺，相关框架还没有形成。并且，规定较为原则，缺乏实践指导意义。此后，一些学术文献对内部审计人员专业胜任能力进行了研究，例如，（严晖，2004）；（时现，2008）；（陈佳俊、贺颖奇，2009）；（张娟、张庆龙，2010）；（张庆龙，2011）；（中国内部审计发展研究中心，2011）。分析后，我们会发现，这些成果还是过多在概念框架上进行讨论，没有提出一个系统的我国企业内部审计人员职业胜任能力框架。

综上所述，我们认为，国内外关于内部审计理论以及实践的最新发展，为中国内部审计人员的职业胜任能力提出了新的挑战和更高要求，构建内部审计人员职业胜任能力框架对我国来说更是一项紧迫任务。国外的研究成果为我们的研究提供了很好的研究基础，虽然IIA已经构建了较为严谨、细化的内部审计人员胜任能力框架，但是，IIA的研究成果毕竟是针对全球的内部审计人员提出来的，而中国具有其深刻的国情背景、政治因素、经济因素、公司治理结构特性，这些因素应该考虑在内，否则就很难在我国具有中国特色的内部审计领域中得到普遍的应用。而国内相关的研究成果又较为少见，并且缺乏系统性。如果说内部审计人员胜任能力框架的研究为我们指出了内部审计人员有效履行职责所应具备的素质、能力或者要求，那么，如何有效地实现这些内容，或者将这个能力框架更有效地应用到后续教育的培训规划、人力资源的绩效考评等应用体系中去，以上这些成果还是没有进行系统的研究和考虑。

（二）内部审计职业胜任能力现实：基于问卷调查的分析

2011年8月至2012年1月，北京国家会计学院《内部审计人员职业胜任能力框架研究》课题组组织了全国范围内的企业内部审计人员职业胜任能力问卷调查。本次调查的受访者具有广泛的代表性，不仅涵盖了所有行业类别，包括农、林、牧、渔、采掘、制造、电力、煤气及水的生产和供应、建筑房地产、交通运输、仓储、信息技术、批发和零售贸易、金融、保险、社会服务、传播与文化产业、综合业等，而且涵盖了各种规模的组织。被访对象包括了不同级别的内部审计人员，既有知识丰富、责任重大的内部审计经理、首席审计执行官、总审计师，也有一般内部审计人员。公司性质覆盖全面，包括国有控股企业、集体企业、私营企业以及其他类型的企业。

具体实施过程中，我们共发放问卷1113份，有效回收问卷1014份，回收率达91.1%。企业涉及中国石油、神华集团、中交集团、中国银行、中航油集团、中国移动、中国电信、新华人寿、奇瑞汽车、中信建投、华电股份等405家企业[①]。其中收入在50亿元以上的企业达到39.55%，10亿元至50亿元的企业达到22.39%，10亿元以下的企业达到38.06%。行业排名前两位的涉及金融保险行业（23.87%）、制造业（17.16%），多元化发展的企业集团比例为10.95%。在405家企业中，国有控股企业达到78.01%，集体企业、私营企业合计达到9.46%。

通过问卷，基本反映了我国企业内部审计人员职业胜任能力的基本情况，总结如下：

1. 内部审计工作重心发生转变

根据《国际内部审计专业实务框架》（International Professional Practice Framework，简称IPPF），内部审计未来应通过提供客观且相关的确认，对治理、风险管理和控制过程的效果和效率做出贡献，为组织（及利益相关方）增加价值。这里所提到的增加价值不是从生产和销售过程中直接生产和创造出来的，是通过内部审计人员收集生产和销售过程的资料、认识并评价风险的过程中，运用自己的专业知识和技能，提取有价值的信息，以

---

① 受篇幅所限，企业名称不一一列示。

咨询、建议、书面报告或其他方式，并通过职业判断，将分析结论提交给有关管理层，为组织减少损耗和风险，改进生产经营以及公司治理流程，以此带来巨大的机会收益。这就要求内部审计人员应该立足组织的全局，更好地理解组织的整体目标和进程，从一个更广阔的视野来看待问题并制定出相应的解决方案，全面地评价和改进治理、风险管理和控制过程。具体来看，内部审计介入风险管理，要求内部审计人员应促进组织风险管理过程的建立，识别和报告环境风险，评估风险管理过程的适当性，以咨询顾问的身份协调公司的风险管理过程。内部审计介入内部控制，要求内部审计人员应该评价组织控制的效果和效率，促进内部控制的持续改进，以帮助组织保持有效的内部控制。

针对我国企业内部审计人员的问卷调查，我们设定了问题：未来三年内部审计工作内容的核心是什么？结果显示，内部审计人员普遍意识到，未来内部审计组织应该更多关注风险管理、关注内部控制（27.84%），应该认真研究经营管理者的需求，对内提供更好的服务，提供更多决策信息（22.12%），实施价值管理，真正帮助企业增值（17.84%），大力开展管理审计（13.31%）。比较而言，选择深化财务审计比重仅达6.53%，更多的参与公司战略仅为7.97%，其他（例如，价格审计、人力资源审计、市场营销审计等）仅为4.41%。

根据问卷调查结果，我们认为，我国内部审计人员已经普遍认识到，未来内部审计的工作重心必将随着公司治理的完善，监管机构法律法规的要求（例如，五部委内部控制规范与配套指引要求、国资委中央企业全面风险管理指引的相关要求、证监会关于内部控制的相关要求等），介入风险管理、内部控制领域，这是未来的必然趋势，财务审计等传统领域涉及的比例有所降低，这些已经在2010年前后的企业内部审计组织实践中逐步得到落实，甚至有的内部审计组织已经开始承担内部控制的建设、风险识别、评估等重要职责。更为重要的是，居于管理者需求导向的内部审计组织设置下的内部审计人员已经开始思考、研究经营管理者的需求，对内提供更好的服务，提供更多决策信息，并大力开展管理审计，运用价值管理考虑帮助企业增加价值。如果这些涉及的领域成为可能，那么内部审计人员必须具备履行职责所需要的知识、技能和其他能力。这些领域的涉及，使得我国原本拘泥于传统财务审计、合规审计、基建工程审计、内部控制测试等领域的内部审计职业界面临胜任能力的挑战。正如国际内部审计师协会前主席安东尼·瑞德里曾指出的,"内部审计是改善公司管理水平的力量。我们的业务与其他管理组织相比正与日俱增。如果能继续保持这种势头,我们将成为下一世纪的职业",否则"下个世纪将没有我们的位置"。

2. 内部审计人员具有求知欲和渴望发展的需求

根据被调查者的职业背景调查结果,从业人员年龄在35岁以下的达到33.83%,35-45岁之间的达到39.94%,45岁以上的达到26.23%。从年龄结构的分布比率来看,45岁以下的从业人员高达73.77%,其中,专职的内部审计从业人员达到78.99%,兼职比例为21.01%。内部审计从业人员中,本科学历达到61.74%,硕士及以上学历达到19.13%,专科以下达到19.13%。这些从业人员中具有高级职称的比率为22.58%,中级职称的比率为50.68%,具有初级职称以下的比率为26.74%。被调查者中内部审计工作年限3年以内的高达45.36%,3~5年的比率达到15.88%,5~10年的比率达到17.95%,10年以上的达到20.81%。内部审计职业人员的来源(或者说从事内部审计职业前的就职部门)51.77%来自财务会计部门,14.69%来自生产经营部门,7.1%来自行政部门,其他部门11.64%,一直从事审计工作的占14.8%。被调查的内部审计职业人员中,专业排名前两位的是会计专业(55.13%)和企业管理专业(10.45%),其他专业的比率为:经济学7.1%,金融证券6.9%,计算机2.37%,物理化学等工科2.07%,商业贸易1.08%。

综上,内部审计职业是一个应用性很强的职业,对比上世纪90年代,我国内部审计职业人员年龄结构逐步趋于合理。这些说明,内部审计职业在公司治理、内部控制、风险管理中的突出作用日益受到外部监管、所有者以及经营管理者的重视,这一需求使得内部审计职业不断得到新的管理资源投入,内部审计部门独立性明显增强,专职从事内部审计的职业团队年龄结构合理,学历较高,本科以上学历成为内部审计职业的主力军,并且职业队伍年轻化,充满活力,面对职业发展的挑战,这些从业人员具有强烈的求知欲和渴望职业发展的需求。

虽然,内部审计职业现状有所改变,但是,我们依然会看到我国内部审计职业现状中存在的突出问题:根据问卷调查统计结果显示,从被调查者的内部审计工作年限、来源、专业背景等因素分析来看,我国一半以上的内部审计人员来自于财务会计部门,这些人大多内部审计工作经验较少，且一直从事审计工作的人员比例偏低，这些恰恰与从业人员的专业背景相符，超过50%的为会计专业。当然，值得一提的是，内部审计职业队伍的专业背景已经开始出现多元化的趋势，对比其他专业，企业管理专业背景的职业人员比率明显增高。这些证明，被审计单位的业务内容已经不仅限于传统的财务审计业务，开始出现介入经营管理系统的管理审计，并努力开始从宏观经济、战略分析视角为决策者提供信息。当然，与内部审计未来的工作重心、发展趋势，外部监管以及内在公司治理需求相比，我国内部审计职业人员的专业背景、从业经验还是明显不足，容易形成内部审计的期望差距。

3. 领导者重视程度和组织地位提升依然影响内部审计的质量

根据调查显示，被调查者普遍认为保证内部审计质量与效果途径依次主要包括：最高领导者的重视程度（92.01%）；内部审计机构具有较高组织地位（83.04%）；内部审计方法与技术的提升（80.67%）；内部审计人员的沟通协调能力（80.67%）；内部审计人员职业道德水平高低（79.78%）；内部审计部门领导的威望和沟通、协调能力（76.73%）。

从调查结果来看，现实中制约内部审计质量与效果提升的主要因素仍然是领导的重视程度和组织地位的提升，虽然内部审计技术、方法、能力的提升也成为重要因素，但并不是现实中的主要因素。这是与我国目前内部审计机构设置的现实有关系。调查显示，目前拥有独立的内部审计机构的比例占75.35%，配备了内部审计人员但没有独立的内部审计机构的占16.86%，外包和没有设置内部审计机构的情况占7.79%。其中，独立设置隶属于董事会或其下属审计委员会的占32.64%，隶属于监事会的占5.52%，隶属于总经理领导的占19.92%，隶属于副总经理、财务总监领导的占11.64%，隶属于财务部或者与纪检合署办公的占13.32%。而中国内部审计发展研究中心《2008中国国有企业内部审计发展研究报告》的调查结果显示，821家企业设置了内部审计机构，所占比例为83.76%，未设置的占16.24%，隶属于董事会的占19.98%，隶属于监事会的占3.53%，隶属于总经理的占42.02%，隶属于副总经理和总会计师的占20.83%，与纪检监察合署办公的占13.64%。对比而言，近几年随着萨班斯法案的发布，内部控制建设的需要，国有企业整体上市的现实需求等，使得内部审计的职能发挥备受重视，内部审计机构独立设置的情况及设置于最高权力机构的现实有所改善,设置层次有所提升,但领导者的重视程度和组织地位的提升依然还是制约内部审计质量与效果的主要因素,现实中的内部审计人员虽然已经感觉到能力与技术提升的重要性,但并未成为制约审计质量与效果的最重要的因素。

4. 内部审计人员对能力的要求有着清醒的认识

根据问卷调查,按照重要性排列,你认为一个合格内部审计人员应该具备的能力包括:职业判断能力(90.34%);发现问题与解决问题的能力(88.76%);分析能力(87.57%);组织内外部的沟通协调能力(83.73%);行业经验(80.67%);学习能力(77.22%);写作能力(73.47%);业务创新能力(62.52%);办公软件应用能力(56.21%);时间管理能力(54.44%)。对于首席审计官来说,其中最重要的能力集中在组织内外部的沟通协调能力(86.39%)、领导能力(81.56%);职业判断能力(78.6%);发现问题与解决问题的能力(73.18%);行业经验(71.01%);战略决策能力(69.03%);逻辑推理能力(64.89%);业务创新能力(59.66%);学习能力(59.07%);时间管理能力(54.24%)。

根据调查结果,我们分析认为,目前内部审计人员认为其胜任能力最重要的前五位包括职业判断能力、发现问题与解决问题的能力、分析能力、组织内外部的沟通协调能力、行业经验。而根据知识共同体(CBOK)2006年的全球问卷调查显示,在内部审计完成工作的技能中,按照重要性排序分别为理解性业务、风险分析、访谈和沟通技能。与这个结果相比较,我们会发现,事实上,我国企业内部审计人员胜任能力的调查结果与国际上基本吻合,这说明我国企业内部审计人员对于胜任能力的要求有着清醒的认识,并认为不同层次的审计人员应该掌握不同的专业技能,尽管有些技能对于一般的审计人员更加有用,但对于首席审计执行官来说就不那么重要了。因此,在后面的首席审计官能力排序时就呈现出了不同的变化,显然对于一般内部审计人员重要的能力,在首席审计官看来就没有显得那么重要了。

5. 内部审计职业后续教育的实现存在不足

在整个内部审计发展的历史长河里,内部审计的执业环境是不断发展变化的,新兴事物不断涌现,技术手段不断创新,无论是内部的经营管理者,还是外部监管方,对内部审计人员的专业胜任能力和执业水平的要求不断提高。根据《国际内部审计专业实务框架》（IPPF）的规定，内部审计师必须通过持续职业发展来增加知识、提高技能和其他能力。可见，这些专业胜任能力必须通过高水平的教育、专门的培训和长时间的实践来获取。为此，各国都专门针对内部审计职业后续教育发布专门的准则或者办法。

我国针对内部审计人员职业后续教育，先后发布的准则或者办法主要包括：《审计署关于内部审计工作的规定》（2003）、《内部审计人员后续教育实施办法》（2003）、《内部审计人员职业道德规范》（2003）、《内部审计人员岗位资格证书实施办法》（2003）、《内部审计具体准则第29号—内部审计人员后续教育》（2008）、《国际注册内部审计师后续教育办法》（2012）。从这些准则或者办法的具体内容来看，都或多或少的对内部审计职业后续教育的内容提出过相关要求，并逐步趋于完善。例如，《内部审计人员后续教育实施办法》（2003）指出，后续教育内容包括：法律法规与内部审计准则、内部审计理论与技术方法、相关专业知识、计算机应用技术。《内部审计具体准则第29号—内部审计人员后续教育》（2008）指出，内部审计人员后续教育的内容包括：国家颁布的有关法律法规、内部审计准则及内部审计人员职业道德规范、内部审计理论与实务、会计理论与方法、信息技术理论与应用技术、公司治理、内部控制和风险管理、其他相关专业知识与技能。《国际注册内部审计师后续教育办法》（2012）较为全面地指出了内部审计职业后续教育的内容包括：审计与会计、公司治理、风险管理、内部控制、管理与沟通、信息技术、数学、统计学、经济学、商业法规、其他相关专业知识和技能。

从实际执行情况来看，内部审计职业后续教育实现的形式尽管有许多种，但最主要的实现形式还是培训。而让所有内部审计人员都接受培训是非常必要的，并应遵循准则所规定的每年不少于一个固定学时的审计培训。根据中国内部审计发展研究中心（2008）的调查结果，我国企业内部审计人员每年被培训次数少于2次的比重最高，达到57%，2~4次的次之，为37%。根据我们的调查研究，大多数被调查者倾向于短期培训（79.68%）、网络教育培训（34.61%）、长期培训（脱产占到11.14%、不脱产占到17.85，累计28.99%），考试的比例仅为13.8%。内部审计人员后续教育的内容，是内部审计人员进行学习的客体，是其丰富新知识、提高业务能力的主要信息来源和实现学习目标的基本保证，其安排是否科学、合理，直接关系到教育效果的好坏。从目前被调查者已经参加的培训涉及的内容来看，排名顺序是：内部审计准则（52.96%）、最新会计准则（52.56%）、经济责任审计（48.52%）、财务审计（44.48%）、内部控制自我评价（39.45%）、风险管理（38.07%）、管理审计（35.9%）、内部审计职业道德（29.68%）、所属行业业务知识（20.12%）、舞弊识别（19.03%）、税收法规（17.95%）、行为能力提升（14.5%）、国际内部审计最新发展（14%）、办公软件应用（13.31%）、公司治理（13.21%）、流程再造（9.76%）、战略管理（9.47%）、专业英语（1.28%）。

根据问卷调查结果，培训内容涉及最多，排名前五位的内容分别是内部审计准则、最新会计准则、经济责任审计、财务审计、内部控制自我评价，排名后五位的分别是专业英语、战略管理、流程再造、公司治理、办公软件的应用。根据问卷调查中关于内部审计未来三年工作核心领域，我们发现，目前内部审计人员参加的培训内容明显不能符合未来的胜任能力需求，还是更多从目前的本职工作岗位出发，偏重于传统的内部审计知识等微观领域的培训，并且偏好于内部审计准则、最新会计准则的变化，很少涉及战略管理、流程再造、公司治理等企业宏观管理、治理、流程等公司整体层面的培训。长此以往，会加大经营管理者对于内部审计的期望差距，使得内部审计人员难以胜任高层管理者的需求。分析上述问题形成的原因，主要有三个方面：

第一，企业自身原因。传统的管理本身就很容易将注意力集中在个别的控制系统或者经营机制上，且往往一事一议，注重目标管理。传统的内部审计侧重于监督、查错防弊的职能，更多地将焦点集中在与财务报告相关的内部控制系统测试、评价上，忽视总体管理的概念，尤其忽视控制环境层面的风险和控制问题。而从21世纪初一系列舞弊、风险失控的案例事实表明，这些恰恰是未来内部审计应该关注的核心问题。现代管理则更加强调总体管理的理念，把总体管理控制系统与长远的组织目标联系起来，强调系统的思考问题，希望企业更多的从过去的目标管理走向流程管理，内部审计也应更多的从流程上解决问题，提出流程整体改善的建议，而不仅是就事论事，注重问题查找，忽视问题的解决。为此，最新国际内部审计师协会关于内部审计的定义明确地要求内部审计人员立足全局，熟悉企业战略、目标和计划，了解企业经营管理的各种职能，只有这样才能为企业不同层次以及不同职能部门的管理者提供他们所需要的服务。内部审计人员必须具备广博的知识和多元化的技能。从更广阔的视野看待问题，并制定出解决方案，改进治理、风险管理和控制过程。如果内部审计人员不懂得公司治理，不懂得流程再造，不懂得战略管理，就难以胜任需求。除此之外，处理人际关系的能力和技巧对内部审计人员来说也是必需的，只有与被审计单位以及企业管理层和内部各个职能部门保持良好的关系，才能使内部审计职能得以发挥，内部审计报告得到重视，内部审计增值目标得以实现。可喜的是，随着我国内部审计人员逐步介入风险管理、内部控制、经营业务层面，培训内容已经开始逐步涉及了风险管理、管理审计、所属行业业务经营知识、行为技能方面的培训，但总体来看，众多的培训内容中涉及的依然不多。

第二，现有的大学教育造成内部审计人员能力素质过多依赖于后续教育。从大学教育来看，我国已有会计专业的注册会计师方向，还没有针对内部审计师的课程设置，而根据内部审计之父劳伦斯·索耶的《现代内部审计实务》一书中的描述：在美国大学里有通向内部审计学位的课程，或至少提供希望通过注册内部审计师考试所必需的课程，并按计划落实这些课程，在使内部审计从一个行业转变为一种令人尊敬的职业道路上，朝前迈出了一步。

第三，现实中的内部审计人员职业后续教育准则或者办法的制定缺乏可操作性和科学性。尽管我国已经颁布了许多相关准则和办法来规定内部审计人员的后续教育内容与形式，但是，实际执行的结果往往事倍功半，培训实施者（包括行业协会）本身组织的培训内容更多地从当前热点去考虑问题，缺乏系统思考，缺乏针对性。内部审计从业人员则为了完成规定课时，保住职业岗位资格，不论自身的需求到底是什么而随意选择课程。如果说内部审计人员将培训的效果寄托于所属单位或者部门，现实又会受不同企业所处的人力资源培训环境、成熟度等多种因素制约，使得内部审计培训内容的实施也具有很大的随意性与片断性，缺乏前瞻性和系统思考。

第二章 内部审计人员职业胜任能力框架研究设计：思路、原则与方法

一、设计思路

第一，根据内部审计职业在整个公司治理中的组织定位及其所承担的具体职责，从投入的角度，运用能力要素法，根据问卷调查与国际上关于内部审计人员胜任能力的最新研究成果列出内部审计人员需要具备的职业特质、核心职业知识和职业技能。

当然，能力要素法仅是解决了通用的内部审计职业核心胜任能力应该包括的内容，具体落实到审计员、审计主管、审计经理以及首席审计官（或总审计师）这四种不同的职业角色，又会表现出一定的成熟度需求差异性。这种差异性源于每个职业角色所承担的具体职责是不同的，这些职责的差异性客观上要求内部审计人员应该具有履行其职责所需要的胜任素质，因为内部审计人员顺利完成职责的过程就是他在工作中运用和发挥自己具有的胜任能力的过程。

第二，根据上述分析，我们将采用功能分析法，从这四个层次的从业人员角色分析和其所需履行的职责入手，列出履行该角色的职责所需的核心能力要素。

这种方法与思路的设计，有利于未来将内部审计后续教育的培训课程体系与工作的需求紧密联系在一起，并指出了培养特定内部审计岗位的方向。

二、设计原则

"原则"并非是一些难以琢磨，深奥玄妙的哲理，它其实是人们实施某种行为的准则。内部审计职业胜任能力模型的设计也应该基于一定的原

则进行设计，为此我们考虑了以下几个方面：

（一）基于"冰山模型"

我们设计和开发内部审计职业胜任能力模型的目的在于找寻驱动内部审计岗位高绩效的因素，期望通过对比胜任能力模型所列出的胜任能力要求，找寻内部审计组织和人员努力的方向，将培训与开发的重点放在解决内部审计人员所缺乏的胜任能力上，真正将模型应用于实践。根据麦克兰德教授提出的"冰山模型"，我们会发现它不愧是经典中的经典，后续的众多职业所设计出来的胜任能力模型几乎都基于这个经典，我们也不例外。在"冰山模型"中所提出来的知识、能力、社会角色、自我概念、特质和动机六个要素中，仅有知识和能力要素是处于显性的，是易于被培养、开发和评价的要素，其他几个要素则属于隐性的，难以被培养、开发和评价。因此，从模型应用于实践的角度来看，我们倾向于将内部审计人员胜任能力要素定位为知识和技能，这也与《国际内部审计专业实务框架》第1200、1210条规定相符合，即内部审计师在开展业务时，必须具备专业能力和应有的职业谨慎。其中专业能力是指内部审计师必须具备履行其职责所需要的知识、技能与其他能力。当然，内部审计是一种职业，这种职业必然存在区别于其他职业的职业价值观、行为操守，我们可以将它笼统地概括为内部审计职业特质。

（二）现实性与前瞻性相结合原则

我国企业内外部经营环境与发达国家相比有一定区别。我国企业内部审计职业胜任能力模型的设计应该基于我国企业特殊的内部审计环境进行设计，需要我们在深入了解我国特殊的公司内部治理环境与外部监管环境的基础上，充分考虑内部审计的组织定位与职责范围的特殊性，然后再去设计具体的胜任能力模型。但也应该认识到，尽管不同国家的公司治理与外部监管导致的内部审计环境有所不同，但是，未来通过内部审计改善公司治理，帮助企业实现价值增值的目标应该是一致的。因此，内部审计的职责、组织定位从根本上也不应该出现过多的差异性，仅是由于我国整体经济发展所处的阶段不同，产权的归属不同，呈现出了良莠不齐的局面。随着我国公司治理结构的完善，企业所处的阶段不断升级，所以，在充分考虑现实的同时，内部审计职业胜任能力模型的设计还应该保持一定的前瞻性，研究、借鉴国际内部审计师协会以及发达国家，其他优秀职业团体关于内部审计职业胜任能力模型的设计内容。也就是说，这个模型是一个最优的标准，企业可以结合自身的组织现状，借鉴并修改设计出企业自身的具有适应性的模型。

（三）核心能力原则

职业胜任能力模型中关于内部审计从业人员的核心胜任能力的描述，是所有内部审计从业人员履行不同的职责所必需的通用技能，只是不同层次的员工熟练程度有所不同。但是，也应该认识到，这些核心胜任能力有利于企业结合自身内部审计组织现状，设计自身的内部审计人员的培训体系、绩效考评，实施有效的内部审计岗位管理。

（四）持续改进原则

随着企业发展经历初创期、发展期、成熟期、衰退期（或转折期），企业对于内部审计组织的胜任能力的整体要求将呈现出一种向上层级不断发展的需求。现实中，随着一个组织的规模大小、复杂程度以及相关的风险不断增加，其对于更加复杂的内部审计能力需求也在增加，这时，一个企业在内部审计实践中就需要一个更高等级的、更加复杂的内部审计制度。这时，内部审计活动就应该具有更高的能力等级，内部审计人员胜任能力要素也应该表现出不同的成熟度。这也说明内部审计人员胜任能力的框架设计应该考虑持续变动的因素，形成动态能力等级模型。

三、设计方法

从职业胜任能力构建的一般方法来看，主要有以下七种方法：

（一）功能分析法

这种方法着眼于分析从业人员的角色和其所需履行的功能，然后按任务或子任务细分，从而推定出一系列的业绩评价标准及能力列表，也被称为是业绩结果法，这是最常用的一种分析方法。

（二）能力要素法

能力要素法着眼于个体的投入分析，如知识、技能和品质等。采用能力要素法，专业知识是基础，专业技能是核心，专业品质是保障，这三个因素相互联系、相互作用，共同影响到个体层面的专业胜任能力。采用能力要素法构建能力框架，通常会在主题下分别列出从事这一职业所需要的知识要求以及相关的技能。能力要素法在美国进行的一些能力研究中有所应用，在国际会计师联合会（IFAC）公布的《国际教育指南第9号》中就采用了这种方法。这种方法通常没有功能分析法详细，但是更倾向于关注会计人员在不同的职业角色的卓越表现所具有的特点，并着眼于未来的需要来确定那些对长期的职业发展有价值的技能，而不是那些在特定工作领域应具备的、容易迅速发生变化的工作要求。

（三）问卷调查法

这种方法是指通过对文献的回顾、对实务工作者的访谈等多种方法编制研究问卷，在大样本调查的基础之上通过对数据进行探索性因素分析，提炼出胜任能力框架的构成要素。这也是胜任能力研究最常见的方法之一。

（四）行为事件访谈法（BEI）

这种方法是通过对受访者采用开放式的行为回顾探索技术进行访问，然后通过对访谈内容的分析确认胜任能力。具体来看，它是通过让被访谈者找出和描述他们在工作中最成功和最不成功的三件事，然后详细报告当时发生了什么。具体包括这个情景是怎样引起来的？牵涉到哪些人？被访谈者当时是怎么想的，感觉如何？在当时的情境中想完成什么，实际上又做了什么？结果如何？然后，对访谈内容进行内容分析，来确定访谈者所表现出来的胜任素质。通过对比某一任务角色的卓越成就者和表现平平者所表现出来的差异，确定该岗位的胜任素质模型。这也是McClelland结合关键事件法和主题视觉测验而提出的。行为事件访谈法是一种专业性很强的访谈分析方法，可以在有限的时间内全面、深入地了解被访谈者，挖掘大量有价值的信息，来确定访谈者所表现出来的胜任素质。目前，这种方法多被我国学者和企业管理人员采用。

（五）情景测验法

胜任能力与工作职位是密切相关的，其评价和测量离不开实际的工作情景，因此情景测验就成为胜任能力评价的一种重要的研究方法。这种方法就是设置一个具体的工作情景，并提供几个解决此情景下具体问题的可能行为反应，根据被测试者做出的选择推断出其实际能力水平。这种方法下测出的是实践性智力和智慧，符合胜任能力的内涵。经研究和实践，普遍认为情境测验是测量个体胜任能力的良好工具。

（六）专家评定法

专家评定法由研究领域的权威专家组成小组通过对每个胜任能力要素做详细分析和比较，然后再由专家们经过几轮的删除或合并获得最终胜任能力框架的方法。采用这种方法首先要熟悉相关胜任能力要素，其次要选择合适的专家进行评定，最后对专家评定后的项目进行施测、统计分析，进而得到相应的胜任能力框架。

（七）战略导向法

战略导向法是指确定与组织核心观念和价值观一致的胜任力。根据企业战略进行逐步分解，通过小组讨论或研讨会的方式得出针对某类员工的核心胜任能力，并形成胜任能力的定义和层级。

面对众多的方法，我们如何选择？在具体方法的选择上，我们主要融合并采用了能力要素法、功能分析法、问卷调查法等三种方法。主要是基于以下两点考虑：

首先，我们需要根据内部审计职业在整个公司治理中的组织定位及其所承担的具体职责，从投入的角度，运用能力要素法，根据问卷调查与国际上的研究成果列出内部审计从业人员需要具备的所有核心职业特质、职业知识和职业技能。

其次，不同层级的内部审计从业人员所承担的具体职责是不同的，这些职责的差异性客观上要求内部审计人员应该具有履行其职责所需要的胜任素质，因为内部审计人员顺利完成职责的过程就是他在工作中运用和发挥自己具有的胜任素质的过程。能力要素法仅是解决了通用的内部审计职业人员核心能力应该具备哪些内容，但是，落实到具体一般审计员、审计主管、审计经理、首席审计执行官的熟练程度是不同的，这四种职业角色会表现出一定的成熟度差异性。因此，我们将采用功能分析法，从这四种层级的从业人员角色分析和其所需履行的职责入手，推定出该角色的能力要求。

第三章　框架设计起点：内部审计的组织定位与角色扮演

一、研究内部审计组织定位问题的必要性

在设计内部审计职业胜任能力模型之前，我们要先弄清楚内部审计组织的定位问题。

定位也是一种理论，它最早出现于 20 世纪 60 年代末美国广告界的一些文章里，到 1972 年，其在美国很有影响的《广告年代》杂志上正式出现。当时强调的是通过广告攻心，将产品定位在顾客的心中潜移默化，而不改变产品的本身。到 20 世纪 80 年代，美国著名营销专家菲力普·科特勒开始把定位理论系统化、规范化。他指出：定位就是树立组织形象，设计有价值的产品和行为，以便使细分市场的顾客了解和理解企业与竞争者的差异。要想组织在整个组织层面、人员心目中留下清晰、深刻的印象，就必须有准确的组织定位。

Hermanson（2002）认为："多年来内部审计职业界一直为两个问题而"苦苦挣扎"：一是内部审计到底做什么，二是应由谁来做。"内部审计组织定位问题由来已久，清晰且准确的组织定位有利于明确该组织的差异性，取得应有的管理资源保障、地位保障，保证其职责作用发挥的效果。否则，就会产生资源浪费，造成企业成本负担加重。也只有明确的组织定位，内部审计组织才会有了清晰的目标确定、方法选择，并由此分析和评价该内部审计组织的绩效问题，否则就只能依赖内部审计客户的价值感知来实现。由于内部审计组织的定位不同，内部审计所发挥的功能要求就不同，那么，对于内部审计人员的职业胜任能力要求也不同。也就是说，是组织定位决定了内部审计职业胜任能力的需求。

梳理内部审计的发展历史，当内部审计定位在帮助管理者有效管理及

帮助所有管理者履行受托经济责任的职责时，内部审计的功能定位在监督和评价，内部审计的类型体现为财务审计和经营审计；当内部审计定位为企业经营管理者的业务合作伙伴，为组织提供服务、增加组织价值时，内部审计的功能定位为确认服务与咨询服务，内部审计的类型体现为管理审计、风险管理审计。这时，我们会清晰地发现，由定位而引发的内部审计功能的变化对内部审计人员胜任能力的要求显然是不同的，它需要内部审计人员摆脱过去"经济警察"、"管理者的耳目"的形象向"保健医生"和"咨询顾问"转变。然而，现实中，内部审计人员常常从自身的知识背景、现有能力出发，采用一厢情愿的供给导向方式定位自己的功能，使得大多出身于财务背景、工程背景的内部审计人员将内部审计定位为财务监督与评价者，这实际上是一种错误。

综上，我们认为，研究和设计内部审计人员职业胜任能力框架应首先研究内部审计组织定位，尤其是应以需求为导向研究内部审计组织定位，然后在此基础上，考虑内部审计职业胜任的核心能力，这样研究设计出来的内部审计职业胜任能力才能真正对企业有借鉴意义，才能真正付诸于实施，应用于实践。

二、公司治理需求、内部审计价值与正确的组织定位

内部审计是基于需求而产生的，研究正确的内部审计的组织定位，不能抛开需求这个因素，这才是内部审计价值的真正体现。需求是人们对某种目标的渴望或者欲望，需求也是产生行为的主要动力源泉，当然，需求的不满足也是激起人们逆向行为的普遍原因。例如，当内部审计人员越来越多的深入到企业经营层面进行审计，而不仅仅是财务审计，企业的经营管理者就会越来越愿意向内部审计师支付激励性的报酬，因为激励薪酬会鼓励审计人员查找收入提高，成本节约的机会，或者说内部审计组织是否让管理者感觉到内部审计成本的投入是有回报的。这时的内部审计效益产生于内部控制方面的重大发现，避免可能的损失。

不论内部审计组织具体发挥作用的领域与职责是什么，根植于企业内部的审计组织必须满足企业不同层面、不同经营与发展目标的需求。当内部审计组织的设立与运行不能满足这种需求时，所有者或者企业的经营管理者要么取消合并这个组织，或者进行内部审计的外包；要么出于外部监

管与治理的要求，设立但会虚置内部审计组织，而不会过多的将资源投入这个组织。因为，在所有者或者经营管理者看来这是最符合企业成本效益的。

在古典企业里，所有者与经营者合二为一，剩余风险全部归所有者一方所有。由于不涉及所有者与经营者的受托责任，也就不存在所有者对经营者（经理人）的激励与约束问题，更不要说现代的公司治理问题。在这个阶段，所有者承担了部分经营管理的责任，所有权与经营权的不完全分离，使得具有内部审计职能的组织（此时，并未单独设立内部审计组织）服务对象主要是财产所有者，其提供服务的范围极其有限，内部审计的价值主要体现在受托财务责任的履行上，提供的产品主要表现为审查会计上的错误和舞弊。为此，1947年IIA对内部审计的定义实质上是对内部审计组织的定位做了最好的阐述：内部审计是组织内部检查会计、财务及其他业务的独立性评价活动，以便向管理部门提供防护性和建设性服务。它主要涉及会计和财务事项，但也可以适当涉及其他业务性质的事项。由于企业内部受托责任层次逐渐增多，受托财务责任的履行情况是通过复杂、完善的财务报表得以体现的。因此，财务导向内部审计从会计、财务事项的审查转向了主要对财务报表进行的审查，这时主要停留在财务审计层面，这时的内部审计组织定位为一种监督需求导向。

随着外部环境的不断发展，为了适应多层次分权管理的需要，内部审计开始针对企业所有者（同时也是企业的管理者）的需求，审查企业的经营状况和下属员工的职责履行情况，并就审查结果向管理者报告并提出相应的整改意见，这时的内部审计被认为是"管理者的耳目"，说明当时的内部审计的主要服务对象是管理者。这决定了内部审计组织的职能、关注范围和提供的产品都应是按照管理者的利益选择来确定的。由于管理者追求自身报酬的最大化，因此关注的往往是其管理者在任期企业的经济效益。此阶段的内部审计跳出了财务账簿的圈子，而将视野转向了经营、管理。这时，为了兴利而进行的经营审计、管理审计成为该阶段企业内部审计的一项主要功能。企业管理层除了关心其下属的受托财务责任之外，更看重的是下属受托管理责任的履行效率，因此内部审计的重点从财务报表的审查转向了具体业务和内部控制的分析和评价。于是内部审计与企业管理的关系更为密切。为了提供更有价值的服务，真正发挥管理层耳目的功能，经营审计与管理审计成为这一阶段的主要功能，这时的内部审计组织定位为管理需求导向。

　　随着现代股份制企业逐步发展成熟，所有权与经营权高度分离，"逆向选择"和"道德风险"等代理问题随之出现，公司治理问题逐渐成为企业的核心问题。激励和约束机制是实现公司治理的根本保证逐渐成为大多数专家学者的普遍观点。为了保证激励机制的有效实施，约束机制成为必要的权力制衡机制，有利于提升企业经营者的诚实、责任和透明度，并保证企业所有者利益及其他利益相关者的财富与价值最大化。但由于市场上存在着严重的信息不对称问题，内部人控制、所有者缺位、控制权和剩余索取权不匹配的现象经常存在于企业，约束机制往往很难奏效。所以内部监督机制的完善往往是公司治理初期研究的重要问题。由于现代企业改变了内部审计生存和发展的"土壤"，所以，以传统的企业模式为根基的内部审计必须随之进行动态调整。所有者以及其他利益相关者期望内部审计在公司治理中有所作为，期望内部审计作为一种制度安排缓解代理问题，利用自身的优势，弥补外部审计在实现公司治理功能方面的不足，完善公司治理机制，补正公司治理结构。但是，这一认识初期并没有那么强烈，仅是对管理导向内部审计的一种加强，这种加强体现在内部审计对于内部控制的关注，出现了控制需求导向的内部审计组织定位。

　　控制需求导向的内部审计组织定位使得内部审计仍然处于较低的层次，没有上升到战略与公司治理的层面，忽视了风险评估、控制环境在内部控制中的重要地位。这时的公司治理是不健全的，仅是一个以董事会、高级管理层、外部审计三位一体的治理结构，此后，这种观点受到批判。20世纪末至21世纪初，源于风险而产生的持续不断受托责任失败（安然公司等事件），使得所有者及其利益相关者期望更高质量的公司治理。2002年IIA指出："一个健全的治理结构是建立在有效治理体系的四个主要条件的协同之上的，这四个主要条件是：董事会、执行管理层、外部审计和内部审计。"这时的公司治理焦点开始从权力制衡转向风险管理以保证有效进行决策。所有者及其利益相关者对于风险管理的关注，也使得对于全面风险管理的根本要求成为股东考核经营者合格与否的重要依据。这些，迫使经营者出于自身利益的关心，不得不积极主动地开始实施风险管理，尤其是政府及证券监管部门相继出台的一系列旨在保护投资者利益、控制投资者收益风险的治理规则和举措使得经营者的主动性得到加强。如美国萨班斯法案（SOX）及相关条款、美国公众公司会计监管委员会

(PCAOB)及相关审计准则、我国财政部等五部委联合发布的《企业内部控制基本规范》(2008),以及国资委发布实施的《中央企业全面风险管理指引》(2006)。

王斌(2009)认为,经营者积极、主动的风险管理,为企业内部审计部门作用的发挥提供了新的领域和空间,同时也提出了新的挑战。经营者在履行风险管理责任时,将风险管理与内部控制制度作为一种机制,内置于公司战略、经营策略和财务报告等各项活动之中,以真正体现风险基础或内控导向的经营管理。在这种情况下,内部审计部门的作用凸显。如果说股东与经营者之间关系是基于信托(TRUST)理念而维系的话,那么,经营者与内部审计部门间的关系,则是基于等级化的"权力—责任"这一正规组织体系来维持的。我们强调,内部审计部门作为内部控制和风险管理牵头部门,只有通过其风险管理等各项增值服务,才能真正体现该机构在组织中的存在价值。显然,内部审计是能够在一定程度上带来良好的治理,也能促进企业的价值增值。内部审计能够帮助组织正确识别风险,检查处理风险的程序是否存在,是否起到应有的作用,验证控制环境是否良好。

综合以上论述,我们认为,在强调公司治理之前,内部审计组织为了实现其自身审计价值,将内部审计组织定位在服务于经营管理者履行责任,从监督需求导向过渡到控制需求导向,相应决定了传统内部审计的职能、技术与方法、内容与范围以及独立性等方面的要求。随着现代企业对公司治理的要求不断加强,企业内部控制与内部审计的环境不断变化。在公司治理的需求导向下,内部审计目标与改善公司治理的有效性,并最终与企业价值增值的治理目标相一致,使得内部审计职能、技术方法、内容与范围等方面产生了新的导向与变革,关注风险、参与治理,实现企业价值增值的治理型内部审计应运而生。治理型内部审计是以风险为基础,以确认服务和咨询服务作为主要方式,以实现组织的价值增值为目标的一种治理活动。

如何满足有效公司治理的需求,体现内部审计组织的价值,是内部审计职业界和行业协会都必须认真思考的问题。内部审计组织不进行角色和自身职业胜任能力的转变,就存在被组织边缘化的可能和风险。为此,王斌(2009)认为内审人员在注重财务、会计、审计等知识更新的同时,应合理搭配能力结构,并就以下方面进行有意识地培养:(1)提高对宏观经济政策、所在公司行业背景、公司商业模式的认知能力;(2)充分了解公司商业模式和业务流程，从效率、效果上判断流程导向内控制度的有效性；（3）借鉴、总结并形成满足公司独特需要的风险管理方法论；（4）涉猎管理、法律等相关知识，注重其积累和再应用；（5）高度重视IT应用技术对自身履责的重要意义，并加强相关技能的培养；（6）对于跨国经营企业，还需要了解所在国的政治、税收政策及文化差异等，以提高全面风险管理能力。我们认为，公司治理需要高质量的内部审计，而高质量的内部审计不能仅局限于会计学或者经济学这样的专业技能，它是一种运用正确技能处理风险的职业。一个合格的内部审计组织需要具备内部审计师必备的所有技能和检视整个组织所需要的所有必备知识。内部审计人员能力素质的高低将直接影响到内部审计职责履行的效果，近而影响到管理层与决策层对于内部审计组织的重视程度，影响到内部审计人员组织地位的提升。内部审计职业能力建设是一项具有战略性、基础性和决定意义的任务，内部审计人员胜任能力框架的研究则是内部审计职业能力培养的基础，该项工作的理论研究与实践对于内部审计职业来讲十分必要。

三、我国内部审计组织的正确定位与角色扮演

（一）内部审计组织需求的现实分析

我国企业内部审计职业组织的定位如何选择，这是一个现实问题。这个问题弄不清楚，将直接导致内部审计胜任能力研究的方向性。前面已经论述过，"需求"决定了内部审计职业组织的定位，那么，在我国的现实中，内部审计职业组织到底应该满足谁的需求？

1. 外部监管需求

21世纪初，财务舞弊、受托经济责任失败案例层出不穷，这些案例充分暴露了美国式公司治理中存在的所有者约束缺位、公司治理约束机制失灵问题，正是这些问题导致了经营者绝对的控制权，最终形成自私经济人的败德行为全面爆发。一段时间以来，内部控制、风险管理、公司治理三大领域成为热点问题，获得了监管部门的极大重视，这些都促使包括美国证监会在内的外部监管机构不断出台一些具有国际影响力的专业性研究报告及标准规范。如COSO委员会的《企业全面风险管理框架》、《较小型公司财务报告的内部控制》、银行金融业的《新巴塞尔资本协议Ⅲ》等。在

这种国际环境的影响之下，我国在公司治理、风险管理及内部控制方面的研究也取得了重大突破，相关政府机构及监管部门制定了一系列规范、标准以及指引，成为组织行为规范和监管行为规范不可或缺的指南针。这些监管要求对于内部审计在公司治理中的重要职责做了明确要求：

第一，银行业颁布的有关指引。中国银行业监督管理委员会自2006年起陆续颁布了《国有商业银行公司治理及相关监管指引》《银行业金融机构内部审计指引》《商业银行合规风险管理指引》《银行业金融机构信息系统风险管理指引》《信托公司治理指引》《商业银行操作风险管理指引》等一系列有关治理、内部审计、风险管理的指引。特别是《银行业金融机构内部审计指引》明确规定：①银行业金融机构内部审计应履行监督、评价和咨询之责，审查评价经营活动、风险状况、内部控制和公司治理效果；②应建立董事会领导下的、垂直管理的内部审计部门，配置具有高级管理人员任职资格的首席审计执行官；③应按照员工总数1%的比例配备具有专业胜任能力的内部审计人员；④内部审计部门应建立完善非现场内部审计监测体系和内部审计操作系统、信息管理系统；⑤经董事会批准，内部审计项目可部分外包，实行合作内审制；⑥首席审计执行官和内部审计部门应建立紧密地与内部客户（如董事会、高管层）及外部客户（如银监会）的沟通报告制度；⑦加强内部审计部门与合规管理部门、风险管理部门之间的协作，内部审计部门要定期独立评估合规及风险管理职能的履行情况。

第二，保险业制定的相关规范。中国保险监督管理委员会为保险业构建良好的治理、风险管理以及内部控制制定了规范。继2006年1月颁布《关于规范保险公司治理结构的指导意见（试行）》后，又陆续颁布了《保险公司内部审计指引》、《保险公司风险管理指引》等配套法规。值得关注的是，《保险公司内部审计指引》明确要求：①保险公司应当建立与其治理结构、管控模式、业务性质和规模相适应的相对独立的内部审计体系；②应当设立对董事会和高管层双重负责的审计责任人职位，审计责任人的聘解应当向保监会报告；③专职内部审计人员原则上应不低于公司员工总数的5‰；④内部审计部门每年应对内部控制的健全性、合理性和有效性进行全面评估，出具内部控制评估报告；⑤保险公司应向保监会提交内部审计工作报告、内部控制评估报告、审计发现的重大风险事项以及未有效整改的审计发现。

第三，国资委颁布的相关指引。国务院国有资产监督管理委员会在2005年《关于加强中央企业内部审计工作的通知》的基础上，于2006年6月颁布了《中央企业全面风险管理指引》，以指导央企开展全面风险管理工作，促进国有资产保值增值和企业持续、健康、稳定发展。该指引强化了内部审计在企业风险管理中的作用，明确规定：①有条件的企业可建立风险管理的三道防线，即各有关职能部门和业务单位为第一道防线，风险管理职能部门和董事会下设的风险管理委员会为第二道防线，内部审计部门和董事会下设的审计委员会为第三道防线；②企业应建立内部控制审计检查制度，要结合内控的有关要求、方法、标准与流程，确定审计检查的对象、内容、方式和负责审计检查的部门；③企业应建立重要岗位权力制衡制度，并将主要岗位作为内部审计的重点；④内部审计部门应至少每年一次对包括风险管理职能部门在内的各有关部门和业务单位的风险管理工作合规性和有效性进行监督评价，审计报告应直报董事会或董事会下设的风险管理委员会和审计委员会；⑤内部审计应积极参与风险管理培训工作，以培养风险管理人才，培育风险管理文化；⑥内部审计部门是风险管理组织体系的重要组成部分，其职责履行应符合《中央企业内部审计管理暂行办法》的有关规定。

第四，财政部、证监会及审计署出台的相关规定。2008年6月我国《企业内部控制基本规范》发布。该规范明确指出：内部审计作为"内部监督"要素的核心力量，应对企业内部控制的有效性进行独立评估，对已发现的重大内部控制缺陷有权直接向董事会及其审计委员会、监事会报告；同时，"企业应当加强内部审计工作，保证内部审计机构设置、人员配备和工作上的独立性"，这是改善企业控制环境的重要措施。

以上这些监管要求的颁布，说明监管部门已经认识到内部审计是公司治理的重要组成部分，内部审计组织是健全和完善公司治理，加强风险管理能力，提高经营管理水平，增加公司价值，促进企业目标实现的重要保障。从监管需求来看，监管部门对于内部审计的组织定位是建立在公司治理需求导向上的定位，要求内部审计审查评价经营活动，评价完善风险管理、内部控制情况，促进公司治理的完善。

2. 行业协会的内部审计准则需求

中国内部审计基本准则（2003）第二条规定："内部审计是指组织内

部的一种独立客观的监督和评价活动,它通过审查和评价经营活动及内部控制的适当性、合法性和有效性来促进组织目标的实现。"第六条规定:"内部审计人员应具备必要的学识及业务能力,熟悉本组织的经营活动和内部控制,并不断通过后续教育来保持和提高专业胜任能力。"第九条规定:"内部审计人员应具有较强的人际交往技能,能恰当地与他人进行有效的沟通。"

从基本准则的规定来看,我国内部审计组织更多的还是定位于业务导向和管理导向,其职责范围定位于审查和评价经营活动及内部控制的适当性、合法性和有效性。这些体现了内部审计的确认服务。虽然在后来的具体准则发布中,我们努力在第21号至27号准则中体现咨询服务方面的巨大推进,要求内部审计部门对企业管理活动的经济性、效率性和效果性进行"评价",向管理层提交管理审计报告,并要求实施后续审计,持续追踪问题,但最终还是没有明确提出"咨询"服务的内容体系。

虽然目前国际上的发展已经出现确认服务与咨询服务两者的兼顾,并致力于治理导向型的内部审计发展趋势,但很多学者指出,在我国的市场经济体制和法制还不够完善的情况下,我国对内部审计组织职责定位不宜过于冒进,否则容易失去方向感,产生水土不服。

3. 企业自身的内部需求

从理论上分析,所有权与经营权的分离以及组织内部的多种分权管理所形成的受托经济责任关系促使了内部审计的产生与发展。内部审计缩小了经理人与股东之间的利益差距,进而影响公司的业绩和价值,又促使了人们认识到内部审计是公司内部治理机制的重要组成部分。国外优秀的公司治理实践表明,董事会需要内部审计协助行使职责,发挥其对经营管理层的监督,评价其受托责任的履行情况。外部审计作为有效公司治理的保障机制,也需要依赖内部审计的成果,节约审计成本,提高审计质量。

我国现实的公司治理结构主要有两种模式:一是以监事会为核心的治理结构模式,二是以董事会(独立董事)为核心的治理结构模式。以监事会为核心的治理模式主要是在改制的国有企业建立的以董事会为主体的"决策系统"、以监事会为主体的"监督系统"和以经理为主体的"决策执行系统"或"经营管理系统"为内容的治理结构。在这种治理构架下,董事会作为出资人(国家)的代表行使对企业经营的重大决策权,经理包括总经理和各业务部门经理,经营者主要行使企业的经营管理权,监事会作为专门的监督者主要行使对董事会的决策和经理层的经营管理行使监督权。以独立董事为核心的公司治理模式主要在我国部分国有企业和上市公司实行,这种公司治理结构模式是以董事会为主体的"决策系统",以审计委员会为主体的"监督系统"和以经理为主体的"决策执行系统"或"经营管理系统"的一种治理结构。

在这种公司治理环境下,我国内部审计机构设置呈现出多元化的组织模式,主要包括隶属于总经理的设置模式①、隶属于董事会的设置模式和隶属于监事会的设置模式。

在总经理领导模式下,我国的现实是,总经理对于内部审计组织设置需求动力不足,在总经理看来,由业务经营操作系统和会计信息系统组成的经营管理系统完全具备实现经营管理目标的能力。其中向下以及同级部门之间的监督和制衡职能完全可以由会计信息系统负责。如果出于外部监管对公司治理结构的完善要求,需要履行内部审计监督职能,设置的内部审计组织,管理层更希望内部审计组织被定位为管理型导向:一是服务于管理,即为总经理提供各部门业务操作的信息,在总经理的授权下对各部门业务活动实行跟踪式监督;二是监督管理,即对总经理所管辖的各部门实施以内部控制为核心的流程性评价与监督。但是,当内部审计为公司价值增长服务的目标与总经理和会计部门追求的现实目标发生矛盾时,内部审计容易受到来自整个经营管理系统的排斥和打压。

隶属于董事会的设置模式反映了内部审计组织的报告关系是权威、独立的,在这种设置模式下,内部审计组织的定位是一种辅助决策的服务机制,被纳入决策系统。在这种机制下,内部审计被要求作为强化和改进公司治理的重要工具,弥补董事会及其领导下的各个专业委员会的专业信息"盲区"。具体来看,内部审计组织需要根据《内部审计章程》或者审计委员会的具体要求,确认和评价总经理及其各部门管理者的整体业绩,有关战略制定过程是否科学,是否开展有效的风险管理,是否建立了有利的控制环境,是否遵守法律和政府的相关规定等,内部审计组织经常被要求单独向董事会及其审计委员会报告重大审计发现、情况分析以及纠正问题的

---

① 包括隶属于财务总监和分管财务的副总经理领导下,由于其仍然服从于总经理的领导,按其意志办事,我们将合并到此模式中。

建议和改进管理的建议，尤其是报告本企业面临的风险、控制、公司治理问题以及其他需要了解的事项。这些内容体现了董事会对内部审计组织为公司治理需求服务，并偏重于日常的确认评价与决策咨询服务的定位。但是，在公司治理不完善的国有控股企业中经常出现违背有效公司治理的现实。在我国国有企业中，大多数董事会成员还是由企业所有权的代理人——政府委派产生。在这种情形下，董事会是由企业所有者的代表——大股东或政府委派的官员组成，企业董事会接受股东授权作为企业的决策机构，可以通过制定企业的规章制度和内部控制制度，通过制定经济活动重大决策以及选聘"绝对服从"的总经理等重大人事决策活动，实现对业务经营系统的引领和制约。而且董事会一系列的制度和决策方案的制订，本身就是对业务经营管理活动的制衡。在董事会看来，没有内部审计支持，其自身也完全具备实现决策制定目标的能力。于是，内部审计作为辅助的决策服务机制，为决策提供咨询意见并不是所有决策管理活动所必需的程序或步骤。内部审计在什么时候为管理决策提供咨询意见，在什么情况下为管理决策提供咨询意见，并没有也不必要有一个刚性的约束机制。在决策中内部审计能否为管理决策提供咨询意见，并不是看制定决策方案中是否真正需要，而是看制定决策方案的人是否需要，是看内部审计提供咨询意见是否适合维护决策者利益集团和个人利益的需要。也就是说，在董事会领导下的内部审计组织定位并不是绝对的公司治理导向需求，这种需求还是一种过于理想化的外部监管需求，这种需求大多存在于决策层与治理层彻底分权的公司治理结构完善的企业，一旦大股东与经营管理者之间在个人利益关系上存在较少的"冲突"而较多的"趋同"，内部审计的组织定位就会更多的偏重于财务审计、管理审计的职责内容，难以真正达到参与更高层面的决策辅助系统。但是，出于外部监管的需求，以及股权多元化的利益相关者需求，我国的内部审计组织还会更多地去兼顾管理者需求与公司治理需求，去从事许多有利于公司治理的流程导向的内部控制检查与财务审计、风险评估与关键风险因素的披露、发布年度的风险管理报告与内部控制自我评价结果。

在我国，监事会领导下的内部审计设置模式是为了通过利用其专门的技术方法取得企业决策和决策执行情况和效果的可靠信息，为监事会实施独立的监督提供依据。这种设置模式下的内部审计组织与监事会融为一体，在对企业决策和决策执行的监督上，与监事会形成一种优势互补的治理格局。这种模式下的内部审计组织定位大多在财务监督导向上。但实际上，由于我国监事会缺乏独立性，大多数股份有限公司的主要出资者仍为国家或国有法人企业，股东选出的监事多为国有资产或国有法人资产的代表，这样造成监事会成员往往不得不听命于大股东或董事长，而不对中小股东负责。而且，多数上市公司监事会成员为公司员工，在工作中必须听命于董事长及经理层，很难对董事会及经理层进行有效的监督。这时，内部审计组织容易形同虚设，难以有效发挥作用，内部审计的组织定位不是十分明确。

（二）我国企业内部审计组织的正确定位

综合以上，我们认为，与西方的公司治理需求、内部审计组织定位不断演进的现实相比，我国公司治理的需求似乎缺少对于内部审计设置和正确组织定位应有的动力，更多的是出于外部监管的需求设置内部审计，发挥内部审计的监督功能。究其历史根源，我国企业内部审计始于1985年，当时我国企业内部审计实际上是一种行政命令的产物，只是片面的强调外向性服务及作为国家审计外延存在的内部审计模式。这种审计模式实际上导致了人们对内部审计在性质认定上的模糊，从而不利于甚至阻碍着内部审计理论与实务的发展，内部审计工作很难正常开展，更谈不上履行其监督评价职能及开展确认、咨询活动，使得内部审计本来应有的内向性服务的特质大大受损。这些与西方自发的从公司治理的需求定位内部审计组织的原动力相比，必然存在不足。

近些年来，国际社会对于如何建立有效的公司治理给予了越来越多的关注，认识到有效的公司治理是企业增强竞争力和提高经营绩效的必要条件，是保护所有者及其他利害相关者，保证现代市场体系有序、高效运行的微观基础。随着我国市场经济体制改革进程的加快，资本市场的快速发展，以及经济全球化和科学技术的迅猛发展，治理实践也在发生着深刻的变革，也开始逐步把健全公司法人治理结构作为建立现代企业制度的核心，企业改革正在进入公司治理改革的新阶段。

总体来看，目前我国的法人治理结构完善程度良莠不齐，模式呈现出多元化的趋势。在公司治理完善的企业，内部审计可以上升到公司治理需求导向。作为公司治理的重要基石之一，它通过风险管理和内部控制确认确保公司的内部利益相关者有效履行其受托经济责任，通过咨询服务为组织的其他治理主体提供信息支持。当内部审计有效时，能显著提高公司治理成功的可能性。而在公司治理不完善的企业，内部审计的设置则更多地倾向于满足管理者的需求或者控制需求导向。此时，内部审计的主要职责是管理者需求导向下，内部审计组织成为"管理者的耳目"，着重于下一层级受托管理者责任的履行效率情况。在控制需求导向下，内部审计组织着重于内部控制的建设参与评价完善。可见，我国对于企业内部审计组织的定位因为公司治理的完善程度不同出现多元化的趋势。

（三）我国内部审计组织的角色扮演：风险监控者与控制确认者

价值创造的过程中充满了不确定性，这使得价值创造必然面临风险。在外部监督要求控制风险，并将风险与自身经营业绩考核相关联影响下，经营管理者自身也开始产生了对风险管理的自觉性和积极性，要求居于企业内部的内部审计部门同样开始关注内部控制与风险管理。

我们认为，虽然我国因为公司治理完善的不同产生了内部审计组织的多元化定位需求，但不论公司治理完善与否，内部审计的组织定位都应与风险管理、内部控制相联系，而风险管理和内部控制又恰恰是公司内部治理的核心[①]，这样，内部审计才会成为其他各个治理主体所依赖的极具价值的资源。各国发布的关于风险管理与内部控制的法律法规更是有效证明了这一点。为此，我们将内部审计的角色确定为"风险监控者"与"控制确认者"。

风险监控强调了内部审计通过识别风险、评估风险对组织的潜在影响、确定应对风险的策略，以及之后监控新风险的环境、监控现行的风险

[①] 虽然传统的公司治理核心关注的是治理结构中各组成部分的关系及制衡和治理的目标，但是，随着公司治理呈现出内部化的趋势，这种观点并没有揭示公司治理的核心所在——风险管理和控制确认。事实上每个主体，不管是营利性的、非营利性的、还是政府机构，其目的都是为利益相关者提供价值。所有的主体都面临着不确定性，不确定性潜藏着对价值的破坏或增进，既代表风险也代表机会。企业风险管理和内部控制使管理当局能够有效地处理不确定性以及相关的风险和机会，从而提高主体创造价值的能力。在共同作为风险管理与内部控制核心的同时，又通过战略风险管理和内部控制对战略过程进行有效监督，实现企业的经营治理，最终有效利用资源，创造价值。在新的公司治理概念中，风险管理和内部控制是管理层履行受托经济责任和有效利用资源创造价值的手段，风险管理和内部控制成为企业治理的关键和核心问题。

策略和相应的控制措施等。具体来看，其职责内容包括：①主动制订系统的识别和评价风险管理活动的计划，并就现有被审计领域的风险，并向管理层、审计委员会或同时向二者报告评估结果；②当公司的业务活动因风险出现失败时，内部审计组织应主动承担相关的风险管理活动；③内部审计人员一方面应对企业原有的已识别的主要风险是否充分进行评价，另一方面也要找出未被风险管理系统识别的主要风险，比如因市场突变带来的市场风险，因股东撤资、资产负债率过高带来的经营风险，因国家产业政策、税收及利率政策调整带来的政策风险等，对照已有的风险管理措施，检查是否对其进行了充分的考虑，是否有效；④内部审计组织应不断改进技术，推行风险导向审计法，利用风险自我评估技术推进风险评价，协助管理层推行贯穿整个组织的风险模型；⑤内部审计组织应注意加强对重要子企业的审计监督，增强重要子企业的风险防范和可持续发展能力；⑥内部审计组织加强对高风险投资业务的审计监督，规范高风险业务会计核算，对从事高风险投资业务的子企业或业务部门，每年安排审计；⑦分析、判断和解释出现异常变动项目背后的业务流程、管理活动，揭示和确认关键风险点，并高度关注与财务报告相关的各种舞弊事项；⑧提供风险管理报告，系统揭示公司风险，提出风险应对策略，规划未来的风险监控重点，不断介入风险管理新领域，并明确各部门的风险管理责任。

控制是管理层为了提高既定目的和目标实现的可能性而采取的各种行动，是管理层适当计划、组织和指挥的结果，控制确认关键是保证控制措施处于正确的位置以处理组织风险，包括评价高层基调、评估控制环境、测试控制有效性、评价管理层监控程序的有效性、向相关主体报告评估结果。对于内部控制的关注，并不是内部审计职业组织陌生的领域，事实上，随着内部控制的演进，内部审计在内部控制评价方面的技术也在不断发生变革。其中，内部控制自我评估是近年来比较流行的一种内部控制系统评审的方法，也是企业监督和评估内部控制的主要工具。通过内部控制自我评估，使内部审计人员不再仅仅是"独立的问题发现者，而成为推动公司改革的使者"，将以前消极的以"发现和评价"为主要内容的内部审计活动向积极"防范和解决方案"的内部审计活动转变，从事后发现内部控制薄弱环节转向事前防范；从单纯强调内部控制转向积极关注利用各种方法来改善公司的经营业绩。通过内部控制自我评估，内部审计组织可以在职能范围内测试控制的遵循性，识别重大控制缺陷，向管理层、审计委员会报告结果，提供建议并协助管理层设计综合的评价方法，编制关于内部控制有效性的报告。当然，内部审计还应作为内部控制不可缺少的重要组成部分，作为优化和实施内部控制环境的基础环节，通过咨询服务，改善风险管理和控制流程，确保内部控制的有效运行，以使内部控制的目标能够实现。

我们认为，内部审计"风险监控者"与"控制确认者"的角色扮演既兼顾了我国公司治理完善的企业，使其真正成为公司内部治理有效的重要基石，又可以引起公司治理不完善的企业管理者的重视，逐步认识到内部审计的价值，同时又符合了我国外部监管中关于内部审计职责的需求。

第四章　内部审计人员职业通用胜任能力框架设计内容：职业特质、知识和技能

根据前面的分析，我们将从要素投入的角度，运用能力要素法，并根据问卷调查与国际上关于内部审计人员胜任能力的最新研究成果，列出内部审计人员所要具备的职业特质、核心职业知识和职业技能。这些具体内容包括：

一、职业特质

不同的人具有不同的个人品质和性格特征。例如：有些人天生是内向的，是害羞和保守的；有些人则更加外向，善于处理各种人际关系。不同品质和性格特征的人从事内部审计职业也同样表现出不同的结果。但成功和胜任的内部审计师所具有的职业特质是相同的。

特质在现代汉语词典里解释为"特有的性质或品质"。职业特质是指人与职业行为有关的差异性、内在的个人特点。当一个人的职业特质与职业发展方向相符合时，他就会对职业产生更大的兴趣，会持久的，全身心地投入。胜任的内部审计师所具有的共同职业特质包括：

（1）独立。独立性是审计的灵魂，独立性带给审计的价值在于创造一种让审计师最大限度实现客观性的环境。独立性能够赋予审计活动一定程度的自主权，尤其是在提供咨询服务时显得尤为重要。

（2）客观。客观性是在独立性的基础上产生的。客观性能够直接产生内部审计活动的价值。客观性是指内部审计师必须公正、不偏不倚的发表意见，避免任何利益冲突。客观性也是审计人员的一种心态，是指审计人员在表达或涉及某种事实时，没有掺杂个人的感情或者偏见，避免判断出现扭曲。当然，现实中客观性却经常受到损害，作为一种特质，对内部审计人员来讲，客观性在缺乏独立性的内部审计组织中更为重要。

（3）诚信。"诚"与"信"作为伦理规范和道德标准，在起初是分开使用的。孟子说："诚者，天之道也，诚之者，人之道也。"《中庸》中也说："诚者天之道，诚之者人之道。"信的基本含义是指遵守承诺，言行一致，真实可信。从一般意义上，诚信是指诚实不欺，讲求信用，强调人与人之间应该真诚相待。诚信作为内部审计人员的职业特质不难理解，内部审计师必须要讲究诚信，诚信的人值得信任，更重要的是为信任他们所说的和所做的奠定了基础。内部审计工作"产品"的使用者只有在对内部审计人员信任的基础上，才会依赖于他们的"产品"，做出判断。因此，诚信也是内部审计职业道德规范的核心。

（4）激情。善于做你不喜欢的事情，这几乎是不可能的。人在激情的支配下，常能调动身心的巨大潜力。内部审计职业所面临的挑战是独一无二的，它一方面要从事咨询服务，另一方面又要保持职业的客观性，而两者之间的平衡是非常困难的，仅仅拥有职业知识和技能对于内部审计工作来说是远远不够的。内部审计工作常常面临很大的压力和阻力，审计人员的职责常常是在披露一切事实真相的同时还要保持一贯的职业目标，尤其是当牵涉到大家都不愿意看到的信息时，审计人员在原则性的问题上绝不让步，这种压力往往是难以想象的。成功的内部审计师往往对他们的工作拥有浓厚的兴趣并充满热情，在面对压力与阻力面前依然保持了对这个职业的热情，他就会做得更优秀。

（5）好奇。好奇心是个体寻求知识的动力，好奇心是创造性人才的重要特征。好奇心作为一种内在动机，它既具有认知性特征，能够引发个体的探索行为，又具有情感性特征，可以使个体从探索中获得愉快的体验。个体在其好奇心的驱使下表现出来的观察、提问、操作、选择性坚持、积极情绪等有助于学习活动的有效进行。从事内部审计工作时，内部审计人员常常缺乏判断所需要的依据，因此，内部审计师必须充满好奇心，询问超出"常规检查表"所列的问题。他们可能需要通过更多的试探性的问题来获得验证。此外，内部审计工作中，许多问题的解决方案并不是显而易见的，成功的内部审计师往往需要富有创造性并且打破条条框框，创造出对管理层及其他利益相关者有价值的各种方法。

（6）坚定。坚持自己的想法在很多时候会很艰难，尤其是当牵涉到一个大家都不愿意看到的信息时。审计人员在审计过程中，经常会面临很大的压力，这些压力常常使得内部审计人员容易产生动摇，对职业判断产生影响。成功的内部审计人员在原则性的重大问题上,如果需要弄清楚,就必须毫不含糊地查下去,坚定不移,决不让步。

(7) 主动。主动性是个体按照自己规定或设置的目标行动,而不是依赖外力推动的行为品质。主动性由个人的需要、动机、理想、抱负和价值观等推动。成功的内部审计师会在没有受到激励的情况下,仍会主动采取行动,迎接眼前的挑战或把握未来的机遇。内部审计不再是对过去的评价,应该洞察风险、评估风险、寻找机会,成为增值业务的推进器。内部审计人员必须积极、主动寻求和把握机会,在多变环境下,主动确认、分析风险,寻找问题所在,并以此来增加组织价值,发挥他们在组织中变革代理人的角色。

(8) 敏感。内部审计师必须具有超越于其他职业的敏感性,通过发现企业内控系统中存在的问题,时刻提醒管理者,帮助他们保持高度的警觉,避免风险的发生。内部审计师必须拥有和保持敏锐的目光,判断存在的问题,提出改进的建议,并时常针对敏感性的问题,采用探寻式的口吻向管理层寻求异常反应,采用一种强大的嗅觉力,预感问题的严重程度。

(9) 审慎。作为一种特质,职业审慎性是指内部审计师在复杂的环境下,能运用自己的专业熟练性和技巧,识别出损害组织利益的各种现象和行为。职业审慎并不要求对所有的交易进行详细检查,但针对那些重大、复杂的敏感问题,必须保持审慎的态度,尤其警惕那些故意犯错、消极怠工、浪费、利益冲突、违法乱纪现象,对控制不充分的领域提出改进建议。当然,职业审慎并不意味着内部审计人员永不犯错,因为内部审计师不能保证发现所有重大的风险,更不能绝对保证企业不存在违反规定或违法乱纪现象。

上面这些描述的特质是成功的内部审计师所固有的个人素质。但这并不意味着内部审计师缺少一个或多个这样的特质注定要失败。重要的是要认识和了解这些特质是如何使内部审计师获得成功的。对于那些寻求长期成功的人来说,这些品质的大部分是必须要拥有的。

二、职业知识

管理学大师彼得·德鲁克认为:知识是一种能够改变某些人或某些事物的信息,既包括使信息成为行动基础的方式,也包括通过对信息的使用使某个个体或机构有能力进行改变或进行更为有效的行为方式。他把知识理解为一个动态的并且与人或组织交互的系统，并认为只有在使用过程中，知识才体现出实践意义的价值，而不仅仅是一个简单的多元素集合。

根据世界经济合作与发展组织（OECD）在1996年《以知识为基础的经济》的报告中所进行的分类，"知识"可以归纳为四种类型：事实知识（知道是什么的知识：Know－what）、原理知识（知道为什么的知识：Know－why）、技能知识（知道怎么做的知识：Know－how）和人力知识（知道是谁的知识：Know－who）。其中事实知识和原理知识属于编码知识，是构成信息的主要来源，这种知识可以通过读书、听讲和查看数据库而获得。技能知识和人力知识则属于"内隐知识"。内隐知识是指极为个性化且难以形象化，因而不易与人沟通和分享的知识。这种知识的特点是高度主观性和直觉性，非形式化和非系统化，只有通过比喻、图画、经验等方式才能获得。它主要表现或根植于个体的行动、经验、理想、价值观、情感、洞察力、直觉以及灵感之中。内隐知识又可以分为技术类内隐知识和认知类内隐知识，前者包括无法公式化的技巧、手艺和专业技术等；后者包括思维模式、信仰和直觉，涉及谁知道和谁知道如何做某些事的信息。它包含了特定社会关系的形成，这就有可能接触有关专家并有效地利用他们的知识等。OECD的这种分类方法是目前广为学术界接受并在职业教育研究领域中广泛应用的知识分类。

OECD关于知识的理解是在知识经济背景下关于生产知识的理解，是在企业层面运用的管理知识，这无疑是抓住了经济活动最直接的知识。但是如果从更广阔的视野审视知识经济，将其作为一种现实的社会经济运动，就会发现这种理解有其自身的局限性。因为经济活动是生产力和生产关系的综合运动，技术因素和制度因素相互作用，信息资源与人的创造力资源的共同开发，只有单方面的知识生产与应用是不能真正促进经济增长的。

从目前关于知识的分类来看，具有复杂性和一定的难度。知识分类呈现出无限多样性。为了研究的方便，我们采用并改造了国际会计师联合会（IFAC）2003年在《成为胜任的职业会计师》报告中提出的职业知识分类：一般知识、会计与相关知识、信息技术知识、组织与经营知识等，将内部审计的职业知识分为：职业基础知识、职业应用知识、职业环境知识。

（一）职业基础知识

职业基础知识是指通过普通的国民教育所能获得的基础、广泛的一般知识，它是能够为内部审计师的职业生涯提供核心技术的基础知识。这些知识为内部审计师的后续教育学习和相关专业学习提供了基础。基础知识的核心内容包括：经济学基础知识、管理学基础知识及相关知识（包括：公司治理、战略管理、风险管理、流程管理、项目管理、组织行为学等）、会计基础知识（包括：会计学、财务管理、管理会计、税收等）、审计基础知识（包括：审计学、内部控制基础等）、经济法基础知识、统计学基础知识、信息技术知识、应用文写作等。

（二）职业应用知识

职业应用知识是指在执行具体的审计业务时，为达到最恰当有效的实务标准，进行合理的职业判断所必须具备的综合应用知识。职业应用知识的核心内容包括：舞弊识别与分析、财务审计、内部控制自我评价、风险管理审计、经济责任审计、管理审计、内部审计职业道德、建设项目审计、信息系统安全审计、内部审计项目管理、内部审计人际关系与冲突管理等。

（三）职业环境知识

职业环境知识是指内部审计所涉及的制度、准则、法律、政策及所属行业的特殊业务知识。职业环境知识的核心内容包括：中国内部审计准则、内部审计质量评估标准、国际内部审计实务标准、审计法、审计法实施条例、公司治理准则、会计法、合同法、税法、相关经济政策、所属行业的特殊业务知识、内部审计相关法律法规的最新变化等。

三、职业技能

技能是指个体运用已有的知识经验，通过练习而形成的智力活动方式和肢体的动作方式的复杂系统。毋庸置疑，知识与技能是相辅相成的，它们共同构成了认识世界、改造世界、认识自我、发展自我本领的主体结构。就其分工而言，两者各有侧重，如果说"知识"是思想的本领，那么

"技能"就是行动的本领;如果说"知识"的价值在于用思想认识世界、认识自我,那么"技能"的价值就在于用行动改造世界、改造自我。

内部审计职业技能是在职业知识的基础上,运用知识的能力。职业技能是内部审计职业胜任能力的核心,具备相应的职业技能是开展审计工作的前提条件,如何更好地把专业知识运用到审计工作中、如何通过审计工作整合已知和未知的知识是比掌握知识本身更重要的技能。因此,只有具备了相应的技能,才能够实施审计并提高审计知识的持续获取能力、提高咨询服务能力,适应审计领域拓展的需要。

根据我们的问卷调查,根据技能在传统教育理论中的划分结果,按其性质和特点可以分为:智力技能和操作技能。智力技能是指在头脑中对事物分析、综合、抽象、概括等的智力活动。操作技能指由大脑控制机体运动完成的动作、本领。具体内容如下表所示:

智力技能	职业判断能力、分析能力、逻辑推理能力、应变能力、压力管理能力、战略思考能力、系统思考能力、问题识别及解决能力、组织领导能力
操作技能	沟通能力、团队合作能力、组织协调能力、时间管理能力、冲突管理能力、持续职业发展能力

根据上述表格我们对于各种职业技能的具体论述如下:

(1)职业判断能力。内部审计工作的精髓是审计职业判断,也是内部审计工作的生命线,它将伴随内部审计的整个过程。审计职业判断的质量直接影响内部审计结果的价值。审计职业判断是指内部审计人员根据其专业知识和经验,通过识别和比较,对审计事项和自身的行为所作的估计、判断或选择。审计职业判断是一种思维形式,受主观影响比较大,其质量很大程度上取决于审计人员自身的素质,即审计人员的职业判断能力。

审计职业判断能力需要感性总结与理性思考。目前存在的误区主要是:审计不需要判断,只是取证;审计人员自以为是,认为自己的判断总是正确的。其实,审计的过程,既是一个取证的过程,更是一个判断的过程。判断不准确或者不全面,就会歪曲真相,特别是复杂的审计项目中,审计实施阶段的判断不客观或捎带主观片面性,都会导致错误的审计结论。但如果审计人员采取中立观点或者没有任何自己的想法,那么他们的工作也就没有价值可言了。优秀的职业判断能力不仅需要审计人员具有丰富的专业知识和良好的职业素质，而且还要具备高度的敏感性和较强的洞察力，因此，审计人员更要在实践中学会分析、判断、总结，积累经验，对审计中不断出现的复杂的、具有不确定性的经济业务以及各种影响因素，能够做出准确的职业判断。审计人员在工作过程中要经常探讨出现的新问题，做成功与失败的总结，互相交流工作经验，只有这样，才能锻炼思维能力，积累起丰富的经验，提高分析问题和解决问题的能力。

  在账项导向内部审计阶段，内部审计人员需要根据对账项的检测，对是否存在错弊做出判断，而在管理导向内部审计阶段，内部审计人员需要对业务领域中的合规性评估和程序性检查做出判断并向业务经理提出有益的建议，控制导向内部审计阶段，内部审计人员需要对内部控制存在的问题进行判断。在治理导向的内部审计阶段，更需要内部审计人员具备良好的判断力，因为，经理在寻求健全、合理的控制方法时需要帮助，而董事会成员需要知道任何还没有得到合理解决的风险，因此董事会和审计委员会希望从内部审计部门那里得到明确的观点。优秀的审计人员不是仅仅将事实进行报告，他们会同时给出相应管理方法是否合理恰当的鲜明观点，并且会进一步发掘这种管理方法的隐含意义。为了满足上述要求，做出正确的判断，具备良好的判断力，需要内部审计人员善于听取、耐心听取被审计人的意见，要充满好奇心、"嗅觉"力和想象力，而且要将判断力与综合分析能力充分地结合起来。

  （2）分析能力。分析能力是指把一件事情、一种现象、一个概念分成较简单的组成部分，找出这些部分的本质属性和彼此之间的关系单独进行剖析、分辨、观察和研究的一种能力。在内部审计萌芽、账项导向内部审计阶段，内部审计人员的分析主要是针对会计账簿等，所以对会计、财务方面的分析要求比较多，而且往往是针对一个事项的分析；到了管理需求导向内部审计阶段，内部审计开始针对公司业务进行审计分析。当内部审计由账项审计转向业务与经营管理领域中的合规性评估和程序性检查时，对内部审计人员的分析能力提出了更高的要求，也就是内部审计人员不仅具备会计、财务方面的分析能力还要对公司的业务进行分析。到控制导向内部审计阶段，内部审计人员开始分析整个企业的内部控制系统，但此时的分析还是局限于管理层之下的分析。随着20世纪90年代一系列财务丑闻的发生，促使内部审计人员更多地参与公司治理，提出了内部审计人员应该增加进行风险分析的要求。此阶段的分析就要求内部审计人员要深入地分析企业的内外部环境，以及各种管理层级，企业的各个流程。所以说治理导向内部审计阶段对内部审计人员分析能力的要求是很高的。可见，随着内部审计的发展，对内部审计人员的分析能力的要求不断增强，做一名合格的内部审计人员就需要通过更多的实践以及加强自己的学习能力，以便提升自身的经验和分析事物的能力。

（3）逻辑推理能力。逻辑推理能力是一种根据周围环境和活动，找出其内在的逻辑关系，从而推理出符合逻辑关系的结论的能力。只有具备了逻辑推理能力，才能对事物做出符合逻辑关系的正确判断，因此，逻辑推理能力也是内部审计职业技能的基本素质之一。对于内部审计人员而言，应该注意查找审计对象中数量之间的逻辑关系、主从逻辑关系、时间和地点上的逻辑关系等来发现审计中存在的疑点和问题。逻辑推理能力的培养应该注意从直接推理、间接推理、迂回推理、综合推理几个方面的推理能力培养。

（4）应变能力。审计中总是充满着不确定性，这就使得内部审计的变化成为一种必然。应变能力是指审计人员面对意外事件等压力，能迅速地做出反应，并寻求合适的方法，使事件得以妥善解决的能力，通俗地说就是应对变化的能力。现实中，内部审计活动经常是在一个变化多端的复杂环境下进行的，环境的变化导致内部审计在许多情况下是一个非程序性的问题，解决非程序性问题就要有创新，而这就是一种应变。

（5）压力管理能力。在当今的一个快节奏、高压力的社会环境中，一个人的压力管理能力显得十分重要。"压力激起一个人的斗志，同时也击垮另一些人！"。压力管理能力是指个人在压力状态下依然状态良好、持续高效工作，并从容应对压力的能力。它的主要内容包括：从积极的角度看待工作压力、在工作上遇到困难时依然保持对前景的乐观态度以及相信自己能从不愉快的工作体验中学到东西等。当前，内部审计人员不仅要面对工作量的压力，工作难度的压力，业务水平的压力，还是面对人际关系的压力。如果内部审计人员不具备一个良好的压力管理能力，很容易失去从事内部审计活动的信心，自然也就不会将其作为一种职业为之努力和奋斗，也就不能够保持一个良好的心态。胜任的内部审计人员需要具备良好的压力管理的能力，它有利于内部审计人员在面临压力时，化压力为动力，加强沟通，追求卓越，立志在工作中追求良好的表现，换位思考，以被审计单位的立场和观念来执行审计任务，并决心做出非凡成就，为从事的内部审计职业努力改变自身的现状。

（6）战略思考能力。战略是研究企业发展方向的重要管理内容，企业所有的管理内容都要围绕企业发展的战略目标。治理导向内部审计阶段提升了内部审计的地位，使得内部审计人员站在企业战略层面思考和研究内部审计，参与全面预算管理审计、人力资源管理审计、市场营销审计、管理效益审计、内部控制（风险管理）审计。在这种情况下，要求内部审计人员的视野提升到战略的高度，重视企业内外部环境的风险评估，这应该为内部审计人员所认识，也是未来发展方向。

（7）系统思考能力。系统思考又被称为"见树又见林的艺术"，是以整体的观点对复杂系统构成组件之间的连接进行研究。运用系统的观点看待组织的发展，引导人们从看局部到纵观整体，从看事物的表面到洞察其变化背后的结构，以及从静态的分析到认识各种因素的相互影响，进而寻找一种动态的平衡。这就需要内部审计人员具备系统思考的能力，能够根据全局需要，系统分析各环节中的因果关系以及它们之间的关系，从流程管理的角度提出建议，而不是从目标管理的角度，一事一议，头痛医头、脚痛医脚。

（8）问题识别及解决能力。现代内部审计的核心理念是：审计人员不仅要善于发现问题，而且要善于解决问题，并将所提建议当做本部门的服务产品向管理当局积极推销。内部审计发展至治理导向阶段，审计中发现的问题，背景更加错综复杂，审计人员要具备善于发现问题的本质，借助审计的权威性协调各方关系，准确把握反映问题的方式、范围和程度，提出妥善的处理意见。

（9）组织领导能力。领导能力可以被形容为一系列行为的组合，而这些行为将会激励人们跟随领导去要去的地方，不是简单的服从。美国前国务卿基辛格（Henry Kissenger）曾说："领导就是要让他的人们，从他们现在的地方，带领他们去还没有去过的地方。"在治理导向内部审计阶段，内部审计部门的成功与否在很大程度上取决于内部审计部门负责人和经理们的领导能力。内部审计部门作为一个幕僚部门，其存在的理由是为上级组织创造实际价值。内部审计部门的领导者需要对他们期望本部门达到的目标有一个愿景,并领导内部审计人员去实现。而作为内部审计人员,也应从其职业生涯早期就开始发展其领导能力。成功的内部审计人员会在员工层级时就开发自己的领导能力并为其晋升到企业管理人员做好准备,并寻找有经验的顾问帮助他们发展其领导能力。

(10)沟通能力。卡尔·罗杰斯曾经说过:"世界的未来靠的并不是自然科学,而是靠我们之间的理解和联络。"美国著名的教育学家卡耐基也说过,一个人的成功15%是由于他的专业技术,而85%则要靠他的人际关系和处事能力。这些说出了人际关系的沟通对于从事商业活动的重要性。现实来看,人是以社会人的角色存在的,作为社会人,每个人都隶属于一个或几个群体。所以,沟通能力作为人际交往的基本能力是至关重要的。

内部审计人员的沟通能力包括语言和非语言上的沟通能力,语言上的沟通能力包括书面写作和口头上的表达能力,非语言上的沟通能力主要是指形体语言上的表达和沟通能力。现实中,由于没有人喜欢自己被说三道四,没有人喜欢人们将问题汇报给自己的上级,没有人喜欢被以犯人的方式被询问。而早期内部审计人员以猎人、警察的身份从事内部审计工作,已经给组织内的其他人员蒙上了阴影,虽然以咨询服务为内容的内部审计活动有利于缓解这种紧张的关系,但现实中的内部审计冲突仍然存在,内部审计沟通成为能否实现审计目标的重要技能之一,甚至是核心技能。

在管理需求导向内部审计阶段之前,内部审计人员只需要具备基本的沟通能力,即通过与被审计单位的简单沟通获得审计的资料就可以,没有什么能力可言。但是,到了管理需求导向审计阶段,内部审计人员开始采用"访谈式"的审计方法,这对内部审计人员的沟通能力的要求就是一种提高,因为具备较高沟通能力的审计人员会在访谈的过程中,获得更多的资源。到了控制导向的内部审计阶段,内部审计部门受管理层领导,此时的内部审计人员的沟通范围已经上升到了管理层以下的组织的各个领域。到治理导向内部审计阶段,沟通能力显得尤为重要,因为,第一,内部审计人员需要与董事会之间进行公开和详细的沟通,以改善公司的治理。第二,内部审计人员需要通过有效的沟通与"客户"建立良好的关系,不论是服务于董事会,管理层还是其他的主体,它都必须清楚地界定其活动范围并传达给这些主体。内部审计人员可以通过及时的反馈,召开事前和事

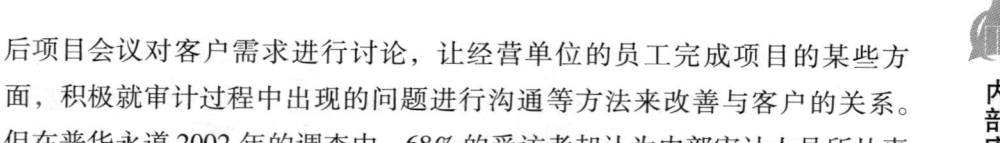

后项目会议对客户需求进行讨论,让经营单位的员工完成项目的某些方面,积极就审计过程中出现的问题进行沟通等方法来改善与客户的关系。但在普华永道2002年的调查中,68%的受访者却认为内部审计人员所从事增值在活动中没有清楚的体现出来。第三,内部审计人员彼此间在小组内部及其他环境下可进行持续的互动。所以说,在治理导向内部审计阶段对内部审计人员的沟通能力的要求是很高的。内部审计人员也应该意识到,当前他们面临的主要问题并不是技术上的问题,客观存在的体制问题不能也不可能在短时期内有所改变。如何运用良好的沟通能力,维护好一个良好的人际关系,在不断的沟通中寻求自身价值的实现,这才是治理导向内部审计阶段对内部审计人员显性能力素质要求的核心内容。

(11) 团队合作能力。管理大师罗伯特·凯利说:"企业的成功靠团队,而不是靠个人。"就内部审计本身而言,内部审计是一项团队活动,一个审计组至少由2名以上成员组成。内部审计工作是一项集体性工作,需要依靠内部审计人员的集体智慧、分工协作、积极合作、无私奉献去完成,这就要求内部审计人员必须摒弃个人英雄主义思想,树立团队意识。因此,内部审计人员在实际工作中,要树立团队合作意识。

(12) 组织协调能力。组织能力即系统性和整体性的安排分散的人或事物的能力,协调能力即把分散的人或事物之间的关系配合得当的能力。提高组织协调能力,有利于取得上级的信赖和支持。在内部审计工作中,董事会、管理层等上级的支持、信赖、指导和帮助有利于审计工作的开展,良好的协调能力还能有利于取得相关单位的帮助和配合,有利于实现其审计目标获得卓越的绩效。良好的协调能力有利于内部审计人员统筹配置资源,将资源的使用效益发挥至最大化。

(13) 时间管理能力。时间管理就是用技巧、技术和工具帮助人们完成工作,实现目标。时间管理并不是要把所有事情做完,而是更有效地运用时间。它最重要的功能是透过事先的规划,作为一种提醒与指引。具备良好的时间管理能力的内部审计人员能够合理有效地使用时间,能够把所见、所闻、所感综合在一起,通过归纳、整理,综合分析评估,把握事情的实质和关键。具备良好的时间管理能力的内部审计人员能明确审计完成时限,细化审计实施方案。同时,围绕审计工作目标,明晰审计工作重点,全面深入地编制审计项目实施方案,并细化审计项目的时间进度,具体到事，落实到人。

（14）冲突管理能力。孔子曰：君子和而不同，小人同而不和；孟子云：无敌国者，国恒亡也。冲突只是发展、变化或创新带来的副产物。没有人喜欢冲突，但有人的地方就有冲突。冲突不全是坏事，它能暴露组织中存在的问题，促进问题的公开讨论，增强企业活力，刺激良性竞争。冲突管理成功的关键是不出现输方，长远的解决办法是建立共同遵守的游戏规则。内部审计检查被审计单位错弊的工作性质使得内部审计人员遇到人际冲突是难免的，内部审计人员如果要进行有效的审计，他们必须具备良好的冲突管理能力，和被审计单位或人员一起面对现实。在治理导向内部审计阶段，内部审计人员面对冲突可以选择向领导汇报，暂时回避，互相协作、说服、劝导等措施，但最佳的方式应该是协作，通过尽量地让被审计人一起证实他们的工作，通过协商，尽可能减少冲突。例如，可以通过参与式审计，或者审计角色体验等制度来增加被审计单位人员的参与，在报送审计报告之前，允许其阅读工作底稿和审计报告草稿，以增强相互理解，避免可能发生的冲突。

（15）持续职业发展能力。内部审计师必须通过持续职业发展来增加知识、提高技能和其他的能力。作为一名内部审计人员，如果不具备持续职业发展能力，满足现有的经验和知识体系，就不能及时地随着周围环境的变化改变工作思路，就无法适应瞬息万变的市场经济的要求，做好自己的审计工作。为此，作为内部审计人员必须高瞻远瞩，顺应时代需求，始终保持积极进取的精神，不断强化学习意识，切实增强学习的主动性，持续学习，充实自己。通过加强学习，通过各种途径来增长知识、增加智慧、增强本领，以适应新形势、新任务对内部审计人员的新要求。

综合以上内部审计人员胜任能力应该具备的职业特质、职业知识和职业技能，我们将其汇总如下表所示：

内部审计人员职业胜任能力框架

职业特质		独立、客观、诚信、激情、好奇、坚定、主动、敏感、审慎
职业知识	基础知识	经济学基础知识、管理学基础知识及相关知识（包括：公司治理、战略管理、风险管理、流程管理、项目管理、组织行为学等）、会计基础知识（包括：会计学、财务管理、管理会计、税收等）、审计基础知识（包括：审计学、内部控制基础等）、经济法基础知识、统计学基础知识、信息技术知识、应用文写作等
	应用知识	舞弊识别与分析、财务审计、内部控制自我评价、风险管理审计、经济责任审计、管理审计、内部审计职业道德、建设项目审计、信息系统安全审计、内部审计项目管理、内部审计人际关系与冲突管理等
	环境知识	中国内部审计准则、内部审计质量评估标准、国际内部审计实务标准、审计法、审计法实施条例、公司治理准则、会计法、合同法、税法、相关经济政策、所属行业的特殊业务知识、内部审计相关法律法规的最新变化等
职业技能	智力技能	职业判断能力、分析能力、逻辑推理能力、应变能力、压力管理能力、战略思考能力、系统思考能力、问题识别及解决能力、组织领导能力
	操作技能	沟通能力、团队合作能力、组织协调能力、时间管理能力、冲突管理能力、持续职业发展能力

第五章　企业的生命周期与内部审计组织胜任能力的等级模型

通过前面的论述，我们已经构建了企业内部审计人员通用的胜任能力框架，但这是否就是所有组织或者企业所需要的能力，我们的回答是否定的。

当企业处于不同的生命周期，对于内部审计组织整体的胜任能力需求是不同的，也就是说，随着企业发展处于初创期、发展期、成熟期，企业对于内部审计组织的胜任能力的整体要求将呈现出一种向上层级的发展需求。现实中，随着一个组织的规模大小、复杂程度以及相关的风险不断增加，其对于更加复杂的内部审计能力需求也在增加，这时，一个企业在内部审计实践中就需要一个更高等级的、更加复杂的内部审计制度，那么，内部审计活动就应该具有更高的能力等级。为此，我们提出应在企业内部建立和采用一种类似于"积木"的方法，构建内部审计能力等级模型。这个模型体现为一个不断演进的框架结构。这个演进的过程可以划分为四个渐进的能力等级：①初创级②发展级③成熟级④优化级。如下图所示：

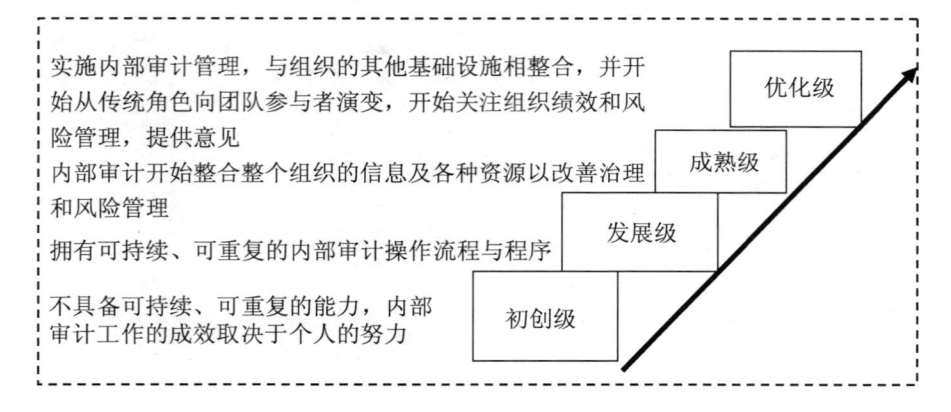

实施内部审计管理，与组织的其他基础设施相整合，并开始从传统角色向团队参与者演变，开始关注组织绩效和风险管理，提供意见 —— 优化级

内部审计开始整合整个组织的信息及各种资源以改善治理和风险管理 —— 成熟级

拥有可持续、可重复的内部审计操作流程与程序 —— 发展级

不具备可持续、可重复的能力，内部审计工作的成效取决于个人的努力 —— 初创级

企业内部审计组织胜任等级模型

对于各个等级内容的具体判断标准如下表所示：

企业内部审计组织胜任等级模型判断标准列表

4. 优化级	（1）内部审计组织是一个不断改进创新的学习型组织。 （2）内部审计可以充分利用企业内部和外部的信息来达成战略目标。 （3）该组织的内部审计实践被认为是世界级、被推荐的、最佳实践表现。 （4）内部审计是组织治理结构的关键组成部分。 （5）内部审计人员具备顶级的专业和特殊技能。
3. 成熟级	（1）内部审计活动符合利益相关者的期望。 （2）内部审计制度、程序已被定义、记录，并与组织的其他基础设施相整合。 （3）内部审计开始与组织的日常业务及其所面临的风险相联系。 （4）内部审计管理的焦点是团队建设和内部审计活动的独立性与客观性。 （5）内部审计组织的绩效指标能够衡量和监控。 （6）内部审计组织被认为能为企业带来特殊的贡献。 （7）内部审计组织是一个内部管理良好的组织。 （8）内部审计风险衡量和管理能够实现量化。
2. 发展级	（1）具备可重复性的内部审计流程及操作程序。 （2）建立了内部审计的行政汇报关系，并具备了一定的行政基础设施。 （3）制定了原则上基于管理层导向的内部审计计划。 （4）内部审计人员具备必要的技能和能力，并可以在内部审计自身和跨组织范围内进行知识共享和能力持续改进。 （5）内部审计作为组织治理和风险管理一个整合部分运行。 （6）内部审计活动在一般意义上符合相关标准和准则。 （7）内部审计逐渐从传统内部审计角色向团队参与者演变，并能够为组织的绩效和风险管理提供意见。
1. 初创级	（1）内部审计属于非正式的组织。内部审计人员依附于某一组织单位，成为其组成部分。 （2）主要实施孤立的单一审计，或对文件及交易事项准确性和一致性进行审查。 （3）拨款由管理层批准，缺乏独立性。 （4）缺乏必要的基础设施。 （5）没有制定关于内部审计的专门制度。 （6）内部审计部分活动符合相关标准和准则。 （7）内部审计质量依赖于某些特殊人员的专业技能和能力。

通过上述等级的设计，我们应该认识到：一方面，企业内部审计能力等级要与企业所处的发展阶段相适应，不能忽略企业的现状，一味寻求最高等级的能力素质要求，这是不符合成本效益原则的；另一方面，发展到

优化级的内部审计能力等级当然是所有企业内部审计组织所期望的,但这需要一个过程,只有当企业的治理结构、管理控制环境发生变化的时候,对于内部审计人员的能力等级需求才会发生变化,这时可能就需要内部审计能力水平迈向一个新的等级,而这个过程需要各种必备的条件达到时才可能实现。例如,已经制度化、流程化与模版化了本等级的专业实践,人力资源部门具有招募和培养合格的内部审计人员的发展战略,尤其是高级管理者的支持与重视对于内部审计部门能力等级的提升这时显得更加重要。

第六章 研究应用：基于胜任能力的内部审计人力资源管理体系初步设计

一、企业基于胜任能力构建内部审计人力资源管理体系的意义

人力资源管理向以胜任能力为平台的体系转变，员工的胜任力也日益成为企业核心竞争力的关键，成为企业不可模仿的核心竞争力的重要来源。这种转变赋予了人力资源管理新的活力与气息，更为重要的是提升了人力资源管理的战略地位。21世纪的今天，建立和发展基于胜任力的人力资源管理体系可以显著地提高人力资源的质量，强化组织的竞争力，促进企业发展目标的实现，这对企业在新竞争环境的生存和发展具有重要意义。

为此，我们认为，内部审计人员胜任能力模型可以在企业的人力资源管理的各个方面得到有效利用。基于胜任能力框架，我们可以清楚地描述胜任某类工作或岗位的胜任力，借助于这些胜任能力的分析，我们可以使得其他人力资源管理的工作获得有效的支撑。具体来看，将内部审计人员的胜任能力框架运用于企业的人力资源管理，可以体现如下几个方面的意义：

（一）有助于更好地贯彻落实企业的战略目标

基于胜任能力的人力资源管理体系强调的是企业战略规划和企业文化对员工的要求与引导作用。在这种体系下，人力资源管理不再是单纯处理一些事务性的工作，更多地起到了企业战略的传导系统的作用。为此，一方面，内部审计胜任能力的要求应该与企业的发展战略保持一致，进一步说，企业所打造的基于胜任能力为核心的内部审计人力资源管理体系应该

是有针对性的体系，它应该明确对企业发展战略起到重要作用的胜任能力有哪些，并将它们分解为具体的可以培养的行为特征。另一方面，借助胜任能力框架，有利于将企业的战略思想、使命、目标等核心价值观念层层传递给内部审计员工，使其成为内部审计员工的自觉行为，进而推进企业的战略落实，成为组织变革的有效推进器。

（二）有助于企业在更大程度上实现内部审计从业人员与岗位的匹配

现代管理心理学研究表明，员工在适合其个性特点、专长、性格、兴趣等的岗位上能够产生更高生产效率，创造更多的生产力。因此，利用胜任力模型，通过恰当的测评手段，可以发现员工与岗位的匹配度，从而为合理配置员工提供有价值的参考建议，进而帮助企业在更大程度上实现人岗匹配。从企业的角度来看，首先，基于内部审计人员胜任能力框架，可以实现对现有内部审计人力资源现实的评价，能够帮助企业选拔、培养、激励那些适合于从事内部审计职业，并在未来可以使成就卓越的员工进入到内部审计组织中来，实现内部从业人员与岗位的匹配；其次，从内部审计部门员工的角度来看，他可以通过胜任能力框架的要求，明确个人努力的方向，了解自身的职业发展通道，找到从事内部审计职业的特质，并学会运用内部审计的职业思维思考问题，避免审计中的冲突，使得内部审计人员和组织学会自我管理，成就卓越，激发其从事内部审计职业的积极性和创造性。基于胜任能力的内部审计人力资源管理体系在明确的胜任能力要素要求指引下，内部审计人员能够明晰自身的努力方向，进而自发培育组织所需要的核心竞争力，从而真正将内部审计人员职业生涯规划落地，实现企业与内部审计人员的"双赢"。

（三）有助于企业优化内部审计人力资源管理流程

基于胜任能力的人力资源管理体系可以弥补传统基于岗位的人力资源管理体系的不足，是对后者的传承和升华。胜任能力框架在人力资源管理活动中起着基础性、决定性的作用。它通过建立一套标杆参照体系，可以分别为内部审计人员的工作分析、人员招聘、人员考核、人员培训及人员激励提供强有力的依据，从而优化内部审计人力资源管理的各个流程，为

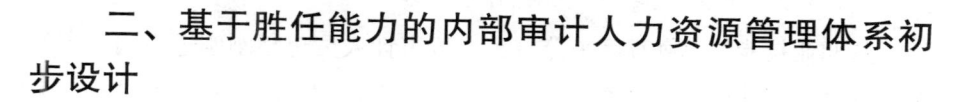

内部审计组织发展提供更好的人力资源支持。

二、基于胜任能力的内部审计人力资源管理体系初步设计

（一）基于胜任能力的内部审计人员工作职责设计和人力资源规划

在基于岗位工作分析的内部审计人力资源管理系统中，岗位是工作设计的基本单位，而在基于胜任能力的人力资源管理系统中，内部审计人员成为工作设计的基本单位。以前企业可能需要内部审计岗位说明书，而现在企业可能更需要内部审计人员描述（Person Descriptions），详细描述内部审计人员履行职责所应具备的各项胜任能力及其应达到的水平。在这种人力资源管理系统中，内部审计人员能真正成为企业关注的重点，企业也可以根据业务发展的需求和内部审计人员的胜任能力水平灵活地对内部审计人员的工作进行合理的安排和必要的调整，以保证"人"和"岗"的最佳匹配，从而使"以人为本"得到最大限度地体现。基于胜任能力的内部审计工作职责分析越来越趋向于未来导向和战略导向，即按照组织未来发展的要求重构岗位职责和工作任务，确认岗位要求。

内部审计人力资源规划是指内部审计组织从战略和发展目标出发，根据其内外部环境的变化，预测内部审计组织未来发展对人力资源的需求，以及为满足这种需求提供人力资源的活动过程，主要关注的是内部审计人力资源供求之间的数量、质量和结构的匹配。一般来说，基于岗位的企业人力资源规划强调以岗位为基础来规划整个企业的人力资源。这种方法注重工作的组成要素，是一种岗位导向的方法。基于胜任力的内部审计人力资源规划则以内部审计组织及其对各个职位的内部审计人员胜任能力模型为基础，盘点当前内部审计组织成员的胜任能力现状，对将来一段时期内符合胜任能力要求的内部审计人力资源数量和结构做出一个战略性的安排。

为此，企业应该先根据自身的内部审计组织定位及角色扮演要求，列出内部审计应尽的职责范围，然后根据这个职责范围，设定内部审计人员的能力要求，详细进行内部审计人员工作职责描述。以前面我们所定位的内部审计组织及其角色扮演，基于胜任能力的通用模型，我们认为不同的

内部审计人员职责范围及其能力要求论述如下:

1. 一般审计人员职责及其能力要求

从职业技能的熟练程度来分析,一般审计人员包括刚刚进入内部审计行业的助理审计员以及工作了一定时间(一般为3~5年)的审计师。从实际工作职责来看,其内容主要包括①参与审计工作规章制度、内部审计操作流程等管理办法的修订,以及年度审计计划、项目审计实施计划、审计方案的编制等具体工作;②根据现场审计方案,在规定的时间内,完成现场审计工作。负责按照审计时间表对财务、营运、合规性和信息系统进行实地考察,并对其财务记录的准确性、商业活动的有效性以及符合政策、程序、法律和法规的情况进行评价;③在项目经理的领导下,协助其完成前期的调查准备工作,并负责有关审计资料的原始调查、收集、整理、建档工作,按规定保守秘密和保护当事人合法权益;④适时向项目经理汇报潜在的、重大的审计发现;⑤取得审计工作证据,具体负责所涉及审计事项审计工作底稿的编制,并对取得的审计证据的真实性、完整性负责;⑥草拟审计报告;⑦完成项目经理交办的其他任务。

总体来看,一般审计人员应掌握从制订审计计划、项目计划和审计方案,到执行、起草审计报告所需的技能以及按照内部审计准则实施审计工作的能力,它要求一般内部审计人员掌握审计基本理论与基本技术方法和相关的计算机知识。

2. 审计主管工作职责及其能力要求

严格来说,审计主管也属于一般的审计人员,他仅是在技术的熟练程度、经验和管理能力上比一般的审计人员更加成熟,其职责内容上并没有与一般审计人员有过多的差别,但有时审计主管也可作为项目经理来参与审计事项,其与一般审计人员在职责上的重大差别在于项目管理,这种差异主要表现在:①受审计经理指派,承担审计项目经理的具体工作,指导一般审计人员并独立完成审计项目;②根据现实情况,向部门经理提出改进内部审计工作的建议;③协调审计资源与时间安排,合理安排审计项目组成员,制订合理高效的审计方案;④指导、督促和检查审计人员按照审计工作程序保质保量完成各项审计工作任务,善于解决审计工作中遇到的疑难问题;⑤负责审计档案的归档工作,及时填报审计事项统计报表;⑥与被审计单位沟通、修订完成审计报告;⑦跟踪审计建议的执行,实施后续审计工作；⑧完成审计经理交办的其他主管任务。

总体来看，内部审计主管应掌握独立完成一个项目所需的技能和知识。包括依照内部审计准则编制综合的涵盖项目业务范围的项目计划和审计方案，对内部审计项目的组织实施以及解决相关的复杂问题等。它往往要求内部审计主管具有系统的审计专业和经济理论知识，熟悉与审计工作相关的各项经济法律、行政法规，通晓审计法规、会计法规及有关行业的财务会计制度；能熟练运用经济基础理论和专业知识，解决审计领域中重要或关键的疑难问题，能解决审计工作与其他工作配合、协调中的重大问题；能够组织、指导与考核一般审计人员的业务学习和工作，能够主持审计工作，并具有较高的文字写作能力、文字表达能力和分析问题的能力，能较为熟练地操作计算机。

3. 审计经理工作职责及其能力要求

审计经理是内部审计机构中仅次于首席审计执行官的一个重要管理职位。具体负责整个内部审计机构的具体组织工作，并向审计委员会汇报成果与存在的问题。其具体职责表现在：①理解企业所面临的风险，并积极推广风险意识；②为内部控制与风险管理体系的完善提供意见和建议，并努力建立畅通的渠道，促进风险管理和控制制度的改善，确保组织面临的风险处于控制之中；③对项目经理提出的工作计划进行评估并在必要时提出修改意见；④在结束项目前，与一般审计人员及审计主管、项目经理共同讨论项目的过程和结果，根据项目的目的和范围，评价结论的相关性和有效性、适当性，工作质量及员工的表现，选定方法是否如预期发挥了作用及失败的原因，是否实现了项目目标，是否达到客户的需要；⑤与内部审计项目有关人员讨论审计报告草案，提出修订意见，批准确定终稿，并通过沟通取得被审计单位的理解和支持；⑥与客户及组织关键人物沟通，及时跟踪和了解对方对内部审计工作的需求变化，共同提升内部审计的有效性和有用性，提升内部审计在组织内部的地位；⑦领导内部审计机构随时间变化持续发展自身功能，及时充分反映被审计单位的需求变化、内部审计宗旨、长远发展、当前工作需要；⑧就内部审计组织的现实，对内部审计人员组织适当的培训，使内部审计人员个人能力符合质量管理和持续改进的要求；⑨实施积极的环境管理策略，在内部审计功能中，建立反映积极主动精神的文化，关注客户和主要利益相关者对内部审计功能提出的建议、参与管理的意见，对他们的意见做出恰当的反应。

作为内部审计机构中重要的管理者，审计经理重点应该掌握组织内部审计机构工作的业务及行政方面的技能，包括制订年度审计计划，批准和审查审计项目计划和审计方案等。作为内部审计管理者应该具备配置审计资源，管理内部审计部门，正确运用内部审计准则，制定审计程序，应用审计技术，出具审计报告以及处理与协调内外关系等方面的技能，并掌握和应用战略经营时代的管理理论；具有充分有效的利用建立的关系网络开展专业化的价值增值服务的能力；熟悉内部审计在流程再造过程中的作用；掌握和正确运用有关公司治理、内部控制和风险管理理论等知识。

4. 首席审计执行官工作职责及其能力要求

首席审计执行官是指组织内负责内部审计活动的最高职位。一个组织的内部审计师的最终职业生涯是成为首席审计执行官。首席审计执行官的特定称谓可以根据所在组织情况有所不同，如总审计师、审计总监根据国际内部审计实务标准。首席审计执行官的职责包括：①必须有效地管理内部审计活动，确保为组织增加价值；②定期审查内部审计章程，并提交高级管理层和董事会审批；③首席审计执行官应当向高级管理层和董事会解释并讨论"内部审计定义"、《职业道德规范》和《标准》；④首席审计执行官必须定期向高级管理层和董事会报告内部审计活动的宗旨、权力和职责及其与计划相关的工作开展情况，报告中还必须包括重大风险披露和控制事项，其中包括舞弊风险、治理以及高级管理层和董事会需要或要求的其他事项；⑤首席审计执行官协助审计委员会，确保其章程、内部审计活动和各项过程对履行其职责是恰当的；⑥首席审计执行官要定期对内部审计章程进行评估，确保其符合内部审计工作的实际需要，是否足以实现内部审计目标，并将评估章程的意见提交管理层和董事会；⑦首席审计执行官应与审计委员会和主席保持开放、有效的沟通，定期向审计委员会和管理层提交报告，总结审计活动的结果；⑧确认内部审计师和外部审计师之间工作的协调是否有效率和效果，并判断内部和外部审计师的工作有无重复性，指明出现重复的原因；⑨首席审计执行官应以风险为基础制订计划，以目前拥有的审计资源为判断基础确定与组织目标相一致的内部审计活动重点，在评估风险和风险暴露优先次序的基础上安排审计工作；⑩首席审计执行官必须制定政策和程序，为内部审计活动提供指导；首席审计执行官应经常评估内、外部审计人员之间工作协调情况，并向高级管理层和董事会汇报内、外部审计师工作协调情况的评估结果，对外部审计师工作的相关意见可以一并上报；首席审计执行官必须建立并维护涵盖内部审计活动所有方面的质量保证与改进程序，必须向高级管理层和董事会报告质量保证与改进程序的结果。

首席审计执行官作为内部审计机构的最高长官，拥有其他主体不可替代的能力要求，其作为最高管理者需要加强与董事会和最高管理者的沟通，并应具有指导、监督内部审计活动的能力；他应具备从战略层面指导内部审计机构符合董事会和管理层期望并持续改进内部审计部门的能力；它应具有说服能力，影响力，感染力，能够在沟通中营销内部审计机构，并正确理解董事会和经营管理者的真正需求，努力通过审计计划和方案的指导满足这种需求；首席审计执行官应熟知最新国内外审计失败的案例，国际、国内最新准则、政策方面的变化。因此，作为首席审计执行官，与实践操作者相比，他往往需要更多的与战略相关的公司治理、组织行为管理、市场营销管理、人力资源管理、风险管理、内部控制、风险导向审计等理论知识。

（二）基于胜任能力的企业内部审计人员招募与选拔

试想一下，一个在会计领域和金融方面学识渊博的人是否就能成为一名优秀的CFO（首席财务官）。一名优秀的CFO应有能够强有力地影响别人的能力，成为CEO和其他管理部门的战略伙伴，运用其分析思维和概念思维能力为企业制订并实现具有挑战性目标的能力。传统的内部审计人员招募与选拔大多停留在以教育背景、知识水平、技能水平和以往的经验而非胜任能力来做出聘用、选拔的决定，但往往知识丰富、技术能力较强的人不一定就是内部审计工作的优秀者。

基于胜任能力的内部审计人员选拔，挑选的是具备胜任能力和能够取得优异绩效的人，而不仅仅是能做那些内部审计具体工作和施展审计技术的人。因此，人－职匹配不仅体现在内部审计知识和技能的匹配上，还必须重视内部审计职业特质的匹配。这样做的理由是，处于胜任能力框架表层的知识和技能，相对易于改进和发展；而处于内部审计胜任能力框架底层的核心动机、态度、人格特质等最难于评估和改进，但对内部审计胜任能力却有着重要的贡献。我们认为，只有内部审计人员具备与企业哲学、企业使命一致的人格特质和动机时，才可能与企业建立以劳动契约和心理契约双重纽带为基础的战略合作伙伴关系，才可能被充分激励。即使面对压力仍然具有持久的奋斗精神，才能将企业的核心价值观、共同愿景落实到自己日常的行为过程中，从而造就卓越的内部审计组织。同时，在人员的选拔与配置中，为了做到人－职位－组织三者之间的匹配，仅仅考察内部审计工作胜任能力的共性是不够的，还必须针对不同的岗位构建不同的工作胜任能力特质或者差异，并以此为基础来进行选拔、招募。

基于胜任能力的招聘是以胜任能力为基础的选任机制，重点对候选者的价值观（包括性格、态度、价值观、行为方式等）、能力和技能进行综合评估。因此，在评价时采用的方法也会与以前的不完全一样，这时，行为事件法（BEI）、工作样本法、情景模拟法等方法可以被更广泛地采用。而对应聘者的能力、技能和素质进行评估的最实际、最有效的方法之一是基于行为事件的面试方法。这一面试方法的假设前提是过去的绩效能最好地预测未来的绩效。优秀的面试官应根据拟招聘岗位的胜任能力模型，对内部审计各个职位的应聘者价值观，以及在过去行为中所表现出来的胜任能力高低进行判断，并与岗位胜任能力标准对照，预测应聘者在该应聘岗位的未来表现，做出是否录用的决策。

（三）基于胜任能力的内部审计人员培训设计

内部审计人员的培训除了包括行业协会组织的后续教育培训外，还应该包括企业自身组织的内部培训。基于胜任能力设计的内部审计人员培训，是对内部审计员工进行各个职位核心胜任能力的培养，培训目的是增强内部审计人员取得更高绩效的能力、适应未来环境变化的能力和内部审计人员胜任能力发展潜能。应该看到，内部审计人员培训是一个系统的过程，它应该包括三个方面：培训内容、培训组织和培训效果评价。基于胜任能力设计的培训内容体系，有利于保证胜任能力的培养是基于企业整体战略发展和管理者需求所需要的胜任能力，有利于员工把在培训中所提高的胜任能力真正应用到工作中。否则，就会出现企业的内部审计人员根据自己的设想去选择培训内容，在一些企业并不需要的胜任能力上去浪费时间与精力，造成培训效果并不明显，既浪费了很多成本，实际工作中又派不上用场。因此，企业需要根据内部审计人员不同的岗位职责履行要求，有针对性地开发培训课程，既要清楚企业基于不同岗位的胜任能力要求，又要明确人员需要培养的素质和能力特点、知识水平中存在哪些不足，这样才能保证培训有的放矢，有利于提升关键内部审计人员和管理者的能力素质，提高内部审计组织整体的绩效。

与传统的岗位培训相比，基于胜任能力的培训系统提供了新的视野，它使得原来"自然"、非结构化的学习，成为结构化的、有计划的内部审计人员培训活动，使得培训收到全面的效果。为此，结合前面关于一般内部审计机构中设置的四种岗位职责及其胜任能力的要求，我们运用列表来说明其在履行职责方面应重点培养的能力，并通过特殊符号表明其在同一胜任能力上应该具备的熟练程度差异性，列出内部审计人员应该进行的培训课程内容。

不同岗位内部审计人员胜任能力列表

内容		角色	一般审计员	审计主管	审计经理	首席审计官
职业知识	基础知识	经济学基础知识	△	△	☆	☆
		管理学基础知识及相关	△	☆	☆	☆
		会计基础知识	△	△	△	△
		审计基础知识	△	△	△	△
		经济法基础知识	△	△	△	△
		统计学基础知识	△	△	△	△
		信息技术知识	△	△	△	△
		应用文写作	△	☆	☆☆	☆☆
	应用知识	舞弊识别与分析	△	△	△	△
		财务审计	△	△	△	△
		内部控制自我评价	△	☆	☆	△
		风险管理审计	△	△	△	☆
		经济责任审计	△	☆	☆	△
		管理审计	△	☆	☆	△
		内部审计职业道德	△	△	△	△
		建设项目审计	△	△	△	△
		信息系统安全审计	△	☆	☆	△
		内部审计项目管理	△	☆	☆☆	△
		内部审计人际关系与冲突管理	△	☆	☆	☆☆

续表

职业知识	环境知识	中国内部审计准则	△	△	△	△
		内部审计质量评估标准	△	△	☆	☆
		国际内部审计实务标准	△	△	△	△
		审计法	△	△	△	△
		审计法实施条例	△	△	△	△
		公司治理准则	△	△	☆	☆☆
		会计法	△	△	△	△
		合同法	△	△	△	△
		税法	△	△	△	△
		相关经济政策	△	△	☆	☆
		所属行业的特殊业务知识	△	☆	☆	☆
		相关法律、法规的最新变化	△	☆	☆	☆☆
职业技能	智力技能	职业判断能力	△	☆	☆☆	☆
		分析能力	△	☆	☆☆	☆
		逻辑推理能力	△	☆	☆	△
		应变能力	△	☆	☆	☆☆
		压力管理能力	△	☆	☆☆	☆
		战略思考能力		△	△	☆☆
		系统思考能力	△	△	☆	☆
		问题识别及解决能力	△	☆	☆☆	☆☆
		组织领导能力		△	☆	☆☆
	操作技能	沟通能力	△	☆	☆	☆☆
		团队合作能力	△	☆☆	☆	△
		组织协调能力	△	△	☆☆	☆
		时间管理能力	△	☆	☆	△
		冲突管理能力	△	☆	☆☆	☆
		持续职业发展能力	△	☆	☆	△
职业特质		独立	△	△	△	△
		客观	△	△	△	△
		诚信	△	△	△	△
		激情	△	☆	☆	☆☆
		好奇	☆	☆☆	△	△
		坚定	☆	☆☆	△	△
		主动	☆	☆☆	△	△
		敏感	☆☆	☆☆	△	△
		审慎	☆☆	☆☆	△	△

我们认为，从胜任能力的内容来看，对一般审计人员来说应该覆盖所有知识、技能和职业特质，由于一般审计人员、审计主管、审计经理与首席审计执行官在职责范围内的差异性，形成了在各自知识领域内对某一知识、技能、特质的熟练程度要求不同。

以职业知识为例，我们以"△"表示他所应该掌握的通用知识，以"☆"表示每一个岗位应该重点并熟练掌握的职业知识内容，"☆"的多少表示其要求的程度的差异性，而这些内容恰恰是应在未来设计不同层次内部审计人员培训内容时需要重点考虑的课程。

为此，我们认为，除了在大学教育阶段完成的内部审计基础知识（经济学基础知识、管理学基础知识、会计学基础知识、审计基础知识、经济法基础知识、统计学基础知识、信息技术基础知识、应用文写作等）外，还应包括的具体课程内容设置如下：

一般审计人员应设置的主要课程包括：

- 内部审计业务流程与技术方法（重点：内部审计定义、内部审计职业道德、内部审计在舞弊、控制、风险管理中的作用、审计计划、审计通知书、审计证据、审计工作底稿、审计抽样、重要性与审计风险、分析性复核、审计报告、后续审计）
- 舞弊识别与分析技巧
- EXCEL在内部审计中应用技巧
- 数量与统计技术
- 财务审计理论与方法
- 企业内部控制基本规范与配套指引讲解
- 企业全面风险管理
- 企业基本的业务流程与重点控制环节
- 内部审计实施中的一般沟通技巧
- 会计准则的变化与最新趋势

这个课程体系设置是基于审计新人及工作时间在2~3年内的审计人员所提出的，课程不仅关注了内部审计的国际、国内审计准则，内部审计工具以及技术，而且关注内部审计所处的业务环境。按照这个内容进行课程设置，基本上能够达到众多企业所要求的最低胜任能力与职责要求，为达到应有的职业审慎性奠定了基础。

内部审计主管应设置的主要课程包括：
- 内部控制自我评价
- 经济责任审计实施程序与评价方法
- 管理审计理论与实务
- 内部审计计划编制技巧与审计方案实施优化
- 审计报告撰写技巧与内外部沟通
- 信息系统安全审计实务
- 连续审计或者实时审计实务
- 流程图软件的使用技巧
- 内部审计项目管理优化与案例分析
- 分析技巧在内部审计中的运用与案例分析
- 内部审计过程质量控制
- 内部审计咨询服务
- 内部审计沟通技巧与冲突管理
- 与本企业业务相关的其他内部审计实务，例如物资采购审计、价格审计等
- 与内部审计相关的法律法规的最新变化

内部审计主管的课程设置在强化一般内部审计人员的基本概念与技术的基础上，主要讲授一些专项审计的具体技术与方法，同时强调内部审计主管作为项目经理时可能遇到的沟通技巧，项目管理方法与实务，同时考虑到内部审计主管的主要职责在于现场审计工作的实施，设置了内部审计计划、内部审计报告、分析技巧、质量控制等课程内容，来强化其内部审计流程的执行和审计项目管理的能力。此时的内部审计主管已经将内部审计与个人的事业目标联系起来，通过结构化的职业规划，对承担内部审计之外的职责开始有所准备。

审计经理应设置的主要课程包括：
- 企业业务流程再造实务
- 集团公司管理控制实务
- 领导力提升与沟通艺术（包括压力管理、时间管理、应变能力、组织领导、沟通、协调等能力的训练）
- 管理咨询工具
- 领导者演讲艺术提升

- 系统思考与实践
- 内部控制流程梳理、评价与审计
- 内部审计质量评估
- 风险导向内部审计实务
- 内部审计职业判断能力提升
- 国内外内部审计最佳实务案例分析
- 与内部审计相关的最新法律法规的变化

审计经理作为仅次于首席审计官的重要角色，在整个内部审计机构的管理以及与被审计单位、首席审计官的沟通上显得十分重要。因此，在审计主管培训课程的基础上，重点加强与企业管理优化相关的重要课程，并注重利用其掌握的管理工具指导内部审计具体工作。这一阶段的内部审计经理在管理好具体业务和审计机构的基础上，开始从战略层面、管理层面等宏观层面理解企业的公司治理与组织职能，为进入下一阶段的职业生涯做好准备。

首席审计执行官应设置的主要课程包括：

- 公司战略管理
- 管理控制：化战略为行动
- 公司治理、流程再造与价值管理
- 公司治理的最佳实务案例分析
- 公司治理与内部审计设置
- 中国管理哲学与现代企业管理
- 内部审计章程制定与改进实务
- 企业内部审计组织文化建设与改进
- 国内外的内部审计标杆案例分析
- 国际、国内有关的法律法规与内部审计准则的最新变化

首席审计执行官应在内部审计经理培训课程的基础上增加战略思考的能力、公司治理的理解与说服能力，并能够从战略层面指导内部审计机构符合董事会和管理层期望并持续改进内部审计部门的能力。为此，首席审计执行官应具有一定的高度，在课程设置上应突出综合性和高端性，并努力提倡最佳的公司治理与内部审计实务标杆案例课程。

（四）基于胜任能力的内部审计人员绩效管理

一般我们对于绩效的理解，强调绩效揭示的是最终结果，因此，内部审计人员的绩效管理就停留在绩效结果管理的考核指标上。因此，引入的平衡记分卡和关键业绩指标都是在内部审计绩效结果方面的评价指标。我们认为，绩效＝结果＋过程，基于胜任能力的内部审计人员绩效管理可以克服以往内部审计人员绩效管理的不足，突出过程方面的指标。这样，在内部审计人员的绩效管理中可以更加轻松地对员工在工作过程中实现绩效所表现出来的胜任能力进行监控，并根据内部审计人员的表现提供及时有效的反馈，以帮助内部审计人员提高绩效水平。

基于胜任能力的分析为内部审计人员的绩效管理提供了新的思路和技术基础。首先，基于胜任能力的内部审计人员绩效管理在绩效标准的设计上既要设定内部审计任务的绩效目标，又要设定基于胜任能力的发展目标；其次，基于胜任能力的内部审计人员绩效管理可以更好地指导绩效考核，企业在内部审计人员的绩效评估时，应从内部审计目标的完成、任务绩效的提高和胜任能力的发展三方面来进行；再次，沟通是内部审计人员绩效管理的一个关键环节，基于胜任能力的内部审计人员绩效管理为内部审计绩效沟通增添了新的内涵，同时也为内部审计人员绩效管理确立了新的发展方向。

将内部审计人员胜任能力框架应用于内部审计人员的绩效管理，需要建立公正的、具有发展导向和战略性的内部审计人员绩效管理体系，其内容主要包括以下三个方面：第一，内部审计绩效目标是建立在认同和信任的基础上，内部审计人员参与绩效目标的制订，并通过管理沟通形成绩效承诺；第二，在整个绩效管理过程中，内部审计部门负责人及人力资源部门应针对内部审计人员胜任能力的特点，给予相应的指导、支持和授权，不断提高内部审计人员的工作自主权，推动内部审计人员与企业共同成长；第三，内部审计人员的绩效考核应做到公平、公正，绩效沟通应着眼于基于胜任能力提高绩效；第四，内部审计人员的绩效管理不能仅仅局限于内部审计人员个人的绩效，应注意胜任能力中人际技能和团队协作能力的培养与发挥，合理设计内部审计工作团队，努力提高内部审计整体绩效。

第七章　研究结论、局限性及展望

本章在前面理论分析、现状调查和框架构建的基础上，得出以下研究成果和后续的研究设想。

第一，本课题从广义定义上的职业胜任能力框架出发，综述国内外对胜任能力的研究成果。我们发现，虽然我国对胜任能力的研究起步较晚，但是已经出现将专业胜任能力运用到各种职业能力建设中。比如通信行业管理干部、家族企业管理者、我国CFO胜任能力等等。然而随着进一步回顾内部审计职业胜任能力的最新研究，我们认为，目前的研究成果还未形成与我国国情背景、政治因素、经济因素、公司治理等特征密切联系的职业胜任能力框架。因此，本课题的研究成果对建立具有中国特色的内部审计职业胜任能力框架具有理论和实践上的重要意义。

第二，本课题着眼于我国内部审计职业的现状，问卷调查了全国范围内一千多名内部审计人员。通过科学分析，结果表明，一是我国内部审计工作重心已经由传统财务审计向风险管理和内部控制领域转移；二是超过半数的内部审计人员来自财务部门，但整体专业背景已呈多元化趋势；三是领导者重视度和组织地位是提升内部审计质量的主要因素；四是我国企业内部审计人员对能力的要求有着清醒的认识并与国际接轨；五是内部审计职业后续教育存在不足。

第三，根据问卷调查与国际上关于内部审计人员胜任能力的最新研究成果，本课题首先运用能力要素法，列出内部审计人员所要具备的职业特质、核心职业知识和职业技能。然后结合目前我国多元化法人治理结构，以内部审计人员是企业"风险监控者"与"控制确认者"为定位，设计出我国内部审计人员需要具备的职业特质、知识和技能，形成胜任能力的系统框架。再根据上述分析，采用功能分析法，从审计人员、审计主管、审计经理以及首席审计官这四个层次的从业人员角色分析和其所需履行的职责入手，列出履行该角色的职责所需的核心能力要素。最后根据已构建的企业内部审计人员胜任能力框架，本项目结合企业生命周期将框架进一步细分为初创级、发展级、成熟级和优化级。

第四，上述研究成果无疑对现阶段我国企业内部审计人员人力资源管理体系的构建和发展具有借鉴意义。因此，本课题的研究应用以上述研究成果为基础，提出了基于胜任能力的企业人力资源管理体系初步框架设计。

本课题在研究方法上，采用先提出研究问题，论证研究重要性，而后综述已有的研究文献，提出观点，并借鉴国内外最新的研究成果和证据支持分析，最后形成结论。在运用规范研究法的同时，也存在缺少实证方法和定量分析等不足。在今后的研究当中，我们希望搜集相关经验数据，进一步论证本课题设计的框架的合理性。比如通过行为实验的方式，收集内部审计人员胜任能力与内部审计质量相关的量化数据，建立本框架下各项能力要求与内部审计质量的相关性；通过问卷调查的方式，征集各类型企业对内部审计人员胜任能力的需求信息，验证框架下与企业生命周期有关的等级模型。

本课题的研究应用也存在拓展的空间。目前，我们仅探索了如何运用能力框架设计、实施和改善现阶段内部审计人员的人力资源管理体系。如果把胜任能力框架作为一种标准，还可以用于评估内部审计工作的质量和内部审计行业的资格考试管理体系等内容。希望通过这方面的后续研究为企业内部审计工作和人员的绩效评估提供实务建议。

参考文献

[1] 贝利, 格拉姆林, 拉姆蒂. 2008. 内部审计思想 [M]. 王光远译. 北京: 中国时代经济出版社: 1-17.

[2] 陈佳俊, 贺颖奇. 2006. 当代国际内部审计的变化与中国内部审计的发展机会 [J]. 审计研究 (2).

[3] 陈佳俊, 贺颖奇. 2009. 中国内部审计人员专业胜任能力框架研究 [J]. 会计与审计 (11).

[4] 陈丽花. 2009. 信息化环境下会计职业胜任能力的培养 [M]. 南京: 南京大学出版社: 9-15.

[5] 谌小红, 刘正军. 2009. 基于风险导向的内部审计人员胜任能力研究 [J]. 会计之友 (上旬刊) (5): 15.

[6] 陈小悦, 刘霄仑. 2004. 构建注册会计师职业能力框架的目的与方法 [J]. 中国注册会计师 (3): 21-24.

[7] 大亚湾核电运营管理有限责任公司. 2010. 大亚湾核电内部审计 [M]. 北京: 中国时代经济出版社: 185-190.

[8] 邓传洲, 赵春光, 郑德渊. 2004. 职业会计师能力框架研究 [J]. 会计研究 (6).

[9] 郭慧. 2010. 公司内部审计治理效应研究 [M]. 北京: 中国社会科学出版社: 56-69.

[10] 李明辉. 2004. 论会计专业本科生能力的培养 [J]. 南京审计学院学报 (2).

[11] 刘长翠. 1998. 21世纪会计学专业方向课程体系建设展望 [J]. 会计研究 (12): 45-46.

[12] 刘世林. 2006. 论我国审计人才需求和高校审计人才培养模式 [J]. 审计与经济研究 (5).

[13] 莫勒尔. 2005. 布林克现代内部审计学 [M]. 李海风, 刘霄仑等译. 北京: 中国时代经济出版社: 18-38.

[14] 彭剑锋, 荆小娟. 2003. 员工素质模型设计 [M]. 北京: 中国人民大学出版社.

[15] 皮克特. 2006. 内部审计业务纲要 [M]. 孙庆红译. 北京: 经济科学出版社: 5-10.

[16] 秦荣生. 2002. 面向21世纪会计后续教育问题研究 [M]. 北京: 经济科学出版社.

[17] 秦荣生. 2003. 21世纪会计人员专业知识和业务能力的需求分析 [J]. 财会通讯 (10): 12-15.

[18] 瞿旭. 2008. 基于价值增值的治理导向型内部审计研究 [M]. 大连: 大连出版社: 7-27.

[19] 上海国家会计学院. 2006. 成为胜任的CFO [M]. 北京: 经济科学出版社: 92-100.

[20] 时现. 2009. 内部审计学 [M]. 北京: 中国时代经济出版社: 3-10.

[21] 索耶. 2005. 现代内部审计实务 [M]. 北京: 中国财政经济出版社.

[22] 徐政旦等. 2002. 审计研究前沿 [M]. 上海: 上海财经大学出版社.

[23] 王宝庆. 2012. 内部审计管理 [M]. 上海: 立信会计出版社: 29-35.

[24] 王重鸣,陈民科. 2002. 管理胜任力特征分析:结构方程模型检验[J]. 心理科学(5):513 – 516.

[25] 王光远,陈汉文,林志毅. 1999. 会计教育目标之我见—试析通才与专才之争[J]. 会计研究(9):45 – 50.

[26] 王光远. 2004. 受托管理责任与管理审计[M]. 北京:中国时代经济出版社.

[27] 王晓霞,孙坤,张益霞. 2004. 论风险导向的内部审计理论与实务[J]. 审计研究(2).

[28] 徐建国. 2009. 浅析国家审计人员应具备的素质和专业知识[J]. 财会研究(19):27.

[29] 袁小勇. 2012. 内部审计怎样才能有所作为[M]. 北京:经济科学出版社:40 – 47.

[30] 张娟,张庆龙. 2010. 论内部审计专业胜任能力结构模型与需求框架[J]. 会计之友(7).

[31] 张庆龙. 2006. 内部审计价值[M]. 北京:中国时代经济出版社:330 – 340.

[32] 赵曙明. 2008. 我国管理者职业化胜任素质研究[M]. 北京:北京大学出版社:88 – 99.

[33] 中国内部审计协会内部审计发展研究中心,南京审计学院国际审计学院. 2008. 中国国有企业内部审计发展研究报告[M]. 北京:中国时代经济出版社:50 – 100.

[34] Baker, C. R. 2005. The Varying Concept of Auditor Independence[J]. *The CPA Journal*, (75):22 – 24.

[35] Behn, B. K., S. E. Kaplan, and K. R. Krumwiede. 2001. Further Evidence on the Auditor's Going – Concern Report: The Influence of Management Plans. *Auditing*: *A Journal of Practice & Theory*, 20(1).

[36] Blair M. M. 1995. Ownership and Control: Rethinking Corporate Governance for the Twenty – first Century[M]. Washington DC: the Brooking Institution.

[37] Booka, I., LeRoy E. 2002. Internal Auditors Integral to Good Corporate Governance[J]. *Internal Auditor*, 59(4):44 – 49.

[38] Briers H. 2007. Auditor Independence update on ethics[J]. *Accountancy Ireland* (37):21 – 23.

[39] Frankes. A. 1997. Survey of Undergraduate Auditing Education[J]. *Journal of Accounting Education* (5).

[40] Joscelyne J. Graham. 2004. Balancing Relationships Achieving Symmetry among the Internal Audit Function Board and Management is more Important than ever[J]. *Internal Auditor* (2).

[41] Kevin M. Misiewicz. 2007. The Normative Impact of CPA Firms, Professional organizations, and State Boards on Accounting Ethics Education[J]. *Journal of Business Ethics* (70):15 – 21.

课题编号：1102

内部审计人员职业胜任能力框架研究

南京审计学院课题组

课题负责人：屈耀辉
课题组成员：时 现 许 莉 陈 骏 陈希晖
王士红

【摘要】 面对内部审计日益转型为风险监管者和维持企业可持续发展的要求，为了支持内部审计人员职业胜任能力方向性指引的建设和向组织针对其评价提供参考依据，报告采用实践调查与分析归纳相结合的方法，建构了涵盖专业胜任能力及岗位胜任能力的职业胜任能力框架。就前者而言，首先，依据企业及内部审计发展内在需要，并结合愿景理论，先后提出了反映内部审计转型和发展要求的愿景、使命及战略；其次，结合内部审计目标设计了战略及目标导向的专业胜任能力结构模型；最后，结合协会准则、调查结论、专家观点和高校实践并考虑不同岗位的需要，构建了适应六类内部审计岗位需要的专业胜任能力的知识和技能框架体系。就后者来说，首先，借鉴现实的岗位说明书、准则规定、海氏评价法及调查结论，并考虑到角色界定及其职责和任务的差异，设计了内部审计六类岗位的职责及工作任务；其次，给出了各岗位胜任标准分数区间；再次，以各岗位的职责及工作任务为基础构建了六类岗位关键绩效评价指标体系；最后，给出从财务业绩、客户评价、流程改进和学习成长四个方面进行评判的思路，以示例的形式将考核得分与标准比较，完成是否胜任岗位的评判。

【关键词】 内部审计 专业胜任能力 岗位胜任能力 框架 评估

第一章　引　言

一、研究目的及研究范围

(一) 研究目的

本课题的研究目的，就是在总结分析当前我国内部审计人员职业胜任能力内容和结构的基础上，根据内部审计转型与发展的要求，研究提出符合企业发展内在需求和内部审计发展实际需要的内部审计人员职业胜任能力框架，为内部审计人员能力素质建设和职业发展提供方向性指引，为各类组织针对内部审计人员进行的评价、考核、培训、后续教育等工作提供参考依据。

(二) 研究范围

本课题的研究范围：企业内部审计人员的职业胜任能力，包括专业胜任能力和岗位胜任能力两个方面。

二、研究现状及其评论

(一) 国际研究现状及其评论

自从戴维·麦克莱兰德（David McCelland）在1973年首次提出胜任能力理论后，为了满足内部审计行业做大做强的需要，迄今，包括国际内部审计师协会（IIA）在内的不少国家都颁布了"内部审计人员胜任能力框架"。

国际内部审计师协会（IIA）（1999）发布了《内部审计专业胜任能力框架》（CFIA），该框架包括六个模块：①概述；②内部审计：世界状况；③胜任能力：最佳实践和胜任的从业人员；④内部审计知识：全球视角；

⑤内部审计未来：一个德尔菲研究；⑥估价内部审计胜任能力：结构和方法。其中，胜任能力这一模块又分为两个内容：一是描述内部审计师的胜任职责；二是内部审计人员胜任能力标准。本框架的特色在于：一是在审视内部审计世界现状的基础上谈论内部审计师的胜任职责，这使得框架本身贴近现实又具有一定前瞻性。二是明确指出了内部审计人员应该具备的能力、技能、知识以及衡量内部审计人员胜任能力的标准，这强化了框架对实践的方向性指引。三是对内部审计未来进行了分析，这进一步增加了框架的前瞻性和指导价值。四是提出了评估内部审计胜任能力的结构和方法，这增加了框架的实践操作性。

英国特许公共财务会计师公会（CIPFA）（2006）出版了《优秀内部审计师——技能和胜任能力的一个良好的实践指南》，该报告包括四个内容：①战略焦点；②胜任能力矩阵；③针对职员考核和发展的培训；④培训的性质和来源。其中，胜任能力矩阵对实习审计人员、审计师/高级审计师、主任审计师、审计经理、高级审计经理、首席审计执行官的能力做出不同要求的描述，并认为关键技能包括：行为、技术和管理。该框架的特色在于：一是提出了内部审计的战略焦点，这利于内部审计人员明确自己的职责和使命。二是将内部审计岗位划分为六个层次并提出了不同的胜任能力要求，这不仅有利于促进内部审计职业化，而且明确了不同岗位人员的职责及努力方向。三是对职员的考核和发展做了清楚的规定，这有助于提升职员的知识和技能水平。四是对培训的性质和来源也做了规范，这使得该报告对实践更具有指导价值且提升了可操作性。

英国保险、控制和风险团队与政府职业技能胜任能力框架工作小组（2007）联合发布了《政府内部审计人员胜任能力框架》（GIACF）。该框架包括三部分：①序言；②胜任能力框架：高水平描述；③胜任能力框架。其中，胜任能力框架对内部审计人员、主任内部审计人员和高级审计人员在风险控制和治理、审计战略、审计管理、审计报告、交流、政府环境以及职业发展7个胜任能力构成要素做了不同要求的描述。本框架的特点在于：一是提出了胜任能力7个具体要素，这明确了胜任能力的内涵。二是对胜任能力的高水平状况进行了描述，这相当于制定了一个理想标准。三是对三类不同水平审计人员需要满足的能力要求进行了细致陈述，这给各类审计人员提供了自我评估和自我改进的思路。四是不同于CIPFA的做法，这里将内部审计岗位划分为三类，这可能源于政府部门自身的特点。

印度内部审计标准委员会（2008）出版了《内部审计标准框架》。该框架包括四个内容：①行为准则；②胜任能力框架；③具体标准；④技术指导。其中，胜任能力框架是指执行内部审计活动的人必须具备的一些关键性特征，如，客观、技术能力、人际交往技巧、效率、应有的职业谨慎。胜任能力框架是一个最起码的期望。此外，前三个内容是强制的。本框架的特点有四个：一是将行为准则单独列出，这有助于加强执业行为的规范性和重视职业道德的履行。二是在胜任能力框架中明确指出了一些技能是最基本的和必须具备的，这有助于区分不同技能的差别。三是指出具体准则是所有内部审计人员必须满足的强制的最小要求，这对内部审计人员划出了执业底线。四是以技术指导的形式详细明确了具体行业或情况的应用标准，这增加了框架的指导价值。不足之处是，本框架比较粗糙，没有列出每个构成要素的详细具体的规定，也没有给出岗位划分。

比利时内部审计协会（2010）发布了《内部审计人员胜任能力框架和任务》，该报告认为内部审计人员的胜任能力由三部分组成：①内部审计工具、技术和方法；②知识领域；③行为技能。以上能力对新加入的内部审计人员、有经验的内部审计人员以及内部审计管理者提出了三种不同的要求。报告的后面，进一步具体指出了这三种水平的内部审计人员要从事的具体任务。本框架的特色有三点：一是从审计过程需要的知识、具体审计需要的信息、行为技能三个角度论述了内部审计人员的胜任能力内涵，对实践的指导价值直接明确。二是将能力要求、不同水平的审计人员以及从事的任务三者一一对应起来，非常明确指出了哪一个水平的内部审计人员该具备怎样的能力，该从事怎样的工作。三是对不同水平的审计人员在能力上提出了不同的要求，而且水平越高提出的要求也越严。不足之处在于，对内部审计岗位的划分有些粗糙。

澳大利亚内部审计协会（2010）出版了《内部审计人员胜任能力框架》，该能力框架由四个重点领域构成：①标准；②技术技能；③人际沟通技能；④知识领域。其中，标准就是国际内部审计实务标准框架（IPPF）。以上四个能力框架构成要素又针对四种不同水平审计人员，即，初级内部审计人员、实务内部审计人员、内部审计管理人员以及首席审计执行官做出不同的要求。本框架的特色在于：一是趋向于国际化，这表现在采用的标准是IIA的IPPF，这不仅使得框架更明确具体，而且增强了操作性。二是将人际沟通技能单独列出来，强调了人际沟通、解决冲突能力在审计中的重要性。三是将内部审计人员划分为四个层次并对其胜任能力做出了不同的要求。这不仅促进了职责的明确，而且有助于指导实践。不足之处是，虽然给出了评估的三种做法，但却没有给出明确的评估思路。

（二）国内研究现状及其评论

至今，尽管中国内部审计协会（CIIA）还没有颁布自己的胜任能力框架，但在其发布的准则或规范中还是有所体现。国内学者的研究成果主要有：陈佳俊和贺颖奇（2009）及张娟和张庆龙（2010）提出的两个框架。

中国内部审计协会（2003）颁布了《中国内部审计准则》，在《基本准则》第二章一般准则的第六条至第九条对内部审计人员应当具备必要的学识和业务能力，遵循职业道德规范，保持独立性和客观性，并具有较强的人际交往技能做了规定。同年，还颁布了《内部审计人员职业道德规范》、《内部审计人员岗位资格证书实施办法》和《内部审计人员后续教育实施办法》。2008年，CIIA又颁布了《内部审计具体准则第29号——内部审计人员后续教育》。尽管出台了许多文件，但是与国外的胜任能力框架相比还存在如下不足：一是对内部审计人员的胜任能力没有下定义，也没有具体详细的构成要素列示。二是没有划分内部审计岗位，也没有对不同水平的内部审计人员的胜任能力提出不同要求。三是对于职业道德履行的强制性要求不足，职业道德规范仅具有引导性。四是缺乏对内部审计人员胜任能力进行评估的规范或实施办法。

陈佳俊和贺颖奇（2009）提出了由职业道德、执业技能体系和职业知识体系构成的中国内部审计人员专业胜任能力框架。在框架中，职业道德在专业胜任能力框架中处于基础性地位，它决定了内部审计人员以何种价值观、职业操守和精神开展工作；执业技能体系和职业知识体系是专业胜任能力框架的左膀右臂，在职业道德约束下发挥作用。该项研究的特色在于：一是将执业胜任能力标准区分为胜任功能标准和胜任个体标准；二是将内部审计角色区分为胜任内部审计人员和胜任内部审计管理者，并提出了各自的相应胜任要求、目标任务和具体任务、业绩标准。不足之处在于：一是前瞻性和指导性不足。体现在岗位分类较为简单。二是组成成分的定位不合理。体现在职业道德、执业技能和职业知识的安排上不适当。三是没有具体的胜任评估思路和量化标准。四是没有体现公司战略和目标的要求，这使得框架的设计缺乏目的性和针对性。

张娟和张庆龙（2010）参照 David McCeland（1973）专业胜任能力模型，依据重要性的不同构建了动机、职业道德、技能和知识重要性递减的四要素专业胜任能力金字塔结构，并详细列出了职业道德、技能和知识的具体内容。构建了内部审计专业胜任能力需求框架，并进一步将内部审计人员划分为五个等级。该项研究的特色在于构建了内部审计专业胜任能力需求框架，指出了不同水平的内部审计人员需要不同的胜任能力。但存在如下问题：一是胜任能力要素结构的安排本末倒置。这体现为职业道德和技能优先于知识。二是没有体现出公司战略及目标的要求，使得胜任能力框架缺乏导向性以及跨越特殊性的功能。三是欠缺评估标准和评估思路。欠缺考核标准和评估的具体做法，使得研究的实务操作性不强。四是没有分水平对胜任能力提出要求，这显然无助于内部审计职业化发展，并使得研究无法对实践起到指导作用。

综上可知，虽然 CIIA 对内部审计人员的胜任能力提出了一些要求，但缺乏系统性。尽管也有学者提出自己的胜任能力框架，但是，这些框架的实践性不强。因此，从指导实践的角度出发，目前，我国还缺乏一个科学可行的内部审计人员职业胜任能力框架。

三、理论基础及理论分析

（一）理论基础

本项课题的理论基础主要包括：胜任能力理论、岗位设置理论及海氏岗位评价理论。

（二）理论分析

1. 胜任能力理论

自 McClelland（1973）首次提出胜任能力理论以来，对于胜任能力的理解基本分为两种思路：一种是以 McClelland（1973）、Boyatzis（1982）、张娟和张庆龙（2010）等为代表，以"人"为核心，着眼于个人工作出色的原因来诠释胜任能力，在他们看来，胜任能力是指与有效的或出色的工作绩效相关的个人潜在的特征，包括：知识、技能、经验、动机等。也就是说，依据他们的观点，胜任能力就是用来表现能力的专业知识、专业技术、专业价值、道德和需要展现胜任能力的态度。因此，这一派可称之为"专业胜任能力"派。张玉亮（2007）对此派学者的观点做了一个统计，如表1-1所示。审视表1-1可知，尽管不同的学者或组织对专业胜任能力的构成要素有不同理解，但知识和技能无疑是其中最基本最核心的要素，其他要素要么可以归并在这两个要素中，要么影响着这两个要素。因此，可以说，知识和技能两个要素直接决定着专业胜任能力的高低。此外，依据此种思路，一种叫做素质能力法（Capabilities Approach）的胜任能力评估方法被提了出来，这种方法主要被美国所采用，IEG9也沿用了该方法。该法的缺点是脱离实务，研究出的个人能力无法有效地与业绩评估相联系，同时，这种方法可能会漏掉重要的能力要素。

表1-1 不同观点汇总表

主要代表组织或人物	时间	基本要素
David McClelland	1973	知识、技能、能力、特质或动机
Boyatzia	1982	动机、特质、技能、自我形象、社会角色、其他使用的知识实体
Lyle M Spencer	1993	知识、技能、自我概念、特质或动机
最高审计机关国际组织	1995	知识、技能、经验
Mirabile	1997	知识、技能、能力、动机、信仰、价值观、兴趣
国际会计师联合会	2003	专业知识、专业技能、职业价值、道德、态度
美国公认政府审计准则	2003	知识、技能、经验
国际内部审计师协会在《PPF》中的职业道德规范	2001	知识、技能、遵循准则、持续提高能力
中国内部审计协会在《中国内部审计准则》第二章第六条至第九条	2003	必要的学识、业务技能、职业道德、谨慎态度、独立性和客观性、人际交往能力
中国内部审计协会在《内部审计人员职业道德规范》	2003	遵循准则、独立客观、正直勤勉、职业谨慎、人际交往能力、持续提高能力

续表

主要代表组织或人物	时间	基本要素
国际内部审计师协会在《IPPF》中的职业道德规范	2009	知识、技能、遵循准则、持续提高能力
中国注册会计师胜任能力指南	2007	知识、职业技能、价值观、道德、态度、实务经历
陈佳俊和贺颖奇	2009	职业道德、执业技能、知识体系
张娟和张庆龙	2010	知识、技能、职业道德、动机

注：该表引自张玉亮硕士学位论文：《国家审计人员专业胜任能力研究》第13－14页的表2－3，南昌大学硕士学位论文2007；此外，表中的最后7行是笔者依据自己的看法整理添加的，其中，国际内部审计师协会2001年颁布的《内部审计实务标准框架》（the Professional Practices Framework，简称PPF）和2009颁布的《国际内部审计实务标准框架》（the International Professional Practices Framework，简称IPPF）对其中的'职业道德规范'的内容中关于'胜任能力'的内容参见王光远、严晖2009年提交的审计署内部审计课题（课题编号：0702）研究报告：《国际内部审计准则与中国内部审计准则比较研究》第49页的表3－5，依据王光远和严晖的陈述，PPF和IPPF中职业道德规范的内容相同；陈佳俊和贺颖奇（2009）的做法其实是投入角度和产出角度两种思路的混合。

另一种是以美国注册会计师协会（AICPA）（1999）、国际会计师联合会（IFAC，2003，2004，2005）、国际内部审计师协会（IIA）（1999）及中国注册会计师协会（2007）为代表，以"岗位"为基础，从工作对个人的要求来分析胜任能力的含义。在他们看来，胜任能力就是指在真实的工作环境下，个体可以完成某一职责范围内的工作，并使之达到既定标准的能力。换句话说，依据他们的观点，胜任能力就是指预备人员在进入审计职业时在规定的标准下完成这些职责和任务的才能和技巧。因此，这一派可以称之为"岗位胜任能力"派。张玉亮（2007）也对此派专家的观点做了一个统计，如表1－2所示。审视表1－2可知，关于"岗位胜任能力"的看法，专家并没有一个共同的交点。同理，此思路也引出一种胜任能力评估法，即业绩结果法（Performance Outcomes Approach）。该方法主要被澳大利亚、新西兰、英国、加拿大等国采用。该方法的主要问题在于其冗长的能力列表给实施带来困难。同时，对许多功能的细分比较主观，因为往往一项工作是多种功能结合的结果。事实上，审视岗位胜任能力的含义，岗位胜任能力本质上是通过业绩和标准比较而判断。

表1-2　不同观点汇总表

主要代表组织或人物	时间	基本要素
Pavett and Lau	1983	概念技能、技术技能、人际技能、政治技能
澳大利亚和新西兰职业会计师协会	1990	审计、对外报告、管理会计、税务、理财、管理、清算与重组
Nordhaug	1998	元胜任力、通用胜任力、内部组织胜任力、标准技术胜任力、技术行业胜任力、特殊技术胜任力
英国特许会计师协会	1998	会计与财务管理、资产管理、业务管理与筹划、资源管理
美国注册会计师协会	1999	职能性胜任能力、个人胜任能力、广泛的经营视野能力
国际管理会计师协会	1999	一般会计、管理和成本会计、业务规划、业务分析和决策、控制、理财和现金管理、税收、组织变革和发展、行政管理
加拿大注册会计师协会	2000	技术知识、一般管理、领导能力、职业观
加拿大特许会计师协会	2001	道德行为和职业观、个性特征、职业技能
国际内部审计师协会	1999	技术、分析设计能力、鉴别能力、个人技能、人际技能、组织技能
陈佳俊和贺颖奇	2009	执业技能体系

注：该表引自张玉亮硕士学位论文：《国家审计人员专业胜任能力研究》第11-12页的表2-2，南昌大学硕士学位论文2007；此外，表中的最后2行是笔者依据自己的看法整理添加的，其中，陈佳俊和贺颖奇（2009）的做法其实是投入角度和产出角度两种思路的混合。

显然，对从事某一职业占据某个岗位的个人来说，上岗前无疑须具备胜任从事这个职业的专业知识和专业技能；上岗后则应在工作中具有能够按照规定的标准完成这个岗位所规定任务或职责的能力。这也就是说，职业胜任能力应包含专业胜任能力和岗位胜任能力两个内容，只有两者同时胜任，这才意味着具备职业胜任能力。因此，职业胜任能力框架的研究应包括专业胜任能力和岗位胜任能力两个内容，前者应着眼于构建知识技能体系，后者应着眼于岗位绩效评估。

2. 岗位设置理论

所谓岗位，是指根据组织目标设置的，具有一个人工作量的基本组织单元，是职权和职责的统一体。岗位具备四个特征：①因事设置，不因人而转移；②岗位不随人走；③岗位的数量是有限的；④岗位具有专业性和层次性。依据李莉（2003）的观点，岗位由五要素构成：工作、岗位主持人、职责和职权、环境、激励与约束机制。其中，工作要素是岗位的第一要素，是其他要素存在的基础；岗位主持人是岗位要素中唯一的能动要素，所有的岗位都是由员工主持；职责是指岗位为完成工作任务所必须尽到的责任，职权是指为尽岗位的职责所必须拥有的相应工作权力；环境要素是界定岗位工作关系的基础，是对当前岗位的工作条件的概括，包括工作环境、岗位属性、职位关系等；激励与约束机制是岗位的定向动力要素，岗位通过任务目标的激励和压力产生激励作用，通过职责和职权以及业务流程和条件的规范进行约束。

所谓岗位设置，是指根据组织业务目标的需要，规定某个岗位的任务、责任、权力以及在组织中与其他岗位关系的过程，即在对组织的战略和组织功能进行分析的基础上，对岗位应该干什么、怎么干、什么样的人可以干、使用什么工具干等做出选择和规定。岗位设置是对"岗位"本身的基本建设。岗位设置的过程也是对各个岗位进行价值评估的过程。岗位设置把整个组织战略和组织职能、目标分解到每个员工的层次，通过满足员工与工作有关的需求来提高工作效率，因此岗位设置是否得当对激发员工的工作热情、提高工作效率都有重大的影响。为了提高岗位设置的科学性、合理性，在进行岗位设置时，应做到岗事匹配、岗职相符、岗能对应，确保岗位设置不缺失、不交叉、不重复。

一般组织机构的岗位，从高到低可分为四个层次：决策层岗位、管理层岗位、执行层岗位、操作层岗位。各个层次的岗位又可以从横向与纵向两个维度上进行细分。前者是根据岗位的工作性质及特征，将它们划分为若干类别；后者是根据每一岗位的繁简难易程度、责任轻重以及所需学识、技能、经验水平等因素，将他们归入一定的档次级别。比如，科研事业单位分为管理、专业技术、工勤技能三个岗位，而专业技术岗位又分为十三个等级，其中，专业技术高级岗位分为七个等级，即一至七级；中级岗位分为三个等级，即八至十级；初级岗位分为三个等级，即十一至十三级，其中十三级是员级岗位。又如 IIA 将内部审计划分为管理、有经验和新手三个岗位，每个岗位又细分为两个等级。在任何组织中，岗位的能级结构都是呈梯形结构的。合理的能级结构是发挥组织整体功能的重要因素，能级既体现在职务上，也体现在业务水平上，岗位的设置必须兼顾这两个方面。

3. 海氏岗位评价理论

海氏岗位评价法是按照"投入—过程—产出"这一思路设计并评估岗位的。在该法看来，一个岗位之所以能够存在的理由是必须承担一定的责任，即该岗位的产出。通过投入什么才能有相应的产出呢？即担任该岗位人员的知识和技能。具备一定"知识与技能"的员工通过什么方式来取得产出呢？是通过在岗位中解决所面对的问题，即投入"知识与技能"通过"解决问题"这一生产过程，来获得最终的产出"应付责任"。体系的逻辑关系是：投入—过程—产出，即投入知识与技能来解决问题，完成应付的岗位责任。

海氏岗位评价法对所评估的岗位按照以上三个要素及相应的标准进行评估打分，得出每个岗位评估分，即"岗位评估分＝技能得分＋解决问题得分＋应负责任得分"。其中，技能得分和应负责任评估得分和最后得分都是绝对分，而解决问题的评估分是相对分（百分值），经过调整后为最后得分才是绝对分。

利用海氏岗位评价法在评估三种主要付酬要素方面不同的分数时，还必须考虑各岗位的"形状构成"，以确定该因素的权重，进而据此计算出各岗位相对价值的总分，完成各岗位评价活动。所谓岗位形状，主要取决于技能和解决问题的能力两因素相对于岗位责任这一因素的影响力的对比和分配。海氏岗位评价法认为主要有如下三种岗位形态：

上山型：是指承担的责任的重要性大于知识技能与解决问题的能力的重要性。

下山型：是指承担的责任的重要性小于知识技能与解决问题的能力的重要性。

平路型：是指承担的责任的重要性等于知识技能与解决问题的能力的重要性。

通常要由薪酬设计专家分析组织内各类岗位的形状构成，并据此给知识技能、解决问题的能力这两个因素以及岗位责任因素分配不同的权重，即分别向前面两个因素与后面一个因素各给出代表其重要性的一个百分数，两个百分数之和为100％。上山型、下山型和平路型这三种类型的权重分别为（40% +60%）、（70% +30%）和（50% +50%），于是岗位评价的最终结果计算公式为：

$$Y_i = \alpha[K_i(t,m,h) + Q_i(e,d)] + \beta[R_i(f,a,s)] = \alpha[(1+\lambda)K_i] + \beta R_i$$

公式中，K_i、Q_i、R_i 分别是岗位 i 的知识技能、解决问题的能力以及岗位责任的量表得分。α，β，λ 都是权重，且有 $\alpha + \beta = 1$ 和 $0 \leq \lambda \leq 1$。其中，λ 表示解决问题的能力是知识技能的一个百分比，也就是说解决问题的能力是知识技能部分使用，所以其分值应该是知识技能分值的一个比例，这个比例的高低依据所解决问题的难易复杂程度而定。α 与 β 分别是知识技能与解决问题的能力与岗位责任的权重，两者的比例随着岗位型态的变化而有所不同。此外，t、m、h 分别是知识技能的三要素：专业理论知识、管理技能和人际技能；e、d 分别是解决问题的能力的两要素思维环境和思维难度；f、a、s 分别是岗位责任的三要素：行动自由度、岗位对后果的影响以及岗位的影响程度。如图 1-1 所示。

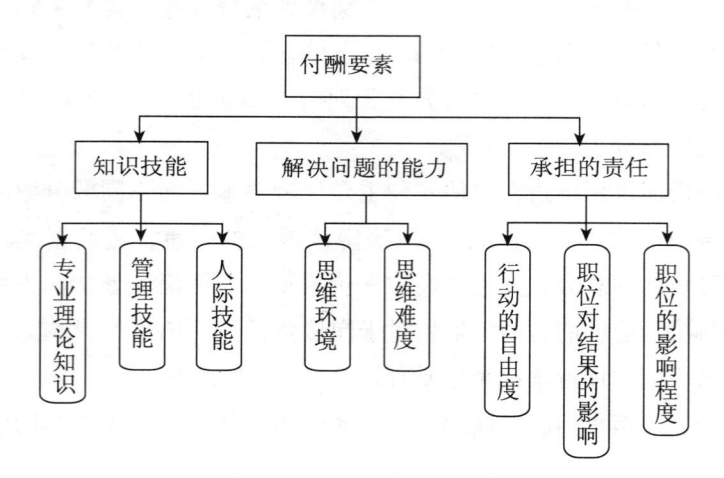

图 1-1 海氏评价法的付酬要素体系

（1）知识技能

知识技能要素是指完成工作任务所必需的专业知识与实际运作技能的总和。它包括广度和深度两个维度，即通过"在多少事情方面需要多少知识"来全面地比较不同职位的知识技能水平。知识技能与职位类型密切相关。这个要素由专业理论知识、管理技能和人际技能组成。

专业理论知识，是指所从事的职业领域内的专门知识、理论与实际方法。依据广度和深度，Hay 将专业理论知识分为八个等级，如表 1-3 所示。

表1-3 专门理论知识等级[①]

等级	名称	描述
一级	基本水平	熟悉简单的工作程序
二级	初等业务水平	熟悉标准化工作程序或使用简单设备完成一个工作流程
三级	中等业务水平	熟练掌握基本方法、工艺及作业流程，具有使用专业设备的能力
四级	高等业务水平	掌握较复杂的流程和系统，具备某些专门技能或技术知识
五级	基本专门技术	对某领域的技术和实践技能有相当程度的理解，或对科学知识理论基本理解
六级	熟悉专门技术	掌握某领域的科学理论，精专该领域的技术和实践技能
七级	精通专门技术	精通某领域的科学理论，能全面掌握该领域的综合技术和实践技能
八级	权威专门技术	成为某领域内权威专家，对该领域发展有贡献和推动作用

管理技能，是指为达到企业所规定的绩效水平而具备的计划、组织、执行、控制、评价的能力与技巧。管理技能分为五个等级，具体见表1-4。

表1-4 管理技能等级描述[②]

等级	名称	描述
一级	基本的	了解工作的目标、内容，基本能独立完成工作任务
二级	相关的	完成有明确目标和内容的任务，涉及和其他部门的协调工作
三级	多样的	协调各项目和性质相似的任务，或运作规模小、性质不同的各项任务

---

① 见唐洁尘硕士学位论文：《基于海氏评级法的知识型员工薪酬设计与研究——以M集团为例》第14页表3.1

② 见唐洁尘硕士学位论文：《基于海氏评级法的知识型员工薪酬设计与研究——以M集团为例》第15页表3.2

续表

等级	名称	描述
四级	广博的	对企业战略有高度认识,在企业运作中发挥全面整合、控制与协调的重要作用
五级	全面的	对企业战略有准确认识和把握,对大型企业中各项职能进行综合协调与控制

人际技能,是指所需要的沟通、协调、激励、培训、关系处理等人际关系方面的技巧。该要素分为三级,见表1-5。

表1-5 人际技能等级表[①]

等级	名称	描述
一级	基本的	对多数岗位在完成基本工作时均需基本的人际沟通技巧,基本沟通技巧要求在组织内与其他员工进行有礼貌和有效的沟通,以获取信息和澄清疑问
二级	重要的	理解人和影响人是此类工作的重要要求。此种能力既要理解他人的观点,也要有说服力以影响行为和改变观点或者改变环境,对于安排并督导他人工作的人,需要此类的沟通能力
三级	关键的	对于需要理解人和激励人的岗位,需要最高级的沟通能力。需要谈判技巧的岗位的沟通技巧也属此等级。

因此,知识技能的配套量表如表1-6所示。

---

① 见唐洁尘硕士学位论文:《基于海氏评级法的知识型员工薪酬设计与研究——以M集团为例》第15页表3.3

表1-6 知能水平量表[①]

知能结构		管理技能													
		基本的			相关的			多样的			广博的			全面的		
人际技能		基本的	重要的	关键的	基本的	重要的	关键的	基本的	重要的	关键的	基本的	重要的	关键的	基本的	重要的	关键的
有关科学知识、专门技术与实际方法	基本水平	50/57/66	57/66/76	66/76/87	66/76/87	76/87/100	87/100/115	87/100/115	100/115/132	115/132/152	115/132/152	132/152/175	152/175/200	152/175/200	175/200/230	200/230/264
	初等业务水平	66/76/87	76/87/100	87/100/115	87/100/115	100/115/132	115/132/152	115/132/152	132/152/175	152/175/200	152/175/200	175/200/230	200/230/264	200/230/264	230/264/304	264/304/350
	中等业务水平	87/100/115	100/115/132	115/132/152	115/132/152	132/152/175	152/175/200	152/175/200	175/200/230	200/230/264	200/230/264	230/264/304	264/304/350	264/304/350	304/350/400	350/400/460
	高等业务水平	115/132/152	132/152/175	152/175/200	152/175/200	175/200/230	200/230/264	200/230/264	230/264/304	264/304/350	264/304/350	304/350/400	350/400/460	350/400/460	400/460/528	460/528/608
	基本专门技术	152/175/200	175/200/230	200/230/264	200/230/264	230/264/304	264/304/350	264/304/350	304/350/400	350/400/460	350/400/460	400/460/528	460/528/608	460/528/608	528/608/700	608/700/800
	熟练专门技术	200/230/264	230/264/304	264/304/350	264/304/350	304/350/400	350/400/460	350/400/460	400/460/528	460/528/608	460/528/608	528/608/700	608/700/800	608/700/800	700/800/920	800/920/1056
	精通专门技术	264/304/350	304/350/400	350/400/460	350/400/460	400/460/528	460/528/608	460/528/608	528/608/700	608/700/800	608/700/800	700/800/920	800/920/1056	800/920/1056	920/1056/1216	1056/1216/1400
	权威专门技术	350/400/460	400/460/528	460/528/608	460/528/608	528/608/700	608/700/800	608/700/800	700/800/920	800/920/1056	800/920/1056	920/1056/1216	1056/1216/1400	1056/1216/1400	1216/1400/1600	1400/1600/1840

(2)解决问题的能力

解决问题过程包括考察与发现问题,分清已找出问题的主次轻重,诊断问题产生的原因,针对性地拟出若干备选对策,在权衡与评价这些对策各自利弊的基础上做出决策,然后据此付诸实施等环节。解决问题的能力有两个子因素,具体如下:

---

① 见唐洁尘硕士学位论文:《基于海氏评级法的知识型员工薪酬设计与研究——以M集团为例》第16页表3.4

思维环境，是指环境对职务行使者思维所设定的限制的松紧程度，从几乎一切按既定规则办的第一级（高度常规性），到只作了含混规定的第八级（抽象规定的），此子因素共分八个等级。如表1-7所示。

表1-7 思维环境等级说明表①

等级	名称	描述
一级	高度常规	有非常详细和精确的法规和规定作指导并可获得不断的协助
二级	常规	有非常详细的标准规定可立即获得协助
三级	半常规	有较明确定义的复杂流程，有很多的先例可参考，并可获得适当的协助
四级	标准化	有清晰但较为复杂的流程，有较多的先例可参考，可获得协助
五级	明确规定	对特定目标有明确规定的框架
六级	广泛规定	对功能目标有广泛规定的框架，在某些方面有些模糊、抽象
七级	一般规定	为达成组织目标和目的，在概念、原则和一般规定的原则下思考，有很多模糊、抽象的概念
八级	抽象规定	依据商业原则、自然法则和政府法规进行思考

思维难度，是指解决问题时当事人需要进行创造性思维的程度，从几乎无需动脑只需按老规矩办的第一级（重复性的），到完全无先例可借鉴的第五级（无先例的），此子因素共分五个等级，如表1-8所示。

表1-8 思维难度等级说明书②

等级	名称	描述
一级	重复式	相同情况下，对熟悉的事务进行简单选择
二级	定模式	类似情况下，对熟悉的事务进行甄别和判断
三级	变化式	变化情况下，需运用已有的知识技能来解决问题
四级	应变式	复杂情况下，需进行推理和辨证思考，以明确和构建解决方案
五级	创新式	困难情况下，需以全新的思维去思考和创新新方法、新技术

---

① 见唐洁尘硕士学位论文：《基于海氏评级法的知识型员工薪酬设计与研究——以M集团为例》第17页表3.5

② 见唐洁尘硕士学位论文：《基于海氏评级法的知识型员工薪酬设计与研究——以M集团为例》第18页表3.6

因此，解决问题的能力的配套量表如表1-9所示。

表1-9 解决问题的能力的量表[①]

解决问题能力的结构		思维难度				
^ ^ ^ ^ ^ ^ ^		重复式	定模式	变化式	应变式	创新式
思维环境	高度常规	10% 12%	14% 16%	19% 22%	25% 29%	33% 38%
^	常规	12% 14%	16% 19%	22% 25%	29% 33%	38% 43%
^	半常规	14% 16%	19% 22%	25% 29%	33% 38%	43% 50%
^	标准化	16% 19%	22% 25%	29% 33%	38% 43%	50% 57%
^	明确规定	19% 22%	25% 29%	33% 38%	43% 50%	57% 66%
^	广泛规定	22% 25%	29% 33%	38% 43%	50% 57%	66% 76%
^	一般规定	25% 29%	33% 38%	43% 50%	57% 66%	76% 86%
^	抽象规定	29% 33%	38% 43%	50% 57%	66% 76%	86% 100%

（3）承担的责任

承担的责任，是指职位对工作结果可能造成的影响及承担职责的大小。该要素反映了职位在企业中的地位和影响力，承担的责任越大，表明该职位所处的地位越高，影响力越大。该要素由三个子要素组成，即行动的自由度、职位对结果的影响和职位的影响范围。

行动的自由度，是指职位接受控制或指导的程度，该要素可分为九个等级，具体解释见表1-10。

[①] 见唐洁尘硕士学位论文：《基于海氏评级法的知识型员工薪酬设计与研究——以M集团为例》第18页表3.7

表 1-10　行动的自由度等级描述①

等级	名称	描述
一级	有规定	需按照规定的程序、执行标准和指令完成任务或有固定的人督导
二级	受控制	需接受直接和详细的工作指示或者有严密的督导
三级	标准化	需遵循标准化工作程序并受严密的督导
四级	遵规范	基本依据工作规范和一般指导来完成任务
五级	受指导	遵循先例和制定的政策并参照指导完成任务
六级	有方向	遵循相关政策方针和目标，接受高管层的一般性指导
七级	广泛性	遵循广泛的政策、目标以及战略等
八级	战略性	遵循法律法规、社会公约，接受业内指导
九级	无指引	没有任何规范约束或指导

岗位对结果的影响，是指职位的任职者通过工作行为对结果造成影响。可分为四个等级，其中前两个等级的作用是间接的，而后两个等级的作用是直接的。具体解释如表 1-11 所示。

表 1-11　职位对结果的影响等级描述②

等级	名称	描述
一级	后勤性	通过向其他职位提供信息、服务来影响结果
二级	辅助性	通过向其他职位提供重要的信息和支持服务来影响结果
三级	分担性	在与组织内部或外部以及其他部门合作过程中承担责任并且其工作内容会对结果造成影响
四级	重要性	承担主要责任，对结果有直接或重要影响。

岗位的影响程度，是指岗位承担者可能造成的经济性的正负后果。分为四个等级：微小的、少量的、中级的和大量的。其中每一级都有对应的金额下限，具体金额要根据企业的经营情况而定。

因此，承担的责任的配套量表如表 1-12 所示。

---

① 见唐洁尘硕士学位论文：《基于海氏评级法的知识型员工薪酬设计与研究——以 M 集团为例》第 19 页表 3.8

② 见唐洁尘硕士学位论文：《基于海氏评级法的知识型员工薪酬设计与研究——以 M 集团为例》第 19 页表 3.9

表1-12 承担的责任的量表①

结构程度等级		岗位的影响程度								
		微小		少量		中级		大量		
金额范围										
岗位对结果的影响		间接	直接	间接	直接	间接	直接	间接	直接	
		后勤	辅助	分担	重要	后勤	辅助	分担	重要	后勤	辅助	分担	重要	后勤	辅助	分担	重要
行动的自由度	有规定	10 12 14	14 16 19	19 22 25	25 29 33	14 16 19	19 22 25	25 29 33	33 38 43	19 22 25	25 29 33	33 38 43	43 50 57	25 29 33	33 38 43	43 50 57	57 66 76
	受控制	16 19 22	22 25 29	29 33 38	38 43 50	22 25 29	29 33 38	38 43 50	50 57 66	29 33 38	38 43 50	50 57 66	66 76 87	38 43 50	50 57 66	66 76 87	87 100 115
	标准化	25 29 33	33 38 43	43 50 57	57 66 76	33 38 43	43 50 57	57 66 76	76 87 100	43 50 57	57 66 76	76 87 100	100 115 132	57 66 76	76 87 100	100 115 132	132 152 175
岗位对结果的影响		间接	直接	间接	直接	间接	直接	间接	直接	
		后勤	辅助	分担	重要	后勤	辅助	分担	重要	后勤	辅助	分担	重要	后勤	辅助	分担	重要
行动的自由度	遵规范	38 43 50	50 57 66	66 76 87	87 100 115	50 57 66	66 76 87	87 100 115	115 132 152	66 76 87	87 100 115	115 132 152	152 175 200	87 100 115	115 132 152	152 175 200	200 230 264
	受指导	57 66 76	76 87 100	100 115 132	132 152 175	76 87 100	100 115 132	132 152 175	175 200 230	100 115 132	132 152 175	175 200 230	230 264 304	132 152 175	175 200 230	230 264 304	304 350 400
	有方向	87 100 115	115 132 152	152 175 200	200 230 264	115 132 152	152 175 200	200 230 264	264 304 350	152 175 200	200 230 264	264 304 350	350 400 460	200 230 264	264 304 350	350 400 460	460 528 608
	广泛性	132 152 175	175 200 230	230 264 304	304 350 400	175 200 230	230 264 304	304 350 400	400 460 528	230 264 304	304 350 400	400 460 528	528 608 700	304 350 400	400 460 528	528 608 700	700 800 920
	战略性	200 230 264	264 304 350	350 400 460	460 528 608	264 304 350	350 400 460	460 528 608	608 700 800	350 400 460	460 528 608	608 700 800	800 920 1056	460 528 608	608 700 800	800 920 1056	1056 1216 1400
	无指引	304 350 400	400 460 528	528 608 700	700 800 920	460 528 608	528 608 700	700 800 920	920 1056 1215	528 608 700	700 800 920	920 1056 1400	1216 1400 1600	700 800 920	920 1056 1215	1400 1600 1800	1600 1840 2112

① 见唐洁尘硕士学位论文:《基于海氏评级法的知识型员工薪酬设计与研究——以M集团为例》第21页表3.10

四、研究内容及研究方法

(一) 研究内容

主要包括四个内容：引言，内部审计愿景：提出及实施，专业胜任能力：结构模型与框架体系，岗位胜任能力：职责任务与绩效评估。四部分具体内容分述如下：

第一部分，引言。这一部分作为框架的导论，内容包括：研究目的及研究范围、研究现状及其评论、理论基础及理论分析、研究内容及研究方法、预期结果及研究意义。

第二部分，内部审计愿景：提出及实施。这一部分是课题展开的基础。其基本思路如图1-2所示。主要内容包括：提出内部审计转型及发展方向、提出内部审计愿景、内部审计使命的提出和提出内部审计战略。

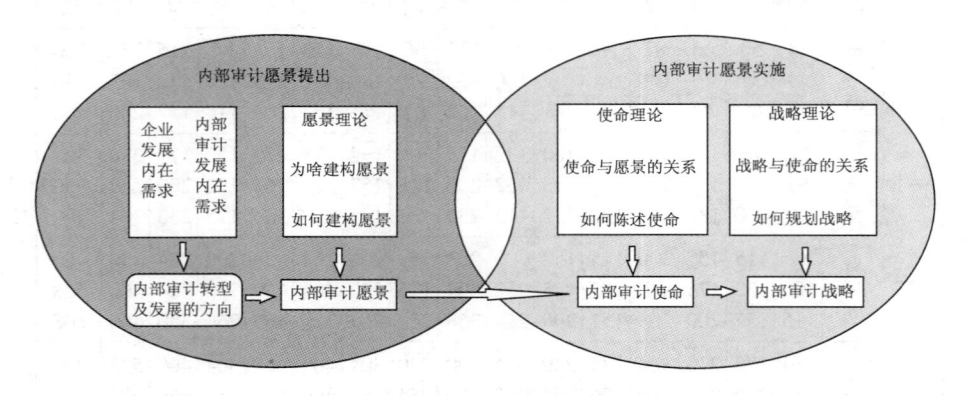

图1-2 内部审计战略

第三部分，内部审计人员专业胜任能力：结构模型与框架体系。这一部分是课题的核心内容。其基本思路如图1-3所示。主要内容有：提出内部审计人员专业胜任能力结构模型、提出内部审计人员专业胜任能力框架体系。

第四部分，内部审计人员岗位胜任能力绩效评估。这一部分是框架的重要组成部分。其具体思路如图1-4所示。主要内容有：各岗位职责与任务、各岗位胜任分数、关键绩效指标设计、胜任能力评估示例。

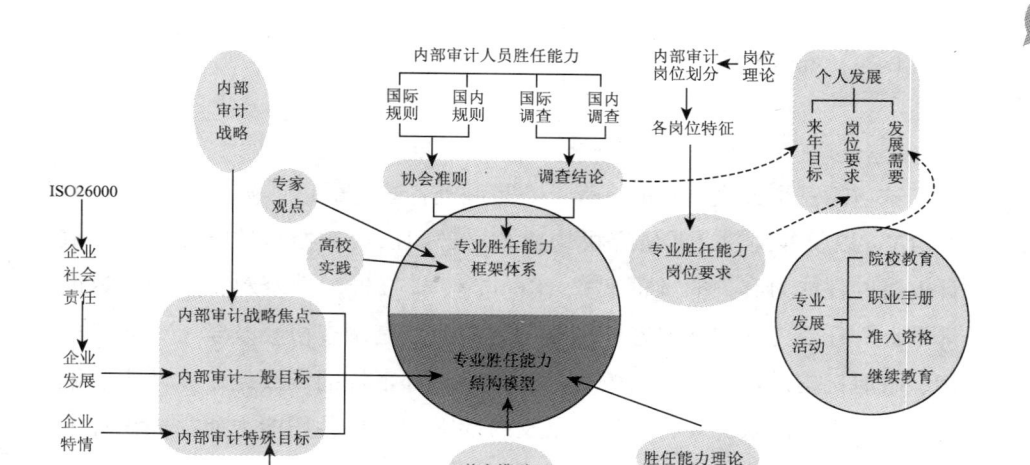

图 1-3 内部审计人员专业胜任能力框架建构思路

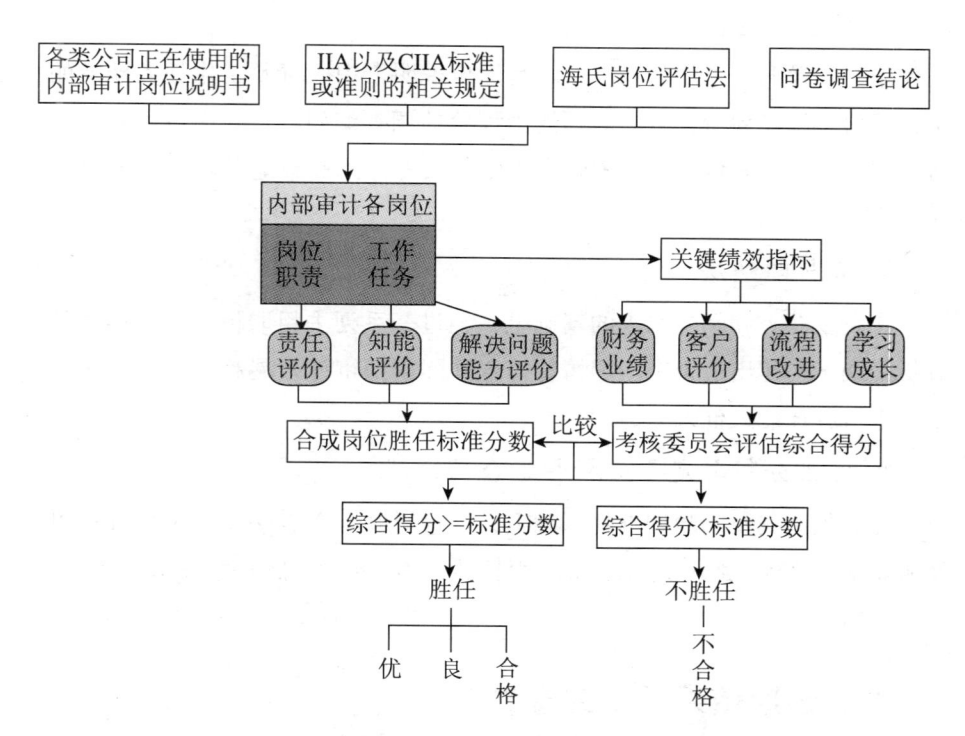

图 1-4 内部审计人员岗位胜任能力绩效评估思路

（二）研究方法

1. 文献调查法

这包括三个方面内容的调查：一是调查各国内部审计协会（包括 CIIA 和 IIA）以及各国学者或研究机构或政府部门出台或撰写的有关与内部审计人员胜任能力有关的《框架》、《标准》、《报告》等资料，从中了解内部审计胜任能力的评估内容、思路及方法。二是调查协会及学者、研究机构、政府机构做过并已经出版的各种关于内部审计的调查结论，从中了解内部审计现在的状况及将来趋势以及内部审计人员胜任能力所需知识和技能的重要性排名。三是调查各类公司的内部审计岗位说明书，既包括经理、主任级别的，也包括一般审计人员的岗位说明书。从中了解岗位说明书的组成要素、相关岗位的职责、任务以及其他要求。

2. 问卷调查法

主要涉及两个方面的调查：一是岗位说明书中职责及工作任务涉及的责任评价、知能评价及解决问题能力评价的调查询问。二是岗位说明书中有关权重的确定。调查的对象既有大学相关专业的高校老师也有企业里的相关人士。

3. 分析归纳法

在文献调查和问卷调查的基础上，经过一系列去粗取精、去伪存真的分析归纳，构建出适合中国国情并符合国际内部审计发展趋势的中国内部审计人员胜任能力框架（含评估）。

4. 定性分析与定量分析相结合的方法

在文献调查及问卷调查的基础上，通过对观点、看法等的定性分析以及所获数据的定量分析，计算出中国内部审计人员胜任能力岗位标准得分。

五、预期结果及研究意义

（一）预期结果

1. 在第二部分基于内部审计转型及发展方向提出内部审计的愿景、使命及战略。

2. 在第三部分提出内部审计专业胜任能力的结构模型及体现岗位需要特征的知识技能框架体系。

3. 在第四部分提出各内部审计岗位的职责和任务、胜任标准分数区间、胜任评估关键绩效指标体系、评估示例。

（二）研究意义

1. 理论意义

从理论上讲，本课题的研究具有如下两点意义：

（1）改进前人研究的不足

这体现在如下两个方面：第一，建立以内部审计战略和目标为导向的专业胜任能力结构模型。第二，建构起内部审计人员专业胜任能力知识及技能框架体系，并进一步通过岗位的划分确定了不同岗位专业胜任能力知识和技能的不同要求。

（2）弥补前人研究的空白

这体现在如下两个方面：第一，借鉴海氏评价法的思路设计了内部审计人员岗位胜任能力评估方法。第二，设计了内部审计6个岗位的责任和任务以及胜任标准得分，并进一步设计了关键绩效指标。

2. 现实意义

从实践上讲，本课题有四个方面意义：

（1）在院校教育阶段，能力框架使高校教育与实际工作需求联系更紧密

院校教育的目的是为将来的职业发展奠定基础，高校所传授的知识只有与工作岗位需要相联系才有助于职业未来的发展。内部审计人员职业胜任能力框架可以为高校教育提供指引，使其关注市场的需求，建立满足内部审计发展方向的培养模式。

（2）在工作阶段，能力框架可成为职业手册

内部审计职业胜任能力框架区分不同水平，并对每一项知识和技能有详细具体的要求，对照能力框架，从业者可以找到差距及需要强化的领域，平衡发展知识与技能，个人能力可以得到快速的提高。

（3）在准入阶段，能力框架为制定准入标准提供指南

严谨的准入标准是内部审计人员实现企业发展目标和战略焦点的保障，因此，必须审慎制定标准。内部审计人员职业胜任能力框架为制定准入标准以及规范资格考试的内容提供了指南。

（4）在继续教育阶段，能力框架为课程设置打下基础

由于环境及知识的快速变化，内部审计人员的后续教育非常重要，依据内部审计人员职业胜任能力框架设置课程，形成相应的知识大纲，有助于跟踪环境的变化，满足当前和未来的需求。

此外，对个人职业素质的发展具有指导作用。具体而言，首先，依照框架体系健全自身的知识和技能体系有助于满足岗位的要求。其次，参加框架体系指导下的专业发展活动有助于满足个人专业素质能力的发展。最后，依据不同岗位框架体系的要求制定个人的未来发展目标。

第二章 内部审计愿景：提出及实施

一、企业和内部审计发展内在需求分析

（一）企业发展内在需求分析

自中世纪在意大利沿海城市产生以来，追逐自身利益最大化就成为企业的目标，而不断膨胀的贪欲引发的过度追求私利，使得企业行为越来越表现出无视社会成本、损害劳动者和消费者合法权益的趋势，对社会、劳动者和消费者造成危害的事件层出不穷。最新事件如2012年年初曝光的广西龙江镉污染丑闻、2010年以来连续发生的富士康跳楼风波、2008年三鹿毒奶粉事件，等等。事实上，这些事件的发生不仅对社会、劳动者和消费者造成极大的危害，而且对当事企业也造成巨大的负面冲击，有的企业甚至因此而倒闭，责任人受到法律制裁。因此，企业社会责任正日益成为一个社会各界关注的热点问题，是否履行社会责任已成为影响企业发展的重要因素，成为企业是否能够可持续发展关键所在，履行企业社会责任正成为企业发展的内在要求。

与此同时，企业社会责任也一直是相关政府部门的关注问题之一。20世纪80年代起于美国宾夕法尼亚州的《公司法》修订，将其他利益相关者条款（Other Constituency Statutes）纳入，此后美国各州群起效仿；2002年的SOX法案则将履行企业社会责任上升为企业实践中不可避免的议题。法国2001年修订后的《公司法》则明令上市公司披露如何考虑其行为带来的社会及环境后果；在同年公布的《公共采购法》中，法国引入了可持续发展和环境标准。2004年欧盟也出台了类似意义的手册，如《绿色公共购买指南》。此外，德国和荷兰在20世纪50年代构建的职工参与制度则对履行企业社会责任起到了事实上的推动作用。就我国而言，2006年深圳交易所出台了《上市公司社会责任指引》，规范上市公司的履行社会责任行

为；2007年7月，国家环保总局、中国人民银行、中国银监会三部委联合出台了《关于落实环境保护政策法规防范信贷风险的意见》，对不符合产业政策和环境违法的企业和项目进行信贷控制，实现以绿色信贷机制遏制高耗能高污染产业盲目扩张的目的；2010年4月26日，财政部等五部委联合发布了《企业内部控制配套指引》，其中，《企业内部控制应用指引》第4号就是企业社会责任，强调企业应从安全生产、产品质量保护、环境保护、职工权益等方面认真落实企业的社会责任。由此可知，履行企业社会责任已成为企业发展的核心内容。

事实上，履行企业社会责任不仅是现实的要求和立法的强制，而且其后也有着深刻的理论支持。利益相关者理论（SRI，1963）认为，对企业来说，存在这样一些利益群体，如果没有他们的支持，企业就无法存在①。而依据Freeman（1984）的解释，利益相关者不仅包括股东、债权人、员工、供应商、客户、批发商和零售商，也包括普通公众、各级政府、社会团体及其他人群。因此，企业在追求自身利润最大化的同时，也要尽可能满足其他利益相关者的需求，只有这样企业才能生存和发展。三重底线理论（Triple Bottom Line）（John，1997）认为，企业行为要满足经济底线、社会底线与环境底线，企业不仅要对股东负责，追求利润目标，而且要对社会、环境负责。依据三重底线理论，企业要生存发展就必须同时依赖物质资本、人力资本、环境资本三重路径。三重路径依赖不仅揭示了企业社会责任的发生机制，而且完善了企业社会责任的本质，同时也改变了现代企业的发展目标。

此外，依据曹华林等人（2010）的观点，企业承担社会责任实际上就是为了在由众多的利益相关者（包括企业）组成的一个系统中维持一种互惠互赢的平衡状态，以便获得一种良好的经营环境。即企业与利益相关方是一种共生关系。而林军（2004）认为，企业无法脱离社会而存在，企业之间，企业与社会之间始终存在一种契约关系，企业的社会行为要符合社会道德的约束。即企业在生存和发展的过程中，在享受权利的同时，要对其生存和发展提供资源的社会负责。王淑芹和向征（2011）则认为，企业谋利的经济活动不是一个自然的过程，而是企业成员共同行为的结果，无疑，企业的有意识的经济行为使其成为了道德责任的伦理主体。因此，遵

---

① 见Freeman "Strategic management: a stakeholder approach" 一书。

循伦理学的'以道导责'的价值规定，履行企业社会责任成为企业的本质属性。自 2003 年英国提出了低碳经济理念后，促进整个经济朝向高能效、低能耗和低碳排放的低碳经济模式成为经济发展的主流方向。据此，齐文浩和姚洪权（2011）认为，作为市场经济的主体，企业对低碳经济的实现具有不可推卸的责任，企业必须以"低碳"为先导进行技术创新，履行社会责任，否则发展将会受到制约，进而失去竞争力。

另外，为了推动社会责任履行，国际标准化组织（ISO）2010 年专门颁布了 ISO26000（社会责任指南标准）。依据该指南，社会责任是"通过透明和道德行为，组织为其决策和活动给社会和环境带来的影响承担责任。这些透明和道德行为有助于可持续发展，包括健康和社会福利；考虑到利益相关方的期望；符合适用法律并与国际行为规范一致；融入到整个组织并践行于其各种关系中"。这一定义显示，ISO26000 将企业社会责任关注的重心转向了"组织应坚持问责、透明、道德行为、尊重法治和国际行为规范等原则"这种实际要求，已超越了"是否应该做"这种道德讨论，把对社会和环境的考虑融入到组织决策中，确保组织决策和组织活动与社会期望相一致。ISO26000 的这一定义指出了履行社会责任的本质，即是组织基于组织决策和组织活动对社会和环境的影响这一因果"链条"担责。这一本质属性隐含着要求组织应基于社会价值考虑组织行为的过程和结果。

综上可知，企业社会责任的履行并非是刻意设计的规则，而是滋生于人类社会经济发展的进程中。从外部而言，企业社会责任的履行不仅有效消除了企业行为的负外部性，而且提高了资源配置的效率，进而增加了整体社会福利水平。这一好处逐渐自然的被人们所觉察并受益时就会形成一种社会劝说效应，从而使企业、公众、政府逐渐接受企业社会责任理念，并强化为包括企业在内普遍接受的规则，从而逐渐演变成社会经济制度被确定下来。就内部来说，最初履行企业社会责任而受益的企业逐渐成为模仿的对象，这使得企业社会责任不再作为偶然事件发生，而逐渐演变成为一种规则、一种制度。因此，履行企业社会责任已成为企业发展的应有之义，是企业可持续发展的保证。也就是说，履行企业社会责任是为了实现企业可持续发展，可持续发展才是企业发展的本来目标。依据 IIA（1999）的定义，内部审计是通过确认和咨询活动借助评价和改善风险管理、公司治理和内部控制来帮助组织实现目标。为了帮助企业履行社会责任，满足企业可持续发展的需要，显然，内部审计在开展确认和咨询活动时，应秉持社会责任理念，并且将维护企业可持续发展进而实现组织卓越作为自己的长期目标和前进方向。

（二）内部审计发展内在需求分析

依据调查资料及相关文献①，内部审计国内现状表现为：取得的成绩包括：①陆续颁布了许多准则、规范或指南。如，《中国内部审计准则》、《企业内部控制基本规范》、《企业内部控制配套指引》、《上市公司社会责任指南》。②推出内部审计"免疫系统"新理论，重新塑造了内部审计的地位和作用。③大部分企业制定了内部审计章程（79.10%②）。④内部审计人员学历在大专以上的比重很高（90.02%③）。存在的缺点包括：①审计人员一般技术能力普遍偏低。以5分制计，得分均低于3分④。②审计范围偏窄，审计内容滞后。这体现在：集中于财务审计（23.7%）、经济责任审计（20.1%）、专项审计（11.40%）等方面，合规审计

---

① 2007年中国内部审计协会对中国企业的内部审计情况进行了调查，这里的情况分析数据参考了时现和毛勇的编著《08'中国国有企业内部审计发展研究报告》（中国时代经济出版社，2008）以及作者向CIIA索要的2007年数据。此外，参考了Protiviti（甫瀚）的调查报告："2010 Mainland China & HongKong Internal Audit Capabilities and Needs Survey" ［EB/OL］．http：//www.protiviti.cn/China-en/documents/CN-2010-IACH-Survey.pdf，以及贺颖奇和陈佳俊：《当代国际内部审计的变化与中国内部审计的发展机会》（载《审计研究》2006年第4期）。

② 见时现和毛勇的编著《08'中国国有企业内部审计发展研究报告》第25页表2-6．这个数据是关于1024家国有企业的数据。针对民营企业CIIA2007年的调查数据，央级和省级民营企业合计的比例为89.19%。

③ 见时现和毛勇的编著《08'中国国有企业内部审计发展研究报告》第27页表2-10．这个数据是关于1024家国有企业的数据。贺颖奇和陈佳俊（2004）针对在北京国家会计学院参加培训人员的调查结论是92%。

④ 见Protiviti（甫瀚）的调查报告："2010 Mainland China & HongKong Internal Audit Capabilities and Needs Survey" ［EB/OL］．第2页（http：//www.protiviti.cn/China-en/documents/CN-2010-IACH-Survey.pdf）。

(3.77%)、风险管理审计（2.60%）、IT 审计（0.47%）相对少关注①。③对公司治理准则、证券法、信息披露熟悉程度最低，分别只有 9%、3%、12%②；对信息的综合分析能力、战略型与批判性思维能力、动态地掌握审计新原理、观念与技术的能力最差，分别为 69%、50%、47%③。综上，尽管外部监管的压力及激烈竞争的市场使得内部审计在企业中的地位日益提高，但是，内部审计人员低弱的专业素质以及偏窄的审计范围和审计内容使得内部审计在企业中的作用很有限，所扮演的角色也不大，从而使得社会大众对内部审计的期望不高。

但是，与内部审计偏财务审计轻风险管理审计现状背离的是，当代内部审计正受到持续的各种各样的风险冲击。表现为：①监管法律不断颁布，监管压力空前增大。Grant Thornton LLP 在 2011 年发布的调查中提到："48% 的 CAEs 认为不断变化的监管环境是他们公司所面临的最大威胁，自从 SOX 颁布后，组织不得不拿出大的资源来遵从新的规则和法律，包括 2003 年 FACT 法案中提到的红旗规则（Red flags rules）、PCI 安全标准、HIPAA 隐私规则，以及最近的 Dodd – Frank 华尔街改革和消费者保护法案（Dodd – Frank Act）"。②经济全球化加剧，风险传染空前增多。经济全球化加剧了世界经济的投机性和风险性，经济危机一旦爆发，其传染性和破坏性都空前增强。Grant Thornton LLP 在 2011 年发布的调查报告提到："随着全球化加速和商业环境的快速变化，审计委员会和管理当局需要及时确认以保证控制工作的适当性，并有效缓和风险。这些要求已经增加了对内部审计人员的压力。"④ ③信息化程度加深，信息风险影响日广。当前信息技术已经渗透到各领域、各行业，企业面临的商业环境和市场竞争的不确

---

① 见时现和毛勇的编著《08'中国国有企业内部审计发展研究报告》第 29 页表 2 – 13。这个数据是关于 1024 家国有企业的数据。针对民营企业 CIIA2007 年的调查数据，央级和省级民营企业合计计算的结果是这样的：内控（26.9%）、财务（16.7%）、合规（11.7%）排前三位，而风险（2.01%）、IT（3%）、投资（2.99%）较少受到关注。

② 见时现和毛勇的编著《08'中国国有企业内部审计发展研究报告》第 38 页表 2 – 21。这个数据是关于 1024 家国有企业的数据。

③ 见时现和毛勇的编著《08'中国国有企业内部审计发展研究报告》第 41 页表 2 – 23。这个数据是关于 1024 家国有企业的数据。

④ 引自 Grant Thornton LLP 的"Chief audit executive survey2011：Looking to the future：Perspetives and trends from internal audit leaders"第 12 页。

定性也日益增加。如，2011年5月13日，广州市广珠轻轨站外抛锚，因信息系统故障致列车2个多小时无法进站。由于信息系统本身的复杂性和多变性，对于系统设计、开发过程中发生的漏洞和错误，内部审计人员很难及时发现。此外，市场竞争日趋激烈、消费者日渐敏感等也使得企业所面临的风险越来越多，越来越大，风险管理逐渐成为了企业管理的核心理念。因此，能否有效评价和改善风险管理就成为当今内部审计最大的挑战[1]。

　　从职责及功能角度讲，内部审计有责任、有能力可以应对评价和改善风险管理这一最大的挑战。这是因为：①IIA认为内部审计的职责就是评价和改善风险管理。依据IIA（1999）的定义，内部审计是一种旨在增加组织价值和改善组织运营的独立、客观的确认和咨询活动，它通过系统化、规范化的方法来评价和改善风险管理、内部控制及治理程序的效果，以帮助实现组织的目标。②调查结论显示风险管理是内部审计的工作重心之一。IIARF（国际内部审计协会研究基金会）（2010）对107个国家13582位包括CAE等人士的调查获得如下结论："内部审计活动在风险管理和公司治理中所扮演的角色分量将持续增加。"GAIN（全球审计信息网）（2009）对321受访者调查显示，75%的受访者认为，内部审计部门应该很好的洞察组织的风险管理流程。③内部审计模式向以风险为中心的内部审计模式变迁。PWC（2012）的调查显示，内部审计只有从控制保证向风险保证转变，内部审计才能创造价值。此外，审计长刘家义（2008）提出的内部审计"免疫系统"理论，其含义也是将内部审计定义为风险管理的改善者，进一步强化了内部审计对风险管理评价的作用。综上可知，内部审计能够胜任也能够应对改善风险管理这一挑战。事实上，国外的一些企业的内部审计已经或正在从事评价和改善风险管理，如拉丁美洲最大的饮料公司FEMSA、英国保诚集团、印尼最大曼迪利银行、意大利国家电力公司等。

　　综上，内部审计应转型为风险监管者，这是一积极的角色，内部审计人员要主动去评估并改善风险管理。事实上，在2010年进行的一项全球调

---

　　[1]　尽管IIA（1999）的定义提出，内部审计是以确认和咨询功能评价和改善风险管理、公司治理和内部控制。但显然，评价和改善公司治理和内部控制最终也落脚在评价和改善风险管理。因此，评价和改善风险管理才是内部审计真正的核心任务。

查中，96％的受访者表示，他们的内部审计在进行综合风险管理的努力中扮演着一个重要角色。[1] 为了展望2012年的发展前景，普华永道国际会计公司做了一项调查结果发现，如果内部审计领导人想在保证和风险管理中保持为关键的参与者，他们就必须采用风险为中心的思维方式。[2] Grant-Thornton业务咨询服务国家管理部主席Paul Kanneman说："由于关注不断的超越承诺，首席审计执行官们相信，审计委员会、董事会和管理层希望更多的依赖内部审计人员作为他们在基层的眼睛和耳朵。""作为反应，首席审计执行官们正逐渐从一个被动应对角色转向成为一个日渐主动的角色"。[3]

二、内部审计愿景的提出

（一）何为愿景？

愿景（vision）源自拉丁文videre，其本义是"看见"的意思。依据《现代汉语大词典》（第5版）的解释，愿景的意思是，所向往的前景。Schumpeter（1954）认为，愿景与可能性及所渴望的将来有关，它表现了乐观主义和希望，是一种"分析前的认识行为"。Manasse（1986）认为，愿景是一种渴望未来的发展、传达与履行。Block（1987）认为，愿景是一个要达成的意象，是个人或组织独特的理想，其中包含对现状不满意的觉知。Nanus（1992）认为，愿景是您服务机构真实的、可靠的以及富有吸引力的未来，它是您服务机构达成目的的一种未来陈述，也是一种较好的、更成功的和更渴望的未来。Hoover（2003）认为，愿景是人的一种意愿的表达，这种意愿的表达需要良好的知识准备并且具有前瞻性。愿景必须要有见识、前瞻性、高度特异性，并且它是不随市场、竞争和流行趋势而变化的事物。Robbins（2006）认为，愿景应提供清楚且吸引人的意象，能够扣住人们的情感，并激发人们追求组织目标的热情和动力。等等。总之，愿景是人们永远为之奋斗希望达到的图景，它是一种意愿的表达，愿

---

[1] Ernst&Young. 2010. "Unlocking the strategic value of internal audit" 第1页。
[2] PricewaterhouseCooper LLP. 2007. "Internal audit 2012" 第2页。
[3] 引自Grant Thornton LLP 的Chief audit executive survey2011：Looking to the future：Perspetives and trends from internal audit leaders" 第2页。

景概括了未来目标、使命及核心价值，是哲学中最核心的内容，是最终希望实现的图景。

德鲁克（1999）认为，企业要思考三个问题：①我们的企业是什么？②我们的企业将是什么？③我们的企业应该是什么？这三个问题集中起来就是体现了一个企业的愿景。这也就是说，愿景就是解决组织是什么，要成为什么的基本问题。愿景能促使组织资源产生整体感并对未来前程达成共识。Lipton（2003）指出，愿景阐述的是企业存在的最终目的，它是指组织长期的发展方向、目标、目的、自我设定的社会责任和义务，明确界定公司在未来社会范围里是个什么样子。事实上，Kakabades et al（1996）认为，愿景是战略家为获得广泛支持、应对挑战的方案，它说明和陈述了企业未来发展的本质，是成功规划、执行战略前的灵魂和火花。Cummings-et al（1997）认为，愿景是陈述企业未来渴望发展的状况，提供企业的价值取向与变革行动的指南，是促使企业员工全力实现共同理想的原动力。综上可知，愿景对组织的意义在于，愿景解决了组织的发展方向。正如台湾学者刘懿华（2007）所总结的那样，愿景对组织之所以重要，是因为：愿景能提供组织的焦点与能量。

Kotter（1998）认为愿景应该具有三个特点：①有一个明确的目标；②能指出需要改变的领域；③可提供行动的线索。台湾学者陈庆源（2001）指出，愿景应切合要旨、应具有吸引力、应是奋斗终极目标、应简洁有力。台湾学者刘懿华（2007）认为愿景具有：明确性、方向性、指导性、新颖性、复杂性及稳定性。徐耀强（2008）认为愿景具有以下特点：①富有深刻意义；②定义未来显像；③反映核心价值；④具有现实依据。尚玉钒等人（2010）认为，愿景具有如下四个特征：①制定主体是组织高层。②愿景的内容是组织的追求、发展方向与道路。③制定愿景的目的是为了给组织一个奋斗的目标，指导组织长期的发展，激励员工努力工作。④愿景的作用时间是长期的，是不随内外部环境改变而改变的。依据刘懿华（2007）对31家台湾企业愿景的调研（见表2-1），明确性和方向性是企业愿景最频繁出现的特征。田志龙和蒋倩（2009）对中国500强企业愿景的统计分析也证实了刘懿华的发现（见表2-2），即目标明确和方向清晰是企业愿景；同时，他们发现，含1~3个要素的企业愿景占绝大多数，包含3个要素以上的愿景的企业比较少。

表 2 – 1 愿景特征

愿景特征	整体样本 组织数	整体样本 百分比	排序
明确性	30	96.77%	1
方向性	30	96.77%	1
指导性	18	58.06%	3
新颖性	8	25.81%	4
复杂性	0	0	
稳定性	22	70.97%	2
$X^2 = 16.22 > X^2_{(0.05,4)} = 9.49$，拒绝 H_0，显示非平均分配			

资料来源：刘懿华：《愿景产生、愿景特征与愿景领导效益之研究》第 56 页表 4 – 4，台湾朝阳科技大学硕士学位论文。

表 2 – 2 中国 500 强企业愿景表达结构要素组合规律

涉及结构要素总数	企业数量	要素组合举例
1	119	成长发展目标确立（90 家）；企业价值观、信念和哲学观树立（17 家）；企业形象树立（17 家）；目标市场确立（5 家）
2	150	目标市场确立/成长发展目标确立（72 家）；成长发展目标确立/企业形象树立（21 家）；成长发展目标确立/产品服务确立（15 家）；成长发展目标确立/企业价值观、信念和哲学观树立（8 家）；目标市场确立/企业形象树立（6 家）；企业形象树立/企业价值观、信念和哲学观树立（6 家）
3	105	目标市场确立/成长发展目标确立/产品服务确立（57 家）；目标市场确立/成长目标确立、企业形象树立（14 家）
4	35	目标市场确立/成长发展目标确立/产品服务确立/企业形象树立（9 家）；目标市场确立/成长发展目标确立/产品服务确立/质量水平确立（6 家）
5	8	目标市场确立/成长发展目标确立/产品服务确立/企业形象树立/企业价值观、信念和哲学观树立（2 家）
6	3	成长发展目标确立/供应商满意/企业形象树立/员工满意/顾客满意/企业形象树立（1 家）
7	1	目标市场确立/成长发展目标确立/产品服务确立/员工满意/顾客满意/企业价值观、信念和哲学观树立/质量水平确立（1 家）

资料来源：田志龙和蒋倩：《中国 500 强企业的愿景：内涵、有效性与影响因素》第 108 页表 5，载于《管理世界》2009 年第 7 期。

Collins 和 Porras（1996）提出了一个企业愿景构成的阴阳鱼结构图（见图2-1）。在他们看来，企业愿景主要包括两个部分：一是核心理念，由企业核心价值和核心目的组成；二是企业生动的未来前景，即企业 10~30 年要实现的目标以及实现目标后将会是什么样子的生动描述。在企业愿景中，核心价值观决定着一个企业的耐久性，核心目的是企业存在的理由；企业生动的未来前景是激发企业变革与进步，推动公司向未来迈进的强大精神力量。田志龙和蒋倩（2009）对中国 500 强企业的愿景表达结构进行了统计分析，结果如图 2-2 所示。中国 500 强企业愿景的表达基本都呈现出的"成为'什么'企业"的结构特征，"企业"之前的定语涉及行业、规模、地域、能力与水平、形象与理念等，表 2-3 中 500 强企业愿景表达上的 11 个结构要素正是对这些定语的进一步界定。中国 500 强企业愿景表达中涉及最多的 4 个结构要素分别是成长发展目标确立、目标市场确立、产品服务确立和企业形象树立。台湾工业技术研究院（2007）在其发布的《2015 年台湾产业发展愿景与策略》中，提出台湾产业 2015 年四项愿景，即全球资源整合者、产业技术领导者、软性经济创意者、生活型态先驱者。如图 2-3 所示。此四项愿景进程有时间先后顺序，且需与时俱进，与其他愿景搭配链接，以维持台湾持久竞争优势。比较这三种愿景结构模式，显然各有千秋，阴阳鱼模式的优点在于指出了愿景的构成，500 强企业的愿景结构则是一种简洁的表述，台湾产业 2015 年的愿景结构则划分了愿景的发展阶段。

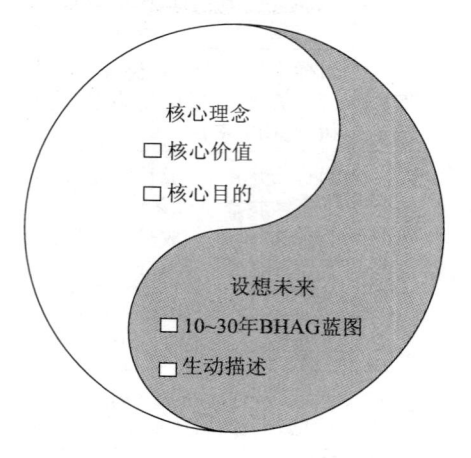

图 2-1 阴阳鱼结构图①

---

① 引自并翻译 James C. Collins 和 Jerry I. Porras："1996. Building your company's vision"一文第 67 页。

```
                              "什么"
   ┌─────────────────────────────────────────────────────────┐
成为                                                           企业
   ──────────  ────────  ────────  ──────────────  ──────────────
   (行业领域)   (地域)    (规模)    (形象、理念)    (能力、水平)
```

图 2-2　目标导向结构图①

表 2-3　中国 500 强企业愿景表达的结构要素特征

结构要素名称	参考来源	单独出现次数	涉及的总企业数
成长发展目标确立（identifieation of growth and dev elopment taigets）	Pearce&David（1987）	90	355
目标市场确立（identification of target markets）	Pearce&David（1987）	5	212
主要产品服务确立（identification of pmicipal plochcts services）	Pearce&David（1987）	0	118
企业形象树立（foster firm's selfimage）	Pearce&David（1987）	17	103
企业价值观、信念和哲学观树立（firms value belief and plulosoplry）	Pearce&David（1987）	7	52
质量水平确立（identification of qualitylevel）	Ranek&Vitton（1995）	0	33
顾客满意（customer satisfaction）	Hitt&lreland（1995）	0	22
员工满意（cmployee satisfaction）	Cochran&David（1987）	0	18
政府政策目标（implementation of govemment policy）	中国国有企业特点整理	0	13
核心技术确立（identification of the core technology）	Pearce&David（1987）	0	9
供应商满意（suppliers satisfaction）	O'Gorman&Doran（1999）	0	4

资料来源：田志龙和蒋倩：《中国 500 强企业的愿景：内涵、有效性与影响因素》第 106 页表 2，载于《管理世界》2009 年第 7 期。

---

① 见田志龙和蒋倩《中国 500 强企业的愿景：内涵、有效性与影响因素》第 108 页图 1。

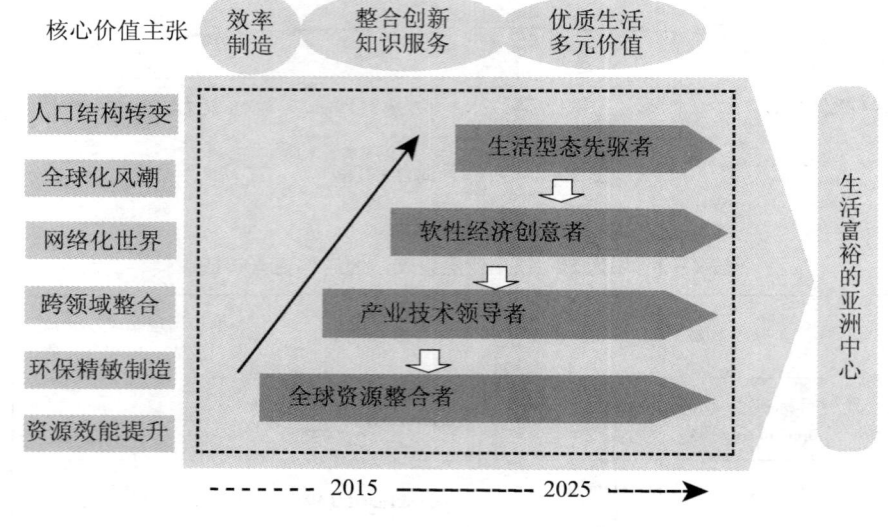

图 2-3 发展阶段结构图

（二）内部审计为什么需要愿景？

2010 年的 IIA 全球内部审计调查报告五：《迫切的变化》第三章：《为内部审计提出一个战略愿景》提到："内部审计仍处在继续演进的阶段，与世界各种成熟的职业相比，内部审计职业还相对年轻。为了实现自己的战略目标，内部审计需要清晰的路线图以帮助满足利益相关者的期望并成为风险、规制和商业活动中的引航主机。今天，内部审计面对众多挑战以及行业和全球经济环境的多种变化，制定内部审计愿景就显得尤其重要。尽管绝大多数内部审计活动依据 IIA 准则的要求设有自己的章程，但是很少有关于使命和战略的陈述"。[①]

正是考虑到愿景对促进行业发展的重要作用，美国注册会计师协会（AICPA）在 20 世纪 90 年代启动了愿景项目，并于 1998 年形成了最终的研究报告《注册会计师愿景——2011 年》。此后，澳大利亚特许会计师协会（ICAA）也成立 2020 年愿景展望特别工作小组并颁布了自己的研究报

---

① 出自 The IIA's GLOBAL INTERNAL AUDIT SURVEY：A Component of the CBOK study. Imperatives for change：The IIA's global internal audit survey in action（Report V）. Imperative 3. 第 13 页。

告《下个世纪中的特许会计师－其影响力是会发生根本改变还是逐渐减少》。另外，许多大公司都规划了自己的愿景，如通用电气公司的愿景就是"使世界更光明"，福特汽车公司是"让大众能拥有汽车"，深圳华为公司是"丰富人们的沟通与生活"。等等。

自 IIA1999 年在 PPF 中对内部审计重新定义后，内部审计在世界范围内得到空前重视，也取得了长足的发展。与此同时，在 CIIA 的推动下，中国内部审计也取得了很大的进步。但由于 IIA、CIIA 等组织并没有对内部审计的愿景做出规划或构建，这使得内部审计在实务界的发展缺乏目标，没有方向感，内部审计的发展及其效果也因此大打折扣。同时，由于缺乏愿景目标，内部审计人员自发提高自身职业胜任能力的动力也不足。因此，较之于发展更好的民间审计，发展滞后的内部审计更需要有自己的愿景，更需要愿景的指导和激励。

此外，就中国内部审计而言，构建内部审计的愿景不仅是必要的，而且是必需的。从内因角度讲，这是：①留住内部审计人员的需要；②提升内部审计工作质量的需要；③提升内部审计人员抗压能力的需要；④深化内部审计职业化的需要；⑤提升内部审计人员独立性的需要。从外因角度看，这是：①应对不确定环境的需要；②应对监管环境变化的需要；③缩小企业社会期望差距的需要。[①] 总而言之，构建内部审计愿景是凝聚共识、引领当下中国内部审计转型与发展的迫切需要。

（三）如何构建内部审计愿景？

应遵循如下三个原则来构建愿景：

1. 遵循 SWOT 原则来提出愿景内容

所谓 SWOT 原则，是一种战略分析方法，就是将与研究对象密切相关的各种主要内外因素：优势（Strengths）、弱点（Weaknessws）、机会（Opportunities）和威胁（Threats），通过调查罗列出来，并依照一定的次序按矩阵形式排列，然后运用系统分析的思想，把各种因素匹配起来加以

---

① 关于内部审计愿景构建原因的详细论述见屈耀辉的论文《内部审计愿景和使命的规划动因探讨》。

分析，从中得出一系列相应的战略。SWOT战略分析方法有利于人们对组织所处情景进行全面、系统、准确的研究，有助于制定发展战略和计划。Starratt（1995）认为，建立愿景的方式可有向内和向外两种检视方式，前者是检视组织内部人员的价值观、信念等，后者乃检视社会的挑战、组织所面临的因应等问题。Steiner（1997）在"战略计划"一书中指出，愿景是组织战略规划中重要的一环，组织愿景是组织依据组织的基本社会、经济目的、高阶管理者的价值观念及周遭环境的研究，做内外在环境与组织强弱势之SWOT分析等拟定而成，引导组织未来发展方向。因此，遵循SWOT原则建构内部审计愿景内容需要考虑：①内部审计内外部环境条件。内部审计愿景的重点是关注'内部审计将走向哪里'，因此，这需要基于内部审计的内外现状来构建，而不能凭空臆造。②观察内部审计未来趋势。内部审计愿景应把握社会发展主流，以独特的视角去发现顾客与社会必需的新价值，建立能创造新价值的发展路径。在促进组织进步的同时，为内部审计自身也开拓出一片新天地。

2. 遵循 SPCMI 原则来设计愿景理念

所谓 SPCMI 原则，是指愿景设计必须遵循有力性（strong）、目的性（purpose）、具体性（concrete）、多面性（multiaspect）和感召性（inspire）。具体而言，Strong 是指未来愿景与组织现实有密切联系，这样才会使作为不确定未来一种影像的愿景有力可行。Purpose 是指愿景要与组织目的和核心价值相联系，这样融合产生的愿景才是共同的愿景。Concrete 是指一定要有特定的目的，代表未来所期望的景象。Multiaspect 是指既要照顾个人价值、利益，也要顾及他人及组织的利益。Inspire 是指未来愿景具有感染力和号召力。依据 SPCMI 原则，内部审计愿景应具有如下内涵：①内部审计的愿景必须是有力的。内部审计的愿景理念必须与组织的现实状况密切，将愿景建立在实实在在的现实基础之上，这样才能将未来的不确定化为确定。②内部审计愿景必须是有目的的。愿景必须反映出组织存在的真正理由，特别是要与组织目的及核心价值相联系。③内部审计愿景必须是具体的。愿景是一种意愿的表达，表明未来事务要达到什么，表明组织将来会成为什么样的组织，因此，愿景必须是具体的。④内部审计愿景必须是多面的。愿景必须顾及到组织成员个人的意愿和愿望，也必须考虑利益相关方的关切。⑤内部审计愿景必须具有感召性。愿景要能够激动人心，要能够超越人们所设想的"常态"水准，体现出一定的英雄主义精神。

3. 遵循 SMART 原则来构建愿景表述

所谓 SMART 原则，是指目标必须是明确的（Specific）、可衡量的（Measurable）、可实现的（Attainable）、与其他目标具有相关性（Relevant）、具有时限性（Time – based）。具体来讲，Specific 是指目标要清晰、明确，能够被准确地理解；Measurable 是指目标能够被量化或质化，可以采用相同的标准准确衡量；Attainable 是指目标要通过努力可以实现，也就是目标不能过低和偏高，偏低了无意义，偏高了实现不了；Relevant 是指目标要和工作有相关性，不是相关的工作，不设定目标；Time – based 是指目标要有时限性，要在规定的时间内完成，时间一到，就要看结果。依据 SMART 原则，内部审计在表述上必须具备如下特点：①内部审计的愿景必须是明确的。内部审计愿景作为一个长期目标指明了内部审计发展的方向，但长期目标往往容易使人信心不足，因此需要把愿景阶段化和具体化以增强其明确性。②内部审计的愿景必须是可衡量的。如果制定的愿景没有办法衡量，就无法判断这个愿景是否能够实现。同时衡量标准应遵循"能量化的量化，不能量化的质化"。③内部审计的愿景必须是可实现的。内部审计愿景的表述必须有适当的高度。可以制定出跳起来"摘桃"的目标，但不能制定出伸手即可"摘桃"的目标，更不能制定出跳起来"摘星星"的目标。④内部审计的愿景必须是具有相关性。内部审计愿景应该是个人愿景和组织愿景的高度协调的表述，只有这样内部审计愿景才能成为内部审计人员每个人真心向往的愿景。⑤内部审计的愿景必须是具有时限性。内部审计愿景在表述时应该将目标限制在一定的时间尺度内，因为目标的时限决定工作的轻重缓急，同时，这种时间限制实际上是对愿景实现方式的一种引导。

（四）内部审计愿景的提出

面对空前增多的风险，风险管理正成为内部审计的一个核心确认和咨询任务，这也意味着，内部审计在风险管理中扮演的角色日益重要，内部审计日益转型为风险监管者。同时，维护企业持续发展也成为内部审计持续关注的重要而长久的课题，而在当今这个联系日渐紧密、监管法律法规逐渐增多、社会苛责日渐严厉的情况下，内部审计只有立足更广阔的背景，以社会责任理念为工作的出发点，才能更有效地评价和改善风险管理，增强企业免疫力，促进企业可持续发展，进而成为卓越的组织。内部审计发展的出路在于：能有效地评价和改善风险管理、进而促进企业可持续发展和卓越。只有这样，才能使内部审计实现自己的宏伟蓝图。遵循SPCMI 原则及 SMART 原则，并借鉴中国 Collins 和 Porras、中国 500 强企业以及台湾产业发展的愿景表述形式，这里我们提出如下中国内部审计未来 10 ~ 30 年的发展愿景：

"秉持社会责任理念，坚守职业道德底线；立足评价风险管理，致力改善风险管理，全力保障企业发展，努力成就组织卓越；使内部审计真正成为企业发展的基石及值得尊敬的职业。"

上述内部审计愿景的提出，体现了 Collins 和 Porras（1996）的理念。其中，"秉持社会责任理念，坚守职业道德底线"是内部审计人员应具有的核心价值；社会责任是高标准要求，职业道德是最基本要求。"立足评价风险管理，致力改善风险管理，全力保障持续发展，努力成就组织卓越"体现了内部审计的核心目标；它们之间的关系是层层递进，逐步实现的。内部审计只有实现有效的评价和改善风险管理，提升企业防治风险的水平，才能成为企业强大的"免疫系统"，进而帮助企业实现持续发展，为社会持久创造价值；在此基础上，努力将企业打造成竞争优势明显的卓越组织。"使内部审计真正成为企业发展的基石及值得尊敬的职业"体现了对 30 年后内部审计最宏伟、最惊险、最大胆的生动描述，这有两个愿景：一是真正在企业发展过程中扮演关键角色；二是真正使内部审计成为受人敬仰的职业。他们之间的关系如图 2 - 4 所示。

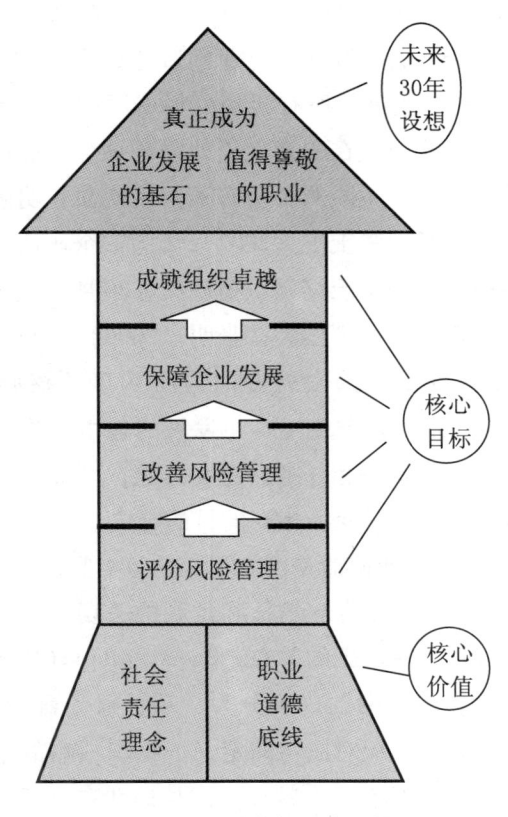

图 2-4 内部审计愿景

三、内部审计愿景的实施

愿景和使命有着密切的关系，愿景若想实现，必须将其转化为更具体的使命；而使命的实现则必须通过战略规划制定具体的战略。因此，内部审计愿景的实施，必须通过使命陈述战略规划才能得以最终实现。

（一）内部审计使命的陈述

1. 何谓使命？

使命（Mission）源于中世纪拉丁语，特指宗教使命，指分派的任务。中国古语中的使命则有命令或差遣、使者所奉的命令、奉命出使的人三个意思。《辞海》对使命的解释是，使者奉命出行，今指重大的任务。从企业角度讲，Janel M. Radtke（1998）认为，每个企业都有自己的使命，它涉及的是企业目标，企业为何存在和企业创造什么价值。麦克尔·茨维尔（2000）认为，使命是企业进行所有活动的根本原因，也是企业核心价值的重要维度，它定义了企业存在的意义。他强调每个企业都必须对自己的生存意义进行清晰的诠释，不同的企业有不同的使命，明确了企业使命与企业核心价值之间的关系。张士玉（2002）认为，企业使命是企业生存发展的总方向、总特征和总的思想纲领。畅铁民（2004）认为，企业使命就是确定企业的重大责任和存在理由。在张明（2006）看来，正确的企业使命可以帮助企业明确其未来的发展方向与所从事的核心业务，徐耀强（2009）认为，企业使命回答企业生存与发展的理由，陈述企业一种根本的、最有价值的、崇高的责任和任务。总而言之，企业的使命实际上就是企业存在的原因或者理由，是企业生存的目的定位。

David（1989）认为企业使命是由如下九个基本要素组成，即顾客、产品或服务、市场、技术、对生存、增长和盈利的关切、公司哲学、自我认知、对公司形象的关切和对员工的关心。Baetz 和 Bart（1996）对135家加拿大公司进行研究后，将使命的内容分为7项：财务目标、非财务目标、公司价值、信念和观念、组织对成功的定义、组织战略的定义、顾客。张博（2006）认为企业使命具有四个特征：①长期性和灵活性相结合；②激励性；③抽象性与可行性相结合；④全员性与通俗性相结合。依据张明（2006）对2005年世界百强企业和中国百强企业的企业使命的调查结果的总结，企业使命一般包括价值、对象、动机、导向四个要素，其中，价值是指企业追求的对象；对象是指企业所针对的目标，表明企业使命是为谁而制定的；动机是指企业经营最终为了谁的利益；导向是指企业以什么为主轴完成其目标。邓路和付正平（2007）认为使命包括如下9个方面内容：顾客、产品和服务、目的、社会责任、价值观、员工、行为准则、盈利增长、技术。张欣（2011）对46家中外企业的企业使命调查显示，企业使命一般包括追求卓越、客户导向、目标导向、以人为本、社会责任、股东回报这六个共性。

2. 愿景和使命间的关系

愿景和使命都是对未来的展望、憧憬，但两者是有区别的，依据杰弗瑞·亚伯拉罕斯（2004）的观点，企业使命和企业愿景最根本的区别在于，企业愿景是组织要去追求的目标，而企业使命是组织根据这个目标要去完成的任务。此外，企业愿景主要考虑的是对企业有投入和产出等经济利益关系的群体产生激励、导向、投入作用，让直接对企业有资金投资的群体（股东）、有员工智慧和生命投入的群体、有环境资源投入的机构等产生长期的期望和现实的行动，让这些群体、主体通过企业使命的履行和实现感受到实现社会价值的同时，自己的利益的发展得到保证和实现。与愿景是未来状况的一个简明缩影和蓝图不同，使命是在界定了愿景概念的基础上，具体表述在社会中的经济身份或角色，在社会领域里，该分工做什么的，在哪些经济领域里为社会做贡献。就组织而言，组织使命是对组织的目标或存在原因的具体阐述，组织的各种计划和项目都以此为向导。总而言之，企业依照愿景的期望履行企业使命，以实现企业最终目标和最大期望。或者说，明确企业的使命，就是要确定企业实现愿景目标必须承担的责任或义务。

但另一方面，愿景和使命又是密切相关的。事实上，使命是愿景的一个方面，企业使命往往是企业愿景中的核心理念的具体阐述。也就是说，在愿景实现的过程中，组织的愿景会指导组织利益相关者始终往愿景方向去努力，最终来实现组织愿景，完成使命，达成各项目标，从而有效地执行组织战略（佟瑞等人，2010）。使命不是口号，它必须落实到组织管理策略与运作程序中，同时必须向下扎根渗透到每个相关群体，成为企业与社会共同认可的价值观（千高原，2000），也就是说，使命是组织存在相应要承担的责任，使命反映出组织愿景转变成有形存在的特殊意义（佟瑞等人，2010）。Steiner（1997）指出，组织采用SWOT分析方法规划组织愿景，进而拟定组织使命、组织目标等。如图2-5所示。由此可见，愿景是目标，而使命是目标的具体化。在组织中的作用而言，愿景和使命的关系就是内外互动、相互一致、彼此促进、推拉结合的关系。如图2-6所示。由于愿景的长期性及不轻易改变的特性使其成为组织发展的一个强有力的拉动力。而一个明确、恰当的组织使命能为有效地分配和使用组织资源提供一个行为框架，避免组织偏离发展方向，做到资源集中、有效地利用（Juechter et al, 1988）。因此，使命在组织内部来讲，就是强有力的发动机，带有很强的推动作用。

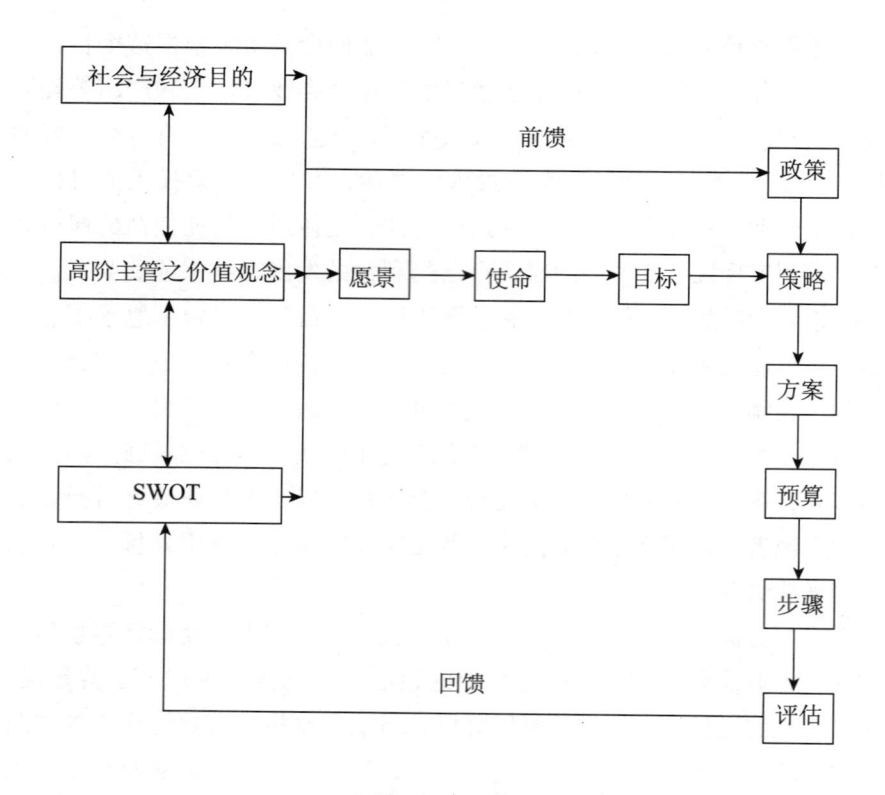

图2-5　策略规划观念性模型①

3. 如何陈述使命？

依据徐耀强（2009）的观点，对于具有不同特征的企业，可以采用不同的使命陈述方式：①角色定义式。即通过对企业在社会中所扮演的角色进行自我定义，由此出发对本企业的使命做出陈述。②业务解说式。即从阐述本企业业务的角度来陈述本企业的使命宣言。③目标描绘式。即通过对企业中长期发展目标的披露来对本企业使命做出陈述。④责任表达式。即从阐述本企业的责任的角度来陈述本企业的使命。⑤价值揭示式。即通过深入揭示本企业业务的价值和工作的意义来陈述本企业的使命。Pearce 和 David（1987）根据其实证研究结果，认为使命陈述大致应包含9项要素：①目标用户和市场。②产品或服务。③地理区域。④核心技术。⑤对

---

① 原图载于 Steiner, G. A. 1997. Strategic planning [M]，这里引自刘懿华. 2007. 愿景产生、愿景特征与愿景领导效益之研究 [D]. 第33页图2-2。

生存、增长和盈利的关注。⑥观念。⑦自我认知。⑧期望的公众形象。⑨对员工的关心。依据邓路（2007）的总结，企业使命陈述应具备如下特点：①对企业进行定义并清晰地表明企业的追求和愿望。②它应当有助于产生多种可行的目标和战略。③使命陈述往往要足够地笼统。④它必须将本企业与其他企业相区别。⑤它必须包含可衡量的目标。⑥叙述清楚。张欣（2011）通过对中美46家最受尊敬的企业使命陈述的对比，发现有如下6个共同点：①追求卓越。②客户导向。③目标导向。④以人为本。⑤社会责任。⑥股东回报。

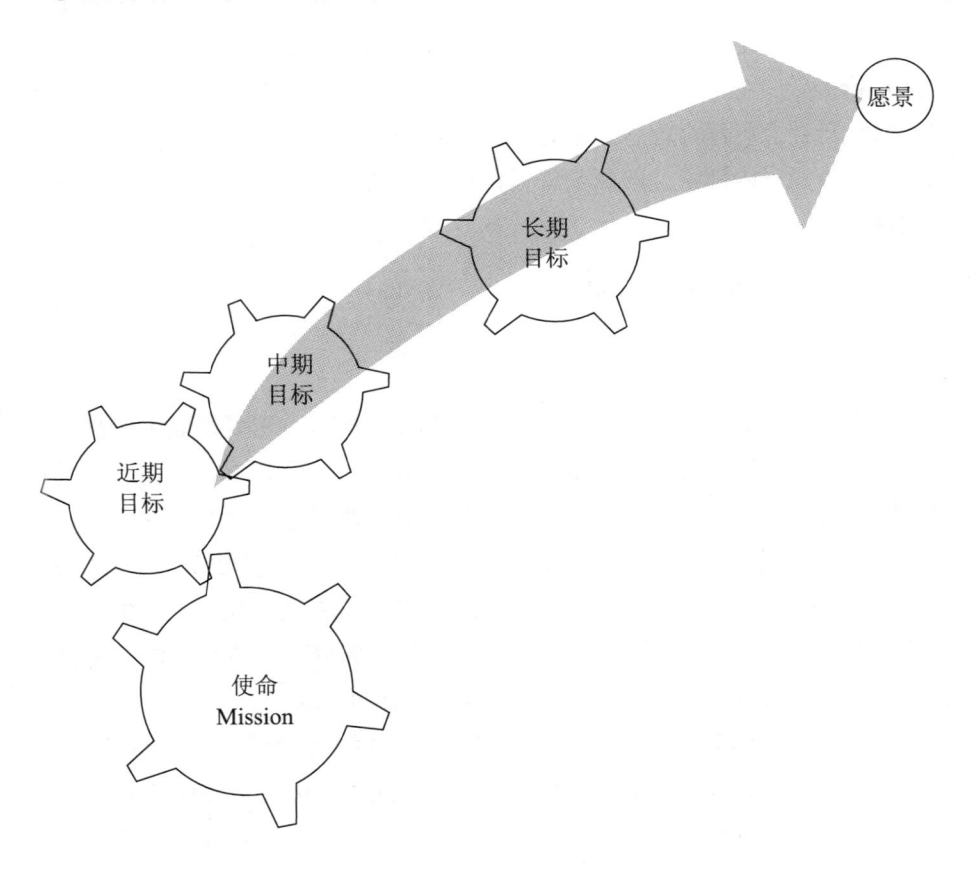

图2-6　愿景和使命的内驱外拉模型①

---

①　引自佟瑞等人.2010.基于战略愿景与使命的产业技术路线图研究［J］.第90页图1。

4. 内部审计使命提出

基于愿景和使命的关系，兼顾使命对组织的价值，融入使命陈述的基本要素，借鉴前述的使命表述形式，将内部审计的使命陈述如下：

"恪守职业道德尽职尽责，以践行社会责任为己任，专注于维护企业的持续发展，致力于成就组织的卓越未来。"

该使命包含四个特征：首先，该使命是前述愿景的具体化，是愿景化为行动的第一步。其次，该使命陈述采用的是责任表达式，即内部审计的责任有两个：一个是通过确认工作找出问题、解决问题来保持企业持续的健康运行；一个是通过咨询工作提供建议来帮助企业走向卓越。前一个责任是基础，后一个责任是升华。第三，以诚信、独立、客观、公正等为准则，以践行社会责任为理念，来完成两个责任，这样两个责任才会被有效地完成。第四，内部审计的两个责任恰好也是企业的目标：持续发展和做大做强。

（二）内部审计的战略规划

1. 何谓战略

战略是实现愿景、使命和目标的重要手段。外部环境变动频率的加快与复杂程度的增加，对组织的能力与资源提出了更高的要求，如何实现外部环境、内部条件与组织的目标均衡，科学动态地把握实现组织使命的未来路径，是战略规划必须要解决的问题。战略管理大师迈克尔·波特（Michael Porter）认为，战略的本质是抉择、权衡和各适其位。战略的起点事关抉择：不存在人人都满意的战略。战略的一部分不可或缺的内容是你必须抛弃一些东西，将资源集中于战略焦点是制胜的关键。

按照古典战略理论的完整概念，战略是"能够做的（can do）"和"可能做的（might do）"两个维度之间的有机匹配。因此，战略规划并不会提供一个现成的引发成功的药方，而是将企业引上一条征途，并提供一个解决问题的框架。它确定了实现愿景和使命及资源配置的途径和手段。战略规划涉及到三个问题：目标顾客定位、产品或服务定位、提供产品或服务的途径或方式，三者关系如图 2-7 所示。

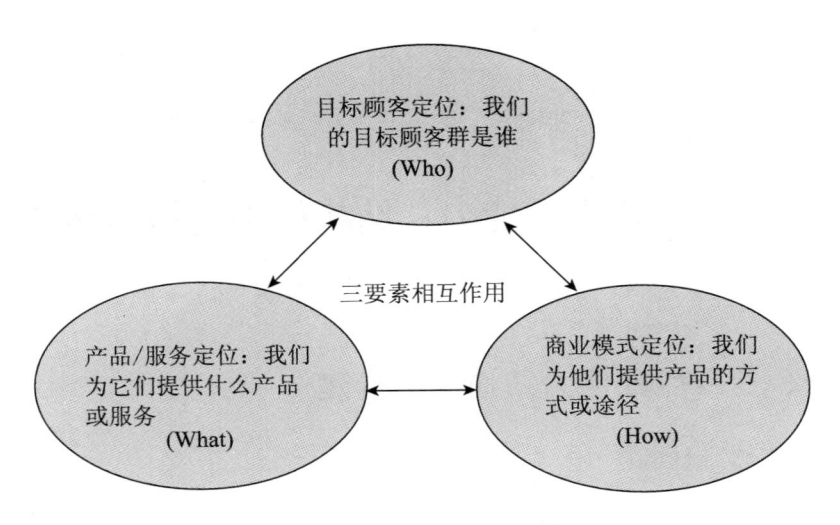

图 2-7 战略规划三要素关系图

2. 内部审计战略提出

依据内部审计的使命，显然，内部审计的战略目标应该是维护企业的可持续发展和成就组织[①]的卓越未来，前者是为了实现企业的生存，后者则是为了实现企业的壮大。这两个目标都与审计本身的作用有关，前一个目标的实现建立在审计的确定功能上，而后一个目标的落实则基于审计的咨询功能。这两种功能就是审计提供的产品。采用的方法则是系统化和规范化的方法，途径则是通过评价和改善风险管理，这与内部审计角色有关，内部审计是企业的免疫系统，所以，防治风险的侵袭是其最基本的功能。组织的资源也因此做相应配置。也就是说，能否有效评价和改善风险管理是内部审计的战略焦点。

由此，内部审计战略可以表述为：

"采用系统化和规范化的方式，通过提供确认和咨询服务，来有效评价和改善风险管理，以维护企业的可持续发展和成就组织的卓越未来。"

[①] 这里的'组织'有两个含义：一是指内部审计服务的单位，二是指内部审计自身这个组织。显然，若通过内部审计的努力成就了服务单位的卓越未来，则无疑也成就了内部审计自身的卓越未来。

第三章 专业胜任能力:结构模型与框架体系

一、专业胜任能力结构模型构建

(一) 文献回顾

McClelland 等专业胜任能力学派认为,构成胜任能力的各种个人专业素养之间是有关系的。但是,不同学者所持的观点并不完全一致。比较经典的主要有:

1. "冰山"结构模型

胜任能力的提出者 McClelland(1973)认为,胜任能力包括海面上的冰山和海面下的深层次部分。海面上是人的显性能力,包括基本行为表现、所具有的知识和一部分能力,海面下是人的隐性能力,包括隐性的能力和职业素养(其中包括动机、特质和自我概念)。如图 3-1 所示。McClelland 的胜任能力模型类似于一个冰山。

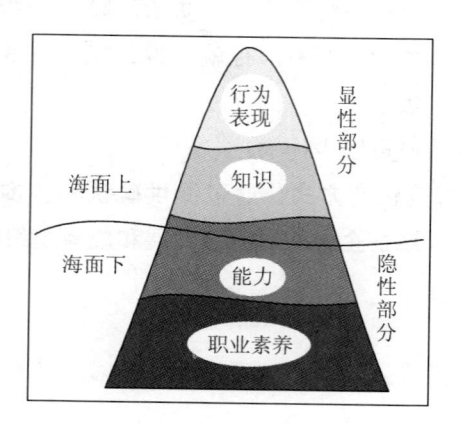

图 3-1 冰山模型

2. "洋葱"模型

Boyatzis（1982）认为，胜任能力是指与有效的或出色的工作绩效相关的个人潜在的特征，包括五个层面：知识、技能、自我概念、特质和动机。它们之间的关系如图 3-2 所示，分为三层。依据 Boyatzis 的观点，处于最里圈的个性动机和居于次里圈的自我形象、社会角色、态度和价值观 5 个要素难以培养，而属于最外圈的知识和技能相对易于培养。

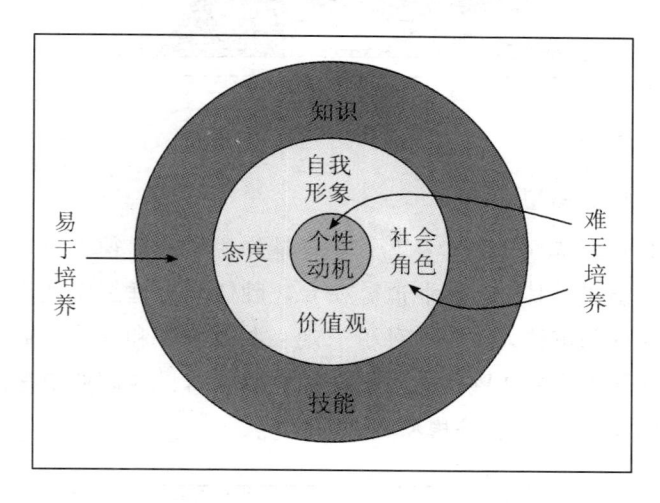

图 3-2　洋葱模型

3. "金字塔"模型

张娟和张庆龙（2010）认为，一个合格的内部审计人员的综合胜任能力是由四方面构成：动机、职业道德、技能、知识。其中，动机和职业道德是内部审计人员专业胜任能力的保证，技能是内部审计人员专业胜任能力的核心。前者是基础，后者是表象，优秀与否的关键在于基础部分。它们间的关系类似于一'金字塔'，如图 3-3 所示。这一模型的构建借鉴了 McClelland 的建模思路。

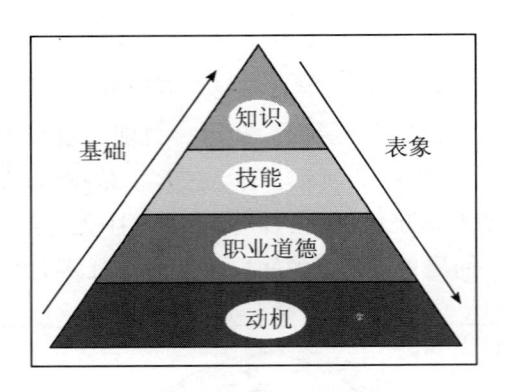

图 3-3 金字塔模型

4. "飞机"模型

陈佳俊和贺颖奇（2009）认为，胜任能力由职业道德、执业技能和职业知识三部分组成。其中，职业道德在专业胜任能力框架中处于基础性地位，它决定了内部审计人员以何种价值观、职业操守和精神开展工作；执业技能和职业知识是专业胜任能力框架的左膀右臂，在职业道德约束下发挥作用，如图 3-4 所示，该模型类似于飞机。

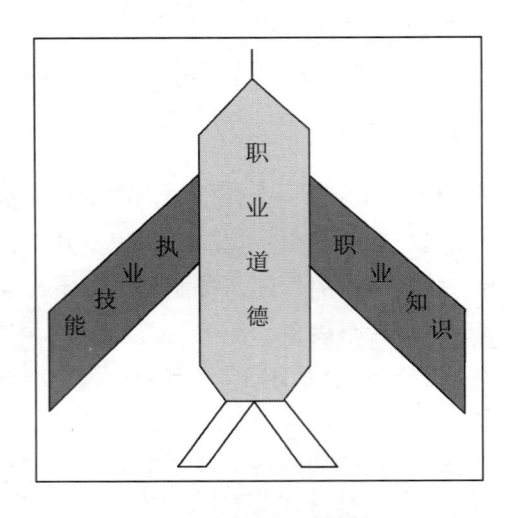

图 3-4 飞机模型

（二）建模方法分析及选择

构建胜任能力模型的过程，被称为胜任能力建模。胜任能力建模的方法源于 McClelland。自此，衍生出很多的建模方法①。

1. 行为事件访谈法

行为事件访谈法（Behavioral Event Interview，BEI），是由 David McClelland 提出，经由 Spencer 等发展，已成为一种经典的胜任能力构建方法。该方法采用的是开放的行为回顾式调查技术。其主要步骤：①确定绩效标准；②选择校标样本（绩优组和普通组）；③获取校标样本的胜任能力的资料（通过行为事件访谈获取）；④分析数据资料并建立胜任能力模型；⑤验证胜任能力模型。这一建模法的特征是：建立的胜任能力模型是绩效优秀者的胜任特征模型。

2. 职能分析法

该方法在英国盛行了 20 余年，主要关注最低限度可以接受的绩效。它关注于实际的工作产出，焦点在工作而不是工作中的人，通过基于分析的过程，识别出一个职能或工作所要求的产出能力。其主要步骤：①在调查职位的工作责任、任务、义务、角色和工作环境的基础上抽取、分析出职位的工作职责与关键角色；②对可接受的标准或绩效进行描述；③根据角色和工作职责确定胜任能力单元；④确定胜任能力。

3. 情境法

基于情境的方法是把注意力放在影响职位、工作、团队、专业的未来趋势上，强调人们必须知道即将变化的环境是什么、需要什么胜任能力。该法的主要步骤：①分析影响组织、工作、职位或专业的关键变化或趋势；②针对工作中的变化趋势，结合组织实际情况，确定适应环境变化的组织胜任能力；③根据组织胜任能力确定胜任域、胜任能力和胜任能力要素。该法的特点是强调了环境及其变化的作用。

4. 战略导向法

战略导向法是将如何实现企业战略与人力资源管理匹配和人力资源管

---

① 以下内容参照了冯明和尹明鑫的论文：《胜任力模型构建方法综述》、沈磊的论文：《企业战略和价值观视角下的胜任力模型构建研究》、郑江红硕士论文：《BBC 公司营销经理胜任力模型研究》第二章、杨亚静硕士论文：《B 公司基于胜任力模型的招聘方案研究》第二章、赵曙明：《我国管理者职业化胜任素质研究》第 89 页、刘泽文：《胜任力建模——人才选拔与考核实例分析》第 48 页。

理内部不同功能间的水平匹配作为出发点。基于此构建的模型是一种符合"组织发展战略需要"、"体现组织个性特征"且"面向未来竞争"的胜任能力模型。其主要步骤：①在愿景和使命的基础上绘制未来一定时间的战略地图；②设计组织结构和确定职位设置；③在确定职位的产出——绩效目标的基础上，确定职位的投入——胜任能力特征；④构建胜任能力模型。

5. 绩效法

这种方法是以 Patricia Mclagan 公司而著称，它主要集中在工作的目标、专业、团队小组，通过分析绩效来确定胜任能力。其主要步骤：①找出影响工作、职位、团队或专业变化的外在因素；②遵循工作输出的菜单；③发展与工作输出联系的工作品质需求的菜单；④设计一系列工作胜任能力或联系到每一个胜任能力的指标；⑤通过工作输出的分析确定一系列工作角色发展；⑥发展胜任能力模型。

6. 多维度法

法国和德国主要采用多维度法。即吸收了行为事件访谈法、职能分析法和情境法的精髓，从多维度来识别胜任能力。如图3-5所示。

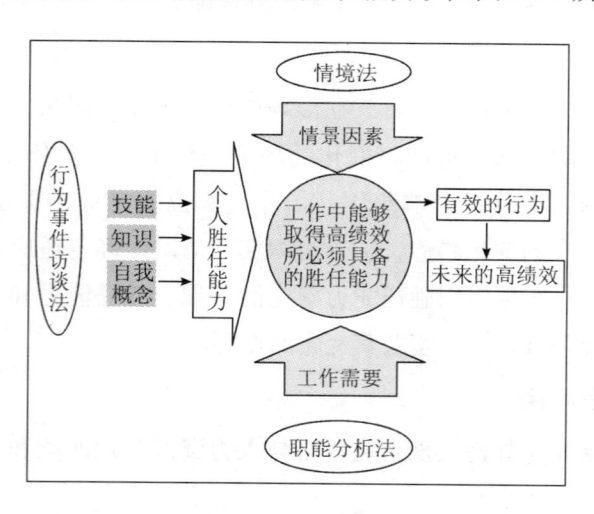

图3-5 多维度法

审视前人已经构建的胜任能力模型，一个明显的缺陷是缺乏导向性，从内部审计本身所扮演的服务辅助角色看，内部审计人员专业胜任能力应着眼于帮助组织实现目标，也就是说，内部审计人员专业胜任能力结构模型的构建应该是有导向性的,因此,应该将实现组织战略及内部审计目标与人员的专业胜任能力的水平匹配作为建模出发点,只有基于此,所构建的模型才是一种:"符合组织战略需要"、"面向未来竞争"且同时"能够实现内部审计目标"的胜任能力模型。即这里选择战略导向法来构建模型。

(三) 内部审计目标分析

如前所述,内部审计愿景及内部审计战略都已明确提出,它们分别表述了内部审计未来的发展方向及战略需要,那么,内部审计目标又是怎样呢?依据 IIA(1999)的定义,内部审计是一种独立、客观的确认与咨询活动,它的目的是为组织增加价值并提高组织的运作效率。它采取系统化、规范化的方法来对风险管理、控制及治理程序进行评价,提高它们的效率,从而帮助实现组织目标。这也就是说,内部审计的目标就是评价和改善风险管理、内部控制和公司治理流程的有效性;有效性是内部审计的目标。显然,在社会责任日渐成为企业目标和发展内涵的情况下,企业社会责任也应该内化为内部审计的审计对象,在这种情况下,秦荣生和卢春泉(2011)针对民间审计提出的审计目标,即审查和评价审计对象的真实性和公允性、合法性和合规性、合理性和效益性,也就成为了内部审计目标的一个有机组成。这是由内部审计的特殊优势所决定的,因为它较外部审计更能胜任这项工作。这表现为:①内部审计具有事前监督、评价,发挥预防和服务职能的优势。内部审计通过对本组织的财务计划、预算的审查,参与经济合同的签订,参加生产、经营、财务和经营管理方面的有关会议,参加对外投资决策等重要经济活动,紧紧围绕单位的重大经济事务实施审计监督,避免决策失误和短期行为,并通过建议达到防患于未然的目的。②内部审计具有经常性的事中监督的优势。内部审计作为一个内部机构,几乎伴随着经济活动的全过程,具有经常性审计的条件,它对于系统内的信息反馈的及时性优于国家审计和外部审计,对计划或预算执行的偏差、经营状况及经济效益以及经营管理过程中出现的问题能及时发现、分析和找出原因,提出改进措施。③内部审计在事后监督评价中,也具有一定的优势。相对来说,内部审计人员比较熟悉与本组织相关的政策法规及有关管理规定,对本组织的经济活动过程、环节和规律有一些了解,有利于有针对性地发现问题和薄弱环节，提出相应的处理办法和改进措施。因此说，内部审计在监督和评价企业社会责任履行方面具有独特的优势。此外，践行内部审计愿景和使命也需要遵循企业社会责任理念。

但是，从履行社会责任角度审视，秦荣生和卢春泉（2011）认为民间审计目标的审计对象主要是指财务收支及其经营管理活动。这个审计目标针对审计对象的界定无疑是狭隘的，不能满足监督和评价企业履行社会责任的情况。从审计企业履行社会责任出发，首先，合法性和合规性这两个审计目标的审计对象审查的内涵要更广泛，这主要表现为两个方面：一是将审计范围扩展到涉及所有利益相关方，不管是影响企业行为的，还是受企业行为影响的；二是将审计内容扩展到包括所有相关法律法规的遵守评价上，即不仅包括国家的法律、法规、会计准则，也包括ISO26000所提到的一切要求。其次，就合理性而言，审计单位的经济活动是否合理，是否符合事物发展常理，是否符合企业管理原理和原则都应该从履行企业社会责任的角度去审视，都要遵循ISO26000的规定，因为符合企业甚至本国自身常理的，未必就符合国际上的常理。就效益性来说，在权衡成本收益的时候，要扩展成本与收益的外延，不仅考虑企业自身的成本和效益，更要考虑到企业行为的外部成本和溢出效益，站在履行社会责任的高度去审视效益性，只有这样才能促进经济发展，促进企业进步。再次，真实性和公允性不仅针对会计数据和其他经济数据，也应包括与利益相关方有关的所有信息。不能是财务信息是真实的和公允的，而环境污染的信息却是虚假的或隐瞒不报。最后，有效性审计应该是站在履行社会责任的角度来评价和改善风险管理、内部控制和公司治理流程的有效性。

综上可知，内部审计的审计目标应该包括：有效性、真实性和公允性、合法性和合规性、合理性和效益性。

这7个目标均很重要，不存在偏重的问题，因为广义上讲，这7个目标若有一个不合格，都可能给企业带来风险，即他们都是广义视角的风险管理。而且都应该以践行社会责任理念来完成这7个目标，只有这样，才能有效推动企业持续发展和成就企业卓越未来。而且这7个审计目标是所有企业内部审计的基本目标，也是共同目标。但是由于企业种类繁多，从规模讲，有大、中、小类；从行业讲，有化工、机械、纺织等。这些不同企业又具有各自不同的特点，这就使得不同企业的内部审计部门在践行以上审计目标时有所偏重,甚至增加某些特殊的审计目标,如煤矿企业安全生产的针对性。同时,由于所处岗位的不同,某些内部审计人员尤其是处于高级岗位的人员,比如首席审计执行官(CAE)、审计经理等可能还会有些特殊的审计目标,如对企业文化进行的先进性审计。

(四)专业胜任能力结构模型的提出

考虑到内部审计愿景所反映的内部审计转型及发展趋势,遵循战略导向法的建模思路,以内部审计战略及内部审计目标为导向,借鉴 Mc Clelland 冰山模型、张娟和张庆龙的金字塔模型等做法,针对内部审计人员胜任能力构建如下战略及目标导向的金字塔结构模型,如图3-6所示。该模

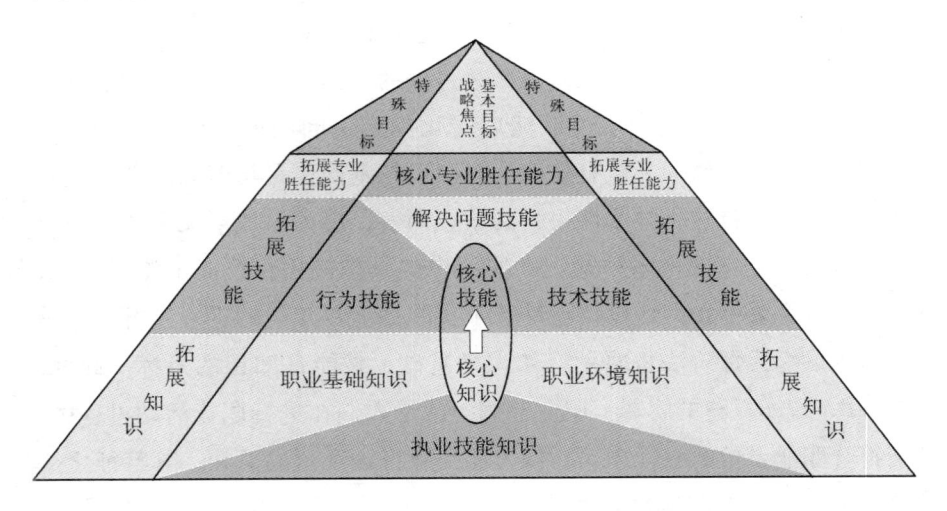

图3-6 内部审计人员专业胜任能力结构模型

型由核心专业胜任能力和拓展专业胜任能力两部分构成,前者主要基于内部审计战略及内部审计基本目标确定;后者则因企业或行业的特殊情况或高级审计人员要进行某种特殊审计而需要拓展的能力。内部审计战略焦点是:评价和改善风险管理。要有效实现这个战略,内部审计人员既需要相应的知识也需要相应的技能。内部审计基本目标有7个:有效性、真实性、公允性、合法性、合规性、合理性、效益性,要完成这些目标,同样既需要知识也需要技能。当然,要完成内部审计战略及其基本目标也需要一些其他因素,如动机、态度、经验等,但是这些因素正如前面分析的那样,要么可以归入知识或技能中,要么对知识和技能有影响,总而言之,知识

和技能是最基本最核心的要素。此外，考虑过多的因素也不利于指导实践。因此，我们认为，核心专业胜任能力包括知识和技能两个要素。同样，处理特殊目标的拓展专业胜任能力也认为是由知识和技能两个要素构成。综上，内部审计人员专业胜任能力结构模型是战略与目标导向的知识和技能的结合体。

由图3-6可知，专业胜任能力结构模型是知识在下，能力在上。其含义是，知识是基础、技能是知识的应用发挥，而且只应用发挥了部分知识。也就是说，知识面越宽广，技能才有可能发挥得越好。原因如下：首先，技能是指掌握和运用专门技术的能力，是通过学习而形成的合乎法则的活动方式[1]。这就是说，技能其实是从内往外拿东西，这个东西就是合乎法则的活动方式，在这里就是指合乎法则地解决问题。显然，在拿之前，内里先得有东西，这个东西怎么放进去的？当然是通过学习知识放进去的，获得知识后在内里酝酿，然后转化为解决问题的行动和技能。所以，先得有知识，然后才能有技能。即知识是基础，是技能的来源。没有知识，就内部审计这种技术性很强的职业而言，能力就成了无源之水。反过来，技能则是审计等多种知识在实践中的具体应用，技能来源于知识，并经过实践反复修正，所以技能是基于实践之上对知识的进一步升华。另外，著名的海氏评价法也暗示，知识是基础，技能是知识的发挥。此外，依据MBA智库百科的解释：职业道德，就是人们在进行职业活动过程中，一切符合职业要求的心理意识、行为准则和行为规范的总和。其特征之一就是实践性，只有在实践过程中，才能体现出职业道德的水准[2]。因此，职业道德也是一种合乎法则的活动方式，是一种技能。因此，职业道德也是这样，先有职业道德知识，然后实践职业道德。即，知识与职业道德的关系也是一种知识与技能的关系。所以，这里将职业道德归并到技能中去。

同理，知识和技能也有核心和拓展的区分。核心知识和核心技能组成核心专业胜任能力，拓展知识和拓展技能组成拓展专业胜任能力。所谓核心知识，是指从事内部审计的人员所必须掌握的知识，依据作用不同可以

---

[1] 见 www.hudong.com/wiki/技能
[2] 见 http://wiki.mbalib.com/wiki/职业道德

分为职业基础知识、执业技能知识和职业环境知识。其中，职业基础知识，是指从事审计职业所必须具备的一些基础知识。它既是进一步学习其他知识的基础，又是内部审计人员基本职业素养塑造的开始。执业技能知识则是直接与执业密切相关的基本知识，基于前者但高于前者，是塑造执业技能的开始，也是执业技能的基础。职业环境知识则是与企业生存环境相关的一些知识。所谓核心技能，是指不管处于内部审计什么岗位都必须具备的基本审计技能。它包括三种：行为技能、解决问题技能、技术技能。其中，行为技能主要是指内部审计人员在执行审计过程中所必须体现出来的独立、诚信、公平、客观，着眼于社会责任考虑问题这样一种能力，是一种隐性能力。它是内部审计人员核心技能的基础，具备了这个能力，才能正确的做事并做正确的事情。解决问题技能主要是指内部审计人员不需要别人指导的情况下，能够独立解决工作中从来没有遇到过的问题的能力，是一个显性的能力，也是关键性的技能，不能解决问题的审计人员就等于没有用途。技术技能是指发现问题、解决问题所需要具备的技术上的能力。它具有技术保障功能。而拓展知识和拓展技能则是指在解决一些特殊问题或复杂问题上所需要的知识和技能。

二、专业胜任能力知识技能框架体系的提出

（一）核心专业胜任能力知识技能框架体系的提出依据

依图3-6所示的结构模型，核心专业胜任能力是战略及基本目标导向的，所以，在构建核心专业胜任能力的知识和技术框架体系时，应该考虑实现战略及基本目标的需要，此外，如图1-2所示，在构建核心专业胜任能力的知识和技能框架体系时，还需要考虑协会规则、调查结论、专家观点和高校实践的要求或需要。具体而言：

1. 践行内部审计战略的需要

内部审计的战略是："采用系统化和规范化的方式，通过提供确认和咨询服务，有效评价和改善风险管理，以维护企业的可持续发展和成就组织的卓越未来。"这个战略的焦点是评价和改善风险管理。因此，首先，需要具备与风险管理相关的知识，不仅包括风险管理原理、原则及程序，而且还要懂得会计、审计、计算机、利率、汇率、供应链、技术经济学、

生产运营、IT 系统、经济学等多方面的知识。其次，要具备识别风险、评估风险及处置风险的技能。即应具备发现问题、分析问题和解决问题的能力以及沟通交流能力。此外，还需要时间管控能力、学习能力、娴熟数据分析、妥善安排进度等能力做保障。等等。

2. 实现内部审计基本目标的需要

内部审计的基本目标是："有效性、真实性、公允性、合法性、合规性、合理性、效益性"。为了实现内部审计基本目标，首先，需要具备企业社会责任相关知识、各种审计学、各类会计学、各种法律法规及准则规范知识等，此外，抽样技术、计算机辅助审计技术、风险导向审计规划、数据挖掘、统计分析等也是必备的知识。又诸如行业技术知识、当代国际政治与经济等知识也需要了解和把握。其次，需要客观公正、审慎判断等职业技能；在作业过程中，应具备抵制干扰、综合分析、战略思维、制订计划、观察入微、动态掌控、把握大局、书面沟通、说服他人、判断精准、沟通协调、处理冲突、高效执行等能力。

3. 实践内部审计准则的需要

综合 CIIA 发布的《中国内部审计准则》以及 IIA 颁布的《国际内部审计专业实务框架》（IPPF），内部审计人员应具备的知识包括：职业道德规范、审计学、抽样技术、计算机信息系统审计知识、风险理论、管理理论、生产理论、营销学、内部控制理论、财务学、会计学、国家政策、工程学等方面的知识，以及舞弊知识、组织学、信息技术、审计方法、数据分析技术等。内部审计人员应具备的技能包括：在执业中表现出职业道德、人际交流与沟通技能、制订审计计划、安排工作的能力、利用计算机审计能力、预防、识别、检查舞弊的技能、制定政策的能力、分配资源的能力、领导能力、决策能力、战略管理能力、协调能力等等。

4. 跟进调查结论的需要

依据国内调查结论[①]及国际调查结论[②]。内部审计人员应该着重掌握或精通如下知识：公司治理、风险管理、资产评估、计算机信息系统、舞弊、审计规划、统计分析、数据处理、审计、内部审计准则、职业道德、所在行业的技术知识、组织系统、战略和经营方针、组织文化、商业法律和政府规则、金融、IT/ICT、管理会计、了解质量框架、经济学、营销学。需要跟进或改进的技能包括：沟通协调能力、团队协作精神、对信息的综合分析能力、识别理解风险的能力、战略性思考、员工指导、领导能力、说服能力、时间管理、书面沟通、处理冲突、数据收集和分析、项目管理、有效利用他人的技能。

5. 借鉴专家研究的结论

这里借鉴三个经典研究[③]的研究结论，总结他们的研究结论，内部审计人员应具备的知识包括：会计基础、审计基础、经济政策分析基础、公司治理、计算机信息系统审计、风险管理、项目管理、公司治理、内部控制、资产评估、组织行为、法律法规知识、内部审计准则、职业道德知识。需要具备的技能包括：运用信息技术、运用/复核会计程序、应用法

[①] 这里的国内调查结论是指中国内部审计协会 2007 年针对 1024 家国有企业的内部审计发展基本情况进行的调查。涉及工业、建筑业、交通运输业、邮政业、农林牧渔业、房地产业、科技服务业、烟草业及其他企业。企业单位性质分为：有限责任公司、国有独资公司、股份有限公司、其他等。具体的调查结论引自时现和毛勇编著的《08'中国国有企业内部审计发展研究报告》。

[②] 这里的国际调查共涉及 7 个调查，分别是：Protiviti（甫瀚）2010 年进行的《2010 年中国大陆与香港内部审计能力与需求调查》、James A. Bailey 在 2010 年做的《IIA 全球内部审计调查报告 II：当代内部审计人员的核心胜任能力》、Protiviti（甫瀚）2011 年进行的 "2010 internal audit capabilities and needs survey"、Protiviti（甫瀚）2010 年进行的《全球内部审计——大型跨国公司的技术型内部审计职能简介（第Ⅵ卷）》、Protiviti（甫瀚）2009 年进行的 "2009 Mainland China & HongKong internal audit capabilities and needs survey"、Protiviti（甫瀚）2009 年进行的《全球内部审计——重大变革中的大型跨国公司内部审计职能简介（第Ⅴ卷）》、Protiviti（甫瀚）2009 年进行的 "2009 IT internal audit capabilities and needssurvey"。

[③] 这三个经典研究分别是：陈佳俊和贺颖奇（2009）论文《中国内部审计人员专业胜任能力框架研究》、张娟和张庆龙（2010）论文《论内部审计专业胜任能力结构模型与需求框架》、林锦丰（2003）博士学位论文《内部稽核人员专业胜任能力内涵之研究》。

律、计划决策、突破限制、发现相关信息、具备长远眼光、时间管理、设计控制系统、处理信息过载、解决冲突、把握大局、坚韧果断、促进目标、沟通说服别人、领导团队、指导监督。

6. 结合高校的教学实践

这里通过对安徽财经大学、湘潭大学、立信会计学院、南京审计学院及天津财经大学审计学专业的五所高校[①]的审计专业课程设置的总结，发现内部审计人员应掌握如下知识：财务会计学、审计学原理、财务审计、经济效益审计、内部控制学、信息系统审计、税法、投资管理与项目评估、工程预决算、审计准则研究、会计政策学、会计制度设计、审计理论与方法、基建审计、财税审计、预算会计、特殊目的会计、财务造假甄别、电算化会计与审计、财务报告信息披露、财务分析、审计案例分析、成本会计、税务会计、预算会计、金融会计、管理会计、外币业务会计、合并报表会计、有效沟通等。

（二）拓展专业胜任能力知识技能框架体系的提出依据

鉴于企业的情况千差万别，不同的企业有不同的特殊情况，所以依据企业特殊情况来构建出一个标准的拓展胜任能力框架体系是不可行的。有鉴于此，这里着眼于高级岗位处理一些复杂的事务所需要的知识和技能为对象，来构建拓展胜任能力知识与技能体系。不同于一般岗位以技术操作为主，高级岗位通常以管理作为主要任务，因此，高级岗位的专业胜任能力有自己的特殊性。Boyatzis（1982）认为，管理者胜任能力应包括：目标和行动管理、领导、人力资源管理、指导下属、关注他人和知识六大特征。Tushman 和 Romanelli（1985）认为，管理者胜任能力是制定有利于企业环境的独特能力。Constable（1988）认为，管理者胜任能力是扮演有效管理者角色所需要运用的知识和技能，其中的技能是管理者为达成绩效而采取的系统化的行为。王重鸣（2000）提出，高管层的胜任能力包括：知识、技能、能力、价值观、个性和动机等特征。时勘和王继承（2002）使用行为事件访谈法，分析了我国通信业高管层的胜任能力，认为应包括：影响力、组织承诺、信息寻求、成就欲、团队领导、人际洞察力、主动

---

① 五所高校的资料均引自孔楠 2009 年硕士论文：《IAEP：中国内部审计教育特色与多元化》第 13—16 页的表 2—1。

性、客户服务意识、自信和发展他人 10 个能力。赵曙明（2008）提出，企业管理者的胜任能力应包括科学决策能力、沟通能力、组织能力、学习能力和社会活动能力。戴国斌（2010）以人的内在属性与管理的本质内涵的综合作为管理者战略胜任素质的核心内容，提出高级管理者的胜任素质应包括：自识、自知、决策、互动、领导、社交、情绪、自效八种能力。内部审计高级岗位主要的工作除了管理下属外就是与公司的其他中高级管理人员进行互动交流，因此比较而言，戴国斌的将人的属性与管理属性融合而提出的管理者胜任素质理论更适合解释内部审计高级岗位的胜任特征，因此，这里关于拓展专业胜任能力的描述采用了戴国斌的理论，并进一步依此理论对相关拓展知识体系进行了设计。

（三）内部审计岗位分类设置

调研显示，就企业而言，迄今在我国对内部审计没有一个标准的岗位设置。这表现为不同企业内部审计岗位名称、分级、职责等千差万别。这显然不利于促进内部审计人员专业胜任能力的发展。而且不同的岗位对专业胜任能力的要求是不同的。因此，有必要先依据有关理论对内部审计岗位做出分级划分，然后才能进一步给出各岗位职业胜任能力的知识及技能体系的不同要求。

基于岗位理论，参照相关的研究成果，如 IIA 和澳大利亚（2010）的《内部审计胜任能力框架》、CGA 的《胜任能力框架》、人事部关于事业单位专业技术岗位的等级设置、事业单位会计人员专业技术职务等级设置、黄莺（2009）的论文等，在考虑岗位任职者的职责与角色、专业知识以及资格经验的基础上，着眼于推动内部审计发展实现内部审计愿景，这里将内部审计岗位划分为审计员、助理审计师、审计师、主任审计师、审计经理、首席审计执行官六个层级。其中，审计员主要做一些最基本的工作，如整理资料或者在审计师的指导下做一些辅助性工作；助理审计师主要协助审计师或高级审计师做些辅助性工作；审计师则是审计任务中的中坚骨干力量，担负着大量的具体的审计任务；主任审计师则是某项任务或者某个项目的责任人或者负责人，负责某个项目的整个审计事务，日常则是审计科室的负责人；审计经理则是内部审计机构的具体负责人，对整个审计机构的运转负责；首席审计执行官，则是整个组织中的最高审计负责人，并且是董事会成员，从宏观上把握整个审计的走向和工作重点。这六个岗位在专业技术职称上分别对应着资格、初级、中级、高级，与现有专业技术职称格局相匹配。

（四）内部审计专业胜任能力知识技能框架体系的提出

基于前述的依据以及不同岗位的不同要求①，这里提出如表3-1所示的内部审计人员专业胜任能力知识技能框架体系。其中，"A"表示'首席审计执行官'、"B"表示'审计经理'、"C"表示'主任审计师'、"D"表示'审计师'、"E"表示'助理审计师'、"F"表示'审计员'；"1"表示'必须拥有'、"2"表示'应该拥有'、"3"表示'拥有较好'、"4"表示'无需拥有'；此外，"y"表示'可能'。

表3-1 六个岗位审计人员专业胜任能力要求

原因	类别	要素	构成	知识或技能构成 构成明细	A	B	C	D	E	F
战略焦点及共性目标	核心胜任能力	核心知识	职业基础知识	会计学	1	1	1	1	1	1
				审计学	1	1	1	1	1	1
				职业道德	1	1	1	1	1	1
				社会责任	1	1	1	2	3	4
				风险管理	1	1	1	1	2	3
				内部控制	1	1	1	1	1	2
				公司治理	1	1	1	2	3	4
				内部审计准则	1	1	1	1	1	2
				计算机信息系统	1	1	1	1	2	3

---

① 这里不同岗位的不同要求还参照了如下依据：内部审计的愿景使命及战略、四个国外胜任能力框架的相关做法（分别是：澳大利亚内审协会2010年发布的《内部审计人员胜任能力框架》、比利时内审协会2010年发布的《胜任能力框架及任务》、英国财政部2007年发布的《政府内部审计胜任能力框架》、加拿大CGA2010年发布的《CGA胜任能力框架》）、三个调查结论（分别是：IIA2010年的全球内部审计调查报告Ⅱ；《当代内部审计人员核心胜任能力》、Protiviti（甫瀚）2010发布的《全球内部审计——大型跨国公司的技术型内部审计职能简介（第Ⅵ卷）》、Protiviti（甫瀚）2009发布的《全球内部审计——重大变革中的大型跨国公司内部审计职能简介（第Ⅴ卷）》）、以及三位专家的研究成果（分别是：黄莺（2009）《审计人才评价与分级的能力模型》、戴国斌（2010）的博士论文《管理者战略胜任素质理论模型与实证研究》、赵曙明（2008）《我国管理者职业化胜任素质研究》）。

续表

原因	类别	要素	构成	知识或技能构成 构成明细	岗位 A	B	C	D	E	F
战略焦点及共性目标	核心胜任能力	核心知识	职业基础知识	财务分析	1	1	1	1	1	2
				资产评估	1	1	1	1	1	2
				经济学	1	1	1	1	1	1
				管理学	1	1	1	1	1	1
			执业技能知识	风险导向审计规划	1	1	1	2	3	4
				连续/实时审计	1	1	1	1	2	4
				交流及谈判技巧知识	1	1	1	1	1	2
				计算机辅助审计技术	3	2	1	1	1	1
				数据挖掘	3	2	1	1	1	1
				抽样技术	3	1	1	1	1	1
				统计分析	3	1	1	1	1	1
				分析性复核	3	1	1	1	1	1
				风险评估技术	1	1	1	1	2	3
				质量评估审查工具	1	1	1	2	3	4
				平衡计分卡或类似技术	3	1	1	1	1	2
				舞弊识别技术	3	1	1	1	2	3
				流程建模软件	4	2	1	1	2	3
				标杆法	3	1	1	1	2	3
				流程路线图应用	2	1	1	1	2	3
				电子表格技术	4	2	1	1	1	1
			职业环境知识	行业准则	1	1	1	1	2	3
				行业技术知识	1	1	1	2	3	3
				监管法律及法规	1	1	1	2	3	4
				政策制度	1	1	1	2	3	4
				当代国际政治与经济	1	2	3	4	4	4
				国际贸易与WTO规则	1	2	3	4	4	4
				汇率制度及汇率政策	1	1	2	3	4	4
				全球化及其风险	1	2	3	4	4	4

续表

原因	类别	要素	构成	知识或技能构成 构成明细	岗位 A	B	C	D	E	F
战略焦点及共性目标	核心胜任能力	核心技能	行为技能	自信进取	1	1	1	1	1	1
				客观公正	1	1	1	1	1	1
				合作协调	1	1	1	1	1	1
				热忱敬业	1	1	1	1	1	1
				诚实负责	1	1	1	1	1	1
				忠于使命	1	1	1	1	1	1
				坚韧奉献	1	1	1	1	1	1
				领导能力	1	1	2	3	3	4
			解决问题技能	聚焦目标	1	1	1	2	3	3
				计划管理	1	1	1	2	3	4
				观察预见	1	1	1	3	3	4
				系统思考	1	1	1	3	3	4
				深度沟通	1	1	1	3	3	4
				适应矛盾	1	1	1	3	3	4
				专注解决	1	1	1	3	3	4
				执行到位	1	1	1	2	3	4
			技术技能	理解业务、可熟练分析业务运行流程	1	1	1	1	2	3
				娴熟治理风险和控制分析技术的使用	1	1	1	1	3	3
				熟练审计软件使用	2	2	1	1	3	3
				擅长数据收集及分析技术	2	2	1	1	3	3
				娴熟于制定内部审计规划及作业规范	1	1	1	2	3	3
				妥善工作安排及作业执行	2	1	1	2	3	3
				较强的预算、时间管控能力	2	1	1	2	3	3
				善于学习的能力	1	1	1	1	3	1

续表

原因	类别	要素	构成	知识或技能构成		岗位					
				构成明细		A	B	C	D	E	F
战略焦点及共性目标	核心胜任能力	拓展知识	社会科学	哲学（西方、中国）		2	3	3	4	4	4
				国学		2	3	3	3	4	4
				政治理论		2	3	3	4	4	4
				军事理论		3	3	3	4	4	4
				战争理论		3	3	3	4	4	4
				科学发展		2	2	2	4	4	4
				党政读物		3	2	3	4	4	4
				领袖著作		2	2	2	3	4	4
				名人传记		1	2	2	3	4	4
				宗教典籍（佛教、道教、基督教、伊斯兰教）		3	3	3	4	4	4
			各类理论	公共管理		2	2	3	3	3	4
				新闻学		2	2	2	3	3	4
				人口学		2	2	2	3	3	4
				社会学		2	2	2	3	3	4
				教育学		2	3	2	3	4	4
				环境与气候学		2	3	3	3	4	4
				地理学		2	3	3	3	4	4
				文学		2	3	3	4	4	4
				历史		2	3	3	4	4	4
				考古		2	3	3	4	4	4
			实用知识	外语		1	1	1	1	2	3
				心理学		1	1	1	1	3	3
				除经济法、税法以外的各类法学		2	2	2	2	3	4
				区域经济学		2	2	2	2	3	4
				新制度经济学		2	2	2	2	3	4

145

续表

原因	类别	要素	构成	知识或技能构成 构成明细	岗位 A	B	C	D	E	F
战略焦点及共性目标	核心胜任能力	拓展技能	自识能力	让他人对自己保留特定的印象	1	2	3	3	3	4
				面对他人反对或初步失败时仍然坚持自己的判断	1	2	2	3	3	4
				喜欢挑战性的任务：愿意做自己认为有风险的事情	1	3	3	4	3	4
			自知能力	为失败或问题负起个人责任	1	2	2	2	2	2
				表达个人对完成工作与克服挑战的信心	1	1	1	2	2	3
				明白表达个人的极限	1	1	2	2	2	3
			决策能力	以有系统的方式来分析问题，以决定原因或结果	1	1	2	2	3	4
				以务实的态度预测障碍，规划解决方式	1	1	2	2	3	4
				寻找更好、更快、更有效率的方式做事	1	1	2	2	3	4
				将大任务分解为小任务，以方便规划	1	1	2	2	3	4
			互动能力	采用规则或程序时有弹性：必要时愿意'代替'为同事完成任务	1	1	2	3	4	4
				认为别人的观点具有时效性	1	1	2	2	3	3
				改变个人行为或方法以适应环境	1	1	2	2	3	3
				依据情况调整自己的策略、目标或计划	1	1	2	2	3	4
			指挥能力	告诉别人该做什么	1	1	2	2	4	4
				努力改善团队精神和士气，以发展团队合作	1	1	2	2	4	4
				肯定团队、看到团队的努力，给予鼓励并授权	1	1	2	2	4	4
				给予指示、建议、解释和其他支援	1	1	2	2	4	4
			知人能力	知道哪些东西可以激励他人	1	1	2	2	4	4
				客观看到情况	1	1	2	2	3	4
				了解他人的长处和极限	1	1	2	2	4	4
				针对情况或他人的反应调整技巧	1	1	2	2	4	4

续表

原因	类别	要素	构成	知识或技能构成 构成明细	岗位 A	B	C	D	E	F
战略焦点及共性目标	核心胜任能力	拓展技能	情绪能力	能解释他人非语言的行为，了解他人的情绪和感觉	1	1	2	2	4	4
				了解他人的态度、兴趣、需求与观点	1	1	2	2	4	3
				感觉到生气等强烈的情绪，并且可以控制自己的情绪	1	1	2	2	3	3
				在压力非常大的情况下可让他冷静，并控制自己的情绪	1	1	2	2	3	4
			自效能力	有系统地搜集资料；从各种来源搜集资料：亲自去看或接触情况	1	1	2	2	3	4
				个人亲自监察专案的各个构面	1	1	2	2	3	4
				在他人提出要求之前即主动处理	1	1	2	2	3	4
				为团体绩效设立高标准，将标准告知团体	1	1	2	2	3	4
其他	其他	其他	经验	1～5 年					y	y
				5～10 年		y	y	y		
				10～20 年	y	y	y			
				20 年以上	y	y				
			职称	资格						1
				初级					1	1
				中级				1		1
				高级	1	1	1			1

第四章 岗位胜任能力：职责任务与绩效评估

一、内部审计六个岗位的职责及任务

（一）首席审计执行官（CAE）的职责及任务

首席审计执行官（CAE），有时也称为总审计师、首席内部审计师等。依据 IIA 的解释，是指按照内部审计章程以及内部审计定义、《职业道德规范》和 IPPF，有效地开展内部审计活动的高级职位人员。CAE 是组织中内部审计的最高负责人，管辖整个内部审计团队，对董事会负责，是一个具有上山型特征的战略管理职位。其主要岗位职责和工作任务[①]如表 4-1 所示。

---

① 这里关于首席审计执行官岗位职责和工作任务的内容描述参照的资料包括：《岗位说明书》、《谈怎样成为卓越的首席审计执行官》、《首席审计执行官具备七大特质》、《试论企业总审计师制度》、《国际内部审计实务专业框架》（IPPF）、《内部审计人员胜任能力框架》（CFIA）、《广州杰赛审计部部长职位说明书》、《审计总监的职位说明书》、《审计副总岗位说明书》、《宜宾天原集团股份有限公司首席执行官工作细则》、《对企业集团实行总审计师制度的几点思考》、《安徽华星化工股份有限公司内部审计制度》、《北京京运通科技股份有限公司内部审计制度》、《北京深华新股份有限公司内部审计制度（2012 修订版）》。

表 4-1　首席审计执行官的职责及任务

职责		职责表述及具体任务
职责一		职责表述：提供咨询，协助决策。
	工作任务	1. 参加所有重大经营决策，全面了解所有商业问题，并评估各类风险（包括潜在风险）的影响力、持续性及企业的应对就绪度，为董事会和高管层决策提供专业意见。 2. 关注新的或修订后的监管或可能会影响到企业的法案或条款以及监管机构的审查，评估其给企业带来直接风险或潜在风险，及时与董事会和高管层沟通，做好因应措施。 3. 经常性的从价值链和供应链角度，审视各种可能性低但影响力大且损害企业声誉的风险，评估企业各项制度安排是否能够应对，主动与董事会和高管层展开风险偏好对话。
职责二		职责表述：完善制度，促进管理。
	工作任务	1. 组织制定并定期修订完善企业内部控制制度和内部审计章程，定期或不定期的检查内控机制运行和内部审计章程执行的情况，发现问题及时解决并总结经验。 2. 深化和扩展内部审计的深度和广度，对各职能部门实行实时审计，强化对会计控制和管理控制的再监督和再控制，建立事前、事中、事后全程监督机制。 3. 对各类举报、投诉的问题及时展开调查，并组织制订具体审计方案，开展专项审计，撰写详细的审计报告，将审计发现及时与管理层沟通，并监督改进措施的落实情况。 4. 建立定期沟通机制，积极主动与各相关部门负责人及人员交流沟通，化解他们对内部审计的误解和抵触，促使他们与内部审计人员沟通时尽言所知，无所保留。 5. 组织制订以公司发展战略及风险防范为导向的年度总体审计策略及实施大纲，对团队提供有效的审计建议和必要培训，提升团队的风险审计技能。 6. 组织并参加营运、财务、并购、经济责任、离任等各项审计项目，建立定期编写管理建议书制度，协助被审计单位加强风险管理，提升内控水平，改善营运效率。

续表

职责	职责表述及具体任务	
职责三	职责表述：督导团队，保证质量。	
^	工作任务	1. 建立定期审计质量考评机制，主持对各类审计项目的审计质量的评估，对所发现的问题提出改善建议，并根据所发现的问题及时调配审计资源。 2. 对审计人员的审计行为、审计程序、独立性、审计方法等进行定期的审查，从质量角度考察其对审计结果的影响及其可能带来的风险，并据此提出改善建议并上报董事会。 3. 主持对内部审计人员的绩效考核，促进内部审计人员发现自身的不足，并给出改善建议，对于工作中的玩忽职守及违法违规行为则应给予严厉的警告甚至开除。
职责四	职责表述：培养人才，增强后劲。	
^	工作任务	1. 建立定期轮岗机制，让内部审计人员不断地到不同的岗位去历练或者召请已在不同岗位历练过的人加入到内部审计团队，促使内部审计团队更好地了解各类风险。 2. 定期主持开展对沟通技巧的检讨总结和培训，强化各级审计人员的表达能力和倾听能力，不断提高各级审计人员的沟通技巧，促使获得完整的信息。 3. 组织制定沟通程序，督促内部审计人员在深入阅读相关资料的基础上，有的放矢的与被审计单位的职员进行深度沟通，尤其是对重点环节和可能存在问题的地方进行深入了解。 4. 鼓励内部审计团队积极利用计算机技术等新的审计工具，建立实时审计，对有关新风险和外部风险天天进行评估，并就风险问题与业务管理层进行定期的接触和沟通。 5. 经常性协助下属审计人员与领导层沟通，使下属内部审计人员能够以一种无所顾忌的方式，直白、透明、轻松的陈述看到的事实和情况，促使其形成一种大无畏的勇气。 6. 改善内部审计人员招聘、升迁机制，负责寻找并留住有潜力的年轻人，说服他们从事内部审计，让他们认识到内部审计的重要性，并为其提供很好的升迁前景，使他们愿意留下来。

（二）审计经理的职责及任务

审计经理是企业内部审计机构的具体负责人，与财务经理、销售经理一样，属于企业中层机构的负责人。在不同的单位有不同的称呼，如审计部长、审计主任、审计主管等。审计经理的直接上级是总经理或者是首席审计执行官，管辖整个内部审计部门，是一个具有上山型特征的战术管理职位。其主要岗位职责和工作任务[①]如表4-2所示。

表4-2 审计经理的职责及任务

职责	职责表述及具体任务	
职责一	职责表述：规划部门发展，负责团队管理。	
	工作任务	1. 参与由首席审计执行官主持的本部门内部组织机构的设计、岗位编制和职责分工，负责确定各岗位的工作要求和业绩考核标准，并负责定期修订，并上报批准执行。 2. 负责拟定本部门年度费用预算并报首席审计执行官和董事会审批；批准后负责执行；负责预算内的费用审批；对下属部门主任的费用审批有最终的决定权。 3. 参与本部门部门主任以下人员的招聘；对下属部门主任的招聘有建议权；审批对本部门主任以下人员的任免、晋升和调配；对下属部门主任的任免、晋升和调配有建议权。 4. 负责对本部门主任级别人员进行绩效考评，提出奖惩建议；负责部门主任级别以下人员绩效考评的申诉；对主任以下人员的奖惩给出最终建议。 5. 监督检查部门人员遵章守纪情况；关注下属人员的工作状态；协调工作安排促进团队沟通；塑造一个团结进取、热诚敬业、严守独立、忠于使命的团队。

---

① 这里关于审计经理岗位职责和工作任务的内容描述参照的资料包括：《岗位说明书》、《审计部经理职位说明书》、《审计部经理职位说明书》、《国际内部审计实务专业框架》（IPPF）、《内部审计人员胜任能力框架》（CFIA）、《某集团有限公司审计经理岗位说明书》、《审计监察部经理职务说明书》、《审计部经理岗位说明书》、《审计部副经理职务说明书》、《广州城市之星运输有限公司审计部经理岗位说明书》、《安徽华星化工股份有限公司内部审计制度》、《北京京运通科技股份有限公司内部审计制度》、《北京深华新股份有限公司内部审计制度（2012修订版）》、《广东金明精机股份有限公司内部审计制度》。

续表

职责		职责表述及具体任务
职责二		职责表述：规划审计工作，组织审计实施。
	工作任务	1. 参与由首席审计官主持的内部审计制度和内部控制制度的设计；负责遵照执行，对执行过程中发现的问题及时上报首席审计执行官，并提出改进建议。 2. 在风险评估的基础上，依据年度总体审计策略，负责制定年度具体审计计划及实施细则并上报；批准后负责组织实施；对执行过程中出现的问题及时协助解决，并上报同时备案。 3. 建立和维护与外部审计机构的长期合作关系，负责协助与协调外部审计工作；负责汇总、分析、报告并执行外审建议并对执行情况定期进行总结。 4. 负责将内部审计活动的计划和资源需求，包括重大的临时性变化，报首席审计执行官和高管层审批；还必须就资源受限制的影响与首席审计执行官和高管层沟通。 5. 负责确保审计资源适当、充分并得到有效配置，以确保能够履行内部审计章程中详细规定的内部审计职责；负责审计人员的技能、能力、知识与计划的审计业务相匹配。 6. 负责执行组织内部经营审计、离职审计及专项审计工作，最终审核审计报告和管理建议书，提出问题和调整建议，报 CAE 及董事会作为决策依据。
职责三		职责表述：负责审计终核，完善审计质量。
	工作任务	1. 负责对所辖内部审计人员进行定期的技能评估或清查，以确定是否满足执行内部审计活动所需技能的要求；负责就内部审计人员的技能与首席审计执行官进行定期沟通。 2. 负责召开相当数量的会议确保审计工作的协调，以有效及时地完成审计工作；负责依据从工作开始到目前为止的审计发现和建议，确定是否需要调整计划内的工作范围。 3. 负责定期向 CAE 和高管层提交工作报告，并通报已批准的审计工作项目计划、人员配置计划以及财务预算在执行中出现的重要偏离及其出现偏离的原因和是否已采取或需要采取的行动。 4. 主持跟踪下属的审计工作，对其职业道德遵守情况、解决问题的技能、问题的发现和处理情况等进行监督，确保审计活动所有方面的质量有保证，并上报情况。

续表

职责	职责表述及具体任务
职责四	职责表述：规划人才培养，协助培训轮岗。
	工作任务： 1. 在充分考虑各职位的工作范围和责任的前提下，为内部审计各职位确立适当的教育程度和工作经验的标准，并取得关于继任者的资格和专业能力的合理保证。 2. 在定期对内部审计部门的知识、技能和其他能力的构成进行分析的基础上，找出那些可以通过持续职业发展、招聘或资源整合加以改进的领域。 3. 主持拟订本部门专业和管理技能培训计划，报批并监督执行，同时报人力资源中心备案；制订下属职员轮岗计划，定期向首席审计执行官推荐轮岗人员。

（三）审计主任的职责及任务

审计主任是企业内部审计机构下设科室的负责人，与财务科长、销售科长一样，属于企业中下层机构的负责人。审计主任的直接上级是审计经理，管辖审计室所有人员，是一个具有上山型特征的作业管理职位。其主要岗位职责和工作任务[①]如表4-3所示。

---

① 这里关于审计主任岗位职责和工作任务的内容描述参照的资料包括：《岗位说明书》、《某公司审计主管职责及任职资格说明书》、《审计监察主管职务说明书》、《感知物联网（无锡）有限公司内审专员职位说明书》、《国际内部审计实务专业框架》（IPPF）、《内部审计人员胜任能力框架》（CFIA）、《审计主管岗位说明书》、《某集团公司审计主管职务说明书》、《743厂财务审计主任职位说明书》、《荣盛房地产发展股份有限公司审计专员职务说明书》、《审计科长岗位说明书》、《某酒店审计主管岗位说明书》、《财务审计主管岗位职责》、《湖北永福投资有限公司审计主管》、《海信集团有限公司审计主管》、《安徽华星化工股份有限公司内部审计制度》、《北京京运通科技股份有限公司内部审计制度》、《北京深华新股份有限公司内部审计制度（2012年修订版）》、《广东金明精机股份有限公司内部审计制度》等。

表4-3 审计主任的职责及任务

职责		职责表述及具体任务
职责一		职责表述：协助部门经理，完善团队管理。
	工作任务	1. 协助经理确定各岗位的工作要求和业绩考核标准，并参与定期修订；协助经理不断完善和优化部门管理制度；负责执行相关考核管理制度，并对执行中发现的问题及时上报。 2. 负责编制本科室预算费用计划并上报经理；负责初核预算费用请领，严格把关预算支出并监督其真实去向；负责对本科室预算超支向上汇报并给出超支事由。 3. 建立例会制度定期就工作及生活问题进行交流沟通；依据情况及需要调整下属的岗位及任务；促进下属之间的沟通及协助；调解下属之间的纠纷与冲突。 4. 检查本科室执行有关制度的情况；负责对妨碍本科室执行任务的条款投诉；检查本科室成员在审计过程中的行为，对危害审计结果的行为及时提出批评，促其改正，对不听者及时撤换并上报。 5. 协助建立和实施恰当公平的激励制度减少人员流失；协助创建积极向上的氛围增强团队凝聚力；通过明确角色定位及减轻工作过载增强下属的抗压能力。
职责二		职责表述：执行审计计划，监控审计过程。
	工作任务	1. 在风险评估基础上，协助经理拟订年度具体审计计划，并遵照计划展开工作安排；对计划执行过程中发现的问题及时上报经理，提出改进建议并协助解决。 2. 亲自带队评估关键部门内部控制制度的运行，并给出改进建议；亲自负责上级布置的重大审计工作，对审计过程中发现的问题及时上报，并给出解释和建议。 3. 负责对经营审计、离职审计及专项审计等工作的性质、复杂程度、时间限制以及可获资源的评估；负责拟订项目的总体审计策略，确定实现业务目标所需要的适当、充分的资源，上报经理决断。 4. 在某项审计开始前，负责判断对独立性和客观性存在实际的或潜在的损害，当对某种情况是否客观性和独立性有损害存在疑问时，向上级报告并给出调整建议。 5. 负责将内部审计活动获取的有关潜在利益冲突和偏见的信息向上级汇报，并在计划和资源约束的范围内，定期轮换指派给内部审计人员的工作。 6. 检查与组织开展的业务有关的当前情况、发展趋势、行业信息以及其他恰当的信息资源，确定是否存在可能影响组织的风险，以及用以解决、监督与再评估这些风险的相关控制程序。 7. 与行政经理和业务部门经理交谈，了解业务部门的目标、相关的风险以及管理层开展的降低风险的活动和控制监督活动；独立评估风险缓释、监督和相关控制活动的有效性。

续表

职责	职责表述及具体任务
职责三	职责表述：指导下属审计，负责审计二核。
	工作任务： 1. 定期召开针对某项目审计的工作会议，总结和分发会上讨论过程和所得出的任何结论，并根据讨论结果调整或修改审计计划、审计方法等；同时，将文件保存在业务工作底稿中。 2. 负责督导和指导下属人员的工作，对审计目标的确定、审计范围、审计程序和审计方法的选用上给出指导性意见，并对下属人员在审计过程中遇到的问题给出建议。 3. 负责跟踪下属的审计工作，及时纠正其违反职业道德的行为；了解下属人员发现问题、分析问题和处理问题的技能；对其暴露出的弱点和缺陷及时予以纠正；并对审计报告进行二审。
职责四	职责表述：协助上级领导，规划人才培养。
	工作任务： 1. 根据下属的不同优缺点，制订出相应的培训计划，在充分考虑各职位的工作范围和责任的前提下，为内部审计各职位造就出恰当且胜任的人选。 2. 定期对本科室各职位所需要的知识、技能和经验进行评估，不断修正各职位的标准和要求，并基于此构建持续职业发展、招聘或资源整合计划。 3. 参与本部门部门主任以下人员的招聘；负责本部门职员专业和管理技能的培训，亲自或外聘专家来培训；提出职员轮岗名单和轮岗单位建议，并报直接上级及人力资源中心部门。

（四）审计师的职责及任务

审计师是具体审计任务或项目的执行人，是骨干性的技术人员。审计师的直接上级是审计主任，管辖助理审计师和审计员，是一个具有平路型岗位特征的专业技术职位。其主要岗位职责和工作任务[①]如表4-4所示。

---

① 这里关于审计主任岗位职责和工作任务的内容描述参照的资料包括：《岗位说明书》、《内部审计职务说明书》、《审计职位说明书》、《专项审计岗位说明书》、《国际内部审计实务专业框架》（IPPF）、《内部审计人员胜任能力框架》（CFIA）、《内部审计岗位职责说明书》、《审计岗位说明书》、《安徽华星化工股份有限公司内部审计制度》、《北京京运通科技股份有限公司内部审计制度》、《北京深华新股份有限公司内部审计制度（2012年修订版）》、《广东金明精机股份有限公司内部审计制度》等。

表4-4 审计师的职责及任务

职责	职责表述及具体任务	
职责一	职责表述：负责准备阶段，奠定审计基础。	
	工作任务	1. 负责初步了解被审计部门内外情况，初步确定该项审计的特点及复杂性；初步评价被审计部门内部控制系统的完善及执行情况，确定审计重点、确定审计风险；与被审计部门就一些问题沟通，给出解决方法。 2. 在初步了解被审计部门的基础上，依据项目负责人拟订的总体审计策略，拟订项目的具体审计计划并上报负责人批准后执行；对执行过程中出现的偏差及时上报项目负责人，并给出修正建议。
职责二	职责表述：担负审计实施，指导助理审计师。	
	工作任务	1. 深入到被审计部门与被审计部门员工接触，进一步了解被审计部门的情况，同时与被审计部门员工沟通使其了解审计的目的、内容、起始时间等，争取被审计单位的信任、支持和协助。 2. 深入检查和评价被审计部门的内部控制系统是否健全；检查和评价被审计部门的内部控制系统是否合理；检查和评价被审计部门的内部控制系统是否有效；确定下一步的审计范围和重点。 3. 指导助理审计师对被审计部门的财务收支及其他经济活动的合法性和公允性进行全面或重点的检查；对助理审计师审计过程中遇到的困难协助解决或给出建议。 4. 指导助理审计师对预算、融资、投资、招标项目、合同签订等进行审计，指出审计的方向和重点；对审计中出现的问题及时予以指导或纠正；对发现的不能处理的问题及时上报。 5. 指导助理审计师收集审计证据。对助理审计师收集的审计证据进行甄别，并向助理审计师指出审计证据收集中存在的问题并给出改正或完善的建议。 6. 带领助理审计师和审计员整理、评价审计证据，选出若干最适宜、最有说服力的证据，作为编制审计报告、提出管理建议书的依据；发现个别证据有问题时及时给予补充审计。 7. 对助理审计师编写的审计工作底稿进行复核；然后根据审计工作底稿所反映的问题与被审计单位进行商议，听取对审计证据的真实性和准确性予以认可的反馈意见。 8. 在整理、分析工作底稿和提请调整财务报表，并确定审计意见类型和措辞后，拟定出审计报告提纲，概括和汇总审计工作底稿所提供的资料；负责对审计报告的初次复核。

续表

职责	职责表述及具体任务	
职责三	职责表述：沟通管理当局，撰写管理建议。	
	工作任务	1. 分析整理被审计单位内部控制评审的各种资料，做出评价结果；从财务资料中研究、识别内部控制存在的缺陷；查阅以前提供的管理建议书，追查其执行的结果。 2. 征询参与审计工作的其他方面的专家意见；与被审计部门管理人员就有关问题及建议进行讨论和研究；对所发现的问题依据重要程度进行排列；确定建议范围。 3. 草拟完成管理建议书，先送交项目负责人或审计主任审核；然后将修改后的草稿提交给被审计单位，请被审计单位确认其内容的真实性，根据修改后的草稿编写正式的管理建议书。
职责四	职责表述：参加培训轮岗，提升知识技能。	
	工作任务	1. 根据业绩评估情况、自身的特点及拟发展的方向，制定出适合自己的培训规划，报名参加与此接近的培训计划；向主管提出自己拟轮岗的申请。

（五）助理审计师的职责及任务

助理审计师是审计师在执行具体审计任务或项目时的助手或帮手。助理审计师的直接上级是审计主任，是一个具有下山型岗位特征的辅助技术职位。其主要岗位职责和工作任务①如表4-5所示。

---

① 这里关于审计主任岗位职责和工作任务的内容描述参照的资料包括：《岗位说明书》、《内部审计职务说明书》、《审计职位说明书》、《国际内部审计实务专业框架》（IPPF）、《内部审计人员胜任能力框架》（CFIA）、《内部审计岗位职责说明书》、《审计学》、《安徽华星化工股份有限公司内部审计制度》、《北京京运通科技股份有限公司内部审计制度》、《北京深华新股份有限公司内部审计制度（2012年修订版）》、《广东金明精机股份有限公司内部审计制度》等。

表 4-5　助理审计师的职责及任务

职责	职责表述及具体任务	
职责一	职责表述：遵照审计师吩咐，协助准备阶段。	
	工作任务	1. 参与对被审计单位/项目基本情况的初步调查；按照审计师的吩咐，向有关部门索取审计所需的有关资料；协助审计师评价被审计单位的内部控制系统；协助审计师分析审计风险。 2. 协助审计师与被审计单位沟通；协助审计师确定审计责任和审计范围、审计工作安排、审计报告格式、审计时间安排等；协助审计师拟订具体审计计划。
职责二	职责表述：听从审计师指导，参与各项审计。	
	工作任务	1. 深入到被审计单位与被审计单位员工接触，按照审计师的吩咐了解被审计单位的某些情况，同时与被审计单位员工建立一种信任关系，争取他们的协助。 2. 在审计师的指导下，协助检查和评价被审计单位内部控制系统设置和运行情况，对下一步审计工作的范围和重点给出建议；同时及时汇报所发现的问题。 3. 在审计师的指导下，协助对被审计部门的财务收支及其他经济活动的合法性和公允性进行全面或重点的检查；对审计过程中遇到的困难可向审计师求助。 4. 协助审计师对预算、融资、投资、招标项目、合同签订等进行审计；对审计中出现的问题及时上报，并请求审计师给出处理意见；对审计受限及时上报。 5. 在审计师的指导下，协助收集合适的审计证据；对不能判断其质量的审计证据可以请求帮助；对审计证据的可信性存有疑问时，可以提请审计师向被审计单位进一步验证。 6. 在审计师的指导下，协助整理、评价审计证据；协助选出若干可信性高、数量充分、内容适当的证据；在证据不足的情况下，协助审计师再次收集审计证据。 7. 在审计师指导下，编写审计工作底稿；然后根据审计工作底稿所反映的问题与审计师进行商议，并在审计师的安排下，参与听取审计证据的真实性和准确性予以认可的反馈意见。

续表

职责	职责表述及具体任务	
职责三	职责表述：按照审计师安排，参与内控评价。	
^	工作任务	1. 协助审计师分析整理被审计单位内部控制评审的各种资料，做出评价结果；协助审计师研究、识别内部控制存在的缺陷；协助审计师查阅追查以前管理建议书执行的结果。 2. 协助审计师草拟管理建议书；然后协助修改管理建议书草稿；请被审计单位确认其内容的真实性后，协助审计师根据修改后的草稿编写正式的管理建议书。
职责四	职责表述：接受审计师建议，参与培训轮岗。	
^	工作任务	1. 主动收集和学习有关政策、法规、制度；经常与各部门人员进行思想和业务沟通，多了解各方面情况；保证参加审计业务培训和轮岗计划。

（六）审计员的职责及任务

审计员是指刚加入内部审计行业的新手。审计员的直接上级是审计主任，是一个具有下山型岗位特征的后勤技术职位。其主要岗位职责和工作任务[①]如表4-6所示。

[①] 这里关于审计主任岗位职责和工作任务的内容描述参照的资料包括：《岗位说明书》、《内部审计职务说明书》、《审计职位说明书》、《国际内部审计实务专业框架》（IPPF）、《内部审计人员胜任能力框架》（CFIA）、《内部审计岗位职责说明书》、《审计学》、《安徽华星化工股份有限公司内部审计制度》、《北京京运通科技股份有限公司内部审计制度》、《北京深华新股份有限公司内部审计制度（2012年修订版）》、《广东金明精机股份有限公司内部审计制度》等。

表 4-6　审计员的职责及任务

职责		职责表述及具体任务
职责一		职责表述：参与前期准备，观察学习协助。
	工作任务	1. 参与对被审计单位/项目基本情况的初步调查；观察审计师及助理审计师的工作；依据审计师的吩咐，查找相关档案，协助审计师分析审计风险。 2. 依照审计师的吩咐查找档案，找出相关文件；参与确定审计责任和审计范围、审计工作安排、审计报告格式等；观察学习审计师拟订具体审计计划的过程。
职责二		职责表述：参与审计实施，观察学习协助。
	工作任务	1. 观察学习审计师/助理审计师如何与被审计单位员工接触；学习审计师的沟通技巧、倾听技巧；观察审计师是如何取得被审计单位员工信任的；协助助理审计师沟通。 2. 观察审计师是如何检查和评价被审计单位的内控情况的；观察审计师/助理审计师是如何对财务收支等活动的合法性进行检查的；观察审计师/助理审计师是如何开展审计的。 3. 观察审计师/助理审计师是如何收集审计证据的；观察审计师是如何整理、评价审计证据的；观察审计师是如何编写工作底稿的；观察审计师是如何出具审计报告和管理建议书的。
职责三		职责表述：负责档案管理，监控文档借阅。
	工作任务	1. 及时提醒审计师/审计主任入档审计计划、审计业务约定书、审计报告、管理建议书等；及时将保留期届满需要销毁的档案资料名单上报领导。 2. 严格按照规定的程序办理借阅手续；对超出借阅期间的文档及时催要入档；对文档损坏或丢失的及时向领导反映；对文档的内容有保密责任。
职责四		职责表述：接受领导安排，参加培训轮岗。
	工作任务	1. 积极主动收集和学习有关政策、法规、制度；经常与各部门人员进行思想和业务沟通，多了解各方面情况；保证参加审计业务培训和轮岗计划。

二、内部审计各岗位胜任分数区间

我们的研究思路是采用德尔菲法。即请专家将各岗位的职责、任务与海氏评价法的量化表进行对比分析，依据各岗位需要的知识技能、解决问题的能力以及承担的责任给出各岗位这三者子要素的等级评价，如表4-7所示。同时，请专家给出责任要素与能力要素的权重。最后，利用海氏评价法的岗位计算公式计算出各岗位的胜任标准得分（范围值），如表4-8所示。

表4-7 专家对各岗位职责和任务的海氏评价结果

评价项目	子要素	A	B	C	D	E	F
责任程度	行动的自由度	7级	6级	5级	4级	3级	2级
	对结果的影响	4级	3级	2级	3级	2级	1级
	职位影响范围	4级	3级	3级	2级	1级	1级
	评价分数	700-920	264-350	132-175	87-115	33-43	16-22
知能	知识技能	7级	6级	5级	4级	3级	2级
	管理技能	4级	2级	2级	1级	1级	1级
	人际技能	3级	2级	2级	1级	1级	1级
	评价分数	800-1056	304-400	230-304	115-152	87-115	66-87
解决问题能力	思维环境	7级	6级	5级	4级	2级	2级
	思维难度	5级	4级	3级	2级	1级	1级
	评价分数	76%-86%	50%-57%	33%-38%	22%-25%	14%-16%	12%-14%
责任权重		75%	65%	55%	50%	40%	30%
能力权重		26%	35%	45%	50%	60%	70%

说明：表中"A"表示首席审计执行官，"B"表示审计经理，"C"表示审计主任，"D"表示审计师，"E"表示助理审计师，"F"表示审计员。

表4-8 内部审计各岗位的胜任能力的胜任分数

岗位名称	胜任分数				
	胜任区间	胜任等级			
		不合格	合格	良	优
A	[74, 100]	[0, 74)	[74, 83)	[83, 92)	[92, 100]
B	[74, 100]	[0, 74)	[74, 83)	[83, 92)	[92, 100]
C	[74, 100]	[0, 74)	[74, 83)	[83, 93)	[92, 100]
D	[75, 100]	[0, 75)	[75, 83)	[83, 91)	[91, 100]
E	[75, 100]	[0, 75)	[75, 83)	[83, 91)	[91, 100]
F	[75, 100]	[0, 75)	[75, 83)	[83, 91)	[91, 100]

说明：海氏岗位评价法中的三个要素数据都不属于百分制，这就给理解和实际的评估带来一些不便。为此，本表采用百分制将非百分制评价分数转化成百分制下的分数以方便评估操作和含义理解。

三、关键绩效指标（KPI）设计

内部审计从业人员关键绩效指标的设计思路是以各岗位职责与任务为KPI内容设计出发点，遵循平衡记分卡的理念来设计绩效标准并标示等级。如图4-1所示。

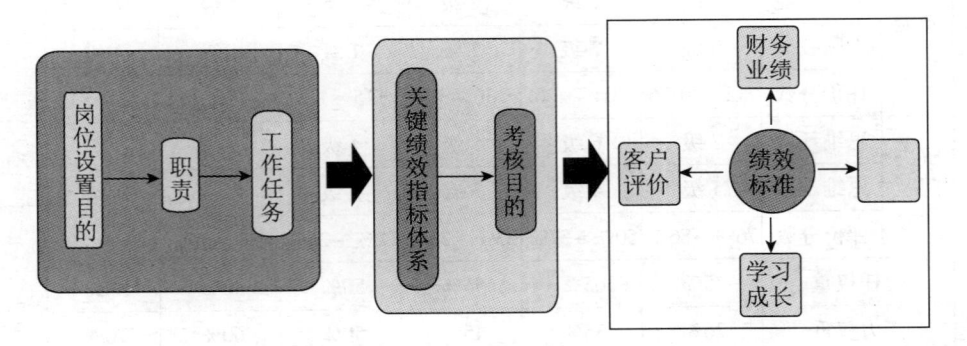

图4-1 内部审计各岗位KPI设计思路

（一）首席审计执行官关键绩效指标

如表4-9所示。

表 4-9 首席审计执行官的关键绩效指标

职责	序号	关键绩效指标	考核目的
职责一	1	为重大经营决策提供风险评估及防治的建议	对决策安全的贡献
	2	对监管风险给出前瞻性建议	对经营合法的贡献
	3	对偶发风险给出的预防性建议	对经营安全的贡献
职责二	1	内控制度和内审制度的完善性	对管理及监督制度建设的贡献
	2	内部审计的全面性	对各部门流程控制改善的贡献
	3	曝光问题处理的及时性和有效性	对改善管理漏洞的贡献
	4	内部审计运行的顺畅性	对改善内部审计执行环境的贡献
	5	风险导向总体审计策略制定及其执行的有效性	对提升总体风险管理水平的贡献
	6	审计的覆盖性及其效应	对强化内部控制的贡献
职责三	1	内部审计的质量	对改善内部审计质量的贡献
	2	审计人员审计过程的质量	对规范审计人员行为及审计质量改善的贡献
	3	考评内部审计人员	对下属进步的贡献
职责四	1	内部审计团队培训	对改善下属团队知识能力结构的贡献
	2	下属沟通技巧	对增强下属沟通水平的贡献
	3	下属沟通力度	对提升下属沟通效果的贡献
	4	下属审计技术进步	对提升下属审计水平的贡献
	5	下属直面权威的勇气	对提升下属向上坦陈问题勇气水平的贡献
	6	内部审计人员招聘、留住的效果	对团队发展的贡献

（二）审计经理关键绩效指标

如表 4-10 所示。

表 4-10　审计经理关键绩效指标

职责	序号	关键绩效指标	考核目的
职责一	1	本部门的机构规划及制度设计	对本部门建设的贡献
	2	本部门预算计划的拟订和执行	对本部门运行的贡献
	3	本部门人员招聘及调用	对本部门人员配备及使用的贡献
	4	本部门人员考核及奖惩	对本部门人员管理的贡献
	5	团队管理	对本部门人员守法、协作精神建设的贡献
职责二	1	内审制度执行	对制度执行及完善的贡献
	2	具体审计计划制订及执行	对审计工作管理的贡献
	3	与外审合作	在协助外审及执行外审建议中的贡献
	4	活动及资源需求谋算	对具体审计活动需求规划效率的贡献
	5	资源调配	对资源配置效率的贡献
职责三	1	具体审计项目执行	对提升项目审计的效率和效果的贡献
	2	内部审计技能盘点	对有效配置人员的贡献
	3	协调及调整审计工作	对规范内部审计人员行为及审计质量改善的贡献
	4	工作汇报	对计划偏离修正的贡献
	5	监督下属审计	对审计过程质量控制的贡献
职责四	1	确定内部审计各职位的知识及经验标准	对选拔合格人员制度建设的贡献
	2	确立可以改进地方	对增强团队执业能力的贡献
	3	拟订培训轮岗计划	对改善下属职业技能的贡献

（三）审计主任关键绩效指标

如表 4-11 所示。

表 4-11　审计主任关键绩效指标

职责	序号	关键绩效指标	考核目的
职责一	1	本部门各岗位制度修订及执行	对本部门岗位制度完善的贡献
	2	本科室预算计划和管理	对本科室预算管理的贡献
	3	本科室人员管理	对本科室团队和谐的贡献
	4	下属遵章守法行为管理	对本科室成员改善执业行为的贡献
	5	稳定团队	对本部门团队稳定建设的贡献
职责二	1	审计计划规划及执行	对审计计划完善及执行的贡献
	2	关键任务的执行	在重要任务审计中的贡献
	3	确定业务目标的资源需求	对具体审计任务中资源有效配置的贡献
	4	独立性审查	对保护独立性的贡献
	5	审计行为客观性监察	对规避冲突确保审计人员的客观性的贡献
	6	审视风险	对内控评价科学性的贡献
	7	探查内控	对内控监督有效性把握的贡献
职责三	1	完善审计执行	对审计计划有效执行的贡献
	2	指导下属审计	对提升下属审计效率和效果的贡献
	3	跟踪下属审计	对规范下属审计行为的贡献
职责四	1	对照培训	对培训效果改善的贡献
	2	完善团队技能结构	对增强团队执业能力的贡献
	3	人员培养	在下属培养中的贡献

（四）审计师关键绩效指标

如表 4-12 所示。

表 4-12 审计师关键绩效指标

职责	序号	关键绩效指标	考核目的
职责一	1	计划编制准备工作的全面性	对审计计划编制的贡献
	2	审计计划编制的完善性	对审计计划编制科学性的贡献
职责二	1	现场查询	对审计计划执行效率的贡献
	2	内控评估	对有效审计的贡献
	3	指导财务审计	对助理审计师有效完成财务审计任务的贡献
	4	指导其他方面审计	对助理审计师有效完成其他审计项目的贡献
	5	指导收集审计证据	对助理审计师收集审计证据中的作用
	6	整理评价审计证据	对整理及挑选合适审计证据中的贡献
	7	复核工作底稿	对完善工作底稿的贡献
	8	拟定审计报告	对审计报告提出及完善的作用
职责三	1	归总内控问题	对内部控制问题完整识别的贡献
	2	排序内控问题	对区分各内控问题的严重程度的贡献
	3	提交管理建议书	对撰写管理建议书、增强部门管理的贡献
职责四	1	学习成长	对自我改善的努力

（五）助理审计师关键绩效指标

如表 4-13 所示。

表 4-13 助理审计师关键绩效指标

职责	序号	关键绩效指标	考核目的
职责一	1	协助审计计划编制的准备工作	对审计计划编制准备的贡献
	2	协助具体审计计划的编制工作	对审计计划编制的贡献

续表

职责	序号	关键绩效指标	考核目的
职责二	1	协助现场查询	对审计计划顺利执行的贡献
	2	协助内控评估	对提高审计效率的贡献
	3	协助财务审计	对财务审计任务有效完成的贡献
	4	协助其他方面审计	对有效完成其他审计项目的贡献
	5	协助收集审计证据	对收集审计证据的贡献
	6	协助挑选审计证据	对审计证据整理评价的贡献
	7	编写工作底稿	对工作底稿编制的贡献
职责三	1	协助归总内控问题	对全面识别内部控制问题的贡献
	2	协助撰写管理建议书	对管理建议书的撰写的贡献
职责四	1	学习成长	对自我改善的努力

（六）审计员关键绩效指标

如表4-14所示。

表4-14 审计员关键绩效指标

职责	序号	关键绩效指标	考核目的
职责一	1	参与审计计划编制的准备工作	考察其学习审计准备工作
	2	参与具体审计计划的编制工作	考察其学习审计计划编制工作
职责二	1	参与现场查询	考察其学习现场调研内容
	2	参与审计实施	考察其学习审计实施过程
	3	参与审计总结	考察其学习证据整理、分析、报告和建议书撰写等内容
职责三	1	资料入档管理	对资料入档管理的贡献
	2	资料借阅管理	对入档资料借阅管理的贡献
职责四	1	学习成长	对自我改善的努力

四、岗位胜任评估示例

（一）考核方式的选择

由于所处岗位不同，职务也不同，所以，针对以上内部审计六岗人员应采取不同的考核方式，如表 4-15 所示。

表 4-15　考核方式

级别	类型	考核方式	考核特征	考核周期
中高层管理者	首席审计执行官/审计经理	述职报告	以岗位说明书为基础，基于 KPI 实现的考核	1 年
中基层员工	审计主任/审计师	行为考核	以岗位说明书为基础，基于 KPI 实现的考核	半年
作业类员工	助理审计师/审计员	态度考核	以岗位说明书为基础，基于 KPI 实现的考核	季度

（二）绩效考核方法

对每一个 KPI 都从财务业绩、客户评价、流程改进及学习成长四个方面进行评价，给出分数并赋予相应权重，如表 4-16 所示。

表 4-16　绩效考核方法

考核方面	权重	绩效等级			
		不合格 [0, 75)	合格 [75, 83)	良 [83, 91)	优 [91, 100]
财务业绩		□ [负效, 无效]	□ [一般, 高]	□ [高, 很高]	□ [很高, 极高]
客户评价		□ [较差, 一般]	□ [较好, 好]	□ [好, 很好]	□ [很好, 极好]
流程改进		□ [恶化, 无效]	□ [少许, 多]	□ [多, 很多]	□ [很多, 极多]
学习成长		□ [退化, 停滞]	□ [一些, 大]	□ [大, 很大]	□ [很大, 极大]
总分					
结论					

（三）考核形式和考核委员会构成

对首席审计执行官、审计经理这类中高层管理者可以采用述职与评议会结合的方式进行考核。述职评价委员会由董事会成员、监事会成员、总经理、高层管理人员、外部专家顾问等组成。

对审计主任、审计师、助理审计师、审计员可采用两级考核方式，直接主管为一级考核者，对考核结果的公正、客观性负责；直接主管的上级主管为二级考核者，对考核结果富有监督、指导责任，保证一级考核者之间考核结果的一致性。若二级考核者修改了一级考核者的考核结果，应向一级考核者反馈或责成考核者重新考核。董事长或总经理一般不对部门主管以下人员进行考核（含二次考核）。

（四）组织者

一般由企业人力资源委员会制定企业考核评价政策及纲要；下级机构人力资源部门在政策及纲要基础上可制定具体考核实施办法，拟订本企业员工的考核项目及考核量表，给企业人力资源部核准后实施，并在企业人力资源部备案。

（五）考核流程

考核流程如图4-2所示。

（六）考核示例：以CAE胜任能力考核为例

1. 目的

—是否胜任岗位

2. 方式

—撰写述职报告

—登台进行述职（一般20~30分钟）

—评委及听众提问（10~15分钟）

—述职评价委员会进行评价

3. 述职内容

—职责

—工作内容

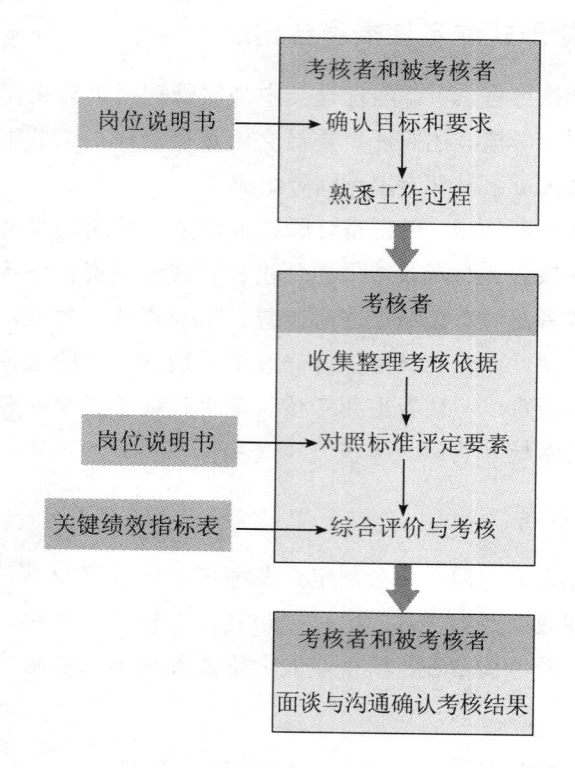

图 4-2 考核流程

4. 述职程序

（1）每考核期末由公司监事会组织召开首席审计执行官述职报告会。参加人员包括述职评价委员会成员，公司一级主管部门主管以上干部。

（2）被考核的首席审计执行官在述职会前完成《中高层管理者述职表》（表 4-17），会议组织者将述职表和岗位说明书复印多份呈交述职评价委员会每一位成员。

（3）被考核的首席审计执行官首先进行述职，述职时间为 20~30 分钟。随后回答评价委员会和与会人员提出的问题，回答问题时间为 30~60 分钟。

（4）被考核的首席审计执行官答辩结束后，述职评价委员会各位委员根据目标达成情况和述职情况对被考核者做出评价，核计得分，并填写《述职评价表》（表 4-18），述职评价表统一交给会议组织人员，述职评价会后由述职评价委员会讨论进行最后的综合评价，确定等级并填写在

《中高层管理者述职表》中。

（5）考核的最终结果由被考核的首席审计执行官确认。

（6）《中高层管理者述职表》和《述职评价表》由人力资源部负责存档管理。

表 4-17　中高层管理者述职表

姓名		部门		职务		考核层次		考核期	
职责和 KPI 指标									
序号	职责	KPI	绩效标准	达成情况			达成情况		
				自评	自评权重	得分	述职评价委员会评价	述职评价委员会评定权重	得分
结论									
考核职责	得分	权重	等级	结论	权重	综合得分	综合等级	最后结论	考核者签名	被考核者签名

表 4-18　述职评价表

考核者姓名			部门			职务		

职责和 KPI 指标

序号	职责	KPI 指标	绩效标准	评定		得分
				述职评价委员会评价	述职评价委员会评定权重	

结论

考核职责	得分	等级	结论	权重	综合得分	综合等级	最后结论	考核者签名

5. 示例

假如张三是某公司的首席审计执行官。经过上述程序后，10 位述职评价委员会给出四项职责的最后结论如表 4-19 所示。由表 4-19 可知，作为首席审计执行官，张三的四项职责中有三项的胜任能力不仅胜任而且显示为"良"；只有一项职责没有达到胜任要求，但最后综合的得分则显示张三是胜任的，且很好的胜任。

表 4-19　述职评价最后结论

序号	考核职责	得分	等级	结论	权重	综合得分	综合等级	最后结论	考核者签名	被考核者签名
1	提供咨询，协助决策	86	良	胜任	35%	85.25	良	胜任	李四	张三
2	完善制度，促进管理	92	优	胜任	30%					
3	督导团队，保证质量	83	良	胜任	20%					
4	培养人才，增强后劲	73	不合格	不胜任	15%					

注：李四系述职评价委员会主席

第五章 结 语

以 David McClelland（1973）、Boyatzis（1982）等为代表，以"人"为核心，着眼于寻找个人工作出色的原因来诠释胜任能力。以 IIA（1999）、中国注册会计师协会（2003）等为代表，则以"岗位"为基础，从工作对个人的要求来分析胜任能力的含义。换句话说，前者重视投入，是一种投入角度分析，而后者重视产出，是一种产出角度分析。显然，这两种解释各有优点也都有局限性，于是，国际会计师联合会以及大多数监管机构近年来倡导将以上两法融合在一起，即产生了 Hager、Gonczi 和 Oliver（1990）所谓第三种方法，即在真实工作环境中，考虑表现结果，分析需投入的知识、技能和态度。显然，这样来解释胜任能力更加科学合理。因此，内部审计人员职业胜任能力框架的研究也应该既考虑结果表现，也需要分析投入质量，此外，也要融入对过程的考虑。

分析投入质量，显然适宜通过建立一个专业胜任能力要素框架体系来衡量。所谓专业胜任能力，是指个体拥有的导致在某一工作岗位上取得出色业绩的潜在的深层次特征。依据张玉亮（2007）的统计分析，这一深层次特征最核心的就是知识和技能两个要素，其他要素要么可以归并在这两个要素里，要么影响着这两个要素。因此可以说，知识和技能两要素直接决定着专业胜任能力的高低，以此两者为核心进一步分解所构建的专业胜任能力框架体系基本上可以解释投入质量。而结果表现，显然适合通过评估来衡量，即在真实的工作环境中，如果个体可以完成某一职责范围内的工作，并使之达到既定标准，则可谓之胜任，具备这样的能力可以称之为岗位胜任能力。显然，是否胜任岗位，只需将标准与个体完成的结果加以比较就可判断，而在这一过程中融入对过程的考虑是恰当的。

因此，本课题关于内部审计人员职业胜任能力框架研究主要包括了两个内容：内部审计人员专业胜任能力框架体系构建和内部审计人员岗位胜任能力绩效评估。前者以反映内部审计转型和发展的愿景为导向，并考虑协会准则、调查结论、专家观点、高校实践，力求建立起适应并能有效指导内部审计转型和发展的专业胜任能力知识与技能框架体系；后者则借鉴海氏评价法的系统评价思路，并考虑到角色界定及其职责和任务的差异，设计各岗位职责和任务，并以此为基础构建起关键绩效评价指标体系，进而完成与标准的比较评判。

  然而，尽管思路清晰，逻辑分明，报告还是可能存在一些问题，如，尽管参阅了各种资料，然而因为采用的是列举法，所以，专业胜任能力框架体系中的知识和技能体系的构建、内部审计各岗位职责和任务的列举，以及以此为基础的关键绩效指标设计，还是难免挂万漏一，有不周的地方。再如，有关责任权重和能力权重的选择，虽然经过理论分析与调查检验的不断调整，但仍只是一家之言，实务运用中仍应根据具体情况科学论证后确定。这些不足的出现，既有客观上的原因，也有主观上的原因，但是不管怎样，完善这些不足是今后要继续努力的方向。

参考文献

[1] 陈佳俊,贺颖奇.2009.中国内部审计人员专业胜任能力框架研究[J].经济与管理研究,(11):114-118.

[2] 张娟,张庆龙.2010.论内部审计专业能力结构模型与需求框架[J].会计之友,(7,上):99-104.

[3] 杜娟.2008.企业愿景的形成过程及其价值诉求[J].河北大学学报(哲学社会科学版),(5):101-105.

[4] 中国内部审计协会.2003.中华人民共和国内部审计准则[R].http://www.chinaacc.com

[5] 张玉亮.2007.国家审计人员专业胜任能力研究[D]南昌大学硕士学位论文.(4).

[6] 时现,毛勇.2008.08'中国国有企业内部审计发展研究报告[M].北京:中国时代经济出版社.

[7] 刘懿华.2007.愿景产生、愿景特征与愿景领导效益之研究[D].台湾朝阳大学硕士学位论文.

[8] 田志龙,蒋倩.2009.中国500强企业的愿景:内涵、有效性与影响因素[J].管理世界.(7):103-114.

[9] 工业技术研究院产业经济与趋势研究中心,资讯工业策进会资讯市场情报中心.2007.2015年台湾产业发展愿景与策略.

[10] 邓路,符正平.2007.全球500强企业使命宣言的实证研究[J].现代管理科学.(7):19-20、63.

[11] 佟瑞,李从东,汤勇力,胡欣悦.2010.基于战略愿景与使命的产业技术路线图研究[J].科学与科学技术管理.(11):88-93.

[12] 秦荣生,卢春泉.2011.审计学[M].北京:中国人民大学出版社.

[13] 戴国斌.2010.管理者战略胜任素质理论模型理论与实证研究[D].中南大学博士论文.

[14] 胡八一.2010.岗位说明书[M].北京:电子工业出版社.

[15] 黄莺.2009.审计人才评价与分级的能力模型[J].审计研究,(1):27-31.

[16] 剧杰,施建军,殷丽丽.2010.谈怎样成为卓越的首席审计执行官[J].财会月刊,(3):56-57.

[17] 孔楠.2009.IAEP:中国内部审计教育特色与多元化[D].北京大学在职硕士论文.

[18] 林锦丰.2003.内部稽核人员专业能力内涵之研究[D].台湾静宜大学硕士论文.

[19] 郭艳包.2010.基于平衡记分卡的出版社网站绩效评估体系构建[D].北京邮电大学硕士学位论文,(3).

[20] 皮晶妮.2006.独立审计师的专业胜任能力研究[D].东北财经大学硕士学位论文,

(12).

[21] Certified General Accountants Association of Canada. 2020. CGA competency framework [EB/OL].

http: //www. cga – canada. org/en – ca/OtherDocuments/ca_ competency_ framework. pdf

[22] Charles Darwin university. 2006. Charles Darwin university staff competency framework [EB/OL].

http: //www. cdu. edu. au/pmd/Workforce%20Development/

[23] Grant Thornton Chief audit executive survey2011. Looking to the future: perspetives and trends from internal audit leaders [EB/OL].

http: //www. gt. com/staticfiles/GTCom/Advisory/

[24] IIARF. 2011. Internal auditing's role in risk management [EB/OL]. pp. 1 – 18.

http: //www. oracle. com/us/solutions/corporate – governance/ia – role – in – rm – 345774. pdf

[25] James A. Bailey. . 2011. Core competencies for today's internal auditor [EB/OL]. . The IIA's global internal audit survey: A component of the VBOK study Report II

http: //www. theiia. se/uploads/global_ internal_ audit_ survey_ report_ ii_ fin. pdf

[26] Jiin – Feng Chen and Wan – Ying Lin. 2011. Measuring internal auditing's value [EB/OL]. The IIA's global internal audit survey: A component of the VBOK study Report III

http: //www. hiir. hr/UserDocsImages///Measuring%20IA%20Value. pdf

[27] Marco Allegrini, Giuseppe D'Onza, Rob Melville, Gerrit Sarens, and Georges M. Selim. 2010. What's next for internal auditing? [EB/OL]. The IIA's Global Internal Audit Survey: A Component of the CBOK Study Report IV.

http: //www. nyiia. org/events/next. pdf

[28] Protiviti. 2011. 2011 Internal audit capabilities and needs survey [EB/OL].

http: //www. protiviti. com/en – US/Insights/Browse – by – Content/Documents/2011 – IA – Capabilities – Needs – Survey – Protiviti. pdf

[29] PricewaterhouseCooper LLP. 2007. Internal audit 2012 [EB/OL]. pp. 1 – 60.

http: //www. utsystem. edu/aud/ReferenceDocs/pwc_ ias_ 2012. pdf

[30] The IIARF white paper. 2011. Internal auditing's role in risk management [EB/OL].

http: //www. oracle. com/us/solutions/corporate – governance/ia – role – in – rm – 345774. pdf

[31] McClelland David. 1973. testing for competence rather than for intelligence [J]. American Psychologist. 28

[32] IIARF. 1999. Competency Framework of Internal Auditing [EB/OL]. http: //na. theiia. org.

[33] The chartered institute of public finance and accountancy. 2006. The excellent internal audtior: a good practice guide to skills and competencies [EB/OL].

http: //www. tisonline. net/internalaudit/content/Excellent_ Internal_ Auditor. pdf

[34] The Assurance, control and risk team and the PSG competency framework working group. 2007. Government internal audit compency framework [EB/OL].

http：//www.hm-treasury.gov.uk/d/gov_internalaudit_competencyframework.pdf

［35］ India The Chartered Accountant. 2008. Framework for standards on internal audit［EB/OL］.

http：//220.227.161.86/20896frmwrk_sia.pdf

［36］ The institute of internal auditors – Belgium. 2008. Competency framework & tasks for internal auditors［EB/OL］.

http：//www.iiabel.be/Uploads/Documents/M2%20IIABEL%20Guidance/competency_model.pdf

［37］ The institute of internal auditors – Australia. 2010. internal auditor competency framework［EB/OL］

http：//www.iia.org.au/Libraries/Learning_Development/Internal_Audit_Competency_Framework.sflb.ashx

［38］ Grant Thornton LLP. 2011. Chief audit executive survey2011：Looking to the future：Perspetives and trends from internal audit leaders［EB/OL］.pp.1-17.

http：//www.gt.com/staticfiles/GTCom/Advisory/Advisory%20publications/CAE%20survey/CAE-Survey-2011.pdf

［39］ Starratt, R, J. 1995. Leaders with vision：the quest for school renewal［M］.CA：Corwin Press, Inc.

［40］ Steiner, G. A. 1997. Strategic planning［M］.NY：Simon&Schuster Inc.

［41］ James C. Collins and Jerry I. Porras. 1996. Building your company's vision［J］.Harvard Business Review,（9/10）：65-77.

附录　首席审计执行官调查问卷[①]

尊敬的专家：您好！

本次调查纯属做研究用，匿名调查，请您支持！

内部审计人员职业胜任能力框架研究课题组

首先，请您阅读后附的海氏评价法以及内部审计6个岗位的界定及职责任务说明，然后，请您回答如下问题（注：答案的等级越高，意味着知识或技能的水平越高）：

1. 您认为首席审计执行官的专门理论知识等级是（　　）
A. 1级；　　　B. 2级；　　　C. 3级；　　　D. 4级；
E. 5级；　　　F. 6级；　　　G. 7级；　　　H. 8级

2. 您认为首席审计执行官的管理技能等级是（　　）
A. 1级；　　　B. 2级；　　　C. 3级；　　　D. 4级；
E. 5级

3. 您认为首席审计执行官的人际技能等级是（　　）
A. 1级；　　　B. 2级；　　　C. 3级；

4. 您认为首席审计执行官的思维环境等级是（　　）
A. 1级；　　　B. 2级；　　　C. 3级；　　　D. 4级；
E. 5级；　　　F. 6级；　　　G. 7级；　　　H. 8级

---

① 六个岗位调查问卷的问题内容相同，这里以首席审计执行官为例。另外，第10个问题是为了验证被调查者是否阅读并理解了海氏评价法而设计的。

5. 您认为首席审计执行官的思维难度等级是（　　）

A. 1级； B. 2级； C. 3级； D. 4级；

E. 5级

6. 您认为首席审计执行官的行动自由度等级是（　　）

A. 1级； B. 2级； C. 3级； D. 4级；

E. 5级； F. 6级； G. 7级； H. 8级；

I. 9级

7. 您认为首席审计执行官的职位对结果的影响等级是（　　）

A. 1级； B. 2级； C. 3级； D. 4级

8. 您认为首席审计执行官的岗位的影响程度的等级是（　　）

A. 1级； B. 2级； C. 3级； D. 4级

9. 您认为首席审计执行官的岗位形态是（　　），若您选择了答案A或B，请给出责任与能力之和（＝知识技能＋解决问题能力）的比例（　　）

A. 上山型； B. 下山型； C. 平路型；

10. 若解决问题的能力是知识技能的部分使用，即前者是后者的一个比例，您认为这个比例对首席审计执行官而言应该是（　　）比较合适。

A. 80%； B. 75%； C. 40%；

D. A、B、C均不合适，我认为（　　）比较合适

课题编号：1103

国有企业领导人员经济责任审计理论与实务研究

黑龙江省审计厅课题组

课题负责人：李希龙
课题组成员：史跃梅　张汉祥　王金亮　李有建
　　　　　　　孙景山　杨　茁　王延坤　姜可新
　　　　　　　滕大海

【摘要】 随着经济体制的改革发展和对企业领导人员监管的需要，经济责任审计经历了不断发展和完善的历程，已成为内部审计机构开展的重要审计项目之一。但经济责任审计在20多年的发展历程中，仍然存在一些比较突出的问题，困扰内部审计机构和审计人员，限制和影响了内部审计作用的发挥。主要表现在审计内容重点不突出，没有明确的实施标准，影响经济责任审计的效果；接、离任领导人员责任不明确，不利于企业后续问题的处理；缺少通过定量指标计算转化成最终的定性评价结论，导致审计评价不客观；审计结果利用不到位，不能发挥经济责任审计应有的作用。在此种背景下，课题组通过分析经济责任审计理论与实务发展历程，对国有企业内部审计部门开展内管干部经济责任审计的目标、内容、重点、程序、评价指标以及结果应用等问题进行了系统研究，其中重点对审计内容、审计程序和审计评价指标进行了详细阐述。提出建立责任承接机制的观点，明确前任、现任和后任经济责任，为定责和问责奠定基础。提出量化评价指标体系的观点，通过定量指标计算转化成定性评价结论，减少审计人员主观判断，使经济责任审计评价更加客观公正。同时针对审计结果利用不到位问题进行了深入剖析，提出全面提升审计工作质量、建立联动机制和健全经济责任追究制等措施，以发挥经济责任审计在保障企业完善内部控制、建立问责机制等方面的建设性作用。

  本文核心部分是第二章和第四章，重点论述了经济责任审计创新观点和理念，一是明确经济责任审计九个方面内容，并针对每项具体内容，确定了实施审计的重点；二是明确了企业领导人员交接事项及应承担的经济责任，建立起前任、现任、后任责任承接链条；三是建立审计评价指标体系，通过七个单项量化评价指标类别划分，综合评定企业领导人员是否很好、较好、基本、没有有效履行经济责任四类定性评价结论。

  【关键词】 经济责任审计 责任承接机制 量化评价指标

绪 论

一、研究背景

随着经济体制的改革发展和对企业领导人员监管的需要,经济责任审计经历了不断发展和完善的历程,已成为内部审计机构开展的重要审计项目之一。但经济责任审计在 20 多年的发展历程中,仍然存在一些比较突出的问题,困扰审计机构和审计人员,限制和影响了审计作用的发挥。主要表现在审计内容重点不突出,没有明确的实施标准,影响经济责任审计的效果;接、离任领导人员责任不明确,不利于企业后续问题的处理;缺少通过定量指标计算转化成最终的定性评价结论,导致审计评价不客观;审计结果利用不到位,不能发挥经济责任审计应有的作用。在此种背景下成立经济责任审计理论与实务研究课题组,旨在解决经济责任审计中存在的上述问题。

二、研究意义

本文通过研究国有企业内部审计部门开展内管干部经济责任审计的目标、内容、重点、程序、评价指标以及结果应用等,从理论和实践角度提出解决上述问题的措施。针对接、离任领导人员责任不明确,提出建立责任承接机制观点,明确界定相关领导人员对企业的资产、业务及重大未完经济事项的承接责任,一方面为接任者摸清了企业家底,帮助接任者更清晰地了解企业的经营形势和财务状况,为缩短适应期,明确接任后的工作方向提供有力的支持;另一方面通过建立责任承接链条,有效防止因领导人员调整而给企业带来的或有损失,改变"新官不理旧账,旧官一走了之"的不良状况。同时可作为日后不履行经济责任将进行责任追究的依据。进一步增强领导人员的责任意识和使命感,推动企业持续健康的发展。针对审计评价不客观,提出量化评价指标体系,将定量指标的计算转化为对领导人员履责情况的定性评价结论的思路。通过制定规范的审计评价标准,对离任领导人员采用统一的评价尺度,使经济责任审计的评价依据更加充分具体,评价结论更加客观公正。在提升审计工作质量的同时,为组织人事部门和其他部门更有效的利用经济责任审计结果起到了促进作用。本课题研究构建的适合国有企业内部审计机构开展经济责任审计的模式,必将推进内部审计部门经济责任审计工作向更高平台发展。有助于内部审计机构站在内部企业的环境中客观评价内管干部履行经济责任的优劣,使经济责任审计结果成为对领导干部考核任用的参考依据,切实发挥经济责任审计在保障企业完善内部控制、建立问责机制等方面的作用。

三、研究现状

随着经济责任审计在我国的深入发展,对经济责任审计理论和实务的研究如火如荼开展起来。但目前更多的是从经济责任审计中存在的问题进行分析总结,宏观性理论多,实践操作性规范少。目前理论界普遍认为经济责任审计评价是经济责任审计的重点,但建立统一、科学的评价指标体系难度很大。有的虽然提出了评价指标体系,但却难以把这些指标有效整合,形成对被审计对象的综合评价。另外,在建立经济责任承接机制方面,目前理论界尚没有对此进行研究。在以往经济责任审计中,由于没有明确离任者与接任者对单位资产和业务的承接责任,经常出现"新官不理旧账,旧官一走了之"的情况。当发生经济损失需要追究有关人员责任时,又因责任不明确,难以实施问责。审计评价难,责任追究制度难以落实,成为限制经济责任审计作用的突出问题。明确领导人员的经济责任和客观评价领导人员履责情况已成为审计机构迫切需要解决的问题。

四、研究方法及创新观点

本课题在以理论与实践相结合的总体方法引导下,具体采用文献研究、专家访谈、经验总结、定量分析、定性分析、实证研究、试验法等进行研究和论证。通过广泛展开对中外相关文献的检索和归纳提炼,并聘请资深专家开展座谈会,对经济责任审计理论和实务发展历程进行深入分析。通过对过去国有企业经济责任审计工作中存在的突出问题进行归纳总结，研究与分析解决问题的措施，并使之系统化、理论化。通过对审计评价指标的反复测试、研究，运用定量和定性相结合的分析方法，制定出适合国有企业领导人员经济责任审计的定量评价指标体系。通过选取试点单位开展实地调研并将调研结果进行实地试验，对审计理论的科学性和可操作性进行实践检验。

  本课题的创新观点：一是提出了在经济责任审计中建立责任承接机制。明确前任、现任、后任领导人员应承担的经济责任，通过确责、定责、问责，这一整条责任链的建立，最大限度地解决了"新官不理旧账，旧官一走了之"的问题，对建立健全问责机制发挥了重要作用。二是构建了一套完整的经济责任量化评价指标体系。通过七个单项定量评价指标的计算，转化为领导人员是否很好、较好、基本、没有有效履行经济责任四类综合定性评价结论，解决了审计评价缺少评价标准、主观判断多、客观分析少等问题，使审计评价更加客观公正，同时推进了经济责任审计结果运用。同时在七个定量评价指标的计算中也提出了很多创新的思路，如：将会计信息真实性指标的评价采用年平均会计信息失真率为判定基础；将依法经营指标的评价采用年平均违纪金额作为计算口径；引入落实科学发展情况评价指标等。

第一章 经济责任审计基本理论框架研究

经济责任审计是伴随着我国经济体制和政治体制改革的进程产生并逐步发展起来的，是对领导干部实施监督管理的重要手段。通过研究经济责任审计的相关理论，把握经济责任审计的理论内涵，对推进经济责任审计工作的发展和创新具有非常重要的意义。

第一节 经济责任审计发展历程

自上世纪 80 年代我国开始开展经济责任审计工作以来，在各级审计机构的共同努力下，不断积累实践经验，健全相关规章制度，使经济责任审计这一中国独有的审计形式得到很大的发展和完善。在 20 多年的发展历程中，经济责任审计经历了起步、发展和创新三个阶段。

一、经济责任审计起步阶段

1986 年中共中央、国务院颁布了《全民所有制工业企业厂长工作条例》，条例中规定"厂长离任前，企业主管机关可以提请审计机关对厂长进行经济责任审计评议"，这是我国开展经济责任审计最早的法规依据。1986 年底，审计署制定下发了《关于开展厂长离任经济责任审计工作几个问题的通知》，对厂长（经理）离任审计的范围、内容、程序和要求作了原则规定。此后，各级审计机关陆续开展了厂长（经理）离任审计，并在实践中不断总结经验，完善规章制度，逐步扩展到对党政领导干部的任期经济责任审计。

二、经济责任审计发展阶段

1999 年中办、国办颁发了《县级以下党政领导干部任期经济责任审计暂行规定》和《国有企业及国有控股企业领导人员任期经济责任审计暂行规定》，对县级以下党政领导干部和国有及国有控股企业领导人员开展任期经济责任审计进行了明确。2004年国资委发布《中央企业经济责任审计管理暂行办法》，明确指出，今后国有企业法定代表人离任或任期届满，都应开展经济责任审计工作。对企业发生债务危机、长期经营亏损、资产质量较差，以及合并分立、破产关闭等重大经济事件的，也应当组织进行专项经济责任审计。同时，建立对主要业务部门负责人的任期或定期经济责任审计制度。旨在加强对国资委履行出资人职责企业的监督管理，规范企业经济责任审计工作，客观评判企业负责人任期经济责任及经营绩效。审计内容除了包括经营成果的真实性、财务核算的合规性等内容以外，还需对企业的重大经营决策的审批手续、决策程序、风险控制、经营收益以及企业负责人和企业执行国家有关法律法规情况等进行监督和评价。至此，经济责任审计成为领导干部监督管理体制和党风廉政建设的重要内容，进入了一个新的发展阶段。

三、经济责任审计创新阶段

2006年修订后的《审计法》规定"审计机关按照国家有关规定，将国家机关和依法属于审计机关审计监督对象的其他单位主要负责人，在任职期间对本地区、本部门或者本单位的财政收支、财务收支以及有关经济活动应负经济责任的履行情况，进行审计监督"。修订后的《审计法》正式将经济责任审计工作纳入法律规范，确立了经济责任审计的法律地位。2010年中共中央办公厅、国务院办公厅颁布的《党政主要领导干部和国有企业领导人员经济责任审计规定》（以下简称"两办《规定》"），进一步扩大了经济责任审计对象，拓展了经济责任审计内容，规范了经济责任审计程序，强化了经济责任审计结果运用，是继经济责任审计正式写入《审计法》后的又一个里程碑，推进了经济责任审计的不断深入和发展。

第二节　企业经济责任审计基本涵义

在经济责任审计发展历程中，审计学者和专家对"经济责任"和"经济责任审计"的涵义持有不同观点。研究"经济责任"和"经济责任审计"的涵义对于进一步明确经济责任审计的对象、范围、内容、作用等具有非常重要的意义。

一、经济责任的涵义

在了解"经济责任"的涵义之前,应首先了解"责任"。通常所说的"责任"有两种基本涵义:一是指分内应该做好的事,如履行职责、完成任务等;二是指如果没有做好分内工作,而应承担的不利后果或强制性义务,如担负责任、承担后果等。责任是分内应做的事情,也就是承担应当承担的任务,完成应当完成的使命,做好应当做好的工作。

对于"经济责任"的理解一般有三种观点:一是经济责任应当是当事人基于特定的职务而应承担或履行的与经济相关的职责或义务;二是经济责任应当是当事人对其与经济责任相关的职务行为应当承担的法律后果;三是经济责任是当事人应当承担的经济上的后果,如经济赔偿、补偿等。

由于经济责任内涵的确定关系到经济责任审计的定位问题,因此成为经济责任审计工作应当解决的首要问题。第一种观点解释的是与经济有关的职责所在,也就是哪些责任属于经济责任。本课题重点对国有企业领导人员经济责任审计相关问题进行研究。作为国有企业的领导人员,在职务履行过程中有多种责任,如政治责任、组织责任、社会责任、经营责任、管理责任、会计责任、守法责任等等。经济责任审计必须要明确哪些责任必需审、哪些责任不必审。在经济责任审计发展的初期,审计机构侧重于对会计责任、守法责任的审计,随着经济责任审计的发展,逐步将经营责任、管理责任、社会责任纳入审计范畴。而第二种和第三种观点解释的是当事人在履行职责过程中对产生的后果应承担的责任。侧重的是对职务行为结果的评价和处理。这里所说的"经济责任"是指当事人任职期间对本地区、本部门(系统)、本单位财政收支、财务收支以及有关经济活动的真实性、合法性和效益性应当负有的责任。在界定当事人所应承担的责任时,应区分经济责任与非经济责任;前任责任与后任责任;主观责任与客观责任;集体责任与个人责任;直接责任与间接责任(主管责任与领导责任)。

课题组认为,经济责任审计中的"经济责任"应当以第一种观点为基础,即"经济责任"是指当事人基于特定的职务而应承担或履行的与经济相关的职责或义务。在监督其应尽职责或义务的基础上，评价其履行经济责任的优劣，界定其应承担的经济责任。两办《规定》中对"经济责任"的定义是指领导干部在任职期间因其所任职务，依法对本地区、本部门（系统）、本单位的财政收支、财务收支以及有关经济活动应当履行的职责、义务。其与第一种观点完全相符。

二、企业经济责任审计的涵义

企业经济责任审计是指依据国家规定的程序、方法和要求，对企业负责人任职期间其所在企业资产、负债、权益和损益的真实性、合法性和效益性及重大经营决策等有关经济活动，以及执行国家有关法律法规情况进行的监督和评价的活动。企业经济责任审计以财务收支审计为基础，并与内部控制审计和经营绩效审计有机结合，通过对企业经营活动及领导人员个人经济行为的审查，依据审计结果综合评价企业领导人员任职期间经济责任履行情况，最终将审计结果落实到领导人员的经济责任上。它包含了四个方面的内容：

（一）审计对象具有特定性

常规审计以被审计单位的财务收支及有关经济活动作为审计对象，以会计期间作为划分审与非审内容。而企业经济责任审计的直接对象是特定的人，即企业领导人员，是以领导人员的任职期间来界定应审计的事项，审计的直接内容是与特定的人相关的经济事项，即企业领导人员所在企业一定时期内的经济活动。

（二）审计内容具有综合性

企业经济责任审计不以单一的审计类型或事项为内容，而是既涉及常规审计的内容，又涉及专项审计的内容，要综合运用财务收支审计、经营绩效审计、内控制度审计来确定企业领导人员任职期间应履行的经济责任，通过对企业领导人员任职期间的管理行为及管理结果审计，来评价其管理水平高低及应负责任大小。

（三）审计目的具有明确性

企业经济责任审计的目的在于运用审计和干部监督管理的综合手段，加强对国有企业及国有控股企业领导人员的管理和监督。通过对企业财务收支真实性、合法性、效益性及相关经济活动进行审计监督、鉴证，正确评价企业领导人员的经济责任，以强化企业领导人员的责任意识，约束其职务行为，促进企业加强和改善经营管理，保障国有资产保值增值。

（四）审计评价标准具有多重性

企业经济责任审计的评价标准既是实施审计时据以判断是非、评价优劣的准绳，又是提出审计意见、做出审计决定的根据。由于审计客体的差异性和审计内容的复合性，决定着审计评价标准的多重性。在审计评价时，既要沿用对企业财务审计的评价标准，又要适用对企业内部控制审计和经营绩效审计的评价标准等。

三、企业经济责任审计分类

国资委在 2004 年发布的《中央企业经济责任审计管理暂行办法》第六条和第七条中，首次提出针对企业领导人员任职情况和企业发生的异常变化开展任期、定期、专项经济责任审计。随后，各级审计机构在已开展的任期经济责任审计基础上，逐步开展了任中经济责任审计和专项经济责任审计工作。

2011 年中国内部审计协会发布的《内部审计实务指南第 5 号——企业内部经济责任审计指南》（以下简称"《企业内部经济责任审计指南》"）中，将企业内部经济责任审计分为：离任经济责任审计、任中经济责任审计、专项经济责任审计。

离任经济责任审计，指企业内管干部任期届满，或者任期内办理调任、免职、辞职、退休等事项前进行的经济责任审计。

任中经济责任审计，指企业内管干部任职期间进行的经济责任审计，包括实行年薪制及股权激励机制的企业（包括试点企业）在任期内奖励兑现前的审计、任期届满连任时的审计，以及任职时间较长、上级企业根据规定和需要安排的审计。

专项经济责任审计，指企业内管干部存在违反廉洁从业规定和其他违法违纪行为，或其所任职企业发生债务危机、长期经营亏损、资产质量较差等重大财务异常状况，以及发生合并分立、破产关闭、重组改制等重大经济事项情况下进行的经济责任审计。

第三节 问责制与经济责任审计

审计从一开始就有着分清责任和追究责任的内涵，问责制是经济责任审计工作的内在要求，主要目的是规范个人责任追究行为。从经济责任审计组织上看，如果没有专门的机构和人员对责任人进行问责，审计结果的运用价值难以提高。经济责任审计结果怎么用，结果公布之后有没有相应的问责制度来保证它的权威性？被查出存在问题的单位是否有屡审屡犯的现象，经济责任审计实施的效果如何？归根到底，经济责任审计不应只局限于对传统财务收支审计过程的检查，应建立起问责审计，使得经济责任审计的成果不至于流于形式，充分发挥其监督制约的作用。

一、问责制的内涵

问责制的法律术语是法律责任的追究。根据宪法和法律的规定，政府及公务员必须承担应由其承担的责任，包括道义责任、政治责任和法律责任；同时，政府还必须接受来自内部和外部的监督，以保证责任的实现。审计问责是指通过审计，依据相关规定，对该作为而不作为、乱作为的责任人给予相应的党纪、政纪和经济方面的处罚。

审计问责的效应取决于问责程序设计的科学性、客观性与可操作性。审计问责程序的设计以责任失范行为的发现为运行前提，以责任的解释、判断与评估以及责任的追究等为主要运行环节。因此，审计问责制实际上是一项涉及政治理念、法律体系、行政机制、治理模式、管理工具等方面的系统工程。

二、问责与经济责任审计

1. 经济责任审计促使行政问责机制更加完善。经济责任审计的目的是为了客观公正地评价单位负责人在管理职责范围内的经济活动业绩和对存在问题应负的责任，促进并加强财务管理，为考察和使用干部提供依据。

经济责任审计的主要内容有：是否依法履行其相应的管理职责；债权债务是否清楚，有无纠纷和遗留问题；国有资产是否安全完整、保值增值；经济决策是否符合程序、有效；有关内部控制制度是否健全、有效；个人遵守财经法规情况等等。对任职者是否进行审计，其效果是不一样的，不进行审计，就会给徇私枉法者以可乘之机，他们也许会在任职期间大肆侵吞国有资产，进行权钱交易，直接导致腐败行为的产生。有了经济责任审计这道"紧箍咒"，那些不法分子就会慑于法律的威严，收敛自己的行为，不敢轻易造次违法，增强了领导干部的责任意识和自律意识。

经济责任审计涉及面广、专业性强，能够查清领导干部任职期间财政收支、财务收支工作目标完成情况，所在部门、单位的重要管理制度及执行情况；在任期间落实党风廉政建设责任制情况以及遵守国家财经法规情况等。当前，有些领导干部的腐败大多是从经济问题开始的，因此，经济责任审计结果是判断领导干部严守个人品格和操守的重要手段，是推行审计问责的重要基础。

2. 开展经济责任审计是行政问责制的必然要求。根据行政问责制的要求，领导干部经济责任审计的内容就不应只局限于财政财务收支是否真实、合法，还要向领导干部的决策实施情况、履职绩效情况等延伸；不仅要关注领导干部的经济责任，还要关注领导干部的社会责任。经济责任审计内容深化与创新的同时也会带来行政问责内容的完善，即不仅对领导干部的经济责任进行问责，还对与领导干部履行经济责任有关的社会责任，以及领导干部经济责任行为对所在地区、单位可持续发展的影响等进行问责。只有这样，才有可能促使领导干部真正树立起科学的发展观，实现经济社会的全面协调可持续发展。

三、经济责任审计模式创新与问责制

开展经济责任审计，按照传统的"先离后审"工作程序，时效性差，高质量的审计结果不能发挥出应有的作用，不能满足干部监督管理工作的需要。因此，应及时更新经济责任审计问责方法，建立以任中审计为主、保证重点项目完成的前提下，逐步扩大审计覆盖面的经济责任审计问责模式。细化"先审后任"、"先审后离"的方式，一是对拟提拔的领导干部严格实行"先审计、后离任、再任命",将经济责任审计与年度考核相结合。对群众上访不断、反映问题较多的领导干部,严格执行"先审计,后任免",待审计后依据经济责任审计结果做出安排;二是对离任的领导干部,实行"先审计,后离任"。同时,按照任期时间的长短采取分段审计的方式,即任期 3~5 年的,任中及届满各审计一次,任期 5 年以上的,每 2~3 年审计一次,保证 3 年审计一次,变事后监督为事中、事前监督。在审计项目安排上,尽量保证工作的计划性,以利于整合审计资源,加快专业审计数据库的建设,并研究探索各专业审计数据之间的信息交换和共享。通过采用新的经济责任审计问责方法,能够更好地对领导干部经济责任做出客观、公正的评价,促进问责制的发展。

第二章　企业经济责任审计的内容及重点

企业经济责任审计既要对事，又要对人。对事就是审查与企业领导人员履行职务有关的经济事项。对人就是针对审计结果，界定企业领导人员的经济责任，客观评价其职责履行的优劣。把握企业经济责任审计的内容及重点，对做好经济责任审计至关重要，是能否全面、客观、准确反映企业领导人员任职期间经济责任和经营业绩的关键所在。

第一节　企业经济责任审计对象和范围

在了解企业经济责任审计的内容和重点之前，首先要了解企业经济责任审计的对象和审计范围。由于经济责任审计是对特定的人在特定时期与其职务相关的经济事项进行监督和评价，也就决定了企业经济责任审计的对象和范围与常规审计有所不同。

一、企业经济责任审计的对象

两办《规定》中，国有企业领导人员经济责任审计的对象包括国有和国有控股企业（含国有和国有控股金融企业）的法定代表人。

《企业内部经济责任审计指南》中，企业内部经济责任审计的对象包括企业主要业务部门的负责人、企业下属全资或控股企业的法定代表人（包括主持工作一年以上的副职领导干部）等。

目前我国的国有企业尚未实现完全的政企分开，许多大型国有企业还存在一些事业性质的单位、部门或非法人的经营性单位，以及社团性质的组织。除财政或行政部门拨付一部分经费外，自身还有部分其他收入，这些单位、部门或组织有的独立进行会计核算，有的采取集中核算方式由其他部门代管。对这类单位、部门或组织的负责人也应纳入审计范畴，对其任期经济责任进行审计监督。课题组认为，就目前国有企业现状，企业经济责任审计的对象应包括国有企业和国有控股企业法定代表人，及所属独立核算或委托核算的非法人单位、部门或社团组织负责人（含主持工作一年以上的副职领导干部）。

二、企业经济责任审计范围

企业经济责任审计的范围包括期间范围、企业范围和业务范围。业务范围实际就是审计内容，是经济责任审计所要具体审查的经济事项，此部分内容将在第二节中详细介绍。

（一）企业经济责任审计的期间范围

关于企业经济责任审计的期间范围在相关法规和规章中少有提及，基本是以企业领导人员的任职期间作为参考，但在实际工作中对任职期间的理解和把握各不相同。有的以企业领导人员的人事任免令的时间作为任职的起止时间，有的则是以企业领导人员实际履行第一管理者的时间作为任职的起止时间。

《企业内部经济责任审计指南》中，将经济责任审计期间按照会计年度确定，并以此确定审计和评价财务数据的期初数。上半年任职的，以该年度初作为企业内管干部经济责任审计期间的期初；下半年任职的，以下一年度初作为企业内管干部经济责任审计期间的期初。在《企业内部经济责任审计指南》中只解释了企业领导人员任职期初时间的确定标准，未提及期末时间的确定标准。如按此标准推定任职期末的时间，这样确定的审计期间中会出现与前后任工作期间交叉或任职期间不完整的情况。

课题组认为，企业经济责任审计的期间范围应以企业领导人员实际履行第一管理者职责，承担相应经济责任的起止月份作为审计的期间范围，包括主持工作期间。具体确认标准以企业领导人员任职或主持工作当月月末作为任职期初时间，以离职或任期届满当月月末作为任职期末时间。当然，这个期间是审计的总体期间范围，在实施审计过程中，还需要根据具体情况，通过具体分析确定。

1. 审计查证范围的期间选取

理论上，在开展经济责任审计时，应对企业领导人员任职期间其所在企业资产、负债、权益和损益的真实性、合法性、效益性及重大经营决策等有关经济活动，以及执行国家有关法律法规情况进行全面的审查。但在实际工作中，对企业领导人员任职时间超过三年以上的，由于受审计资源、审计时间、审计成本等因素限制，不可能对任职期间所有的经济活动进行全面的审查。一般可选取近期至少两个完整会计年度或一个任期的经济活动进行审查。对任期内没有进行审查的会计年度，可借鉴已有的内、外部检查结果，通过整理分析后加以利用。

2. 对比分析财务数据的期间选取

在开展经济责任审计时，需要对企业领导人员任职期间相关财务数据进行对比分析，其中包括接任和离任时资产负债表相关数据的对比分析；年度经营业绩考核指标完成情况的对比分析；年度财务绩效指标与行业标准值的对比分析等。但由于企业所处行业特点和经营周期不同，在选取财务数据时，应针对不同行业特点区别对待，尽量采用同期数据进行对比分析。如房地产开发、建安工程、大型设备制造等企业的经营周期相对较长，而从事农产品种植企业上半年成本投入较大，下半年才能形成收入，收入与支出配比不均衡，像这类企业适用以年度财务数据进行对比分析。对于受季节影响小、经营周期短的企业则可采用月份经营数据进行对比分析。如果不按同口径进行对比分析，容易导致分析结果与实际情况产生偏差，影响最终的审计评价，对企业领导人员有失公允。

（二）经济责任审计的企业范围

经济责任审计的企业范围应当遵循重要性原则确定，并充分考虑审计风险。突出对重点企业的审计，以提高审计效率，增强审计的效用性。

《企业内部经济责任审计指南》中指出，企业总部及重要的下属全资或控股企业（以下简称子企业）应当纳入审计范围，纳入审计范围的资产量一般不低于企业内管干部所在企业资产总额的70%，子企业户数不低于该企业总户数的50%。同时，对应当纳入经济责任审计范围的子企业进行了明确：

1. 资产或者效益占有重要位置的子企业；
2. 由企业内管干部兼职的子企业；
3. 任期内发生合并分立、重组改制等产权变动的子企业；

4. 任期内关停并转或者出现经营亏损、资不抵债、债务危机等财务异常状况的子企业；

5. 任期内未接受过审计的子企业；

6. 各类金融子企业及内部资金结算中心等。

第二节　企业经济责任审计内容及重点

2010年10月两办《规定》正式颁布，其中第四十一条明确规定：有关机构依法履行国有资产监督管理职责时，按照干部管理权限开展的经济责任审计，参照本规定组织实施。部门和单位可以根据本规定，制定内部管理领导干部经济责任审计的规定。2011年8月，中国内部审计协会发布了《企业内部经济责任审计指南》，从内部经济责任审计对象、范围、组织结构、内容、程序、评价以及结果运用等方面做了详细的说明，具有很强的指导性和操作性。特别是审计内容，涵盖了经济责任审计的方方面面。在审计实务中可以对这些内容按其时间性以及涉及的部门进行立体细分，使经济责任审计不再是单一、静止的审计，而是一个以审计内容为主轴、以"时间轴"和"部门轴"为辅轴，由不同模块组成的"三维立体"审计。

一、内部控制制度的健全性、适当性和有效性

内部控制制度可以综合反映出一个企业的管理水平和企业领导人员的管理能力。作为内部审计机构，关注内部控制，查找管理薄弱点，是有效促进企业加强管理的手段。重点应对领导人员任职期间单位内部环境、风险评估、控制活动、信息与沟通、内部监督等各项管理制度的建立和执行情况进行审计。此部分内容既要作为审前调查的一项内容，又要作为符合性测试内容。通过审前调查评估重要性水平和审计风险，为有针对性的制订审计方案，有效实施审计做好审前准备。通过符合性测试，确定领导人员任职期间内控制度的健全性、适当性和有效性。

二、任职期间财务状况变动情况

此部分审计内容是经济责任审计的一项特有内容，应在审前调查或实

施审计的初始阶段进行。主要是对企业领导人员接离任时资产、负债、所有者权益状况进行对比计算，确认变动金额，分析变动原因。通过对比分析，判断资产、负债、所有者权益总体变动的合理性，对变动异常的项目实施重点审计。

在确认企业领导人员接任时资产、负债及所有者权益数据时，对离任者的前任领导人员开展经济责任审计的，接任时点数据以前任领导人员离任经济责任审计调整后的资产负债表数据为准。没有开展离任经济责任审计的，接任时点数据参考接任当月月末单位会计报表数据，当有明确证据证明接任时单位会计报表不真实的，审计人员可依法进行调整确认。

企业领导人员离任时企业资产、负债及所有者权益数据则以被审计领导人员离任当月月末资产负债表数据为准。

三、财务收支的真实性、合法性、效益性

两办《规定》中明确规定，经济责任审计是以领导干部任职期间本地区、本部门（系统）、本单位财政收支、财务收支以及有关经济活动的真实、合法和效益为基础。也就是说在对国有企业领导人员实施经济责任审计时，应将企业领导人员所在企业资产、负债、损益作为常规的审计实施项点进行重点审计，这也充分体现了经济责任审计是以财务收支审计为基础的理论内涵。同时在审计实施过程中，要结合所发现问题的性质，明确领导人员应承担的经济责任。

（一）财务收支的真实性是指企业领导人员任职期间会计核算是否准确，经营成果是否真实、完整，账实是否相符，合并会计报表范围是否完整等。主要内容包括：

1. 企业财务会计核算是否准确、真实，是否存在财务状况和经营成果不实的问题；

2. 企业财务报表的合并范围、方法、内容和编报是否符合规定，是否存在故意编造虚假财务报表等问题；

3. 企业会计账簿记录与实物、款项和有关资料是否相符；

4. 企业采用的会计确认标准或计量方法是否正确，有无随意变更或者滥用会计估计和会计政策，故意编造虚假利润等问题。

（二）财务收支的合法性是指企业领导人员任职期间企业的财务收支

管理是否符合国家有关规定，会计核算是否符合国家有关财务会计制度。主要内容包括：

1. 企业收入、成本费用的确认和核算是否符合有关规定，有无公款私存、私设"小金库"，以及虚列、多列、不列或者少列收入及成本费用等问题；

2. 企业资产、负债、所有者权益的确认和核算是否符合有关规定，有无随意改变确认标准或计量方法，以及虚列、多列、不列或者少列资产、负债、所有者权益等问题；

3. 企业会计账簿记录与实物、款项和有关资料是否相符，有无存在账外资产、有账无物等问题。

（三）财务收支的效益性是指企业领导人员任职期间系统主管部门下达的经营业绩考核指标完成情况，以及反映企业盈利能力状况、资产质量状况、债务风险状况、经营增长状况等方面的财务绩效评价指标完成情况。

1. 经营业绩考核是国有资产管理部门为切实履行国有资产出资人职责，维护所有者权益，落实国有资产保值增值责任，而建立的一种激励和约束机制。经营业绩考核由履行国有资产出资人职责的部门对其管辖的国家出资企业负责人进行考核。

2010年1月1日起施行的《中央企业负责人经营业绩考核暂行办法》中将经营业绩考核分为年度经营业绩考核和任期经营业绩考核两种，分别由国有资产管理部门与国家出资企业负责人签订经营业绩责任书，并在责任书中明确具体的考核指标。年度经营业绩考核包括利润总额、经济增加值两个基本考核指标；任期经营业绩考核包括国有资本保值增值率、主营业务收入平均增长率两个基本考核指标。分类指标则根据企业所处行业特点在经营业绩责任书中进行明确。审计人员在实施审计过程中可根据企业领导人员与系统主管部门签订的经营业绩责任书中确定的指标进行计算分析或利用已有年度的考核结果。

2. 财务绩效评价是指以投入产出分析为基本方法，通过建立综合评价指标体系，对照相应行业评价标准，对企业特定经营期间的盈利能力、资产质量、债务风险、经营增长以及管理状况等进行的综合评判。

（1）盈利能力状况审计。主要通过资本及资产报酬水平、成本费用控制水平和经营现金流量状况等反映企业盈利能力的财务指标，审查企业领导人员在任职期间企业的投入产出水平和盈利能力。可参考指标包括：净资产收益率、总资产报酬率、销售（营业）利润率、成本费用利润率等。

（2）资产质量状况审计。主要通过资产周转速度、资产运行状态、资产结构以及资产有效性等方面的财务指标，审查企业领导人员在任职期间企业占用经济资源的利用效率、资产管理水平与资产的安全性。可参考指标包括：总资产周转率、应收账款周转率、不良资产比率、资产现金回收率等。

（3）债务风险状况审计。主要通过债务负担水平、资产负债结构、或有负债情况、现金偿债能力等方面的财务指标，审查企业领导人员在任职期间企业的债务水平、偿债能力及其面临的债务风险。可参考指标包括：资产负债率、速动比率、现金流动负债比率、带息负债比率、或有负债比率等。

（4）经营增长状况审计。主要通过市场拓展、资本积累、效益增长以及技术投入等方面的财务指标，审查企业领导人员在任职期间企业的经营增长水平、资本增值状况及持续发展能力。可参考指标包括：销售（营业）增长率、资本保值增值率、任期年均资本增长率、销售（营业）利润增长率、总资产增长率等。

四、任职期末资产、负债、所有者权益的确认

企业在持续经营的情况下，企业领导人员更迭，必然涉及对企业资产、负债及所有者权益的交接。经济责任审计要对审计时点企业资产、负债及所有者权益情况进行确认，评估正常类、风险类、损失类、虚假类资产，确认正常类、虚假类、无法支付类债务，认定所有者权益各项目组成的真实性和合法性。同时要根据审计确认结果分别做出不同的处理，对资产进行风险评估后，要明确落实债权债务的清理责任和损失浪费的经济赔偿责任。

五、任职期间重大经营决策的合规性、科学性和效益性

合规性是指决策事项是否合规合法，决策事项是否在决策权限范围内、决策程序是否符合规定等。

科学性是指决策事项是否运用科学方法，是否履行科学程序，决策是否符合经济和社会发展规律，是否符合国家和企业发展需要。

效益性是指决策事项是否得到有效落实，是否取得预期效益。

经济责任审计要突出对此部分内容的审计，通过对重大经营事项的合规性、科学性、效益性的审查，确认决策规则和程序是否建立健全，经济决策方案是否得到良好的执行以及执行的结果是否达到决策目标要求，监督和评价领导人员是否能采取有效措施化解经济风险，避免决策失误，确保资产运营安全和国有资产的保值增值。

六、被审计领导人员遵守财经法纪及有关廉政规定情况

经济责任审计将被审计领导人员任职期间个人遵守财经法纪及有关廉政规定情况作为一项审计内容。主要审查企业内管干部有无违反国家法律法规和廉政纪律，以权谋私，贪污、挪用、私分公款，转移国家资财，行贿受贿和挥霍浪费等行为，监督领导人员有无滥用职权导致国有资产严重受损及侵占国有资产行为，评价领导人员廉洁自律情况。

七、被审计领导人员贯彻落实科学发展观情况

经济责任审计以促进领导干部推动本企业科学发展为目标，将检查领导人员任期内贯彻落实科学发展及有关经济工作方针部署情况作为一项审计内容。重点检查领导人员在企业战略管理、发展创新、人力资源和社会贡献方面贯彻落实科学发展观情况。

八、前任领导人员遗留问题清理情况

经济责任审计，不仅审计领导人员任职期间发生的经济业务，对其前任领导人员遗留问题的清理情况也要进行审计。所谓前任领导人员是指离任领导人员之前的领导者，可能是前一任也可能是前几任。虽然有些经济事项不是离任者任职期间形成的，但他属承接者，对承接的责任是怎么履行的，应该作为经济责任审计的一个重要项点。通过对前任领导人员遗留问题进行审计，检查被审计领导者在任职期间是否履行承接责任对遗留事

项进行积极清理,有无不清理造成损失浪费等行为。

九、领导人员任职期末重大未完经济事项情况

重大未完经济事项是指过去发生的交易或事项暂未完结可能引起未来现金流入或流出,主要包括借款、担保、抵押、未决诉讼、重大未完合同、或有事项及审计组认定需要披露的其他事项等。领导人员离任经济责任审计要对任职期末重大未完经济事项进行重点审计,通过对领导人员任职期末重大未完经济事项及未完原因进行检查,监督、鉴证领导人员任职期末重大未完经济事项的合法、合规性。对正常类的重大未完经济事项要在审计报告中一一列举,并明确责任承接者,对风险类的重大未完经济事项要依照重大未完经济事项的性质在确责后明确责任承接,对损失类的重大未完经济事项要按有关规定进行处理。通过对未完经济事项的审计,增强责任承接者对重大未完经济事项的重视,督促其采取措施积极清理和落实,防止发生损失和风险。

第三节 建立经济责任承接机制

当前,大部分企业经济责任审计实践仍然以离任审计为主,多数公司内部任中审计尚未开展,还有一些公司审计程序不规范,存在"先任后审"的逆程序做法,审计结论作为干部任用依据的作用实际无从发挥。一些单位没有一套完善的审计程序,有的从接到通知到提交报告一两天时间就完成一个离任审计项目,有的干脆非现场完成审计全过程,审计质量令人担忧。尤其是对于企业跨任期的投资、借款、担保、债权和债务,尽管是由离任者在任职期间形成的,但已既成事实,接任者在上任时,已作为其应承担的经济责任内容自然过渡到接任者身上,接任者必须对这些投资、借款、担保、债权和债务承担起相应的管理和偿付责任,不应以任何借口进行推卸。但在以往经济责任审计中,却经常出现"新官不理旧账,旧官一走了之"的情况,给企业造成无法挽回的经济损失或面临严峻的经营风险。当需要追究有关人员责任时,前后任间又会相互推诿,以种种借口推卸责任,致使问责追责工作难以实施。

导致这些问题出现的主要原因之一是目前尚未形成一套完善的前后任

领导人员工作交接管理制度，在制度层面上缺少对交接事项、后续责任、责任追究等进行相应的明确。从而造成企业领导人员发生更迭时，前后任领导人员不知道该交接什么，怎么交接。甚至有的只是办理了口头上的交接，没有形成书面文件，以至出现问题后根本找不到书面凭据证明是否办理了交接手续。原因之二是目前在企业领导人员办理交接过程中，应由哪些部门参与，应尽的职责尚不明确。尤其对企业资产、负债、所有者权益，以及重大未完经济事项的确认，没有明确应由哪个部门进行评估。接任者由于对所在企业财务状况缺少了解，无法在短期内确定工作重点，以至错过对前任形成的投资、借款、担保、债权和债务进行管理和清偿的最佳时机，给企业造成不必要的经济损失。

课题组认为，内部审计机构作为企业内设的经济监督部门，应该在实施经济责任审计过程中，对需要明确后续管理和清偿责任的资产、负债、所有者权益，以及企业重大未完经济事项进行风险评估和真实性、合法性确认。根据审计确认结果明确划分离任者与接任者的相应责任，为企业建立起一条前任、现任、后任经济责任的承接链条，帮助接任者尽快了解企业现状，明确应承担的相应责任，积极采取应对措施解决企业在经营管理中存在的问题，减少由于责任不清而给企业造成的经济损失，同时也为日后出现问题时定责、确责、问责奠定基础。

一、任职期末资产、负债及所有者权益的责任承接

任职期末资产、负债及所有者权益的责任承接应建立在审计评估确认的基础上，对正常类资产、负债及所有者权益，应在审计报告中明确由接任者承接责任，并在以后审计时，跟踪检查接任者承接责任履行情况，发现由于接任者不履行承接责任而造成损失的，按有关规定追究接任者责任。对风险类资产、负债及所有者权益，在确凿的证据下，应进一步划分风险级别。根据风险的性质，确定是由接任者承接责任，还是由离任者继续清理等不同的处理方式。不论哪一种处理方式，审计人员必须进行责任界定，在取得接任者和离任者认可的情况下，明确责任承接。对损失类或虚假类资产、负债及所有者权益，按照规定做出相应处理。

二、前任领导人员遗留问题的责任承接

在对离任领导人员进行经济责任审计过程中，如果任职期末存在前任领导人员遗留问题尚未清理完毕情况，审计人员在对遗留问题清理情况进行审计的基础上，要根据审计结果作出处理和确定责任承接人。属于被审计领导者在任职期间没有履行职责而未清理完毕的，根据情况可要求其继续负责清理，造成损失的按有关规定进行责任追究，也可在对其进行处罚的同时要求其协助接任领导人员进行清理，后续责任主体将变更为接任领导者。属于正常原因未清理完毕的，由接任者承接责任，继续清理。当然，具体情况具体对待，但无论采取什么方式，经济责任审计必须对前任领导人员遗留问题的清理要确定责任承接。

三、领导人员任职期末重大未完经济事项的责任承接

在对企业领导人员任职期末重大未完经济事项进行审计确认的基础上，在审计报告中对重大未完经济事项进行列示，同时必须明确责任承接。确认是由接任者进行承接还是由离任者负责清理到底，或是由接任者和离任者共同承接责任，发生损失将共同追究责任等不同的处理方式。

因为责任承接是对承接者不履责行为进行责任追究的依据，审计人员必须谨慎对待。对上述任何一项责任的承接必须向承接者讲清政策，让承接者认识到责任承接的重要性。审计确认结果要与前任领导人员、离任者、接任者进行沟通确认，达成共识。需要与有关部门沟通和报经领导批准的责任界定和责任追究问题，也要在审计中做好沟通和履行相应审批程序。对需要建立责任承接的业务和事项，在审计报告和审计决定中以"本次审计发现需明确责任承接的后续问题"单独作为一项内容以正式文书下达。

企业应当规范审计程序和审计结果的运用，将审计结果作为考核、任免、奖惩管理干部的重要依据，充分发挥经济责任审计经济问责作用，提高组织的业绩管理水平。一方面，通过经济责任审计依法实施有效问责，促使管理层增强遵纪守法意识和自我约束能力，预防和治理腐败，忠于受托管理责任，正确行使手中的受托权力；另一方面，通过经济责任审计引

导管理层树立科学发展观和正确的政绩观,促进激励机制建设,完善业绩管理,促进经营管理者为提高公司长远绩效而努力,从而提高企业的运营效率。

第三章　企业经济责任审计程序

企业经济责任审计程序与常规财务收支审计程序并无区别，也包括审计准备、审计实施和审计终结等三个阶段，但每个阶段的具体工作差别很大。研究企业经济责任审计的程序，对于全面做好经济责任审计工作具有非常重要的意义。

第一节　企业经济责任审计的准备阶段

审计的准备阶段，也就是常说的审前准备，主要是指审计机构在对某个单位具体实施审计工作前所做的各项准备工作。企业经济责任审计准备阶段主要是指审计机构根据年度审计工作计划安排或接受人事部门委托，在对企业领导人员实施经济责任审计前所做的各项准备工作。具体工作包括：审计立项、编制审计指导方案、确定审计组、开展审前调查、编制审计实施方案、制发审计通知书等。

一、审计立项

企业内部审计机构开展的经济责任审计，在审计立项上主要依据年度审计工作计划、人事部门委托或企业主管领导要求等。审计机构在制订年度审计工作计划时，应与人事部门进行沟通，将年度内拟开展任中经济责任审计和离任经济责任审计的企业纳入年度审计工作计划。对因工作需要临时调整岗位离职的企业领导人员开展离任经济责任审计，应由人事部门出具委托书。企业改组改制或经营亏损等特殊原因需要对企业领导人员开展专项经济责任审计时，应依据审计机构主管领导批示进行审计立项。

二、编制审计指导方案

经济责任审计指导方案是由审计机构编制的用于规范实施经济责任审计项目的指导性工作方案。内部审计机构应根据所属企业的行业特点，有针对性的编制经济责任审计指导方案，对经济责任审计项目实施的全过程进行规范说明。指导方案主要包括审计依据、审计对象、审计范围、准备工作、审计内容与重点、审计组织与分工、审计结果与报告。其中准备工作主要有收集相关法规、规章；收集企业领导人员任期内历次接受审计的结论性报告；学习与被审计单位有关的管理制度；与被审计单位沟通，了解企业基本情况；与纪委、财务及企业业务主管部门沟通，收集与被审计单位有关的资料。

三、确定审计组

经济责任审计项目立项后，审计机构应根据被审计单位行业特点，选派具有相关工作经验和专业知识的人员组成审计组，并根据被审计单位的规模、性质和审计项目的紧急程度，确定适当的审计时间。

四、审前调查

审计组在完成资料收集、规章制度学习等准备工作后，应着手开展审前调查。由于内部审计机构对所属企业已实现常态化的经济监督，与外部审计相比更加了解所属企业的情况。对于规模较小的企业一般不需要进行审前调查，可根据审计机构掌握的情况直接编制审计实施方案，开展审计工作。对于集团化的企业，在实施经济责任审计前，需要先进行审前调查，了解被审计单位的基本情况，对企业内部控制制度进行初步测试，比较分析企业领导人员任职期初和期末资产、负债及所有者权益变动状况，经过初步分析性复核，确定审计重点。审前调查主要包括以下内容：

（一）所在企业的历史沿革、机构设置、人员编制、经营范围、财务状况、财务和业务管理体制、关联方关系等；

（二）企业内管干部的职责范围和分管工作；

（三）经营环境，如国家宏观经济环境、产业政策、经营风险、行业现状和发展趋势等；

（四）相关法律法规、政策，特定的会计、税收、外汇、贸易等惯例的要求及执行情况；

（五）所在企业适用的业绩指标体系以及业绩评价情况；

（六）所在企业内部控制建立健全及执行情况；

（七）以前年度接受审计、监管、检查及其整改情况；

（八）内部组织人事、纪检监察等部门掌握的企业内管干部遵守廉洁从业规定等方面的情况；

（九）信息系统及其电子数据；

（十）其他需要了解的情况。

五、编制审计实施方案

审前调查结束后，审计组应根据国家有关法律法规、政策，企业内部有关规定和审前调查的情况，按照重要性和谨慎性原则，在评估风险的基础上，围绕审计目标确定审计的范围、内容、方法和步骤，编制审计实施方案。主要包括以下内容：

（一）编制依据；

（二）企业内管干部所在企业的名称和基本情况；

（三）审计目标、审计范围、审计期间；

（四）审计内容、重点、方法及具体实施步骤；

（五）计划审计工作起讫日期；

（六）重要性水平及对审计风险的评估；

（七）审计组组长、审计组成员及其分工；

（八）各阶段审计工作计划时间；

（九）审计质量控制措施；

（十）编制单位、日期；

（十一）其他有关内容。

六、制发审计通知书

审计组在进入被审计单位实施审计前，应向企业领导人员及其所在企业送达审计通知书。审计通知书内容主要有审计依据、审计起始时间、审计范围、需要被审计单位提供的资料及审计组成员组成等。

第二节 企业经济责任审计的实施阶段

在经济责任审计实施阶段，要紧紧围绕审计目标，根据审计指导方案和经批准的审计实施方案，开展审计查证和内控制度测试，对审计结果进行分析，确认企业领导人员应承担的经济责任，并计算审计评价指标，对企业领导人员任职期间经济责任履行情况做出客观评价。该阶段的工作主要包括以下内容：

一、召开审计组进点会议

审计组进驻被审计单位后，召开由被审计领导人员、所在企业相关高层管理人员、部分中层管理人员及职工代表参加的进点会议，安排与审计工作有关的事项，听取被审计领导人员就其任职期间履行经济责任情况的述职。

二、进行审前公示

为取得企业领导人员所在企业职工的配合，以及监督审计人员严格执行审计工作纪律，审计组在实施审计工作前，应在企业办公场所张贴《公示》，说明审计的依据、被审计人、审计工作起始时间、审计范围等信息，同时公布审计组的联系方式。

三、实施内部控制测试

实施内部控制测试，主要目的是检查企业内部控制制度是否建立健全，是否能够有效地执行，在评估控制风险的基础上确定能在多大程度上依赖企业的内部控制。在对企业内部控制的健全性和有效性进行测试时，可采用文字表述、流程图和测评表等方法。测试时，可以任选一种方法，也可以几种方法同时并用。

具体实施以下审计程序：

（1）根据内部控制测试方案，选取要测试的控制环节或业务循环；

（2）检查被审计企业内部控制执行情况，获取控制测试证据；

（3）记录并评价内部控制测试结果；

（4）评价内部控制风险，确定可以在多大程度上信赖企业内部控制，进而决定实质性测试的范围和程度。

四、开展财务收支审查

根据内部控制测试结果及审计实施方案确定的审计重点内容，对企业经营结果的真实性和财务收支的合法性进行审查。对审计发现的问题要查清责任人，确定企业领导人员应承担的经济责任，从而为评价企业领导人员的经济责任履行情况打下基础。具体实施以下审计程序：

（1）根据审计实施方案和内部控制测试结果确定审计重点；

（2）收集被审计单位相关的资料；

（3）审查有关会计账户和会计报表；

（4）编制审计工作底稿；

（5）确定企业领导人员应承担的经济责任。

五、分析经营指标完成情况

在检查系统主管部门下达的经营业绩考核指标完成情况时，审计人员应对考核部门提供的各年度考核结果进行复核，对企业存在的影响考核结果的事项应予以调整，不能照抄照搬。在计算分析企业财务绩效考核指标时，应将企业各年度反映企业盈利能力状况、资产质量状况、债务风险状况、经营增长状况等方面指标实际完成值分别与国家颁布的各年度行业标准值进行对比。

六、企业重大经营决策和重大未完经济事项调查

对企业重大经营决策进行调查时，首先应查阅企业制定的重大经营决策管理办法，了解企业重大经营决策范围，然后收集领导人员任职期间重大经营决策事项相关资料，检查决策程序是否合规，决策事项是否科学、合理，决策事项是否得到有效落实。

企业领导人员任职期末企业重大未完经济事项可以采取询问、谈话、

查阅会计账簿等方式，检查企业是否存在未决诉讼、在建工程、未完大额经济合同等事项，评估存在的风险，明确接任、离任领导人员对后续问题进行跟踪处理的责任。

七、企业领导人员遵守财经法纪及有关廉政规定情况调查

此项调查主要通过向纪委、组织人事部门了解企业领导人员任职期间是否存在个人违反财经法纪及有关廉政规定情况，也可以通过与企业职工谈话、设立举报电报等方式了解相关情况。

八、确认企业领导人员任职期末企业资产、负债及所有者权益状况

在确认企业领导人员任职期末企业资产、负债及所有者权益状况时，先根据审计查证结果对企业领导人员任职期末资产负债表各项进行调整，然后由接任者、离任者及财务和相关业务人员对资产负债表各项明细进行分类和确认，划分正常类、风险类、损失类、虚假类资产，确认正常类、虚假类、无法支付类债务，认定所有者权益各项目组成的真实性和合法性。在被审计单位分类确认的基础上，再由审计人员对企业资产、负债及所有者权益各项进行评估。根据评估结果，对正常类和风险类资产、负债及所有者权益项目指定相应的清理责任人，同时对由于管理不善或清理不积极造成损失的后果进行警示。对损失类、虚假类资产、负债及所有者权益项目认定相关责任人，并依法做出处理。

九、编制审计工作底稿

按照审计实施方案中的人员分工，审计人员应对负责查证的审计内容编制审计综合底稿，详细记录查阅的资料、审计方法、发现的问题等。对审计过程中发现的违纪违规问题和管理问题应单独编制审计工作底稿，经审计组成员集体讨论后交由被审计单位征求意见。审计工作底稿中的问题定性要准确、简明，事实叙述要逻辑关系清晰、语言通俗易懂、责任人员明确；法规引用要恰当、准确；处理建议要合规、可行。

十、分析计算审计评价指标

根据审计查证结果和收集的相关资料分析计算单项审计评价指标，然后再根据单项审计评价指标计算结果汇总计算综合评价类别，依此确定企业领导人员任职期间履行经济责任情况。

十一、撰写经济责任审计报告征求意见稿

在审计实施阶段所有审计查证事项完成后，根据审计结果撰写经济责任审计报告，并经审计组集体讨论后征求企业领导人员及所在企业意见。对企业领导人员及所在企业提出的异议，应根据情况给予答复或重新开展调查。

第三节　企业经济责任审计的终结阶段

企业经济责任审计终结阶段主要是审计组撤离被审计单位以后开展的收尾工作，以及审计机构对审计项目实施情况进行复核、报告、后续跟踪落实等工作。审计终结阶段一般需要完成以下工作：

1. 审计组向审计机构提交经济责任审计报告征求意见稿，以及企业领导人员和所在企业的回复意见。对企业领导人员和所在企业提出的异议，审计组重新开展调查的，应一并提交调查结果报告。

2. 审计复核部门复核审计组提交的审计报告征求意见稿，向审计组出具复核意见。审计组与复核部门进行沟通，并提交回复意见。

3. 审计机构审定经复核的审计报告征求意见稿，形成正式的经济责任审计报告，报请审计主管领导批准。

4. 审计机构根据主管领导批示，向委托部门提交关于被审计单位领导人员任期经济责任审计结果报告，同时送达企业领导人员本人。

5. 审计机构向被审计单位下达审计决定和结论，并要求其在规定时限将问题整改落实情况报送审计机构。

6. 审计机构将审核后的被审计单位问题整改落实情况报告交审计组。审计组归集整理审计档案，审清卷立。

第四章 企业经济责任审计评价

企业经济责任审计评价是指审计人员按照经济责任审计实施方案所确定审计内容实施审计后,对企业领导人员任职期间履行经济责任情况进行的系统评判和责任界定。它是企业经济责任审计的关键所在,只有对企业领导人员的履职情况进行系统的、全面的、客观的评价,经济责任审计才有它存在的价值。

第一节 审计评价的原则和范围

由于企业经济责任审计的对象是特定的人,审计评价结论关系到企业领导人员的名誉和前途,也关系到审计机构的风险,经济责任审计评价必须做到实事求是、客观公正,要能全面、真实地反映企业领导人员的履职情况。

一、审计评价的原则

(一) 客观公正原则

客观公正原则是指以事实为依据,不受外界任何影响,不附加任何主观成分,依据审计结果做出客观公正的评价。要围绕企业领导人员任职期间的经营目标和管理责任,多方位、多角度地看问题,实事求是地反映影响企业经营结果的主客观因素,以客观公正的态度进行审计评价。

(二) 谨慎原则

经济责任审计评价应持有稳健、谨慎的态度,对超出经济责任审计范围、审计证据不足的事项不评价,对责任不清、评价依据不充分的不评价。在进行审计评价时,用语要准确、规范,切忌使用夸张或鉴定式词句。

（三）重要性原则

审计评价时要把握重点，对与经济责任履行有重要影响的经济事项应当进行评价。审计评价不可面面俱到，应根据审计事项的严重程度和金额大小来选择评价的重点。

（四）定量与定性分析相结合原则

经济责任审计评价中，应针对审计评价事项设计量化的评价指标，尽可能用数字来说明。通过量化的评价指标计算结果，转化成定性评价结论，减少审计人员因主观判断的随意性。

（五）责权对等原则

经济责任审计一定要围绕企业领导人员的经济责任进行评价。在评价经济责任履行情况时，应考虑客观环境的变化，分清前任责任与现任责任的界限；直接责任和间接责任的界限；主观责任和客观责任的界限；错误与舞弊责任的界限；集体责任与个人责任的界限。

二、审计评价的范围

企业经济责任审计评价范围，既要包括对企业领导人员所在企业的评价，又要包括对企业领导人员本人的评价。评价事项应限定在企业领导人员职权范围内的经济责任事项，并且是已查明的事项。不能任意扩大评价范围，更不能避重就轻，或以点代面任意缩小评价范围。

第二节　审计评价的内容

审计评价的内容应围绕审计查证事项进行，对未经查证或审计证据不足的经济事项，审计人员不能进行审计评价。课题组认为，审计评价的主要内容包括：

一、内控制度的健全性、适当性和有效性评价

建立完善的内部控制制度体系是体现企业领导人员管理能力和管理水

平的一项重要标志，也是国有企业领导人员的重要责任之一。通过对企业领导人员任职期间企业内部环境、风险评估、控制活动、信息与沟通、内部监督等方面的检查测试，评价企业领导人员任职期间是否依据国家的方针政策和法律法规，建立了一套行之有效的内部控制制度，并确保制度得到有效执行。

二、会计信息真实性评价

企业领导人员任职期间财务收支的真实性，是经济责任审计的基础审计内容。通过对企业领导人员任职期间影响会计信息真实性问题的检查和梳理，评价企业领导人员任职期间所在企业是否真实、完整地反映了企业的财务状况和经营结果。

三、企业依法经营评价

认真遵守财经纪律、严格按财务会计制度的规定进行核算，是对企业规范运作的基本要求。通过对企业领导人员任职期间经济监督部门检查发现的违纪违规问题、损失浪费问题的统计汇总，评价企业领导人员任职期间所在企业是否严格遵守会计法、企业会计制度、企业会计准则等相关法律法规和规章制度。

四、经营绩效指标评价

系统主管部门下达的经营业绩考核指标和企业财务绩效指标完成情况，是反映企业生产经营管理状况和经营成果的重要标准。通过分析计算各项经济指标完成情况，评价企业领导人员任职期间取得的工作业绩和效果。

五、重大经营决策的科学性和效益性评价

决策的科学性和民主性是经济运行可靠的保证，经营决策是否合规合法，是否科学有效，关系到企业的生存和发展。通过对企业领导人员任职期间重大经营决策的制定、决策程度和决策执行的检查，评价企业领导人员任职期间企业重大经营决策的科学性和效益性。

六、落实科学发展观情况评价

科学发展、协调发展是经济发展的内在要求，国有企业开展各项活动应当以促进本企业科学发展为目标，通过对企业领导人员任职期间在企业战略管理、发展创新、人力资源管理、社会贡献等方面工作的检查，评价企业领导人员任职期间是否贯彻落实科学发展，关注企业的社会责任。

七、个人廉洁自律评价

廉洁自律、遵章守法是对领导人员的起码要求。作为企业领导人员，不仅要对其所管辖经济组织内出现组织性违法违纪承担责任，而且自身也要做一个克己奉公、廉洁自律的典范。通过对企业领导人员任职期间有无侵占企业资产、挪用企业资金、损害企业利益等方面的调查，评价企业领导人员任职期间个人廉洁自律情况。

第三节　审计评价指标设计及评价标准

在经济责任审计中，如何能够客观公正地评价企业领导人员任职期间经济责任履行情况，一直是困扰审计人员的难点问题。尤其在量化评价指标上，由于缺少法律依据和相应的评判标准，多年来尚未形成一套行之有效的审计评价指标体系，在一定程度上影响了企业经济责任审计的效果。课题组在总结以往审计实践的基础上，借鉴了理论界好的经验，归纳形成了一套由内部控制、会计信息、依法经营、经营绩效、经营决策、科学发展、廉洁自律等七个单项量化评价指标构成的审计评价指标体系。

一、审计评价指标体系的定义及构成

企业经济责任审计评价指标是审计人员为了准确评价企业领导人员任期经济责任，在审计过程中，通过数理计算方式取得的综合反映企业领导人员任期内总体或某一方面经济活动的数量、质量情况的概括性数据。在此基础上建立的由一系列相互联系的指标构成的整体，称为企业经济责任审计评价指标体系。

根据前述审计评价内容,课题组设计了内部控制、会计信息、依法经营、经营绩效、经营决策、科学发展、廉洁自律等七个单项评价指标,由这七个单项评价指标组成企业经济责任审计评价指标体系。

二、审计评价指标的总体设计思路

为完整地反映审计评价指标的计算和实现从量化计算到得出定性评价结论的转换过程,应针对每个单项评价指标设计一个指标计算表。在每个单项指标计算表中设定指标计算的分解项点,记录审计查证和统计分析结果,再设定量化分类标准,将审计查证和统计分析结果划分成四类,然后再对应每个类别确定定性评价标准,这样就可以通过单项评价指标的评定类别得出该项指标的定性评价结论。

企业领导人员任职期间经济责任履行情况的综合评价结论是根据七个单项评价指标的评价结果计算得出。首先对每个单项评价指标设定一个权重,七个单项评价指标权重之和为1,然后将每个单项评价指标的评定类别与其所属权重相乘,得出的乘积加总后即为综合评定类别,最后根据综合评定类别对应的定性评价标准,得出企业领导人员任职期间经济责任履行情况的综合评价结论,即一类为很好地履行了经济责任;二类为较好地履行了经济责任;三类为基本上履行了经济责任;四类为没有有效地履行经济责任。

三、单项评价指标的设计

目前确定的单项指标分类标准是根据审计调研系统所管辖单位的性质、特点,在总结多年审计实践经验的基础上,经过多次反复测试而制定的。各单项指标分类标准均分四个类别。考虑到企业可能存在性质特别严重的违纪违规问题,在部分指标的分类标准中加入了修正条件。单项指标分类标准应随着经济体制的改革发展和企业的日益规范定期进行调整,但一段时间内应保持相对固定。

(一) 内控制度评价指标

为测评企业内部控制制度的健全性和有效性,课题组设计了内控制度调查测试表(见表1-1)。该表从控制环境、风险评估、控制活动、信息与沟通、内部控制监督等五个方面，制定了 27 个测试项点，对企业应该建立的相关管理制度和应该控制的各关键环节点进行测试。

1. 评价方法

本表以调查问卷的方式由被审计单位填报，审计人员根据填报情况进行符合性测试，然后根据测试结果，计算内控制度测评得分，对照分类标准确定审计评定的类别。

审计人员在实际应用时，可根据被审计单位的特点自行增加调查项点，但不能减少测试项点。对不适用的项点，被审计单位只需在调查表中"不适用"栏划√即可。避免审计人员通过减少测试项点而掩盖被审计单位内部控制制度不健全和未有效执行的可能。

2. 分值计算

表中每个测试项点的基础分值为 1 分，不适用项点不计算基础分。根据测试结果，符合要求的得 1 分，不符合的不得分。计算公式：

内控制度测评得分 = 100 ÷ 适用项点 × 有效项点

适用项点是指调查测试的内容对被审计单位是否适用。

有效项点是指经过调查测试，相关制度健全、能够有效执行的调查项点，不健全或不执行的均属无效。

3. 分类标准

I 类评定得分在 90 分及以上；II 类评定得分在 75 分及以上不足 90 分；III 类评定得分在 60 分及以上不足 75 分；IV 类评定得分在 60 分以下。发现"小金库"、个人经济问题、国有资产流失等性质严重问题，在确定的分类标准基础上下调一个类别。

4. 定性评价标准

I 类为内控制度健全有效；II 类为内控制度比较健全有效；III 类为内控制度基本健全有效；IV 类为内控制度失效。根据定性评价标准，审计人员应做出"XX 同志任职期间建立、修订、完善了 XXXX 等 X 项内控制度，经对内部控制制度的健全性和有效性进行测试，该单位内部控制制度健全有效（比较健全有效、基本健全有效、失效）"的定性评价结论。

（二）会计信息真实性评价指标

为反映企业会计信息的真实性，课题组设计了会计信息失真率计算表

（见表 1 - 5）。该表通过计算资产、负债、所有者权益、收入、成本费用等 5 个要素年平均会计信息失真率，综合反映企业年平均会计信息的真实情况。因为利润是收入和成本相抵后的结果并最终体现在所有者权益项目中，所以没有将利润作为综合计算年平均会计信息失真率的单项指标。

1. 评价方法

首先统计计算 5 个单项要素年平均会计信息失真金额和年平均审计金额，计算得出单项要素年平均会计信息失真率，乘以对应的权重后，加总计算得出企业年平均会计信息失真率。其次根据计算结果，对照分类标准确定审计评定的类别。

2. 指标计算

会计信息失真率的计算过程相对复杂，本课题采取以年平均会计信息失真率作为对企业会计信息真实情况的评价，使企业间在会计信息是否真实方面具有可比性。同时也避免由于领导人员任职年限长短不同，用会计信息失真的总金额与审计总金额直接进行比较计算的会计信息失真率差异较大，对领导人员评价有失公允的现象。

（1）年平均会计信息失真金额的计算

为统计计算年平均会计信息失真金额，课题组设计了企业会计信息失真金额统计表（见表 1 - 2）。

表中失真金额是指领导人员任职期间各级经济监督部门发现的导致企业会计信息失真的金额。在统计计算时需注意三点：一是任职期间各级经济监督部门发现的所有问题。不仅包括本次审计，还包括离任者任期内历次经济监督部门发现的问题。二是对审计中发现调整以前年度损益事项金额，要根据问题的性质分析填入收入或成本费用项下。三是为保证该表在填列完成后，有效校验借方调整合计与贷方调整合计的一致性，在填列该表调整账项金额时，如果是红字则以蓝字形式填入该项目的反方。计算公式：

年平均资产失真金额 = 资产失真金额 ÷ 任职年限

资产失真金额 = 资产借方调整额 + 资产贷方调整额

任职年限 = 任职月份合计 ÷ 12

年平均负债、所有者权益、收入和成本费用失真金额的计算公式同上。

(2) 年平均审计金额的计算

为统计计算年平均审计金额，课题组设计了任职期间审计金额统计表（见表1-4）和调整审计金额因素分析表（见表1-3）。

任职期间审计金额统计表中的审计金额是指各级经济监督部门实施检查的各会计要素总金额。在统计计算审计金额时需注意三点：一是资产、负债、所有者权益审计金额为领导人员任职期间各年末资产负债表和离任时点资产负债表中资产总额、负债总额及所有者权益总额的合计数。二是收入、成本费用审计金额为接任时点至离任时点收入、成本费用的账面累计发生额。三是必须根据领导人员任职期间历次检查发现的问题对各期会计报表数据进行调整。计算公式：

年平均资产审计金额 = $\sum$（各期资产总额 + 各期资产总额净调整额）÷ 提取的会计报表期数

资产总额净调整额 = 资产总额调增额 - 资产总额调减额

年平均负债、所有者权益审计金额计算公式与年平均资产审计金额计算公式相同。

年平均收入审计金额 = $\sum$（各期收入发生额 + 各期收入净调整额）÷ 任职年限

收入发生额 = 营业总收入 + 投资收益 + 营业外收入

收入净调整额 = 收入调增额 - 收入调减额

年平均成本费用审计金额 = $\sum$（各期成本费用发生额 + 各期成本费用净调整额）÷ 任职年限

成本费用发生额 = 营业总成本 + 营业外支出

领导人员任职期间历次检查发现的问题对各期会计报表的影响数通过调整审计金额因素分析表（见表1-3）进行填列和反映。填列此表时需把握的原则是，为真实准确地反映影响各期报表调整额，采用的是追溯调整法。如2010年审计发现影响2007年资产总额的问题要相应调整2007至2010年各期报表。此表即作为会计信息失真率计算表的基础数据来源，也是企业经营绩效指标计算的统计数据来源。

(3) 计算单项要素年平均会计信息失真率

年平均资产失真率 = 年平均资产失真金额 ÷ 年平均资产审计金额

年平均负债、所有者权益、收入、成本费用失真率计算公式同年平均资产失真率计算公式。

(4) 计算企业年平均会计信息失真率

计算各单项会计信息失真率后，乘以其对应的权重，汇总计算得出年综合平均会计信息失真率。依据重要性原则并结合审计工作实践，本课题将资产、成本费用失真率权重设为0.3，收入失真率权重设为0.2，负债和所有者权益失真率权重各为0.1。计算公式：

年平均会计信息失真率 = ∑（各单项会计信息失真率×权重）

3. 分类标准

Ⅰ类未发现会计信息失真；Ⅱ类综合会计信息失真率小于等于3%；Ⅲ类综合会计信息失真率大于3%小于等于6%；Ⅳ类综合会计信息失真率大于6%。发现"小金库"、个人经济问题、国有资产流失等性质严重问题，在确定的分类标准基础上下调一个类别。

4. 定性评价标准

Ⅰ类为会计信息真实；Ⅱ类为会计信息比较真实；Ⅲ类为会计信息基本真实；Ⅳ类为会计信息不真实。根据定性评价标准，审计人员应做出"经对XX同志任职期间各级经济监督部门发现的问题影响会计信息失真情况进行计算，审计认定，该单位会计报表真实（比较真实、基本真实、没有真实）的反映了企业财务状况和经营结果"的定性评价结论。

（三）依法经营评价指标

为评价企业依法经营情况，课题组设计了任职期间经济监督部门检查发现问题统计表（见表1-6）。该表通过对领导人员任职期间历次检查发现的问题进行统计计算，以年平均问题金额或年平均经济损失金额占年平均资产总额的比例作为评价领导人员任职期间企业依法经营情况。

1. 评价方法

将各级经济监督部门检查发现的问题及金额填入统计表，通过计算年平均问题金额或年平均经济损失金额占年平均资产总额的比例，对照分类标准评定该项指标类别。在统计计算该项指标时应注意以下三点：

（1）各级经济监督部门发现的所有属于离任领导人员任职期间发生的问题均计算在内。

（2）为解决任职年限长，问题相对多，任职年限短，问题相对少，而造成评价有失公平的现象，采取以年平均问题金额或年平均经济损失金额作为对该项指标计算和评价的依据。

（3）年平均资产总额取自计算年平均会计信息失真率时的年平均资产审计金额。

2. 指标计算

将表中问题金额和经济损失金额进行加总计算，再按任职年限计算得出年平均问题金额和年平均经济损失金额，除以年平均资产总额。（计算公式略）

3. 分类标准

Ⅰ类为没有发现问题；Ⅱ类为年平均问题金额占平均资产总额1%及以下或年平均经济损失金额占平均资产总额1‰及以下；Ⅲ类为年平均问题金额占平均资产总额1%以上3%及以下或年平均经济损失金额占平均资产总额1‰以上5‰及以下；Ⅳ类为年平均问题金额占平均资产总额3%以上、年平均经济损失金额占平均资产总额5‰以上。发现"小金库"、个人经济问题等性质严重问题，在确定的分类标准基础上下调一个类别。

4. 定性评价标准

Ⅰ类为财务收支合规合法；Ⅱ类为财务收支基本合规合法；Ⅲ类为存在较大违纪问题；Ⅳ类为财务收支未能做到合规合法，存在严重的违纪违规问题。对照定性评价标准，审计人员应做出"经对XX同志任职期间财务收支合规性、合法性进行审计，该单位能够认真遵守（基本遵守、没有认真遵守、严重违反）财经法纪，财务收支合规合法（基本合规合法、存在较大违纪问题、存在严重的违纪违规问题）"的定性评价结论。

（四）经营绩效评价指标

为反映企业经营绩效情况，课题组设计了企业经营绩效评价结果统计表（见表1-11）。该表通过统计计算系统主管部门下达的年度经营业绩考核指标完成情况和领导人员任职期间年度主要财务绩效指标在同行业中所处的水平情况，对领导人员任职期间经营绩效情况进行评价。

1. 年度经营业绩考核指标完成情况的统计计算

（1）计算方法。本课题设定的年度经营业绩考核指标以企业与系统主管部门签订的经营业绩责任书确定的单项指标为准。统计计算领导人员任职期间各完整会计年度经营业绩考核指标的实际完成数,并根据历次检查发现的问题对相关业绩考核指标进行调整后,与系统主管部门下达的计划数进行比较,计算出企业经营业绩完成情况得分。各年度经营业绩考核指标完成情况也可根据系统主管部门的考核结果分析确定。详见上级下达主要经营业绩考核指标完成情况统计表(见表1-7)。

(2)指标计算。表中每年单项考核指标基础分为1分,完成一项得1分,未完成不得分。计算公式:

经营业绩指标完成情况得分 = 100 ÷ 汇总基础分 × 汇总实得分

2. 年度财务绩效指标完成情况的统计计算

(1)计算方法。本课题设定的财务绩效定量评价指标及标准值参照国资委每年颁布的《企业绩效评价标准值》。该指标主要通过对领导人员任职期间各完整会计年度企业盈利能力状况、资产质量状况、债务风险状况和经营增长状况等四个方面八个财务分析指标的实际值与行业标准值进行比较,计算出各年度企业财务绩效完成情况得分。再将各年度得分加权平均得出领导人员任职期间财务绩效定量评价指标的综合得分。

(2)各年度财务基础数据统计

在计算各年度八个财务分析指标实际值之前,先将计算过程中需要用到的基础财务数据进行统计汇总。为便于统计计算,本课题设计了××年度财务基础数据表(见表1-8),表中的账面数据取自各年度会计报表,调整数据取自调整审计金额因素分析表(见表1-3)。此处不做详细介绍。

(3)各年度财务分析指标实际值计算

根据××年度财务基础数据表(见表1-8)中的数据,分别计算出各年度净资产收益率、总资产报酬率、总资产周转率、应收账款周转率、资产负债率、已获利息倍数、销售(营业)增长率、资本保值增值率等八个财务分析指标的实际值。计算公式:

净资产收益率 = 净利润 ÷ 平均净资产 × 100%

平均净资产 = (期初所有者权益 + 期末所有者权益) ÷ 2

总资产报酬率 = (利润总额 + 利息支出) ÷ 平均资产总额 × 100%

平均资产总额 = (期初资产总额 + 期末资产总额) ÷ 2

总资产周转率(次) = 主营业务收入净额 ÷ 平均资产总额

应收账款周转率(次) = 主营业务收入净额 ÷ 应收账款平均余额

应收账款平均余额 =（期初应收账款余额 + 期末应收账款余额）÷2

应收账款余额 = 应收账款净额 + 应收账款坏账准备

资产负债率 = 负债总额 ÷ 资产总额 ×100%

已获利息倍数 =（利润总额 + 利息支出）÷ 利息支出

销售（营业）增长率 =（本年主营业务收入总额 - 上年主营业务收入总额）÷ 上年主营业务收入总额 ×100%

资本保值增值率 = 扣除客观增减因素的年末国有资本及权益 ÷ 年初国有资本及权益 ×100%

(4) 财务分析指标行业标准值的选取

为便于对各年度八个财务分析指标的实际值与行业标准值分析比较，本课题设计了××年度主要财务指标与行业标准对照分析表（见表1-9）。在选取标准值之前，根据国资委《中央企业综合绩效评价实施细则》（国资发评价〔2006〕157号）规定，确定企业所属行业，然后根据国资委《关于在财务统计工作中执行新的企业规模划分标准的通知》（国资厅评价函〔2003〕327号）规定，确定企业规模。确定企业所属行业和规模后，参照国资委每年颁布的《企业绩效评价标准值》，选取与财务分析指标实际值对应的行业标准值，填入××年度主要财务指标与行业标准对照分析表（见表1-9）。行业标准值的确定以实际值居于上下两档标准值中较低等级一档。

(5) 各年度财务绩效完成情况得分计算

根据国资委《中央企业综合绩效评价实施细则》（国资发评价〔2006〕157号）规定，确定净资产收益率权数20，总资产报酬率权数14，总资产周转率权数10，应收账款周转率权数12，资产负债率权数12，已获利息倍数权数10，销售增长率权数12，资本保值增值率权数10。结合工作实践，取《企业绩效评价标准值》中前四档标准值，每档标准系数分别为1.0、0.8、0.6、0.4，当实际值低于第四档（较低值）时，不确定本档标准值，将本档标准系数定为0.2。

根据选取的行业标准值所属档次，确定标准系数后，乘以该指标权数，计算得出各财务分析指标完成情况得分，各年分别加总计算得出年度财务绩效完成情况得分。计算公式：

年度财务绩效完成情况得分 = $\sum$ 单项财务分析指标得分

财务分析指标得分 = 指标权数 × 本档标准系数

(6) 财务绩效完成情况综合得分计算

计算得出各年度财务绩效得分后,将分值填入财务绩效完成情况统计表(见表1-10),汇总计算得出企业财务绩效完成情况综合得分。

3. 企业经营绩效完成情况得分计算

在计算得出经营业绩完成情况得分和财务绩效完成情况得分后,乘以其对应的权重,加总计算得出企业经营绩效完成情况得分。为体现系统主管部门下达的经营业绩考核指标更具有客观性和符合企业实际,本文将经营业绩考核指标完成情况的权重设为0.6,将财务绩效指标完成情况的权重设为0.4。计算公式:

经营绩效完成情况得分 = $\sum$(经营业绩得分或财务绩效得分×权重)

4. 分类标准

Ⅰ类综合评定得分在90分及以上;Ⅱ类综合评定得分在75分及以上不足90分;Ⅲ类综合评定得分在60分及以上不足75分;Ⅳ类综合评定得分在60分以下。

5. 定性评价标准

Ⅰ为企业经营绩效显著;Ⅱ为企业经营绩效较好;Ⅲ为企业经营绩效一般;Ⅳ为企业经营绩效较低。对照定性评价标准,审计人员应做出"经对XX任职期间上级主管部门下达的经营业绩考核指标完成情况和主要财务绩效指标在同行业所处的水平情况,审计认定,该单位经营绩效显著(较好、一般、较低)"的定性评价结论。

(五)重大经营决策评价指标

为评价企业重大经营决策情况,课题组设计了重大经营决策事项调查表(见表1-12)。该表通过对外投资、重要经营项目安排、资金管理等方面重大经营决策事项的分析,评价领导人员任职期间重大经营决策的合规性、科学性和效益性。

1. 评价方法

本表以调查问卷的方式由被审计单位将企业实际发生的具体重大决策事项填入调查表,按照决策程序是否符合规定、决策事项是否取得预期效益进行说明。审计人员根据填报情况进行符合性测试,然后根据测试结果，计算重大经营决策情况测评得分，对照分类标准确定审计评定的类别。

2. 指标计算

本表每个测试项点的基础分值为 1 分，不适用项点不计算基础分。根据测试结果，符合要求的得 1 分，不符合的不得分。当测试结果与被审计单位填写不一致时，审计人员要在情况说明栏进行逐项说明。计算公式：

重大经营决策测评得分 = 100 ÷ 汇总基数分 × 汇总实得分

3. 分类标准

Ⅰ类评定得分在 90 分及以上；Ⅱ类评定得分在 75 分及以上不足 90 分；Ⅲ类评定得分在 60 分及以上不足 75 分；Ⅳ类评定得分在 60 分以下。发现企业存在决策事项违法违规、越权决策问题或决策失误造成经济损失超过企业年平均资产总额 3% 以上的，直接确定为Ⅳ类。

4. 定性评价标准

Ⅰ类为企业重大经营决策科学、民主，实现了预期效益；Ⅱ类为企业重大经营决策比较科学、民主，较好地实现了预期效益；Ⅲ类为企业重大经营决策基本做到科学、民主，基本实现了预期效益；Ⅳ类为企业未能做到合规、科学、民主决策，未能取得预期效益或给企业造成重大的资金风险或造成重大的经济损失。对照定性评价标准，审计人员应做出"经对 XX 同志任职期间各项重大经营决策事项的决策过程和效果进行审计，审计认定，该单位重大经营决策科学、民主，实现了预期效益（重大经营决策比较科学、民主，较好地实现了预期效益；重大经营决策基本做到科学、民主，基本实现了预期效益；重大经营决策未能做到合规、科学、民主，未能取得预期效益。因决策失误给企业造成重大的资金风险或造成重大的经济损失的要对照问题具体扣分项点做出具体评价"的定性评价结论。

（六）落实科学发展观评价指标

为评价企业落实科学发展观情况，课题组从企业落实科学发展观应该采取的措施及执行情况为出发点，设计了企业落实科学发展观情况调查表（见表 1-13）。该表从企业战略管理、发展创新、人力资源、社会贡献等四个方面，设计了 19 个调查项点，对领导人员任职期间落实科学发展观情况进行评价。

1. 评价方法

本表以调查问卷的方式由被审计单位按表中列示项点进行填报。审计人员根据填报情况进行符合性测试，然后根据测试结果，计算落实科学发展观情况测评得分，对照分类标准确定审计评定的类别。

2. 指标计算

本表每个测试项点的基础分值为 1 分，不适用项点不计算基础分。根据测试结果，符合要求的得 1 分，不符合的不得分。计算公式：

科学发展测评得分 = 100 ÷ 适用项点 × 有效项点

3. 分类标准

I 类综合评定得分在 90 分及以上；II 类综合评定得分在 75 分及以上不足 90 分；III 类综合评定得分在 60 分及以上不足 75 分；IV 类综合评定得分在 60 分以下。

4. 定性评价标准

I 类为企业能够很好地贯彻落实科学发展观，注重企业社会责任，发展规划科学、合理，经营目标明确，效果显著；II 类为企业能够较好地贯彻落实科学发展观，比较重视企业社会责任，发展规划比较符合企业实际，经营目标比较明确，效果明显；III 类为企业基本能够贯彻落实科学发展观，关心企业社会责任，发展规划基本科学、合理，基本实现预期经营目标；IV 类为企业未能贯彻落实科学发展观，未能制定或没有制定明确的发展计划和目标，各种生产经营策略不符合企业实际，不利于企业的发展。对照定性评价标准，审计人员应做出"XX 同志任职期间企业能够很好地贯彻落实科学发展观，注重企业社会责任，发展规划科学、合理，经营目标明确，效果显著（企业能够较好地贯彻落实科学发展观，比较重视企业社会责任，发展规划比较符合企业实际，经营目标比较明确，效果明显；企业基本能够贯彻落实科学发展观，关注企业社会责任，发展规划基本科学、合理，基本实现预期经营目标；企业未能贯彻落实科学发展观，未能制定或没有制定明确的发展计划和目标，各种生产经营策略不符合企业实际，不利于企业的发展）"的定性评价结论。

（七）廉洁自律评价指标

为评价领导人员任职期间遵守廉洁从政（从业）规定情况，课题组设计了任职期间违反廉政规定问题统计表（见表1-14）。该表通过对领导人员任职期间历次检查发现的以权谋私，贪污、挪用、私分公款，转移国有资产，挥霍浪费国家资财等违反廉洁从政（从业）规定的问题进行统计分析，以是否给企业造成经济损失和不良影响作为评价领导人员任职期间个人廉洁自律情况。

1. 评价方法

将历次检查发现的领导人员违反廉洁从政（从业）规定的问题填入统计表，分别对问题金额、经济损失金额、侵占国有资产金额、挥霍浪费国家资财金额进行加总计算，并对是否给企业造成不良影响进行调查分析。根据分析结果，对照分类标准确定评价类别。

2. 分类标准

Ⅰ类为没有发现违反廉洁从政（从业）规定的问题；Ⅱ类为存在违反廉洁从政（从业）规定的问题，但未给企业造成经济损失或不良影响；Ⅲ类为存在违反廉洁从政（从业）规定的问题，给企业造成经济损失或不良影响，但不存在侵占国有资产和挥霍浪费国家资财的问题；Ⅳ类为违反廉洁从政（从业）规定，给企业造成经济损失或严重影响企业形象，存在侵占国有资产和挥霍浪费国家资财的问题。

3. 定性评价标准

廉洁自律评价指标适用以写实的方式对企业领导人员任职期间遵守财经法纪及廉政规定情况进行评价。对照分类标准，确定该指标的类别。评定出类别后，审计人员应做出"XX同志任职期间能够很好地遵守财经法纪及有关廉政规定，未发现有侵占资产、贪污、浪费等行为（或根据审计中发现的问题做出具体的评价）"的定性评价结论。

四、单项评价指标权重设定

由于前述七个单项评价指标间存在内在联系，检查发现一个问题会连带影响多个评价指标，为此，设定各单项评价指标在指标评价体系中的权重时，既要考虑重要性，又要考虑指标间的相关性。本课题经过实践总结，设定指标权重为1，各单项评价指标权重分别为：内部控制0.15、会计信息0.15、依法经营0.2、经营绩效0.15、经营决策0.15、科学发展0.1、廉洁自律0.1。

五、领导人员履职类别的划分

本课题将领导人员履行经济责任的类别划分为四类：一类为很好地履行了经济责任；二类为较好地履行了经济责任；三类为基本履行了经济责任；四类为没有有效地履行经济责任。

六、领导人员履职类别的确定

为清晰反映领导人员履行经济责任类别的确定过程，课题组设计了领导人员履行经济责任综合评价表（见表1-15）。在确定七个单项评价指标类别的基础上，将各单项评价指标的评定结果和评定类别填入此表，用各单项评价指标的评定类别乘以其在评价指标体系中的权重，得出各单项指标评价分值，将各单项指标评价分值加总计算，得出综合评价分值。按照四舍五入的原则进行取整，所得出的数值即为领导人员履行经济责任的最终评价类别。

七、领导人员履职评价

通过对上述七个单项评价指标的计算，对照相应的分类标准，对领导人员任职期间内部控制制度的建立和执行情况、经营结果的真实性、财务收支的合法性、财务收支的效益性、重大经营决策情况、落实科学发展观情况、领导人员廉洁自律情况分别进行定性评价，对领导人员任职期间存在的问题进行责任界定。在围绕审计内容进行单项评价的基础上，形成领导人员任职期间经济责任履行情况的综合定性评价。最终做出"该同志在任职期间很好（较好、基本、没有有效）地履行了经济责任"的定性评价结论。

第四节　企业经济责任审计的责任界定

企业经济责任审计评价应围绕企业领导人员任期内的经营目标和管理责任，多方位、多角度地看问题，分析企业内、外部因素，从历史条件、政策背景、实际工作环境出发，客观公正地界定企业领导人员的责任。

一、划清前任与现任责任界限

划分前任责任与现任责任的界限不能简单地按接离任时间分割，要根据经济业务的连续性和经济责任的衔接性进行分析，界定经济责任的归属。企业在持续经营的前提下，才存在前任与后任的交接，而对于企业的经济业务也是有连续性的，那些跨任期的投资、债权、负债等等，尽管是在前任领导人员任期内形成的，但现任领导人员在上任时，已作为其应承担的经济责任内容自然过渡到现任领导人员身上，现任领导人员必须对这些投资、债权和负债承担起相应的管理和偿付责任，不应以任何借口推卸责任。而那些在前任离任审计时未被发现，由前任转移、在现任任职期间发现隐匿的企业资产、负债等，要实行对前任的责任追究制度，现任领导人员也必须承担起对这些资产、负债进行妥善处理的责任。

二、划清集体与个人责任界限

划分集体责任与个人责任的界限，关键问题要看经济事项的决策过程是否遵循了规范的决策程序，由集体决策造成的失误，应由集体负责，由企业领导人员个人决策造成失误的应由决策者个人承担。在审计过程中如发现有决策失误时，要分析决策是集体决策还是个人独自决策，然后决定责任者应负的责任。在做结论时可以查证决策时的凭据如会议纪要等，使责任的界定有根有据。

三、划清直接责任与间接责任界限

划分直接责任与间接责任的界限，要看企业领导人员是否贯彻了经济责任制的分工原则。企业领导人员对其直接决定的经济事项应承担直接责任。对其分管的工作履责不到位，应承担主管责任。对未经其审批由各职能部门负责的日常经营管理过程中发生的问题，由当事人负直接责任，企业领导人员负领导责任。

四、划清主观与客观责任界限

划分主观责任与客观责任的界限，要客观分析不可预见或难以预见的外部客观因素变化造成的损失与主观不努力或由于管理者能力有限造成的损失。对以权谋私、滥用职权、玩忽职守、徇私舞弊等主观原因给企业造成损失的属主观责任。对因不可抗力、政策调整、法律不完善、宏观经济环境等客观因素，使企业受影响造成的损失属客观责任。

五、划清错误与舞弊责任界限

划分错误与舞弊责任界限，主要看责任人是主观故意还是过失行为。具体可以从两个方面衡量：一是看行为的性质，如果经过分析确定行为的发生确实是无意识的（即事先未经预谋），则可认定为错误；相反，若行为的发生被认定为有意识的，即经过策划与预谋的，则应评定为舞弊问题。二是看行为的结果，如果经审核认定，虽然发生了不应有的行为，但该行为并未使公共财产遭受损失，个人也未获取私利，则可以评定为错误；相反，若行为的结果使国家蒙受损失，或是利用职务的便利条件谋取了私利，或是弄虚作假，有意欺骗上级，则都可以评定为舞弊问题。

第五章　企业经济责任审计结果运用

经济责任审计是基于受托经济责任而逐步发展起来的一项中国特有的经济监督形式，通过对被委托的企业领导人员任期经济责任进行认定和评价，为组织人事部门考核、选拔任用干部提供重要参考依据。从一定意义上来说，经济责任审计结果决定着企业领导人员的事业前途，但从我国目前经济责任审计现状看，"审"、"用"结合得还不够紧密，经济责任审计往往成为一种形式，审计结果对企业领导人员的任免影响并不大，限制了经济责任审计作用的发挥。其中的原因除审计质量还有待提升外，更多的还是制度或机制上的问题。审计机构在不断提升经济责任审计工作质量的同时，还需要与组织人事部门、纪检部门、财务部门和国有资产管理部门加强沟通，建立相应的联动机制和问责办法，共同推进经济责任审计结果运用，实现加强领导干部监督管理，增强领导干部履责意识和自律意识，维护国有资产安全完整的工作目标。

第一节　提升经济责任审计质量增强审计结果利用价值

审计工作质量是审计结果能否被利用的关键，要让经济责任审计结果更有利用价值，审计机构需要不断地丰富审计查证内容，完善审计流程和方法，规范审计评价标准，更加全面准确、客观公正地评价企业领导人员的任期经济责任。

一、丰富审计查证内容，全面反映企业领导人员的经济责任

不同的审计项目，审计内容应有所差异。经济责任审计应根据所要达到的目标，制定出体现其项目特点和特色的审计内容，以全面反映企业领导人员的经济责任。作为国有企业的领导人员，在职务履行过程中有多种责任，如政治责任、组织责任、社会责任、经营责任、管理责任、会计责任、守法责任等。经济责任审计必须要明确哪些责任必需审、哪些责任不必审。在经济责任审计发展的初期，审计机构侧重于对会计责任、守法责任的审计，随着经济责任审计的发展，逐步将经营责任、管理责任、社会责任纳入审计范畴。如果经济责任审计只是从宏观层面上以财务收支审计为基础，对领导人员任职期间资产、负债、所有者权益的真实、合法和效益情况进行监督和评价，对领导人员遵守廉政规定情况进行检查，而不针对经济责任审计的项目特点和目标制定具体的审计内容，不明确指出经济责任审计与其他审计项目的关键区别点和审计中应重点关注的项点，会让审计人员无所遵循，最终导致审计人员对经济责任审计视角和审计思路不清晰，影响经济责任审计的效果。

二、完善审计流程和方法，关注企业领导人员经济权力运行

制定全面的审计内容是做好经济责任审计工作的基础，而完善审计流程和方法则是开展好经济责任审计工作的保障。内部审计机构在开展经济责任审计时，不能只停留在对会计账簿的审查，应结合企业的账务处理、资金流向和业务流程进行全方位的检查。重点关注企业领导人员任职期间经济权力的运行过程及取得的效果，运用科学的审计方法，分析企业领导人员任职期间重大经营决策的科学性、效率性和效益性，国有资产的保值增值情况，以及贯彻落实科学发展观，推动经济社会科学发展情况。避免在审计过程中出现重合规合法性审计、轻效果效率性审计，重资金管理审计、轻经营决策审计等问题，从而为实施企业领导人员经济问责奠定基础。

三、规范审计评价标准，清晰界定企业领导人员任期经济责任

针对审计内容制定统一的实施标准和操作规范，是有效开展经济责任审计的关键。过去我们在经济责任审计中，由于缺少针对每项审计内容而制定的实施标准和操作规范，审计人员只是按规定的审计内容泛泛地看，大多凭经验进行审计，审计工作质量不高。发现问题只是就事论事，缺乏统一的标准进行分析比较，审计评价与审计内容相脱节，千篇一律，没有特点。在责任界定上也缺少统一的标准和尺度，无法清晰界定企业领导人员任期经济责任。由于责任不清，评价不具体或有失公平，致使审计结果不能被很好的利用。针对这些问题，需要从国家层面建立一套统一的、科学的审计评价指标体系，对审计评价的内容、相应的评价指标和评价标准进行规范和量化，为企业内部审计机构建立符合自身行业特点的经济责任审计评价指标体系提供参考。

第二节 建立联动机制推进经济责任审计结果运用

为推进经济责任审计结果运用，国有企业应建立经济责任审计工作联席会议制度，通过各部门间的沟通协调，形成一套各司其职、协调运作、审用结合的联运机制。经济责任审计工作联席会议作为交流、通报、研究、解决经济责任审计工作中有关问题的议事机构，应充分发挥其职能。首先，联席会议成员单位应由纪检（监察）、组织人事、工会、审计、财务、国有资产管理等部门组成，联席会议主席应由本企业负责人担任。其次明确各成员相应职责，定期召开联席会议，通报经济责任审计结果，分析干部管理中存在的问题，积极采取应对措施。

一、以制度明确各成员单位职责

通过经济责任审计联席会议要求各成员单位针对经济责任审计结果建立相应制度办法，明确审计结果运用程序、方式等，并经联席会议审议通过。审计部门要改变过去只管审计不管结果的状况，及时将审计结果提交给联席会议各成员单位，对移交组织人事部门、纪检监察及司法机关处理

的事项要进行审计跟踪。建立定期询问跟踪落实结果管理制度，督促其他部门及时反馈处理结果，促进审计结果的利用。组织人事部门应将审计机构提交的领导干部经济责任审计结果报告，作为对被审计的领导干部业绩考评和职务任免的参考依据，对评价为不同类别的领导人员，明确基本的任用导向，如对评价为一类的领导人员，建议提拔任用；评价为二类的领导人员，可以提拔任用；评价为三类的领导人员，可以采取与领导人员约谈、诫勉，限制提拔任用；评价为四类的领导人员，在一定期限内不得提拔任用等类似规定。纪检监察部门要把经济责任审计工作与构建惩治和预防腐败体系有机结合起来，严肃处理经济责任审计中发现的问题。并针对主要的违纪问题制定基本的处理程序、方式等，坚决惩治各种腐败行为。财务部门应结合经济责任审计中发现的倾向性、普遍性问题，适时修改相应的制度办法。工会应将经济责任审计结果作为评先选优的参考依据。国资部门应将经济责任审计结果作为国有资产管理及评价保值增值的依据等。通过在企业内部建立相应的制度办法，并通过经济责任审计联席会议督促检查审计结果利用情况，来保证审计结果运用的刚性约束。

二、建立审计成果分析制度

各成员单位对审计中发现的带有普遍性、倾向性和苗头性的问题，定期进行分析总结。着力从源头上分析问题产生的原因，从制度、机制和管理上提出解决问题的建议。形成的建议经联席会议审议通过后，各部门根据建议制定相应措施，从源头上解决存在的问题。通过审计成果的定期分析总结，把审计结果转化为规范运行、强化管理、提高干部素质和反腐倡廉更深层次的指导意义上来，实现审计成果的二次开发利用。

三、推行审计结果公告制度

为增强经济责任审计工作的透明度，在不涉及商业秘密的情况下，经领导批准，将经济责任审计结果在一定范围内采取一定方式进行公告，以扩大经济责任审计的社会影响，便于接受群众监督。将审计监督与舆论监督、群众监督、社会监督结合起来，形成强大的合力，引起被审计单位及相关部门对审计查处问题的重视，加大经济责任审计的影响力度。同时为教育和警诫其他领导人员发挥震慑作用。

第三节　发挥审计建设性作用健全经济责任追究制度

为体现经济责任审计成效，防止国有资产流失，惩治不作为、腐败等违规违法行为，必须建立健全经济责任追究制度。经济责任追究制度是问责制的有机组成部分，是指在经济责任审计过程中发现因领导人员不承责履责所出现的违纪违规问题而对领导人员实施定责、追责的一种制度。作为国有企业，应着力解决如何有效利用经济责任审计结果，发挥经济责任审计在推动问责机制建设方面的作用。使审计监督与纪检监察、行政问责等切实有机结合起来。

一、强化经济责任审计监督是问责制建设的重要内容

问责制的核心在于要求领导人员必须对其行为负责。国有企业为加强对所属单位的监督管理，赋予纪检、监察、组织人事、审计等部门相应的处理、处罚权。各部门问责建设既相对独立，又彼此相连，共同构成企业内部的问责机制。经济责任审计通过对领导人员任职期间财务收支及相关经济活动的真实性、合法性、效益性进行监督、鉴证，评价领导人员履行经济责任的优劣。这就使经济责任审计在构建和促进问责机制建设方面担当十分重要的任务，成为整个问责体系不可缺失的重要组成部分。审计部门在开展经济责任审计项目时，应将问责事项纳入审计内容，通过经济责任审计为组织人事部门、纪检监察部门、主管部门考察评价和使用干部，查处、防治腐败，提供参考依据，为问责制的实施提供直接客观依据。

二、经济责任审计的定责是问责的前提

对企业领导人员进行问责的前提是清晰地界定企业领导人员所承担的责任，这就需要建立一项机制，定期对企业领导人员履职情况进行检查，评价其经济责任履行的优劣，界定其应承担的经济责任。而经济责任审计工作则可以担当起这一特定职能，对企业领导人员任期经济责任履行情况进行经济监督。通过审计定量评价指标的计算转化成定性评价结论，客观地反映企业领导人员经济责任履行的优劣，为问责的实施奠定前提基础。同时，通过经济责任审计，对领导人员交接过程中企业存在的遗留问题进

行责任认定，明确相应的责任承接者，进一步强化了企业领导人员的承责、履责意识，也为日后对领导人员的不履责行为进行问责提供了定责依据。

在经济责任审计定责的基础上，必须健全问责机制。对不遵守财经法纪，存在违纪违规问题的领导人员要问责，也要对没有有效履行经济责任的领导人员实施问责，否则，经济责任审计就要流于形式，更谈不上其效果和威严，无法起到促进领导人员增强责任意识的自觉性和能动性。

三、问责制全面实施是经济责任审计的现实保障

经济责任审计发现的问题如果没有问责作为支撑，如果仅仅停留在查出问题这一步，却没有对有问题的相关人员追究责任，这种对领导人员责任的界定必然流于形式，无法持久而切实地发挥其应有的作用。因此，问责制的建立及实施是实现领导人员经济责任审计价值、真正强化领导干部管理的配套制度基础。

（一）明确实施问责的主体部门

问责主体是指依照有关法律法规，启动问责程序、决定问责方式、实施责任追究的主体。在企业内部健全问责机制，首先要明确有问责权限的各责任主体，同时界定各责任主体的责、权、利及各责任主体间的责、权、利。各责任主体也要结合企业所赋予的问责权限，制定具体的问责实施办法。

（二）明确问责范围

问责范围即问什么。从管理不善到决策失误、重大经济问题等都属于问责的范围之内。根据 2009 年中共中央办公厅、国务院办公厅印发的《关于实行党政领导干部问责的暂行规定》（中办发〔2009〕25 号），各企业应结合管理需要，根据违纪违规问题性质及产生的后果，确定本系统内的问责事项，特别是对企业领导人员的问责事项应该明确而又具体。负有监察职能的各个部门应将问责事项与部门职能有效结合起来，将问责事项贯穿工作职责当中。

（三）明确问责程序

问责的程序是指问责过程，包括问责启动、调查处理、申诉复查、监督执行等程序制度。实施问责是一种执纪行为。必须履行相应的审批程序，让问责行为本身合规合法。企业应根据问题的性质及严重程度，明确不同的问责程序，既要保证对应问责事项不姑息、不手软，又要谨慎对待每一个问责事项，为企业负责也为领导人员和职工负责。

（四）建立问责的互动机制

为有效利用各种检查结果，做到资源共享，必须建立互动机制。审计部门在开展审计项目时，发现的不在审计职权范围内的问责事项，应移交其他有关部门处理。纪检、监察、人事等部门在检查中遇到需审计核实的事项，也应及时转交审计部门。同时，为防止对同一类事项重复追究和处理有关责任人，各部门间要做好沟通，定期将本部门问责的事项在企业内部以有效的方式进行通报。

结 论

　　上世纪八十年代，伴随我国经济体制和政治体制改革进程而产生的经济责任审计已走过了二十五个年头。经济责任审计已由初期的侧重于对会计责任、守法责任的审计，发展为更多的关注企业领导人员的经营责任、管理责任和社会责任。经济责任审计已成为对领导干部实施监督管理的重要手段之一。

　　本文通过分析经济责任审计理论与实务发展历程，对国有企业内部审计部门开展内管干部经济责任审计的目标、内容、重点、程序、评价指标以及结果应用等问题进行了系统研究，其中重点对审计内容、审计程序和审计评价指标进行了详细阐述。提出建立责任承接机制的观点，明确前任、现任和后任经济责任，为定责和问责奠定基础。提出量化评价指标体系的观点，通过定量指标计算转化成定性评价结论，减少审计人员主观判断，使经济责任审计评价更加客观公正。同时针对审计结果利用不到位问题进行了深入剖析，提出全面提升审计工作质量、建立联动机制和健全经济责任追究制等措施，以发挥经济责任审计在保障企业完善内部控制、建立问责机制等方面的建设性作用。

　　随着经济社会的不断发展，这一中国独有的经济监督形式也面临着前所未有的挑战。审计内容的不断丰富，审计视角的不断拓展，需要审计人员迅速转变思维方式，不断更新知识，紧跟经济责任审计发展的步伐。同时更要把审计实践经验进行系统地总结、提炼，形成审计理论用以指导审计工作。对于经济责任审计如何将传统的财务收支审计与内控审计、绩效审计进行系统的融合，如何优化审计资源配置，提高审计工作效率等方面，还需要我们进一步探索和研究。

参考文献

[1] 李希龙等.2009.经济责任审计工作手册［M］.黑龙江人民出版社.
[2] 刘世林、方伟明.2006.经济责任审计理论与实务［M］.中国时代经济出版社.
[3] 赵国新.2009.现代经济责任审计理论与实务［M］.中国时代经济出版社.
[4] 刘国权、鲍国明.2002.经济责任审计专题与案例［M］.中国物价出版社.
[5] 吴昊洋.2010-9-25.经济责任审计结果运用探讨.
http：//www.chinaacc.com/new/287_289_201009/25li682426882.shtml
[6] 历年哈尔滨铁路局经济责任审计报告.

附录一 审计评价指标计算流程实例

一、背景介绍

(一) 被审计单位基本情况

某房地产开发公司成立于 1992 年，隶属于某投资管理集团。注册资本 10，000 万元，法定代表人：甲某，现负责人：乙某。公司设财务部、销售部、工程部、综合部、前期部、经营部、办公室等部门。截止到 2010 年 6 月末，职工定员 155 人，现员 155 人；主要经营业务为房地产开发与经营、建筑材料销售及自有房屋租赁。执行《企业会计制度》，向投资管理集团提报财务决算。

(二) 任职时间及职责分工情况

2006 年 9 月 13 日，投资管理集团任命甲同志为某房地产开发公司总经理。2010 年 6 月 10 日，投资管理集团免去甲同志某房地产开发公司总经理职务。甲同志任职期间负责行政全面工作，并主管财务部、销售部、工程部、前期部工作。

(三) 任职期间主管部门下达经营业绩指标情况

甲同志任职期间，作为法定代表人与投资管理集团签订了各年经营业绩考核责任书。责任书中各年经营业绩考核指标计划如下：

考核指标名称	计量单位	2007 年度	2008 年度	2009 年度
营业总收入	万元	1800.00	4500.00	5000.00
利润总额	万元	500.00	500.00	500.00

（四）任职期间各年度会计报表数据

甲同志的前任总经理丁同志离任时，审计部门对其任职期间经济责任履行情况进行了审计，并对该公司2006年9月30日丁同志离任时的资产负债表数据进行了确认。本次以丁同志任期经济责任审计确认后的数据作为甲同志接任时点的资产、负债及所有者权益数据。由于甲同志离任时间为2010年6月10日，审计组确定以该公司2010年6月30日资产负债表数据作为甲同志离任时点基础数据。

接、离任时点及甲同志任职期间各年会计报表数据此处略，直接在指标计算中体现。

（五）任职期间经济监督部门检查发现问题及整改情况

甲同志任职期间，相关经济监督部门共对该公司进行过4次检查。发现问题如下（为便于计算，案例中数字均以万元列示）：

1. 2006年11月审计机构对丁同志任该公司总经理期间经济责任履行情况进行审计，未发现违纪违规问题。但对××工程总公司欠300万元购房款问题要求甲同志承接清理责任。

2. 2007年5月审计机构对该公司开展经营管理审计，发现：（1）2007年3月未及时结算投资收益287.9万元；（2）2006年12月少列成本，造成损益不实153.9万元；（3）2006年12月工程成本挂账41.2万元；（4）2006年11月发生的动迁补偿支出挂账52.2万元；（5）2007年未及时核收房屋出租费39万元。

3. 2008年2月审计机构对该公司开展经营业绩审计，发现：（1）2007年未及时确认收入311万元、未结转成本143.7万元，造成损益不实167.3万元；（2）2007年未按合同规定收取及确认房屋出租收入30万元；（3）账外库存商品11.9万元。

4. 2009年4月某会计师事务所对该公司开展2008年度会计报表审计，发现：（1）2008年多计收入1360万元；（2）支付动迁补偿费缺少合同8.8万元。

在审计过程中，审计组对甲同志任职期间相关经济监督部门发现问题的整改情况进行了检查，上述问题均已按检查部门要求进行了整改。

（六）本次审计发现的问题

1. 2009 年隐瞒收入、违规核销 2008 年购房款，形成账外资产 62 万元。

2. 2007 年至 2009 年未经上级批准，公司领导班子集体研究决策对外违规借款 1786 万元，少收资金占用费 170 万元。

3. 2007 年至 2009 年未经上级批准，公司领导班子集体研究决策对外违规借款 3410 万元，未及时收回借款本金及资金占用费 2777 万元。

4. 2010 年未按合同约定核收房屋出租收入 50 万元。

5. 2005 年发生的售房收入 300 万元，至今未收回，存在风险。

6. 2003 年发生的售房收入尚有 29 万元未收回，2007 年向法院起诉，一审胜诉，二审正在审理当中，形成未决诉讼。

二、单项指标评价类别的确定

根据上节背景介绍中的资料，逐项对七个单项指标评价类别的确定过程进行介绍。

（一）内控制度评价指标类别的确定

根据被审计单位填报情况，结合历次检查发现的问题及审计测试情况，将审计测试结果填入内控制度调查测试表（表 1-1）。

表 1-1 内控制度调查测试表

企业名称：某房地产开发公司

调查测试内容	被审计单位填写（√）			审计测试结果
	有（是）	无（否）	不适用	
一、控制环境				
1. 是否建立规范的公司治理结构和议事规则，明确决策、执行、监督等方面的职责权限	√			√
2. 董事会、管理层及其他类似机构的决策程序是否合规	√			×
3. 领导对会计工作是否重视和支持	√			√
4. 会计人员的基本素质是否良好	√			√

续表

调查测试内容	被审计单位填写（√）			审计测试结果
	有（是）	无（否）	不适用	
二、风险评估				
1. 是否建立风险评估制度	√			√
2. 是否定期对企业存在的内部风险和外部风险进行评估	√			√
3. 是否根据风险评估结果采取有效措施	√			√
三、控制活动				
（一）会计制度的健全性				
1. 是否按照会计法等法律、法规健全和明确会计职责	√			√
2. 是否根据系统会计业务特点制定本系统的会计核算和反映制度	√			√
3. 是否制定现金管理、固定资产管理、物资采购等办法	√			√
4. 是否已运用会计电算化系统进行制单、记账和制表	√			√
（二）会计业务的规范性				
1. 会计和出纳两个岗位是否分离	√			√
2. 报销凭证所附原始单据是否真实、完整	√			√
3. 报销凭证是否履行财务主管审核、业务部门负责人签字、分管领导签字同意等过程	√			√
4. 单位报销是否实行"一支笔"审批制度	√			√
5. 单位银行日记账是否做到序时记账、是否定期编制银行存款余额调节表	√			√
6. 单位记账凭证、明细账、总账和会计报表所核算、记载、反映的会计业务是否规范	√			×
7. 单位会计电算化业务是否规范和有效	√			√
8. 是否能够做到严格执行财经制度规定	√			×
四、信息与沟通				
1. 是否建立信息与沟通制度	√			√
2. 信息系统的开发、使用、维护是否安全	√			√
3. 信息系统是否达到资源共享	√			√

续表

调查测试内容	被审计单位填写（√）			审计测试结果
	有（是）	无（否）	不适用	
4. 信息传递渠道是否通畅	√			√
5. 举报投诉案件是否及时处理和公布结果	√			√
五、内部控制监督				
1. 是否建立内部控制监督制度，明确监督部门的职责权限，规范内部监督的程序、方法和要求	√			√
2. 内部控制监督过程是否留有痕迹	√			√
3. 发现的内部控制缺陷是否及时整改	√			√
审计测试项点总数	27			
审计测试适用项点数	27			
审计测试达标项点数	24			
综合评定得分（四舍五入）	89			

评定标准：Ⅰ类评定得分在 90 分及以上，为内控制度健全有效；Ⅱ类评定得分在 75 分及以上不足 90 分，为内控制度比较健全有效；Ⅲ类评定得分在 60 分及以上不足 75 分，为内控制度基本健全有效；Ⅳ类评定得分在 60 分以下，为内控制度失效。发现"小金库"、个人经济问题、国有资产流失等性质严重问题，在确定的分类标准基础上下调一个类别。

综合评定：本次共对内控制度方面的 27 项内容进行了调查测试，其中：适用 27 项，不适用 0 项。经审计测试，在适用项点中达标项点有 24 项，综合评定得分为 89 分，评定为Ⅱ类，但由于存在隐瞒收入、违规核销购房款，形成账外资产 62 万元问题，下调一个类别，最终评定为Ⅲ类，该单位内部控制制度基本健全有效。

说明：综合评定得分计算公式 = 100 ÷ 适用项点数 × 达标项点数
单位现任领导：乙×× 　　离任领导：甲×× 　　填报人：刘×× 　　填报日期：2010 年 7 月 15 日
审计组长：王×× 　　　　　主审：姜×× 　　　　审核人：姜×× 　　制表日期：2010 年 7 月 28 日

（*课题设计）

在上表中，经调查测试，27 项测试项点中，适用 27 项，不适用 0 项。在适用项点中达标项点有 24 项。测评得分 89 分（100 ÷ 27 × 24），对照分类标准评定为Ⅱ类，但由于存在隐瞒收入、违规核销购房款，形成账外资产 62 万元和账外资产 11.9 万元问题，视同"小金库"下调一个类别，最终评定为Ⅲ类，该单位内部控制制度基本健全有效。

（二）会计信息评价类别的确定

1. 确定年平均会计信息失真金额

（1）计算会计信息失真金额

将历次检查发现的问题，填入企业会计信息失真金额统计表（表 1 - 2），根据整改要求调整相应的会计要素借贷方金额。

企业名称：某房地产开发公司

表1-2 企业会计信息失真金额统计表

单位：万元

文书名称	文号	问题序号	影响会计信息失真问题	问题金额	调整资产 借方	调整资产 贷方	调整负债 借方	调整负债 贷方	调整所有者权益 借方	调整所有者权益 贷方	调整收入 借方	调整收入 贷方	调整成本费用 借方	调整成本费用 贷方
关于某房地产开发公司2006年以来经营管理情况的审计决定	审决[2007]14号	1	未及时结算投资收益	287.9	287.9							287.9		
		2	损益不实	153.9		153.9							153.9	
		3	工程成本挂账	41.2		41.2							41.2	
		4	动迁补偿支出挂账	52.2		52.2							52.2	
		5	未及时核收房屋出租费	39.0	39.0							39.0		
关于某房地产开发公司2007年度经营业绩情况的审计决定和结论	审决[2008]85号	1	损益不实	167.3	143.7		311.0					311.0	143.7	
		2	未按合同规定收取及确认房屋出租收入	30.0	30.0							30.0		
		3	账外库存商品	11.9	11.9									11.9
关于某房地产开发公司2008年度会计报表审计报告	X审字[2009]29号	1	多计收入	1360.0					1360.0		1360.0			1360.0
		2	支付动迁补偿费缺少合同	8.8										

245

续表

文书名称	文号	问题序号	影响会计信息失真问题	问题金额	调整资产 借方	调整资产 贷方	调整负债 借方	调整负债 贷方	调整所有者权益 借方	调整所有者权益 贷方	调整收入 借方	调整收入 贷方	调整成本费用 借方	调整成本费用 贷方
关于某房地产开发公司总经理甲同志任期经济责任履行情况的审计报告	[2010]96号	1	隐瞒收入,违规核销购房款,形成账外资产	62.0	62.0							62.0		
		2	违规借款,少收资金占用费	170.0	170.0									170
		3	违规借款,未及时收回借款本金及资金占用费	2777.0										
		4	未按合同约定核收房屋出租收入	50.0	50.0							50.0		
		5	高风险债权	300.0										
		6	未决诉讼	29.0										
调整额					650.8	391.0	311.0				1360.0	779.9	391.0	1541.9
失真金额					1041.8		311.0				2139.9		1932.9	
年平均失真金额					278.0		83.0				571.0		515.0	

说明:1. 影响会计信息失真问题应为领导人员任职期间发生的应承担一定责任的问题。
2. 失真金额为领导人员任职期间历次接受经济监督部门检查发现的影响会计信息真实性的问题,经审计确认,对相应账项进行调整或产生影响的金额。
3. 调整账项时,如出现借、贷方金额为负数的,以绝对值填入该科目的相反方向。
4. 调整调整以前年度损益的,应调整相应的收入或成本费用项。
5. 对"小金库"问题,应根据"小金库"资金来源调整项目金额。

审计组长:王×× 主审:姜×× 编制人:姜×× 制表日期:2010年7月28日

(＊课题设计)

验证所有要素借方合计与贷方合计相等后,分要素计算借、贷方合计数之和,确定单项会计信息失真金额。

资产失真金额 = 650.8 + 391 = 1041.8 万元

依此类推,负债失真金额 311 万元;所有者权益失真金额 0;收入失真金额 2139.9 万元;成本费用失真金额 1932.9 万元。

(2) 计算任职年限

甲同志接任时点为 2006 年 9 月末,离任时点为 2010 年 6 月末,任职月份为 45 个月,任职年限为 3.75 年 (45 ÷ 12)。

(3) 计算年平均会计信息失真金额

年平均资产失真金额 = 1041.8 ÷ 3.75 = 278 万元

依此类推,年平均负债失真金额 83 万元;年平均所有者权益失真金额 0;年平均收入失真金额 571 万元;年平均成本费用失真金额 515 万元。

2. 确定年平均审计金额

(1) 计算审计净调整额

将历次检查发现的问题填入调整审计金额因素分析表(表 1 - 3),根据问题逐项分析填列影响各年会计报表项的净调整额。

表 1-3　调整审计金额因素分析表

企业名称：某房地产开发公司　　　　　　　　　　　　　　　　　　　　　　　　　　单位：万元

文书名称	文号	问题序号	影响会计报表及其问题	问题金额	2006年 应收账款净额	2006年 资产总额	2006年 负债总额	2006年 所有者权益总额	2006年 主营业务收入	2006年 其他收入	2006年 成本费用	2006年 利息支出	2006年 利润总额	2006年 净利润	2007年 应收账款净额	2007年 资产总额	2007年 负债总额	2007年 所有者权益总额	2007年 主营业务收入	2007年 其他收入	2007年 成本费用	2007年 利息支出	2007年 利润总额	2007年 净利润	2008年 应收账款净额	2008年 资产总额	2008年 负债总额	2008年 所有者权益总额	2008年 主营业务收入	2008年 其他收入	2008年 成本费用	2008年 利息支出	2008年 利润总额	2008年 净利润
关于某房地产开发公司2006年度经营管理情况的审计决定	审决(2007)14号	1	未及时确算费取收益	287.9																															
		2	损益不实	153.9		-153.9		-153.9	153.9				-153.9	-153.9																					
		3	工程成本挂账	41.2	-41.2	-41.2		-41.2			41.2		-41.2	-41.2																					
		4	动迁补偿支出挂账	52.2	-52.2	-52.2		-52.2			52.2		-52.2	-52.2																					
		5	未及时核收房租出租费	39.0																																
关于某房地产开发公司2007年度经营业绩情况的审计认定和结论	审决(2008)85号	1	损益不实	167.3												167.3		167.3			143.7		167.3	167.3											
		2	未签合同规定收取及确认房屋出租收入	30.0												30.0		30.0	30.0		30.0		30.0	30.0												
		3	盘亏库存商品	11.9																																
关于某房地产开发公司2008年度会计报表审计报告	哈审字(2009)29号	1	多计收入	1360.0																									-1360.0			-1360.0		
		2	支付动迁补偿缺少合同	8.8																																
关于某房地产开发公司发公司总经理甲同志任期经济责任情况的审计报告	(2010)96号	1	隐瞒收入、违规核销账房款、形成账外资产	62.2												52.0	52.0					52.0	52.0			113.0	113.0								61.0
		2	违规借款、少收资金占用费	170.0																										-61.0			-61.0	61.0
		3	违规资金本金及资金占用同费未及时收回贷款	2777.0																															
		4	未按合同约定核收房屋出租收入	50.0																															
		5	固定资产债权	300.0																															
		6	未取得法	29.0																															
调整额				5540.4	-41.2	-247.3	0.0	-247.3	247.3	0.0	247.3	0.0	-247.3	-247.3	0.0	-61.7	-311.0	249.3	311.0	30.0	91.7	0.0	249.3	249.3	0.0	175.0	62.0	113.0	-1360.0	0.0	-1421.0	0.0	61.0	61.0

续表

文书名称	文号	问题序号	影响会计价值及其问题	问题金额	2009年 应收账款净额	2009年 坏账准备	2009年 资产总额	2009年 负债总额	2009年 所有者权益总额	2009年 主营业务收入	2009年 其他收入	2009年 成本费用	2009年 利息支出	2009年 利润总额	2009年 净利润	2010年 应收账款净额	2010年 坏账准备	2010年 资产总额	2010年 负债总额	2010年 所有者权益总额	2010年 主营业务收入	2010年 其他收入	2010年 成本费用	2010年 利息支出	2010年 利润总额	2010年 净利润	2006年至2010年汇总 应收账款净额	坏账准备	资产总额	负债总额	所有者权益总额	主营业务收入	其他收入	成本费用	利息支出	利润总额	净利润
关于某房地产开发公司2006年以来经营情况的审计决定	审决(2007)14号	1	未及时核算税费收益	287.9																							0.0	0.0	0.0	0.0	0.0	0.0	0.0	0.0	0.0	0.0	0.0
		2	损益不实	153.9																							0.0	0.0	-153.9	-153.9	-153.9	153.9	0.0	153.9	0.0	-153.9	-153.9
		3	工程成本挂账	41.2																							0.0	0.0	-41.2	-41.2	-41.2	41.2	0.0	41.2	0.0	-41.2	-41.2
		4	动迁补偿支出挂账	52.2																							0.0	0.0	-52.2	-52.2	-52.2	0.0	0.0	52.2	0.0	-52.2	-52.2
		5	未及时转收房屋出租费	39.0																							0.0	0.0	0.0	0.0	0.0	0.0	0.0	0.0	0.0	0.0	0.0
关于某房地产开发公司2007年度经营业绩情况的审计决定和结论	审决(2008)85号	2	损益不实 未按合同规定收取及确认房屋出租收入	167.3 30.0																							0.0 0.0	0.0 0.0	-143.7 30.0	-311.0 0.0	167.3 30.0	311.0 0.0	143.7 0.0	0.0 0.0	0.0 0.0	167.3 30.0	167.3 30.0
关于某房地产开发公司2008年度会计报表的审计报告	x审字(2009)29号	3 1	账外存有商品 多计收入	11.9 1360.0																							0.0 0.0	0.0 0.0	0.0 0.0	0.0 0.0	0.0 0.0	0.0 -1360.0	0.0 0.0	0.0 0.0	0.0 0.0	0.0 0.0	0.0 0.0
			支付动迁补偿费少列合同	8.8																							0.0	0.0	0.0	0.0	0.0	0.0	0.0	0.0	0.0	0.0	0.0
关于某房地产开发公司总经理甲同志任期经济责任情况的审计报告	(2010)96号	1	隐瞒收入,违规核销销售房款,形成账外资产	62.2			62.0	62.0	62.0	62.0				62.0	62.0											0.0	0.0	186.0	62.0	124.0	0.0	62.0	0.0	0.0	62.0	62.0
		2	违规欠款,少收签收借款	170.0			170.0	170.0	170.0			-57.0	57.0	57.0	57.0			170.0		170.0				-170.0				0.0	0.0	505.0	505.0	0.0	0.0	0.0	-170.0	0.0	170.0	170.0
		3	违规欠款,未及时收回借款,未及及资金占用费	2777.0																							0.0	0.0	0.0	0.0	0.0	0.0	0.0	0.0	0.0	0.0	0.0
		4	未按合同约定核收房屋出租收入	50.0											50.0			50.0		50.0	50.0		50.0			50.0	0.0	0.0	50.0	50.0	50.0	0.0	50.0	0.0	0.0	50.0	50.0
		5	高风险债权	300.0																							0.0	0.0	0.0	0.0	0.0	0.0	0.0	0.0	0.0	0.0	0.0
		6	未决诉讼	29.0																							0.0	0.0	0.0	0.0	0.0	0.0	0.0	0.0	0.0	0.0	0.0
调整额				5540.4	0.0	0.0	232.0	0.0	232.0	62.0	0.0	-57.0	0.0	119.0	119.0	0.0	0.0	282.0	0.0	282.0	0.0	50.0	0.0	50.0	-41.2	50.0	380.0	-249.0	629.0	-987.0	80.0	-1360.0	0.0	-1130.0	232.0	232.0

(＊课题设计)

根据第一节背景介绍中的资料，对检查发现的问题逐项分析如下（为简略起见，本文没有对各问题影响纳税的金额进行描述和追溯调整）。

①未及时结算投资收益287.9万元。公司按要求于2007年7月份调列长期投资和投资收益科目，因该问题属于审计发现的需调整审计当年的有关账项问题，鉴于该问题已整改，调整的数额已经体现在2007年度报表中，不需要再对2007年报表进行调整，故审计调整额不包含此项。

②2006年12月少列成本，造成损益不实153.9万元。公司按要求于2007年7月调整账项，借：以前年度损益调整，贷：开发产品。因该问题属2006年发生的问题，公司于2007年整改，故应追溯调减2006年资产总额153.9万元，调增2006年成本总额，同时相应调减2006年利润、净利润、所有者权益总额。但2007年整改后已包含在2007年末报表数据中，故不需再调整2007年及以后各期报表。

③2006年12月工程成本挂账41.2万元。公司按要求于2007年7月调整账项，借：以前年度损益调整，贷：应收账款。因该问题属2006年发生的问题，公司于2007年整改，故应追溯调减2006年应收账款净额41.2万元，调增成本费用总额41.2万元，同时相应核减资产总额、利润、净利润、所有者权益总额41.2万元。

④2006年11月发生的动迁补偿支出挂账52.2万元。公司按要求于2007年7月调整账项，借：以前年度损益调整，贷：开发产品。因该问题属2006年发生的问题，公司于2007年整改，故应追溯调减2006年资产总额52.2万元，调增成本费用总额52.2万元，同时相应核减利润、净利润、所有者权益总额52.2万元。

⑤2007年未及时核收房屋出租费39万元。公司按要求于2007年7月末前收取租金并确认收入，借：银行存款，贷：其他业务收入。该问题整改已包含在2007年报表中，故不需调整。

⑥2007年未及时确认收入311万元、未结转成本143.7万元，造成损益不实167.3万元。公司按要求于2008年6月调整账项，借：应付账款311万元，贷：以前年度损益调整311万元；同时，借：以前年度损益调整143.7万元，贷：开发产品143.7万元。因该问题属2007年发生的问题，公司于2008年整改，故应追溯调减2007年负债总额311万元，调增收入总额311万元，调减资产总额143.7万元，调增成本费用总额143.7

万元，同时相应调增利润、净利润、所有者权益总额167.3万元。

⑦2007年未按合同规定收取及确认房屋出租收入30万元。公司按要求于2008年6月确认收入，借：其他应收款，贷：以前年度损益调整。因该问题属2007年发生的问题，公司于2008年整改，故应追溯调增2007年资产总额，其他业务收入总额30万元，同时相应调增利润、净利润、所有者权益总额30万元。

⑧账外库存商品11.9万元。公司按要求于2008年6月末调整账项，借：库存商品，贷：管理费用。该问题整改已包含在2008年报表中，不需调整。

⑨多计收入1360万元，因该问题是属于2009年发现的2008年应冲减成本费用的土地损失补偿，公司计入收入项下，故应追溯调减2008年收入总额1360万元，成本费用总额1360万元。

⑩支付动迁补偿费缺少合同8.8万元，因该问题不涉及账项调整，只是列支依据不完整问题，公司已补签合同，故不需调整。

⑪2009年隐瞒收入、违规核销2008年购房款，形成账外资产62万元。要求公司于2010年9月末前调整账项，借：库存商品，贷：以前年度损益调整。对此问题，除参照整改要求进行调整外，还要分析该业务正常账务处理时的列账科目。此问题其实由2笔业务构成，2008年购房时，公司应借：库存商品，贷：其他应付款；2009年公司用租金收入偿付购房款时，公司应借：其他应付款，贷：其他业务收入。审计发现该问题时，鉴于对其他应付款余额已无影响，没再要求单位调整其他应付款科目，但在计算对各期会计要素调整额时，对此类省略的科目也要做相应追溯调整。本问题中因账外资产是2008年购买的，截止到2010年6月末离任时点尚未整改，故应追溯调增2008年、2009年和2010年6月三期报表资产总额62万元，调增2008年、2009年二期报表负债总额62万元；因收入是2009年截留的，截止到2010年6月末离任时点尚未整改，故应追溯调增2009年其他业务收入总额62万元。调减2009年负债总额62万元。同时相应调增2009年利润、净利润、所有者权益总额62万元，并调增2010年所有者权益总额62万元。

⑫2007年至2009年未经上级批准，公司领导班子集体研究决策对外违规借款，少收资金占用费170万元。要求公司于2010年9月末前调整账项，借：其他应收款170万元，贷：以前年度损益调整170万元。因调整

以前年度损益金额包括2007年52万元，2008年61万元，2009年57万元。截止到2010年6月末离任时点尚未整改，故应追溯调增2007年资产52万元，调减费用总额52万元，同时相应调增利润、净利润、所有者权益52万元；2008年累计调增资产113万元，累计调增所有者权益113万元，调减费用总额61万元，同时相应调增利润、净利润61万元；2009年累计调增资产170万元，累计调增所有者权益170万元，调减费用总额57万元，同时相应调增利润、净利润57万元；2010年6月末累计调增资产170万元，累计调增所有者权益170万元。

⑬2007年至2009年未经上级批准，公司领导班子集体研究决策对外违规借款，未及时收回借款本金及资金占用费2777万元。该问题属于债权清理不及时问题，不涉及账项调整，故不需确认调整额。

⑭2010年未按合同约定核收房屋出租收入50万元。要求公司于2010年9月末前收取房租并确认当期收入，截止2010年6月末离任时点尚未整改，故应调增2010年6月报表资产总额50万元，其他业务收入总额50万元。同时相应调增利润、净利润、所有者权益总额50万元。

⑮2010年审计发现高风险债权300万元，该问题属于债权清理不及时问题，不涉及账项调整，故不需确认调整额。

⑯2010年审计发现未决诉讼问题，该问题属于或有事项，不需进行账务处理，故不确认调整额。

通过调整审计金额因素分析表（表1-3）可以看出各年的审计调整额。以资产为例，2006年年末资产总额调减247.3万元，2007年年末资产总额调减61.7万元，2008年年末资产总额调增175万元，2009年年末资产总额调增232万元，2010年6月末资产总额调增282万元。汇总计算，资产总额净调增380万元。

（2）计算年平均审计金额

①将各期会计报表相应数据填入任职期间审计金额统计表（表1-4）。

表 1-4 任职期间审计金额统计表

企业名称:某房地产开发公司

单位:万元

资产负债表项目	行次	2006年年末	2007年年末	2008年年末	2009年年末	2010年6月末	报表反映金额合计	审计调整额	审计金额	年平均审计金额
任期内各期期末资产总额	1	18842	20979	46424	69811	95612	251668	380	252048	50410
任期内各期期末负债总额	2	6294	6969	31452	51414	66416	162545	-249	162296	32459
任期内各期期末所有者权益总额	3	12548	14010	14972	18397	29196	89123	629	89752	17950
会计报表期数	4						5			

损益表项目	行次	2006年10至12月	2007年	2008年	2009年	2010年1至6月	报表反映金额合计	审计调整额	审计金额	年平均审计金额
任职期间营业总收入	5	782	1837	4739	5418	14551	27327			
任职期间营业外收入	6	53	5	212	6		276			
任职期间投资收益	7	267	1958	1168	866	86	4345			
收入合计	8	1102	3800	6119	6290	14637	31948	-907	31041	8278
任职期间营业总成本	9	717	1895	4043	5436	13794	25885			
任职期间营业外支出	10	75	32	25	24	10	166			
成本合计	11	792	1927	4068	5460	13804	26051	-1139	24912	6643
任职年限	12						3.75			

说明:1."审计调整额"是指依据领导人员任期内接受检查发现的问题对企业各期合计报表项目产生的净影响额之和。见表(1-3)调整审计金额因素分析表
2."任职年限"应参照报表取数时间确定。自接任时点报表取数月份的次月份起,至离任时点报表取数月份止的月份之和除以 12。

审计组长:王×× 主审:姜×× 编制人:姜×× 制表日期:2010年7月28日

(﹡课题设计)

经汇总计算"报表反映金额合计"栏中资产总额251668万元,负债总额162545万元,所有者权益总额89123万元,收入总额31948万元,成本费用总额26051万元。

②通过表间取数将调整审计金额因素分析表(表1-2)中资产净调增380万元,负债净调减249万元,所有者权益净调增629万元,主营业务收入和其他业务收入净调减907万元(987-80),成本费用净调减1139万元填入"审计调整额"栏。

③计算审计金额

资产审计金额 = 251668 + 380 = 252048 万元

依此类推,负债审计金额162296万元;所有者权益审计金额89752万元;收入审计金额31041万元;成本费用审计金额24912万元。

④计算年平均审计金额

年平均资产审计金额 = 252048 ÷ 5 = 50410 万元

年平均负债审计金额 = 162296 ÷ 5 = 32459 万元

年平均所有者权益审计金额 = 89752 ÷ 5 = 17950 万元

年平均收入审计金额 = 31041 ÷ 3.75 = 8278 万元

年平均成本费用审计金额 = 24912 ÷ 3.75 = 6643 万元

3. 确定年平均会计信息失真率

通过表间取数将企业会计信息失真金额统计表(表1-2)中年平均会计信息失真金额和任职期间审计金额统计表(表1-4)中年平均审计金额填入会计信息失真率计算表(表1-5)。

表1-5 会计信息失真率计算表

企业名称：某房地产开发公司　　　　　　　　　　　　　　　　　　　　　　　　　　　　单位：万元

项目名称	年平均会计信息失真金额	年平均审计金额	单项会计信息失真率	权重	综合会计信息失真率	备注
资产失真率	278	50,410	0.55%	0.3	0.17%	
负债失真率	83	32,459	0.26%	0.1	0.03%	
所有者权益失真率		17,950		0.1		
收入失真率	571	8,278	6.90%	0.2	1.38%	
成本费用失真率	515	6,643	7.75%	0.3	2.33%	
合计	1,447			1	3.91%	

评定标准：Ⅰ类未发现会计信息失真，为会计信息真实地反映了企业的财务状况和经营结果；Ⅱ类综合会计信息失真率小于等于3%，为会计信息比较真实地反映了企业的财务状况和经营结果；Ⅲ类综合会计信息失真率大于3%小于等于6%，为会计信息基本真实地反映了企业的财务状况和经营结果；Ⅳ类综合会计信息失真率大于6%，为会计信息没有真实地反映企业的财务状况和经营结果。发现"小金库"、个人经济问题，国有资产流失等性质严重问题，在确定的分类标准基础上下调一个类别。

综合评定：经对甲同志任职期间历次接受经济监督部门检查及本次审计发现的问题对会计信息的影响情况进行统计，会计信息失真率为3.91%，评定为Ⅲ类，但由于存在隐瞒收入、违规核销购房款、形成账外资产62万元问题，下调一个类别，最终评定为Ⅳ类，该单位会计信息没有真实地反映企业的财务状况和经营结果。

说明：1. "年平均会计信息失真金额"是指按领导人员任职年限计算的平均每年会计信息失真金额。见表(1-2)企业会计信息失真金额统计表

2. "年平均审计金额"是指按审计确认的领导人员任职期间各期期末资产总额、负债总额、所有者权益总额之和按期数计算的平均数，以及对审计确认的领导人员接任时点至离任时点收入和支出、营业外收支。见表(1-4)任职期间审计金额统计表。收入包括：营业总收入、投资收益、营业外收入；成本费用包括：营业总成本、营业外支出。

单位现任领导：王××　　　主审：姜××　　　编制人：姜××

审计组长：姜××　　　　　离任领导：甲××　　　制表日期：2010年7月28日

(＊课题设计)

(1) 计算单项会计信息失真率

资产失真率 = 278 ÷ 50410 × 100% = 0.55%

负债失真率 = 83 ÷ 32459 × 100% = 0.26%

所有者权益失真率 = 0 ÷ 17950 × 100% = 0

收入失真率 = 571 ÷ 8278 × 100% = 6.9%

成本费用失真率 = 515 ÷ 6643 × 100% = 7.75%

(2) 计算综合会计信息失真率

将各单项会计信息失真率与其对应的权重相乘后,加总计算综合会计信息失真率为3.91%。

0.55% × 0.3 + 0.26% × 0.1 + 0 × 0.1 + 6.9% × 0.2 + 7.75% × 0.3 = 3.91%

4. 确定会计信息评价类别

经对甲同志任职期间历次检查发现问题对会计信息的影响情况进行统计计算,会计信息失真率为3.91%,评定为Ⅲ类,但由于存在隐瞒收入、违规核销购房款,形成账外资产62万元和账外资产11.9万元问题,下调一个类别,最终评定为Ⅳ类,该单位会计信息不真实。

(三) 依法经营评价类别的确定

将甲同志任职期间历次检查发现的问题金额和经济损失金额填入任职期间审计发现问题统计表 (表1-6)。

企业名称：某房地产开发公司　　　　　　　　　　　　　　　　　　　　　　　　　表1-6　任职期间经济监督部门检查发现问题统计表　　　　　　　　　　　　　　　　　　　　　　　　　　　单位：万元

文书名称	文号	问题序号	检查发现的问题	问题金额	其中：经济损失额	整改要求	整改情况
关于某房地产开发公司2006年以来经营管理情况的审计决定	审决[2007]14号	1	未及时结算投资收益	287.9		调投资收益	已整改
		2	损益不实	153.9		调以前年度损益	已整改
		3	工程成本挂账	41.2		调以前年度损益	已整改
		4	动迁补偿支出挂账	52.2		调以前年度损益	已整改
		5	未及时核收房屋出租费	39.0		调其他业务收入	已整改
关于某房地产开发公司2007年度经营业绩情况的审计决定和结论	审决[2008]85号	1	损益不实	167.3		调以前年度损益	已整改
		2	未按合同规定收取及确认房屋出租收入	30.0		调以前年度损益	已整改
		3	账外库存商品	11.9		调管理费用	已整改
关于某房地产开发公司2008年度会计报表审计报告	×审字[2009]29号	1	多计收入	1,360.0		调以前年度损益	已整改
		2	支付动迁补偿费缺少合同	8.8		补充合同	已整改
关于某房地产开发公司总经理甲同志任期经济责任情况的审计报告	[2010]96号	1	隐瞒收入，违规核销购房款，形成账外资产	62.0		调以前年度损益	决定尚未下达
		2	违规借款，少收资金占用费	170.0		调以前年度损益	决定尚未下达
		3	违规借款，未及时收回本金及资金占用费	2,777.0		积极清理	决定尚未下达
		4	未按合同约定核收房屋出租收入	50.0		调其他业务收入	决定尚未下达
		5	高风险债权	300.0		积极清理	决定尚未下达
		6	未决诉讼	29.0		积极应诉	决定尚未下达
合计				5,540.2			

续表

文书名称	文号	问题序号	检查发现的问题	问题金额	其中:经济损失金额	整改要求	整改情况
任职年限				3.75			
年平均资产总额				50,410			
年平均问题金额占年平均资产总额比例				2.93%			
年平均经济损失金额占年平均资产总额比例							
评定标准：Ⅰ类为没有发现问题,财务收支合规合法;Ⅱ类为年平均问题金额占年平均资产总额1%及以下或年平均经济损失金额占年平均资产总额1‰及以下,财务收支基本合规合法;Ⅲ类为年平均问题金额占年平均资产总额1%以上3%以下或年平均经济损失金额占年平均资产总额1‰以上5‰以下,存在较大违纪违规问题;Ⅳ类为年平均问题金额占年平均资产总额3%以上,年平均经济损失金额占年平均资产总额5‰以上,为财务收支未能做到合规合法,存在严重的违纪违规问题。发现"小金库"、个人经济问题等性质严重问题,在确定的分类标准基础上下调一个类别。							
综合评定：经对甲同志任职期间各类经济监督部门检查及本次审计发现的问题金额占年平均资产总额的2.93%,评定为Ⅲ类,但由于存在隐瞒收入、违规核销购房款,形成账外资产62万元的问题,下调一个类别,最终评定为Ⅳ类,该单位财务收支未能做到合规合法,存在严重的违纪违规问题。							
说明：无金额的问题,只需在"检查发现的问题"栏填列即可。							

单位现任责任领导:乙××   离任领导:甲××

审计组长:王××   主审:姜××   编制人:姜××   制表日期:2010年7月28日

(*课题设计)

1. 计算年平均问题金额和年平均经济损失金额

通过表间取数将任职期间审计金额统计表(表1-4)中的任职年限3.75年填入此表。

年平均问题金额 = 5540.2 ÷ 3.75 = 1477.39 万元

年平均经济损失金额为0。

2. 计算年平均资产总额

通过表间取数将任职期间审计金额统计表(表1-4)中的年平均资产审计金额50410万元填入此表。

3. 确定依法经营评价类别

按照公式计算年平均问题金额和年平均经济损失金额占年平均资产总额比例,根据计算结果确定指标评价类别。

年平均问题金额占平均资产总额 = 1477.39 ÷ 50410 = 2.93%

经对甲同志任职期间历次检查发现的问题进行统计,该单位年平均问题金额占平均资产总额的2.93%,评定为Ⅲ类,但由于存在隐瞒收入、违规核销购房款,形成账外资产62万元和账外资产11.9万元的问题,下调一个类别,最终评定为Ⅳ类,该单位财务收支未能做到合规合法,存在严重的违纪违规问题。

(四)经营绩效评价类别的确定

1. 经营业绩考核指标完成情况

将各年上级下达的经营业绩考核指标的计划数和账面数填入上级下达主要经营业绩考核指标完成情况统计表(表1-7)。通过表间取数将调整审计金额因素分析表(表1-3)中的各年收入和利润总额调整额填入此表。

表 1-7 上级下达主要经营业绩考核指标完成情况统计表

企业名称：某房地产开发公司
单位：万元

考核指标名称	计量单位	2007 年度				2008 年度				2009 年度				统计项点分值		备注
		计划	账面数	调整额	确认数	完成百分比	计划	账面数	调整额	确认数	完成百分比	计划	账面数	调整额	确认数	完成百分比	基础分	实得分	
1. 营业总收入	万元	1800	1837	341	2178	121%	4500	4739	-1360	3379	75.09%	5000	5418	62	5480	109.60%	3	2	
2. 利润总额	万元	500	1873	249	2122	424.4%	500	2051	61	2112	422.40%	500	830	119	949	189.80%	3	3	
合计																	6	5	
指标统计分值												83.3						

说明：1. 此表数据取自完整会计年度经营业绩考核指标，不足一年的不纳入统计范围。
2. 指标完成情况统计以年度单项指标是否完成计划数作为判断标准，基础分值为 1 分。
3. 指标统计分值计算公式=100÷汇总基础分×汇总实得分。
4. 考核指标可根据与上级单位签订的年度经营责任书中的指标确定。

审计组长：王×× 主审：姜×× 编制人：姜×× 制表日期：2010 年 7 月 28 日

(﹡课题设计)

(1) 计算各年经营业绩指标完成情况

根据表中数据,首先计算各年经营业绩考核指标的审计确认数,然后与计划数进行比较,计算各年度经营业绩考核指标完成情况。

2007 年度:

营业总收入指标完成 = 2178 ÷ 1800 × 100% = 121%

利润总额指标完成 = 2122 ÷ 500 × 100% = 424.4%

2008 年度:

营业总收入指标完成 = 3379 ÷ 4500 × 100% = 75.09%

利润总额指标完成 = 2112 ÷ 500 × 100% = 422.4%

2009 年度:

营业总收入指标完成 = 5480 ÷ 5000 × 100% = 109.6%

利润总额指标完成 = 949 ÷ 500 × 100% = 189.8%

(2) 计算经营业绩考核指标完成情况得分

甲同志在该公司完整的任职年度为 3 年,每年度的经营业绩考核指标为 2 项,则总的基础分为 2 × 3 = 6 分;经审计,除 2008 年收入指标未完成外,各年其他指标均完成,实际得分为 5 分。

经营业绩考核指标完成情况得分 = 100 ÷ 6 × 5 = 83.3 分

2. 财务绩效指标完成情况

由于此项指标计算相对复杂,仅以 2009 年度财务绩效指标完成情况进行介绍。

(1) 2009 年度财务基础数据统计

①将 2009 年度会计报表相关项数据填入 2009 年度财务基础数据表(表 1 - 8)。

②通过表间取数将调整审计金额因素分析表(表 1 - 3)中 2008 年度资产调增额 175 万元和所有者权益调增额 113 万元填入此表中对应的"年初资产总额"和"年初所有者权益"项的"调整数"栏,再从 2009 年度相应项目调整额填入此表的对应栏。

③用表中的账面数加上调整数,计算得出审计确认后的财务基础数据。

表 1-8 2009 年度财务基础数据表

企业名称：某房地产开发公司
单位：万元

项目	行次	账面数	调整数	确认数	项目	行次	账面数	调整数	确认数
年初应收账款净额	1	1037	0	1037	主营业务收入	10	5123	62	5185
年末应收账款净额	2	1297	0	1297	主营业务收入净额	11	5123	62	5185
年初坏账准备	3	50	0	50	利息支出	12	61	0	61
年末坏账准备	4	60	0	60	利润总额	13	830	119	949
年初资产总额	5	46424	175	46599	净利润	14	830	119	949
年末资产总额	6	69812	232	70044	本年所有者权益客观增加	15	3216	0	3216
年末负债总额	7	51414	0	51414	本年所有者权益客观减少	16	46	0	46
年初所有者权益总额	8	14972	113	15085	上年主营业务收入总额	17	4502	-1360	3142
年末所有者权益总额	9	18397	232	18629					

说明：1. 此表以完整会计年度数据为一个期间，分年提取数据。
2. 提取的数据应以审计人员确认或调整后的数据为准。

审计组长：王×× 　 主审：姜×× 　 编制人：姜×× 　 制表日期：2010 年 7 月 28 日

(*课题设计)

(2) 计算财务绩效指标实际值

运用电子表格公式计算功能,通过表间取数,将八个财务绩效指标实际值填入 2009 年度主要财务指标与行业标准对照分析表(表 1-9)。计算财务绩效指标实际值所用数据取自 2009 年度财务基础数据表(表 1-8)。

表 1-9 2009 年度主要财务指标与行业标准对照分析表

企业名称:某房地产开发公司　　　所属行业:房地产开发　　　规模:中型

项目	指标实际值	本档标准值	本档标准系数	权数	指标得分
一、财务效益状况				34	13.6
净资产收益率(%)	5.63	-0.70	0.4	20	8.0
总资产报酬率(%)	1.73	0.30	0.4	14	5.6
二、资产营运状况				22	4.4
总资产周转率(次)	0.09		0.2	10	2.0
应收账款周转率(次)	4.20		0.2	12	2.4
三、偿债能力状况				22	17.2
资产负债率(%)	73.40	75.00	0.6	12	7.2
已获利息倍数	16.56	7.00	1	10	10.0
四、发展能力状况				22	16.0
销售(营业)增长率(%)	65.02	34.50	1	12	12.0
资本保值增值率(%)	102.48	99.60	0.4	10	4.0
综合评定得分				100	51.2

说明:1. 此表中的标准值以国家统计局每年公布的《企业绩效评价标准值》中与被审计企业所属行业和规模相对应的行业数据。
2. 被审计企业规模划分执行国家统计局《关于统计上大中小型企业划分办法(暂行)》(国统字[2003]17 号)和国资委《关于在财务统计工作中执行新的企业规模划分标准的通知》(国资厅评价函[2003]327 号)的规定。
3. 《企业绩效评价标准值》中指标划分为五档,本表在标准值时只取前四档。
4. 标准系数按四档设置,分别为 1.0,0.8,0.6,0.4,低于第四档(较低值)以下为 0.2。

审计组长:王××　　主审:姜××　　编制人:姜××　　制表日期:2010 年 7 月 28 日

(﹡课题设计)

①净资产收益率 = 净利润/平均净资产 × 100%
= 949 ÷ 〔(15085 + 18629) ÷ 2〕 × 100% = 5.63%

②总资产报酬率 = (利润总额 + 利息支出)/平均资产总额 × 100%
= (949 + 61) ÷ 〔(46599 + 70044) ÷ 2〕 × 100% = 1.73%

③总资产周转率(次) = 主营业务收入净额/平均资产总额
= 5185 ÷ 〔(46599 + 70044) ÷ 2〕 = 0.09

④应收账款周转率(次) = 主营业务收入净额/应收账款平均余额
= 5185 ÷ 〔(1037 + 50 + 1297 + 60) ÷ 2〕 = 4.24

⑤资产负债率 = 负债总额/资产总额 × 100%
= 51414 ÷ 70044 = 73.40%

⑥已获利息倍数 = (利润总额 + 利息支出)/利息支出
= (949 + 61) ÷ 61 = 16.56

⑦销售(营业)增长率 = (本年主营业务收入总额 - 上年主营业务收入总额)/上年主营业务收入总额 × 100%
= (5185 - 3142) ÷ 3142 × 100% = 65.02%

⑧资本保值增值率 = 扣除客观增减因素的年末国有资本及权益/年初国有资本及权益 × 100%
= (18629 - 3216 + 46) ÷ 15085 = 102.48%

(3) 确定企业所属行业和规模

根据国资委《中央企业综合绩效评价实施细则》(国资发评价〔2006〕157号)规定,某房地产开发公司主营业务为房地产开发,属房地产行业。根据国资委《关于在财务统计工作中执行新的企业规模划分标准的通知》(国资厅评价函〔2003〕327号)规定,该公司从业人员155人,2009年销售收入5185万元,确定该公司属中型企业。

行业名称	指标名称	计算单位	大型	中型	小型
房地产企业	从业人员数 销售额	人 万元	200 及以上 15000 及以上	100~200 以下 1000~15000 以下	100 以下 1000 以下

(资料来源:国资委《关于在财务统计工作中执行新的企业规模划分标准的通知》)

(4) 选取财务绩效指标行业标准值

根据该公司所属行业和企业规模,参照国资委财务监督与考核评价局2010年颁布的2009年度企业绩效评价标准值中的中型房地产开发企业绩效指标标准值（见下表），选取 2009 年度财务绩效指标行业标准值。

房地产开发企业

范围：中型企业

项目	优秀值	良好值	平均值	较低值	较差值
一、盈利能力状况					
1. 净资产收益率	17	10.9	6.1	-0.7	-3.7
2. 总资产报酬率	8.7	6.1	4.1	0.3	-1.7
二、资产质量状况					
1. 总资产周转率（次）	0.6	0.4	0.3	0.2	0.1
2. 应收账款周转率（次）	33.8	20.9	7.6	6.4	5.4
三、债务风险状况					
1. 资产负债率	42.5	58.5	75	84.8	94.8
2. 已获利息倍数	7	5.2	4.1	3	1.3
四、经营增长状况					
1. 销售（营业）增长率	34.5	28.8	17.6	6.6	-1.6
2. 资本保值增值率	115.7	108.8	104.4	99.6	95.6

（资料来源：国资委《企业绩效评价标准值2010》）

（5）计算单项财务绩效指标完成情况得分

根据财务绩效指标实际值，对照上表中的前四类标准值，依次确定八个单项指标的本档标准值和本档标准系数，并填入 2009 年度主要财务指标与行业标准对照分析表。

以净资产收益率指标为例：净资产收益率指标实际值 5.63，在标准值表中处于平均值 6.1 和较低值 -0.7 之间。确定本档标准值则为 -0.7，本档标准系数为 0.4，对应权数为 20 分。净资产收益率指标得分 8 分（0.4×20）。

（6）计算年度财务绩效指标完成情况总得分

将上述各单项指标得分汇总，即可得出 2009 年度主要财务绩效指标总得分 51.2 分。

依据上述方法，可分别计算出 2007 年度主要财务绩效指标总得分 70.8 分；2008 年主要财务绩效指标总得分 69.2 分。

（7）确定财务绩效指标完成情况综合得分

通过表间取数，将各年度主要财务指标与行业标准对照分析表中财务绩效指标得分填入财务绩效完成情况统计表（表1-10）。将各年得分加权平均，得出领导人员任职期间主要财务绩效指标完成情况的最终得分。即（70.8+69.2+51.2）÷3=63.7分。

表1-10　财务绩效完成情况统计表

企业名称：某房地产开发公司

评价内容	2007年度评价得分	2008年度评价得分	2009年度评价得分	综合评价得分
财务效益状况	34.0	27.2	13.6	24.9
资产营运状况	4.4	6.8	4.4	5.2
偿债能力状况	22.0	17.2	17.2	18.8
发展能力状况	10.4	18.0	16.0	14.8
合计	70.8	69.2	51.2	63.7

审计组长：王×× 　主审：姜×× 　编制人：姜×× 　制表日期：2010年7月28日

（﹡课题设计）

3. 确定经营绩效评价类别

通过表间取数，将上级下达主要经营业绩考核指标完成情况统计表（表1-7）中的经营业绩考核得分83.3分和财务绩效完成情况统计表（表1-10）中的财务绩效完成情况得分63.7分填入企业经营绩效评价结果统计表（表1-11）的"单项评价得分"栏。

表1-11　企业经营绩效评价结果统计表

企业名称：某房地产开发公司

评价内容	单项评价得分	权重	综合评定得分
一、上级下达经营业绩考核指标完成情况	83.3	0.6	50.0
二、主要财务指标与行业标准对照分析结果	63.7	0.4	25.5
合计		1.0	75.5

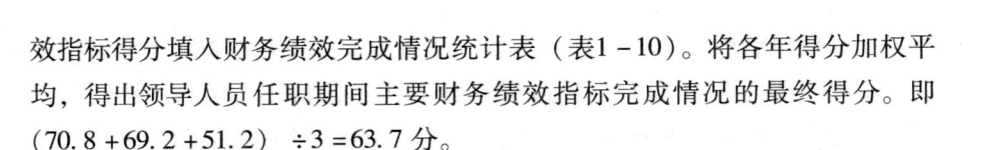

评定标准：Ⅰ类综合评定得分在90分及以上，为企业经营绩效显著；Ⅱ类综合评定得分在75分及以上不足90分，为企业经营绩效较好；Ⅲ类综合评定得分在60分及以上不足75分，为企业经营绩效一般；Ⅳ类综合评定得分在60分以下，为企业经营绩效较低。

综合评定：经对甲同志任职期间三个会计年度经营绩效情况进行计算分析，综合评定得分为75.5分，评定为Ⅱ类，该单位经营绩效较好。

单位现任领导：乙×× 　离任领导：甲×× 　审计组长：王××
主审：姜×× 　编制人：姜×× 　制表日期：2010年7月28日

（*课题设计）

用单项评价得分乘以其对应权重 0.6 或 0.4，加总计算得出甲同志任职期间企业经营绩效得分为 75.5 分，评定为 II 类，该单位经营绩效较好。

（五）重大经营决策评价类别的确定

根据被审计单位填报情况，将审计测试结果填入重大经营决策事项调查表（表 1-12）。

表 1-12 重大经营决策事项调查表

企业名称：某房地产开发公司

单位：万元

重大经营决策事项	审计调查项点（由被审计单位填写）		审计调查结果		
	决策程序是否符合规定	决策事项是否取得预期效益	基础分	实得分	情况说明
一、投资决策					
（一）内部投资					
1. 重要生产设备更新或技术改造					无
2. 重要的非生产性设施建设或改造					无
（二）对外投资					
1. 长期股权投资					无
2. 购买交易性金融资产					无
3. 购买可供出售的金融资产					无
4. 购买持有至到期投资					无
5. 其他对外投资					
二、重要经营项目安排					
（一）新项目（产品）开发					
2008 年开发××丽都小区	√	√	2	2	
2008 年开发××新城小区	√	√	2	2	

269

续表

重大经营决策事项	审计调查项点（由被审计单位填写）		审计调查结果		
	决策程序是否符合规定	决策事项是否取得预期效益	基础分	实得分	情况说明
(二)重大不动产转让或股权转让					无
(三)重大资产处置、核销方案					无
(四)其他重要项目安排					无
三、资金管理					
(一)出借资金					
2007至2009年累计向海南某房地产开发公司出借3410万元	√	√	2	1	根据上级规定，公司禁止向其他单位出借资金，所以向海南某房地产开发公司出借3410万元资金不符合规定，该公司无决策此事项。
2007至2009年累计向大连某房地产开发公司出借1786万元	√	√	2	1	根据上级规定，公司禁止向其他单位出借资金，所以向大连某房地产开发公司出借1786万元资金不符合规定，该公司无决策此事项。
(二)申请大额银行贷款					
2009年中信银行贷款7000万元	√	√	2	2	
2009年招商银行贷款3000万元	√	√	2	2	
(三)对外提供信用担保					无

270

续表

重大经营决策事项	审计调查项点（由被审计单位填写）		审计调查结果	
	决策程序是否符合规定	决策事项是否取得预期效益	基础分	实得分
（四）其他有关大额资金管理的事项			12	10
合计				83.3
综合评定得分				

评定标准：Ⅰ类评定得分在90分及以上，为企业重大经营决策科学、民主，实现了预期效益；Ⅱ类评定得分在75分及以上不足90分，为企业重大经营决策比较科学、民主，较好地实现了预期效益；Ⅲ类评定得分在60分及以上不足75分，为企业重大经营决策基本做到科学、民主，基本实现了预期效益；Ⅳ类评定得分在60分以下，为企业未能做到科学、民主决策，未能取得预期效益或重大决策失误造成经济损失超过企业年平均资产总额3%以上的，直接确定为Ⅳ类。发现企业存在决策事项违法违规、越权决策或决策失误造成经济损失，直接评定为Ⅳ类。

综合评定：本次审计共对该单位6项重大经营决策事项进行了调查，综合评定得分为83分，初步评定为Ⅱ类，但因该单位存在越权决策对外借款问题，直接评定为Ⅳ类，该单位未能做到合规决策，给企业造成了重大的资金风险。

说明：1. 表中"重大经营决策事项"栏按企业实际发生的重大经营决策事项列。
2. 表中"审计调查项点"栏由被审计单位填写，对符合调查要求的打√，不符合调查要求的打×，不适用的标注"不适用"。
3. 表中每个审计调查项点基础分值为1分，不适用的不计分。
4. 当审计调查结果与被审计单位填写情况不一致时，在"情况说明"栏写明情况。
5. 大额资金调动和使用是指超过由国有资产监督管理机构所规定的企业领导人员有权调动、使用的资金限额的资金调动和使用。
6. 综合评定得分计算公式=100÷汇总基础分×汇总实得分

单位现任领导：　离任领导：甲××　　　填报人：刘××　　　填报日期：2010年7月15日
审计组组长：王××　　　主审：姜××　　　审核人：姜××　　　制表日期：2010年7月28日

(*课题设计)

在上表中,经调查测试,重大经营决策事项基础分为12分,实得分10分。测评得分83.3分(100÷12×10),对照分类标准评定为Ⅱ类,因该单位存在违规决策对外借款问题,直接评定为Ⅳ类,该单位未能做到合规决策,给企业造成了重大的资金风险。

(六)科学发展评价类别的确定

根据被审计单位填报情况,将审计调查结果填入企业落实科学发展观情况调查表(表1-13)。

表1-13 企业落实科学发展观情况调查表

企业名称:某房地产开发公司

调查事项名称	有(是)	无(否)	不适用	调查结果
一、战略管理				
1. 是否制定企业短、中、长期发展规划	√			√
2. 发展规划是否符合企业实际	√			√
3. 企业员工是否了解发展规划	√			√
4. 是否制定规划实施的保障措施	√			√
5. 是否取得预期的实施效果	√			√
二、发展创新				
1. 企业是否建立创新机制	√			√
2. 是否不断改进经营管理模式	√			√
3. 是否进行工艺、技术改进			√	√
4. 是否根据市场需求开发新产品	√			√
5. 是否拥有行业知名品牌	√			√
三、人力资源				
1. 企业是否建立人力资源管理制度	√			√
2. 是否定期对员工进行业务培训	√			√
3. 是否实施人才储备计划	√			×
4. 是否采取绩效考核等激励机制	√			√
5. 是否实施公开公平公正的人才引进机制	√			√
四、社会贡献				
1. 企业是否制定节能降耗等环保措施	√			√

续表

调查事项名称	被审计单位填写（√）			调查结果
	有（是）	无（否）	不适用	
2. 是否实现环境保护的任务指标			√	√
3. 企业人均工资是否实现稳步增长	√			√
4. 是否实现税利的稳步增长	√			√
审计测试项点总数	19			
审计测试适用项点数	17			
审计测试达标项点数	16			
综合评定得分（四舍五入）	94			
评定标准：Ⅰ类综合评定得分在90分及以上，为企业能够很好地贯彻落实科学发展观，注重企业社会责任，发展规划科学、合理，经营目标明确，效果显著；Ⅱ类综合评定得分在75分及以上不足90分，为企业能够较好地贯彻落实科学发展观，比较重视企业社会责任，发展规划比较符合企业实际，经营目标比较明确，效果明显；Ⅲ类综合评定得分在60分及以上不足75分，为企业基本能够贯彻落实科学发展观，关注企业社会责任，发展规划基本科学、合理，基本实现预期经营目标；Ⅳ类综合评定得分在60分以下，为企业未能贯彻落实科学发展观，未能制定或没有制定明确的发展计划和目标，各种生产经营策略不符合企业实际，不利于企业的发展。			
综合评定：本次对该单位落实科学发展情况的19个项点进行了调查，其中适用项点有17项，不适用项点有2项。在适用项点中有1个项点未达到规定要求。经调查分析综合得分为94分，评定为Ⅰ类，该单位能够较好地贯彻落实科学发展观，注重企业社会责任，发展规划科学、合理，经营目标明确，效果显著。			

说明：综合评定得分计算公式＝100÷适用项点数×达标项点数
单位现任领导：乙×× 离任领导：甲×× 填报人：刘×× 填报日期：2010年7月15日

（＊课题设计）

在上表中，经调查测试，19项测试项点中，适用17项，不适用2项。在适用项点中达标项点有16项。测评得分94分（100÷17×16），对照分类标准评定为Ⅰ类，该企业能够较好地贯彻落实科学发展观，注重企业社会责任，发展规划科学、合理，经营目标明确，效果显著。

（七）廉洁自律评价类别的确定

因审计未发现甲同志任职期间存在以权谋私、贪污、挪用、私分公款、转移国家资财、挥霍浪费等违反廉洁自律问题，对照标准，评价为Ⅰ类。任职期间违反廉政规定问题统计表（表1-14）为空表。

表 1-14　任职期间违反廉政规定问题统计表

企业名称：某房地产开发公司　　　　　　　　　　　　　　　　　　　　　　单位：万元

文书名称	文号	问题序号	违反廉政问题	违反廉政规定问题				是否造成不良影响	整改要求	整改情况
^	^	^	^	问题金额	其中：经济损失额	侵占国有资产金额	挥霍浪费国家资财金额	^	^	^
合计										

评定标准：Ⅰ类为没有发现违反廉洁从政（从业）规定的问题；Ⅱ类为存在违反廉洁从政（从业）规定的问题，但不存在侵占国有资产和挥霍浪费国家资财的问题；Ⅲ类为存在违反廉洁从政（从业）规定，给企业造成经济损失或不良影响，给企业造成经济损失或不良影响，存在侵占国有资产和挥霍浪费国家资财的问题；Ⅳ类为违反廉洁从政（从业）规定，给企业造成经济损失或严重影响企业形象。

综合评定：经对甲同志任职期间遵守廉洁从政（从业）规定情况进行检查，未发现该同志存在违反廉洁从政（从业）规定的问题。经审计，评定为Ⅰ类。

单位现任领导：乙××　　　　　　离任领导：甲××　　　　　　审计组长：王××

主审：姜××　　　　　　　　　　核人：姜××　　　　　　　　制表日期：2010年7月28日

(﹡课题设计)

三、领导人员履责类别的确定

将上述七个定量指标的评价类别填入领导人员履行经济责任综合评价表（表1-15），乘以其对应的权重，得出单项指标分值。将各单项指标分值相加求整，即为领导人员履行经济责任的类别。

企业名称：某房地产开发公司

表1-15 领导人员履行经济责任综合评价表

序号	评价项目	分类标准	单项评定结果	评定类别	权重	评定得分	备注
1	内部控制	Ⅰ类评定得分在90分及以上,为内控制度健全有效；Ⅱ类评定得分在75分及以上不足90分,为内控制度比较健全有效；Ⅲ类评定得分在60分及以上不足75分,为内控制度基本健全有效；Ⅳ类评定得分在60分以下,为内控制度失效。发现"小金库"、个人经济同题、国有资产流失等性质严重问题,在确定的分类标准基础上下调一个类别。	本次共对内控制度方面的27项内容进行了调查测试,其中:适用27项,不适用0项。经审计测试,综合评定得分为89分,评定为Ⅱ类,但由于存在隐瞒收入、违规核销购房款、形成账外资产62万元的问题,下调一个类别,最终评定为Ⅲ类,该单位内部控制制度基本健全有效。	3	0.15	0.45	详见(表1-1)内控制度调查测试表
2	会计信息	Ⅰ类未发现会计信息失真,为会计信息真实地反映了企业的财务状况和经营结果；Ⅱ类综合会计信息失真率小于等于3%,为会计信息比较真实地反映了企业的财务状况和经营结果；Ⅲ类综合会计信息失真率大于3%小于等于6%,为会计信息基本真实地反映企业的财务状况和经营结果；Ⅳ类综合会计信息失真率大于6%,为会计信息没有真实地反映企业的财务状况和经营结果。发现"小金库"、个人经济同题、国有资产流失等性质严重问题,在确定的分类标准基础上下调一个类别。	经对甲同志任职期间各类经济监督部门检查及本次审计发现情况进行统计,会计信息的影响为3.91%,评定为Ⅲ类,但由于存在隐瞒收入、违规核销购房款、形成账外资产62万元同题,下调一个类别,最终评定为Ⅳ类,该单位会计信息没有真实地反映企业的财务状况和经营结果。	4	0.15	0.6	详见(表1-5)会计信息失真率计算表

276

续表

序号	评价项目	分类标准	单项评定结果	评定类别	权重	评定得分	备注
3	依法经营	Ⅰ类为没有发现问题，财务收支合规合法；Ⅱ类为年平均问题金额占平均资产总额1%及以下，或平均经济损失金额占平均资产总额1‰及以下，财务收支基本合规合法；Ⅲ类为年平均问题金额占平均资产总额1%以上3%及以下或年平均经济损失金额占平均资产总额1‰以上5‰及以下，存在违纪问题；Ⅳ类为年平均问题金额占平均资产总额3%以上，年平均经济损失金额占平均资产总额5‰以上，为财务收支未能做到合规合法，存在严重的违纪违规问题。发现"小金库"、个人经济问题等性质严重问题，在确定的分类标准基础上下调一个类别。	经对甲同志任职期间各类经济监督部门检查及本次审计发现的问题进行统计，该单位本年计平均问题金额占平均资产总额的2.93%，评定为Ⅲ类，但由于存在隐瞒收入、违规核销购房款、形成账外资产62万元的问题，下调一个类别，最终评定为Ⅳ类，该单位财务收支未能做到合法合规，存在严重的违纪违规问题。	4	0.2	0.8	详见（表1-6）任职期间经济监督部门检查发现问题统计表
4	经营绩效	Ⅰ类综合评定得分在90分及以上，为企业经营绩效显著；Ⅱ类综合评定得分在75分及以上不足90分，为企业经营绩效较好；Ⅲ类综合评定得分在60分及以上不足75分，为企业经营绩效一般；Ⅳ类综合评定得分在60分以下，为企业经营绩效较低。	经对甲同志任职期间三个会计年度经营绩效情况进行计算分析，综合评定得分为75.5分，评定为Ⅱ类，该单位经营绩效较好。	2	0.15	0.3	详见（表1-11）企业经营绩效评价结果统计表

续表

序号	评价项目	分类标准	单项评定结果	评定类别	权重	评定得分	备注
5	经营决策	Ⅰ类评定得分在90分及以上,为企业重大经营决策科学、民主,实现了预期效益;Ⅱ类评定得分在75分及以上不足90分,为企业重大经营决策比较科学、民主,较好地实现了预期效益;Ⅲ类评定得分在60分及以上不足75分,为企业重大经营决策基本做到科学、民主,基本实现了预期效益;Ⅳ类评定得分在60分以下,为企业未能做到决策科学、民主,未能取得预期效益或造成重大的经济损失,或决策失误造成经济损失违法违规,或决策失误造成经济损失超过企业年均资产总额3%以上的,直接确定为Ⅳ类。	本次审计共对该单位6项重大经营决策事项进行了调查,综合评定得分为80分,初步评定为Ⅱ类,但因该单位存在趋权决策对外借款问题,直接评定为Ⅳ类,该单位未能做到合规决策,给企业造成了重大的资金风险。	4	0.15	0.6	详见(表1-12)重大经营决策事项调查表
6	科学发展	Ⅰ类综合评定得分在90分及以上,为企业能够很好地贯彻落实科学发展观,注重企业社会责任,发展规划科学、合理,经营目标明确,效果显著;Ⅱ类综合评定得分在75分及以上不足90分,为企业能够较好地贯彻落实科学发展观,比较重视企业社会责任,发展规划比较符合企业实际,经营目标比较明确,效果明显;Ⅲ类综合评定得分在60分及以上不足75分,为企业基本能够贯彻落实科学发展观,关心企业社会责任,发展规划基本科学、合理,基本实现预期经营目标;Ⅳ类综合评定得分在60分以下,为企业未能贯彻落实科学发展观,未能制定或没有明确的发展计划和目标,各种生产经营策略不符合企业实际,不利于企业的发展。	本次对该单位落实科学发展情况的19个项点进行了调查,其中适用项点有17项,不适用项点有2项。在适用项点中有1个项点未达到规定要求。经调查综合评定得分为94分,评定为Ⅰ类,该单位能够较好地贯彻落实科学发展观,合理重企业社会责任,发展规划明确,效果显著。	1	0.1	0.1	详见(表1-13)企业落实科学发展情况调查表

278

续表

序号	评价项目	分类标准	单项评定结果	评定类别	权重	评定得分	备注
7	廉洁自律	Ⅰ类为没有发现违反廉洁从政（从业）规定的问题；Ⅱ类为存在违反廉洁从政（从业）规定的问题，但未给企业造成经济损失或不良影响；Ⅲ类为存在违反廉洁从政（从业）规定的问题，给企业造成经济损失或不良影响，但不存在侵占国有资产和挥霍浪费国家资财的问题；Ⅳ类为违反廉洁从政（从业）规定，给企业造成经济损失或严重影响企业形象，存在侵占国有资产和挥霍浪费国家资财的问题。	经对甲同志任职期间遵守廉洁从政（从业）规定情况进行检查，未发现该同志存在违反廉洁从政（从业）规定的问题，经审计，评定为Ⅰ类。	1	0.1	0.1	详见（表1-14）任职期间违反廉政规定问题统计表
	合计				1.00	2.95	

综合评定标准：Ⅰ类标准评价为很好地履行了经济责任；Ⅱ类标准评价为较好地履行了经济责任；Ⅲ类标准评价为基本上履行了经济责任；Ⅳ类标准评价为没有有效地履行经济责任。（综合类别按四舍五入标准最终确定）

综合评定结果：经对甲同志任职期间内控制度、会计信息、依法经营等九个方面进行测评，综合评定为三类。甲同志基本履行了经济责任。

单位现任领导：乙×× 离任领导：甲×× 审计组长：王××
主审：姜×× 编制人：姜×× 制表日期：2010年7月28日

(＊课题设计)

本例中甲同志履责类别为Ⅲ类,基本履行了经济责任。

附录二 《经济责任审计报告》范文

关于某房地产开发公司总经理甲同志
任期经济责任履行情况的审计报告

某审计机构：

根据XXX《企业领导人员任期经济责任审计委托书》（XX人经审字〔2010〕XX号）及《审计通知书》（审通〔2010〕X号），按照《XX所属及控股企业领导人员经济责任审计实施办法》（XX审函〔2009〕XX号），审计组对甲同志任某房地产开发公司总经理期间的经济责任履行情况进行了就地审计。审计实施阶段已经结束，现将有关情况报告如下：

一、基本情况

（一）被审计单位的基本情况

某房地产开发公司成立于1992年，隶属于某投资管理集团。位于××市××区××街××号，注册资本10,000万元，法定代表人：甲××，现负责人：乙××。公司设财务部、销售部、工程部、综合部、前期部、经营部、办公室等部门。截止到2010年6月末，职工定员155人，现员155人；主要经营业务为房地产开发与经营、建筑材料销售及自有房屋租赁。该公司所属行业为房地产开发企业，一级开发资质，规模为中型企业。执行企业会计制度，向某投资管理集团提报财务决算。在工商银行××分行开设一个基本账户，账号为：263203018。

（二）任职时间及职责分工情况

2006年9月13日，某投资管理集团（×××人〔2006〕××号），任命甲同志担任某房地产开发公司总经理职务。2010年6月10日，某投资管理集团（××人［2010］××号），免去甲同志某房地产开发公司总经理职务。甲同志自2006年10月至2010年6月担任某房地产开发公司总经理职务期间，主要负责行政全面工作，并主管财务部、销售部、工程部、前期部。

（三）离任时财务状况

2010年6月，公司本级资产负债表反映资产总额956115990.65元，其中：货币资金155871618.94元，应收账款10257851.57元，预付账款14560516.70元，其他应收款164616762.56元，存货429727155.03元，长期股权投资171882686.45元，固定资产原值14634432.85元，累计折旧5085033.45元，固定资产净值9549399.40元，固定资产减值准备350000.00元，固定资产净额9199399.40元；负债总额664156612.77元，其中：短期借款7930000.00元，应付账款3165859.35元，预收账款422673511.20元，应付职工薪酬8036289.39元，应交税费-25267563.82元，其他应付款109771758.73元，其他流动负债77846757.92元，长期借款60000000.00元；所有者权益总额291959377.88元，其中：实收资本200668641.56元，资本公积10759502.86元，盈余公积69469496.72元，未分配利润11061736.74元。

二、被审计单位的会计责任

某房地产开发公司对提供的会计账簿、会计凭证、会计报表、银行对账单、预决算的编制、批复、执行、调整、业务统计资料和主要指标完成情况的真实性和完整性负责；对甲同志任职期间历次接受经济监督部门检查的结论性资料，重大经营决策及实施结果情况，审计调查表数据资料，审计查询书的回复内容及谈话记录的答复内容，与财务收支、经营管理有关的规章制度，有关合同协议、会议记录以及其他证明材料的真实性和完整性负责。

甲同志对提供的任职期间经济责任履行情况述职报告的真实性和完整性负责。

三、实施审计情况

依据《××所属及控股企业领导人员经济责任审计实施办法》(××审函〔2009〕××号)和《××审计项目实施办法》(××函〔2009〕××号)规定的程序,审计组于2010年7月15日至7月30日,历时15个工作日,对甲同志自2006年10月至2010年7月任某房地产开发公司总经理期间的经济责任履行情况进行了就地审计。

鉴于×××对某房地产开发公司2006年10月至2008年12月间财务账项实施了审计,故本次重点对公司2009年1月至2010年6月期间的会计凭证、会计账簿、财务会计报告和其他业务资料进行了查证,并对有关重大问题进行了审计追溯。审计的重点内容包括:会计信息的真实性、合法性、效益性,内控制度的健全性和有效性,重大经营决策的合规性、科学性、效益性,领导人员遵守财经法纪及有关廉政规定情况,贯彻落实科学发展观情况,前任领导人员遗留问题的清理情况,任职期末重大未完经济事项情况等。

实施审计期间,召开了由某房地产开发公司部分领导班子成员、部分中层干部及职工代表参加的进点会,听取了甲同志履行经济责任情况的述职报告。张贴审前公示。审计期间与甲同志同期任职的主要班子成员和部门负责人、职工代表等20人进行了谈话,听取他们对甲同志任职期间履行经济责任、执行财经纪律、个人廉政等方面的意见;查阅了甲同志任职期间公司形成的部分文件、会议纪要等资料。审计中采取会计资料、业务资料及资金流向相结合的方式,运用调查测试、分析性复核、查询及计算、盘点、观察、谈话等方法,对甲同志任职期间的经营活动进行了查证。

四、任职期间发现的问题

(一) 本次审计发现的问题

1. 本次审计发现的违纪违规问题

(1) 隐瞒收入、违规核销购房款,形成账外资产620000.00元

经查,2008年3月,海南××公司代某房地产开发公司在海口市购买商品房屋1处,垫付款620000.00元,单方计入与某房地产开发公司往来

账。2009年7月，经甲同志批准，某房地产开发公司将收取中山市××电子有限公司厂房租金620000.00元，直接存入海南××公司，核销其代垫的购房款。对上述购房及核收租金等业务，某房地产开发公司没有进行相应的账务处理，造成隐瞒收入、违规核销购房款，形成账外资产。对此问题，甲同志负有直接责任。

上述做法不符合……

处理建议：根据……的规定，要求某房地产开发公司于2010年9月末前调整有关会计账项。

借：库存商品，贷：以前年度损益调整620000.00元

（2）违规借款17860000.00元，少收资金占用费1695933.40元

经查，2007年1月某房地产开发公司召开经理办公会议，研究决定向其投资控股65%的大连××房地产开发有限公司出借资金，用于开发建设大连××大厦。自2007年1月至2009年12月间累计出借资金17860000.00元。根据某房地产开发公司要求，大连××房地产开发有限公司依据各年短期贷款利率，在成本中计提资金占用费1695933.40元，其中：2007年520933.40元，2008年606346.60元，2009年568653.40元。某房地产开发公司虽在2009年12月末前陆续收回全部本金，但未将应核收的资金占用费计入各期损益，也未收回相应的资金。此问题虽经过经理办公会议集体研究决策，但某投资管理集团规定禁止所属单位向其他单位出借资金，某房地产开发公司对出借资金事项的决策属违规决策，甲同志对此问题应承担主管责任。

上述做法不符合……

处理建议：根据……的规定，要求某房地产开发公司于2010年9月末前调整以前年度损益，并积极催收资金，防止发生坏账损失。

借：其他应收款－大连××房地产开发有限公司，贷：以前年度损益调整1695933.40元

（3）违规借款34100000.00元，未及时收回借款本金及资金占用费27767790.00元

经查，2007年1月某房地产开发公司召开经理办公会议，研究决定向其投资控股31%的海南××房地产开发有限公司出借资金用于开发建设海南××海岸项目。自2007年1月至2009年12月间累计出借资金34100000.00元。截至2010年6月末，已收回借款本金8000000.00元，尚

有26100000.00元未收回。

根据海南××房地产开发有限公司董事会决议，2007年12月末以前股东股本外投入的资金按同期银行贷款利率计息，2007年12月末以后按投入海南××海岸项目的比例分配利润，不再计取利息。累计计算至2007年12月末，某房地产开发公司确认应收海南××房地产开发有限公司资金占用费2740523.89元，现已收回1072733.89元，尚有1667790.00元未收回。此问题虽经过经理办公会议集体研究决策，但某投资管理集团规定禁止所属单位向其他单位出借资金，某房地产开发公司对出借资金事项的决策属违规决策，甲同志对此问题应承担主管责任。

上述做法不符合……

处理建议：要求某房地产开发公司积极关注海南××海岸项目建设情况，待预售房屋资金到位时与海南××房地产开发有限公司协商收回借款本金及资金占用费27767790.00元。如造成损失按……的规定，追究相关责任人的经济责任。同时，要求某房地产开发公司必须加强资金管理，杜绝违规借款问题的再次发生。

（4）未按合同约定核收房屋出租收入500000.00元

2008年3月15日，某房地产开发公司与××拍卖有限公司签订了《房屋租赁合同》，将位于××市××区××街×号，面积为7504.81平方米的库存商品房出租给××拍卖有限公司，用于商服业经营，租赁期自2008年3月16日至2013年3月15日，期限5年。现已核收2008年及2009年租金，但按合同约定，××拍卖有限公司应于2010年3月15日支付租金500000.00元。截止到2010年7月15日，某房地产开发公司尚未收回此项租金，也未确认租金收入。该公司房屋出租管理由副总经理丙同志主管，其应承担主管责任，但甲同志对未及时核收租金问题没有重视，没有提出落实清理责任的工作要求，对此甲同志应承担领导责任。

上述做法不符合……

处理建议：根据……的规定，要求某房地产开发公司于2010年9月末前按合同约定确认收入，并组织有关人员进行催收。如对方不能履约，要及时终止合同，必要时可通过法律诉讼收回资金。如造成损失按……的规定，追究相关责任人的经济赔偿责任。账务处理：

借：其他应收款-××拍卖有限公司，贷：其他业务收入500000.00元

(5) 高风险债权 3000000.00 元

截止 2010 年 6 月末，某房地产开发公司应收××工程总公司往来结余 3000000.00 元，此款自 2005 年 3 月以来一直无动态。经查，此款是××工程总公司所欠购房款结余。虽经多次催要，至今未能收回，经审计确认为高风险债权。此问题是甲同志的前任遗留问题，在甲同志接任后，虽采取了催要措施，但仍未能收回，对此应承担主管责任。

上述做法不符合……

处理建议：要求某房地产开发公司组织有关人员抓紧清理欠款，避免造成损失，如形成损失按……的规定，追究相关责任人的经济赔偿责任。

(6) 未决诉讼 288187.00 元

截止 2010 年 8 月末，某房地产开发公司"预收账款（极乐小区）"科目贷方挂账 470000.00 元。经审计追溯，此款是 2004 年 12 月××经济适用住房建设管理办公室撤并时，并入该公司的预收账款。经查，1999 年 9 月，××经济适用住房建设管理办公室与刘××个人签订××小区房屋销售合同，总价值 758187.00 元。2000 年 1 月，刘××交购房款 450000.00 元。2003 年，××经济适用住房建设管理办公室向刘××催要余款时，双方发生纠纷。2004 年 2 月 18 日，刘××送给调查人员现金 20000.00 元，调查人员将其上缴抵作刘××购房款。

2007 年 9 月，某房地产开发公司将刘××诉至××法院。2010 年 6 月，一审判令刘××于判决生效后十日内给付购房款 288187.00 元及违约金 75818.00 元。由于刘××不服一审判决，此案正在二审诉讼之中。对此问题，甲同志在接任后能够积极采取法律诉讼方式清理欠款，促进了问题的解决，对此甲同志不承担责任。

处理建议：鉴于此案正在二审诉讼中，要求某房地产开发公司组织有关人员积极应诉，待法院判决后，根据判决结果进行相应处理。

2. 本次审计发现的管理问题

本次审计未发现某房地产开发公司存在管理问题。

3. 本次审计发现需明确责任承接的后续问题

(1) 某房地产开发公司投资控股 65% 的大连××房地产开发有限公司尚未清算完毕。截止到 2010 年 6 月末，大连××房地产开发有限公司尚有 7 套门市房未出售，无法办理公司清算。需要乙同志承接业务，督促大连

××房地产开发有限公司加大营销力度，在销售完剩余 7 套门市房后，抓紧时间办理公司清算事宜。

（2）截止到 2010 年 6 月末，某房地产开发公司应收海南××房地产开发有限公司 27767790.00 元，其中：借款本金 26100000.00 元，资金占用费 1667790.00 元。因海南××房地产开发有限公司投资的海南"××海岸"项目正在建设中，暂时无法收回资金，需要乙同志承接业务，跟踪管理，早日收回借款本金及资金占用费。

（3）截止到 2010 年 6 月末，经审计确认，某房地产开发公司应收大连××房地产开发有限公司资金占用费 1695933.40 元，需要乙同志继续承责，积极组织清理。

（4）截止到 2010 年 6 月末，某房地产开发公司应收××工程总公司购房款 3000000.00 元。因该公司无资金偿还，承诺用其投资大连××房地产开发有限公司的资本金偿还，对此笔债权需要乙同志承接业务，与××工程总公司签订协议，约定此笔债权的偿付方式。待大连××房地产开发有限公司清算后，立即收回此笔债权。

（5）截止到 2010 年 6 月末，某房地产开发公司尚有未决诉讼一项，经法院一审判决，由被告方刘××向某房地产开发公司支付购房款 288187.00 元及违约金 75818.00 元。但被告人已上诉，此案正在二审诉讼之中，需要乙同志承接业务，积极应诉，早日收回此笔款项。

（6）本次审计对某房地产开发公司 2010 年 6 月末资产负债表各项进行了逐笔确认，对确认为正常类的资产及负债，需要乙同志承接责任，认真履行法定代表人的职责，加强实物资产的管理，及时清理到期的债权、债务，避免给企业造成损失。

处理建议：要求乙同志承接上述六项未完事项，完成遗留问题的后续处理。对违规借款，未及时收回借款本金及资金占用费 27767790.00 元及违规借款，少收资金占用费 1695933.40 元问题，要求甲同志积极配合乙同志工作，必要时参与债权清理。如因清理不利，给企业造成损失，按《××经济损失责任追究及违反财经纪律行为处罚办法（试行）》（××函〔2006〕××号）的规定，将追究乙同志、甲同志及相关责任人员的经济赔偿责任。

（二）任期内接受检查发现的问题和整改处理情况

甲同志在担任某房地产开发公司总经理期间，经历了前任领导人员任期经济责任、年度经营业绩、年度会计报表等 4 次审计，审计要求整改及处理的事项有：

1．××（经济监督部门）《关于某房地产开发公司总经理丁同志任职期间经济责任履行情况的审计决定和结论》（审决〔2006〕275 号）中：要求甲同志对××工程总公司欠 3000000.00 元购房款问题承接清理责任。

2．××（经济监督部门）《关于某房地产开发公司 2006 年以来经营管理情况的审计决定和结论》（审决〔2007〕14 号）中：未及时结算投资收益 2879061.43 元；损益不实 1538671.90 元；工程成本挂账 411855.53 元；动迁补偿支出挂账 521820.00 元；未及时核收房屋出租费 390000.00 元。

3．××（经济监督部门）《关于某房地产开发公司 2007 年度经营业绩情况的审计决定和结论》（审决〔2008〕85 号）中：损益不实 1672516.15 元；未按合同规定收取及确认房屋出租收入 300000.00 元；账外库存商品 118842.00 元。

4．××会计师事务所《关于某房地产开发公司 2008 年度会计报表审计报告》（×审字〔2009〕29 号）中：多计收入 13600000.00 元；支付动迁补偿费缺少合同 87984.00 元。

甲同志接任后，对前任遗留的××工程总公司欠 3000000.00 元购房款问题，虽多次催要，但至离任时仍未能收回。除上述问题外，甲同志在任职期间对其他检查发现的问题都按照要求进行了整改。

五、审计结果

（一）离任时点财务状况确认结果

1．资产确认结果

截止到 2010 年 6 月 30 日，报表反映资产总额 956115990.65 元，本次审计调增 2815933.40 元，调整后资产总额为 958931924.05 元。其中：

（1）货币资金 155871618.94 元，本次审计确认金额 155871618.94 元。

（2）应收账款 4 笔，金额 10257851.57 元，本次审计确认应收账款 4

笔，金额 10257851.57 元。其中：正常类债权 3 笔，金额 7257851.57 元，风险类债权 1 笔，金额 3000000.00 元。

（3）其他应收款 30 笔，金额 164616762.56 元，本次审计确认其他应收款 32 笔，金额 166812695.96 元。其中：正常类债权 30 笔，金额 137348972.56 元，风险类债权 2 笔，金额 29463723.40 元。本次审计调增 2 笔，金额 2195933.40 元。其中：因违规借款，少收资金占用费问题，调增 1695933.40 元；因未按合同约定核收房屋出租收入问题，调增 500000.00 元。

（4）预付账款 5 笔，金额 14560516.70 元，本次审计确认预付账款 5 笔，金额 14560516.70 元，均为正常类债权。

（5）存货 12 笔，金额 429727155.03 元，本次审计确认存货 13 笔，金额 430347155.03 元，均为正常类存货。本次审计因截留收入、违规核销购房款，形成账外资产问题，调增 620000.00 元。

（6）长期股权投资 5 笔，金额 171882686.45 元，本次审计确认长期股权投资 5 笔，金额 171882686.45 元，均为正常类长期股权投资。

（7）固定资产净额 9199399.40 元，本次审计确认固定资产净额 9199399.40 元，均为正常类固定资产。

2. 负债确认结果

截止到 2010 年 6 月 30 日，报表反映负债总额 664156612.77 元，审计确认负债总额为 664156612.77 元。其中：

（1）短期借款 1 笔，金额 7930000.00 元，本次审计确认短期借款 1 笔，金额 7930000.00 元，均为正常类债务。

（2）应付账款 22 笔，金额 3165859.35 元，本次审计确认应付账款 22 笔，金额 3165859.35 元，均为正常类债务。

（3）预收账款 5 笔，金额 422673511.20 元，本次审计确认预收账款 5 笔，金额 422673511.20 元，均为正常类债务。

（4）应付职工薪酬 8036289.39 元，本次审计确认应付职工薪酬 8036289.39 元，均为正常类债务。

（5）应交税费 -25267563.82 元，本次审计确认应交税费 -25267563.82 元，均为正常类债权。

（6）其他应付款 14 笔，金额 109771758.73 元，本次审计确认其他应付款14笔，金额109771758.73元，均为正常类债务。

（7）长期借款1笔，金额60000000.00元，本次审计确认长期借款1笔，金额60000000.00元，均为正常类债务。

3. 所有者权益确认结果

截止到2010年6月30日，所有者权益总额291959377.88元，本次审计调增2815933.40元，调整后所有者权益总额为294775311.28元。其中：

（1）实收资本200668641.56元，本次审计确认实收资本200668641.56元。

（2）资本公积10759502.86元，本次审计确认资本公积10759502.86元。

（3）盈余公积69469496.72元，本次审计确认盈余公积69469496.72元。

（4）未分配利润11061736.74元，本次审计确认未分配利润13877670.14元。本次审计调增3笔，金额2815933.40元。其中：因截留收入、违规核销购房款，形成账外资产问题，调增620000.00元；因违规借款，少收资金占用费问题，调增1695933.40元；因未按合同约定核收房屋出租收入问题，调增500000.00元。

4. 审计确认后离任时点财务状况

经审计确认后，2010年6月，公司资产总额958931924.05元，其中：货币资金155871618.94元，应收账款10257851.57元，预付账款14560516.70元，其他应收款166812695.96元，存货430347155.03元，长期股权投资171882686.45元，固定资产原值14634432.85元，累计折旧5085033.45元，固定资产净值9549399.40元，固定资产减值准备350000.00元，固定资产净额9199399.40元；负债总额664156612.77元，其中：短期借款7930000.00元，应付账款3165859.35元，预收账款422673511.20元，应付职工薪酬8036289.39元，应交税费-25267563.82元，其他应付款109771758.73元，其他流动负债77846757.92元，长期借款60000000.00元；所有者权益总额294775311.28元，其中：实收资本200668641.56元，资本公积金10759502.86元，盈余公积金69469496.72元，未分配利润13877670.14元。

（二）任职期间内控制度建立和执行情况

经对某房地产开发公司内控制度的健全性和有效性进行测试，在 27 个测试项点中，有 24 项符合测试要求，3 项未能有效执行。评定得分为 89 分，初步评定为 II 类，但由于存在隐瞒收入、违规核销购房款，形成账外资产 62 万元和账外资产 11.9 万元的问题，下调一个类别，最终评定为 III 类，审计认定该公司内控制度基本健全有效。

（三）任职期间企业会计信息真实性情况

经对甲同志任职期间存在的影响会计信息真实性问题进行统计分析，确定该公司年平均会计信息失真率为 3.91%，其中：资产失真率 0.55%、负债失真率 0.26%、收入失真率 6.90%、费用失真率 7.75%。初步评定为 III 类，但由于存在隐瞒收入、违规核销购房款，形成账外资产 62 万元和账外资产 11.9 万元的问题，下调一个类别，最终评定为 IV 类。审计认定该公司会计信息没有真实地反映企业财务状况和经营结果。

（四）任职期间企业依法经营情况

经对甲同志任职期间历次检查发现的问题进行汇总，确定该公司年平均问题金额占年平均资产总额的比例为 2.93%，初步评定为 III 类，但由于存在隐瞒收入、违规核销购房款，形成账外资产 62 万元和账外资产 11.9 万元的问题，下调一个类别，最终评定为 IV 类。审计认定该公司财务收支未能做到合规合法，存在严重的违纪违规问题。

（五）任职期间主要经济指标完成情况

1. 经营业绩考核指标完成情况

经对该公司 2007 年度至 2009 年度上级下达的营业总收入及利润总额等经营业绩考核指标完成情况进行统计分析，除 2008 年度的营业总收入指标没有完成外，各年其他指标均已完成，评定得分为 83.3 分。其中：2008 年营业总收入计划 4500 万元，账面反映 4739 万元，审计调减 1360 万元，审计确认实际完成 3379 万元，完成计划的 75.09%。

2. 企业财务绩效指标与行业水平对比分析

根据国资委《关于在财务统计工作中执行新的企业规模划分标准的通知》(国资厅评价函〔2003〕327号)规定,某房地产开发公司属中型企业,本次审计将反映该公司财务绩效的盈利能力状况、资产质量状况、债务风险状况、经营增长状况等四个方面的8个指标完成情况与国资委发布的各年度《企业绩效评价标准值》进行对比分析,综合评定得分63.7分。其中2007年70.8分;2008年69.2分;2009年51.2分。

综合企业经营业绩考核指标和财务绩效指标完成情况,确定该公司经营绩效综合评定得分为75.5分,评定为Ⅱ类。审计认定该公司经营绩效较好。

(六)任职期间重大经营决策事项情况

经对甲同志任职期间该公司重大经营决策事项的决策过程及效益情况进行调查核实,除2007年1月该公司经理办公会研究决定向大连××房地产开发有限公司及海南××房地产开发有限公司出借资金问题属违规决策外,其他调查项点均符合要求,评定得分为83.3分,初步评定为Ⅱ类,但因该公司存在违规决策对外借款问题,直接评定为Ⅳ类。审计认定甲同志任职期间公司未能做到合规决策,给企业造成重大的资金风险。

(七)任职期间推动企业科学发展情况

经对甲同志任职期间落实科学发展观情况进行调查,在19个调查项点中,有2项不适用,有17项符合要求,有1项不符合要求。评定得分为94分,评定为Ⅰ类。审计认定该公司能够很好地贯彻落实科学发展观,注重企业社会责任,发展规划科学、合理,经营目标明确,效果显著。

(八)任职期间个人遵守廉洁从政(从业)规定情况

本次审计未发现甲同志在任职期间有侵占国有资产、挥霍浪费国家资财、违反廉洁从政(从业)规定和其他个人经济问题,评定为Ⅰ类。

六、审计评价

甲同志任职期间正值我国房地产市场迅猛发展时期,房屋价格快速上涨，面对房地产市场激烈竞争，甲同志带领广大干部职工抓住机遇，迎接挑战，迅速占领市场，为公司的发展做了卓有成效的工作。一是加大企业内部改革力度。通过整合资源，理顺投资关系，形成集开发、施工、物业于一身的母子公司格局。二是扎实推进本地市场。提前筹备资金，适时参与地方土地"招、拍、挂"项目竞争，赢得土地储备，为企业提供发展后劲。三是积极拓展外埠市场。通过联合开发、投资入股等方式，稳步寻求外埠项目，为企业发展拓展更大的空间。

（一）内部控制基本健全有效

甲同志在任期内，加大了公司的治理力度，建立健全了一系列内部管理规章制度，尤其是完善了《企业财务成本预算管理办法》、《资金预算管理办法》、《对外投资审批制度》等。审计中通过查阅会计账簿、业务资料等方式，对公司控制环境、风险管理、控制活动等进行了问卷调查及符合性测试。测试结果表明，公司内控制度基本健全有效，在规范经营管理上发挥了一定的作用。

（二）经营绩效较好

甲同志任职三年来，在开拓市场，拓展利润增长点方面做了大量工作，并取得了较好的成效。在营业总收入方面实现了逐年递增，2007年至2009年分别实现2178万元、3379万元和5480万元。公司利润主要来自投资收益，由于受开发周期影响，各期实现的利润总额不够均衡，三年来分别实现2122万元、2112万元和949万元。从公司财务指标与行业标准对照分析结果看，公司财务状况一般，净资产收益率呈逐年下降趋势，各期分别为15.98%、12.79%和5.63%。资产负债率呈逐年上升趋势，2007年至2009年分别为31.83%、67.63%和73.4%。截止到2010年6月末，该公司速动资产33294万元，流动负债18148万元（不含预收房款42267万元），速动比率1.83，高于全国同行业平均水平，有较好的偿债能力。

（三）能够很好地落实科学发展观

甲同志任职期间，能够科学、合理制定公司发展规划，并建立相应的保障措施，经营目标得到有效落实，取得了预期的效果。在发展创新方面，不断优化管理模式，整合系统资源，实现开发、施工、物业一条龙的经营模式。2009年甲同志被评为"省房地产十大创新人物专家奖"，开发的"××新城"项目获得"省甲级优质工程"奖，所属某工程公司在2008年通过ISO9000质量环评认证。任职三年来，在职工工资和上缴税费方面，实现了稳步增长，其中：支付职工薪酬3196万元，缴纳各项税费1659万元。

（四）个人能够严格遵守法规及廉政规定

本次审计未收到群众举报甲同志存在个人经济问题，审计过程中也未发现该同志任职期间有以权谋私、贪污挪用、行贿受贿、侵占国有资产、挥霍浪费国家资财等方面的个人经济问题。

（五）会计信息不真实

经对甲同志任职期间公司会计信息真实性进行调查，该公司年平均会计信息失真率为3.91%，其中：年均收入总额8256万元，年均收入失真金额571万元，失真率6.90%；年均成本费用总额6643万元，年均成本费用失真金额515万元，失真率7.75%。收入不实主要是2008年财务人员误将应冲减成本的土地补偿损失费1360万元计入收入，以及未及时确认收入492万元和未及时确认投资收益287.9万元造成，其中还存在隐瞒收入、违规核销购房款，形成账外资产62万元的问题。成本费用不实主要是成本费用挂账391万元，少收资金占用费170万元及误将土地补偿损失费1360万元计入收入形成。总体来看，该公司提供的会计报表没有真实地反映企业财务状况和经营结果。

（六）单位存在严重的违纪违规问题

含本次任期经济责任审计在内，各类经济监督部门共对甲同志任职期间的经济业务进行4次审计，检查发现问题金额5540.2万元，年平均问题金额1477.4万元，占任职期间年平均资产总额50410万元的2.93%。主要问题是未及时确认投资收益287.9万元，损益不实321万元，违规借款、未及时收回借款本金及资金占用费2777万元，截留收入、违规核销购房款，形成账外资产62万元等问题。由于存在的问题金额较大，且存在

"小金库"问题，审计认定该公司财务收支未能做到合规合法，存在严重的违纪违规问题。

（七）部分重大经营决策不合规

甲同志任职期间能够充分发挥班子的集体智慧和作用，坚持民主集中、厂务公开和党政共同负责，对重大经营事项集体讨论决策。经审计调查，甲同志任职期间共对6项重大经营事项进行了集体决策，其中：2008年开发××丽都小区和××新城小区两个项目决策程序合规，取得了较好的经济效益；2009年为开发××丽都小区和××新城小区项目，经集体研究决策向中信银行贷款7000万元，向招商银行贷款3000万元，为开发项目的顺利实施提供了资金保障。但该公司在2007年1月经理办公会议研究决定向大连××房地产开发有限公司出借资金1786万元，向海南××房地产开发有限公司出借资金3410万元问题，没有经过投资管理集团批准，属违规决策，且至今尚有2947万元本金及资金占用费未能收回，给企业造成了重大的资金风险。

（八）对检查发现的问题应承担一定责任

由于该公司在相关内控制度执行上不够严格，造成会计信息不真实、财务收支不合规不合法等问题，对此甲同志应承担一定的责任。其中：对以往审计中发现损益不实321.2万元、工程成本挂账41.2万元、动迁补偿支出挂账52.2万元和本次审计发现的隐瞒收入、违规核销购房款，形成账外资产62万元的问题应承担直接责任；对以往审计中发现的未及时结算投资收益287.9万元、账外库存商品11.9万元、多计收入1360万元、支付8.8万元动迁补偿费缺少合同和本次审计发现的违规借款，少收资金占用费170万元、未及时收回借款本金及资金占用费2777万元、高风险债权300万元等问题应承担主管责任；对以往审计中发现的未及时核收房屋出租收入69万元和本次审计发现的未按合同约定核收房屋出租收入50万元问题应承担领导责任。

总体来看，甲同志在房地产开发公司担任总经理期间，能够严格遵守廉洁从业规定，认真落实科学发展观，经营绩效较好，扭转了公司的亏损局面，但公司在经营过程中还存在一些违纪违规问题。审计认为，甲同志在任职期间基本履行了经济责任。

组长：王××

主审：姜××

二〇一〇年七月三十日

抄送：某房地产开发公司，甲同志。

附录三 《经济责任审计结果报告》范文

关于某房地产开发公司总经理甲同志
任期经济责任履行情况的审计结果报告

某组织人事部门：

根据您部门《企业领导人员任期经济责任审计委托书》（××人经审字〔2010〕××号）和《××所属及控股企业领导人员经济责任审计实施办法》（××审函〔2009〕××号）的规定，××下发《审计通知书》（审通〔2010〕××号），派出审计组于 2010 年 7 月 15 日至 7 月 30 日，对甲同志自 2006 年 10 月至 2010 年 6 月任某房地产开发公司总经理期间经济责任履行情况进行了就地审计。鉴于××对该公司 2006 年 10 月至 2008 年 12 月间财务账项实施了审计，故本次重点审阅了该公司 2009 年 1 月至 2010 年 6 月期间的会计凭证、会计账簿、财务会计报告和其他会计资料，并对有关重大问题进行了审计追溯。现出具审计结果如下：

一、基本情况

某房地产开发公司成立于 1992 年，隶属于某投资管理集团。位于××市××区××街××号，注册资本 10000 万元。公司设财务部、销售部、工程部、综合部、前期部、经营部、办公室等部门。截止到 2010 年 6 月末，职工定员 155 人，现员 155 人；主要经营业务为房地产开发与经营、建筑材料销售及自有房屋租赁。该公司所属行业为房地产开发企业，一级开发资质，规模为中型企业。

甲同志自 2006 年 10 月至 2010 年 6 月担任房地产开发公司总经理职务期间，主要负责行政全面工作，并主管财务部、销售部、工程部、前期部。

二、检查发现的主要问题

（一）任期内历次检查发现的主要问题

甲同志在担任某房地产开发公司总经理期间，经历了前任领导人员经济责任、年度经营业绩、年度会计报表等4次审计，审计要求整改及处理的事项有：

1. ××（经济监督部门）《关于某房地产开发公司总经理丁同志任职期间经济责任履行情况的审计决定和结论》（审决〔2006〕275号）中：要求甲同志对××工程总公司欠3000000.00元购房款问题承接清理责任。

2. ××（经济监督部门）《关于某房地产开发公司2006年以来经营管理情况的审计决定和结论》（审决〔2007〕14号）中：未及时结算投资收益2879061.43元；损益不实1538671.90元；工程成本挂账411855.53元；动迁补偿支出挂账521820.00元；未及时核收房屋出租费390000.00元。

3. ××（经济监督部门）《关于某房地产开发公司2007年度经营业绩情况的审计决定和结论》（审决〔2008〕85号）中：损益不实1672516.15元；未按合同规定收取及确认房屋出租收入300000.00元；账外库存商品118842.00元。

4. ××会计师事务所《关于某房地产开发公司2008年度会计报表审计报告》（×审字〔2009〕29号）中：多计收入13600000.00元；支付动迁补偿费缺少合同87984.00元。

甲同志接任后，对前任遗留的××工程总公司欠3000000.00元购房款问题，虽多次催要，但至离任时仍未能收回。除上述问题外，甲同志在任职期间对其他检查发现的问题都按要求进行了整改。

（二）本次审计发现的主要问题

1. 本次审计发现的违纪违规问题

（1）隐瞒收入、违规核销购房款，形成账外资产620000.00元。

（2）违规借款17860000.00元，少收资金占用费1695933.40元。

（3）违规借款34100000.00元，未及时收回借款本金及资金占用费27767790.00元。

（4）未按合同约定核收房屋出租收入 500000.00 元。

（5）高风险债权 3000000.00 元。

（6）未决诉讼 288187.00 元。

对上述 6 项问题，××已下达审计决定，要求该公司在规定时限内进行整改或进行清理，避免造成经济损失。

2. 本次审计发现需明确责任承接的后续问题

（1）某房地产开发公司投资控股 65%的大连××房地产开发有限公司尚未清算完毕。截止到 2010 年 6 月末，大连××房地产开发有限公司剩余 7 套门市房尚未出售，需要乙同志承接业务，积极处理剩余 7 套门市房并继续办理大连××房地产开发有限公司清算事宜。

（2）截止到 2010 年 6 月末，某房地产开发公司应收海南××房地产开发有限公司 27767790.00 元，其中：借款本金 26100000.00 元，资金占用费 1667790.00 元。因海南××房地产开发有限公司投资的海南"××海岸"项目正在建设中，暂时无法收回资金，需要乙同志承接业务，跟踪管理，早日收回借款本金及资金占用费。

（3）截止到 2010 年 6 月末，某房地产开发公司应收大连××房地产开发有限公司资金占用费 1695933.40 元。因大连××房地产开发有限公司尚有剩余房屋未处理，暂时未进行清算，需要乙同志继续承责，积极组织清理。

（4）截止到 2010 年 6 月末，某房地产开发公司应收××工程总公司购房款 3000000.00 元。因该公司无资金偿还，承诺用其投资大连××房地产开发有限公司的资本金偿还，对此笔债权需要乙同志承接业务，与××工程总公司签订协议，约定此笔债权的偿付方式。待大连××房地产开发有限公司清算后，立即收回此笔债权。

（5）截止到 2010 年 6 月末，某房地产开发公司尚有未决诉讼一项，经法院一审判决，由被告方刘××向某房地产开发公司支付购房款 288187.00 元及违约金 75818.00 元。但被告人已上诉，此案正在二审诉讼之中，需要乙同志承接业务，积极应诉，早日收回此笔款项。

（6）本次审计对某房地产开发公司 2010 年 6 月末资产负债表各项进行了逐笔确认，对确认为正常类的资产及负债，需要乙同志承接责任，认真履行法定代表人的职责，加强实物资产的管理，及时清理到期的债权、债务，避免给企业造成损失。

针对上述六项未完事项，××下达审计决定，要求乙同志承接业务，完成遗留问题的后续处理。对违规借款，未及时收回借款本金及资金占用费 27767790.00 元及违规借款，少收资金占用费 1695933.40 元的问题，要求甲同志积极配合乙同志工作，必要时参与债权清理。如因清理不利，给企业造成损失，按《××经济损失责任追究及违反财经纪律行为处罚办法（试行）》（××函〔2006〕××号）的规定，将追究乙同志、甲同志及相关责任人员的经济赔偿责任。

三、审计评价

甲同志任职期间正值我国房地产市场迅猛发展时期，房屋价格快速上涨，面对房地产市场激烈竞争，甲同志带领广大干部职工抓住机遇，迎接挑战，迅速占领市场，为公司的发展做了卓有成效的工作。一是加大企业内部改革力度。通过整合资源，理顺投资关系，形成集开发、施工、物业于一身的母子公司格局。二是扎实推进本地市场。提前筹备资金，适时参与地方土地"招、拍、挂"项目竞争，赢得土地储备，为企业提供发展后劲。三是积极拓展外埠市场。通过联合开发、投资入股等方式，稳步寻求外埠项目，为企业发展拓展更大的空间。

（一）内部控制基本健全有效

甲同志在任期内，加大了公司的治理力度，建立健全了一系列内部管理规章制度，尤其是完善了《企业财务成本预算管理办法》、《资金预算管理办法》、《对外投资审批制度》等。审计中通过查阅会计账簿、业务资料等方式，对公司控制环境、风险管理、控制活动等进行了问卷调查及符合性测试。测试结果表明，公司内控制度基本健全有效，在规范经营管理上发挥了一定的作用。

（二）经营绩效较好

甲同志任职三年来，在开拓市场，拓展利润增长点方面做了大量工作，并取得了较好的成效。在营业总收入方面实现了逐年递增，2007 年至 2009 年分别实现 2178 万元、3379 万元和 5480 万元。公司利润主要来自投资收益，由于受开发周期影响，各期实现的利润总额不够均衡，三年来分别实现 2122 万元、2112 万元和 949 万元。从公司财务指标与行业标准对照分析结果看，公司财务状况一般，净资产收益率呈逐年下降趋势，各期分别为 15.98%、12.79% 和 5.63%。资产负债率呈逐年上升趋势，2007 年至 2009 年分别为 31.83%、67.63% 和 73.4%。截止到 2010 年 6 月末，该公司速动资产 33294 万元，流动负债 18148 万元（不含预收房款 42267 万元），速动比率 1.83，高于全国同行业平均水平，有较好的偿债能力。

（三）能够很好地落实科学发展观

甲同志任职期间，能够科学、合理制定公司发展规划，并建立相应的保障措施，经营目标得到有效落实，取得了预期的效果。在发展创新方面，不断优化管理模式，整合系统资源，实现开发、施工、物业一条龙的经营模式。2009 年甲同志被评为"省房地产十大创新人物专家奖"，开发的"××新城"项目获得"省甲级优质工程"奖，所属某工程公司在 2008 年通过 ISO9000 质量环评认证。任职三年来，在职工工资和上缴税费方面，实现了稳步增长，其中：支付职工薪酬 3196 万元，缴纳各项税费 1659 万元。

（四）个人能够严格遵守财经法规及廉政规定

本次审计未收到群众举报甲同志存在个人经济问题，审计过程中也未发现该同志任职期间有以权谋私、贪污挪用、行贿受贿、侵占国有资产、挥霍浪费国家资财等方面的个人经济问题。

（五）会计信息不真实

经对甲同志任职期间公司会计信息真实性进行调查，该公司年平均会计信息失真率为 3.91%，其中：年均收入总额 8256 万元，年均收入失真金额 571 万元，失真率 6.90%；年均成本费用总额 6643 万元，年均成本费用失真金额 515 万元，失真率 7.75%。收入不实主要是 2008 年财务人员误将应冲减成本的土地补偿损失费 1360 万元计入收入，以及未及时确认收入 492 万元和未及时确认投资收益 287.9 万元造成，其中还存在隐瞒收入、违规核销购房款，形成账外资产 62 万元的问题。成本费用不实主要是成本费用挂账391万元，少收资金占用费170万元及误将土地补偿损失费1360万元计入收入形成。总体来看，该公司提供的会计报表没有真实地反映企业财务状况和经营结果。

（六）单位存在严重的违纪违规问题

含本次任期经济责任审计在内，各类经济监督部门共对甲同志任职期间的经济业务进行4次审计，检查发现问题金额5540.2万元，年平均问题金额1477.4万元，占任职期间年平均资产总额50410万元的2.93%。主要问题是未及时确认投资收益287.9万元，损益不实321万元，违规借款、未及时收回借款本金及资金占用费2777万元，截留收入、违规核销购房款，形成账外资产62万元。由于存在的问题金额较大，且存在"小金库"问题，审计认定该公司财务收支未能做到合规合法，存在严重的违纪违规问题。

（七）部分重大经营决策不合规

甲同志任职期间能够充分发挥班子的集体智慧和作用，坚持民主集中、厂务公开和党政共同负责，对重大经营事项集体讨论决策。经审计调查，甲同志任职期间共对6项重大经营事项进行了集体决策，其中：2008年开发××丽都小区和××新城小区两个项目决策程序合规，取得了较好地经济效益；2009年为开发××丽都小区和××新城小区项目，经集体研究决策向中信银行贷款7000万元，向招商银行贷款3000万元，为开发项目的顺利实施提供了资金保障。但该公司在2007年1月经理办公会议研究决定向大连××房地产开发有限公司出借资金1786万元，向海南××房地产开发有限公司出借资金3410万元的问题，没有经过投资管理集团批准，属违规决策，且至今尚有2947万元本金及资金占用费未能收回，给企业造成了重大的资金风险。

（八）对检查发现问题应承担一定责任

由于该公司在相关内控制度执行上不够严格，造成会计信息不真实、财务收支不合规不合法等问题，对此甲同志应承担一定的责任。其中：对以往审计中发现损益不实321.2万元、工程成本挂账41.2万元、动迁补偿支出挂账52.2万元和本次审计发现的隐瞒收入、违规核销购房款，形成账外资产62万元的问题应承担直接责任；对以往审计中发现的未及时结算投资收益287.9万元、账外库存商品11.9万元、多计收入1360万元、支付8.8万元动迁补偿费缺少合同和本次审计发现的违规借款，少收资金占用费170万元、未及时收回借款本金及资金占用费2777万元、高风险债权300万元等问题应承担主管责任；对以往审计中发现的未及时核收房屋出租收入69万元和本次审计发现的未按合同约定核收房屋出租收入50万元的问题应承担领导责任。

总体来看，甲同志在房地产开发公司担任总经理期间，能够严格遵守廉洁从业规定，认真落实科学发展观，经营绩效较好，扭转了公司的亏损局面，但公司在经营过程中还存在一些违纪违规问题。审计认为，甲同志在任职期间基本履行了经济责任。根据《××经济责任审计问责实施办法（试行）》（××〔2010〕××号）的规定，建议您部门对甲同志进行诫勉谈话，并按照干部考核任用的相关规定加强管理。

上述问题已审计清楚，甲同志的离任不影响问题的整改，可以离任。

（审计机构）

二〇一〇年八月十五日

抄送：纪委、财务、工会、国资办，甲同志本人。

附录四 《经济责任审计决定和结论》范文

关于某房地产开发公司总经理甲同志任期
经济责任履行情况的审计决定和结论

某房地产开发公司：

根据××《企业领导人员任期经济责任审计委托书》（××人经审字〔2010〕××号）和《××所属及控股企业领导人员经济责任审计实施办法》（××审函〔2009〕××号）的规定，××下发《审计通知书》（审通〔2010〕××号），派出审计组于 2010 年 7 月 15 日至 7 月 30 日，对甲同志自 2006 年 10 月至 2010 年 6 月任你公司总经理期间经济责任履行情况进行了就地审计。鉴于××对你公司 2006 年 10 月至 2008 年 12 月间财务账项实施了审计，故本次重点审阅了你公司 2009 年 1 月至 2010 年 6 月期间的会计凭证、会计账簿、财务会计报告和其他会计资料，并对有关重大问题进行了审计追溯。审计报告已经××业务会议审议通过，现将经××领导批准的审计决定和结论下发给你公司：

一、审计决定

（一）本次审计发现的违纪违规问题

（此处与经济责任审计报告基本相同，略）

（二）本次审计发现的管理问题

本次审计未发现你公司存在需要下达决定整改的管理问题。

（三）本次审计发现需明确责任承接的后续问题

（详见审计报告，此处略）

二、审计结论

（一）审计确认离任时点财务状况

依据本次审计发现的问题，对你公司本级 2010 年 6 月末资产负债表各项进行了调整，经审计确认甲同志离任时公司财务状况如下：（略）

（二）任职期间内控制度建立和执行情况

（详见审计报告，此处略）

（三）任职期间企业会计信息真实性情况

（详见审计报告，此处略）

（四）任职期间企业依法经营情况

（详见审计报告，此处略）

（五）任职期间主要经济指标完成情况

（详见审计报告，此处略）

（六）任职期间重大经营决策事项情况

（详见审计报告，此处略）

（七）任职期间推动企业科学发展情况

（详见审计报告，此处略）

（八）个人遵守廉洁从政（从业）规定情况

（详见审计报告，此处略）

三、审计评价

（详见审计报告，此处略）

本审计决定和结论自送达之日起生效。根据×××《关于严肃财经纪律严格执行审计决定的通知》(×××〔1999〕××号)规定,如对本审计决定和结论有不同意见,可在收到之日起10日内向×××提出申诉。申诉期间,本审计决定和结论照常执行。对本审计决定和结论的执行情况,请于30日内书面报送×××。

(审计机构)
二〇一〇年八月十五日

抄送:纪律、财务。

课题编号：1104

内部控制体系监督理论与内部控制评价实务研究

清华大学课题组

课题负责人：陈武朝
课题组成员：谢德仁　郝振平　陈关亭　唐富馨
　　　　　　李劲松　刘新宇　黄燕飞　刘永涛
　　　　　　李　恬　胡雅琼

【摘要】　内部控制的有效运行，离不开监督。对内部控制设计、运行进行评价，是优化内部控制自我监督机制的一项重要制度安排。本课题理论结合实际，一方面通过理论分析提出了构建有效内部控制监督体系的途径，另一方面则按照《企业内部控制基本规范》及其配套指引的要求，编制了详细的、具有可操作性的评价指南，并就内部控制重大缺陷认定，内部控制评价组织、评价方法等实务中的问题通过统计分析及案例分析提出了可供借鉴的操作方法。

本课题的研究内容包括两个部分：内部控制体系监督理论研究，以及内部控制评价实务研究。在内部控制体系监督理论研究部分，本课题提出了构建有效内部控制监督体系的途径：借鉴COSO《内部控制体系监督指南》，建立系统化的监督流程；内部监督、外部监督并举，加大企业外部对内部控制监督的力度；有效利用检举、投诉等手段，及时发现内部控制运行中的问题；提高管理层内部控制监督无效的成本，促使管理层重视内部控制监督机制。在内部控制评价实务研究部分，本课题从评价指标、参考标准、文档或实施证据等方面编制了详细的、具有较强操作性的内部控制评价指南,并通过国内外上市公司内部控制缺陷披露的统计分析、内部控制评价组织实施的案例分析,对如何认定并披露重大缺陷,如何组织并具体评价内部控制提出了可供借鉴的解决方法。

【关键词】 内部控制监督 内部控制评价 内部控制基本规范

第一章 内部控制监督理论研究

内部控制监督理论对内部控制建设、评价的发展具有重要的推动作用。本章首先对内部控制监督理论的研究现状进行回顾，重点分析COSO对内部控制监督的表述；然后对重要法律法规及审计专业团体关于内部控制监督的规定进行梳理。在此基础上，对如何构建有效内部控制监督体系进行分析。

本课题组认为，内部控制监督可以分为企业外部对内部控制的监督，也包括企业内部对内部控制的监督。前者主要包括外部审计师对内部控制进行审计，财政、审计、税务、人民银行/银监会、证券监管、保险监管等部门对企业内部控制进行检查等；后者指企业内部采取的内部控制监督手段，如内部审计部门对内部控制进行检查等。有效的内部控制监督体系，既包括企业外部对内部控制的监督，也包括企业内部对内部控制的监督。

一、国内外关于内部控制监督理论的研究现状

对内部控制监督理论进行的最为系统、影响最大的研究，当属美国Treadway委员会发起组织委员会（COSO）。下文首先对COSO的研究进行梳理，然后再对其他相关研究进行回顾。

（一）COSO关于内部控制监督理论的研究

1. COSO《内部控制——整合框架》和《财务报告内部控制——较小型公众公司指南》关于内部控制监督理论的表述

国外关于内部控制体系监督理论的研究，比较系统的是美国Treadway委员会发起组织委员会（COSO）于1992年发布的《内部控制——整合框

架》、2006年发布的《财务报告内部控制——较小型公众公司指南》、2009年发布的《内部控制体系监督指南》。在这几个文件中，COSO明确了如下几个方面的内容：

（1）内部控制体系需要被监督的原因

COSO《内部控制——整合框架》认为，内部控制体系需要被监督的原因在于：（1）内部控制体系随时间推移不断变化，应用控制的方法会不断发展，曾经有效的内部控制程序可能会变得不太有效，也可能不再运用。这可能是由于新员工的到来、培训和指导的有效性不同、时间和资源的制约或者其他压力等造成的。（2）最初设计内部控制体系时的环境也可能会发生变化，造成无法对新条件带来的风险发出警告。因此，管理层需要确定内部控制体系是否适用和能否应对新的风险，而监督则确保内部控制体系持续有效运行。

（2）监督是内部控制组成部分的五要素之一

COSO《内部控制——整合框架》，明确了内部控制的三个目标（营运的效果和效率、财务报告的可靠性、遵循法律法规）、五个要素（控制环境、风险评估、控制活动、信息和沟通、监督）。

（3）内部控制体系监督的方法

COSO《内部控制——整合框架》给出了内部控制体系监督的两种方法：（1）持续的监督活动（Ongoing Monitoring Activities）；（2）单独的评价（Separate Evaluations）。持续监督发生在日常经营活动中，包括日常的管理和监督活动，以及员工在履行其职责过程中所采取的其他行动。单独评价的范围和频率取决于对风险的评估和持续监督程序的有效性。

（4）有效监督的基本原则

COSO于2006年发布的《财务报告内部控制——较小型公众公司指南》明确了有效监督的基本原则，包括：（1）进行持续的/单独的评价，以使管理部门能够确定内部控制的其他要素是否持续发挥着作用；（2）及时识别并向有责任采取正确行动的部门和管理层、董事会通报内部控制的缺陷。

COSO于2009年发布的《内部控制体系监督指南》再次明确，上述有效监督的基本原则的实现，依赖于基于3个董事会要素基础上的监督：

第一，建立监督的基础。包括：（a）适当的高层基调；（b）一个有效的组织结构,可将监督职能分配给那些有着相应能力的、同时具有客观性和权威的人员;(c)有效内部控制的起点或"底线",在此基础上持续的监督和单独评价能够得到执行。

第二,设计和执行监督程序。监督程序应该关注为防范对实现组织目标有意义的风险而设计的关键控制的信息。

第三,评价和报告结果。评估和报告结果,包括评价任何已识别的缺陷的严重性,并且将监督结果向适当的人员和董事会报告以便及时采取必要的行动并跟踪。

2. COSO《内部控制体系监督指南》对监督的发展

(1) COSO《内部控制体系监督指南》出台的背景

COSO《内部控制体系监督指南》第1卷开篇就指出了为什么要制定新的监督指南的两个原因:

第一,"COSO发现许多组织没有充分应用内部控制的监督要素",尤其是,"当COSO看到许多组织正通过很多工作来满足世界各地内部控制评估的要求时,它也更加清晰地认识到了监督要素没有被充分利用的事实"。

第二,"COSO注意到一些组织虽然在特定领域进行了有效监督,但是它们并没有充分利用监督的结果来支持其内部控制有效性的结论,尤其是财务报告内部控制的有效性。相反,它们增加多余的、不必要的程序来评估其控制的有效性,而这些控制的有效性在现有的监督体系中已经有充分的支持来证明。另外,一些组织要么不能充分利用目标的持续监督程序,要么完全缺乏必要的监督程序,从而导致它们在年末时实施低效的评估活动去支持其内部控制有效性的结论。"

基于以上两个原因,COSO指出,发布监督指南的双重目标是:

第一,帮助组织提高内部控制体系的效果和效率。

第二,提供实用性的指南来说明监督如何成为组织内部控制流程的一部分。指南旨在帮助管理层、董事会成员、内部和外部审计师、监管机构和其他组织识别组织已存在的有效监督的领域,并结合他们的责任考虑监督的有效性。

(2) 监督性质和目标

监督的性质可以概括为,监督可以确保内部控制有效地运行。可以通过以下两个原则来加深对监督性质的理解:

第一，持续监督或个别评价使管理层能够判断内部控制的其他组成要素是否得以执行并起到了作用。

第二，应当与负责实施整改的部门及时确认和沟通内部控制识别的缺陷，并在适当的时候与管理层以及董事会进行沟通。

监督的目标表现在，监督应当评价：

第一，当风险因素变化时，管理层是否重新思考了控制设计。

第二，通过控制的有效运行，控制设计是否能确保将风险降低到可以接受的水平。

（3）可以采用的监督程序

COSO《内部控制体系监督指南》列出了组织可以选择各种各样的监督程序，包括但不限于：

①由内部审计对控制定期评估和测试；

②将持续的监督程序变成信息系统的组成部分；

③分析并适时跟进能够识别那些表明控制失败的异常情况；

④对控制的监督检查，如将对账稽查工作作为常规流程的一部分；

⑤董事会和管理层对其在组织中建立的基调以及他们的监督职能的有效性进行自我评估；

⑥审计委员会对内部审计和外部审计师进行质询（inquiry）；

⑦内部审计部门的审计质量检查。

3. 监督模型

COSO《内部控制体系监督指南》给出了监督模型。该监督模型包括三大类、10 种监督方法，如表 1 - 1 所示：

表1-1 有效的监督方法

有效监督的方法		含义
建立监督的基础	管理层基调	即管理层对内部控制重要性（包括监督）的认识
	组织架构	与监督所匹配的组织架构，包括管理层和董事会的职能角色，以及具备适当胜任能力、客观性、权威性和资源的评价者
	理解内部控制有效性的初始点	理解内部控制有效性的初始点
设计并执行监督程序	风险排序	了解风险并根据组织目标进行风险排序
	控制识别	识别内部控制体系中的与排序的风险相关的关键控制
	有说服力的信息的识别	识别那些对判断内部控制体系是否有效运作的有说服力的信息
	实施监督程序	设计并实施符合成本效益原则的程序来评估那些有说服力的信息
评估并报告结果	发现问题排序	对潜在的问题进行识别和排序
	向适当层级报告	对监督结果进行沟通，包括内部报告和外部报告
	跟进整改措施	确定所采用的整改措施的效果

（二）其他文献关于内部控制监督理论的研究

中国内部审计协会曾经开展内部审计与内部控制的专题研讨。曾宗辉（2009）、李德胜等（2009）、中国二十冶建设有限公司审计室（2009）等讨论了内部审计在内部控制建设中的监督作用；而曹文杨（2009）、赵丽芳等（2009）、中国移动浙江课题组（2009）等讨论了内部审计在评价内部控制中的作用。这些文章都基于内部审计是一种重要的监督手段，从内部控制建设或评价角度入手，讨论了如何发挥内部审计的监督作用。

郭燕敏（2009），韩洪灵、郭燕敏、陈汉文（2009）等对COSO监督要素概念发展过程进行梳理的基础上，系统地引介了COSO监督模型的核心内涵，分析了监督模型的创新性，提出应该从以下几个方面借鉴COSO

的监督模型；建议增加制订《企业内部控制监督指引》；运用监督模型优化我国企业内部控制的监督流程；企业自身应加强对监督的重视程度，从制度建设、执行、评估等各方面入手，提高监督的效率和效果。

其他关于内部控制监督理论的研究包括，内部控制自我评估（CSA）方法（相关文献见第二章）、基于美国《萨班斯法案》404 条款实施的内部控制自我评价研究（相关文献见第四章）。

二、法律法规、准则等关于内部控制监督的规定

内部控制监督理论及实务的发展，与法律法规的规定以及审计专业团体的推动有直接的关系。以下对与内部控制监督相关的重要法律法规及审计专业团体的规定进行梳理。

（一）法律法规、准则等关于内部控制监督的要求

在美国、中国的一些法律法规，以及审计准则中，关于内部控制应该被监督的表述屡屡出现。

1. 美国《反海外腐败法》

美国 1977 年"反海外腐败法"（The Foreign Corrupt Practices Act）实质上是关于反对腐败和强化内部控制的法案（陈汉文、曾艳霞，2006）。该法案不仅在法律上对建设内部控制提出了要求，也对内部控制监督提出了要求。

美国 1977 年"反海外腐败法"（The Foreign Corrupt Practices Act）关于内部控制的要求主要体现在第 78 节 b（2）款。该条规定，"证券发行者必须：

（A）编制和保存账簿、记录和账目的合理的细节，以准确、公允地反映证券发行者资产的交易和处置情况；

（B）设计和维持一个内部会计控制系统，以合理保证：

（Ⅰ）交易按照管理部门的一般或具体授权进行；

（Ⅱ）对交易进行必要的记录，以便：（ⅰ）按照公认会计原则或任何其他适用的标准编制财务报表，（ⅱ）保护资产；

（Ⅲ）只有按照管理部门一般或具体的授权才能接触、使用资产；以及

（Ⅳ）每隔一段合理的时间把资产的账面记录与资产实际情况核对，并对任何差异采取适当的行动。"

FCPA 还要求，必须实施有效的符合性测试方案以预防企业行贿，主要包括七个方面：（1）建立准则和程序，以司法部的意见程序为主；（2）任命高级人员作为测试负责人；（3）遴选雇员和代理商；（4）针对符合性相关事宜进行培训；（5）强化内部监督和审计；（6）建立惩戒机制，被确认违反法案的公司罚款最高可至 100 万美元，而故意违反该法案的个人（包括官员和公司管理人员，可处以高达 1 万美元的罚款或最高 5 年的监禁；（7）不断更新和改进方案。其中，（5）~（7）是关于内部监督的规定，是内部控制得以切实有效执行的保证。

FCPA 关于强化内部控制的建立、内部监督和审计的要求表明，在内部控制的建立和运行中，对内部控制的监督和审计非常重要。

2. 美国《萨班斯法案》

（1）关于内部控制评价

美国《萨班斯法案》（也称《2002 年公众公司会计改革和投资者保护法案》）404 条款关于管理层对内部控制的评价（internal control evaluation），对内部控制的监督形式提出了具体要求。

《萨班斯法案》404 节条款的具体规定如下：

"第 404 节　管理层对内部控制的评价

（a）内部控制方面的要求——SEC 应当相应的规定，要求按《1934 年证券交易法》第 13 节（a）或 15 节（d）编制的年度报告中包括内部控制报告，包括：

①强调公司管理层建立和维护内部控制系统及相应控制程序充分有效的责任；

②发行人管理层最近财政年度末对内部控制体系及控制程序有效性的评价；

（b）内部控制评价和报告——对于本节（a）中要求的管理层对内部控制的评价，担任公司年报审计的会计公司应当对其进行测试和评价，并出具评价报告。上述评价和报告应当遵循委员会发布或认可的准则。上述评价过程不应当作为一项单独的业务。"

《萨班斯法案》404 条款关于管理层应该对内部控制进行评价并在年度

报告中披露评价报告的规定,明确了如下两点:

①管理层应该以评价(assessment)的形式对内部控制进行监督,该监督应该在至少每年进行一次,评价结论应披露于年度报告中;

②除管理层以评价形式对内部控制进行监督外,负责年度财务报告审计的外部审计师,还应对内部控制进行独立监督,且对管理层的内部控制评价结论进行监督。

《萨班斯法案》的上述规定表明了美国立法的观点:公司管理层应对内部控制的建立及运行进行监督,而且管理层对内部控制的监督也应置于外部监督之下。管理层对内部控制的评价多由内部审计部门代表管理层来进行,因此,更具体地讲,该法案强化了内部审计对内部控制的监督。

(2)关于反舞弊

《萨班斯法案》关于审计委员会处理企业收到的投诉、举报的规定,一方面强调了保护举报和投诉在内部控制监督中的重要作用,另一方面也强化了公司审计委员会在有效处理投诉、举报方面的责任。

《萨班斯法案》第 301 节"公众公司审计委员会"第 4 条规定,"(4)投诉——发行证券公司审计委员会应设立程序以处理:(A)发行证券公司收到的关于其会计、内部控制或审计方法的投诉;(B)发行证券公司雇员对有疑问的会计与审计事项的秘密举报。"

《萨班斯法案》第 1107 节"对举报人打击报复"规定,"对向执法官员提供有关触犯或可能触犯联邦刑律行为的真实信息的人故意进行打击报复,采取对危害举报人的行动,包括干涉举报人的合法工作和生活来源,应根据本章处以罚款,10 年以下监禁,或并罚。"

投诉、举报是非常重要的反舞弊手段,《萨班斯法案》的上述规定彰显并强化了投诉、举报在内部控制监督中的重要作用。

3.《中华人民共和国审计法》

《中华人民共和国审计法》(2006 年 2 月 28 日修正,以下称《审计法》)赋予了国家审计机关监督企业内部控制的责任。

例如,《审计法》第三十二条规定,"审计机关进行审计时,有权检查被审计单位的会计凭证、会计账簿、财务会计报告和运用电子计算机管理财政收支、财务收支电子数据的系统,以及其他与财政收支、财务收支有关的资料和资产,被审计单位不得拒绝"。

虽然《审计法》并没有提及内部控制，但审计机关检查的是企业财务报告内部控制系统生成的会计凭证、会计账簿、财务会计报告等，因此，这实质上是对企业内部控制的检查，是对内部控制的监督。

4.《中华人民共和国会计法》

《中华人民共和国会计法》（1999年10月修订，以下称《会计法》）对企业内部建立内部控制监督机制、保护检举、政府部门对企业内部控制监督作了具体的规定。

《会计法》第二十七条规定，"各单位应当建立、健全本单位内部会计监督制度"。

《会计法》第三十条规定，"任何单位和个人对违反本法和国家统一的会计制度规定的行为，有权检举。收到检举的部门有权处理的，应当依法按照职责分工及时处理；无权处理的，应当及时移送有权处理的部门处理。收到检举的部门、负责处理的部门应当为检举人保密，不得将检举人姓名和检举材料转给被检举单位和被检举人个人"。

《会计法》第三十二条规定，"财政部门对各单位的下列情况实施监督：（一）是否依法设置会计账簿；（二）会计凭证、会计账簿、财务会计报告和其他会计资料是否真实、完整；（三）会计核算是否符合本法和国家统一的会计制度的规定；（四）从事会计工作的人员是否具备从业资格"。《会计法》第三十三条规定，"财政、审计、税务、人民银行、证券监管、保险监管等部门应当依照有关法律、行政法规规定的职责，对有关单位的会计资料实施监督检查"。

虽然《会计法》并没有明确提出"内部控制"的概念，但上述第二十七条却是对企业建立内部控制的监督所作的强制性规定。第三十条的规定，是对处理检举、保护检举人所作的强制性规定，从内容上看，我国《会计法》的规定与美国《萨班斯法案》的规定一致；而从时间上看，我国《会计法》的规定更早。第三十二条、第三十三条的规定，则是从法律上明确政府部门对企业内部控制的监督权力和监督责任。

5. 中国《企业内部控制基本规范》及其应用指引

我国关于内部控制最权威的研究，集中体现于财政部、证监会、审计署、银监会、保监会于2008年5月28日印发的《企业内部控制基本规范》（财会〔2008〕7号）。执行该规范的上市公司或非上市公司，应当对本公司内部控制的有效性进行自我评价，披露年度自我评价报告，并可聘请具有证券、期货业务资格的会计师事务所对内部控制的有效性进行审计。正因为该规范对内部控制评价和审计的规定与美国《萨班斯法案》类似，因此，《企业内部控制基本规范》也被称为中国的《萨班斯法案》。

《企业内部控制基本规范》的配套指引已经自 2011 年 1 月 1 日起在境内外同时上市的公司施行，自 2012 年 1 月 1 日起在上海证券交易所、深圳证券交易所主板上市公司施行。这标志着我国对企业内部控制的监督也向前迈出了一大步。

此外，《企业内部控制基本规范》第十五条也明确了内部审计机构的作用："内部审计机构应当结合内部审计监督，对内部控制的有效性进行监督检查。内部审计机构对监督检查中发现的内部控制缺陷，应当按照企业内部审计工作程序进行报告；对监督检查中发现的内部控制重大缺陷，有权直接向董事会及其审计委员会、监事会报告。"

（二）审计专业团体对内部控制监督的要求

审计是一种重要的内部控制监督手段，在一些审计专业团体的准则或解释中，将内部控制监督作为内部审计的一个重要职能。

早在 1971 年第 3 号"内部审计师责任说明书"中，国际内部审计师协会（IIA）就已经将内部控制评价作为内部审计的主要职责。IIA 在 1999 年对内部审计所下的定义是，"内部审计旨在通过开展独立、客观的鉴证和咨询活动以提高风险管理、内部控制和公司治理的有效性，其目的在于增加价值和改进企业的经营，帮助企业实现其目标"。从该定义可以看出，IIA 将内部控制鉴证活动视为内部审计的主要职能。

最高审计机关国际组织在 1986 年 4 月第十二届大会上发表的总声明，对内部控制作了权威性解释："内部控制作为完整的财务和其他控制体系，包括组织结构、方法程序和内部审计。它是由管理当局根据总体目标而建立的，目的在于帮助企业的经营活动合法化，具有经济性、效率性和效果性，保证管理决策的贯彻，维护资产和资源的安全，保证会计记录的准确和完整，并提供及时的、可靠的财务和管理信息。"该解释将内部审计作为内部控制的一个重要组成部分。

中国内部审计协会 2003 年 4 月发布的《内部审计基本准则》第二条对内部审计作了如下定义："内部审计，是指组织内部的一种独立客观的监督和评价活动，它通过审查和评价经营活动及内部控制的适当性、合法性和有效性来促进组织目标的实现。"从这一定义中，我们不难发现，我国内部审计协会也认为，对内部审计进行监督是内部审计的重要职能之一。

（三）小结

从上述相关规定的梳理可以得到如下几点启示：

第一，对绝大部分上市公司而言，是否建立有效的内部控制体系不是"做还是不做"的问题，而是"必须要做、怎么做"的问题。企业管理层对内部控制的有效性负有责任，为此，公司管理层应对内部控制的建立及运行进行监督。

第二，不仅公司管理层应对内部控制的建立及运行进行监督，而且管理层对内部控制的监督也应置于外部监督之下。

第三，在内部控制监督形式中，企业内部的举报、内部审计、管理层内部控制自我评价等监督手段在法律、法规中具有重要的地位；企业外部审计师对内部控制的审计监督也明文写入法律法规中（美国《萨班斯法案》、中国《企业内部控制基本规范》等）。

三、分析：构建有效内部控制监督体系

在对 COSO 内部控制监督理论研究成果以及主要法律法规对内部控制监督规定梳理的基础上，本课题组认为，内部控制监督可以分为企业外部对内部控制的监督，也包括企业内部对内部控制的监督。前者主要包括外部审计师对内部控制进行审计，财政、审计、税务、人民银行/银监会、证券监管、保险监管等部门对企业内部控制进行检查等；后者指企业内部采取的内部控制监督手段，如内部审计部门对内部控制进行检查等。有效的内部控制监督体系，既包括企业外部对内部控制的监督，也包括企业内部对内部控制的监督。应从如下途径构建有效内部控制监督体系：

（一）建立以内部控制评价与内部控制审计为核心的内部控制监督体系

在美国《萨班斯法案》404 条款要求上市公司对内部控制进行评价并

聘请外部审计师对内部控制进行审计后，包括我国在内的一些国家和地区也对上市公司作出了类似的规定。上市公司对内部控制进行年度评价并请外部审计师进行审计，已经成为强制性的、覆盖面最广、最系统、最受重视、耗费成本最高、同时也可能是最有效的一种内部控制监督手段。因此，内部控制监督体系，应该围绕内部控制评价和内部控制审计来建设；内部控制评价和内部控制审计是内部控制监督体系的核心。

如果内部控制评价和内部控制审计无效，内部控制监督体系也很难是有效的；如果内部控制评价和内部控制审计有效，内部控制监督体系也是有效的。

（二）借鉴COSO《内部控制体系监督指南》，建立系统化的监督流程

COSO《内部控制体系监督指南》指出，监督可以确保内部控制持续有效地运行，而一些组织要么不能充分利用其目前的持续监督程序，要么完全缺乏必要的监督程序。因此，有必要推进内部控制监督的系统化。

COSO《内部控制体系监督指南》明确了监督的性质和目标，构建了监督模型，可谓是关于内部控制监督的最新、最权威的研究成果。为了确保内部控制的持续有效运行，我国企业也应借鉴COSO《内部控制体系监督指南》，将COSO监督模型用于内部控制的监督实践。应注意建立有效的监督基础，包括适当的高层基调、有效的组织结构、有效内部控制的底线；应注意设计和执行行之有效的监督程序，关注为防范对实现组织目标有意义的风险而设计的关键控制的信息；应将监督结果向适当的人员和董事会报告以便及时采取必要的行动并跟踪。需要说明的是，管理层对内部控制有效性进行评价，是《企业内部控制基本规范》的强制要求，应优先关注；在此基础上，逐步建立其系统化的监督流程。

（三）内部监督与外部监督并举，加大企业外部对内部控制监督的力度

任何企业的内部控制都可能存在以下缺陷：内部人员相互串通作弊导致相关内部控制失去作用；内部管理人员滥用职权、蓄意营私舞弊等，导致内部控制失去应有的控制效能；对于不经常发生或未预计到的经济业

务，原有的控制可能不适用；内部人员素质不适应岗位要求，影响内部控制功能的正常发挥；管理层越权、判断失误、执行偏差等，导致内部控制无法实现预定的控制目标；等等。

安然、世通等财务丑闻的发生，正是因为内部控制存在的上述缺陷。《萨班斯法案》遏制财务丑闻的措施之一，就是加大企业外部对控制监督的力度，要求外部审计师对公司的财务报告内部控制进行审计。我国《企业内部控制基本规范》的要求之一，也是要求外部审计师对企业的内部控制进行审计。这充分说明了企业外部对内部控制监督的重要性。

除外部审计师对企业的内部控制进行审计外，还应利用《会计法》第三十二条、第三十三条的规定，加大财政、审计、税务、人民银行、银监会、证券监管、保险监管等部门对企业内部控制的监督力度。监督的手段包括：对上市公司内部控制评价情况进行抽查，对外部审计师的工作进行检查，对检查中发现的不合规行为按照相关规定进行处罚等。与外部审计师相比，政府部门依照有关法律、行政法规规定的职责对企业内部控制实施的监督，在一定程度上具有较大的威慑力，对促进保持企业内部控制的有效性具有积极的促进作用。

（四）有效利用检举、投诉等手段，及时发现内部控制运行中的问题

根据注册舞弊检查师协会（Association of Certified Fraud Examiners，简写为ACFE）发布的《职务舞弊与滥用2012年国家报告》（Report to the Nations On Occupational Fraud and Abuse，2012 Global Fraud Study），在考察的舞弊案例中，按照舞弊最初被发现的方法，检举（tip）列第一位，占43.3%，排在第二、三位的分别是管理层复核、内部审计，分别占14.6%、14.4%；而检举人的来源中，排在前五位的分别是员工、客户、匿名者、其他、供货商，分别占50.9%、22.1%、12.4%、11.6%、9.0%。这表明，员工检举、客户或供货商投诉是内部控制监督的非常有效的手段，充分利用这些手段，可以起到事半功倍的效果。

如前文所述，我国《会计法》、美国《萨班斯法案》都对保护检举人作了具体规定。企业应该建立有效的检举处理机制，保护检举人不受打击报复，以及时发现内部控制运行中的问题。

（五）提高管理层内部控制监督无效的成本，促使管理层重视内部控制监督机制

我国上市公司的年度财务报表如被审计师出具了非标准无保留意见，可能面临股票停牌、无法进行利润分配、股票被交易所实施特别处理（ST）、影响再融资等负面后果。然而，内部控制被外部审计师出具非标准无保留意见，要承担哪些负面后果却不是很明确。虽然股票可能因为公司内部控制被审计师出具非标准无保留意见产生显著的负面市场反应，但证监会、交易所也应该考虑在有关监管规定中明确上市公司面临的负面后果及可能承担的责任（包括法律责任），促使管理层重视内部控制的有效性，重视内部控制监督机制在维护内部控制有效性中发挥的积极作用。

四、本章小结

本章首先对内部控制监督理论的研究现状进行了回顾，重点分析了COSO对内部控制监督的表述，对重要法律法规及审计专业团体关于内部控制监督的规定进行了梳理，在此基础上，对构建有效内部控制监督体系进行了分析，提出应从如下途径入手：借鉴COSO《内部控制体系监督指南》，建立系统化的监督流程；内部监督与外部监督并举，加大企业外部对内部控制监督的力度；有效利用检举、投诉等手段，及时发现内部控制运行中的问题；提高管理层内部控制监督无效的成本，促使管理层重视内部控制监督机制。

第二章 内部控制自我评价研究

内部控制自我评价，是指公司不定期或定期地对自己及所属子公司的内部控制系统进行评价，评价内部控制的有效性及其实施的效率效果。本章首先对国内外关于内部控制评价研究进行回顾，然后从起源、定义、特点、主要程序和方法等方面对内部控制自我评估（CSA）方法进行厘清，并以宝钢集团下属宝钢国际为例，分析该方法的应用。本章最后分析了内部控制自我评估（CSA）与基于美国《萨班斯法案》及我国《企业内部控制基本规范》要求的内部控制评价的不同点和共同之处。

一、国内外关于内部控制评价的研究现状

（一）学术界关于内部控制评价的研究

内部控制评价，是指公司不定期或定期地对自己及所属子公司的内部控制系统进行评价，评价内部控制的有效性及其实施的效率效果，以期能更好地实现内部控制的目标。

林朝华和唐予华（2003）介绍了内部控制自我评估（CSA）的理念和方法。CSA 的三个基本特征是：关注业务的过程和控制的成效、由管理部门和职员共同进行、用结构化的方法开展自我评估。CSA 的方法包括引导会议法、问卷调查法和管理结果分析法。张谏忠和吴轶伦（2005）介绍了内部控制自我评估构成，以及在宝钢运用的成功经验，指出内部控制自我评估应该与风险评估工具结合、与信息化管理结合、与兼并收购业务中的公司重组结合、招募客座审计师等。上海市内部审计师协会课题组（2009）阐述了内部控制自我评估（CSA）的特征、作用、实施方式，并以上汽集团为例对 CSA 的有效实践进行了分析，对推进我国企业 CSA 工作提出了建议。

朱荣恩、应唯、袁敏（2003）从美国《萨班斯－奥克斯利法案》404

条款的要求出发,对财务报告内部控制有效性评价做了相关的解读,在研究了 SEC 的提案和 AICPA 的征求意见稿的基础上,结合两个会计师事务所提供的报告,提出了对我国财务报告内部控制有效性评价的启发和借鉴意义。王立勇(2004)运用可靠性理论和数理统计知识构建内部控制系统评价的数学分析模型,利用该模型可计算程序的可靠度和系统可靠度,判断内部控制的效果。王煜宇和温涛(2005)构建了五大类(内部控制环境、风险评估、内部会计控制、内部管理控制、监督控制)、35 个具体指标组成的企业内部控制评价指标体系。王素莲(2005)构建了由 COSO《内部控制——整体框架》五要素为一级指标、包括 19 个二级指标的内部控制评价指标体系。于增彪、王竞达和瞿卫菁(2007)采用实地研究方法,详细探讨了亚新科安徽子公司如何设计和应用内控评价体系的。陈汉文和张宜霞(2008)分析了内部控制的有效性以及有效内部控制的内涵,认为评价企业内部控制的方法总体上可以分为详细评价法和风险基础法两种,风险基础法相对来说具有更高的成本效益和效率。张先治、戴文涛(2011)基于我国企业的环境和企业内部控制基本规范配套指引的实施,结合国内外企业内部控制评价理论研究和实践状况,构建了我国企业内部控制评价系统,包括内部控制评价内涵、评价目的、评价模式、评价主体、评价客体、评价模型等。

上面所列国内学术界对内部控制评价的研究,所采用的方法基本上是建立由多个评价指标体系构成、分别打分并设置一定权重、最后计算得出总的内部控制评价得分的方法。这和按照美国《萨班斯-奥克斯利法案》要求进行的内部控制评估有很大的不同。按照美国的规定,是评估内部控制是否有重要缺陷、重大缺陷,如果发现一个重大缺陷,就不能认定内部控制有效。

国外关于内部控制重大缺陷的研究,主要集中于内部控制重大缺陷的分类、内部控制重大缺陷的影响因素,以及披露内部控制重大缺陷后的市场反应,等等。关于内部控制重大缺陷的分类,具有代表性的包括 Doss(2004)、Ge et al.(2005)、Hammersley et al.(2008)等。Doss(2004)对穆迪公司将内部控制重大缺陷划分为公司层面和账户层面或交易层面两类进行了说明。其中,公司层面的重大缺陷包括:无效的控制环境、无效的审计委员会、无效的内部审计及风险评价职能、无效的财务报告流程等,账户层面或交易层面的重大缺陷则包括了除公司层面重大缺陷之外的其他所有重大缺陷。Ge et al.（2005）研究了 2002 年 8 月到 2004 年 11 月在美上市公司披露的内部控制重大缺陷，将内部控制重大缺陷分为 9 大类，包括与特定账户相关的、培训、期末报告、会计政策、收入确认、不相容职务分离、账户调节、与分支机构相联系的、高层管理人员、技术问题等。Hammersley et al.（2008）研究了 2003 年 11 月到 2005 年 1 月在美上市公司披露的内部控制重大缺陷，把内部控制重大缺陷披露分为不易审计和易审计两个大类，前者包括关键人员方面的缺陷、财务报告重大缺陷（Financial reporting weaknesses）、控制环境重大缺陷等；后者则包括人力资源方面的重大缺陷、控制系统方面的重大缺陷、对交易的会计处理存在重大缺陷等。关于内部控制重大缺陷的影响因素，具有代表性的为 Doyle et al.（2007a，b），Ashbaugh-Skaife et al.（2007）等。Doyle et al.（2007a）以 2002 年 8 月到 2005 年 8 月间披露的内部控制重大缺陷的 779 家公司为对象，研究了内部控制重大缺陷的决定因素，发现这些公司的规模更小，成立时间更短，财务能力更弱，业务更复杂，成长速度较快；公司层面内部控制问题严重的公司规模更小，成立时间更短，财务能力更弱；账户层面内部控制问题严重的公司财务健康但业务复杂，多元化且业务变化较快。Doyle et al.（2007b）以 2002 年 8 月到 2005 年 11 月间披露的内部控制重大缺陷的 779 家公司为对象，研究了应计项的质量与内部控制重大缺陷的关系，发现内部控制重大缺陷通常与估计质量较差的应计项有关，质量较差的应计项与较低质量的内部控制之间的关系通常是由那些难以审计的、属于公司层面的内部控制重大缺陷所导致。Ashbaugh-Skaife et al.（2007）发现，与未披露内部控制缺陷的公司相比，披露的内部控制缺陷的公司业务更复杂、往往刚刚经历了组织机构变化、会计风险更大、审计师更可能辞聘、可用于加强内部控制的资源更少等。关于内部控制重大缺陷披露后的市场反应，具有代表性的包括 DeFranco et al.（2005）、Hammersley et al.（2008）等。DeFranco et al.（2005）研究了 2003 年 11 月 1 日至 2004 年 12 月 31 日间披露的内部控制缺陷公司的市场反应，提供了市场对内部控制缺陷存在显著的负面反应的证据，且规模小的投资者的负面反应程度大于规模大的投资者。Hammersley et al.（2008）发现，在美国上市的公司披露的内部控制信息具有信息含量，内部控制缺陷的特点，如严重程度、管理层关于内部控制是否有效的评价结论、是否可审计、披露是否模糊等，都会引起股票市场的反应；在一般缺陷、重要缺陷、重大缺陷中，披露的缺陷越严重，市场的反应越负面；在"内部控制无效"和"虽然存在缺陷，但内部控制仍然是有效的"两种结论中，市场对后者的负面反应程度更轻；市场对"四大"会计师事务所审计的公司的负面反应程度比小规模审计师审计的公司更轻；披露的内部控制缺陷越不容易审计、披露的内部控制缺陷的信息越模糊，市场的负面反应程度越大。上述研究为了解内部控制重大缺陷的认定和披露提供了有用的经验证据，对我国上市公司也有较强的借鉴意义。

（二）实务界关于内部控制评价的研究

为配合《萨班斯－奥克斯利法案》404条款的实施，普华永道、毕马威、安永、德勤等"四大"会计师事务所及一些专业咨询机构（如甫瀚公司等）都发布了财务报告内部控制有效性评估的指南。一般的流程包括界定、记录、测试、评估和报告。

项目界定包括确定必需的记录以及针对各重要会计科目、披露事项和公司各经营场所的业务流程的内控情况所进行的控制测试的性质、时间和范围。

记录构成了管理层对财务报告的内部控制进行评估的基础和支持，包括确定记录的范围、建立流程记录、建立内控记录、评估内控的设计。确定记录的范围是指确定将要评估什么会计科目和披露事项以及公司的内控记录的范围包含哪些经营场所。建立流程记录是指记录重大会计科目和披露事项的交易流程，从而确定在哪些领域可能发生由错误或舞弊导致的重大错报，识别在这些流程中的控制活动。建立内控记录是指对内控五个要素内的控制进行记录，并特别说明公司层面的控制、反舞弊程序和对审计委员会有效性的评估。评估内控的设计是指评估公司内控的设计是否充分，从而减少重大错报的风险。

测试，包括确认准备测试的内控、确认由谁来执行测试、制定并执行测试计划（测试范围、测试方法以及测试时间）、评估测试结果。

评估，是对内控缺陷进行识别、评估和分类的过程，包括识别缺陷、了解及评估缺陷、评估错报的可能性、评估错报的潜在重大程度、识别补偿性内控、确定缺陷的类别、与其他缺陷一同进行评估等步骤。

报告，是指形成管理层关于财务报告内部控制评价报告，并在年度报告中披露。

(三) 我国政府部门对内部控制评价的要求

我国财政部、证监会、审计署、银监会、保监会于 2008 年 5 月 28 日印发企业内部控制配套指引（财会 [2010] 11 号）中的《企业内部控制评价指引》，明确了对内部控制评价的要求。刘玉亭（2010）指出，《企业内部控制评价指引》的制定发布，为企业开展内部控制自我评价提供了一个共同遵循的标准，为参与国际竞争的中国企业在内部控制建设方面提供了自律性要求。《企业内部控制评价指引》对内部控制评价的内容、评价的组织、内部控制缺陷的认定、内部控制评价报告、评价报告的披露或报送进行了规范。

关于内部控制评价的内容，要求企业根据基本规范、应用指引以及本企业的内部控制制度，围绕内部环境、风险评估、控制活动、信息与沟通、内部监督等五要素，对内部控制有效性进行全面评价，包括财务报告内部控制有效性和非财务报告内部控制有效性。

关于评价的组织，评价指引专门就内部控制评价的组织领导体制作出明确要求：首先，企业可以授权内部审计机构或者其他专门机构作为内部控制评价机构，负责内部控制评价的具体组织实施工作；其次，在设置内部控制评价机构的基础上，还要求企业成立专门的评价工作组，接受内部控制评价机构的领导，具体承担内部控制评价工作的组织。

关于内部控制缺陷的认定，内部控制缺陷包括设计缺陷和运行缺陷，并按其影响程度分为重大缺陷、重要缺陷和一般缺陷。

关于内部控制评价报告，明确要求至少应该披露七个方面的内容。关于内部控制评价报告的披露或报送。评价指引要求，内部控制评价报告应当报经董事会或类似权力机构批准后对外披露或报送相关部门。企业应当以 12 月 31 日作为年度内部控制评价报告的基准日，并于基准日后 4 个月内报出内部控制评价报告。

二、内部控制自我评估（CSA）方法研究

自上世纪 80 年代中期出现以来，CSA 不断受到内部审计行业的重视，在实践中得到越来越广泛的应用。

（一） CSA 的起源

CSA 是 1986～1987 年间首先由加拿大海湾资源有限公司采用的，提姆·里奇（Tim Leech）是倡导者之一。

该方法的特点是，在评估内部控制时，在整个组织内开展由专业人员、管理人员参加的一天式研讨会。在研讨会期间，小组研究商业目标，将每一个商业目标的控制机制列示出来，并就其效果进行评价。随后会对近期的改进、认同关注、行动规划的发展进行评估，以改进实施方案。CSA 研讨会的结果将由内部审计利用一些指标进行评价（如其他审计师的证据、管理层在研讨会所提出事项上的行动证据等）。通过参与 CSA 流程，董事会、管理层和员工都对公司的控制状况有了更真切的认识。

此后，CSA 的理念受到了国际内部审计师协会等理论界和实务界的认同和推广，该方法逐步被广泛采用，企业的管理者对内部控制自我评价的兴趣越来越浓。中国内部审计协会也专门发布了《内部审计具体准则第 21 号——内部审计的控制自我评估法》，自 2006 年 7 月 1 日起执行。

（二） CSA 的定义

迄今为止，仍然没有一个权威的 CSA 定义。以下是一些从不同角度给出的定义：

安恩（Anon）——把管理层从审计中解放出来。

瞿特等（1995）——一个以专题研讨会为导向的方法。它采用协调性的集体流程来检查业务风险和控制环节，并通过责任分担对控制进行投入、行动和改进。

劳池（Loach）、朱利恩（Julien）——一个允许审计客户群在每个业务流程或职能中更清晰地识别最为重要的业务风险、问题、控制议题、解决方案和机会的过程（包括训练有素的协调者采用计算机支持的结构化方法）。

大卫（David）、弗兰·麦克纳姆——由管理者和员工在其工作群体中参与内部控制的评估。

德勤会计师事务所——一个先进的流程，可以获得关于运营成果、财务报告以及合规性目标的可靠量化信息。雇员团队（专家）个人参与到协调性工作研讨会中,以确保其业务单元的控制优势并增加改进的机会。

提姆·里奇(Tim Leech)——控制和风险自我评估是一个过程,允许人民去识别和改进那些应履行的业务和质量目标,同时评估那些在发挥作用的计划和控制是否达成其目标。

保罗·马寇兹(Paul Makosz)——控制自我评估在以下两个层面上进行:团队层面,有经理人员和专业的协调者组成团队,在控制框架内分析影响他们实现其目标的优势、障碍和风险,并确保采取恰当行动;组织系统层面,分析所有跨组织的控制自我评估专题研讨会的结果,定义文化的优势、劣势和风险倾向,寻找其衔接点,识别导致内部控制状态的根源。

基斯·韦德(Keith Wades)——控制自我评估是指用一种结构化的方法让管理层和员工定期从根本上审核控制系统,以协助实现组织目标和消除风险。

按照《内部审计具体准则第 21 号——内部审计的控制自我评估法》,控制自我评估,是指由对内部控制的制定与执行负有责任的组织相关管理人员对内部控制进行评价的过程。

(三) CSA 的特点及与传统控制评估方法的区别

1. CSA 的特点

瞿特等(1995)对 CSA 的特点概括如下:

(1)贯穿始终的规划和初步的审计工作。

(2)要召集一组人员在同一时间同一地点开会,通常包括安排便于协调的座位(U 型桌)和一位会议协调员。与会者都是"流程所有者",包括要审查的具体问题的管理层和员工。他们对这些问题最为了解,因此他们对流程控制的恰当执行是至关重要的。

(3)一个组织好的议程,协调员利用它在流程风险和控制审查的过程中引导整个小组。通常,这个议程以明确定义的框架或模型为基础。这样,与会者能够确保提出所有必要的问题。模型的重点可以是控制、风险,也可以是为这个项目制定的特定问题框架。

(4)作为备选方案,记录人员可以现场运用网上转录会议和电子投票技术,从而使与会者能够匿名发表他们对问题的看法。

(5)报告和行动规划的制定。

基恩·韦德（1999）将 CSA 的特点概括如下：

（1）系统思考。CSA 关注业务流程、目标、风险、环境和控制。

（2）控制评价。为了实现业务目标，抑制风险，把握机会，最佳地利用资源以及应对商务环境，对管理控制框架和系统的适当性、适用性和效果进行系统评价。包括对"硬"控制和"软"控制的评价。

（3）集体参与。利用协调小组，在坦率且受保护的环境下，利用头脑风暴法、业务流程分析和本土知识等技术，解决有关议题和问题。

2. CSA 与传统控制评估方法的区别

CSA 的理念是，内部控制不只是内部审计工作的责任，也不仅仅是高级管理层应关心的问题，相反，内部控制是组织内所有成员的事。

按照传统的控制评估方法，内部控制评价只由内部审计人员进行。而 CSA 则将由内部审计人员从事的内控评估转由公司各部门实施控制活动的人员亲自评估。为此，CSA 着眼于提高组织成员的自我意识，采用专题讨论会、问卷调查法和管理分析法等方法，目的是使员工了解哪里存在缺陷以及可能导致的后果，然后让员工自己采取行动改进。

实践表明，CSA 的成功实施对于一个公司提高内部控制的效果，改进内部审计程序和业务经营程序，控制风险等都有着积极的作用。

（四）引入 CSA 的理由

引入 CSA 的原因可以概括为三个：

1. CSA 可以作为一项新型的审计工具

CSA 采用专题讨论会、问卷调查法、管理分析法等，帮助审计人员检查以往在审计中无法评价的非正式的、主观的控制环节，如道德、管理理念和人力资源管理。它鼓励员工参与，并倡导开放式交流、团队合作和持续改进。它可以帮助董事会和高层管理人员保证组织正在达成其目标。

2. CSA 可以满足公司治理和监管的需要

在成熟的资本市场，监管机构要求上市公司的董事会、高层管理人员保证其已建立了内部控制，且内部控制的运行是有效的。由内部控制的实施人员（而不仅仅是审计人员）参与的 CSA 可以帮助董事会及高层管理人员了解公司内部控制的建立及运行情况。

3. CSA 可以作为一项管理工具，强化管理人员的控制责任

CSA 是帮助管理人员识别并履行其控制责任的恰当的方法，可以强化控制信息，澄清管理层的责任。实施 CSA 的好处包括：一线管理人员能够更深入地理解风险，自己找到方法来克服业务目标实现过程中的障碍；有助于管理人员发现问题的根源；CSA 采用的参与式方法促进了流程在各阶段和各部门达成一致；把风险和控制责任从审计师那里转移到了经理人员和员工，明确了责任人，提升了整改措施的时效性和效果；等等。

（五）CSA 的主要程序

《内部审计具体准则第 21 号——内部审计的控制自我评估法》第八条规定，内部审计人员在应用控制自我评估法时，一般包括以下主要程序：

（1）制订控制自我评估的计划；

（2）与组织相关管理人员就控制自我评估的目的、内容及程序进行事先沟通和交流；

（3）确定控制自我评估的时间与方法；

（4）召集组织相关管理人员开展控制自我评估；

（5）在控制自我评估过程中做好协调与记录工作；

（6）在控制自我评估过程结束后，及时反馈并提交控制自我评估报告。

（六）CSA 的方法

《内部审计具体准则第 21 号——内部审计的控制自我评估法》第八条规定，控制自我评估的主要方法包括：专题讨论会、问卷调查法和管理分析法。

1. 专题讨论会

专题讨论会是指内部审计人员召集组织相关管理人员就内部控制的特定方面或过程进行讨论及评估的一种方法，是 CSA 采用最多的方法。

2. 问卷调查法

问卷调查法是指内部审计人员就内部控制的特定方面或过程以书面问卷的形式向组织相关管理人员收集意见的一种方法。

3. 管理分析法

管理分析法是指内部审计人员就内部控制的特定方面或过程向相关管理人员收集信息，并将之与其他来源的信息一起进行综合分析的一种方法。

（七）CSA 是内部审计活动，还是管理活动

CSA 具有双重功能。如果由内部审计部门发起，CSA 就属于审计活动；若由管理部门发起，则属于管理活动。

CSA 最早是由内部审计人员倡导的，到今天为止，绝大部分情形下，CSA 是在内部审计人员的领导下进行的。但随着时间的推移，CSA 可能演变成一个由组织内的管理者和具体部门所实施的一项活动。

区别 CSA 是管理活动还是审计活动，需要首先明确审计活动的特点是独立性。如果必须要满足独立性，才能实施 CSA，则 CSA 只能是审计活动；如果不一定要满足独立性，则 CSA 可以是管理活动，也可以是内部审计活动。

虽然 CSA 最早是由内部审计人员倡导的，但 CSA 并不一定非得由内部审计人员完成。换言之，CSA 不是内部审计人员的专利。CSA 可以由负责内部控制建设的综合管理部门发起并实施，而不一定要由内部审计部门发起；只要管理部门有胜任 CSA 的人员，CSA 也能达到预期的效果。这样看来，CSA 可以是管理活动，也可以是内部审计活动。

三、内部控制自我评估（CSA）应用研究——以宝钢集团下属宝钢国际为例

（一）宝钢国际简介

宝钢集团 2004 年选定其全资子公司——上海宝钢国际经济贸易有限公司（简称宝钢国际）开展内部控制自我评估的试点。宝钢国际是宝钢集团的三大产业支柱之一，负责宝钢股份和集团内其他公司的购销、进出口业务，是一家集矿业、钢材贸易、加工配送、金属资源业、设备工程业、钢制品业、物流业、电子商务业和汽车贸易于一体的综合性贸易公司。

（二）宝钢国际内部控制自我评估的背景

宝钢国际进行内部控制自我评估，是出于以下几个方面的考虑：

1. 组织结构及业务复杂

从组织结构上看，宝钢国际拥有六个事业部。从业务上看，则涵盖钢铁、矿石、汽车、成套设备贸易，废钢加工回收业务，招标，电子商务及物流服务等。

由于组织结构及业务的复杂性，完全依赖有限的内部审计人员通过审计监督来保证内部控制的设计、运行有效难度较大，宝钢国际必然面临较大的风险敞口。为此，宝钢国际决定借鉴西方一些企业的做法，发动内部审计部门之外的人员来对内部控制进行自我评价，可以从效率、效果上提高内部控制监督的有效性。

2. ERP 实施和业务流程优化的需要

彼时，宝钢国际正在实施 ERP，优化业务流程。而内部控制可作为 ERP 和流程优化的保证。

发动各部门的业务人员对内部控制展开全面、系统的自我评价，对发现内部控制设计和运行中存在的缺陷，采取针对性的整改措施，具有直接的推动作用。

（三）宝钢国际内部控制自我评估的过程

宝钢国际推行内部控制自我评估，经过了如下几个阶段：

1. 召开项目启动会，培训相关人员

在内部控制自我评估（CSA）启动前，首先要召开项目启动会，明确项目的意义和作用，统一思想认识。然后应对公司管理层、评估小组成员及其他相关人员进行培训。对公司管理层而言，培训是为了取得其理解及对评估项目的支持；对项目组成员而言，培训内容主要是评估理论及方法。培训有助于项目的顺利实施。

2. 初步确定存在缺陷或薄弱环节的控制流程，列入自我评价重点

通过访谈、穿行测试等手段，以内部控制有效性的标准为标杆，初步

确定公司现行的控制流程存在的缺陷或薄弱环节,并将其纳入 CSA 的讨论重点。

3. 设计并发放调查问卷

根据公司的实际情况以及初步确定的控制流程存在的缺陷或薄弱环节,以内部控制有效性标准为目标,设计内部控制评估调查问卷。调查问卷的内容,涵盖 COSO 内部控制整合框架的五要素及关键控制点,包括了自我评价的重点流程存在的缺陷或薄弱环节,同时考虑参与问卷调查人员的知识水平和内部控制专业知识进行设计,易于回答。

在调查问卷设计好之后,应根据工作安排向调查对象发放,并及时收回调查问卷。

4. 组织召开研讨会

根据调查问卷的结果,进一步分析公司存在的薄弱环节和控制缺陷,确定研讨会的讨论大纲、参与人员、参会时间,并组织召开研讨会。研讨会按照 CSA 强调的方式来进行,如使用单独的会议室,使用电子投票设备或其他匿名投票方式,每次研讨会都指定一位会议主席主持研讨会,安排人员作会议记录,与研讨会讨论大纲相关的人员必须到会。研讨会主席应确保参会人员所提的问题和讨论应紧紧围绕高风险的内部控制的薄弱环节和缺陷,确保参会人员充分发表其意见和观点,所有的观点都应记录在案。

5. 形成内部控制自我评价报告

根据调查问卷及研讨会的讨论成果,及时总结、形成内部控制自我评价报告。不同的主题一般分次召开研讨会,同一主题的研讨会可能多次召开,每次研讨会完后都形成总结报告;所有内部控制评价完成后,形成整体的内控自我评价报告,汇总提交给项目管理小组。

自我评估报告中主要包括三个部分:所评价的内部控制范围、内部控制主要控制点的风险分析、高风险环节的整改措施。用热力图来表示评价对象的风险程度,按风险程度由高到低分别用红色、黄色、深绿色、浅蓝色、白色表示。用风险控制矩阵来列示所分析的流程环节、控制点、现有控制措施、风险程度、整改措施、责任人、完成时间等。

6. 整改

内部控制自我评价的目标是发现内部控制的薄弱环节并改进。针对自我评价报告中的整改措施、责任人和完成时间，内部审计部门在业务部门改进后进行追踪，并通过调查问卷等方式了解员工对内部控制自我评价活动效果的评价、意见和建议，并在下次评价活动中借鉴吸收。

（四）结论与启示

内部控制自我评价在宝钢国际下属一个事业部三个业务单元试点，取得了预期的效果。表现在，三个业务单元在采购询价和比价、规范合同文本、供应商的选择和信息维护等方面，总结得到了风险热力图、内部控制风险矩阵，并落实了具体的责任人和改善时间。

目前，宝钢集团在实施全面风险管理项目，内部控制自我评价试点的经验已经为全面风险管理所吸收借鉴。

四、内部控制自我评估（CSA）与美国《萨班斯法案》及我国《企业内部控制基本规范》要求的内部控制评价的关系

内部控制自我评估（CSA）与美国《萨班斯法案》及我国《企业内部控制基本规范》要求的内部控制评价是不是一回事呢？以下根据我国《内部审计具体准则第 21 号——内部审计的控制自我评估法》与《企业内部控制评价指引》进行分析。

（一）不同点

内部控制自我评估（CSA）与美国《萨班斯法案》及我国《企业内部控制基本规范》要求的内部控制评价存在以下区别：

1. 性质不同

我国《内部审计具体准则第 21 号——内部审计的控制自我评估法》第二条对内部控制自我评估（CSA）所下的定义，是由对内部控制的制定与执行负有责任的组织相关管理人员对内部控制进行评价的过程。

而按照《企业内部控制评价指引》，内部控制评价是指企业董事会或类似权力机构对内部控制的有效性进行全面评价、形成评价结论、出具评价报告的过程。

也就是说，内部控制自我评估（CSA）是一种企业自发的管理活动。而美国《萨班斯法案》及我国《企业内部控制基本规范》要求的内部控制评价是一种合规活动。自发的管理活动，法律法规对其没有约束力，企业如认为必要就可以进行，而认为没有必要就可以不进行。而合规活动是必须要进行的，企业没有选择。

2. 目的不同

从性质可以看出两种活动的目的不同。控制自我评估的目的在于发现内部控制存在的问题，提高内部控制的效果。

美国《萨班斯法案》及我国《企业内部控制基本规范》要求的内部控制评价，是要对内部控制是否有效作出认定并明确回答的活动。在对外披露内部控制评价报告中，管理层必须说明，企业的内部控制是否有效。

3. 采用的方法不同

我国《内部审计具体准则第21号——内部审计的控制自我评估法》第八条规定，控制自我评估的主要方法包括：专题讨论会、问卷调查法和管理分析法。

而按照《企业内部控制评价指引》，内部控制评价工作组应当对被评价单位进行现场测试，综合运用个别访谈、调查问卷、专题讨论、穿行测试、实地查验、抽样和比较分析等方法。

其中，是否采用现场测试是两种活动最大的差别。控制自我评估一般不采用现场测试；而内部控制评价则需要进行现场测试，充分收集被评价单位内部控制设计和运行是否有效的证据，按照评价的具体内容，如实填写评价工作底稿，研究分析内部控制缺陷。

4. 应用的程序不同

按照《内部审计具体准则第21号——内部审计的控制自我评估法》，内部审计人员在应用控制自我评估法时，一般包括以下主要程序：制订控制自我评估的计划；与组织相关管理人员就控制自我评估的目的、内容及程序进行事先沟通和交流；确定控制自我评估的时间与方法；召集组织相关管理人员开展控制自我评估；在控制自我评估过程中做好协调与记录工作；在控制自我评估过程结束后，及时反馈并提交控制自我评估报告。

而按照《企业内部控制评价指引》，内部控制评价程序一般包括：制订评价工作方案、组成评价工作组、实施现场测试、认定控制缺陷、汇总评价结果、编报评价报告等环节。

可见，现场测试、认定控制缺陷是两种活动主要的不同之处。

5. 是否认定控制缺陷

从前述两种活动的程序可以看出，内部控制自我评估并不需要认定控制缺陷，而强调找出内部控制的风险点，明确责任人及整改办法。而美国《萨班斯法案》及我国《企业内部控制基本规范》要求的内部控制评价，管理层必须要认定，内部控制是否存在缺陷。如果存在一个重大缺陷，内部控制就应该被认定为无效；如果所有的内部控制要素都不存在重大缺陷，方可认定内部控制有效。

6. 其他

两种活动还存在其他不同之处。例如，内部审计人员在活动中的作用不同。例如，在内部控制自我评估（CSA）中，实施 CSA 的主体不是审计人员，内部审计人员只是起到协调员、组织者的角色，CSA 强调集体参与，实施内部控制的部门和个人参与到 CSA 中。而在美国《萨班斯法案》及我国《企业内部控制基本规范》要求的内部控制评价活动中，企业可以授权内部审计部门或专门机构负责内部控制评价的具体组织实施工作，内部审计部门可能不一定参与内部控制评价活动。

对两种活动还可能存在的其他不同之处，在此不再一一分析。

（二）共同点

虽然内部控制自我评估（CSA）与美国《萨班斯法案》及我国《企业内部控制基本规范》要求的内部控制评价活动有许多不同之处，但两种活动也存在一些共同点。例如，最终目的都是发现内部控制存在的风险环节，促进相关部门进行整改，提高内部控制的效果和效率；内部审计人员都有可能参与，并发挥重要的作用。

五、本章小结

内部控制自我评价，是指公司不定期或定期对自己及所属子公司的内部控制系统进行评价，评价内部控制的有效性及其实施的效率效果。本章首先对国内外关于内部控制评价研究进行回顾，然后从起源、定义、特点、主要程序和方法等方面对内部控制自我评估（CSA）方法进行厘清，并以宝钢集团下属宝钢国际为例，分析该方法的应用。最后，分析了内部控制自我评估（CSA）与基于美国《萨班斯法案》及我国《企业内部控制基本规范》合规要求的内部控制评价的不同点和共同点。

特别需要说明的是，内部控制自我评估（CSA）与美国《萨班斯法案》及我国《企业内部控制基本规范》合规要求的内部控制评价有很多不同之处，两者的性质、目的、采用的方法、应用的程序、是否认定缺陷等方面都存在明显的不同之处。

第三章　内部控制评价实务——基于《企业内部控制基本规范》及其配套指引实施的研究

财政部在《内部控制评价指引》和《解读》中明确了内部控制评价的内容、程序，内部控制缺陷的认定，内部控制评价报告的内容、格式、编制和报送。应该说，《内部控制评价指引》及《解读》基本解决了内部控制评价无章可循的情况。但是，《内部控制评价指引》和《解读》并没有给出明确的评价指南或者操作手册，告诉评估人员如何利用可用的评价方法对评价对象进行评估，以发现是否存在内部控制重大缺陷。我们试图根据内部控制的具体内容，利用内部控制评估方法，按照内部控制重大缺陷的标准，对企业如何评估内部控制、识别内部控制重大缺陷给出较强的操作指南。

本章按照《内部控制基本规范》中内部控制五要素的具体内容，结合《内部控制评价指引》制定了一个评价指南。第四章则对缺陷认定进行了分析。

一、组织、实施内部控制评价工作的主体

（一）《内部控制评价指引》的规定

《内部控制评价指引》第二条规定，内部控制评价是指企业董事会或类似权力机构对内部控制的有效性进行全面评价、形成评价结论、出具评价报告的过程。也就是说，董事会或类似权力机构对内部控制的评价负责，对内部控制评价结果承担责任。

《内部控制评价指引》第十二条规定，企业可以授权内部审计部门或专门机构（以下简称内部控制评价部门）负责内部控制评价的具体组织实施工作。可以看出，具体实施内部控制工作的，通常是内部审计部门，或

者一个专门机构，但应保证负责内部控制设计和评价的部门适当分离。

（二）我国境内外上市公司内部控制评价组织实施部门的统计情况

财政部会计司、证监会会计部（2012）对 67 家境内外上市公司 2011 年度执行企业内部控制规范体系情况的分析发现如下特点：

（1）完全由审计部门作为负责部门开展内控评价工作的公司有 26 家，占比 39%；

（2）以审计部门作为主要负责部门，联合其他业务部门开展内控评价工作的公司共有 14 家，占比 21%；

（3）完全由内控或风险部门负责内控评价工作的公司有 5 家，占比 7%；

（4）由内控评价工作小组开展评价工作的公司有 4 家，占比 6%；

（5）由多个业务部门联合开展内控评价工作的公司有 11 家，占比 16%；

（6）完全由稽核部门开展内控评价工作的公司有 1 家，占比 2%；

（7）未披露开展内控评价部门的公司有 6 家，占比 9%。

上述第（1）、（2）种情况，内部审计部门作为内部控制评价工作的组织部门或主要组织部门，采用这种方式的公司共 40 家，占 67 家公司的 60%。

（三）内部审计部门如何开展内部控制评价工作

从上面的统计情况可以看出，有 60% 的境内外同时上市的公司内部控制评价工作的组织部门或主要组织部门是内部审计部门。那么，内部审计部门如何开展内部控制评价工作呢？我们认为，应从以下几个方面入手：

1. 内部审计部门开展内部控制评价的前提条件

为了确保内部控制评价机构职能的有效发挥，《内部控制基本规范》及《内部控制评价指引》要求内部控制评价机构必须具备一定的设置条件：一是能够独立行使对内部控制系统建立与运行过程及其结果进行监督的权力。二是具备与监督和评价内部控制系统相适应的专业胜任能力和职业道德素养。三是与企业其他职能机构就监督与评价内部控制系统方面应当保持协调一致,在工作中相互配合、相互制约,在效率上满足企业对内部控制系统进行监督与评价所提出的有关要求。四是能够得到企业董事会和经理层的支持,通常直接接受董事会及其审计委员会的领导和监事会的监督,有足够的权威性来保证内部控制评价工作的顺利开展。

如果企业的内部审计部门符合以上四个条件,则内部审计部门就能作为组织部门或主要组织部门开展内部控制评价工作。

2. 内部审计部门如何组织开展内部控制评价

首先,内部审计部门应成立专门的评价工作组,具体承担内部控制评价工作的组织。《企业内部控制评价指引》要求内部控制评价机构根据经批准的评价方案,挑选具备独立性、业务胜任能力和职业道德素养的评价人员,组成评价工作组,具体实施内部控制评价工作。评价工作组成员应当吸收企业内部相关机构熟悉情况的业务骨干参加。

其次,实施评价工作前,评价人员需要接受相关培训,培训内容一般包括内部控制专业知识及相关规章制度、评价工作流程、检查评价方法、工作底稿填写要求、缺陷认定标准、评价人员的权利与义务及评价中需要重点关注的问题等。

通过内部控制职能机构和评价工作组这种矩阵式的组织设置,可以有效促进内部控制评价工作落到实处,防止流于形式。

二、评价内容

《评价指引》第 5 条到第 10 条具体介绍了内部控制评价内容。需要注意的是:

(一) 对五要素及其具体内容进行评价

由于《内部控制基本规范》规定内部控制包括内部环境、风险评估、控制活动、信息与沟通、内部监督等五个要素,因此,内部控制评价自然应针对这五个要素进行。尤为重要的是,应评价内部控制五要素的具体内容(亦即"子要素")。

(二) 对设计和运行两个维度进行评价

在评价时,应对内部控制设计与运行情况进行全面评价。

如《解读》中所讲的那样，企业应当以内部控制五要素为基础，建立内部控制核心指标体系，在以五要素为评价内容的基础上，层层分解、展开，进一步细化。此外，内部控制评价工作应形成工作底稿，详细记录企业执行评价工作的内容，包括评价要素、主要风险点、采取的控制措施、有关证据资料以及认定结果等。

三、内部控制评价操作指南

我们按照《内部控制基本规范》规定的内部控制五要素（内部环境、风险评估、控制活动、信息与沟通、内部监督）设计了内部控制评价操作指南，如表3-1至表3-5所示。

针对每一个要素，指南给出了评价指标（关注点）、参考标准（控制要求）、对应的关键控制、文档/实施证据。其中，不同的企业对应的关键控制可能存在较大差异，因此，指南中没有给出对应的关键控制，该列为空白；不同企业的文档/实施证据也存在较大差异，指南中给出的仅供参考。指南的重点是评价指标（关注点）、参考标准（控制要求）。在评价内部控制时，可以用这两列作为标准对照企业自身的内部控制。

(一)"内部环境"评价

表3-1 "内部环境"评价指南

评价指标(关注点)	参考标准(控制要求)	对应的关键控制	文档/实施证据
(一)董事会及其专业委员会、监事会			
1. 董事会及各专门委员会、监事会的设立及职责履行	董事会及各专门委员会、监事会的职责权限,任职资格和议事规则明确,并严格履行。		
2. 董事会下设必要的专业委员会	成立了必要的专业委员会,包括审计委员会、提名委员会、战略委员会、薪酬委员会。议事规则中规定了各自成立的独立性、所需经验、职责等方面的要求。		《审计委员会议事规则》《薪酬委员会议事规则》等
3. 审计委员会成员的独立性	审计委员会的全部或主要成员是否具有独立性,与公司无重大关联关系。		《审计委员会议事规则》
4. 审计委员会成员具有相应的学识和经验以履行其监督职责	审计委员会的成员是否满足审计委员会议事规则的要求,具备相应的学识和经验,胜任其监督的职责。		《审计委员会议事规则》
5. 审计委员会与主管财务方的沟通与联系:(1)与主管财务相关方的领导、内部审计师和外部审计师进行定期或不定期的沟通,对工作进行指导或监督。(2)与主管财务的独导、讨论财务报告流程、内部控制及管理层业绩的合理性等。	审计委员会按照审计委员会议事规则履行下列职责: (1)委员会协助董事会监督公司内部审计功能和外部审计师的表现,并按适用的标准监督外部审计师独立客观及审计程序是否有效,外部审计师的资格及独立性。 (2)审计委员会在外部审计服务方面发挥主要作用,提供的审计与非审计服务方面发挥主要作用。 (3)定期与管理层、公司内部审计部门的负责人和外部审计师分别会面并独立讨论,委员会每年至少一次应在无其他董事会或管理层成员出席的情况下与外部审计师会晤。		

续表

评价指标（关注点）	参考标准（控制要求）	对应的关键控制	文档/实施证据
（3）审计委员会对外部审计师工作的监督。	审计委员会事先批准外部审计业务，包括审计业务的范围、工作内容、酬金标准等。审计委员会对管理层提名的内审部门负责人进行审查。审计委员会审批准外部审计师内审部门年度审计计划、监督实际完成情况。审计委员会定期听取管理层及内审部门内控评价及发现问题整改情况的汇报，并督促整改。审计委员会定期（至少每季度）与公司内审部门负责人和外部审计师分别会面并单独讨论。审计委员会成员出席管理层的情况下与外部无其他董事会成员出席的情况下与外部审计师进行单独会晤。		董事会及审计委员会会议纪要
6.董事会及审计委员会获取必要的信息来监督管理层的经营目标、策略、公司的财务状况、经营成果以及其他重大交易合同等。	在每季度的会议前，管理层向审计委员会提供季度财务报表及分析，便于其了解公司的经营及财务状况，包括当期发生的重大交易或合同，同时审计委员会审阅当期的重大关联交易。		每季度上报审计委员会的财务报表分析审计委员会审阅季度财务报表的会议记录
7.董事会及审计委员会评估敏感的信息，调查结果及不当或违法违规活动。	任何重大的涉及法律法规遵循的事项应及时上报审计委员会。其中，对于重大舞弊事项，受理的检举举报信息及相应的调查处理结果，按照反舞弊制度要求，应及时报告审计委员会。		检举举报信息汇总表
8.对于公司高级管理层薪酬情况的监督	薪酬委员会审阅公司高级管理层的业务完成情况，并向董事会汇报。同时，将业绩完成情况确定管理层薪酬奖励方案报送董事会批准。		薪酬委员会会议纪要董事会对公司高级管理层薪酬安排的审阅记录

续表

评价指标（关注点）	参考标准（控制要求）	对应的关键控制	文档/实施证据
9. 高级管理层树立良好的道德标准	董事会积极支持管理层在公司范围内树立良好的职业道德及诚信标准。独立董事监督高级管理层是否身体力行地履行上述标准。		员工职业道德守则 董事会会议纪要
10. 董事会及其下属的委员会就发现的问题，采取必要的行动，包括进行专项调查等。	董事会一般安排管理层就发现的问题执行相应的调查工作，并要求管理层就其调查结果进行汇报。		董事会会议纪要
11. 董事会及审计委员会有效性的自我评估	董事会及审计委员会每年执行有效性自我评估，形成评估报告。		董事会自我评估报告 审计委员会自我评估报告
12. 对财务报表的审阅或审批	审计委员会定期审阅或审批公司对外披露的季度、中期、年度财务报表。		审计委员会会议纪要 财务报表分析材料
13. 董事会、监事会在内部控制建设和执行中的作用	科学地确定董事会、监事会、管理层在建立与实施内部控制中的职责分工。董事会采取必要的措施促进和推动企业内部控制工作，按照职责分工提出内部控制评价意见，定期听取内部控制报告，督促内部控制整改，修改内部控制要求。		

评价结论（该部分内部控制有效时）：
公司建立了符合内控要求及法律法规要求的董事会、审计委员会及其他专业委员会、监事会，按照其职责对公司控制环境进行了恰当的监督。

续表

评价指标(关注点)	参考标准(控制要求)	对应的关键控制	文档/实施证据
(二)组织结构			
1. 组织机构设置科学、精简、高效、透明,权责匹配,相互制衡	(1)组织机构设置与企业特点相一致,能够控制各项业务监控环节,各司其职,各尽其责,不存在冗余的部门或多余的控制。 (2)是否明确了权责分配,制定了指引并保持权责行使的透明度。 (3)有岗位职责描述。人力资源部每年审阅岗位职责说明,并根据实际情况进行完善。		组织结构图 不相容岗位职责分离暂行规定 岗位职责说明书
2. 组织结构的适应性	定期梳理、评估企业治理结构和内部机构设置,发现问题及时采取措施加以优化调整;定期听取董事、监事、高级管理人员和其他员工的意见,按照规定的权限和程序进行决策审批。		
3. 组织架构对子公司的控制力	通过合法有效的形式履行出资人职责,维护出资人权益,特别关注异地、境外子公司的发展战略、年度财务预决算、重大担保、大额资金使用、主要资产处置、重要人事任免、内部控制体系建设等事项。		
4. 依据实际情况编制、更新组织结构图	母、子公司均有正式的组织结构图,清晰描述了各部门的职责以及报告路线。		组织结构图

评价结论(该部分内部控制有效性):
公司制定了组织结构图,结构职责划分较为明确,能够满足对各经营单位的监督及信息及时传递的要求。

续表

评价指标（关注点）	参考标准（控制要求）	对应的关键控制	文档/实施证据
（三）诚信反道德			
1.《员工职业道德守则》 (1) 守则中规定了员工应遵守的基本职业道德规范。 (2) 将保持操守传达并强化给员工。 (3) 所有员工遵循职业道德守则，对违反职业道德守则的行为予以举报。 (4) 对违反职业道德守则的行为有明确的惩处规定，同时有完善反职业道德的机制和受理、调查和处理各种违反职业道德的行为。	制定了《员工职业道德守则》并确保其持续有效地运行。 (1) 所关注的内容均已包含在《员工职业道德守则》的具体规定中。 (2) 该守则已置于公司外网、内网，员工及客户、供应商等第三方均能了解该《员工职业道德守则》的要求。职业道德守则同时下发给员工，每年组织新员工进行相关内容的培训，并要求员工签署《员工声明》。 (3) 制定舞弊受理、调查、处理办法，由专门部门受理、调查和处理各种舞弊行为，定期汇总上报管理层。		员工职业道德守则 员工声明 举报受理、调查、处理办法
2. 管理层道德指引 管理层要求所有员工遵循公司职业道德规范。	公司管理层推动并监督公司各项内控制度（包括职业道德守则、反舞弊制度等）的持续有效执行。		管理层参与制度培训的记录，各项制度的审批签报
3. 对于逾越控制的态度 管理层明确任何员工不得超越现有的内部控制制度，同时有畅通的举报和受理渠道。	管理层明确任何员工不得超越现有审阅公司有关舞弊检举报汇总信息，关注管理人员或重要岗位人员的舞弊行为。 由专门部门负责接收各分、子公司高级管理人员或重事的舞弊事件，并向审计委员会汇报。		反舞弊规定 举报受理、调查、处理办法

347

续表

评价指标（关注点）	参考标准（控制要求）	对应的关键控制	文档/实施证据
4. 业绩目标的压力，以及业绩压力对薪酬分配的影响程度 存在过于激进的业绩目标，导致偏离现有的道德和诚信要求； 现有的薪酬或奖励政策仅限于对短期目标实现的考核。	公司有一套预算编制程序，其业绩目标的设定考虑了公司长、短期经营战略要求。经批准的预算指标以正式文件下发给各分、子公司。 公司薪酬委员会负责制定管理层的薪酬奖励办法，该办法不仅限于当年经营业绩，也考虑到公司长远战略目标，同时将内控建设执行情况纳入考核办法，并同管理层签署了正式的业绩合同。 分、子公司负责人与总部签定《经营业绩责任书》，根据绩效考核结果确定其年度薪酬总额。		全面预算管理暂行办法 《经营业绩责任书》

评价结论（该部分内部控制有效性）：公司已经建立了诚信及道德标准，并将相关要求传达给了公司员工。同时也建立了相应的控制程序来推动诚信及道德标准得到遵循。

（四）管理层的理念和经营风格

| 1. 管理层对风险的态度和承受水平 | 管理层在进行决策前，应先分析和评估风险和收益。管理层以谨慎的态度面对风险，对所有运营中的重大决策履行必要的风险评估程序。 | | 各部门在本部门职责范围内履行风险控制程序及文档记录
风险管理办法
年度总体风险评价报告 |

续表

评价指标（关注点）	参考标准（控制要求）	对应的关键控制	文档/实施证据
2. 关键岗位人员的变动 关键岗位人员发生变化或离职，将使公司管理或经营受到影响。	(1) 有较为完善的薪酬奖励制度，并且每年根据公司的经营业绩进行相应的调整，同时对业务骨干有较完善的培养计划。 (2) 有完善的招聘机制，同主要大专院校及人才机构有良好的合作关系，确保公司关键岗位有足够的人才储备。		招聘程序及招聘记录
3. 管理层对会计信息系统及会计信息的真实、可靠性的关注态度： (1) 财务具有对各项业务监督的职能 (2) 选择较为谨慎的会计政策和会计估计 (3) 分支机构的财务人员向总部财务部门负责 (4) 公司的贵重资产有恰当的保护措施，禁止未经授权接触或使用该资产	管理层积极推进会计信息系统建设，不断完善与财务信息报告与披露相关的信息化建设： (1) 管理层明确财务部对各项业务具有监督职责及对外披露的信息真实可靠性。 (2) 财务总监和财务总监均参加公司定期召开的生产经营分析会，了解和监督各分支机构的财务经营和财务状况。 (3) 公司的财务人员具备相应的财务知识和能力，并定期接受培训。 (4) 财务总监有足够的财务学识和经验，以监控公司各类重大和复杂交易的会计处理的真实性和适当性。必要时会聘请外部会计专家进行咨询。 (5) 制定了会计核算手册，对于会计政策的选择、具体的会计处理手册、准则差异等均有详细的解释和说明，并已下发分支机构执行。同时该制度也作为总部对分支机构财务监督的依据。 (6) 各分支机构在向总部报出财务报表时，同时提交保证财务信息真实、可靠的声明函。 (7) 制定并实施了资金管理办法，人员管理办法等。		财务人员就公司会计手册和新会计制度培训记录 生产经营分析会议材料及月度财务分析 资金管理办法 会计核算手册

349

续表

评价指标（关注点）	参考标准（控制要求）	对应的关键控制	文档/实施证据
4. 管理层和运营部门负责人充分和及时的沟通 (1)高级管理人员经常关注分、子公司的运营情况 (2)经常举行管理层会议	(1)总部相关部门负责人针对月度生产经营分析中发现的重大同题或普遍性问题进行调查，并同相关分支机构负责人沟通，确定解决方案。 (2)公司的主要业务部门经理以及子公司总经理和主要部门负责人参加由总部管理层主持的月度生产经营分析会。		调查报告 生产经营分析会议制度 生产经营分析会议材料及月度财务分析
5. 管理层对财务报告及存在分歧的会计处理进行判断处理	董事会审计委员会负责审核管理层上报的财务报表及信息披露，对于存在分歧的个别会计处理方法及重大会计估计，管理层按照相关准则的要求，并结合外部专家的意见，作出相关判断或调整。		审计委员会议事规则
评价结论（该部分内部控制有效时）： 管理层遵循谨慎的经营管理理念，对财务信息真实性给予关注，为形成有效的公司控制环境提供支持。			
（五）人力资源政策			
1. 对应聘人员的背景有充分调查	人事管理程序中，对于新员工的档案审查工作包含背景调查内容。		背景调查
2. 有明确的续聘、考核和奖励标准，并与员工职业道德守则和其他的行为准则中的相关规范有直接的联系	(1)有较为完善的绩效考核制度。 (2)对高级管理人员建立了长效的激励机制，并由人力资源部进行考核。 (3)对员工的绩效考核每年末均会进行，员工的续聘、奖励标准同年度的绩效考核直接挂钩。		年度考核记录

350

续表

评价指标（关注点）	参考标准（控制要求）	对应的关键控制	文档/实施证据
3. 规定了员工的培训和薪酬制度	（1）规定了员工的培训、薪酬及考核办法，相关的教育和培训经费。（2）有一套较完善的薪酬及福利制度，并且每年会根据公司的经营业绩进行相应的调整，同时对业务骨干有较完善的培养计划。		培训计划及培训记录 薪酬管理办法 年度人工成本管理实施细则 薪酬委员会会议事规则
4. 员工清楚自己的岗位职责和公司对他们的期望	（1）关键岗位均编制了岗位职责说明书，同时根据实际情况对相关内容进行更新。（2）人员上岗前由上级负责人就岗位职责予以说明，使其了解自身职责。（3）对于新招聘员工，组织专门的入职培训使其了解自身的岗位职责，以及公司对他们的期望。		岗位职责说明书 新员工培训记录
5. 对于违反职业道德守则的行为有适当的补救措施（1）管理层对员工的失职或违反职业道德守则的行为会及时采取调查及处理措施（2）员工知晓如果违反守则，将受到相应的惩处，并被要求采取措施情进行改正	（1）违反公司各项制度规定的行为被记录在各个人的绩效考核中同时会根据事件的性质和严重程度予以处罚。（2）人力资源部门定期组织各部门对员工执行绩效考核。（3）按照反舞弊相关规定的要求，有关部门将收到的有关违反职业道德守则的举报执行规定的惩处，并且监督相应的部门或人员完成整改。		年度绩效考核记录 反舞弊规定 舞弊行为的检举信息汇总表及相应的调查处理报告

评价结论（该部分内部控制有效时）：公司建立了较为完善的人员招聘、考核、薪酬、奖励、培训等人力资源政策，为公司业务发展和经营战略实施提供了保障。

续表

评价指标（关注点）	参考标准（控制要求）	对应的关键控制	文档/实施证据
（六）授权与职责分工			
1. 对职责和权限进行正确的分配，同时考虑相关信息。 (1) 进行岗位职责和权限的分配； (2) 对职责和权限分配的决策责任。	(1) 对关键岗位有岗位职责描述； (2) 岗位职责描述中包含了职责和权限、报告路线等内容； (3) 有组织结构图和相应的部门职责描述； (4) 公司根据实际情况的变化，对上述内容进行相应的更新。		岗位职责说明书 不相容岗位职责分离规定
2. 有充足的人力资源来实现公司的经营目标；有合理的员工配置，以满足数据处理、信息技术和财务会计等方面的技术要求。	(1) 各部门经理了解本部门人员情况，如果发现人员数量不足，会向人力资源部申请增加员工。 (2) 人力资源部门分析公司（包括分支机构）人员配比情况，在公司内部调配资源，以确保公司有充分的人力资源来实现公司的经营目标。		
3. 管理层权限的合理性——适当的权限及高级人员的监督。	董事会、管理层有重要经济业务（如：资本性支出、资金使用、采购、信息系统建设等）权限分配的正式书面规定，并根据实际情况进行的确定，使得各级管理人员被面授予的权限与其所处职位相匹配。对重大经营业务均需要管理层审阅批复方可实施。		不相容岗位职责分离规定
4. 管理层对运用信息技术的态度，以及采用新技术的能力。	(1) 管理层对发展和完善信息系统提供了足够的人员和资金（专门的部门、人员编制，新增项目）。 (2) 有专门的部门负责公司整体信息化建设的评估与实施，并由其提出信息系统建设人员投入的实施计划。		

评价结论（该部分内部控制有效时）：
公司对职责和权限进行了恰当的分配，并且现有的授权体系便于实施适当的复核和审批。

续表

评价指标（关注点）	参考标准（控制要求）	对应的关键控制	文档/实施证据
（七）对员工素质和技能的承诺			
1. 有明确的岗位职责，清晰的报告路线及对技能或学识的要求。	关键岗位有正式的岗位职责说明书，描述了岗位职责、报告路线、技能或学识的要求，并和相关岗位人员沟通，确信其知晓自身的岗位职责。		职位管理办法
2. 对履行岗位职责所需的知识和技能的要求 (1) 招聘时，按照岗位职责的要求，对应聘人员的学历和技能进行考核。 (2) 定期组织员工业务、技能培训和考核。	(1) 按照公司的招聘程序，用人部门向人力资源部提出对相应岗位及技能学识的要求，并反映在招聘广告中。业务部门及人力资源部领导参加面试环节。 (2) 各业务部门每年向人力资源部提交本部门的培训计划和方案，由人力资源部统筹后统一制定公司的整体培训计划并实施。		岗位职责说明书 培训、考核记录，背景学历及履历检查记录
评价结论（该部分内部控制有效时）： 关键岗位有岗位职责说明书，并描述了员工的岗位职责、报告路线，技能或专业技能的不断提高和更新，以满足公司发展的需要。			
（八）反舞弊			
1. 检举举报途径 存在有效的举报途径，例如设立举报热线，并保证热线有效。对于潜在的违反准则行为可以采取匿名举报的方式，以防止告发者担心被报复。	(1) 公司确保检举举报渠道的有效运行，知晓有效的举报渠道。必要时使用电话、信件、电子邮件等形式进行匿名举报。公司有必要的保密措施，确保举报人的安全。 (2) 外部人员同样可以使用上述举报渠道匿名举报有关财务报告的弊事项。		举报受理、调查、处理办法 有关检举举报信息讨论的会议纪要

续表

评价指标（关注点）	参考标准（控制要求）	对应的关键控制	文档/实施证据
	（3）对各类举报信息进行调查和记录，并有必要的保密措施。 （4）有关部门汇总全年检举举报信息，并上报董事会。 （5）对涉及公司的高级管理人员或董事的舞弊事件，由有关部门负责接收，核实情况后转交董事会或监事会处理。		
2. 招聘及晋升 （1）对求职者进行背景调查，关注雇员以前是否有不符合录用规定之行为。 （2）对于经常更换工作的求职者或其雇用史有瑕疵的求职者进行审查。 （3）对求职者的犯罪记录（如果有）进行特别审查。	（1）公司有完善的招聘程序，有相应的岗位学历技能的要求。对求职者进行充分的背景调查，对于经常更换工作或工作有瑕疵的求职者，对其各方面要进行特别的审查。业务部门及人力资源部经理参加面试环节。 （2）相关候选人员的确定不仅由人事部经理审阅并签署意见，同时要上报公司领导审阅并批复。	招聘程序及招聘记录 背景调查记录	
3. 舞弊风险评估 （1）将潜在的舞弊风险作为企业风险评估的风险管理程序的一部分。 （2）舞弊风险评估是基于剩余风险或固有风险实施的，而不是基于控制风险为基础。 （3）考虑管理层通过现有控制的补偿性控制活动，并考虑增加必要的补偿性控制活动。	（1）公司根据舞弊风险评估机制，对可能存在的舞弊风险定期进行自我评估及形成评估报告，同时对舞弊的类型予以关注和分析。 （2）对舞弊风险的重要性水平及影响程度进行评估，关注重要和比较重要的舞弊行为。 （3）由专门部门负责调查舞弊行为。董事会设有专门的委员会（如风险管理委员会）负责公司所有的风险评估，包括舞弊风险。	反舞弊规定 年度总体风险评价报告 风险管理办法 风险评估委员会议纪要	

续表

评价指标（关注点）	参考标准（控制要求）	对应的关键控制	文档/实施证据
(4) 考虑舞弊的可能性及其对财务报告的潜在影响，包括潜在的财务报表舞弊的挪用资产舞弊风险。 (5) 由高级管理层或董事会造成的舞弊风险。 (6) 管理层有舞弊动机和压力。舞弊风险评估定期实施，当出现特定情况时（如新运行环境、新产品、新市场以及新的公司结构），进行舞弊风险的评估。	(4) 内审部门每年至少一次对公司内部控制（包括风险评估机制）的健全性和有效性进行总体评价，并向公司管理层和董事会审计委员会提交评价报告。 (5) 董事会审计委员会定期与管理层、内审部门负责人和外部审计师分别会面，单独讨论不局限于重大财务、审计，内控审计事项等任何问题，并形成会议纪要，向董事会汇报并提出建议。 (6) 管理层根据公司业务发展情况和内部控制完善情况、公司或公司结构调整可能导致的舞弊风险进行评估，新业务、新产品进行评估。		年度总体风险评价报告
4. 调查与整改 (1) 审计委员会和董事会对发现的重要缺陷和重大缺陷及时确认做出反应，对怀疑、推定或已确认的舞弊事项采取必要的措施。 (2) 管理层向审计委员会、外部审计师及时披露以下内容： ● 与财务报告有关内部控制中所有重要缺陷和重大缺陷。 ● 任何舞弊，无论是否关键岗位员工。 ● 管理层和审计委员会必须确认的已知的重大缺陷，对怀疑、推定或已确认的舞弊事项采取必要采取的措施。	(1) 公司确保检举举报机制的持续有效运行，使董事会及时掌握检举举报信息和舞弊事件的调查、处理结果及整改措施等。 (2) 按照公司反舞弊规章制度规定，必要时可聘请独立的法律顾问，在审计委员会指导下开展舞弊调查。 (3) 董事会审计委员会每季度查询和检查前期发现或完成调整控制舞弊缺陷和重大缺陷的整改措施是否已经完成和正在进行。 (4) 审计委员会就舞弊事项的讨论和监督均已记录在相关会议纪要，包括历期的调查和采取的行动等。 (5) 针对发现的舞弊风险，公司均会按照反舞弊制度的要求采取如下措施： ● 检查人员实施必要的检查程序，以确定舞弊迹象所显示的舞弊行为是否已经发生。		审计委员会议事规则 反舞弊规定 员工职业道德守则 审计委员会会议纪要 调查报告

续表

评价指标（关注点）	参考标准（控制要求）	对应的关键控制	文档/实施证据
• 任何涉及高级管理层的舞弊行为。	• 对内控缺陷及时采取措施，落实整改责任，对整改结果进行跟踪。 • 对发现的舞弊行为实行责任追究制度。对重大舞弊事件的处理结果向全体员工通报。 • 对当期发现的舞弊事项，将按照法规的要求予以充分披露。		舞弊处理记录
5. 董事会和审计委员会在反舞弊中的角色 董事会和审计委员会负责： (1) 监督管理层与财务报告相关的内部控制，并有效实施。 (2) 评价管理层舞弊风险的控制和发现管理层舞弊有相应的控制，预防和发现管理层舞弊风险。 (3) 评估管理层逾越控制而可能导致的舞弊风险，并同内部审计进行讨论。	(1) 审计委员会代表董事会监督公司舞弊控制程序，上报的检举信息，询问管理层所采取的调查、处理及补救措施。 (2) 审计委员会审阅公司的反舞弊控制程序，上报的检举报信息，询问管理层所采取的调查、处理及补救措施。 (3) 审计委员会审阅内审部门的审计计划，关注是否考虑了舞弊风险。		审计委员会议事规则 审计委员会会议纪要 内部审计工作计划

评价结论（该部分内部控制有效时）：
公司已制定了防范舞弊风险的规定办法，建立了举报渠道，能够汇总和处理举报事项。

控制环境总体评价：
公司建立健全了满足《企业内部控制基本规范》要求的内部环境，为内部控制的有效执行提供了恰当的运行环境。

(二)"风险评估"评价

表3-2 "风险评估"评价指南

续表

评价指标(关注点)	参考标准(控制要求)	对应的关键控制	文档/实施证据
(一)公司目标的制定			
1.整体目标及特定性 (1)管理层参与公司整体目标和关键策略的制定,且该目标和策略已经在全公司范围内建立起来。 (2)该目标反映了公司的特定需求,同时公司运用与财务核算和报告相关的信息资料来评价整体目标的实现程度。	在每年年初制定并公布年度公司整体发展目标。		
2.整体目标的传达 (1)董事会和全体员工知晓公司的整体目标及相关信息。 (2)管理层收到员工和董事会有关整体目标的反馈。	(1)公司的整体发展战略已经为各子公司或分支机构所知晓,作为编制预算和制定经营策略的指导依据。 (2)各子公司或分支机构在完成本单位的预算编制并经管理层审阅后报送总部。 (3)总部相关部门定期与子公司或分支机构沟通,并根据反馈意见修订总体目标。	各分支机构年度预算	
3.策略与整体目标的相关性和一致性 (1)公司经营策略的制定有利于子公司整体目标的实现。 (2)经营策略包括整体资源的配置和实施的优先顺序。	(1)公司制定的各项经营政策、营销方案、投资计划等均围绕着公司的整体目标,管理层定期审阅批策略或计划,评估其是否与公司整体目标相关一致。 (2)结合对策略和计划的评估结果,优先安排符合近期经营目标项目的资源配置需求。	投资计划	

357

续表

评价指标（关注点）	参考标准（控制要求）	对应的关键控制	文档/实施证据
4. 经营及财务预算与公司整体目标的一致性 (1) 如何制定预算，预算与公司的整体目标关系如何。 (2) 编制预算应依据过去的经验数据和现有的情况。	(1) 在编制年度预算时，要考虑 GDP 增长速度、公司所属行业收入增长速度、竞争环境、预期政策变化等宏观环境的基础数据，以及公司整体规划。 (2) 进一步分析和确定预算的编制基础，确定主要预算指标的预算数。该预算通过预算责任书等形式体现于各子公司或分支机构的业绩考核内容。		预算管理办法 年度财务预算
（二）业务层面控制目标的设立			
1. 业务层面的目标与整体目标和战略规划之间的关系 (1) 设立业务层面的控制目标时，应与整体目标之间保持协调。 (2) 业务层面目标包括重大控制目标实现与否的标准。 (3) 所有重大控制目标之间都有联系。 (4) 定期或不定期复核业务层面目标与整体目标之间的关联性。	(1) 与财务核算及报告相关的业务层面的目标设立均基于整体目标进行的。 (2) 业务层面的目标均需报送管理层审核，确保符合公司的目标战略目标。 (3) 通过具体的考核指标（如收入利润完成率等指标）来验证业务层面目标的实现程度，同时总部管理层应定期考核分析。 (4) 业务层面的控制目标的设立和控制活动均围绕财务报告目标包括对信息的完整性、准确性、真实性、有效性，接触权限的控制以及反舞弊的要求。		年度财务预算 业务层面的风险控制文档 子公司或部门绩效考核记录
2. 业务层面目标与重大业务间的相关性	公司重大业务流程有对应的业务层面目标。如：与收入循环相对应的用户增长目标、市场占有率目标，与资本性开支相对应的投资计划等。上述控制业务层面目标均应报送管理层审阅。		预算指标 投资计划

358

续表

评价指标（关注点）	参考标准（控制要求）	对应的关键控制	文档/实施证据
3. 实现目标所需资源的适当性 管理层了解所需的资源。	针对业务层面目标的具体目标，管理层均会安排必要的资源，以保证目标的实现。		年度投资计划
4. 辨别业务层面目标的重要性 (1) 管理层了解重要业务层面目标，是实现整体目标的关键因素。 (2) 管理层根据重要性编制收入预算和成本费用预算。	(1) 管理层将关键性的业务层面目标，作为公司实现整体目标的关键因素。如：收入增长率、利润增长率等。 (2) 上述业务层面目标的收入和收入费用经过子公司和分支机构的讨论，并将反馈给经营总部。		
5. 管理层的参与及承诺 相关部门领导参与制定业务层面目标。有解决不同意见的程序。	(1) 所有相关部门参与制定公司的预算，具体到业务层面目标。 (2) 在预算制定过程中，各分支机构的反馈意见将汇总到总部，讨论后对预算进行必要的修改。		预算管理办法
（三）风险分析			
1. 外在风险的识别 管理层考虑与风险有关的外在因素。	公司通过咨询外部专家或利用已知的外部信息评价由于外部因素可能导致的风险。如：经济环境的变化、法律法规的变化、技术更新等。		年度总体风险评价报告 风险评估委员会议纪要
2. 内在风险的识别 (1) 管理层考虑与下列因素有关的风险：人力资源、员工关系、资金管理、财务报告、信息系统，等等。 (2) 有深入的风险分析流程，并同企业的目标有密切的联系。	应通过事件识别方法，结合公司经营管理实际情况，对公司内部管理的重大风险进行更新研究、分析、梳理，根据对公司经营管理目标的影响程度，按照风险评估重要性和可能性等两个维度进行分类汇总，形成风险评估报告，并由管理层监督相关部门制定、实施风险控制措施。		年度总体风险评价报告

续表

评价指标（关注点）	参考标准（控制要求）	对应的关键控制	文档/实施证据
3. 对影响重要业务流程目标实现的风险识别	公司在编制风险控制文档时，对重要的业务流程均确定影响目标实现的风险点。		风险控制文档
4. 风险分析程序 有清晰的风险分析程序，包括：评估风险的重要性，发生的可能性，影响金额，以及采取的风险防范措施	（1）对发现的风险，评估重要性，发生的可能性等两个维度，记录现有的风险防范措施，并且根据公司的变化及时进行更新。 （2）评价现有的控制是否能够防范和控制现有的风险。		年度总体风险评价报告
（四）关注由于变化而新增的风险			
1. 建立发现变化的机制 （1）对于改变的进行讨论 （2）存在有效的机制及时发现并应对可能影响公司整体目标和业务层面目标的事件或活动。	管理层定期召开会议，讨论公司的生产经营状况，并对异常变化进行分析，判断现有业务是否受到该变化的影响而需要增加新的控制防范风险。		会议纪要
2. 管理层应注意的重大改变 （1）经营环境的变化 （2）新招聘的员工 （3）新上线或改造的信息系统 （4）业务的高速增长 （5）技术更新	（1）有关经营环境变更导致的风险应包含在公司现有的风险评估程序中。 （2）对于新招聘的员工公司有上岗培训机制，保证员工正确履行岗位职责。 （3）建立完善的信息系统控制程序，针对信息系统的开发上线，有相应的风险防范措施。 （4）对于个别业务高速增长而可能导致的风险，及时建立相应的控制，采取适当的风险防范措施。 （5）定期跟踪行业的变化并评估，并将技术更新对公司的潜在影响进行评估后上报管理层，同时咨询外部专家，作为公司决策、制定发展战略和经营目标的参考依据。		年度总体风险评价报告 培训记录 信息系统风险控制文档 年度总体风险评价报告 月度及半年度经营分析

360

续表

评价指标（关注点）	参考标准（控制要求）	对应的关键控制	文档/实施证据
	（6）对于新增设备，均要求厂商提供相应的培训，严格按照公司的验收程序对设备进行测试和试运行。 （7）定期评估公司组织结构或人员组成情况，结合公司总体经营目标进行必要的调整。 （8）公司财务、会计相关法律法规的变更 （9）其他		新业务部门的评估报告 相关的书面报告 外部专家的咨询报告 年度总体风险评价报告
（四）风险应对			
1. 风险应对策略与公司战略、企业文化的一致性	（1）风险应对策略应与公司战略一致。 （2）风险应对策略应与企业文化一致，应对策略符合企业的风险偏好和风险容忍度。		
2. 风险承受度与风险应对策略的匹配程度	风险承受度应与风险应对策略相一致。		

评价结论（该部分内部控制有效时）：
建立了风险管理办法及评估机制，对影响公司目标实现的重大风险进行评估，并关注由于变化而导致的新增风险。

(三)"控制活动"评价

表3-3 "控制活动"评价指南

评价指标(关注点)	参考标准(控制要求)	对应的关键控制	文档/实施证据
(一)控制活动设计的有效性			
对公司所有的业务活动均有适当的政策和控制程序。	应结合风险评估,对所有业务流程确定控制目标和风险,进而确定若干评价重点、若干关键控制环节和若干关键控制措施。		
对于每个重要的业务活动,结合风险评估,确定其控制目标和风险,制定相应的内部控制规范,以便相关控制政策的实施。		对于具体业务流程的风险控制文档。	相关制度规范
(二)控制活动运行的有效性			
在内部控制制度规范中描述的相关控制,已经得到实际执行,并有相应的检查人员,监督其实施的情况和效果。	组织评审队伍,对管控控制环节和关键控制措施进行评价,并对发现的问题进行监督整改。		内部控制评价工作底稿 内部控制评价报告 内部控制缺陷整改督导记录

评价结论(该部分内部控制有效时):

对公司的业务活动制定了适当的政策和控制程序,并通过评价确定了重要控制活动的控制程序及措施。

(四)"信息与沟通"评价

表3-4 "信息与沟通"评价指南

评价指标(关注点)	参考标准(控制要求)	对应的关键控制	文档/实施证据
(一)信息			
1. 获取内外部信息,将与公司既定目标相关信息上报管理层 (1)获取相关外部信息,如:市场状况、竞争对手情况、法律法规变更、宏观经济状况。 (2)定期报告已取得和为实现公司目标的关键信息。 (3)及时向管理层提供与其履行职责相关的关键信息。	(1)相关部门通过有效方法,及时掌握、分类、汇总相关的外部信息,并根据需要对经营决策和会计政策等做适当调整,同时及时上报管理层。 (2)相关部门通过有效方法,如月度生产经营分析会,不定期的讨论会等获取相关的内部信息,对于重大信息通过有效方式及时报送给公司管理层。 (3)相关机构(如董事会办公室)负责审阅公司对外披露的财务及业务等信息。		月度分析材料 生产经营分析材料
2. 把相关信息及时提供给适当人员,使其有效履行职责 (1)管理人员及时收到信息,使其对发现的问题采取措施。 (2)对信息进行适当的汇总和分类,便于管理层根据需要掌握有效的信息。 (3)及时提供信息,便于监督内外部活动,及时作出回应。	(1)负责信息系统的部门应认真完善符合信息搜集要求的信息系统,完善分析功能,为管理层决策提供依据。 (2)针对不同层级的管理要求,对信息进行适当的分类和汇总,便于管理层根据需要掌握有效的信息。 (3)每季度报送董事会拟对外披露的定期报告,由其审阅批准后披露。		财务分析报告 生产经营分析材料 专项调查报告 与预算差异分析 董事会会议纪要

363

续表

评价指标（关注点）	参考标准（控制要求）	对应的关键控制	文档/实施证据
3. 信息系统的更新与维护 归类、筛选有用的信息，使各种信息能够满足不同要求。	(1) 根据公司整体发展战略，确立公司的信息系统建设策略。 (2) 负责信息系统建设的部门牵头负责公司信息系统建设的评估、计划与实施。 (3) 逐步建立和完善信息系统，并且进行持续的更新与维护，以支持业务需求。		
4. 管理层的支持 及时提供信息，使电子管理层监督对外活动，同时作出迅速的反应。	管理层对发展和完善信息系统提供了相应的人员和资金支持。		
（二）沟通			
1. 把员工应履行的职责充分告知员工 (1) 恰当的沟通方式与工具能达到预期的效果。 (2) 员工知晓其工作目标和责任，并了解与其他员工之间的相互关系。	(1) 根据组织结构的变动更新岗位职责说明书，通过培训等手段让员工了解岗位的职责。 (2) 公司的绩效考核内容包括对员工履行岗位职责的评价。	岗位职责说明书 绩效考核记录	
2. 沟通和举报不当行为的渠道 (1) 有可绕过直接领导而向上级沟通举报的渠道。 (2) 允许匿名举报，且举报有反馈。 (3) 举报人不会受到打击报复。	(1) 公司维护检举举报渠道的有效运行。 (2) 可使用电话、信件、电子邮件等形式进行匿名举报。 (3) 公司有必要的保密措施，确保检举举报人的安全。 (4) 所有举报信息都会根据举报受理、调查、处理办法进行调查和记录，并有必要保密措施。	员工职业道德守则 举报受理、调查、处理办法	

364

续表

评价指标(关注点)	参考标准(控制要求)	对应的关键控制	文档/实施证据
3. 使外部利益相关者了解公司的道德标准,以反对他们的要求。建立与外界的沟通渠道,同时建立收集反馈信息机制。	(1)将道德标准包含在员工道德守则中,并通过公共网站等形式,供外部利益相关者参阅。 (2)有专门的客户服务及投诉热线等途径,负责受理、汇总、处理用户投诉,并将重大投诉问题上报管理层,落实相关责任部门进行处理。		员工职业道德守则 投诉处理单
定期、不定期汇总他人的意见及投诉,将信息传递给相关内部人员。 (3)相应的信息上报给管理层,并由管理层采取必要的措施。			
4. 管理层所采取定期、适当的跟进改善措施。 (1)有鼓励员工提出改善建议的措施。 (2)对于员工提出的有价值的建议,管理层给予物质上和精神上的奖励。	(1)针对各种检举举报,严格按规定进行调查和记录。 (2)对于供应商或其他利益相关方的投诉及时调查、处理,并将结果反馈给用户和管理层。 (3)设立员工合理化建议途径,组织员工对公司发展及管理提出合理化建议。管理层鼓励员工提出合理化建议,对可实施的安排责任部门落实,并予以表扬,在年终考核和评选先进时优先考虑。		检举举报信息调查处理记录 用户投诉处理单 员工提交的合理化建议书

评价结论(该部分内部控制有效时):
公司明确有关信息与沟通的办法,建立了信息与沟通机制,以汇总和传递相关信息。

（五）"内部监督"评价

表3-5 "内部监督"评价指南

评价指标（关注点）	参考标准（控制要求）	对应的关键控制	文档/实施证据
（一）日常监督			
1. 监督证实内部控制发挥作用的程度。 (1)管理层将经营中表取的信息与财务系统产生的信息进行比较。 (2)管理层将经营管理中的信息同财务报告系统进行核对或比较。 (3)管理层或其授权机构代表其业务单位的财务报表上签字确认，对报表负责。	(1)公司定期核对分析业务数据与财务数据，对于差异要求及时查找原因并处理。 (2)财务及业务部门每月编制业绩分析及与预算执行进度分析报告，报管理层审阅。 (3)所有分支机构在向上级单位上报财务报表时均需签字确认并对其负责。		业绩分析 与预算执行进度分析 月度生产经营分析
2. 利用外部信息判断内部信息的准确性。	(1)定期同客户或供应商对账，以检查财务信息的真实准确性。 (2)对用户的投诉按照程序进行处理，涉及与财务相关的信息报送财务部，同财务记录核对。		投诉记录 检举举报信息受理记录调查报告
3. 定期盘点，确保财务记录的真实性和资产的完整性。	财务人员参加固定资产、存货、现金盘点，对发现的差异要求进行调查和处理。		
4. 对审计建议的跟踪落实。	针对内、外部审计师发现的问题或内控缺陷及提出的改进建议，由相关人员负责跟踪落实，并将改进结果汇报管理层。		内部审计工作规定

366

续表

评价指标（关注点）	参考标准（控制要求）	对应的关键控制	文档/实施证据
5. 管理层通过培训等形式了解了内部控制有效实施的程度。	(1)定期、不定期组织有关内控评价的培训。 (2)就内控评价结果定期组织讨论，及时掌握控制有效实施的程度。		培训记录
6. 员工知晓并遵守员工职业道德守则。	要求员工签署员工声明。		员工声明
7. 内部审计的有效性。 (1)独立性 内部审计部门负责人和免职由审计委员会或董事会决定。 内部审计部门应有内部审计工作规定，其主要内容应涵盖： ● 目标、任务、职责以及内审的权限。 ● 内部审计部门的独立性和可靠性。 ● 内部审计部门与审计委员会的关系沟通。 ● 内部审计部门与独立的外部审计师的关系与沟通。 ● 年度审计计划和范围的审批流程。	(1)审计部门专职履行监督职能。 (2)根据内审章程，审计部门负责人的任免，需报经审计委员会同意。 (3)公司制定了内部审计工作规定，对内部审计的目标、任务、职责及主要权限等作了明确规定。 (4)审计部门负责人每年至少一次，单独与审计委员会举行闭门会议；当发生例外或重大审计事项时，审计部门负责人应及时向审计委员会报告。 (5)内审部门与独立的外部审计师，根据工作需要，不定期的举行会议，互通情况，重视外部审计师出具的相关审计意见和建议。 (6)年度审计计划经公司管理层审核后报审计委员会批准。		内部审计工作规定 审计委员会会议纪要 同外部审计师的沟通记录 外部审计师提供的管理建议书 年度审计计划

续表

评价指标（关注点）	参考标准（控制要求）	对应的关键控制	文档/实施证据
(2) 胜任能力 建立适当的内部审计部组织结构使审计目标和计划得以实施。 内部审计人员应具备相关经验和能力，由具备所需技能的人员对内部控制系统相关领域进行评估。 内部审计人员应有相应的培训计划。 内部审计应执行相应的职业标准。	(1) 审计部设置了不同若干审计小组，分别对公司经营、财务及其他管理活动进行监督，其工作范围涵盖了公司的全部业务活动。 (2) 内审人员必须熟悉相关法律法规和公司的各项业务活动，具备从事审计工作的专业知识和技能，不断通过后续教育来保持和提高这种任职能力和任职资格。 (3) 内审审计人员有相应的培训计划，审计人员每年培训时间不少于规定的时间。 (4) 审计部参照中国内审协会颁布的相关准则和职业标准，制定了《内部审计工作规定》，要求所有内审人员遵守。		内部审计工作规定 审计人员职业道德规定 培训记录
(3) 任务和职责 内审审计制订年度审计计划，并按流程进行审批。 审计计划应充分考虑风险评估结果，保证足够的范围，覆盖度和评估的频次。 管理层对内审部门发现的问题及整改建议及时回复，并报审计委员会及董事会。 进行自我评价，提高工作质量。	(1) 审计部编制审计工作计划报审计委员会审批。 (2) 制订年度审计计划时，应在风险评估的基础上，按照风险的等级确定年度审计范围和审计重点。 (3) 被审计单位对内审计发现的问题及时落实整改，并将情况上报审计部，由审计部追踪审核整改落实情况。 (4) 内审计部定期向审计委员会报告内部控制评审结果、重大审计发现及与财务报告相关的舞弊行为等。 (5) 审计人员以及全体审计人员每年进行工作总结，部门领导作述职报告。		年度审计计划 审计计划项目管理 审计项目管理办法、内审规定 审计报告批复单 年度工作总结

续表

评价指标（关注点）	参考标准（控制要求）	对应的关键控制	文档/实施证据
7. 总部各职能部门对子公司的相关业务进行监督。	(1) 总部各业务部门执行业务层面的监督，定期上报分析材料，对异常重大问题，组织专人到分、子公司进行调研、检查、监督，要求其整改，并对整改结果进行监督。 (2) 审计部对各业务部门、子公司主要领导实行经济责任审计。		各分、子公司上报的分析材料 离任审计报告
（二）专项监督			
1. 专项监督的范围和次数、监督方法的适当性，以及恰当的书面记录。	(1) 公司每年应进行必要的专项监督，评估现有内部控制的有效性，根据情况进行完善。评估人员均经过专业培训，并具有丰富的实践经验。 (2) 内控评价对财务报告及公司内部控制的整体执行情况进行评价。 (3) 管理层定期与外部审计师讨论发现的内部控制问题。		评估报告 公司自我测评报告 有关评审发现问题同外部审计师的沟通记录
（三）控制缺陷报告			
1. 汇总与报告控制缺陷，并采取必要的调查和整改措施。管理层必须向外部审计师及审计委员会、董事会反映任何违反公司职业道德要求的行为或舞弊行为；所有类似会发现与财务报告相关的内部控制的重要缺陷；所有涉及管理层及关键岗位人员的舞弊事项及采取的适当措施。	(1) 对于评审发现的内控缺陷，及时提出整改建议，以督促整改，并上报管理层。 (2) 公司员工和外部相关方可以通过公司的检举报渠道，匿名反映任何违反公司职业道德要求的行为或舞弊行为进行调查和处理。 (3) 内审及时上报其履行职责中发现的违反公司制度的行为。		内控评报告 内审报告

评估结论（该部分内部控制有效时）：
公司建立了内控监督机制，实施了监督程序，采取了事前、事中及事后广泛的监督原则，对内控监督制进行适当的监督。

四、本章小结

本章研究了如何按照《企业内部控制基本规范》及其配套指引进行内部控制评价。首先分析了内部控制评价工作的组织和实施，然后分析了评价内容，最后按照《内部控制基本规范》中内部控制五要素的具体内容，结合《内部控制评价指引》制定了一个内部控制评价操作指南。下一章即第四章将对缺陷认定进行分析。我们希望第三章、第四章的研究对企业进行内部控制评价具有较强的借鉴作用。

第四章　在美上市公司内部控制重大缺陷认定、披露及对我国企业的借鉴

本课题上一章研究了如何对内部控制进行评价，并给出了一个具有较强操作性的评价指南。本章继续研究内部控制评价中重大缺陷的认定和披露。我们首先研究了《萨班斯－奥克斯利法案》执行初期在美国上市的公司财务报告内部控制重大缺陷的认定及披露，发现许多重大缺陷是根据内部控制审计准则指出的表明公司内部控制可能存在重大缺陷的重要迹象来认定的；其他的则通过重大缺陷的定义来认定。同时，披露的内部控制重大缺陷涉及COSO《内部控制——整合框架》五要素的几乎所有内容，以及资产负债表和利润表的几乎所有项目；仅有部分公司披露导致交易或账户层面重大缺陷的企业层面内部控制重大缺陷，同时，仅有部分公司披露受账户或交易层面内部控制重大缺陷影响的所有账户。然后，我们分析了我国境内外同时上市公司2011年度内部控制缺陷披露情况。最后，分析了在美上市公司重大缺陷认定及披露对我国上市公司执行《企业内部控制基本规范》及其配套指引的借鉴。

一、引言

《企业内部控制基本规范》及其配套指引已于2011年1月1日起首先在境内外同时上市的公司施行，自2012年1月1日起扩大到在上海证券交易所、深圳证券交易所主板上市的公司施行。按照规定，执行企业内部控制规范体系的企业，必须对本企业内部控制的有效性进行自我评价，披露年度自我评价报告；同时聘请会计师事务所对其财务报告内部控制的有效性进行审计，出具审计报告。因此，在2011年年度报告披露期间（2012年1月至4月），我们可以看到那些境内外同时上市的公司向境内投资者披露的内部控制自我评价报告，以及内部控制审计报告。

如何认定内部控制重大缺陷并进行披露，是我国上市公司执行《企

内部控制基本规范》面临的一个前所未有的挑战。内部控制重大缺陷，是指一个或多个控制缺陷的组合，可能导致企业严重偏离控制目标。如果认定内部控制存在重大缺陷，将直接导致上市公司得出内部控制无效的结论。因此，如何认定内部控制重大缺陷的认定并进行披露，至关重要。我们从上市公司角度，研究《萨班斯－奥克斯利法案》实施初期在美上市公司财务报告内部控制重大缺陷的认定及披露情况，希望能对我国上市公司实施《企业内部控制基本规范》及其配套指引起到借鉴作用。

二、样本选择与内部控制重大缺陷披露总体情况

（一）样本选择

我们研究的样本来自美国《Compliance Week》为跟踪《萨班斯—奥克利法案》302条款、404条款实施而发布的内部控制月度报告，这与第二章第一节提及的 DeFranco et al.（2005）、Doyle et al.（2007a，b）、Ge et al.（2005）、Ashbaugh-Skaife et al.（2007）的样本来源一致。《Compliance Week》月度报告整理、摘录了月度报告发布前一个月披露内部控制重大缺陷或重要缺陷的上市公司披露的内容。与前述其他研究文献不同的是，我们选择的期间为2003年11月至2005年7月，共873个样本公司。一些公司在此期间披露的季度报告中不止一次披露了内部控制缺陷，因此在上述873个样本出现的次数也就不止一次，我们只保留了这部分公司第一次披露的信息，因此剔除了107个样本。在剩下的样本中，一些公司披露的并非内部控制重大缺陷，而是重要缺陷或一般缺陷，或者所披露的重大缺陷在比较会计报表期间而非报告期间存在，我们把这部分样本也剔除了，共剔除184个。经过上述过程，共剩下582个样本。样本选择过程如表4－1所示。

表4－1 样本选择过程

《Compliance Week》在2003年11月至2005年7月期间发布的月度报告中列出的，按照《萨班斯－奥克斯利》法案302条款规定披露内部控制缺陷的样本	873
减：	
样本公司在该期间重复披露的数量	107
样本公司披露的不是内部控制重大缺陷，或非报告期间存在	184
样本公司数量	582

(二)《萨班斯－奥克斯利法案》执行初期在美上市公司内部控制重大缺陷披露总体情况

针对选定的样本公司,我们逐一分析了其披露的内部控制重大缺陷,并进行了分类、整理,结果见表4－2。

表4－2 样本公司披露的内部控制重大缺陷类别及其主要情形

	个数	百分比（%）
一、企业层面内部控制重大缺陷		
1. 控制环境		
（1）高层管理人员基调	3	0.25
（2）管理层凌驾于内部控制之上,道德守则得不到遵守	5	0.41
（3）反舞弊机制不能有效运行,如舞弊举报热线不能有效运行	2	0.16
（4）存在舞弊行为	4	0.33
（5）违反《反海外贿赂法》（FCPA）	1	0.08
（6）公司治理质量存在问题,如董事会、审计委员会不能有效运行	3	0.25
（7）审计委员会的监督无效	5	0.41
（8）缺乏关键人员,如首席财务官（CFO）或其他高层管理人员,或缺乏独立董事	7	0.58
（9）控制环境存在重大缺陷（未披露更具体情形）	14	1.15
2. 风险评估、风险管理	1	0.08
3. 监督		
（1）缺乏内部审计职能或其他监督职能	4	0.33
（2）检查及监督职能无效	18	1.48
（3）缺乏其他监督,如对人员的监督	37	3.04
4. 人力资源		
（1）缺乏熟悉公认会计原则（GAAP）的会计人员,或会计人员缺乏应有的会计专业知识,或因离职造成会计人员不足	111	9.13

续表

	个数	百分比（%）
（2）其他部门缺乏人员	10	0.82
（3）人员职责不清	2	0.16
（4）缺乏适当的培训	7	0.58
（5）会计部门、财务部门组织架构存在问题	3	0.25
5. 分支机构		
（1）分支机构控制环境无效	1	0.08
（2）分支机构文化和道德存在缺陷	1	0.08
（3）分支机构会计政策运用不一致	1	0.08
（4）分支机构（包括并购的公司）内部控制存在重大缺陷	18	1.48
6. 财务报告编制流程		
（1）财务报表关账程序存在重大缺陷	50	4.11
（2）财务报告编制流程不严格	39	3.21
（3）缺乏及时、充分的复核	61	5.02
（4）账户分析不充分	16	1.32
（5）账户和交易对账程序不充分	52	4.28
（6）对非常规或复杂交易的控制不充分	26	2.14
（7）会计准则运用不当，已批准的程序得不到遵循	24	1.97
（8）会计处理缺乏适当的授权	6	0.49
7. 控制活动		
（1）不相容职责的分离存在重大缺陷	42	3.45
（2）缺乏适当的控制程序，包括补偿性控制，对某个交易的具体控制，如交易的授权	9	0.74
（3）控制活动存在缺陷，如程序得不到遵循	5	0.41
（4）缺乏控制程序的记录文档	19	1.56
（5）处理交易的会计分录及调整分录相关的文档记录或政策不充分，或记录保留不合规	45	3.70
（6）对使用第三方服务的控制无效（如无法取得审计师对第三方的审计报告）	5	0.41

续表

	个数	百分比（%）
（7）数据分享存在缺陷	1	0.08
（8）前期发现的重大缺陷未整改	1	0.08
（9）控制未标准化	1	0.08
8. 信息与沟通		
（1）计算机系统的通用控制不充分	4	0.33
（2）系统访问的安全控制不充分	12	0.99
（3）缺乏 IT 系统的记录文档	1	0.08
（4）其他 IT 方面的内部控制重大缺陷，如数据恢复，系统监督，新旧系统过渡等存在缺陷	21	1.73
（5）使用了电子表格，但缺乏相应的内部控制	2	0.16
（6）使用了手工系统，但缺乏相应的内部控制	3	0.25
（7）其他 IT 方面的内部控制重大缺陷，如数据恢复，系统监督，新旧系统过渡存在等缺陷	21	1.73
（8）管理层与会计人员或审计师的沟通渠道不畅通，妨碍了对交易进行正确的会计处理	3	0.25
（9）其他信息沟通不畅通	5	0.41
9. 其他企业层面的内部控制无效	2	0.16
企业层面内部控制重大缺陷小计	713	58.63
二、账户或交易层面内部控制重大缺陷		
1. 普通账户或交易		
（1）收入确认	83	6.83
（2）费用确认	21	1.73
（3）所得税会计	60	4.93
（4）其他税务会计	11	0.90
（5）每股收益	1	0.08
（6）须披露的财务指标计算存在缺陷	1	0.08
（7）现金	5	0.41
（8）应收账款	9	0.74

续表

	个数	百分比（%）
（9）贷款	4	0.33
（10）投资及投资收益	7	0.58
（11）存货核算，包括存货采购、盘点、估价、减值等	41	3.37
（12）存货之外的其他资产减值	17	1.40
（13）固定资产及折旧	19	1.56
（14）油气储备（包括消耗）	1	0.08
（15）其他长期资产（如资本化、摊销）	5	0.41
（16）商誉及商誉减值	5	0.41
（17）专利及其他无形资产	2	0.16
（18）软件开发费用处理	4	0.33
（19）应计项	3	0.25
（20）应付账款	17	1.40
（21）应付职工薪酬	9	0.74
（22）退休金	1	0.08
（23）应计负债	16	1.32
（24）股东权益	1	0.08
（25）股票发行	1	0.08
2. 其他事项		
（1）租赁	43	3.54
（2）公允价值会计（衍生品、金融工具等）	13	1.07
（3）外币业务	7	0.58
（4）基于股票的薪酬	12	0.99
（5）承包合同	6	0.49
（6）企业合并	5	0.41
（7）合并报表（合并范围，如应合并可变利益实体，以及合并流程等）	23	1.89
（8）识别补充协议（side letter）	2	0.16
（9）分部报告	4	0.33
（10）关联交易安排	7	0.58
（11）其他项目	6	0.49
小计	472	38.82
三、无法根据所提供的信息进行分类的重大缺陷	31	2.55
合计	1216	100.00

表4-2中对样本公司披露的内部控制重大缺陷按照公司层面、账户或交易层面来分类，并将无法根据所提供的信息进行分类的重大缺陷单独作为一类。如Doss（2004）所述，穆迪评级公司将内部控制重大缺陷划分为公司层面的重大缺陷，以及账户或交易层面的重大缺陷。如果一个公司披露了公司层面的内部控制重大缺陷，则穆迪会召开评级会议，讨论该公司现行评级是否已经反映了刚刚披露的重大缺陷；如果已有评级未反映新近披露的重大缺陷，且公司没有积极的整改措施，则穆迪会考虑降低其评级。对于账户或交易层面的内部控制重大缺陷，穆迪一般不会采取降低评级的行动。这说明，相比账户或交易层面的重大缺陷，公司层面的重大缺陷要更严重一些。我国《企业内部控制审计指引》第十条也规定，注册会计师在实施审计工作时，可以将企业层面控制和业务层面控制的测试结合进行。

从表4-2中可以发现，公司层面内部控制重大缺陷涉及COSO《内部控制——整合框架》中控制环境、风险评估、控制系统、信息和沟通、监督等要素的几乎所有内容，而账户或交易层面内部控制重大缺陷则涉及资产负债表和利润表的几乎所有项目。在控制层面内部控制重大缺陷中，人力资源、财务报告流程、监督出现的频率较高；而账户或交易层面，收入确认、所得税会计、存货、租赁等项目出现的频率较高。

需要说明的是，表4-2中内部控制重大缺陷数量与其他研究的统计结果存在差异。例如，Hammersley et al.（2008）以《Compliance Week》2003年11月到2005年1月披露内部控制缺陷的613家样本公司为基础，经过调整后共358家公司，这些公司披露的内部控制缺陷共815个。如果研究同一期间样本，我们统计的内部控制重大缺陷共340家公司、内部控制缺陷数量879个。我们认为，产生差异的主要原因，如下文所论述的那样，是我们将样本公司披露的内部控制重大缺陷中提及的、产生内部控制重大缺陷的公司层面内部控制缺陷，以及相互联系的内部控制缺陷，均视为重大缺陷。这些差异不影响我们的研究结论。

三、在美上市公司内部控制重大缺陷认定及披露分析

内部控制重大缺陷认定是内部控制评估的核心，也是难点所在。在整理得到表4-2的过程中，我们发现，许多重大缺陷是根据内部控制审计准

则指出的、表明公司内部控制可能存在重大缺陷的重要迹象来认定的；其他的则通过重大缺陷的定义来认定。

（一）根据表明公司内部控制可能存在重大缺陷的重要迹象来认定、披露

美国公众公司会计监督委员会（PCAOB）《第 2 号审计准则——与财务报表审计相结合的财务报告内部控制审计》第 140 段，以及取而代之的《第 5 号审计准则——与财务报表审计相结合的财务报告内部控制审计》第 69 段都提到了如下迹象：为反映对一个重大错报的更正而重述以前发布的财务报表，未审财务报表中的重大错报由审计师而非公司发现，发现与高级管理层有关的舞弊，审计委员会对公司的对外财务报告和财务报告内部控制的监督无效。我们发现，上述前两个迹象，在认定内部控制是否存在重大缺陷时非常重要。只要存在这两个迹象，通常即可认定公司存在内部控制重大缺陷。其他两个迹象则较难用来直接认定。

1. 为反映对一个重大错报的更正而重述以前发布的财务报表

之所以重述以前发布的财务报表，是因为前期财务报表中存在重大错报，而内部控制并未发现并及时更正。会计报表重述因此成为判断财务报告内部控制存在重大缺陷的重要迹象之一。需要明确的是，财务报表重述本身不应构成一个内部控制重大缺陷，导致发生会计报表重述的事项才是内部控制重大缺陷。因此，表 4 - 2 的分类中并无该项。

有 86 家样本公司发生了财务报表重述。一些公司披露了导致发生报表重述的事项。如 Computer Associates International 披露，该公司的应收账款控制程序未能发现其 1998 ~ 2001 年间的补充协议所产生的应收账款，导致公司 2005 年 5 月宣布将重新编制 2000 ~ 2004 年的财务报表。Dot Hill Systems 公司则披露，重述是因为关账流程存在问题，而关账流程的问题是以下情况导致的：（1）财务人员不够；（2）无法记录会计政策；（3）无法检查、监督存在的问题。

一些公司则并未说明导致发生报表重述的事项，只是笼统地说明，因为重述了以前发布的报表，所以管理层认为内部控制存在重大缺陷。如 Red Robin Gourmet Burgers 公司、Anntaylor Stores 公司等。Bre Properties 公司披露，管理层判断重述以前发布的财务报表构成一个重大缺陷。Talk America Holdings 公司也说明，报表重述意味着内部控制存在重大缺陷。显然，这种披露方法并不符合 PCAOB 审计准则的规定。

由于财务报表使用者可以观察到公司是否发生了财务报表重述，因此，公司在内部控制评估中需要认真评估导致财务报表重述的、应被认定为重大缺陷的内部控制并予以披露。

2. 未审财务报表中的重大错报由审计师而非公司发现

如果审计师在审计中发现当期财务报表中存在重大错报，而公司财务报告内部控制没有发现该项错报，则说明公司财务报告内部控制存在重大缺陷。

在《萨班斯－奥克斯利法案》实施前，上市公司无须披露财务报告、内部控制评价报告时，如果财务报表中存在重大错报，无论是由审计师还是公司发现的，只要公司能在最终披露的财务报表中进行了调整，就不会影响审计师对财务报表的审计意见。而在《萨班斯－奥克斯利法案》实施后，上市公司须同时披露财务报表审计意见及内部控制评价和审计意见时，如果未审财务报表中的重大错报由审计师而非公司发现，虽然公司的财务报表在按照审计师的建议调整后可能被出具无保留意见，但公司的财务报告内部控制则因无法防范重大错报而应被认定为无效并被审计师出具否定意见。在此需要明确的是，未审财务报表中的重大错报由审计师而非公司发现本身不构成一个内部控制重大缺陷，无法发现错报的内部控制，如关账程序等才是内部控制重大缺陷。因此，表 4-2 的分类中并无该项。

有 55 家样本公司提到了审计师提出的审计调整。虽然财务报表使用者无法观察到公司是否发生了审计调整，但由于审计调整记录于审计师的工作底稿中，因此，那些发生了审计调整的公司应该评估与审计调整事项相联系的内部控制是否存在重大缺陷并予以说明。

3. 发现与高级管理层有关的舞弊

美国《审计准则公告第 99 号——财务报表审计中对舞弊的考虑》对舞弊的定义是，被审计单位的管理层、治理层、员工或第三方使用欺骗手段获取不当或非法利益的故意行为，包括对财务信息作出虚假报告导致的错报，以及侵占资产导致的错报。由于舞弊是一种故意行为，其产生的错报的危害可能非常大，因此，舞弊是财务报表内部控制存在重大缺陷的重要迹象。

样本公司中，披露舞弊信息的仅有 6 家：有 4 家公司披露其存在舞弊行为，有 1 家公司披露其违法了《反海外贿赂法》（FCPA），有 2 家公司披露其反舞弊机制不能有效运行，如舞弊举报热线不能有效运行。与前述两个迹象相比，披露的公司明显要少。一方面，这可能是舞弊一般比较隐蔽，较难识别；另一方面则可能是因为舞弊的后果非常严重，上市公司高层管理人员不会轻易冒险，舞弊现象确实比较少。此外，与前面两个迹象不同的是，舞弊既是内部控制存在重大缺陷的重要迹象，本身也构成内部控制重大缺陷。

4. 审计委员会对公司的对外财务报告和财务报告内部控制的监督无效

有效的监督能够及时、有效地识别出控制失败或控制缺陷，并报告给那些对控制负责的员工或高层管理人员，以及时实施纠正措施。如果监督无效，就难以保证内部控制有效运行。正因为如此，COSO 专门发布了《内部控制体系监督指南》。

如果监督是有效的，就应该能够及时识别出内部控制重大缺陷并督促整改。因此，严格地讲，除非监督职能有效地发挥作用并及时识别出了重大缺陷且督促整改，否则，所有披露了内部控制重大缺陷的公司的监督职能都是无效的。在此意义上，样本公司的披露并不严格。

财务报表的使用者无法直接观察到公司的监督职能是否有效。对于公司及其审计师而言，监督有效与否依赖于审计委员会、内部审计部门的自我评估，以及对其他监督手段存在和运行效果的评估。由于监督是内部控制的五要素之一，因此，监督无效既是内部控制存在重大缺陷的迹象之一，同时也构成内部控制重大缺陷。

（二）根据内部控制重大缺陷定义来认定、披露

无论是否存在表明内部控制可能存在重大缺陷的迹象，公司都须按照内部控制重大缺陷的定义来认定。以下将根据《Compliance Week》月度报告摘录的上市公司内部控制披露内容来进行分析。

1. 企业层面内部控制重大缺陷的认定

账户或交易层面内部控制重大缺陷，在很大程度上是与之相关的企业

层面内部控制存在重大缺陷导致的。我们发现，只有部分公司在披露其账户或交易层面内部控制重大缺陷时，也同时披露了导致该重大缺陷的企业层面内部控制重大缺陷，许多公司则没有披露。以下是几种具有代表性的企业层面内部控制重大缺陷。

（1）缺乏熟悉公认会计原则的会计人员，或会计人员缺乏应有的会计专业知识，或因离职造成会计人员不足。

存在该问题将导致：无法做到不相容职务相互分离；无法及时进行财务关账；无法处理非常规、复杂交易；无法及时复核相关账户；无法处理所得税等复杂会计问题，等。披露此重大缺陷的样本公司达 111 家。

Sonex Research 公司披露，由于财务部门人力资源有限，CFO 是财务部的唯一雇员，无法做到不相容职务相互分离。Eagle 公司披露，其不相容职务相互分离方面的重大缺陷与财务会计部门的规模小、人员编制不足有关。XRG 公司则披露了由于财务人员不足导致不相容职务相互分离、文档记录等方面存在重大缺陷。Viisage Technology 公司披露，由于财务人员编制不足，以及缺乏有经验的会计专家，导致无法及时关账。XRG 公司披露，财务人员不足除导致不相容职务相互分离、文档记录等存在重大缺陷外，也导致财务关账过程存在重大缺陷。Carmike Cinemas、Center Financial、Alderwoods Group、Penn Virginia、Scientific Games 等公司披露，由于缺乏熟悉会计准则的人员，导致无法处理非常规、复杂交易。New York Community Bancorp、Asiainfo Holdings、Polo Ralph Lauren 等公司则特别披露，因为员工缺乏所得税会计方面的专业知识，所以所得税核算内部控制存在重大缺陷。Cnet Networks 披露，财务人员缺乏专业知识导致商誉计算、资产减值核算存在重大缺陷。Sonicwall 公司披露，缺乏熟悉会计准则的人员导致在及时确认收入、对租赁业务进行正确的会计处理等方面存在重大缺陷。Credence Systems 公司披露，财务人员不足导致无法及时复核相关账户。Globix 公司披露，因缺乏会计资源，以及无法按期完成 SEC 要求的内部控制评估时限，所以存在重大缺陷。Media Services Group 等公司披露，人员不足限制了公司及时获得编制财务报表所需的资料。

（2）不相容职务相互分离存在重大缺陷。

不相容职务是指那些如果由一个人担任，可能发生错误和舞弊行为，且可能掩盖其错误和弊端行为的职务。不相容职务相互分离原则要求每项经济业务都要经过两个或两个以上的部门或人员的处理，并受其监督和制约。否则，将直接导致一些账户或交易层面的内部控制出现重大缺陷。披露此重大缺陷的样本公司达42家。

OCA公司披露，不相容职务分离存在重大缺陷影响到与收入、费用及IT系统相关的控制。Tecumseh Products公司披露，该公司特定系统访问控制方面没有有效地保持不相容职务相互分离，可能会影响到应收账款和收入、存货和销售成本、应付账款及财务报表中其他项目。Nitches公司披露，其内部控制重大缺陷与薪酬过程、关账过程存在不相容职务相互分离方面的重大缺陷有关。

（3）缺乏有效的监督。

监督是内部控制五要素的重要组成部分。从某种意义上讲，无论是账户层面或交易层面的内部控制存在重大缺陷，还是企业层面的内部控制存在重大缺陷，都说明监督存在重大缺陷。也就是说，监督是无效的。

披露此类重大缺陷的样本公司达59家。其中，4家公司披露缺乏内部审计职能或其他监督职能；18家公司披露检查及监督职能无效；37家公司披露缺乏其他监督，如对人员的监督。

一些公司在披露其确认的内部控制重大缺陷时，往往也追根求源，判断监督存在重大缺陷。如Macromedia、Manugistics Group等公司。而EMS Technologies公司则对监督环节所存在的重大缺陷进行了具体的说明。该公司披露，其对收入确认过程缺乏有效的监督和复核，对某些物料采购的价格变化缺乏有效的监督和复核。

一些公司披露了账户或交易层面内部控制重大缺陷，或披露了除监督以外的企业层面内部控制重大缺陷，但却未提及监督存在重大缺陷。这样的披露本身显然存在缺陷。

2. 相互联系的账户或交易层面内部控制重大缺陷及其披露

按照审计循环观点，任何重大差错一定涉及相互联系的两个或两个以上的账户。控制活动通常是按照业务循环来设计的。如果一个业务循环相关的内部控制存在重大缺陷，影响到的就不只是与该循环相关的某一个账户，而是两个或两个以上的账户。如收入与应收账款，存货与营业成本，固定资产与折旧，应计负债与费用，所得税费用与递延所得税资产，递延所得税负债等。这样，在披露账户或交易层面内部控制重大缺陷时，除了披露导致该账户或交易重大缺陷的公司层面内部控制重大缺陷外，还应披露受该重大缺陷影响的所有账户或报表项目为宜。

我们发现,相当数量的公司并未按此原则认定并披露,只披露了其中的一个账户,仅有部分公司披露了受账户或交易层面内部控制重大缺陷影响的所有账户。如 IGATE Corp 披露,应收账款和收入存在重大缺陷,递延薪酬与相应的薪酬费用的计算和复核存在重大缺陷;应缴所得税、所得税资产、所得税负债等的计算和复核存在重大缺陷。Microfield Group 披露,重述会计报表涉及收入确认、应付账款、现金支付、存货以及记录的保留。

3. 几个一般或重要缺陷构成重大缺陷

两个以上的内部控制缺陷可能构成重大缺陷。从财务报表使用者的角度,我们无法判断构成重大缺陷的几个一般或重要缺陷的严重程度。而从披露的情况看,此类情形不是很多。

样本中有 14 家公司披露若干缺陷构成了重大缺陷。如 Viisage Technology 披露,人员编制不足,以及缺乏有经验的会计专家,导致无法及时关账并评估、解决非常规或复杂的交易(所披露的)。Capstone Turbine 公司披露,与会计软件设置有关的控制设计存在缺陷;记录应付账款、应计负债的内部控制存在缺陷;与产品存货盘点有关的内部控制存在缺陷,这些缺陷共同构成了一个重大缺陷。

4. 在披露内部控制重大缺陷时同时披露整改行动

如果在评估时发现了重大缺陷,但及时采取了有效的整改行动,且在披露时已经产生了明显的效果,则可以在很大程度上缓解投资者的顾虑,也不会对公司评级产生严重的负面影响(Doss,2004)。我们发现,大部分公司在披露内部控制重大缺陷时会同时披露其整改行动。如 Imagistics International 公司披露,对股权激励的处理程序存在重大缺陷,但在财务报告报出日,已经采取了积极的整改。Continental Airlines 公司披露,公司已经设计了新的内部控制流程,以对租赁会计核算存在的重大缺陷进行整改,以确保符合公认会计准则的规定。Healthcare Realty Trust 公司披露,其正在复核内部控制,以确定采取适当的整改措施。

四、我国境内外同时上市公司内部控制缺陷披露情况分析

我国境内外同时上市公司在 2011 年会计年度结束后,已按照规定随年度报告一同披露企业内部控制评价报告以及内部控制审计报告。下文将利用财政部会计司、证监会会计部于 2012 年 9 月发布的《我国境内外同时上市公司 2011 年执行企业内控规范体系情况分析报告——基于 2011 年内控评价报告、内控审计报告的分析》对这些公司内部控制缺陷认定、披露情况作简要的分析。

(一)我国境内外同时上市公司 2011 年度披露的内部控制缺陷

境内外同时上市公司共 67 家,其中 15 家披露了内部控制缺陷,如表 4-3 所示:

表 4-3 2011 年度境内外上市公司内部控制缺陷披露情况表

序号	公司简称	缺陷类型	缺陷内容
1	晨鸣纸业		1. 子公司武汉晨鸣 1 月份物资采购发票一笔入账不及时问题; 2. 子公司齐河晨鸣部分发货通知单未加盖销售处发货专用章,管理不规范; 3. 子公司武汉晨鸣 9 月份氧脱车间中浓浆泵设备调拨未办理《设备调迁通知单》,管理不规范。
2	东北电气		(一)内部控制设计缺陷 1. "相关制度不存在"和"相关制度不完整"类缺陷; 2. "相关制度不符合业务实际情况"类缺陷。 (二)内部控制运行缺陷 "未按制度要求执行"类缺陷
3	新华制药	一项重大缺陷	子公司山东新华医药贸易有限公司(以下简称医贸公司)对客户授信额度过大导致较大经济损失: 1. 医贸公司内部控制制度缺少多头授信的明确规定,在实际执行中,医贸公司的鲁中分公司、工业销售部门、商业销售部门分别向同一客户授信,造成授信额度过大; 2. 医贸公司内部控制制度规定对客户授信额度不大于客户注册资本,但实际业务中对部分客户授信却超出其注册资本。同时,医贸公司也存在未授信的发货情况。

续表

序号	公司简称	缺陷类型	缺陷内容
4	山东墨龙	一般缺陷	（一）公司治理方面 1. 公司未设立战略委员会； 2. 公司尚缺全面预算管理制度。 （二）日常检查方面 1. 合同检查方面：存在供货拖期现象、先进货后补合同现象和完成合同不能及时归档现象。 2. 质量体系方面 （1）淬火炉加热区温度不均匀，未满足工艺要求，不符合《生产和服务控制程序》5.1.2.4 条款规定； （2）管科钢坯库钢坯存放混乱，不同规格、不同材质、不同炉号钢坯放在一个料架上，甚至交叉存放，没有按要求分类存放，不符合《产品防护控制程序》5.2.2.a 条款规定； （3）设备带病运行、跑冒滴漏现象存在； （4）车检维修区氧气乙炔混放，存在安全隐患。 （三）安全检查方面 发现现场存在安全隐患、浪费现象时有发生、现场卫生整理不及时等等，违反了《生产现场监督管理规定》。
5	中海发展	非财务报告相关的内部控制缺陷	个别部门岗位制度更新不够及时，个别单位的供应商评价机制有待改进，信息化管理的相关制度有待完善。
6	兖州煤业	非财务报告相关的内部控制一般缺陷	（一）公司层面存在的问题 1. 企业业务层面内部控制的自我评价没有形成完整的工作底稿，只有最终的问题汇总表，未严格按照企业内部控制评价指引要求开展内部控制评价工作； 2. 公司进行的利率掉期业务每月按照银行提供的《利率掉期重估数据》重新评估交易性金融负债的公允价值，直接以该数据确认金融工具的公允价值变动损益，公司不再单独评估其公允价值的合理性。 （二）公司业务控制层面存在的问题 1. 收入确认存在截止性差异问题； 2. 部分投资项目未能完全按照公司内控规范要求在实施投资前进行尽职调查、可行性研究论证、编制收购资产预案或股权投资议案。 （三）公司信息技术（IT）管理方面存在的问题 1. 公司内部审计部门缺少专业 IT 人员，信息技术内部审计制度不完善； 2. 由于硬件资源不足，年度内缺少数据备份、数据恢复测试。

续表

序号	公司简称	缺陷类型	缺陷内容
7	中新药业	一般缺陷	1. 公司下属个别企业存在采购部/销售部、经济运行部、质检部的职责分工及运行中不相容职务相分离、权责分明与制衡的原则未完全有效实现，具体表现在： （1）在采购/销售过程中涉及的供应商评估准入、客户信用评估、合同谈判及系统信息维护过程中相应部门的参与和监督力度不足； （2）存在个别业务人员超越质检环节，从未经质量检验评估且确认合格的供货商进货，导致入库原材料存在质量风险。 2. 公司总部对于投资项目的管理目前限于立项和验收，对于项目建设运营过程的跟踪管理力度不足。 3. 反舞弊程序欠缺专项制度。目前公司主要依靠纪委进行反舞弊管理。纪委的工作主要是以党员干部廉政管理为主，与对上市公司要求的保护投资人利益的反舞弊工作有所差异。
8	广船国际	一般缺陷	本报告期末发现的内部控制一般缺陷，例如财务报告内部控制缺陷中会计基础工作方面，表现在物资对存货盘查时个别月份没有签名记录、个别内部固定资产转移台账变更记录的及时性以及员工离职软件系统及时与实际记录核对等。非财务报告内部控制缺陷，表现在公司对外购软件的管理、企业文化建设的完善等。
9	四川成渝	一般缺陷	一般缺陷（包括设计缺陷和执行缺陷），主要是： 1. 个别公司的机构设置存在重复、交叉或缺失的情况，有待进一步明确职能定位，划清岗位职责权限。 2. 个别公司规章制度修订不及时，未根据内、外部环境的变化及时修订、完善相关制度，如道路养护的分类管理。 3. 公司《内部控制手册》（2011年版）没有涵盖相对重要的业务流程，如 BOT、BT 业务、质量检测业务；个别业务过程、风险及控制措施的描述与实际情况存在差异。 4. 个别子、分公司会计基础工作有待改进，如：银行存款余额调节表审签不完整；资产盘点不及时、不完整。 5. 个别施工企业虽然在报告年度内按完工百分比法确认了收入、成本，但在月份、季度核算中，有个别施工项目未能严格按执行完工百分比法确认收入、成本。 6. 个别子、分公司合同执行情况检查力度不够，合同台账摘要登记不明细。

续表

序号	公司简称	缺陷类型	缺陷内容
10	交通银行	内部控制个别方面还有待进一步完善和提高	1. 负债业务方面，需进一步夯实客户基础，努力拓宽存款吸纳渠道，稳定均衡增长，降低存贷比； 2. 信贷业务方面，应进一步增强信贷业务客户群风险的识别和控制能力，加强对贷款实际用途的识别和监控，增强银行资金与民间融资的隔离控制，加强贴现票据验票工作； 3. 个人金融和中间业务方面，需进一步加强理财产品销售管理工作，完善特色业务和新业务的管理细则，优化代理业。
11	中国中铁	一般缺陷	1. 在项目招投标中进一步优化项目评审工作，加强立项、投标及合同等前期评审，特别是境外项目，要重点关注政治、法律、汇率等风险； 2. 进一步完善物资管理，加大集中采购力度，降低采购成本； 3. 进一步加强劳务协作队伍选用、管理，严格资质审核，强化过程管控； 4. 进一步优化人力资源管理，加强培训，进一步提升员工业务水平； 5. 加快推进全面预算管理，强化项目预算，提高精细化管理水平； 6. 进一步优化信息系统建设，强化信息化的支撑作用； 7. 进一步加强安全意识，强化质量管控，防止安全事故，提高工程质量水平。
12	中国人寿		总公司及个别分公司在软件需求评审、桌面设备管理、保单回执核销、销售人员管理、银邮代理协议管理和系统权限管理等环节存在执行不到位的问题。
13	中国南车	与非财务报告相关的内部控制缺陷	尚未全面开展IT审计活动；部分子公司存在采购合同评审、工作计划审批等控制活动缺乏可验证的记录或记录不完善的现象。
14	大连港		设计缺陷主要是制度建设方面的问题；执行缺陷主要是不按制度流程操作的问题。
15	中煤能源	一般缺陷	个别所属企业人力资源的激励约束机制不健全、物资采购中退货管理不明确、新增部门的业务流程不完善、信息系统中应收应付模块有待改进。

资料来源：摘自财政部会计司、证监会会计部于2012年9月发布的《我国境内外同时上市公司2011年执行企业内控规范体系情况分析报告——基于2011年内控评价报告、内控审计报告的分析》

（二）境内外同时上市公司 2011 年度内部控制缺陷披露情况分析

本课题关注的是境内外同时上市公司内部控制缺陷的披露及认定标准。以下利用财政部会计司、证监会会计部（2012）的分析结果作简要分析。

1. 内部控制缺陷披露情况

财政部会计司、证监会会计部（2012）对表 4-3 的披露情况作了分析，如表 4-4 所示：

表 4-4 内部控制缺陷披露情况

以何种形式披露内控缺陷	家数	占比
披露缺陷个数与缺陷内容	6	9.00%
仅披露缺陷的个数	9	13.40%
仅披露缺陷的内容	9	13.40%
仅提及公司存在缺陷	25	37.30%
合计	49	73.10%

从表 4-4 可以发现，仅有 6 家公司既披露缺陷的个数，又披露缺陷内容；大部分公司要么仅披露缺陷个数，要么仅披露缺陷内容，要么仅仅提及公司存在缺陷。显然，后三种情形不利于财务报表使用者了解公司内部控制缺陷的具体情况。

2. 内部控制缺陷认定标准

财政部会计司、证监会会计部（2012）对境内外同时上市内部控制缺陷认定标准披露情况作了统计，如表 4-5 所示：

表 4-5 内控缺陷认定标准披露情况统计分析表

披露情况	数量	占比
未披露是否制定认定标准	13	19.40%
披露内控缺陷认定标准	54	80.60%

续表

披露情况	数量	占比
提及制定标准，未详细描述具体标准	22	40.74%
定性与定量结合制定标准	27	50.00%
定性标准	3	5.56%
定量标准	2	3.70%

《企业内部控制基本规范》和《企业内部控制评价指引》要求上市公司根据自身情况和关注的重点，确定内部控制重大缺陷、重要缺陷和一般缺陷的具体认定标准。从表 4 – 5 的统计来看，有近 20% 的公司未披露其认定标准；在披露了内部控制缺陷认定标准的 54 家公司中，有 22 家公司未详细描述具体标准；有 27 家公司披露采用定性和定量结合制定标准。这反映出，重大内控缺陷的定性标准差异较大。这同样会影响财务报表使用者对公司内部控制缺陷情况的判断。

五、在美上市公司内部控制重大缺陷认定及披露对我国上市公司的借鉴

（一）重大缺陷的认定

我国《企业内部控制评价指引》并未规定重大缺陷、重要缺陷和一般缺陷的具体认定标准，而是由企业根据这几种缺陷的定义自行确定，这无疑增加了企业认定内部控制重大缺陷的难度，可能导致一些重大缺陷无法被认定并披露。参照在美上市公司内部控制重大缺陷的认定，我们认为，我国上市公司可以借鉴我国《企业内部控制审计指引》第二十二条列出的表明内部控制可能存在重大缺陷的迹象来认定，同时根据内部控制重大缺陷的定义来认定。相比根据重大缺陷定义认定，根据表明内部控制可能存在重大缺陷的迹象认定，比较容易判断，操作性较强。如果监管部门能够根据国内外上市公司披露内部控制重大缺陷的情况提供更多表明存在内部控制重大缺陷的迹象，无疑有助于公司执行《企业内部控制基本规范》及其配套指引。以下对我国准则规定的几个重要迹象进行分析。

1. 根据表明公司内部控制可能存在重大缺陷的重要迹象来认定

我国《企业内部控制审计指引》第二十二条列出的表明内部控制可能

存在重大缺陷的迹象包括：注册会计师发现董事、监事和高级管理人员舞弊；企业更正已经公布的财务报表；注册会计师发现当期财务报表存在重大错报，而内部控制在运行过程中未能发现该错报；企业审计委员会和内部审计机构对内部控制的监督无效。

（1）注册会计师发现董事、监事和高级管理人员舞弊

如果注册会计师在财务报表审计中执行《中国注册会计师审计准则第1141号——财务报表审计中对舞弊的考虑》，或在内部控制审计中发现董事、监事和高级管理人员舞弊，则内部控制极有可能被认定存在重大缺陷。然而，正如该审计准则第六条所述的那样，"舞弊是一个宽泛的法律概念，本准则并不要求注册会计师对舞弊是否已经发生作出法律意义上的判定，只要求关注导致财务报表发生重大错报的舞弊"，注册会计师对舞弊的认定并非易事，只有当有确凿的证据表明董事、监事和高级管理人员舞弊时，注册会计师方可由此认定公司内部控制存在重大缺陷。我们认为，如果一家公司被证监会立案调查或行政处罚，或被司法机构认定存在违法犯罪，则通常表明公司存在舞弊行为。在此情形下，注册会计师应该认定该公司内部控制存在重大缺陷。

（2）企业更正已经公布的财务报表

近年来，我国上市公司重述前期发布的财务报表的情形频繁发生。根据我国《企业会计准则第28号——会计政策、会计估计变更和差错更正》，企业在当期发现、属于以前期间的会计差错，如果是重大会计差错，调整发现当期期初留存收益以及有关项目；对于比较会计报表期间的重大差错，则应当调整发生当期的净损益和相关项目。我们认为，参照样本公司的做法，我国上市公司因重大会计差错而更正已经公布的财务报表，应认定导致发生该重大差错的内部控制存在重大缺陷。

（3）注册会计师发现当期财务报表存在重大错报，而内部控制在运行过程中未能发现该错报

发生这种情形，以致注册会计师提出了审计调整建议且公司为了获得无保留意见只能接受该建议，是内部控制存在重大缺陷的最直接的迹象之一。按照此标准，一些公司财务关账之后被注册会计师发现具有重大错报，其内部控制应该被认定存在重大缺陷；而一些公司因财务人员缺乏必要的会计准则知识，一直依赖审计师代为编制财务关账流程中的重要会计分录，甚至代为编制合并财务报表，其内部控制也应该被认定存在重大

缺陷。

(4) 企业审计委员会和内部审计机构对内部控制的监督无效

由于我国《企业内部控制应用指引》并未包括审计委员会和内部审计相关内容，因此，无论审计师还是公司，在评价审计委员会和内部审计机构对内部控制的监督是否有效时都面临较大的困难。

关于我国上市公司审计委员会监督有效性，虽然不乏实证研究证据（王跃堂等，2006），但应评价哪些具体要素却缺乏客观的依据。可以参照一些在美国上市的中国公司执行《萨班斯-奥克斯利》法案404条款的做法，从如下方面进行评估：(1) 是否设立了审计委员会；(2) 审计委员会的成员构成是否具有独立性；(3) 审计委员会成员具有相应的学识和经验来履行其监督职责；(4) 审计委员会与财务主管、内外部审计师等相关方的沟通与联系；(5) 审计委员会是否能及时充分获取必要的信息来监督管理层的战略、经营、财务状况和经营成果，以及其他重大交易合同等；(6) 审计委员会评估敏感的信息、调查结果及不当或违法活动（例如：重大诉讼、政府机关的调查、侵吞公司资产、违反内部交易规定、违法支付等）；(7) 是否就发现的问题采取必要的行动，包括进行专项调查等；(8) 对定期财务报告的监督；(9) 对证监会、交易所规定的其他职责的履行情况；(10) 审计委员会的自我评估等。

关于内部审计监督的有效性，可以参考证券交易所制订的上市公司规范运作指引中的相关规定来进行，但需要注意的是，这些规定中对内部审计的要求与国际内部审计师协会的要求还有较大的差距。参考陈武朝（2010）对美国《萨班斯—奥克斯利法案》404条款实施初期内部审计无效案例的研究结果，以及我国《企业内部控制基本规范》的相关规定，在实施《企业内部控制基本规范》时，应从独立性、胜任能力、任务和职责等三个方面评价内部审计是否有效。

如果认定审计委员会对内部控制的监督无效，或认定内部审计机构对内部控制的监督无效，则都应认定内部控制存在重大缺陷。

2. 根据内部控制重大缺陷定义来认定、披露

参照在美上市公司的做法，无论是否存在表明内部控制可能存在重大缺陷的迹象，公司都须按照内部控制重大缺陷的定义来认定。由于该方法在很大程度上依赖内部控制评估人员的专业判断，因此不同公司对同一事

项可能会得到完全不同的结论。借鉴在美上市公司重大缺陷认定，以下情形应考虑认定为内部控制重大缺陷：（1）缺乏熟悉公认会计原则的会计人员，或会计人员缺乏应有的会计专业知识，或因离职造成会计人员不足；（2）不相容职务相互分离存在重大缺陷；（3）缺乏及时充分的复核，以及监督。此外，如果认定某个账户或交易层面内部控制存在重大缺陷，就应该考虑与之相关的企业层面内部控制是否存在重大缺陷，以及与之相联系的其他账户或交易层面内部控制是否存在重大缺陷；无论存在企业层面的内部控制重大缺陷，还是账户或交易层面的内部控制重大缺陷，都应考虑审计委员会及内部控制监督职能是否存在重大缺陷。

（二）重大缺陷的披露

我国上市公司在年度报告中如何披露内部控制评价信息，预计到2011年年报编制时才会有正式的规定出台。我们认为，重大缺陷披露应该体现重大缺陷认定的原因，即在披露任何一个重大缺陷时，都应该披露为什么存在该重大缺陷：有表明内部控制可能存在重大缺陷的重大迹象，还是满足内部控制重大缺陷的定义？在披露某个账户或交易层面内部控制的重大缺陷时，应披露审计委员会及内部审计监督可能存在的重大缺陷，与该账户或交易层面内部控制的重大缺陷相关的企业层面内部控制可能存在的重大缺陷，以及与之相联系的其他账户或交易层面内部控制可能存在的重大缺陷。应借鉴 Hammersley et al.（2008）等的研究发现，披露内部控制重大缺陷的细节。特别需要注意的是，在披露内部控制重大缺陷的同时应披露整改行动。

六、本章小结

本章研究了《萨班斯－奥克斯利法案》执行初期在美上市公司披露的财务报告内部控制重大缺陷的认定及披露，以及我国境内外同时上市公司2011年度内部控制缺陷披露情况，并结合我国的相关规定，分析了对我国上市公司执行《企业内部控制基本规范》及其配套指引的借鉴作用。

研究发现，在美上市公司的许多重大缺陷是根据内部控制审计准则指出的、表明公司内部控制可能存在重大缺陷的重要迹象来认定的；其他的则通过重大缺陷的定义来认定。披露的内部控制重大缺陷涉及 COSO《内部控制——整合框架》五要素的几乎所有内容，以及资产负债表和利润表的几乎所有项目。仅有部分公司披露导致交易或账户层面重大缺陷的企业层面内部控制重大缺陷。同时，仅有部分公司披露受账户或交易层面内部控制重大缺陷影响的所有账户；相当数量的公司只披露其中的一个账户；绝大部分公司在披露内部控制重大缺陷时会同时披露其整改行动。

研究同时发现，我国境内外同时上市公司中，大部分公司要么仅披露缺陷个数，要么仅披露缺陷内容，或仅仅提及公司存在缺陷；在缺陷认定标准披露方面，有一半以上的公司未披露是否制定了认定标准，或未详细描述具体标准。

我国《企业内部控制评价指引》没有规定重大缺陷、重要缺陷和一般缺陷的具体认定标准，而是由企业根据这几种缺陷的定义自行确定。这无疑增加了企业认定内部控制重大缺陷的难度，可能导致一些重大缺陷无法被认定并披露。我们认为，我国上市公司可以借鉴我国《企业内部控制审计指引》列出的、表明内部控制可能存在重大缺陷的迹象来认定，同时根据内部控制重大缺陷的定义来认定。在披露时，应该体现重大缺陷认定的原因，即在披露任何一个重大缺陷时，都应该披露为什么存在该重大缺陷，以及与之相联系的其他内部控制可能存在的重大缺陷。此外，应注意披露内部控制重大缺陷的细节，且应同时披露整改行动。最后，对于监管机构而言，应总结实施中的经验和问题，尽早出台相关的规范，以规范《企业内部控制基本规范》及其配套指引的实施。

第五章 C公司内部控制评价研究

本章旨在通过对C公司内部控制评价的研究，为2012年后需要进行内部控制评价的国内上市公司提供可供借鉴的经验。本章首先介绍C公司内部控制体系的建设情况，然后对C公司内部控制评价的组织、实施程序以及评价报告的形成进行分析。

一、C公司内部控制建设情况

C公司为纽约交易所上市公司。按照《萨班斯法案》404条款的规定，C公司须在其向美国投资者披露的年度报告中披露内部控制评价报告，以及外部审计师出具的内部控制审计报告。

C公司早在2006年就按照COSO的内部控制框架的要求，围绕内控建设的三大目标，建立了内部控制体系。

COSO内部控制框架的目标是，保证经营活动的效率和效益性、保证财务报告的真实性和可靠性、保证法律法规的遵循性。为实现这三个目标，内部控制应包括控制环境、风险评估、控制活动、信息与沟通、监控这五个要素。C公司在COSO五要素的基础上，建立起了内部控制体系。

在控制环境的建设上，C公司的宗旨是建立良好的内控文化，自上而下培养健康的公司内部控制环境。为此，C公司除了按照COSO内部控制框架中控制环境的子要素的内容来规范其控制环境外，还着重注意树立正确的管理层理念，规范员工道德准则，优化组织结构。

在风险评估方面，C公司制定了《风险评估管理办法》、《加强风险管理工作指导意见》、《反舞弊暂时规定》、《资产损失认定与责任追究暂行办法》，并设立了专门的风险管理部门来进行风险识别、评估和分析。

在控制活动方面，C公司全面梳理了各项业务的管理细节，制定了对应每个流程的《流程图》；根据流程图编写了《流程说明文档》，以描述具体的流程任务；找出各个流程中的风险点，确定关键控制点并在流程图中进行标识；按每个风险点编制《风险控制文档》，详细描述风险，设计并提出风险控制目标和恰当的控制措施。通过上述过程，C公司最终梳理出若干业务流程及若干风险点。

在信息和沟通方面，C公司制定了信息系统总体控制和应用控制规范文件，明确了系统运行维护、开发、变更、数据备份、安全及系统职责分离等管理标准。针对重要的业务支撑系统，C公司制定了信息系统应用控制的业务操作规范，对管理中的难点问题通过系统化手段固化管理要求，以保证财务信息通过系统准确形成。另外，还制定了《C公司影响财务报告关键电子表格控制规范》，以确保生成财务报告信息准确。

在监督方面，C公司通过每年两次的内部控制的评价活动，持续地对内部控制的有效性进行监督和检查，并对发现的内部控制缺陷定期向公司的董事会或审计委员会汇报并听取整改意见，以保证后续整改工作的落实。

二、C公司内控评价的组织

为保证内部控制体系的控制措施的贯彻执行，C公司通过持续的内部控制评价工作对内部控制的设计和运行的有效性进行评价。这一工作由内部审计部门独立完成。

以下首先介绍内部控制评价的执行部门，即C公司的内部审计部门，然后对内部控制评价工作如何组织进行阐述。

（一）C公司内部审计部门简介

根据公司法、证券法、上市公司内部控制指引及《企业内部控制基本规范》等法律法规要求，C公司建立了规范的董事会。董事会下设审计委员会、战略委员会、提名与薪酬委员会等专业委员会。

C公司在集团总部设立审计部，称之为集团审计部，由董事会的审计委员会直接领导，审计部负责人由公司提名，经审计委员会批准；每年度审计计划报审计委员会批准后执行，并接受审计委员会监督。在分、子公司层面，C公司实行审计机构派驻制，重要的分、子公司设立审计分部。目前，公司审计人员共为100多人，其中集团审计部有10人。审计分部的编制由集团核定，审计分部的负责人由集团公司统一考核任免，同时接受所在地分公司的考核。

在审计工作报告路线上，集团审计部负责人定期或不定期向公司管理层和董事会下设的审计委员会分别报告工作，审计分部则向集团审计部和所在地分公司分别汇报工作，遇重大事项直接向集团审计部汇报。

在工作考核上，审计委员会审议批准年度审计工作计划并考核审计工作的完成情况。集团审计部对派驻审计机构工作质量及效果进行定期考核，对审计分部负责人履职情况进行年度考核。

（二）C公司的内控评价组织方法

C公司的内控评价工作是由集团内部的内审部门来组织实施的。

C公司每年组织进行两次内控评价工作，分别为中期的内控评价是在5月到7月之间以及年度内控评价是从11月下旬到次年1月底。在进行具体的内控评价的项目之前，即派驻项目组去到各分、子公司前，会进行内控评价的组织工作，为项目执行做好事先准备。内控评价的准备包括确定评价内容、确定评价的范围以及细化评价的方案。

1. 确定内控评价的内容

在时间和人力资源都有限的情况下，内控评价是以一般内容为评价基础，并重点关注评价的重点内容。

（1）一般内容

C公司把内部控制按照控制方式分为三部分：公司层面内部控制、信息系统控制、业务流程控制，在这三部分的基础上，主要从内控设计的健全性、执行的有效性两方面进行评价。

评价内控设计的健全性是指：是否对重要经营活动制定了规范清晰的业务流程；是否明确各项经营管理活动的重要风险和关键控制；是否能有效防范经营管理活动中的风险；是否制定了明确的控制目标、控制措施、控制责任、实行不相容岗位相互分离的原则。

评价内控执行的有效性是指：各项经营管理活动是否按内控制度执行；各项措施是否有效控制了风险；岗位责任是否落实到了个人；执行过程是否保留了完整和可靠的文档记录。

- 公司层面控制的评价

公司层面控制是公司所有的内控活动的前提和基础,是保证公司内部各个领域职能协调、有效发挥作用的重要机制和控制手段,属于重要的控制环境,直接作用和影响了公司内控的执行效率和运行效果。C公司内部审计部门必须要评估的公司层面控制的主要内容包括:员工行为准则、审计委员会的监督、会计政策和程序手册、期末财务报告、董事会及高级管理层的监督、人力资源管理、权限和职责分配、反舞弊、风险评估、经营业绩分析、内部审计职能、管理层的自我评估。其中,分、子公司的评价重点是员工行为准则、人力资源管理、权限和职责分配、反舞弊、风险评估等的贯彻实施情况。

- 信息系统控制的评价

信息系统控制是指管理和控制公司内部与信息技术有关的活动。信息系统控制评价的内容分为信息系统总体控制和信息系统应用控制两部分。信息系统内部评价的重点与财务报告的形成直接关联,即财务报告相关的数据是否是每个相关的信息系统应用控制按照设计时规定了的内容提供和直接形成的。

- 业务流程控制的评价

业务流程控制是指在业务层面确保管理层的指令得到实施的政策和程序。业务流程控制评价的内容是根据业务活动的全过程所梳理出的收入、成本费用、资本性支出、资金资产、财务信息披露及其他共性等六个部分,其中内控评价关注的重点内容是200多个关键控制点。

(2) 重点内容

在一般内容的基础上,C公司内控评价的重点是检查分、子公司内控制度设计的健全性,关键风险点的控制方法和控制措施执行的有效性,并按照评价方法及步骤,验证每个业务控制环节,核实实际执行情况与流程图、流程描述及风险控制文档的描述是否一致,检查文档记录是否都完备,取得测试的证据并填制评价工作底稿。

2. 确定内控评价的范围

内控评价的范围是指评价工作中的具体对象。C公司的内控评价采用循环评价的方法,分为总部直接评价和委托评价、总部再复核两种方式。总部直接评价,是指对资产总额及收入总额均达到合并报表合计的10%以上的部分分、子公司由总部派出内控评价专项组进行现场评价。委托评价、总部再复核是指对其余分、子公司、境外子公司，由总部先委托当地公司组织内控评价，总部再进行必要的抽查复核。

由总部直接评价的分、子公司，又分为两部分：（1）资产或收入金额占合并报表总额1%以上的分、子公司，均要到现场直接评价，并不少于4家分、子公司，评价小组在选择分、子公司评价对象的时候应该注意以下方面：按照风险的重要程度，对以前年度发生过财务报告错报，舞弊行为，或公司内、外各项检查、审计中发现重大问题的分、子公司为必评单位；地域偏僻且平时检查审计关注较少的分、子公司应为评价对象。（2）其余的分、子公司则由集团总部委托该分、子所属上级公司评价。

委托评价、总部再复核的分、子公司，评价的时候主要对资产规模及收入规模比重大、经营管理问题较多及潜在风险较大的部门优先、重点评价，并保证覆盖面达到要求。境外公司按照相同原则进行评价。

3. 细化内控评价的方案

在确定了评价的内容和范围后，根据评价内容细化具体的内控评价方案。

首先，按照评价内容划分工作小组并分工。根据C公司总部内部控制规范，以及内控评价的方案所确定的重点评价内容，对内控评价组的业务人员、财务人员、审计人员进行合理组合，形成若干个小组，每组设置一名组长，其余组员分别负责收入、成本费用、资本性开支、资金资产、财务及信息披露、其他共性方面的需要重点评价的内容，每组还必须设置一名信息系统人员。

其次，制订小组工作计划，现场评价工作日常安排计划表。各评价组要制订全部计划和每周计划，各评价工作小组要制订全部计划和每日计划，以确保及时有效的协调和沟通，主要内容包括：时间、对象（单位）、配合等。一般情况下，每个分、子公司的现场评价项目小组的工作计划为一个月左右。

第三，完善评价工作底稿。根据工作计划，分工负责，了解评价单位的内控情况，完善评价的工作底稿中的测试步骤，并注意四个方面的差异：总部和分、子公司规范设计方面的差异；ERP和非ERP方面的差异；机构设置方面的差异；责任分工方面的差异。

三、C 公司内控评价的实施

前文介绍了 C 公司内部审计部门的情况，以及在进行现场测试前需要做的准备工作。下文具体阐述审计部门进入到现场进行内控评价的实施工作。以下从基本方法、评价原则以及实施程序等三个方面阐述 C 公司如何实施内部控制评价工作。

（一）内控评价的基本方法

C 公司采用实质性评价方法对内部控制进行评价。C 公司内部审计人员在评价时深入业务流程，查找风险点和关键控制点，验证关键控制的执行情况。实质性评价方法的具体使用方式举例如下：

（1）到分、子公司实地抽查、盘点对账，验证资金资产账实相符；

（2）随机抽取收入系统数据，验证收入等业务数据真实准确；

（3）抽查合同、到货单等原始凭证，验证设备采购及广告等业务合同签署及执行规范；

（4）查询银行对账单、询证函，验证资金与银行对账及资金使用的真实性；

（5）对重要业务重新执行、验证会计系统对业务反映（如收入确认）的准确性；

（6）对业务数据进行分析性复核等，对经营、财务数据的异常波动进行分析。

内控评价的过程中重在验证控制执行。根据评价的具体内容和实际情况，上述方法在实际评价过程中灵活掌握，具体运用。

（2）样本量选取方法

样本量的选择方法是根据风险程度确定的。其中，又分为已明确控制发生频率和无法明确控制频率两种。已明确控制发生频率的，如财务报表按月度发生，则直接确定需抽取的样本量；无法明确控制频率的，即控制是不定期发生或是随时可能发生的，则先确定一个会计年度内业务发生的次数，然后确定控制发生的"折合"频率，再确定样本量。如表 5 – 1 所示。

表 5-1　样本量标准对照表

控制发生频率	控制发生数量	样本量 低风险	样本量 中风险	样本量 高风险
每年	1	1	1	1
每季	≤5 且 >1	2	2	2
每月	≤15 且 >5	2	3	5
每周	≤50 且 >15	5	10	15
每日	≤250 且 >50	20	30	40
每日多次	>250	25	45	60

选取样本时还须注意：首先，明确样本总体，保证样本总体覆盖了整个评价期间；其次，确保对评价期间里的每个月都抽取到样本；最后，抽取样本时遵循随机性原则。

（二）内控评价的原则

C公司的内控评价小组在进行评价工作时遵循独立性、客观性、规范性、全面性的原则。即进行评价工作时需独立于其他部门，在评价工作小组的人员分配上，遵循交叉评价的原则，在内控评价的涵盖范围全面的基础上，如实、客观、规范地反映和揭示经营管理的风险情况。此外，内部控制的评价还要遵循如下原则：

自上而下。C公司的内控评价遵循从总部到分、子公司再到更低的分、子公司。

关注重点。C公司内控评价工作涵盖一般内容和重点内容，重点内容需要更多关注和分配资源，在具体评价时坚持风险导向和突出重点，着重关注高风险控制点和重要的业务流程控制环节。

注重效果。C公司采取的实质性测试方法就是关注评价效果，内控评价工作不仅需要满足披露的内控评价报告，还要以管理层关心的问题为出发点，将内控评价工作与公司的经营管理有效结合起来，关注评价的实质效果，更好地提高公司的经营效率和效果。

注重文档记录。评价工作需随时填制评价工作底稿，保证记录的准确性和规范性，达到文档记录的效果和要求，以满足查询的需要。

（三）内控评价的实施程序

C 公司内控评价的实施程序可以总结为：按照业务找流程，按照流程找控制点，按照控制点找控制措施，按照控制措施提取文档证据，再分析、判断内控设计的健全性和执行的有效性。因此，C 公司的内控评价是一个由面（最近一个年度有 24 个内控重点问题）到线（最近一个年度有 22 个整改落实目标）、由线到点（最近一个年度有 221 个关键控制点）的检查和核对过程，其具体可以分为以下几个步骤，如图 5-1 所示：

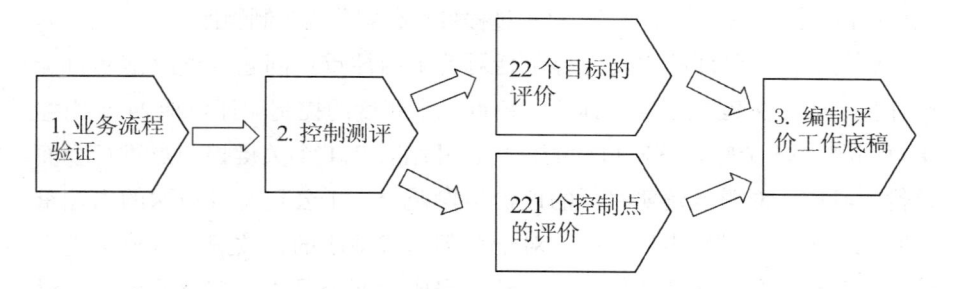

图 5-1　实质性内控评价的步骤

1. 业务流程验证

业务流程验证是针对某业务流程，按照业务流程顺序，从业务发生开始一直追踪到财务记账，以核实实际执行情况与流程图、流程说明及风险控制文档的描述是否一致，并评估相关设计与执行是否有效防范风险的过程。

C 公司业务流程验证的内容是根据关键控制业务流程验证清单，按照对财务报告的影响程度，分析形成财务报告数据源的流程。

业务流程验证前，应做好一系列准备工作。首先审阅流程清单和流程串联图，检查是否有缺失的流程；其次审阅流程图、流程说明文档、风险控制文档及相关规章制度，检查与财务报告相关的风险是否有相应的控制措施；最后结合流程图、风险控制文档等确定需要测试的重要步骤和控制点，确定测试采取的方法并进行记录。

实施业务流程验证，关注的是流程图和风险控制文档描述的控制措施是否得到有效执行；流程文档中的控制措施在实际中是否得到执行；流程文档中的控制措施的执行情况是否与文档描述一致；流程文档中的控制措施已被执行，是否留下必要的证据；现有的控制措施是否能有效防范风险。在实施业务流程验证时，首先审核有关人员对流程中重要控制点及控制措施的实施情况；其次审核流程中的重要步骤和控制是否存在，是否按照要求执行；最后检查分析流程中的重要步骤和控制设计的表单、记录、文件等是否存在，是否按照要求填写及传递，是否留下充分证据，并索取、保留相关文档。

2. 控制测评

在业务流程验证的基础上，通过增加样本量对风险点进行审核，并进一步确认该控制措施是否存在缺陷。这一过程被 C 公司称为控制测评。

C 公司控制测评的主要内容包括对若干内控重点问题、整改落实目标的评价、若干关键控制点的评价。最近一个年度的控制测评包括 24 个内控重点问题、22 个整改落实目标的评价，并结合 221 个关键控制点进行全面评价。其中，对整改落实目标的评价是参照分、子公司每月报送的内控重点问题整改落实进度表进行的，对于全部完成整改的，按照评价要求进行检查，对于部分完成整改的抽查，已经完成的部分是否达到整改要求，对于没有完成的，暂不评价，只进行记录未完成的原因及措施和期限等。

3. 编制评价工作底稿

测评人员在进行内部控制评价时，做好有关记录，将评价工作过程中的文档收集、整理和归档，作为公司后期整改、总部跟踪评价及外部审计师评审的证据，并将评价情况在工作底稿中进行详细描述，以便形成评价证据，并归纳、汇总测评结果。

C 公司的记录顺序是先将提取的相关证据填写《文档依据登记表》，再根据内控评价的现场工作记录，填制《现场评价工作记录表》；在工作记录表的基础上，最后再分别填写各类评价工作底稿。评价工作底稿是以分、子公司为单位填制的，在分、子公司评价结束时，将现场评价工作记录汇总后填制评价工作底稿。

评价工作结束后，评价工作小组通过整理、分析现场工作报告，与分公司的管理层及时进行沟通后，在现场评价工作结束一周内提交评价报告和现场的评价工作文档等。

四、内部控制评价报告

(一) C公司内部控制评价报告的编制程序

C公司的内控评价工作小组在现场评价工作结束后,一周内提交内控评价报告,报告的内容包括:基本情况,如评价组织、人员、内容、范围、时间安排、分公司内控建设的总体情况、整改目标完成进度等,以及评价过程中发现的主要问题,如整改目标中未整改的问题、业务流程相关的若干关键控制点设计和执行的缺陷、有关问题对财务报告的影响,并分析问题形成的原因、存在风险等,还有其他说明等内容。

其中,内控的缺陷认定是参照审计中的重要性水平,一般认定为收入或利润水平的5%,即缺陷的发生对财务报告的影响超过重要性水平的作为重大缺陷,未超过重要性水平的视为一般缺陷。在内控评价工作后,还会填制内部控制缺陷报告,将一般缺陷汇总,分析其是否构成重大缺陷或实质性缺陷。在报告缺陷后,C公司更关注缺陷的整改,将内部控制缺陷报告报告给审计委员会和董事会后,同时向存在缺陷的分公司或单位下发整改通知,要求其定期上报整改情况,并持续跟踪整改的落实情况。

公司董事会下设的审计委员会定期听取公司内部控制制度执行情况和审计中发现的问题的汇报,并提出相关意见,相关部门及下属单位均会针对问题制定改进措施,并予以落实。公司董事会听取关于内控建设及内控自我评价方面的工作汇报并审查通过公司内部控制的自我评估报告后,作出财务报告相关内部控制在会计年度基准日是否有效的评价。

(二) C公司内部控制评价报告形成过程

C公司内部控制评价报告,是从各分、子公司层面,汇总到总部层面,再报告至董事会、审计委员会层面,最终形成公司整体的内部控制评价报告,再对外披露的过程。

第一,在分、子公司层面,形成各分、子公司的内控缺陷自我评价报告。

第二,在集团总部层面,形成公司汇总内控缺陷评价报告、公司总体风险评价报告、公司舞弊风险评价报告。

第三,集团总部层面,审计委员会、董事会分别进行自我评价,形成审计委员会自我评价报告、董事会自我评价报告。

第四,在第二步、第三步的基础上,形成公司整体的内部控制评价报告。

第五,外部审计师对公司内部控制进行审计,形成C公司内部控制审计报告。

第六,在第四步、第五步的基础上,形成对外披露的C公司内部控制评价报告。

C公司对外披露的内部控制评价报告的格式,按照财政部内部控制评价指引的要求编制。

五、本章小结

本案例较为具体地介绍了C公司内控评价的实务操作,即C公司的内部控制自我评价的整个组织和实施过程。总体而言,C公司首先建立起规范的内部控制体系,完善了各业务流程图、流程说明文档等。在内部控制执行方面,C公司通过定期的内控评价工作,既满足了经营管理的需要,在很大程度上保证了内部控制的有效执行,也满足了对外披露内部控制评价报告的监管目标。

(一) 经验借鉴

对那些即将开展内部控制自我评价的企业而言,C公司的内部控制评价有以下经验可供借鉴。

1. 充分利用内部审计部门的力量

C公司的内部控制评价主要是由内部审计部门完成的。这主要得益于C公司内部审计部门采用的是总部派驻制,在主要分、子公司设立审计分部,审计分部的负责人及人员都由总部统一管理、调度。C公司在在开展内部控制评价工作时,在审计人员调度和分配方面非常高效;在业务报告上也直接由审计分部向总部直接报告,沟通非常通畅。在这种内部审计体制下,能有效地利用交叉评价,提高内部控制评价的效果。

内部审计部门开展内部控制评价,既锻炼了内部审计队伍,又因不必聘请外部顾问机构代管理层进行内部控制评价而节约了成本。当然,内部控制自我评价对内部审计部门的人员数量、专业背景、内部控制评价知识和评价技能等也有较高的要求。例如,每个内部控制评价工作小组的人员都由内部审计人员组成,每组都配备至少一名信息系统人员,以保证工作小组对业务流程的认识足够深入。再如,C公司非常重视每次内部控制评价前的人员培训,分为一般培训和专项培训,并建立起了较完善的培训机制和人员储备。

2. 根据财务报表对应关系确定需要财务报告内部控制评价的重点

C公司把要评价的财务报告相关内部控制分为公司层面内部控制、信息系统、业务流程。其中,公司层面控制包括了控制环境、风险评估和监督三个要素。在进行全面评价的基础上,以业务流程为重点评价内容,并确定和重点关注若干关键控制点。其中,将业务流程划分为收入、资本性支出、资金及资产、成本费用、财务及信息披露等主要流程,是根据财务报告重要科目的对应关系确定的。这样做的好处是,联系业务实际,重点突出,能较好地控制和发现风险。

3. 按照规模和风险来确定需要评价的分、子公司

C公司分、子公司较多。对所有分子公司都进行现场测试不切实际也浪费资源,因此测试范围的确定非常重要。C公司按照分、子公司的资产或收入均达到一定规模作为进行现场测试的标准。重要的分、子公司是必测单位,分、子公司的下属机构,以及其他不重要的分、子公司,依据规模大小选取,资产或收入金额占合并报表总额1%以上的,实行现场测试。同时,C公司对经营问题较多或风险较大的分、子公司,进行有目的的抽查,确保风险控制在可接受范围内。C公司的做法对于那些有较多分、子公司的企业具有一定的借鉴意义。

4. 对内部控制重大缺陷的认定确定了定量水平

C公司内部控制重大缺陷的认定参照了审计中的重要性水平,一般认定为营业收入或利润水平的5%。内部控制缺陷的发生对财务报告的影响超过重要性水平为重大缺陷,未超过重要性水平的视为重要缺陷或一般缺陷。在内部控制评价时,需要填制内部控制缺陷报告,将一般缺陷汇总,分析其是否构成重要缺陷或重大缺陷。

(二) 不足之处

C公司内部控制评价主要是为了满足美国《萨班斯法案》404条款的

要求，评价的对象主要是财务报告相关内部控制。对非财务报告内部控制如何评价，如何认定非财务报告内部控制存在缺陷，C公司没有特别明确的定量标准。进一步的内部控制评价工作，可借鉴打分等方法，对非财务报告相关的缺陷做出明确的认定标准。

第六章　T公司内部控制评价研究

本章旨在通过对T公司内部控制评价的研究，为需要进行内部控制评价但又面临人员少、时间紧的公司提供可供借鉴的经验。本章首先介绍T公司内部控制体系的建设情况，然后对T公司内部控制评价的组织、评价的实施程序以及评价报告的形成进行分析。

一、T公司内部控制体系发展情况简述

T公司注册于北京，为香港联交所上市公司。公司授权法律审计部负责内部控制手册编制及评价工作。

2009年，为了健全内部控制体系，保障公司健康可持续发展，维护投资价值，T公司法律审计部与聘请的会计师事务所共同修订了《T公司内部控制工作手册》。该工作手册全面考虑了T公司业务发展及组织结构调整的实际情况，识别了所有关键业务流程及信息系统层面的内部控制，作为日常内部控制管理与实践的指导性文件。在业务流程层面，根据具体业务运行情况，将公司业务划分为12个关键流程，细分为78个子流程，包含128个控制领域和282个关键控制点。信息系统是T公司持续生产及运行所依赖的生命线，在信息系统层面，根据信息系统控制的关注范围不同，将信息系统控制领域分为5个部分，包含16个关键流程和38个关键控制点。

2011年，为了满足公司治理和外部监管要求，进一步提高公司运营效率，T公司一方面积极开展对公司本部的内部控制自我评价工作，聘请会计师事务所执行信息系统专项审计；另一方面，根据香港联交所《企业管治常规守则》以及公司《经济责任审计管理办法》的要求，开展了对分、子公司的内部管理专项审计，评价分、子公司的内部控制有效性，总结分、子公司在内部控制方面普遍存在的问题，并给出应对措施。

二、T公司实施内部控制自我评价的组织

（一）内部控制自我评价的组织形式和职责安排

2008年起，T公司授权法律审计部开展内部控制手册的编制和评价工作。

在内部控制设计方面，法律审计部负责公司内部控制手册的编制工作。公司各职能部门和业务部门对与其相关的内部控制有维护和管理的责任，并且应根据实际业务流程中有关内部控制的变更情况，及时上报法律审计部，对公司内控系统进行维护更新。公司现行内部控制制度的实施与维护由管理层负责，董事会及其审核委员会监督管理层的行为，并监控内部控制系统的有效性。

在内部控制评价方面，由法律审计部牵头组成内控评价项目组，在各职能部门和业务部门的大力配合下，开展全面的内部控制自我评价工作，检讨内部控制体系的健全性和有效性，识别内部控制体系存在的重大缺陷并提出改进建议，督促和协助责任单位整改，最后由法律审计部编写内部控制自我评价报告，向董事会汇报。董事会对内部控制自我评价承担最终责任。

由于T公司法律审计部的内部审计人员少，因此，最近一次的评价工作是在公司各部门的大力支持和会计师事务所的协助下完成的。因此，本案例着重探讨在人员缺乏、时间紧迫的情况下实施内部控制自我评价工作的经验和不足。

（二）内部控制自我评价的对象和内容

内部控制自我评价，一方面要检查企业为实现控制目标所必需的内部控制要素是否都存在并设计恰当，另一方面要评价现有内部控制制度是否按照规定程序得以有效执行。

T公司内部控制评价工作围绕内部控制五要素开展，对公司自2003年以来颁布的规章制度进行整理、审阅和修订，结合《T公司内部控制工作手册》的要求对业务流程中存在的内部控制缺陷进行识别和整改工作，梳理和解决管理中发现的问题，进一步优化流程管理、健全规章制度，提升公司管理水平。此外，根据香港联交所《企业管治常规守则》的要求，还

要对附属公司进行内部控制有效性评价，因此 T 公司也对分公司、子公司的内部控制情况进行了调查和评价。

综上所述，T 公司本次内部控制自我评价工作主要包括六部分：（1）公司内部环境评价；（2）风险评估；（3）业务流程内部控制设计有效性评价；（4）业务流程内部控制运行有效性评价；（5）信息系统内部控制有效性评价；（6）对分公司、子公司的内部控制有效性评价。

三、T 公司实施内部控制评价的具体程序

以下按照评价内容来叙述 T 公司内部控制自我评价的具体程序。

（一）内部环境评价

根据《企业内部控制评价指引》第五条规定，T 公司内部环境评价从"组织架构、发展战略、人力资源、企业文化、社会责任"这五方面展开。评价内部环境时采用的方法主要是：一、查阅相关部门的制度规章；二、从公司网站以及披露的年报收集有关内部控制的相关信息；三、采用个别访谈法，通过对一些员工和高管的访谈，了解 T 公司的内部环境。T 公司控制环境总体评价如下：

在组织结构方面，T 公司的组织结构、职责分配与公司的经营业务相适应，较好地体现了公司作为信息产品和服务供应商的行业特色。公司组织层级明确，基本职能分离，为开展业务活动提供了良好的基础。

在发展战略方面，T 公司的战略目标明确，并制订了清晰的战略发展路径。

在人力资源方面，T 公司具有良好的人力资源管理制度，重视对员工的培训，但今后应继续推进薪酬改革，提高员工满意度水平。

在企业文化方面，T 公司作为信息产品和服务供应商，注重技术研发和创新，员工有较强的开拓创新和团队协作意识。但尚未在员工层面形成浓厚的企业文化氛围，因此 T 公司在企业文化建设方面还需要进一步规划和完善。

在社会责任方面，T 公司积极承担对员工、消费者、社区和环境的责任，较好地履行了企业社会责任，并主动发布企业社会责任报告。

（二）风险评估

内部控制评价中对风险评估要素评价中关注的是公司的风险识别、风险评估和风险应对。

在风险识别方面，T公司在2011年设立了风险管理领导小组办公室，建立了日常风险信息收集机制，将风险管理初始信息的收集纳入日常管理工作流程。T公司规定各级单位和部门的人员均有义务对与本单位或本部门相关的风险信息进行收集，通过定期例会、专项讨论会等形式，从公司中高级管理层的角度汇总风险信息，保证风险初始信息的全面性。以2011年为例，T公司通过信息筛选、提炼、比对、分析等多种方式，在公司战略、经营、财务、法律合规等多个风险领域，识别和总结出九大风险。

在风险评估方面，T公司采用定性与定量相结合的方法，对已识别的风险从发生的可能性和影响程度的角度进行分析和比对，判断风险类别，形成风险评估结论。具体来讲，T公司将风险发生的后果及可能性分为5类分值，并对这5类分值对应的影响程度和发生可能性进行了界定。风险评估的结果，按照发生可能性和影响程度两个维度绘制风险坐标图。

风险应对方面，T公司针对不同的分析采取了不同的应对策略。例如，针对政策风险，T公司密切关注市场及政策变化，有效沟通，管理到位；针对应收账款风险，加大应收账款管理力度，催收落实到人，加强客户管理；针对竞争风险，强化风险预警体系的建设，提高市场竞争意识，科学决策，调整市场策略；针对人力资源风险，T公司一方面从企业文化入手，另一方面开展岗位绩效薪酬体系设计项目，努力提高人力资源工作质量；针对工程建设风险，从工程的项目管理、供应商选择，到整体项目实施的过程监控，采取事前严格预防、事后紧密监控的应对策略；针对保密风险，强化岗位责任制，加强保密体制建设，增强保密意识；针对安全生产风险，建立和完善安全生产长效机制，完善安全法规，加强安全管理，提高安全技术。

对风险评估要素评价得到的结论是，T公司具有较强的风险管控能力，建立了日常风险信息收集机制，能够及时对风险进行识别、评估和应对。本次内部控制自我评价，公司识别出九大风险，并认真制订了详细的风险管理策略和解决方案，以保障公司长远发展，实现战略目标。

（三）控制活动设计有效性评价

截至 2011 年年末，《T 公司内部控制工作手册》中对 12 个流程及信息系统层面的描述未发生重大变化。

T 公司对内控设计有效性的评价，主要是通过对管理制度的审阅与修订，对内部控制制度进行复核，识别内部控制缺陷。针对控制活动设计有效性的评价，采用的方法主要是查阅现有的管理制度和对比法，辅以个别访谈、专题讨论的方法。

在评价过程中，内控评价项目组成员收集并梳理 T 公司过去十年发布的所有管理制度共约 200 个。依据配套指引的要求，内控评价项目组对所有管理制度进行了分类。

内控评价项目组将 T 公司的制度与财政部等五部委发布的《企业内部控制配套指引》进行对比，识别已下发但已不再应用的制度，以及执行中各项制度尚需完善的内容，并根据对部门职责的分析，识别尚未建立制度规范的活动领域。

经过统计和分析，项目组认为，T 公司在内部控制环节的设计上仍存在一定的不足或缺失，共计缺陷 41 个，涉及制度 26 个，主要体现为：内部控制制度的架构不完整，缺少一些制度或配套管理细则；内部控制制度的内容不完整；业务操作流程缺少进一步明确或细化。

识别出以上问题后，内控评价项目组立刻组织各部门内部控制责任人对缺陷进行整改，督促各部门制订整改实施方案，明确了缺陷整改的工作方式及时间要求。

（四）控制活动运行有效性评价

本次内部控制评价工作中，T 公司聘请了会计师事务所对公司的信息系统流程进行有效性评价，因此内控评价项目组主要针对业务流程层面控制活动进行有效性评价。

如前所述，T 公司将业务流程划分为 12 个关键流程，78 个子流程，128 个控制领域和 282 个关键控制点。由于时间、人手有限，内控评价项目组无法在短时间内完成对所有关键控制点的运行有效性评价。因此，根据《企业内部控制评价指引》提出的重要性原则，项目组在制订和实施评价工作方案时着眼于风险，突出重点，对12个关键流程进行了筛选。经过专题讨论，项目组选择其中的8个流程作为此次评价工作的重点。

T公司在此次内部控制自我评价中，由于人员和时间有限，难以对选出的8个关键业务流程的数百个控制点实施穿行测试或进行实地查验。但在电子信息交互频繁的T公司，调查问卷法比较容易实施。调查问卷可以最大限度地覆盖需要进行有效性评价的流程和控制点，也可以把调查对象的范围扩大至企业的各层级员工，还可以在较短时间内完成信息的收集和分析。因此，项目组经过讨论和取舍，最终选择调查问卷法作为此次评价工作的主要方法，辅以个别访谈、专题讨论、比较分析等其他方法。

借鉴其他公司设计调查问卷的经验，T公司问卷的客观题选项设置为"有效执行、一般执行、未执行、存在重大缺陷"。从调查的内容上看，在力求做到覆盖所有高风险领域和重要业务事项的前提下，尽量减少每个员工的答题量，因此，调查问卷选择了8个流程中涉及的关键控制活动进行调查，这些关键控制活动涉及的责任部门共13个。针对这13个部门，内控评价项目组分别编制调查问卷，列明每个部门涉及的主要业务流程和关键控制活动。调查问卷采用匿名回答的方式，但是在每个部门的问卷开端都设有"职位"选项，所有参与者都必须回答自己的职位。这是因为内部控制活动涉及从审批到执行的各项环节，所以要求每个部门每个层级的人员都参与问卷调查。内控评价项目组成员通过网络回收问卷数据，及时观察每个部门中各个职位人员的答题比例，进而督促各部门所有层级人员都参与调查。

所有部门的调查问卷编制完成后均发布到网上，由各部门的各层级人员匿名填写。内控评价项目组共收回252份有效问卷。通过对回收的有效调查问卷进行分析，控制活动运行有效性的评价结论为：除三个流程存在"一般执行"外，其他流程均为"有效执行"。这三个流程包括：在项目与合同管理流程中，项目立项的预算评审和决算评估仅得到一般执行；在资产管理流程中，固定资产和无形资产的减值评估只得到了一般执行；在销售管理流程中，业务部门向客户催收应收账款和每季度与客户进行对账的控制活动仅得到一般执行。

（五）信息系统内部控制有效性评价

T公司本次内部控制评价工作中，信息系统的内部控制评价工作是由聘请的会计师事务所来进行 ISAE3402 专项审计。ISAE3402 即"鉴证业务国际准则第 3402 号——服务类组织控制鉴证报告"。ISAE3402 是允许服务机构以统一的报告形式向客户及其审计师披露其内部控制活动及流程的权威指引。ISAE3402 审计报告的出具可以充分证明服务机构的内部控制目标及控制活动通过了独立审计机构的检查，包括在信息技术及有关业务流程方面的内部控制。

T 公司信息系统控制领域分为 5 个部分，共 16 个关键流程，38 个关键控制点。本次 ISAE3402 专项审计主要从信息技术一般控制评估和业务流程层面评估两大方面开展。

经过 3 个月的专项审计后，会计师事务所出具了无保留意见的控制设计合理性及运行有效性的报告。

（六）分公司、子公司的内部控制有效性评价

为满足香港联交所的监管要求，T 公司本次内部控制自我评价还包括了对分公司和子公司内部控制有效性的核查。评价的方法是，根据年度内对分公司、子公司审计情况，总结分公司、子公司的内部控制现状，分析分公司、子公司在内部控制方面普遍存在的问题，并制订整改方案。

通过对分、子公司内部审计报告进行全面系统的梳理和分析，辅以评估中对重要的、未覆盖到的子公司进行审计，内控评价项目组认为，总体而言，分、子公司的内部控制制度设计较为合理，内部控制活动也得到有效执行。但还不同程度地存在着一些制度不完善等问题，主要表现在经营管理、治理结构、业务控制和财务控制四个方面。针对这些问题，首先，由分、子公司参考《T 公司内部控制工作手册》，同时结合自身的实际情况，进行内部控制制度的完善工作，并于 2012 年 1 月底将制度的自查和改进情况上报；其次，在 2012 年 2 月，集团公司法律审计部牵头，联合相关部门，选取重点分、子公司，对重大事项进行现场审核，检查分、子公司贯彻集团公司下发制度和自建制度的落实情况；最后，在 2012 年 3 月，汇总所有检查情况，对各分、子公司提出整改意见并上报集团公司，对存在问题较大、较多的分、子公司还要进行整改落实情况的追踪审计。

四、T 公司内部控制自我评价报告

（一）T 公司内部控制自我评价的结论

1. 具体评价结论

通过对公司内部控制五要素的分析、评价，内控评价项目组得到 T 公司内部控制有效性的具体评价结论如下：

控制环境。T 公司战略目标明确，建立了合理的组织架构和职责分配制度，并大力开展企业文化建设，积极履行社会责任。公司员工能把握企业文化价值的本质，了解公司决策程序和管理议事规则。但公司对员工的激励不够，薪酬制度和岗位聘任制度有待改进。

风险评估。T 公司具有较强的风险管控能力，建立了日常风险信息收集机制，能够及时对风险进行识别、评估和应对。

控制活动。T 公司的内部控制制度设计较为健全，大部分控制活动都得到了有效执行。针对少数未得到有效执行的控制活动，内控评价项目组已经督促相关部门加以改进。

信息与沟通。T 公司聘请会计师事务所对信息系统进行了专项审计，信息系统已经通过 ISAE3402 认证。

内部监督。T 公司的监督体制较完善，董事会下设审核委员会，并设有内部审计机构——法律审计部，法律审计部在内部控制设计和运行中发挥了有效的监督作用。

分、子公司的内部控制。分、子公司近些年不断加强内部控制制度建设，目前已建立了较为完善的内部控制制度，控制活动可以得到有效执行。

2. 对存在问题的整改建议

针对内部控制自我评价中发现的问题，内控评价项目组对完善公司内部控制制度提出如下建议：

在控制环境方面，继续推进企业文化建设，加强企业文化的普及；改革薪酬和岗位聘任制度，完善绩效考核制度。

在控制活动方面，对于管理制度中存在的缺陷，由法律审计部协助各部门进行整改。对于未得到有效执行的控制活动，各部门需根据《T 公司内部控制工作手册》的规定，明确控制活动的控制目标、适用范围，将责任落实到岗位和个人，提高内部控制的执行有效性。

在信息与沟通方面，增强部门之间的信息流动和合作，提高信息收集、处理和传递的及时性，建立、健全反舞弊机制。

3. 总体评价结论

T公司内部控制自我评价的总体结论：通过上述内部控制自我评价工作，根据所实施的程序和掌握的资料，可以认为，T公司已经建立了完整、合理、有效的内部控制制度，并在公司经营活动的各层面和各环节得到了有效实施，能够预防、发现和纠正公司运营过程可能出现的重要错误和舞弊。T公司及其分、子公司的现有内部控制体系没有重大缺陷和漏洞，可以为公司的持续发展提供合理保障。

（二）T公司内部控制自我评价的报告与披露

根据香港主板上市规则附录中的规定，发行人须在其年报中公布关于企业治理的报告，建议内容包括内部控制和其复核工作的介绍。

在T公司2011年年报的"企业管治报告"中，披露了内部控制自我评价的总体结论。

五、本章小结

（一）T公司内部控制自我评价的经验

T公司内部控制自我评价的以下经验，可供其他公司借鉴：

在职责安排上，根据财政部对《企业内部控制评价指引》的解读文件，企业可由内部审计部门具体执行评价工作，也可以委托中介机构实施。T公司主要由法律审计部的内部审计人员组成内控评价项目组，同时委托会计师事务所执行信息系统的内控审计。

在组织形式上，公司以法律审计部牵头组建内部控制评价项目组，在法律审计部人员较少的情况下，通过调动其他部门的积极性，并利用会计事务所的专业服务，在短短三个月时间内完成了全部评价工作。

在评价内容上，对内部环境、风险评估、控制活动的设计和运行的有效性等方面展开了全面的评价。值得一提的是，T公司根据国务院国资委

《中央企业全面风险管理指引》的要求，从战略、财务、市场、运营、法律五个方面开展了风险识别、分析和评价。这既满足了股票交易所的要求，又满足了国务院国资委的要求。

在评价方法上，T公司内控评价项目组有效利用了调查问卷的方法来评价业务层面控制活动运行的有效性。可供借鉴的经验有：第一，借助电脑和互联网发放、回收调查问卷，操作简单，节约了大量的人力物力；第二，针对不同业务流程设计针对性的调成问卷，基本涵盖了所有高风险领域和关键控制领域；第三，采用匿名填写调查问卷的方法，减轻了被调查人的心理压力，使之更真实地反映内部控制设计和执行的实际情况；第五，按部门制作问卷，减轻了被调查者的答题负担，提高了被调查者对调查问卷的接受程度，进而提高了问卷的回收率和答题的准确率。

总的看来，T公司开展内部控制的自我评价工作，既满足了财政部、国资委、香港联交所等监管部门的要求，也借此提高了公司各部门的风险管理和内部控制意识，对企业自身管理水平的提升起到了积极的推动作用。

（二）T公司内部控制自我评价工作的不足

T公司此次内部控制评价工作也存在一些不足之处，主要表现为：

在评价方法上，对于内部环境的评价缺少量化指标，主要依赖定性指标进行主观描述和判断，难免有失偏颇；在按照部门分别制作和发放问卷对控制活动运行有效性进行评价时，由于调查问卷的最终结果要以各流程为单位进行评价，所以各部门问卷回收后还要汇总并转化为按照业务流程分类，导致调查结果的统计和整理工作较为繁琐。在后续的评价工作中，针对内部环境的评价，T公司可以综合采用调查问卷、管理层访谈、比较分析法等方法；对于控制活动的评价方法，则可以考虑在调查问卷、个别访谈和专题讨论法之外，再采用实地查验和穿行测试法。

在对信息和沟通要素评价时，主要利用会计师事务所对信息系统的审计结果，而未深入评价信息的沟通。在后续的评价工作中，可以对内部信息传递机制、外部信息传递机制、对外信息沟通和披露等内容进行系统的评价。

此外，C公司法律审计部审计力量薄弱、人才配置不足，在评价时必须依赖其他部门及公司外部机构才可以完成内部控制评价工作。在后续的评价工作中，可以考虑充实法律审计部的力量，加大培训力度，在定期的内部控制评价工作中扮演更积极的角色。

参考文献

[1]（美）Richard P. Tritter. 控制自我评估：以协调为基础的咨询指南［M］. 李海风，朱军霞译. 北京：清华大学出版社，2004 年第 1 版.

[2]（美）理查德·瞿特，（美）丹尼尔·泽特南，（美）德波娃·德哈斯. 控制自我评价：经验、现状思考和最佳实践［M］. 杨雄胜主译. 大连：东北财经大学出版社，2010 年第 1 版.

[3]（英）基思·韦德，（英）安迪·怀尼. 控制自我评估理论及应用［M］. 林小驰，李海风译. 北京：中国财政经济出版社，2008 年第 1 版.

[4] COSO. 1992. 内部控制——整合框架［M］. 方红星主译. 大连：东北财经大学出版社，2008 年 6 月第 1 版.

[5] COSO. 2006. 财务报告内部控制——较小型公众公司指南［M］. 方红星主译. 大连：东北财经大学出版社，2009 年 6 月第 1 版.

[6] COSO. 2009. 内部控制体系监督指南［M］. 张翌轩，陈汉文翻译. 大连：东北财经大学出版社，2010 年 1 月第 1 版.

[7] 财政部，证监会，审计署，银监会，保监会. 2008. 关于印发企业内部控制基本规范的通知（财会［2008］7 号）［S/OL］.

[8] 财政部，证监会，审计署，银监会，保监会. 2010. 关于印发企业内部控制配套指引的通知（财会［2010］11 号）［S/OL］.

[9] 财政部. 2010. 财政部解读《企业内部控制评价指引》［S/OL］.

[10] 财政部会计司、证监会会计部. 2012. 我国境内外同时上市公司 2011 年执行企业内控规范体系情况分析报告——基于 2011 年内控评价报告、内控审计报告的分析［R/OL］. http：//www. csrc. gov. cn/pub/newsite/kjb/gzdt/201209/W020120920364798907177. pdf

[11] 曹文杨. 2009. 内部审计如何从监督检查角度协助管理层实施企业内部控制基本规范——基于建筑行业实务特点［M/OL］. 中国内部审计协会 2009 年度全国内部审计与内部控制体系建设理论研讨暨经验交流会三等奖论文汇编.

[12] 曾宗辉. 2009. 内部审计在企业内部控制中的作用［M/OL］. 中国内部审计协会 2009 年度全国内部审计与内部控制体系建设理论研讨暨经验交流会三等奖论文汇编.

[13] 陈关亭，张少华. 2003. 论上市公司内部控制的披露及其审核［J］. 审计研究，6：34 – 38.

[14] 陈汉文，张宜霞. 2008. 企业内部控制的有效性及其评价方法［J］. 审计研究，3：48 – 54.

[15] 陈汉文，曾艳霞. 2006. 腐败与内部控制——由反海外腐败法得到的启示［J］. 财会通讯，2：46 – 47.

[16] 陈武朝. 2010. 内部审计有效性与持续改进［J］. 审计研究，3：48 – 53.

[17] 戴彦. 2006. 企业内部控制评价体系的构建——基于 A 省电网公司的案例研究. 会计研究，2：69 – 76.

[18] 郭燕敏. 2009. 内部控制监督要素之应用性发展——基于风险导向的理论模型及其借鉴

[D]．厦门大学硕士论文．

[19] 韩洪灵，郭燕敏，陈汉文．2009．内部控制监督要素之应用性发展——基于风险导向的理论模型及其借鉴［J］．会计研究，8：73 – 79．

[20] 李德胜等．2009．论企业内部审计与内部控制体系建设［M/OL］．全国内部审计理论研讨优秀论文集（2008 – 2009），288 – 293．

[21] 林朝华，唐予华．2003．CSA：内部控制系统评价的新观念与新方法［J］．上海会计，1：15 – 18．

[22] 刘玉廷．2010．《企业内部控制基本规范》导读［J］．会计研究，5：3 – 16．

[23] 刘玉廷．2010．全面提升企业经营管理水平的重要举措——企业内部控制配套指引解读［J］．会计研究，5：3 – 16．

[24] 美国反海外腐败法（The Foreign Corrupt Practices Act）（反贿赂与账簿和记录条款，中文版）［S/OL］．http：//www.justice.gov/criminal/fraud/fcpa/docs/fcpa – chinese.pdf．

[25] 缪艳娟．2007．英美上市公司内控信息披露制度对我国的启示［J］．会计研究，9：67 – 73．

[26] 普华永道．2004．萨班斯 – 奥克斯利法案 404 条款：管理层实务指南［M/OL］．http：//pricewaterhouse.com．

[27] 上海市内部审计师协会课题组．2009．企业内部控制自我评估研究——基于上汽集团借助 IT 系统平台的 CSA 实践［J］．审计研究，6：34 – 40．

[28] 王立勇．2004．内部控制系统评价的定量分析模型［J］．财经研究，9：93 – 102．

[29] 王明春．2008．内部控制自我评价实务研究［J］．财政监督，2：57 – 59．

[30] 王素莲．2005．企业内部控制评价指标体系研究［J］．山西大学学报（哲学社会科学版），28（6）：9 – 14．

[31] 王煜宇，温涛．2005．企业内部控制评价模型及运用［J］．统计与决策，2：131 – 132．

[32] 王跃堂，涂建明．2006．上市公司审计委员会治理有效性的实证研究——来自沪深两市的经验证据［J］，管理世界，11：135 – 143．

[33] 谢志华．2009．内部控制：本质与结构［J］．会计研究，12：70 – 75．

[34] 于增彪，麻蔚冰，王竞达．2006．亚新科公司内控评价体系的构建［J］．新理财，(10)：24 – 37．

[35] 于增彪，王竞达，瞿卫菁．2007．企业内部控制评价体系的构建——基于亚新科工业技术有限公司的案例研究［J］．审计研究，3：47 – 52．

[36] 张川，沈红波，高新梓．2009．内部控制的有效性、审计师评价与企业绩效［J］．审计研究，1：69 – 78．

[37] 张谏忠，吴轶伦．2005．内部控制自我评价在宝钢的运用［J］．会计研究，2：11 – 17．

[38] 张先治，戴文涛．2011．中国企业内部控制评价系统研究［J］．审计研究，1：69 – 78．

[39] 张宜霞．2006．内部控制国际比较研究［M］．北京：中国财政经济出版社．

[40] 赵丽芳，王岩，闵德明．2009．内部审计、内部控制自我评价与内部控制体系自我建设——基于现代内部审计功能拓展的视角［M/OL］．全国内部审计理论研讨优秀论文集（2008 – 2009），380 – 389．

［41］中国二十冶建设有限公司审计室. 2009. 内部审计在企业内部控制中的作用［M/OL］. 中国内部审计协会 2009 年度全国内部审计与内部控制体系建设理论研讨暨经验交流会三等奖论文汇编.

［42］中国移动浙江课题组. 2009. 内部审计与内部控制体系建设——内部审计在企业开展内部控制评价的实践［M/OL］. 中国内部审计协会 2009 年度全国内部审计与内部控制体系建设理论研讨暨经验交流会三等奖论文汇编.

［43］周勤业，王啸. 2005. 美国内部控制信息披露的发展及其借鉴［J］. 会计研究，2：24 - 31.

［44］朱荣恩，应唯，袁敏. 2003. 美国财务报告内部控制评价的发展及对我国的启示［J］. 会计研究，8：48 - 53.

［45］Ashbaugh-Skaife, H., D. W. Collins, and W. Kinney Jr. 2007. The discovery and reporting of internal control deficiencies prior to SOX - mandated audits［J］. Journal of Accounting and Economics, 44: 166 - 192.

［46］Association of Certified Fraud Examiners. 2012. Report to the Nations On Occupational Fraud and Abuse［M/OL］. 2012 Global Fraud Study, http://www.acfe.com/uploadedFiles/ACFE_Website/Content/rttn/2012 - report - to - nations. pdf.

［47］DeFranco, G., Y. Guan, and H. Lu. 2005. The wealth change and redistribution effects of Sarbanes - Oxley internal control disclosures. Working paper, University of Toronto.

［48］Doss, M.. 2004. Section 404 reports on internal control: Impact on ratings will depend on nature of material weaknesses reported［R/OL］. Moody's Investors Service. G. Jones, Ed.

［49］Doyle, J., W. Ge, and S. McVay. 2007 (a). Determinants of weaknesses in internal control over financial reporting［J］. Journal of Accounting and Economics, 44: 193 - 223.

［50］Doyle, J., W. Ge, and S. McVay. 2007 (b). Accruals quality and internal control over financial reporting［J］. The Accounting Review, 82 (5): 1141 - 1170.

［51］Ge, W., and S. McVay. 2005. The disclosure of material weaknesses in internal control after the Sarbanes - Oxley Act［J］. Accounting Horizons, 19: 137 - 158.

［52］Hammersley, J. S., A. M. Linda, and C. Shakespeare. 2008. Market reactions to the disclosure of internal control weaknesses and to the characteristics of those weaknesses under section 302 of the Sarbanes Oxley Act of 2002［J］. Review of Accounting Studies. 13 (1): 141 - 165.

［53］PCAO 2005, Report on the Initial Implementation of Auditing Standard No. 2, An Audit of Internal Control over Financial Reporting Performed in Conjunction With An Audit Of Financial Statements［R/OL］. http://pcaobus.org/Inspections/Documents/2005_11 - 30_Release_2005 - 023. pdf.

［54］The Committee of Sponsoring Organization of the Treadway Commission (COSO) (S/OL). 1994. Internal Control Integrated Framework (the COSO report).

［55］The Committee of Sponsoring Organization of the Treadway Commission (COSO) (S/OL). 2004. Enterprise Risk Management - Integrated Framework.

课题编号：1105

证券公司内部控制体系监督理论与内部控制评价实务研究
——以广发证券为例

广发证券股份有限公司课题组

课题负责人：蒋灿明
课题组成员：马朝宏　吴荣满　董晓英

【摘要】近年来，安然、世通、巴林银行等巨大风险事件的频发，及相关研究报告的发布，让大家意识到，被理论界视为"内部控制有效运行的保障"的监督功能在实践中不甚重视，监督功能常被低度运用，监督的低效甚至无效也将直接影响内部控制系统的有效运行。

我国目前尚未出台专门的关于内部控制监督要素方面的应用指引，理论方面的专门研究也很少，缺乏全面性和系统性。因此，本文首先系统梳理了此领域研究集大成者——美国COSO委员会自1992年到2009年的理论研究成果，并系统性地引介了COSO监督模型，将其与我国《企业内部控制基本规范》进行对比，提出我国应"强调日常持续监督活动的重要性并强化应用"及"强化以风险为导向的系统监督过程"。

其次，我们用图示清晰阐述内部控制监督、评价与自我评价的关系。监督作为内控五要素之一，既是一种确保内部控制系统持续有效运行的机制，也是对该系统在一段时间内的设计和运行情况进行评价的过程，也即，监督是机制与过程，评价是监督过程中采用的技术与方法。

再次，本文在以上理论探讨的基础上，提出各行各业在开展内部控制评价工作时需考虑的五大问题，包括"评价主体"、"评价对象"、"评价时点"、"评价程序"及"内外部工作对接"等，并在考虑证券行业特性后，明确证券公司在开展内控评价工作时三大风控部门的协作模式。

  最后，套用COSO监督模型，我们对证券公司如何开展内控评价实务工作进行探讨，内容涵盖梳理风险点及排序、识别关键控制、确认有说服力的信息、执行测试及报告结果等。与此同时，我们也将本公司研究的个别模板、标准、分工等进行列示，以供参考。

  【关键词】 内部控制 监督模型 评价实务

第一章 引 言

安然、世通、巴林银行、法国兴业银行、中航油等巨大风险事件的频发，使得各界对于公司管理阶层的信心几近崩溃瓦解，也让各国市场和监管部门意识到，缺乏有效的内部控制系统将会带来难以估量的灾难和损失。有鉴于此，各国普遍都加强了外部监管，但仍无法杜绝风险事件的发生。而从企业内部来看，许多企业投入诸多资源和精力来构建内部控制系统，比如中航油新加坡公司重金邀请"四大"会计师事务所为其设计的内部控制和风险管理体系，不可谓不完善，但最终风险事件的发生却表明，原本设计完善的内部控制系统却未得到有效执行，也未及时通过有效的监督措施予以纠正，最终演变成一件摆设。这并非个例。在德勤发布的《2010年中国上市公司内部控制调查分析报告》中发现，仍有57%的企业认为持续监控是当前企业内部控制最薄弱的环节。由此可见，被理论界视为"内部控制有效运行的保障"的监督功能在实践中不甚受重视，监督功能常被低度运用，监督的低效甚至无效也将直接影响内部控制系统的有效运行。

监督是现代内部控制系统的五大要素之一，是内部控制系统质量的保证。它是一种兼顾成本效益原则，为内部控制系统持续有效运行提供及时信息并评估其运行质量的活动。萨班斯法案第404条款执行的艰难历程表明，内部控制系统的监督检查应该规范化，并注重平时积累，以解决信息披露成本过大的问题。与此同时，我国2008年颁布的《企业内部控制基本规范》要求，上市公司应当对本公司内部控制的有效性进行自我评价，披露年度自我评价报告，并可聘请具有证券、期货业务资格的会计师事务所对内部控制的有效性进行审计。由此可见，内部控制自我评价作为组织监督和评价内控系统的主要工具，必将更加被重视，也即通过设计、统筹和运行内部控制自我评估程序，由组织整体对管理控制和治理负责。

本文旨在梳理国内外对内部控制监督理论的研究成果的基础上，探讨内部控制自我评价方法在实务中的应用，包括具体内容、模板应用、人员分工、结果利用等。

第二章 内部控制监督理论探讨

按照控制论的一般原理,控制是作用者对被作用者的一种能动作用,被作用者按照作用者的意志而行动,并达到其预期目标。就"内部控制"而言,即被作用者获得执行内部控制的权力,对其行使权力进行制约就构成了内部控制监督,即监督的本质实际是对权力的一种制约。按照现代内部控制理念,内部控制本身就体现着监督与制衡的思想,监督既是内部控制系统的要素之一,与其他要素共同作用,实现内部控制目标,同时又是对整个内部控制系统的设计及运行情况进行监督,是对控制的再控制,以保证内部控制目标的实现。

一、美国 COSO 系列报告对内部控制监督要素的研究

20 世纪 90 年代美国提出内部控制整合框架思想,首次明确提出了对内部控制进行监督的思想,从原则上阐述了监督的角色和作用。2004 年 ERM 框架对监督对象进行了扩展,2006 年针对较小型公众公司对监督要素进行了细化,再到 2009 年监督指南在前述框架确定的原则的基础上,构建了系统的监督模型,第一次实现了监督要素从概念阐述到理论模型的跨越式发展,极大地推动了监督的广泛应用。

(一) 1992 年《内部控制整合框架》中的监督要素

《内部控制整合框架》将内部控制划分为控制环境、风险评估、控制活动、信息与沟通、监督等五大要素,其彼此关联、互相协作,形成整合系统,以适应不断变化的环境。在该框架中,监督作为内部控制的五要素之一,是指对内部控制系统在一段时间内的设计和运行质量进行评估的过程,这可以通过持续监督、单独评估或两者并用来实现,以确保内部控制系统的持续有效运行。该框架被 SEC 所认可,企业可应用其评估与财务报

告相关的内部控制的有效性。

1. 具体内容

该框架中监督活动包括三部分：

一是持续监督。这是指扎根于企业日常重复发生的经营活动中的、实时发生的、能动态应对外部环境变化的各类程序。持续监督活动包含两层意思，持续改进和监督作用，其中，改进是监督的目的，而监督作用的发挥是改进措施，落实效率和效果的保障。

二是单独评估。尽管持续监督程序可以及时有效地评价内部控制系统，但考虑到独立性，企业仍需组织单独评估以直接监督，并且也可以利用其评估持续监督程序的效果。总体来看，二者互为补充，持续监督活动开展的范围越广、效果越好，对单独评估的需求就越少。该框架中指出，"单独评估活动开展的频率取决于以下三个方面：变化的本质、程度及相关风险；控制活动实施者的胜任能力和经验；持续监督活动的有效性"。

三是报告缺陷。该框架将内部控制系统中值得关注的状况定义为缺陷，既包括潜在的或真实存在的缺陷，也涵盖能强化内部控制系统，为企业目标实现提供更好保证的机会。缺陷发现的途径可以是持续监督活动、单独评估或其他内外部相关方。至于何种缺陷应该上报，理论上，所有影响企业目标实现的控制缺陷都应该报告，且报告对象应包括但不限于能纠正该缺陷的内控活动的直接责任人，至少还应报告给其上一级领导。

2. 总结启示

从框架内容可以看出，作为企业实施监督活动的两种方式，持续监督活动一般在企业运营过程中实时发生，能更及时地识别问题，因此更为有效，且也能为其他内控要素的有效性提供重要反馈；而单独评估一般发生在事后，多以独立评估方式进行，能更直接和客观地监督内部控制系统的有效性，也能评估持续监督活动开展的有效性。由此可见，二者互为补充，相互促进。另外，该框架对缺陷的定义也值得借鉴，不仅包括实际缺陷，也包括优化机会，也即我们不仅应关注"控制缺失"，还应关注影响效率的"控制过度"，不断优化和强化内部控制系统，以保障企业目标实现。

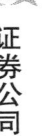

（二）2004年《企业风险管理——整合框架》（ERM）中的监督要素

以安然、世通、施乐等公司财务舞弊案为代表的新一轮会计丑闻的爆发，直接引发萨班斯（SOX）法案的出台。在这个法案中，要求最严、执行成本最高的条款，是要求首席执行官和首席财务官对上市公司的财务呈报内部控制的有效性进行评估并报告的404条款，它以法律形式对财务呈报内部控制的建立、持续运行、有效评估和披露做出了强制性规定，引起了上市公司对内部控制监督的重视。伴随着丑闻的集中爆发，也在全世界范围内掀起了企业风险管理的浪潮，要求提高企业风险管理的呼声日益高涨。在此背景下，COSO委员会在1992年COSO报告的基础上，结合SOX法案，于2004年发布ERM框架，此报告涵盖了内部控制框架的内容，其范围和内涵则更加广泛。

1. 具体内容

ERM框架在1992年框架的基础上，吸收风险管理理论的最新研究成果，对企业内部控制的内涵进行扩展，并重新表述为"企业风险管理是一个受董事会、管理层和其他人员影响的，应用于企业战略制定、各部门和各项经营活动、识别可能对企业造成潜在影响的事项并在其风险偏好范围内管理风险的，为企业各类目标的实现提供合理保证的过程"。该框架将企业风险管理扩充为八大要素：内部环境、目标制定、事项识别、风险评估、风险应对、控制活动、信息和沟通、监督。监督作为八要素之一，是对企业风险管理进行控制，以确定企业风险管理的运行是否有效。

具体来看，ERM框架内容60%得益于1992年COSO报告所做的工作[1]，但由于风险是一个比内部控制更为广泛的概念，因此新框架中的许多讨论比1992年报告更为全面和深刻，相较之，ERM框架新增加一个观念、一个目标、两个概念和三个要素，即"风险组合观"、"战略目标"、"风险偏好"和"风险容忍度"概念以及"目标制定"、"事项识别"和

---

[1] 朱荣恩、贺欣《内部控制框架的新发展—企业风险管理框架，COSO委员会新报告＜企业风险管理框架＞简介》，《审计研究》，2003年第6期。

"风险应对"要素。

2. 总结启示

随着监督对象在目标、方法、内容等方面的扩展，监督的内涵也随之延伸，一是要求以风险组合的观念看待风险，单从某一环节看，其风险可能落在风险容忍度范围之内，但汇集起来则可能超过企业风险容忍度范围；二是要求增加战略目标，此目标层次更高，即内部控制监督也应保障战略目标的实现；三是风险偏好和风险容忍度这一在审计领域广泛应用的概念被引入到内部控制领域，以便实现对风险的量化考虑；四是该框架也进一步阐述了监督活动多以自我评估的形式进行，并对评估主体、流程、方法、文档记录等进行了较为详细的阐述；五是持续强调了董事会和内部审计在监督中的关键作用。

（三）2004 年 PCAOB 第 2 号审计准则（AS2）中的监督要素

为配合 SOX 法案 404 条款的执行，SEC 提出"财务呈报内部控制"的操作性定义，即公众公司 CEO 和 CFO 应负责对财务呈报内部控制的有效性进行评价与报告，并必须包括在公司按年度递交给 SEC 的 10K 表格中，且外部注册会计师应对该份报告进行审计。而为引导外部审计师工作，PCAOB 同时发布了第 2 号审计准则（AS2），确定财务呈报内部控制审计的目标、审计流程、范围、内容等。这相当于对内部控制进行双重评价和监督，即管理当局首先必须对公司的内部控制进行评估并得出结论，然后外部审计人员将对管理当局的评价结论是否公允发表独立意见。AS2 同时指出，"即使审计人员可能对已经由企业执行过的测试进行再测试，但并不减除管理当局存档、测试和报告的责任"。

（四）2006 年《财务报告的内部控制——较小型公众公司指引》中的监督要素

在此之前，公众公司大都以 1992 年 COSO 框架和 2004 年 ERM 框架作为构建内控体系的标准范本，并严格执行 SOX 法案 404 条款。但若较小型公司也完全依此执行，成本难以承受。加之鉴于财务报告可靠性的重要，COSO 于 2006 年发布了《财务报告的内部控制——较小型公众公司指引》，该报告宣称，"并非想替代或者修改之前的 COSO 框架，只是为较小型公众公司如何更好地应用该指南提供指导"。

1. 具体内容

从框架上看，该报告与 1992 年 COSO 报告保持一致，详细阐述了框架中包含的基本原则及普遍存在的共性，并举例说明上述基本原则及共性如何在较小型公众公司中应用。其中，第 19 条原则"持续监督与单独评估"和第 20 条原则"报告缺陷"是专门针对监督要素的，即持续监督和单独评估活动使管理层确定，随着时间的推移，内部控制是否依然有效发挥作用；并及时识别与沟通内部控制缺陷，将其报告给负责采取纠正行动的部门，必要时报告给管理层和董事会。

2. 总结启示

内部控制必须受制于成本效益原则，即若内部控制开展而造成的资源消耗等成本超过其带来的收益，则内部控制带来的是负效应，应尽量简化，反之则应当尽快予以实施并严格执行。这也是此报告出台的动力之一。在我国也一样，内部控制须分步推进，从最优质的公司逐步推广到所有公司，从最重要的业务环节推广到全部流程。

（五）2009 年《监督内部控制系统指引》中的监督要素

正如上面框架分析，监督既是内部控制系统的要素之一，与其他要素共同作用，实现内部控制的目标，同时又对整个内部控制系统的运行状况进行监督，是对控制的再控制。监督作为内部控制的一个基本职能，融入在企业经营管理的每一个环节，是企业高效和可持续经营的基础保障机制。但很多企业在实际中并没有充分利用监督这一要素，我国也不例外。根据德勤发布的《2009 年中国上市公司内部控制调查分析报告》，约 59%的企业认为内部控制制度的执行没有达到预期效果，"这是现阶段内部控制存在的最突出的问题"，且 2010 年的调查结果表明，仍有 57% 的企业认为持续监督是当前企业内部控制的薄弱环节。

有鉴于此，COSO 委员会认为有必要为有效监督内部控制和遵循 SOX 法案提供更多指南，于是在 2007 年组建专业团队积极进行关于内部控制监督指南项目的研究和制订工作。由于该项目的重要性，该指南在正式发布前曾两次向公众征求意见，2009 年 1 月，《监督内部控制系统指引》出台，以协助企业辨识出已存在且有效执行的监督程序，来达成内部控制最大效益，同时希望能辨识出低效的监督程序，并提出改善措施，使得内部控制系统更加完善，进而提高企业目标实现的可能性，即意图透过监督要素来维持整个内部控制达成组织所订立的目标。

1. 具体内容

内部控制监督的主要目标在于，当监督有效时认可并最大限度地利用它，存在改进可能时则加强之，因此，对企业来说，有效的内部控制监督是一个动态的、持续演进的过程。基于此系统观，《监督内部控制系统指引》构建了包含三要素的兼具可执行性和可操作性的监督模型。但需要说明的是，其并非要说明一个绝对的监督程序，而是旨在说明，当处于动态环境中时，企业应如何应用监督程序去监控企业经营活动。

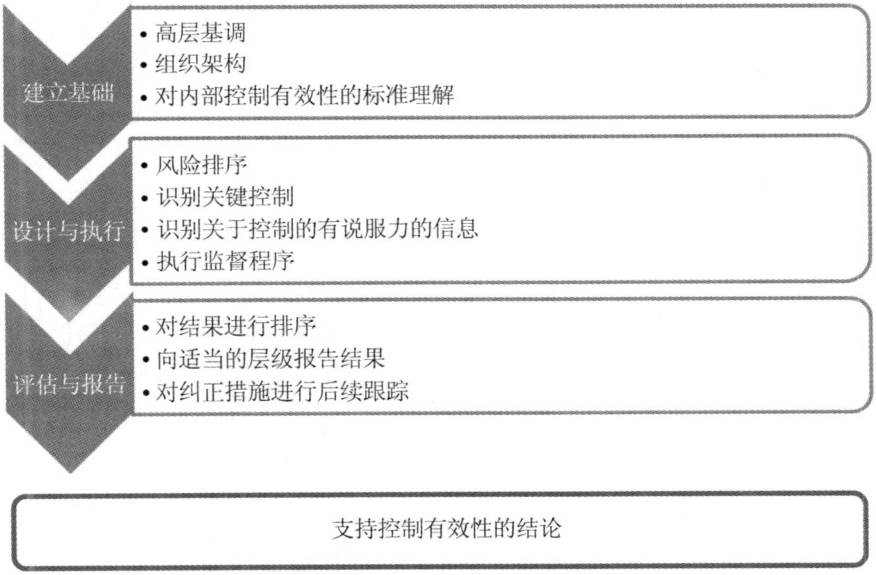

建立基础
- 高层基调
- 组织架构
- 对内部控制有效性的标准理解

设计与执行
- 风险排序
- 识别关键控制
- 识别关于控制的有说服力的信息
- 执行监督程序

评估与报告
- 对结果进行排序
- 向适当的层级报告结果
- 对纠正措施进行后续跟踪

支持控制有效性的结论

图 2-1　监督模型

资料来源：The Committee of Sponsoring Organization of the Treadway Commission：《Guidance on Monitoring Internal Control Systems》[R]. New York, Jan, 2009.

①建立监督基础

一是高层基调。高层态度和基调直接影响员工对监督行为的反应及行为，一般来说，高层可通过定期会议等传递期望及在必要时采取行动等方式，在公司内部传递出重视内部控制及其监督作用的强烈信号，管理层和董事会对监督重要性的认知程度将直接影响内部控制的有效性。

二是组织结构。包括界定董事会、管理层在监督活动中的适当角色和职责，以及将具备适当胜任能力和客观性的评估者置于适当的位置。在董事会履行监督职责时，有效的内部审计是一个重要的工具。

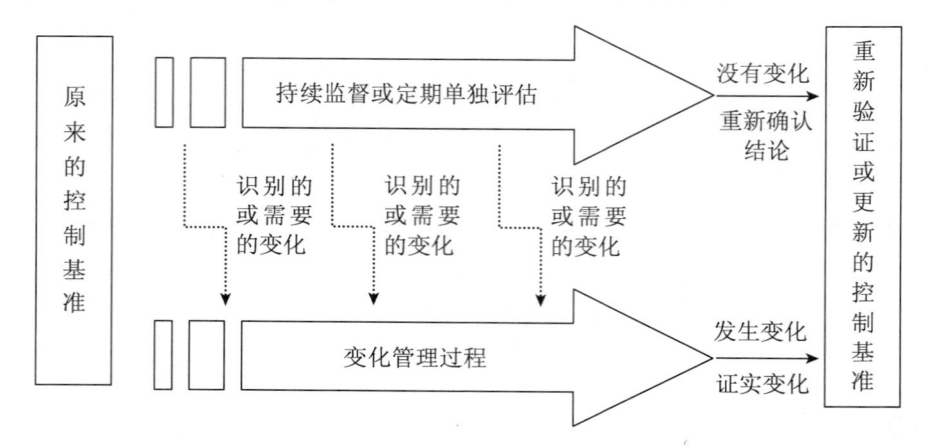

图2-2 连续监督变化

资料来源：The Committee of Sponsoring Organization of the Treadway Commission：《Guidance on Monitoring Internal Control Systems》[R]. New York, Jan, 2009.

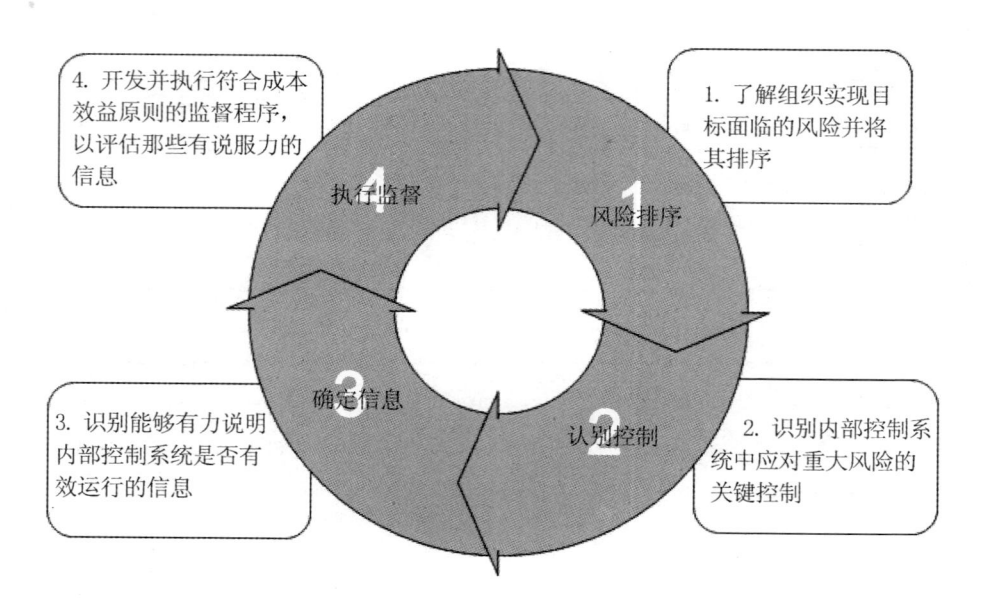

图2-3 设计和执行监督程序

资料来源：The Committee of Sponsoring Organization of the Treadway Commission：《Guidance on Monitoring Internal Control Systems》[R]. New York, Jan, 2009.

三是理解内部控制有效性的基准。"控制基准"是监督指南的一大创新,这将为有效的内部控制监督提供一个恰当的起点。即企业首先需要形成有效的控制基准,然后随着风险、人员、流程及信息技术等环境的变化,通过变化识别和变化管理,改进因内外部因素变化而失效的控制,从而形成新的控制基准。例如,如果证券公司增加了一个新的业务领域,如融资融券,那么监督者就要确认企业是否恰当设计和执行了新的程序(即变化管理)来控制融资融券领域的风险。通过有效的变化识别和变化管理程序,可以使监督者把注意力集中在由于变化而引起的高风险领域,使得通过改变监督程序的类型、时间和范围以提高整体效果。

②设计和执行监督程序

监督是一个动态的过程,包括风险排序、识别关键控制、识别有说服力的信息以及执行监督程序。有效的监督作用的发挥有赖于以上各环节的有机结合和持续运行。

一是风险排序。在整个监督流程中应始终贯穿着风险导向原则,即通过风险评估定期识别组织目标实现过程中所面临的风险,并对其进行优先排序。这有助于监督者将注意力聚焦到影响组织目标实现的重大风险及其控制措施上,能使组织提高监督的效率和效果。风险评估的程序和频率因公司而异,风险评估和排序的结果将会影响监督活动的类型、时间安排和范围等。

二是识别关键控制。组织通过了解内部控制系统如何应对重大风险,以及确定何种控制能为监督结论提供合理证据来确定关键控制。关键控制一般有以下特点:其失效会对组织目标实现产生极大影响,且未能被其他控制识别;其有效运行能在控制缺陷对组织目标实现造成重大影响前及时识别和制止。识别关键控制能提高监督的效率和效果,协助组织将有限的监督资源投入到价值最大的领域。

三是识别关于控制的有说服力的信息。有说服力的信息能够为内部控制有效性提供充分支持,识别此类信息首先必须知道控制失败可能怎样产生,以及何种信息对结论是有说服力的。监督指南首次清晰地界定了"有说服力的信息"需具备两个维度的特性:适当性和充分性。适当的信息必须是相关的、可靠的和及时的,而充分性是从数量方面的衡量。对有说服力的信息的识别使得组织能够确定使用哪些监督程序以及执行监督的频率。

在具体应用时，当某个信息同时满足这三个要素时，监督人员就可以将其注意力转向是否有充分的样本能形成一个合理的结论，不能同时具备这三个要素特征的信息可能在一定程度上是适当的，但还需要补充资料来实现所需要的适当性水平。在这个过程中，还要进行适当的成本收益分析，即在搜集信息的成本及其说服力之间进行权衡。

四是执行监督程序。监督程序包括持续监督和单独评估两种方式，具体内容借鉴1992年的《内部控制—整合框架》的理念。相比较而言，持续监督能最早识别和纠正控制缺陷，因此在可行的情况下，企业应该考虑更多地使用持续监督，而单独评估能提供更为客观的关于内部控制有效性的结论，也能为持续监督程序的有效性提供有价值的定期反馈，二者互为有益补充，持续监督活动中获取的有说服力的信息水平也会影响单独评估的范围及频率。

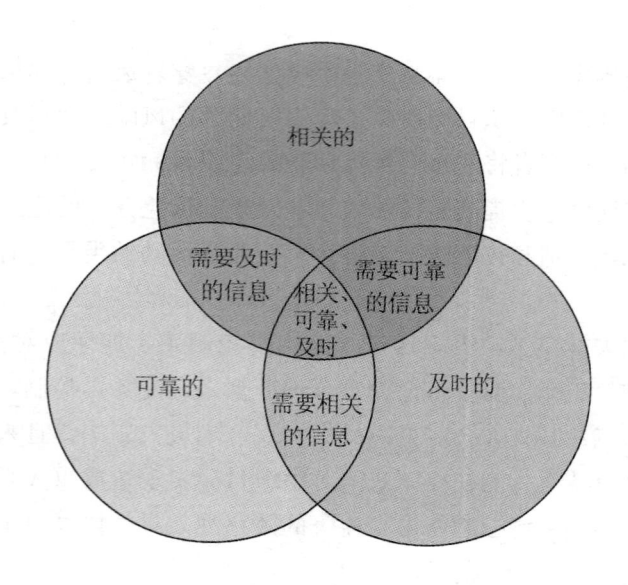

图 2-4　有说服力信息的要素

资料来源：The Committee of Sponsoring Organization of the Treadway Commission：《Guidance on Monitoring Internal Control Systems》[R]. New York, Jan, 2009.

③评估和报告结果

监督指南强调要将评估结果报告给适当的人，即综合考虑监督目的和缺陷严重性对发现的控制缺陷进行排序，以确定所要报告的层级，原则上是要把发现的控制缺陷报告给执行该流程的人以及比这些人至少高一级别的管理层，重大缺陷要与最高管理层和董事会沟通。指南中指出，影响控制缺陷排序的因素包括：第一、控制缺陷影响组织目标实现的可能性；第二、补偿性控制的有效性；第三、众多控制缺陷的合计影响。

2. 总结启示

监督指南对比之前的研究成果而言，第一次实现了监督要素从概念阐述到理论模型的跨越式发展，为企业提供一种嵌入风险信息与信息技术的流程工具，必将极大地推动监督要素的广泛应用。指南中创新性地提出了"控制基准"的概念；清晰界定了"有说服力的信息"；强调监督是以风险为导向的系统过程；重视变化识别与变化管理；强化信息技术在监督中的作用等等。这对于我们构建企业内部控制系统，并充分应用监督工具保障内部控制系统的有效运行，提供了很好的理念与工具支持。

二、监督指南与我国《企业内部控制基本规范》监督要素相关规定的比较

美国公众公司执行萨班斯法案404条款的艰难历程对我国是一个警示，之所以出现企业在披露内部控制有效性时成本过大的问题，重要原因之一在于"内部控制系统的监督检查没有规范化，缺乏平时积累"。2009年出台的《监督指引》或将有效缓解此局面。而对我国而言，尚未针对监督要素出台专门的应用指引，主要是在《企业内部控制基本规范》中对监督要素做出相关规定，同时在应用指引中也散落着部分监督思想，但相关规定还停留在原则层面，仅指出了监督的主体、类型、报告要求等，对于如何具体操作并没有详细说明。下面将以监督指南的模型为基准，对我国《企业内部控制基本规范》及应用指引的相关规定进行梳理并比较。

（一）建立监督基础

监督指南强调高层对监督的重视、有效的组织结构以及对内部控制有效性的基准的理解。我国《企业内部控制基本规范》（以下简称《规范》）相比较而言，第一，在"内部环境"中仅强调了董事会、监事会、管理层、审计委员会、内部审计机构在内部控制系统中的职能，但并未专门强调高层重视监督的意义和表达方式；第二，《规范》指出"内部审计机构应当结合内部审计监督，对内部控制的有效性进行监督检查"，从已有的

相应规定看,基本上是将监督执行主体定位于董事会、监事会、审计委员以及内部审计部门。然而,监督可能发生在组织中的各个层级,正如监督指南中指出的"正如其他的控制要素,监督可以在不同的层级上运行",在某种程度上,内部控制是组织中每个人的责任,全员参与可以使责任主体及时了解在其职责范围内存在的缺陷以及可能导致的后果,然后再去采取行动以改进这种状况。所以"每个人的工作说明书中均应有一个明述或者暗示的部分说明该责任";第三,"对内部控制有效性的基准的理解"是监督指南的一个新提法,其实质是对内部控制的设计及执行是否有效地理解,应随着各种因素的变化及时更新。对内部控制有效性基准的理解是进行监督的前提,是监督人员首先要做的工作,也是监督人员胜任能力的一个体现,但在《规范》中未对此作出强调。

(二)设计和执行监督程序

为提高监督的效果和效率,监督指南强调在设计监督程序时,要考虑风险评估的结果,所选择的监督程序应该能提供充分且适当的信息,以说明应对重大风险的关键控制是否在有效运行,而不是盲目地对所有的控制都进行监督。我国《规范》相比较而言,第一,《规范》仅指出"专项监督的范围和频率应当根据风险评估结果以及日常监督的有效性等予以确定",而并未指出在日常持续监督活动中也同样应考虑风险评估的结果;第二,在执行监督程序时,监督指南强调"在可行的情况下,组织应该考虑更多的使用持续监督",但从《规范》来看,并未强调日常持续监督活动的重要性和必要性,仅简要指出"日常监督是指企业对建立与实施内部控制的情况进行常规、持续的监督检查"。日常监督的有效性是设计专项监督的一个考虑因素,若不能从日常监督中获取有价值的信息,那么就必须增加专项监督的范围和频率。对日常监督的有效使用是提高监督整体效果和效率的一个重要途径,日常监督可以及时发现内部控制设计和执行中存在的问题并加以纠正,确保内部控制持续有效地运行。而根据我国目前相关规定,极易使企业忽视日常监督的重要作用,而主要依靠每年一次的年末评估,对于监督作用的发挥而言,这是远远不够的,无法达到及时发现控制缺陷的效果;第三,监督指南指出,对外报告要求的存在会影响对有说服力的信息的判断,进而影响监督程序的选择。尽管从企业内部来说,监督程序可以满足企业内部管理的需要,但由于客观性不足等原因,外部使用者不信赖该评估结果,而重新执行评估,增加了成本,降低了监督的效率。因此在决定监督程序时要考虑对外报告的要求,这是提高监督效果和效率,降低对外报告成本的一个重要途径,但在我国的相关规定中并未体现这一思想;第四,监督指南中用实例对如何设计和执行监督程序,包括识别风险并排序、识别关键控制、辨别有说服力的信息、执行监督程序、相关方法和工具等,都进行了详细的阐述,具有较强的操作性和借鉴意义。我国相关规定大多还停留在原则或理论规定层面,缺乏实践指导性。

(三) 评估和报告结果

在评估控制缺陷方面,监督指南强调企业可用"高-中-低"或者用数字规模(例如,1~5,或1~10)对识别的控制缺陷进行打分、排序,另外部分企业会采用非正式的机制,比如直接与相关管理层或董事会商讨确定。但无论采用何种方式,以下因素都是在对识别的控制缺陷进行优先排序时需要考虑的:控制缺陷影响企业目标实现的可能性、补偿性控制的有效性、控制缺陷的累计影响等。另外,监督指南也指明了当"影响性"和"可能性"的评级方向出现冲突时,比如影响性为"高",可能性为"低"等,在具体排序时应如何去确定级别,并给出相应示例,具有较强的可操作性。而我国《规范》及其配套指引仅宽泛地指出"企业应当制定内部控制缺陷认定标准"、"内部控制评价工作组应当根据现场测试获取的证据,对内部控制缺陷进行初步认定,并按其影响程度分为重大缺陷、重要缺陷和一般缺陷"。

在对内报告方面,监督指南强调将识别的控制缺陷进行排序,并根据监督目的和缺陷的严重程度确定适当的报告对象,并考虑了涉嫌欺诈的情况。"在正常情况下,应当将控制缺陷报告给直接负责该控制运行的人和至少高一级别的有监督职责的管理层;在某些情况下,缺陷可能严重到需要与董事会讨论;在涉嫌欺诈的情况下,可能不报告给直接负责控制运行的人,而是报告给高一级别的管理层"。《规范》规定:"对监督过程中发现的内部控制缺陷,应当分析缺陷的性质和产生的原因,提出整改方案,采取适当的形式及时向董事会、监事会或者经理层报告"。可见,监督指南的规定比较具体,体现了实质性内容,具有可操作性,而我国的规定有些含糊,除非企业在他们的监督制度中对报告程序进一步说明,具体何种类型及程度的缺陷该报告到哪一层级，否则"向董事会、监事会或者经理层报告"具有选择性，不利于操作。

在对外报告方面，监督指南强调应充分利用监督的结果来支持对内部控制有效性的评估，而避免"增加多余的、常常是没必要的程序来评估控制，对于这些控制，管理层通过现有监督已经能得到足够支持"。而我国《规范》及其配套指引指出，"企业应当结合内部监督情况，定期对内部控制的有效性进行自我评价，出具内部控制自我评价报告，即企业在进行全面的自我评价时，要考虑日常监督和专项监督的情况"。而仅仅强调考虑是不够的，还应该加以利用。如果企业在日常监督或专项监督中能够有充分证据说明某些控制是持续有效运行的，那么，在进行自我评价时，企业完全可以利用这些监督结果来支持他们的结论，而不必重新进行测试，从而提高了整个自我评价的效率，降低对外报告成本。

（四）其他因素

监督指南中还提到了其他有关监督要素的因素：一是对外包服务方的内部控制进行监督。当组织利用外部团体来提供某些特定服务时，应当将该服务有关的内部控制纳入本组织的监督范围，监督指南还提出了一些提高监督效率的方法，但在我国相关法规中并未考虑到这一情况；二是利用信息技术来加强监督。监督指南指出，组织可以通过利用控制监督工具和流程管理工作来提高监督的效率和效果，并指出了具体的应用方法。而在我国《规范》中并未提到信息技术在监督方面的利用。

三、对改进我国内部控制监督体系的启示

从上述理论研究梳理中，我们可以得到以下启示，应当在实务中加以考虑：

（一）建议增加制定《企业内部控制监督指引》

纵观我国现有的内部控制规范体系，我国尚未针对监督要素出台专门的应用指引，仅在相关法规中散落个别关于监督的主体、类型、报告要求等原则性规定，而对于如何具体操作，如何将监督切实地融入到企业的日常控制中去，现有法规并未制定具体指引或详细说明。因此企业面临着难

以有效执行的问题。因此，为了指导企业如何有效地执行监督程序，确保企业内部控制的持续有效运行，提高监督的效率和效果，出台内部控制监督指引迫在眉睫。

在我国现有的企业内部控制规范体系中，《企业内部控制基本规范》、《企业内部控制应用指引》、《企业内部控制评价指引》和《企业内部控制审计指引》是我国现行企业内部控制规范体系中对实务界最重要的规范，四者相辅相成，构成我国企业内部控制规范体系的主要结构。我们建议，可以在目前的内部控制规范体系中增加《企业内部控制监督指引》，用于贯彻《企业内部控制基本规范》的理念、保证《企业内部控制应用指引》的实施、促进《企业内部控制评价指引》和《企业内部控制审计指引》的执行。

《企业内部控制监督指引》在我国企业内部控制规范体系中的定位如下图：

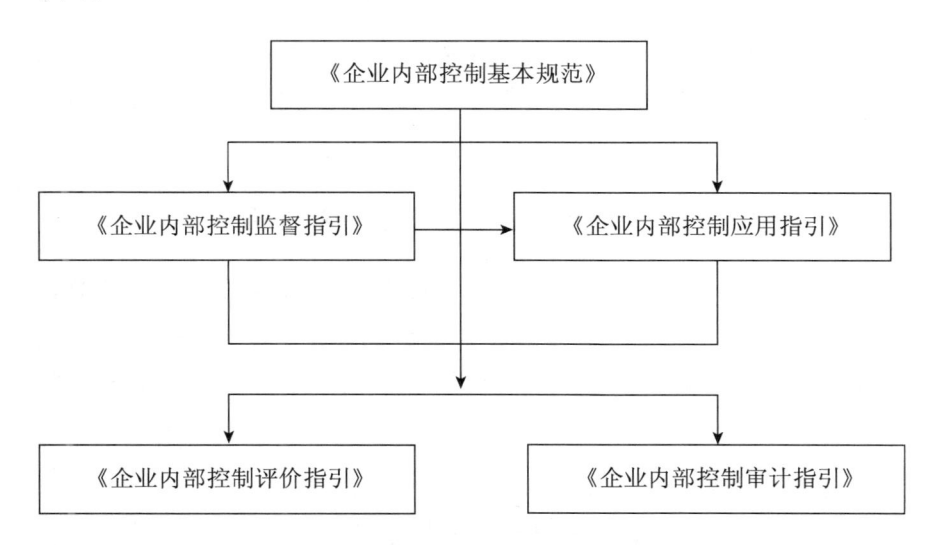

图 2-5　我国企业内部控制规范体系的改进

（1）与《企业内部控制基本规范》的关系

《企业内部控制基本规范》是《企业内部控制监督指引》的基础及出发点，《企业内部控制监督指引》服务于《企业内部控制基本规范》。《企业内部控制基本规范》对企业内部控制体系的建立、执行和监督提出原则性规定，就企业内部控制监督的主体、类型、报告等提出要求，而《企业内部控制监督指引》是为了支撑《企业内部控制基本规范》对企业内部控制系统监督的要求，专门针对监督要素进行的系统全面而又具体的阐述。

（2）与《企业内部控制应用指引》的关系

《企业内部控制应用指引》规范的内容是《企业内部控制监督指引》的监督对象。《企业内部控制应用指引》用于规范企业内部控制制度的设计和执行，《企业内部控制监督指引》则是对企业内部控制制度设计及执行情况进行监督，二者相辅相成，共同促进企业内部控制系统有效性的实现。

（3）与《企业内部控制评价指引》和《企业内部控制审计指引》的关系

《企业内部控制评价指引》及《企业内部控制审计指引》的发布是为了企业更好地执行企业内部控制的评价业务，以实现对外披露企业内部控制情况信息。然而，内部控制评价并不是一个单独的业务内容，而是企业对企业内部控制系统进行监督的一个重要环节和阶段性成果。高效的持续监督能提高评价的效率和效果，节省对外披露成本，而缺乏良好的对企业内部控制体系的监督，有效的企业内部控制评价将是一句空话。因此，《企业内部控制监督指引》为《企业内部控制评价指引》及《企业内部控制审计指引》的业务开展提供基础。

（二）强调日常持续监督活动的重要性并强化应用

比较单独评估，监督指南认为，日常持续监督活动能更及时地发现内部控制设计和执行中存在的问题并加以纠正，确保内部控制持续有效地运行，因此强调"在符合成本效益原则的情况下，组织应考虑更多的使用持续监督"。

但从我国现行的《企业内部控制基本规范》及其配套指引中，并未强调日常监督的重要性和必要性，仅简要地指出"日常监督是指企业对建立与实施内部控制的情况进行常规、持续的监督检查"。对于监督作用的发挥来讲，仅依靠年末的单次评估恐无法达到及时发现控制缺陷的效果，且这种评价报告是一种对外报告，而监督最重要的作用是服务于企业内部管理，在日常监督中所实施的自我检查、自我评价以及对内报告，对于企业而言更为重要。

（三）强化以风险为导向的系统监督过程

为提升监督的效果和效率，监督指南强调在设计监督程序时，要考虑风险评估的结果，所选择的监督程序应该能提供充分且适当的信息，以说明应对重大风险的关键控制在有效运行，确保某一目标的实现，而不是盲目地对所有的控制都进行监督。相比较而言，我国《规范》中仅指出，"专项监督的范围和频率应当根据风险评估结果以及日常监督的有效性等予以确定"，而并未考虑到在日常监督中也应同样考虑风险评估的结果。在《企业内部控制评价指引》中，指出企业实施内部控制评价应遵循"重要性原则"，即"评价工作应当在全面评价的基础上，关注重要业务单位、重大业务事项和高风险领域"，体现了这一思想。因此应将这一思想扩展到整个监督领域。

在评估和报告阶段，也应体现风险导向原则。一方面，对控制缺陷进行排序是基于对这些控制缺陷潜在的风险的可能性及影响性的判断。另一方面，监督指南强调应将不同性质的控制缺陷报告给适当的人，普通控制缺陷应报告给执行该流程的人以及比这些人至少高一级别的管理层，重要缺陷要与最高管理层和董事会沟通，而在涉嫌欺诈的情况下，要求将监督结果直接报告给高一层级，这也是考虑了欺诈风险所特有的性质。

另外，监督指南中提出，对外包服务方的内部控制及信息系统内部控制进行监督都是出于对风险的考虑。当组织利用外部机构提供某些特定服务，或是组织通过利用信息技术，如控制监督工具和流程管理工作，新的风险就随之产生了，因此，监督应对这些新风险的控制需要也随之增强。而《规范》及其配套指引对此内容的规定则较为简略，仅指明"企业可以委托中介机构实施内部控制评价"、"为企业内部控制提供咨询的会计师事务所，不得同时为同一企业提供内部控制审计服务"。若企业欲采用外包方式，可通过增加相关程序来了解服务提供方，内部控制系统如何应对或减轻重大风险，至少定期获得有关这些控制运行情况的信息。

第三章 内部控制监督、评价和自我评价的关系辨析

《企业内部控制基本规范》指出，内部监督是指企业对内部控制建立与实施情况进行监督检查，评价内部控制的有效性，发现内部控制缺陷，应当及时加以改进。由此可见，"监督"作为内部控制的五要素之一，既是一种确保内部控制系统持续有效运行的机制，也是对该系统在一段时间内的设计和运行情况进行评价的过程。而"评价"是监督过程中采用的技术和方法，从执行主体上又可将评价体系分为"自我评价"和"独立评价"。下图为如何利用评价体系发挥监督机制的作用。

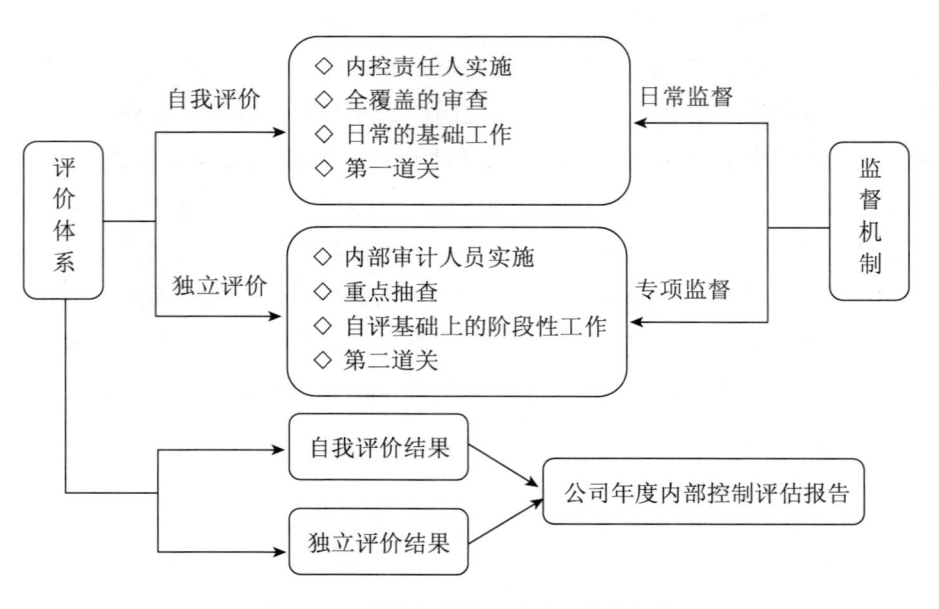

图3-1 监督机制与评价作用的发挥体系

一、日常监督与自我评价

《企业内部控制基本规范》将日常监督定义为"企业对建立与实施内部控制的情况进行常规、持续的监督检查"。在企业实践中,多利用"自我评价"技术或工具来达到日常监督的作用。

"自我评价"(CSA)一词最早源自加拿大海湾资源公司。随着业务的跨国发展,企业组织结构发生巨变,多采取地区事业部制和产品事业部制,企业面临的经营风险比任何时候都大。而内部审计人员由于对复杂多变的业务不尽熟悉,受人力成本、工作时间、地域等限制,完全依赖个别审计人员实施完整有效的审计监督的年代已一去不复返。在此背景下,CSA应运而生。作为一种自发的自我评估运营程序,它把传统只由内部审计人员从事的内控评价转由公司各部门直接参与作业的人员亲自评估,帮助他们认识到内部控制不只是内部审计部门的工作职责,也不仅仅是高级管理层应关心的问题,相反,应该把它看做是组织所有成员的事。由此可见,CSA是为了提高组织内部控制的自我意识所作的努力,其设计目的是使人们了解哪里存在缺陷以及可能导致的后果,从而让其主动采取改进行动,而不是等内部审计人员事后发现问题。

CSA作为一种既能用来评价传统的硬控制,又可以用来评价非正式控制即软控制的机制,在加拿大海湾资源公司仅实施10年,它的理念就受到了国际内部审计师协会等理论界和实务界的赞许和推广,工作方法被广泛采用,企业管理者对内部控制自我评价的兴趣越来越浓。CSA的成功依赖于业务人员的直接有效参与及内部审计部门的系统技术支持,一方面业务部门作为内控第一责任部门,要有效发挥其自评主体的信息优势和业务技能特长,另一方面,内部审计部门作为牵头组织部门,要发挥内审技术特长,为自评提供技术支持和业务指导,如设计自评程序、指导制定自评工作计划和自评工作质量标准,使业务部门能以系统化的方法开展自我评估工作,确保自评工作的开展能为企业内部控制的设计和执行的有效性提供日常证据和保障。

二、专项监督与独立评价

《企业内部控制基本规范》将专项监督定义为"在企业发展战略、组织结构、经营活动、业务流程、关键岗位员工等发生较大调整或变化的情况下，对内部控制的某一或者某些方面进行有针对性的监督检查"，"专项监督的范围和频率应当根据风险评估结果以及日常监督的有效性等予以确定。"

尽管自1992年《内部控制—整合框架》到2009年的监督指南，COSO一直在强调，由于日常持续监督能最早识别和纠正控制缺陷，因此在可行的情况下，企业应该考虑更多地使用持续监督。但是，这并不意味着企业不需要独立评价活动，因为相较之持续监督，独立评价能够提供更为客观的关于内部控制有效性的结论，也能为持续监督程序的有效性提供有价值的定期反馈，二者互为有益补充，持续监督活动中获取的有说服力的信息水平也会影响单独评估的范围及频率。

独立评价活动一般由内部审计人员实施。结合日常自我评价的成果，重点抽查部分领域或环节进行独立评价，是在自评基础上的阶段性工作，相当于对内部控制的"再把关"。《企业内部控制基本规范》要求"企业应当结合内部监督情况，定期对内部控制的有效性进行自我评价，出具内部控制自我评价报告"，"内部控制自我评价的方式、范围、程序和频率，由企业根据经营业务调整、经营环境变化、业务发展状况、实际风险水平等自行确定"，在企业实践中，可在结合日常自我评价和定期或不定期独立评价成果的基础上对企业整体内部控制水平及其有效性发表意见，并据此出具内部控制自我评价报告。

第四章　关于开展内部控制评价的几个现实问题的考虑

一、各企业开展内部控制评价工作需考虑的问题

（一）内部控制评价的主体——"谁评价"

我们通过简单梳理发现，在法规层面，我国对于由谁担任内部控制评价的主体，并未达成统一认知，由此给了企业一定的选择和操作空间。（具体见下表）

表4-1　我国关于内部控制评价主体的相关规定梳理

法规名称	具体规定
《企业内部控制基本规范》	第四十六条：企业应结合内部监督情况，定期对内部控制的有效性进行自我评价，出具内部控制自我评价报告。
《企业内部控制评价指引》	第十二条：企业可以授权内部审计部门或者专门机构负责内部控制评价的具体组织实施工作。 第十四条：企业可以委托中介机构实施内部控制评价。
《证券公司内部控制指引》	第一百三十二条：证券公司业务部门和分支机构的负责人负责对其业务范围内的具体作业程序和风险控制措施进行自我检查和评价，并接受证券公司上级管理部门和监督检查部门的业务检查和指导。
《企业内部控制规范体系实施中相关问题解释第1号》	FAQ9：一般情况下企业应当成立专门机构负责组织协调内部控制的建立实施及日常工作，但对于少数企业受制于岗位编制、专业人员等条件限制，目前尚不具备成立专门的内部控制管理机构的，可暂将内部控制管理职能划归现有机构。随着企业内部控制建设的持续深入和相关条件的不断成熟，企业应考虑成立专门机构，保证有足够的资源支持和协调内部控制工作的开展，确保内部控制工作的相对独立性。

而根据前期与相关理论专家、同行业先行实践者、会计师事务所等沟通，了解到在具体实践中，业务部门、内部审计部门、其他风险控制部门及外部会计师事务所均有担任内部控制评价主体的例子，也即具体评价工作由谁承担其实并未有统一标准，各企业可根据资源条件等合理选择评价主体及其职责划分，控制好效率性和客观性之间的平衡。例如，若企业条件允许，可成立由多个相关部门成立的内部控制评估工作团队，或者指定牵头组织部门（以下统称"牵头部门"）来统筹内部控制评价工作，而具体实施工作，则取决于内部控制第一责任部门及其人员的胜任能力及配合情况，若牵头部门具备相应胜任能力，则可由其为自评工作提供技术支持和业务指导，相关流程及控制活动执行的自评工作由内控责任部门适时按计划进行，牵头部门需对其相关工作底稿及成果进行复核后确认。若牵头部门的人力、时间等资源较为充足，也可由其直接进行相关内控评价工作。对于内部控制的其余四大要素，"控制环境"、"风险评估"、"信息与沟通"和"监督"等要素，因其影响所有业务线、部门等，故应由牵头部门直接对其进行评价。

（二）内部控制评价的对象—"评价谁"

目前，关于如何选择内部控制评价对象，审计界有两种意见：一是财务报告内部控制口径。这是审计界公认的做法，也是审计职业对内部控制评价制度的一大贡献，在全球范围内得到较大认可，以至于震撼世界的SOX法案404条款，即"管理层对内部控制的评价"也置于第四章"强化财务信息披露"要点之下。由此可见，这种意义上的内部控制仅是为了保证财务信息披露质量而存在的，这也充分体现了SOX的立法精神；二是全面内部控制口径。这源自著名的1992年《内部控制—整合框架》，"完整的内部控制应涵盖经营的效率及效果性、财务报告的可靠性和对现行法规的遵循性等三大目标。尽管COSO报告在内部控制领域被认为是里程碑式的文件，并得到理论界、实务界甚至立法者们的普遍认可，但这种全面内部控制口径在实践中并未能形成成型的标准模式，因此可以认为COSO框架更多的是被人们引用，远未应用。从我国目前的实践看，《企业内部控制评价指引》中要求"企业应当根据《企业内部控制基本规范》、应用指引以及本企业的内部控制制度，围绕内部环境、风险评估、控制活动、信息与沟通、内部监督等要素，确定内部控制评价的具体内容，对内部控制设计与运行情况进行全面评价",而《企业内部控制审计指引》中则表明"注册会计师应当对财务报告内部控制的有效性发表审计意见,并对内部控制审计过程中注意到的非财务报告内部控制的重大缺陷,在内部控制审计报告中增加'非财务报告内部控制重大缺陷描述段'予以披露"。由此可见,目前我国在内部控制评价方面采用的是全面内部控制口径,而外部审计师的审计对象是与财务报告相关的内部控制,对非财务报告内部控制仅需关注,若在审计过程中注意到非财务报告内部控制存在重大缺陷,则需在内部控制审计报告中增加"非财务报告内部控制重大缺陷描述段予以披露"。另外,需注意的是,外部审计师对企业内部控制自我评价工作进行评估的目的是判断可利用程度及是否能减少其自身工作,并无需对企业内部控制自我评估报告发表意见,这与 SOX 法案 404 条款"要求注册会计师对公司管理层作出的评价出具鉴证报告"不同。

(三) 内部控制评价的时间—"何时评价"

在证监会近期发布的《上市公司实施企业内部控制规范体系监管问题解答》中,明确要求审计师关注"内部控制缺陷整改后运行时间对审计结论的影响",即"注册会计师在执行内控审计业务时,应充分考虑对于审计中识别内部控制缺陷后至审计基准日之前,被审计单位是否有足够的时间完成缺陷整改,并且确保整改后的内部控制运行满足最短期间(或整改后内部控制的最少运行次数)以及最少测试数量的要求,使得注册会计师能够获得充分的测试样本规模,完成测试并得出整改后内部控制是否有效的结论。如被审计单位没有足够的时间完成整改或无法确保整改后的内部控制运行能够满足最短运行时间,应当充分考虑该情况对审计结论的影响。"

注册会计师执行内控审计业务,是基于基准日(通常为每年 12 月 31 日)对该时点的内部控制的有效性发表意见。从与外部审计师的沟通发现,其一般以三个月有效运行作为判断依据。而在中国注册会计师协会《企业内部控制审计指引实施意见》中,对该"足够长的时间"进行明确建议,即"对于被审计单位对存在缺陷的控制进行整改的情况下,注册会计师应根据控制的性质和与控制相关的风险,合理运用职业判断,确定整改后控制运行的最短期间(或整改后控制的最少运行次数)以及最少测试数量"。具体见下表:

表4-2 《企业内部控制审计指引》中关于内控整改运行有效期的规定

控制运行频率	整改后控制运行的最短时间或最少运行次数	最少测试数量
每季1次	2个季度	2
每月1次	2个月	2
每周1次	5周	5
每天1次	20天	20
每天多次	25次（分布于涵盖多天的期间，通常不少于15天）	25

假设某一项控制活动运行频率为每月1次，若企业在10月份的自我评估工作中发现其存在重大缺陷，并提出整改意见，且在10月底之前整改到位，此后两个月经测试有效运行。在这种情况下，对注册会计师而言，该控制在基准日12月31日是有效的。相反，若在11月底整改，则新控制措施未有足够长的运行时间，则注册会计师会将其视为在内部控制在基准日存在重大缺陷。

（四）内部控制评价的程序——"如何评价"

《企业内部控制基本规范》及18个应用指引通过"一图二表"的方式形成标准的内控示范流程和控制要求，即能够作为示范和参考帮助企业建立内控体系，也能作为企业对标和评价的标准来查找缺陷。从具体评价方法看，可根据不同的起点或切入点选择不同的方法。

1. 详细评价法

在1992年《内部控制—整合框架》中，COSO指出，判断某一内部控制系统是否有效是在评估内控五要素是否存在及有效发挥作用的基础上进行的主观判断。2004年《企业风险管理—整合框架》（ERM）中也提出同样的思路，即以内部控制框架或标准为参照物，逐条对照梳理企业内部业务流程，判断内部控制设计健全性和执行有效性，综合做出总体评价，判断内控目标实现的风险，判断是否存在实质性漏洞。逻辑和程序如下图所示：

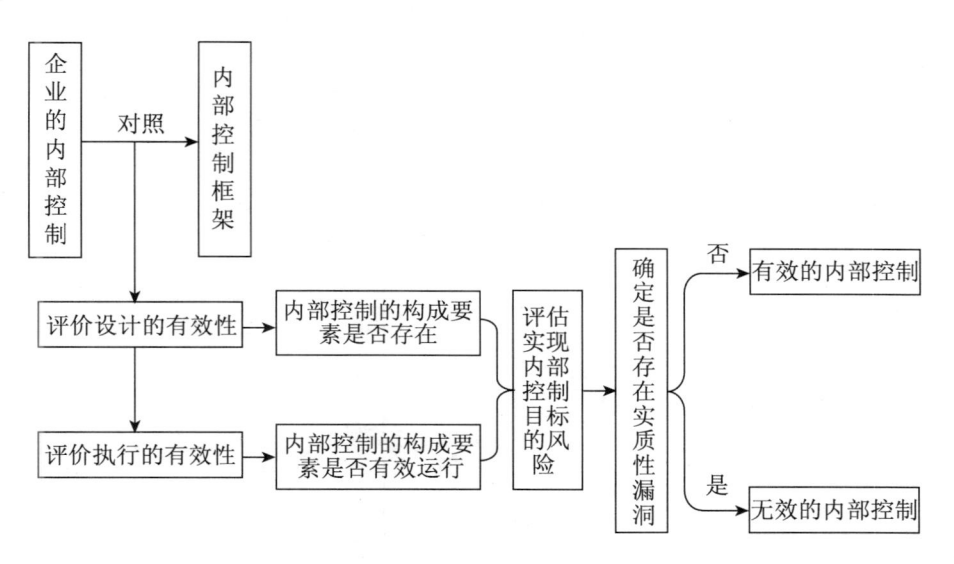

图 4-1 详细评价法逻辑

这种方法的特点是从控制到风险，在企业最初进行内部控制建设或保持中应用较多，许多企业和事务所都曾经采用过详细评价法。正如 COSO 在 2006 年发布的《财务报告的内部控制—较小型公众公司指引》中也指出"主要用以帮助管理者建立和保持有效的财务报告内部控制"，尽管这些框架提供了评价有效性的标准，但不足以说明如何完成内部控制有效性的评价，所以此思路适合用于内控建立，并不适宜用来评价。

2. 风险基础评价法

风险基础评价法充分应用"自上而下"和"风险导向"思路，在 SEC 和公众公司会计监督委员会分别发布的《管理层报告内部控制指南》和《内部控制审计准则》也得到体现。从应用实践看，风险基础评价法是国际四大会计师事务所近年来首选，即以风险导向来梳理业务流程，但同时会将内控指引和外部法规作为检查列表来核对控制措施是否都已满足最基本的合规底线。这种方法是从风险到控制，即从内部控制相关目标实现的风险到内部控制。首先，要评估相关目标实现的风险；其次，识别和确定企业充分应对这些风险的内部控制是否存在，即评价内部控制的设计应对相关目标实现风险的有效性；第三，识别和确定内部控制运行有效性的证据，评价现有的控制是否得到了有效的运用；最后，对控制缺陷进行评估，判断是否构成实质性漏洞，确定内部控制是否有效。逻辑和程序如下图所示：

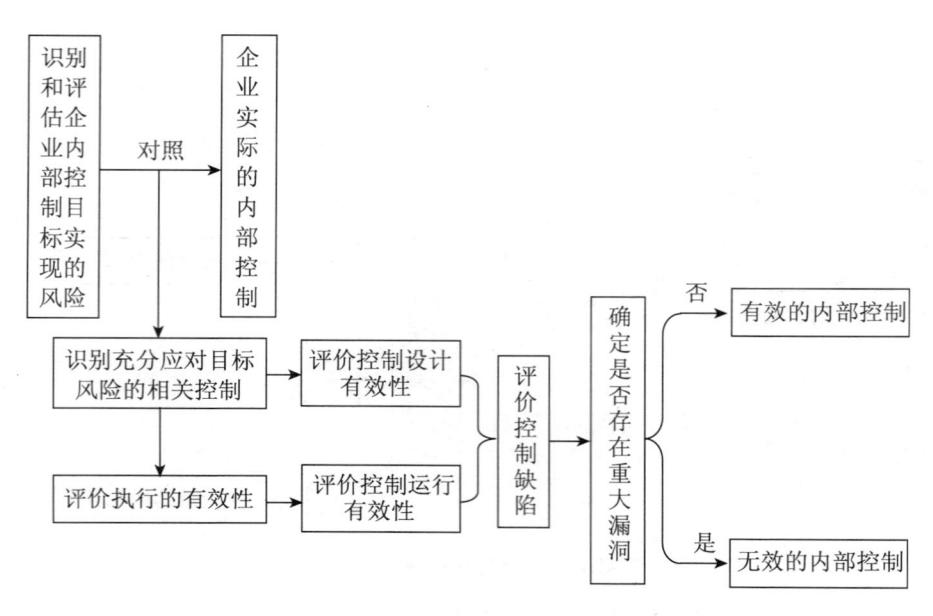

图 4-2 风险基础评价法逻辑

我们采用的是风险基础评价法，主要基于以下几点：第一，《企业内部控制基本规范》及其配套指引是将企业抽象成一个主体，并没有考虑企业所处的行业、规模等特征，其目的是构建一个通用的内部控制标准和参照物，但并非所有的企业都必须具备与内部控制框架完全一样的内部控制才算是有效，如果不加区分地对照评价必定会导致过多的、不必要的控制，导致成本高而效率低，且内部控制基本规范配套指引中有关证券行业的应用指引迟迟未见出台，其余应用指引中很多条款对证券行业并不适用，以其作为比较标准似乎并不合理；第二，风险基础评价法首先评估实现内部控制相关目标的风险，根据风险评估的结果对照企业内部控制，并参考内部控制框架来判断企业内部控制设计的有效性，且在确定内部控制测试范围及搜集证据时也是以风险评估为基础的，具有更好的成本效益性和更广泛的适用性及灵活性。

但需考虑的是，风险基础评价法需要评估人员具备更高程度的专业判断能力，无疑对其提出了更高的要求：在详细评价法下，管理层和审计人员更多的是在做一种核对和检查的工作，直接对企业的经营管理和内部控制的判断相对不多。而在风险基础法下，管理层和审计人员需要做出很多的判断，比如，需要识别与企业控制目标相关的风险，识别相关的控制以及判断相关控制是否充分。所以，采用风险基础评价法要求管理层和审计人员具有更高的专业技能，必须在企业内部控制与风险管理方面具有非常专业的基础知识和判断能力，才能更加有效地完成内部控制的评价。

（五）内外部内部控制评价工作的对接

根据《企业内部控制基本规范》及其配套指引，执行该套指引的上市公司和非上市大中型企业，"应对内部控制的有效性进行自我评价，披露年度自我评价报告，同时应聘请会计师事务所对财务报告相关内部控制的有效性进行审计并出具审计报告"。

与外部审计师日常沟通中，我们了解到，尽管外部内控审计师无需对自评结果发表意见，而《企业内部控制审计指引》鼓励注册会计师判断被审计单位的自我评估工作的可利用程度，以相应减少可能本应由注册会计师执行的工作。在《企业内部控制审计工作底稿编制指南》中，"注册会计师应结合对他人的胜任能力和客观性，以及对与控制相关的风险的考虑，在最大可能限度内利用其工作，以提高审计效率"，大致关系见下图。这些原则在企业内部实施自我评估工作分工时依然适用。

表 4-3 注册会计师考虑使用企业内部自评工作的考虑维度

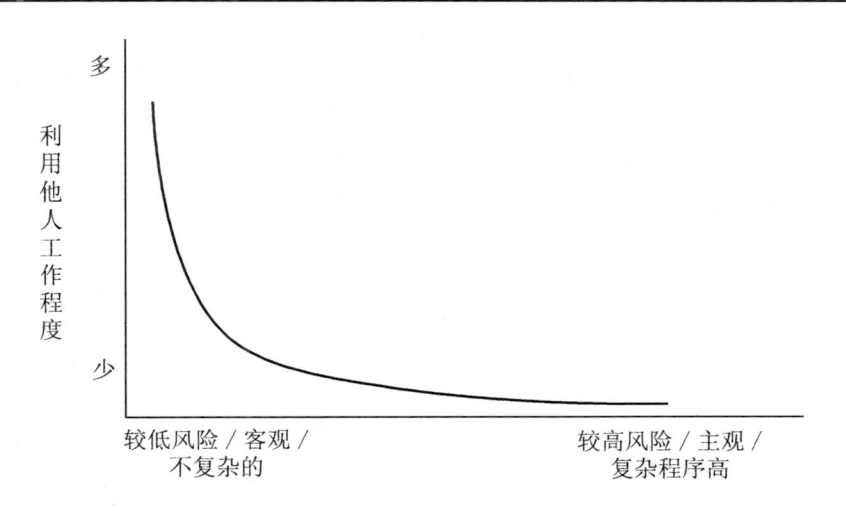

专业胜任能力 \ 客观	高	中	低
高	最大程度	中等程度	不依赖
中	较大程度	较小程度	不依赖
低	不依赖	不依赖	不依赖

为了提高企业与外部团队监督的整体效率和效果,企业在制定评价办法时,可事先就评价程序、范围、抽样标准、评价标准等与外部内控审计师进行沟通,以达成共识,一方面是基于成本效益原则考虑,若外部审计师认可企业自身的监督程序及评估结果,将较大程度地减少其独立测试的工作,有效降低审计成本;另一方面会降低外部审计师出具负面内控审计报告的几率。

二、证券行业特性及其对上述现实问题的考虑

(一) 证券行业特性分析

各个行业的性质和特征差异巨大,因此在具体实施内部控制规范时,也要在规范的原则要求基础上,根据各自行业特性进行灵活应用。证券行业具有以下特点:

一是行业具有新兴性,外界规范可参考性较弱。我国《企业内部控制基本规范》及其配套指引主要针对制造行业的情况,而关于银行、证券和保险的三项应用指引至今仍未发布,现有规范对证券行业而言仅具有原则性的参考意义。

二是业务范围广,各业务线条之间相互隔离。证券法规定,"经国务院证券监督管理机构批准,证券公司可以经营下列部分或者全部业务:证券经纪;证券投资咨询;与证券交易、证券投资活动有关的财务顾问;证券承销与保荐;证券自营;证券资产管理;其他证券业务",并且,"证券公司必须将其证券经纪业务、证券承销业务、证券自营业务和证券资产管理业务分开办理,不得混合操作"。这意味着,证券行业相比制造业而言,有更多情况互异且独立的业务线条,这是在实施内控规范时必须考虑到的,也即要覆盖到全业务线。

三是资本市场创新不断,对控制基准的概念需不断更新。相比国外成熟的资本市场,我国尚处于初级阶段,近年来发展速度更快,各个业务线条创新不断,比如融资融券、期货IB、转融通、柜台交易、轻型营业部、高收益债券、中小企业私募债等。在新业务产生后,企业需要对随之而来的变化及相应的风险实施管理,从而形成新的控制基准。例如证券公司被批准开展融资融券业务,需采用新的流程去为客户办理该业务,监督者就要确认是否恰当设计和执行了新的控制程序,以及时应对新业务开展过程

中产生的新风险（即变化管理）。有效的变化识别和管理程序对新兴行业尤为重要，可以使监督者将注意力集中在由变化引起的高风险领域，通过改变监督程序的类型、时间和范围，以提高整体监督效果。

四是重视风险管理职能，三大风控部门三足鼎立。相比较其他行业，金融行业是经营风险的行业，在为客户管理风险的同时获取收益，并通过对风险识别、度量和管理来规避风险。为了更好地控制政策法规风险，证监会于 2008 年 8 月公布《证券公司合规管理试行规定》，要求"证券公司应设立合规总监，作为公司的合规负责人，对公司及其工作人员的经营管理和执业行为的合规性进行审查、监督和检查"，且"证券公司应根据本公司的经营范围、业务规模、组织结构等情况，设立合规部门或指定有关部门协助合规总监工作"。为了响应此要求，并更好地进行专业化的风险管理工作分工，目前证券公司大多分设风险管理部、合规部和稽核部，分别承担不同的事前、事中和事后风险管理职能，并且，为了有效夯实风险管理基础，证券公司大多在各分支机构均设有专职或兼职的合规风控专员，负责一线的风险管理工作，这些人员配备对于我们有效实施内控规范也大有帮助。

（二）本公司关于上述问题的现实考虑与选择

从以上理论分析及证券行业特性可以看出，证券公司在实施内控规范时必须遵从以下原则：一是实施内控规范必须采取全面内部控制口径，且覆盖到全部业务线；二是评价方法建议采用风险基础评价法，更具有现实意义的操作性，而且更契合金融行业的风险管理特征；三是要在相关风控职能部门之间形成良好的沟通与分工；四是要重视变化管理，及时更新控制基准概念。

本公司结合以上基本原则，在考虑现实情况的基础上，将按以下方式进行：

1. 确定评价对象及其范围

确定评价范围是在开展具体测试工作之前首先要解决的问题，需注意的是，内控建设范围和内控评价范围不一定要完全一致。本公司是在《企业内部控制基本规范》及其18项应用指引的基础上，删减不适用的流程，增加证券行业独有的流程，最终确定实施范围，包括：从应用指引中吸收的"组织架构、发展战略、人力资源、社会责任、企业文化、资金活动、采购业务、资产管理、工程项目、担保业务、财务报告、全面预算、合同管理、信息系统、内部信息传递"等流程；根据行业特性增加的"经纪业务、投资银行业务、直投业务、研究咨询业务、投资自营业务、资产管理业务、融资融券业务、投资者关系、信息披露、关联交易、合规管理、风险控制、内部审计"等流程，共计28个流程。

2. 确定三大风控部门之间的协作模式

证券行业与其他行业不同之处就在于风控职能进一步细化，大多分设风险管理部、合规部和稽核部，分别承担不同的事前、事中和事后风险管理职能。本公司确立以稽核部为牵头部门来统筹内控规范实施项目，具体在不同阶段分工如下：第一，风险管理部和合规部主要参与内控梳理与建设，并在此阶段完成了五大业务线及142个环节的流程图及说明的绘制；在评价工作中牵头组织业务部门进行日常自查工作，及时识别和完善控制设计缺陷，积极发挥内控系统的自我监督机制；在内控进入常规化运行阶段，负责对风险控制矩阵等进行以变化管理为主的日常更新工作；第二，稽核部作为牵头部门，负责制定相关计划，严格跟踪复核保障质量，积极控制进度等以保障项目顺利进行；在评价阶段，负责建立评价体系，在复核自查底稿、评价日常更新成果和组织独立自评的基础上对公司内控系统整体情况做出评价。具体组织模式及职责分工可见下图：

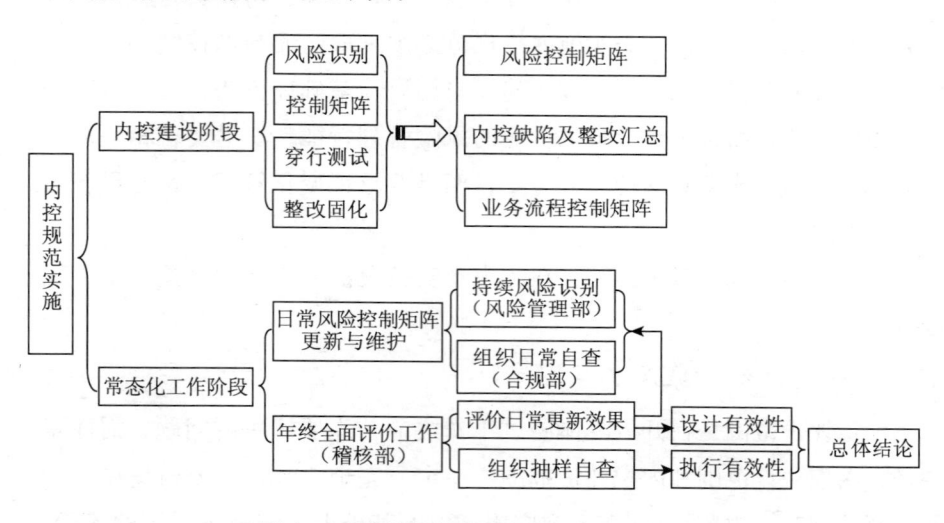

图4-3 内控规范实施工作组织与分工模式

第五章　证券公司开展内控评价工作实务探讨

借鉴美国 COSO 监督模型，内控监督机制从执行步骤上包括风险排序、识别关键控制、确定关于控制的有说服力的信息、执行测试、评估和上报测试结果，其中风险排序、识别关键控制等应属于内控建设阶段的工作任务，形成风险控制矩阵后直接在常态化工作阶段使用，是其实施之基础，本章将一并探讨。

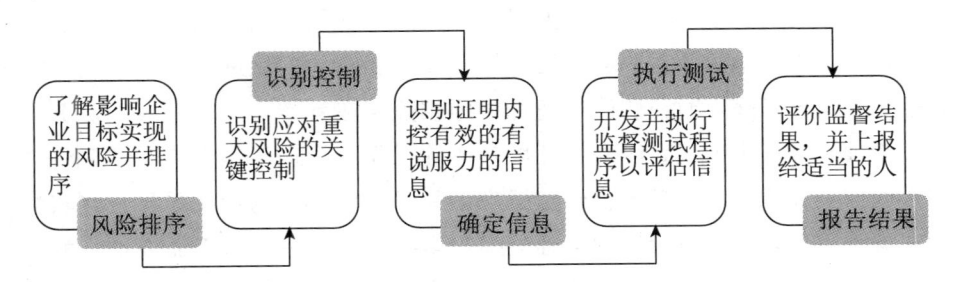

```
[风险排序]          [识别控制]              [确定信息]           [执行测试]            [报告结果]
了解影响企业        识别应对重              识别证明内           开发并执行           评价监督结
目标实现的          大风险的关              控有效的有           监督测试程           果，并上报
风险并排序          键控制                  说服力的信息         序以评估信息         给适当的人
```

图 5-1　开展内控评价工作程序

一、风险排序：梳理风险点及确定风险等级

COSO《监督内部控制系统指引》指出，"监督应该要建立在对影响组织目标实现的风险的分析，以及对控制如何能够应对这些风险的理解的基础上，未考虑风险水平而进行的监督活动的效率和效果都很低下，在整个监督过程中应始终贯穿着风险导向的原则"。这种原则在我国《企业内部控制基本规范》、配套指引及其实施意见中均有体现，突出了风险评估的基础作用及其对有限资源配置的导向作用，具体包括：第一，风险评估是确定建设和评估范围的依据，对于重要业务条线及业务流程，应将其纳入，反之则可将其剔除；第二，风险评估是选择拟测试控制的依据，评价

工作组应当更多地关注高风险领域，而没有必要测试那些即使有缺陷也不可能导致财务报表重大错报的控制；第三，风险评估是确定针对特定控制所需采用的评估程序的性质、时间安排和样本数量的依据，即与内部控制相关的风险越高，所需获取的证据应越多，可靠性要求越高；第四，风险评估结果是负责企业内部控制审计的注册会计师确定在多大程度上利用企业自我评价工作的依据。为避免重复工作，《企业内部控制审计指引》鼓励注册会计师利用被审计单位的自我评价工作。一般来说，与某项控制相关的风险越高，注册会计师应当更多地对该项控制亲自进行测试，而非直接利用企业内部的相关工作成果。

（一）梳理风险点

在具体实务操作中，识别风险并对其进行优先排序是设计和执行监督程序的第一步。"影响组织目标实现的即谓之风险"，按《企业内部控制基本规范》，内控有五大目标，合理保证企业经营管理合法合规，资产安全，财务报告及相关信息真实完整，提高经营效率和效果，促进企业实现发展战略。在梳理风险点时应明确与何种目标相关。在具体评估时一般以业务流程梳理和管理为前提，因此在开展具体的风险点梳理工作之前，需要将纳入内控实施范围的业务流程确定下来，并商定各流程的责任单位，在与相关流程责任单位人员协商的基础上细化至二级子流程。这里需要注意的是，每个一级流程对应一个责任单位，若个别流程贯穿不同责任单位，则应协商确定或者由更高一级管理层指定责任单位。对证券公司而言，范围至少应覆盖至所有重要业务线和相关重要管理活动。

表 5-1 确定流程切分与责任单位归属

类别	流程	责任单位
控制环境类	组织架构	
	发展战略	
	社会责任	
	人力资源	
	企业文化	

续表

类别	流程	责任单位
控制活动类	资金活动	
	固定及无形资产管理	
	工程项目	
	担保管理	
	财务报告	
	经纪业务	
	投资银行业务	
	直投业务	
	研究咨询业务	
	投资自营业务	
	资产管理业务	
	融资融券业务	
	销售交易	
	信息披露	
	关联交易	
控制手段类	全面预算	
	合同管理	
	信息系统	
	内部信息传递	
	合规管理	
	风险管理	
	内部审计	

在确定业务流程的基础上，对相关业务风险点进行梳理，具体来源可包括：第一，直接引用《企业内部控制基本规范》及其应用指引中列明的风险点；第二，具体业务规范及相关内部控制指引；第三，根据日常稽核经验等进行总结和前瞻判断。

图 5-2　如何梳理风险点—以《企业内部控制应用指引第 6 号 - 资金活动》为例

《企业内部控制基本规范》及 18 个应用指引对相关内容进行了详尽的解析，在内控体系框架下，通过"一图二表"形成标准的内控示范流程和控制要求，既能够作为企业对标和评价的标准，查找缺陷，也能够作为示范和参考帮助企业建立内控体系。

以《企业内部控制应用指引第 6 号—资金活动》中的筹资活动为例，对其内容进行整合，我们可以梳理出以下流程图和控制信息：

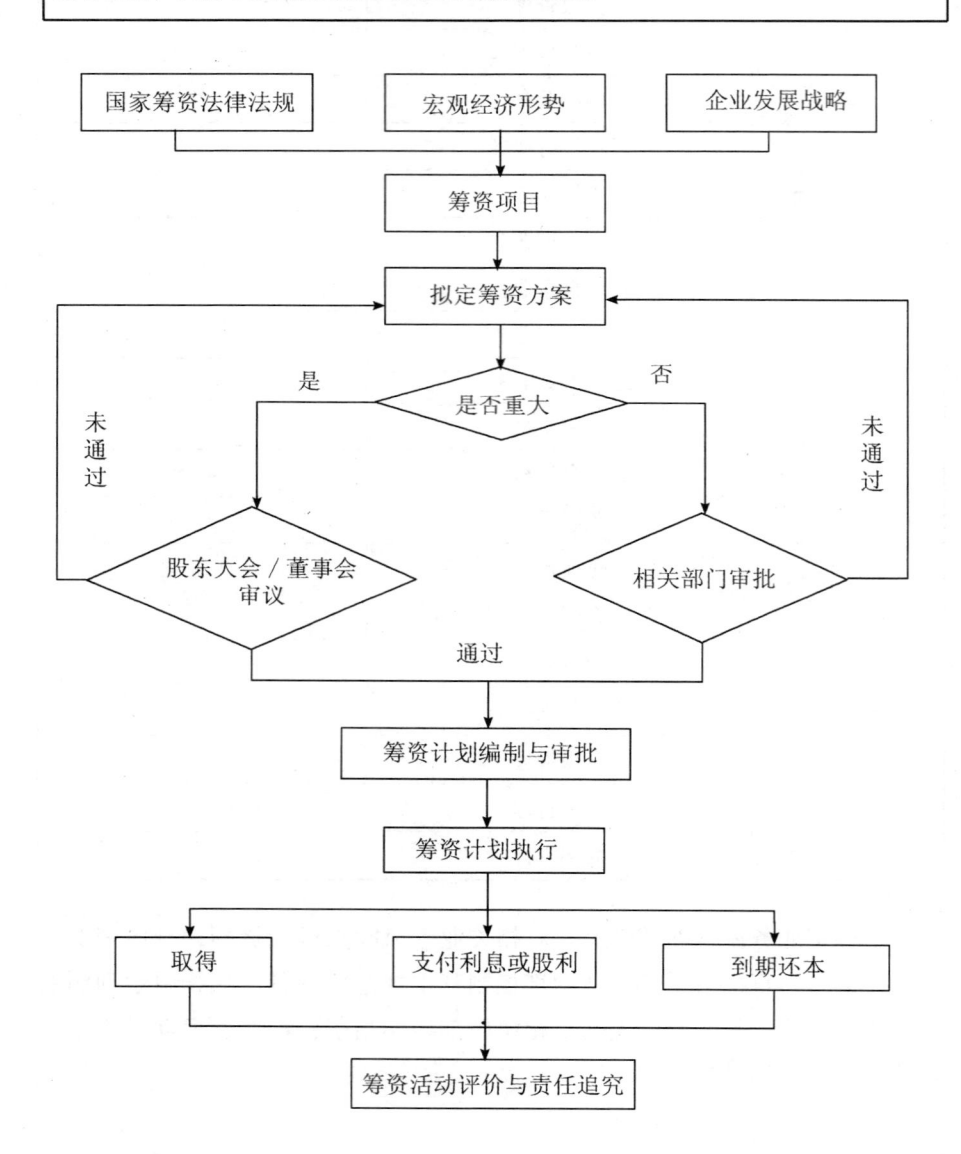

```
     国家筹资法律法规    宏观经济形势    企业发展战略
              │              │              │
              └──────────────┼──────────────┘
                             ▼
                         筹资项目
                             │
                             ▼
            ┌──────► 拟定筹资方案 ◄──────┐
            │            │                │
            │     是   是否重大   否       │
            │       ┌────┴────┐           │
         未通过     ▼         ▼        未通过
            │  股东大会/     相关部门
            │  董事会审议    审批
            └────┬──────────┬────┘
                      通过
                       ▼
                 筹资计划编制与审批
                       │
                       ▼
                   筹资计划执行
                 ┌─────┼─────┐
                 ▼     ▼     ▼
               取得  支付利息  到期还本
                     或股利
                       │
                       ▼
              筹资活动评价与责任追究
```

业务流程	风险点	控制目的	控制措施
提出筹资方案	筹资方案不合理	进行筹资方案可行性论证	1. 进行筹资方案的战略性评估，包括是否与企业发展战略相符合，筹资规模是否适当； 2. 进行筹资方案的经济性评估，如筹资成本是否最低，资本结构是否恰当，筹资成本与资金收益是否匹配； 3. 进行筹资方案的风险性评估，如筹资方案面临哪些风险，风险大小是否适当、可控，是否与收益匹配。
筹资方案审批	筹资方案未经审批即仓促上马	选择批准最优筹资方案	1. 根据分级授权审批制度，按照规定程序严格审批经过可行性论证的筹资方案； 2. 审批中应实行集体审议或联签制度，保证决策的科学性。
制定筹资计划	筹资计划不可行，筹资计划未审批	制定切实可行的具体筹资计划，科学规划筹资活动，保证低成本、高效率筹资	1. 根据筹资方案，结合当时经济金融形势，分析不同筹资方式的资金成本，正确选择筹资方式和不同方式的筹资数量，财务部门或资金管理部门制定具体筹资计划；2. 根据授权审批制度报有关部门批准。
实施筹资	未对筹资条款认真审核；无法支付筹资成本	保证筹资活动正确、合法、有效进行	1. 根据筹资计划进行筹资； 2. 签订筹资协议，明确权利义务； 3. 按照岗位分离与授权审批制度，各环节和各责任人正确履行审批监督责任，实施严密的筹资程序控制和岗位分离控制； 4. 做好严密的筹资记录，发挥会计控制的作用。
筹资活动评价与责任追究	筹集资金未按用途使用	保证筹集资金的正确有效使用，维护筹资信用	1. 促成各部门严格按照确定的用途使用资金； 2. 监督检查，督促各环节严密保管未发行的股票、债券； 3. 监督检查，督促正确计提、支付利息； 4. 加强债务偿还和股利支付环节的监督管理； 5. 评价筹资活动过程，追究违规人员责任。

从以上应用指引内容中，我们可以大致获悉该业务流程存在的风险点及标准的控制措施，可以用于指导梳理风险点及建设控制矩阵。

但必须注意的是，18项应用指引主要针对传统行业，对于具有全行业普适性的"内部环境"、"风险评估"、"信息与沟通"、"监督"及部分"控制活动"等可以从上述应用指引中获取相关信息，而对于具有行业特性的控制活动，比如证券行业特有的业务，包括"投资银行业务"、"经纪业务"、"资产管理业务"、"投资自营业务"、"研究咨询业务"、"融资融券业务"等，需要结合相关业务管理规定及内部控制指引进行考虑，监管部门针对以上业务都有专门的业务管理规定，而且针对"投资银行业务"和"融资融券业务"，专门出台《证券公司融资融券业务试点内部控制指引》、《保荐业务内部控制指引》，用于规范相关业务的内部控制活动。

（二）确定风险等级

完成风险点梳理工作之后，需要对风险等级进行界定，以有助于将有效的资源投入到高风险领域，提高监督的效率和效果。一般来讲，划分风险等级主要从"发生可能性"和"影响程度"两个维度进行评分，方法主要包括定量和定性。本公司采用的是三级评分法，即对每个风险点用"高"、"中"和"低"三个维度进行"发生可能性"和"影响程度"的评分。

1. 风险发生可能性

一般可通过定量或定性方法对"风险发生可能性"对各个风险点进行评分（见下表），至于具体落在哪个区间，则需依靠一定的职业判断。

表5-2 风险发生可能性的判断标准

	评级	低	中	高
定量	一个完整财务年度内的发生概率	30%以下	30%~70%	70%以上
定性	事件性质	极少情况下才会发生	在某些情况下发生	较多情况下会发生

2. 风险影响程度

一般可从下列七个因素，综合评价风险影响程度：

表 5-3　风险影响程度的判断标准

维度	低	中	高
财务损失	公司净利润1%以下。	公司净利润1%~5%。	公司净利润5%以上。
业务影响	对核心业务的收入、客户、市场份额等有轻微影响。	有一定影响，但采取一定的弥补措施仍能达到营运目标。	较大影响，无法达到部分或全部营运目标及关键业绩指标。
信息错报影响	对信息准确性有轻微影响，但不会影响使用者的判断。	对使用者有一定影响，可能会影响其判断，并可能导致错误决策。	错误信息可能会导致使用者做出重大的错误决策，造成不可挽回的决策损失。
信息系统对数据完整性及业务运营的影响	对系统数据完整性会产生有限影响，但数据的非授权改动对业务运作及财务数据记录产生损失轻微。对业务正常运营没有直接影响，业务部门及客户没有察觉。	对系统数据完整性具有一定影响，数据的非授权改动对业务运作带来一定的损失及对财务数据记录的准确性产生一定的影响。对业务正常运营造成一定影响，致使业务操作效率低下。	对系统数据的完整性具有重大影响，数据的非授权改动会给业务运作带来重大损失或造成财务记录的重大错误。对业务正常运营造成重大影响，致使业务操作大规模停滞和持续出错，甚至造成灾难性损失，致使所有业务操作中断。
营运影响	仅影响内部效率，不直接影响对外展业。	对内外部均造成了一定影响，比如关键员工或客户流失等。	严重损伤公司核心竞争力及公司为客户服务的能力，甚至影响公司持续经营能力。
监管影响	被监管部门要求反馈，或者执行初步调查，但不必支付罚款。	监管层公开警告和专项调查，支付的罚款对年利润没有较大影响。	被监管者持续观察，支付的罚款对年利润有较大影响，甚至被考虑吊销业务执照。

续表

维度	低	中	高
声誉影响	负面消息在公司内部或当地局部流传，对企业声誉造成轻微影响。	负面消息在某区域流传，对企业声誉造成中等损害。	负面消息在全国性媒体流传，引起公众关注，引发诉讼，或监管层进行调查，对企业声誉造成重大甚至无法弥补的损害。

确定具体风险等级，需要综合考虑以上两个维度，总体来说，风险发生可能性越大，风险发生的影响程度越高，对该风险点的评级应越高。当两个维度的评价产生一定背离时，比如某风险点发生的可能性为"高"，但影响程度为"低"，反之亦然，此时则可以利用以下总体风险等级评估矩阵，见下图。

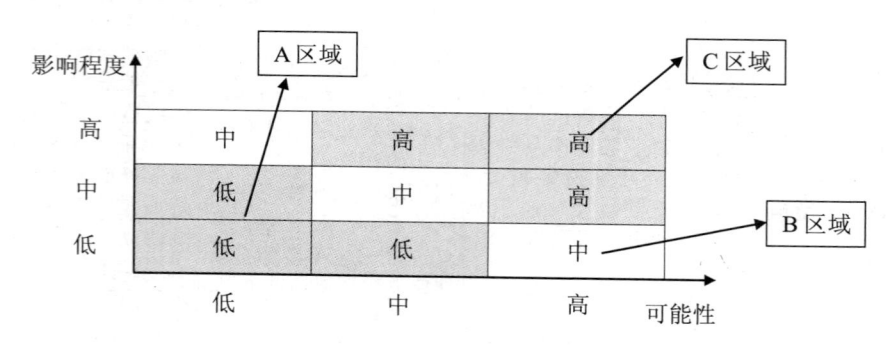

图 5-3　确定风险等级的九宫图

不同的风险等级对应着不同的风险管理策略。风险等级越高，越是应该优先关注和控制，并在随后的评价测试环节应该优先测试此类风险的控制措施的有效性；若资源较为有限时，可暂不考虑较低的风险及其控制措施。具体来说：对于以上总体风险等级为"低"的 A 区域，应该采取的风险管理策略是承担该区域的各项风险且不再增加控制措施；对于总体风险等级为"中"的 B 区域，应该严格控制该区域的各项风险且专门补充制定各项控制措施；而对于总体风险等级为"高"的 C 区域，应该确保规避和转移 C 区域中的各项风险且优先安排实施各项防范措施。

将上述业务流程梳理工作及风险等级划分的工作成果汇集，编制成内部控制风险清单。本公司示例如下：

表 5-4 内部控制风险清单示例

一级流程编号	一级流程	二级流程编号	二级流程	风险编号	风险名称	风险描述	对应的财政部企业内部控制基本规范所列内部控制目标（适用用√，不适用用X）					风险发生可能性	风险影响程度								风险评级	风险评估说明
							资产安全保证合法合规	财务报告及相关信息真实完整	提高经营效率和效果	促进企业实现发展战略			财务损失	业务损失	信息错报影响	信息系统对数据完整性及业务运营的影响	营运影响	监管影响	声誉影响	最高分		

二、识别关键控制：采用自上而下的方法

识别关键控制能提高监督的效率和效果，能协助组织将有限的资源投入到价值最大的领域。内部控制措施与风险相对应，亦分为两个层面：企业层面控制和业务流程、应用系统或交易层面的控制两个层面。企业层面控制通常为应对企业整体层面的风险而设计，或者作为其他控制运行的基础设施，一般在比业务流程更高的层面上乃至整个企业范围内运行，作用比较广泛。不同的企业层面控制在性质和精确度上存在差异，企业层面控制不一定能彻底防范最终风险的发生，但其能在一定程度上影响或者监督其他控制的有效性，所以我们仍然需要考虑这些控制是否存在缺陷，以制定对其他控制所执行的程序。这种方式在中注协发布的《企业内部控制审计指引实施意见》中被称为"自上而下的方法"。

具体到实际工作中，可先从了解企业整体层面的风险开始，然后将关注点放在企业层面的控制上，包括与控制环境有关的控制、针对管理层和治理层凌驾于控制之上的风险的控制、风险评估过程、对内部信息传递和期末财务报告流程的控制以及对内部控制有效性的内部监督（即监督其他控制的控制）和内部控制评价控制等，然后将工作逐步下移至重要的业务流程、应用系统或交易层面的控制上，验证对被审计单位业务流程、应用系统或交易层面的风险的了解，并选择足以应对评估的每个重大风险的关键控制措施进行测试。业务流程、应用系统或交易层面的控制为应对控制活动的相关风险而设定，主要针对交易的生成、记录、处理和报告等环节，在内部控制要素中的"控制活动"要素中，除业绩评价控制外的绝大部分控制都可归类为业务流程、应用系统或交易层面的控制。关系如下：

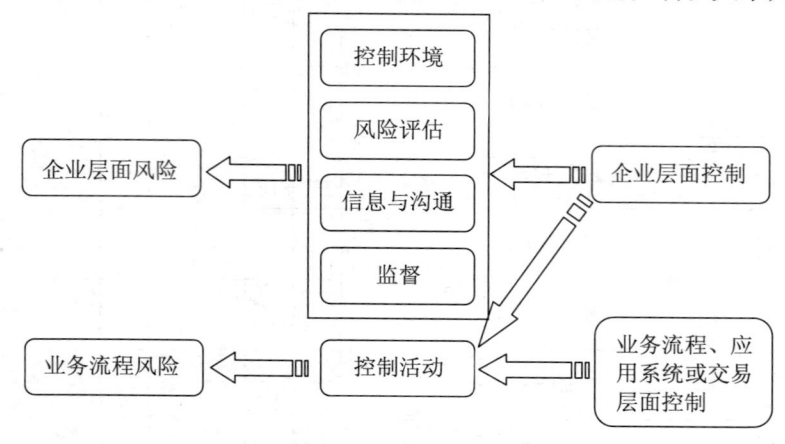

图 5-4 风险与控制的分类及对应关系

表 5-5　风险控制矩阵模板示例①

风险清单（略，见表5-4）	控制目的	控制措施	控制频率	手工/系统控制	是否为关键控制	控制活动负责部门/岗位	是否有IT系统参与，如有请列出系统全名	穿行测试记录	设计有效性测试结果	测试程序	运行有效性测试结果	缺陷描述

风险控制矩阵中各要素之间的关系如下："风险清单"的内容来源于前面梳理风险点的成果汇集，主要建立在流程管理的基础之上；"控制目的"是根据财政部《企业内部控制基本规范》、公司的内控要求结合专业经验，设计出应对风险的控制目的，原则上看，与"风险"互为相反；"控制措施"为通过翻阅制度、访谈和穿行测试等找出的企业实际执行的能达到控制目标的关键控制活动，需说明的是，"控制目的"和"控制活动"之间并非一一对应的关系，而是一对多，多对一的关系；"控制频率"、"预防型/检查型控制"、"手工/系统控制"、"是否为关键控制"等要素统称"控制活动性质"，其主要影响后续测试程序及样本规模的选择；"穿行测试记录"和"设计有效性测试结果"为进行穿行测试的结果记录；"测试程序"、"运行有效性测试结果"和"缺陷记录"为进行执行有效性测试的结果记录。另外，需强调的是，在梳理各风险点的控制措施时，即相关责任单位是如何将相关风险控制在可接受程度以内的，梳理控制措施时，可遵循4W+1H的原则，即清楚表明，WHO，是哪个岗位参与控制活动？WHEN，该控制活动发生的时间或频率如何？WHERE，该控制活动发生的地点在哪里？WHAT，根据什么进行控制？（如制度、单据、报告、报表、电子邮件、系统数据等）HOW，具体如何控制风险？

三、确认有说服力的信息

COSO 在 2009 年发布的《监督内部控制系统指引》中首次清晰界定"有说服力的信息"概念，认为其应当有两个维度的特征：一是适当性，

---

① 风险控制矩阵：前半部分为上一阶段的工作成果，即为风险数据库内容。控制活动是针对风险而设置的，突出针对性，确保无遗漏。

二是充分性。适当性侧重于质量，充分性侧重于数量。适当且充分的信息能够为内部控制有效性提供足够的支持。适当的信息具备三个要素：相关、可靠和及时。下图①描述了这三个要素如何共同发挥作用。需要说明的是，不能同时具备这三个要素的信息可能具有一定程度的适当性，但它无法单独为控制持续有效的结论提供合理的支持。

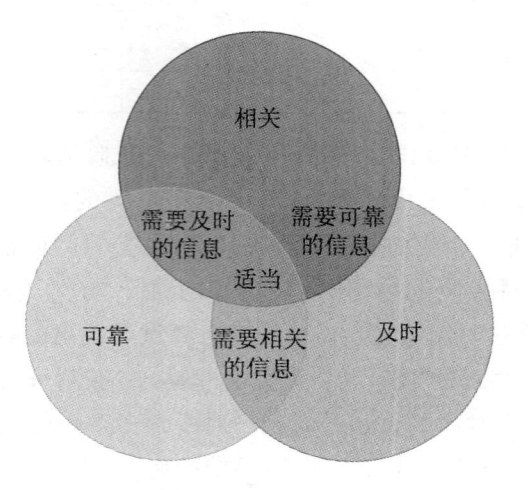

图5-5　有说服力信息的要素

当某个信息同时满足以上三个要素时，还需要考虑是否能获取足够的信息来为内部控制有效性的结论提供合理保证，即信息的充分性。这涉及到对抽样样本的把握，将在下面的"执行测试"环节详述。

评估人员在决定收集哪些信息及收集多少时，需要进行成本效益分析，可以是定量也可以是定性分析，不管用哪种方法，需要综合权衡收集信息的成本和那些信息说服评估者内部控制持续有效运行的能力。

四、执行测试

执行测试是在上述风险控制矩阵的基础上，通过穿行测试、抽样、访谈等方法，对控制的设计有效性和执行有效性进行评价的过程。在实务中，可以将日常评价工作和年终全面评价工作结合起来执行测试，这种模

---

①　资料来源：The Committee of Sponsoring Organizations of the Treadway Commission：《Guidance on Monitoring Internal Control Systems》，[R]．New York，Jan，2009。

式安排也与 COSO 监督指南中强调的"综合使用持续监督和单独评估"理念相契合：一是日常评价工作，即可按风险导向原则，定期或不定期对全部或部分流程的控制矩阵进行测试。在具体方法上，可选择穿行测试仅对内部控制设计有效性发表意见，也可选择进行抽样、访谈等内部控制执行有效性发表意见。此处选择较为灵活，主要取决于企业的内控状况、资源配备等。对证券公司而言，在日常经营中，由合规部或风险管理部选择风险等级较高的流程对其进行穿行测试，注重对其控制设计有效性发表意见，是较为现实且效率较高的选择；二是年终全面评价工作。该工作一般由稽核部等内部审计部门主导，《企业内部控制基本规范》中要求企业出具的《内部控制自我评价报告》主要基于此工作。若企业选择在日常经营中由相关部门执行穿行测试对控制设计有效性发表意见，则在年终时开展全面评价工作时，就可减少部分工作量，一方面，稽核部可立足于第三道防线，在复核相关部门日常测试成果的基础上，评价其履职情况，对设计有效性出具评价意见；另一方面需进行执行有效性评价，即提供抽样给相关流程责任单位，组织小组自查，并对自查结果进行复核确认，结合设计有效性评价意见，对公司整体内部控制有效性发表意见。

能有效地开展执行测试，一方面建立在较为细致的前期梳理工作的基础上，另一方面也需要在部分细节上进行标准化规范。

（一）确定统一的抽样标准

1. 普华永道的抽样标准

根据普华永道的审计指南《The PwC Audit Guide》，在确定合适的抽样规模时，首要的职业判断就是欲获取的保证水平，其次是抽样结论的准确度[①]。

"欲获取的保证水平"主要取决于重大错报风险及从其他审计程序获得的保证水平。总体来说，风险越高，其他审计程序提供保证程度越低，越要获取较高的保证水平。具体见下图：

---

① 抽样结论的准确度（precision）= 可容忍的重大错报水平 - 预计错报水平。在确定抽样规模时，我们将可容忍的重大错报转换成百分比，即等于可容忍的重大错报风险/抽样总体。当可容忍的重大错报水平大于预计错报水平时，抽样不是一个好的审计方法。

表 5-6 普华永道的抽样标准中对风险和保证水平的考虑

考虑因素	需要更高的保证水平	可接受较低的保证水平
重大错报风险	较高风险	较低风险
从其他审计程序获得的保证水平	其他审计程序获得的保证水平较低	其他审计程序获得的保证水平较高

从抽样风险上看，较低的保证水平大概有 30% 的抽样风险①，中等的保证水平有 20% 左右的抽样风险，较高的保证水平仅有 5%～10% 的抽样风险。当然，有时当我们需要中等保证水平时选择承担较高的抽样风险的原因是，我们会实施其他审计程序，连带抽样结果，能将总体的重大错报风险降至可接受水平。

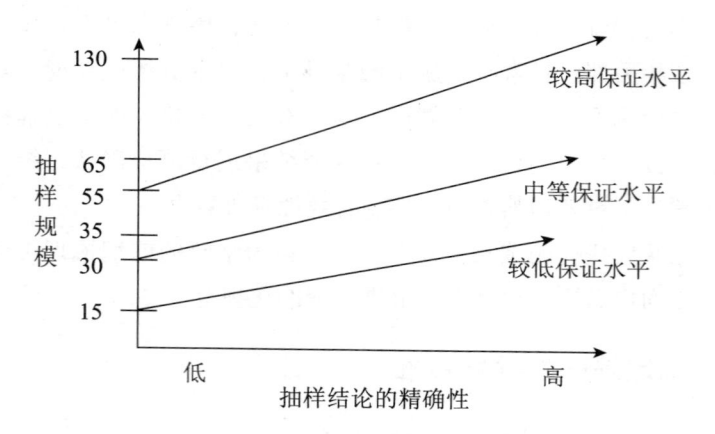

图 5-6 普华永道的抽样标准对结论精确性和保证水平的考虑

"抽样结论的准确度"，是可容忍的重大错报水平和预计错报水平之间的差值，是在特定的保证水平上确定合适的抽样规模的关键因素。当差值越大时，需要的样本量越小。

结合上述两因素，以下抽样规模适用于总体样本在 200 及以上的。其余情况要在下面的抽样规模基础上进行微调。

---

① 抽样风险：审计抽样结果可接受，但依然存在重大错报的可能性。

表 5-7　普华永道的抽样标准

欲从测试获取的保证水平	抽样结论的准确度（可容忍重大错报水平－预计错报）			
	>10%	8%	6%	4%	3%
低	15	21	27	32	35
中	30	40	50	60	65
高	55	80	100	120	130

2. 中注协《企业内部控制审计指引实施意见》中的抽样标准

中注协《企业内部控制审计指引实施意见》中指出，注册会计师在测试控制的运行有效性时，应当在考虑与控制有关的风险的基础上，确定测试的范围，此范围应能足以使其获取充分、适当的审计证据，为基准日内部控制是否不存在重大缺陷提供合理保证。具体见下表。

表 5-8　中注协《企业内部控制审计指引实施意见》中的抽样标准

控制运行频率	控制运行总次数	测试的最小样本规模区间
每年 1 次	1	1
每季 1 次	4	2
每月 1 次	12	2～5
每周 1 次	52	5～15
每天 1 次	250	20～40
每天多次	大于 250 次	25～60

3. 本公司研究确定的抽样标准

尽管中注协在《企业内部控制审计指引实施意见》中已明确了抽样标准，但需要说明的是，该标准是适用于外部审计师在对企业的内控执行审计业务时所需参考采纳的标准，并非是对企业开展自我评价时确定抽样规模的硬性规定，也并非一定要完全参照，企业可以在参考以上标准的基础上，结合自身情况，依靠专业判断，确定自身的抽样标准及规模。

就本公司而言，我们认为除了要考虑控制运行频率来确定测试的样本规模区间之外，还必须要考虑控制类型，即手工控制或系统控制。要是系统控制，只需测试一个样本，若能证明有效的话即可认为该环节内控有效；而若是手工控制，则必须根据发生频率抽取多个样本，方能对该环节的内控在基准日是否不存在重大缺陷提供合理保证。另外，对于控制运行频率不确定的，可以按照年内预计发生的次数，折算至相应的控制运行频率，来获取需测试的样本规模区间。具体可见下表：

对于控制执行频率确定的控制活动：

表5-9　本公司研究的对于控制频率确定的控制活动的抽样标准

控制类型	控制执行频率	全年样本量
手工控制	每日多次	25
手工控制	每天1次	15
手工控制	每周1次	5
手工控制	每月1次	2
手工控制	每季度1次	1
手工控制	每年1次	1
手工控制	不定期	1
信息系统控制	不适用	1

对于控制执行频率不确定的控制活动：

表5-10　本公司研究的对于控制频率不确定的控制活动的抽样标准

控制类型	年发生次数	折合频率	全年样本量
手工控制	>200	每日多次	25
手工控制	50~200	每天1次	15
手工控制	15~50	每周1次	5
手工控制	<15	每月1次	2

（二）确定内控有效性评价标准

对内控是否有效进行评价必须依照一定的标准，项目组经过梳理，确定评价标准主要有以下几个来源：第一，《企业内部控制基本规范》及其应用指引。如上述关于《企业内部控制应用指引第6号-资金活动》的举例，《企业内部控制基本规范》及其18项应用指引中已形成标准的内控示范流程及控制要求，不仅可以作为参考帮助企业进行内控体系建立，更可以作为企业内控对标和评价的标准，查找缺陷，进而完善内控体系；第二，财政部会计司《企业内部控制评价指引》解读，在该指引中会计司对18项应用指引的内容按内控五要素进行整合，并列明每个类别中的核心指标及其参考评价标准，这在一定程度上也可以作为企业进行内控自评工作的评价依据；第三，相关监管层颁布的业务管理办法及其内部控制指引、监管指导意见等。就证券行业而言，《证券公司内部控制指引》、《证券公司融资融券业务试点内部控制指引》、《保荐业务内部控制指引》等均可作为评价具体控制活动的评价标准来源，这些文件中不仅包含基础的合规性指导意见，也包括一些具有前瞻性的控制风险的标准措施；第四，行业最佳标准。目前在内控水平较高的银行业已有初步试验，即将同行业采取的最佳控制措施作为评判本公司该环节内控是否存在改进空间的依据，相对于前三个带有"保健功能"的内控评价标准，此标准乃为"提升功能"的评价标准。

需要特别说明的是，以上四大标准，前两项主要可用于对"内部环境"、"风险评估"、"信息与沟通"、"内部监督"等公司层面的流程的评价工作，而"控制活动"，因各个行业而异，18个指引中主要是以传统制造业为行业范本制定的，专门针对金融行业的三个指引一直未出台。在评价具体业务流程的控制活动时，需较多参考后两项评价标准，并辅之以职业判断。除此之外，《中央企业财务内部控制评价工作指引》（2007）提供了与财务内部控制相关的评价标准可供参考。

（三）结果确认及编制内控测试工作底稿

公司年度内控自评报告的结论主要来源于三个方面工作的支撑：一是业务部门自行或者组织业务部门按照风险控制矩阵对各自责任范围内的内部控制进行定期自评的结果；二是相关风控部门在日常稽核或检查项目中对所涉及对象的内控情况的评价结果；三是内部审计部门在考虑前两项工作成果的基础上，实施部分补充抽样和独立测试而取得的评价结果。针对前两项证据来源，评价小组必须对评价底稿及结果进行复核与确认。

《企业内部控制评价指引》明确指出，"企业内部控制评价工作组应当建立评价质量交叉复核制度，评价工作组负责人应当对评价工作底稿进行严格审核，并对所认定的评价结果签字确认后，提交企业内部控制评价部门"，对于利用业务流程责任单位参与内控自评工作的情况而言，复核与确认的流程更显得不可或缺。提高业务流程责任单位在内控自评工作中的参与度，一方面可以通过参与，提高其内控意识，有助于建立起日常防御机制，另一方面可以提高评价的效率。但需要注意的是，为了提高其自评工作的效果，需要事先为其提供较为详尽的测试程序，即针对某一具体风险点及控制措施，要告知相关人员，他们需要去执行何种步骤、抽查或者测试哪些资料等，对于不能用语言简练描述测试结果的，还需要制作个别测试底稿模板供其填写。在收到自评底稿后，评价小组的人员需要对自评记录和结果进行复核，并在协商一致的基础上确认最后结论。

下表为本公司尝试建立的具体环节的内控测试底稿模板：

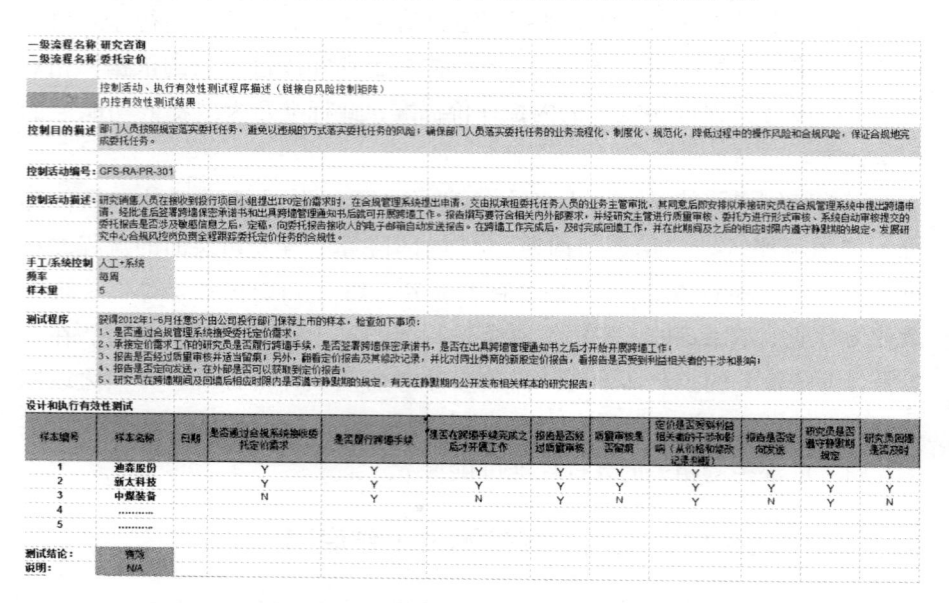

表5-11　本公司尝试建立的具体内控测试底稿模板

（四）制定内控缺陷认定标准

从《企业内部控制基本规范》及评价指引中，我们发现其仅规定"企业应当制定内部控制缺陷认定标准，对监督过程中发现的内部控制缺陷，应当分析缺陷的性质和产生的原因"、"内部控制缺陷包括设计缺陷和运行缺陷"、"应对内部控制缺陷进行初步认定，并按其影响程度分为重大缺陷、重要缺陷和一般缺陷"等,其中重大缺陷将会影响到内控审计报告意见①。《企业内部控制审计准则》表明以下迹象说明内部控制可能存在重大缺陷:一是注册会计师发现董事、监事和高级管理人员舞弊;二是企业更正已经公布的财务报表;三是注册会计师发现当期财务报表存在重大错报,而内部控制在运行过程中未能发现该错报;四是企业审计委员会和内部审计机构对内部控制的监督无效。除此之外,外部相关法律法规对何为重大缺陷、重要缺陷和一般缺陷则没有清晰界定。

我们在查看《沪市上市公司2011年内控自我评估报告披露情况分析》时发现,共有70家企业披露了其内控缺陷标准,在定量标准方面,一般都"参照营业收入、净利润、总资产、净资产的某个比例确定",类似于外部审计师执行的重要性水平;在定性标准方面,主要有以下方面:"重要业务缺乏制度控制或者制度系统性失效;重要职权和岗位分工中没有体现不相容职务相分离的要求;企业战略、投资、募集资金等重大决策、重大事项、重大人事任免及大额资金的管理程序不科学并造成严重损失;董事、监事和高级管理人员存在或可能存在严重舞弊行为;外部审计发现当期财务报告存在重大错报,或者公司已经对外公布的财务报表由于存在重大错报而需要进行更正,在资本市场造成比较严重的负面影响;以前年度评价过程中曾经有过舞弊或错误导致重大错报的经历,公司没有在合理时间内改正所发现的重大缺陷和重要缺陷;其他违反国家法律法规或监管层规范性文件对公司造成重大影响的情形"等。

有鉴于此,我们根据本规范、评价指引、审计指引等对重大缺陷、重要缺陷和一般缺陷的认定要求,结合公司规模、行业特性、风险水平等因素,研究确定适合本公司的内部控制缺陷具体认定标准,其中,财务报告相关内部控制缺陷的认定,原则上以造成财务报告错报和漏报的定量标准为主;非财务报告相关内部控制缺陷的认定,则需综合考虑造成的直接财产损失金额以及造成直接或间接影响的性质、影响的范围等因素确定。

1. 财务报告相关内部控制缺陷的认定标准

财务报告相关内部控制缺陷的认定,原则上以造成财务报告错报和漏

---

① 迪博发布的《中国上市公司2012年内部控制白皮书》中指出,在1844家披露了内部控制自我评估报告的上市公司中,99.84%的公司认为自身内控体系是有效的,不存在重大缺陷,仅有1家未出具结论,2家认为自身内控体系未得到有效实施。

报的定量标准为主，定性标准为辅。在定量标准方面，我们以年度净利润的5%为重要性水平（以下简称"M"），"重大缺陷"指该内部控制缺陷导致错报的金额大于或等于M，"重要缺陷"指影响金额介于M和20%×M，"一般缺陷"则是指影响金额小于20%×M。在定性标准方面，财务报告重大缺陷的事件或迹象包括：一是董事、监事和高级管理人员存在舞弊行为；二是更正已经公布的财务报表；三是注册会计师发现当期财务报表存在重大错报，而内部控制在运行过程中未能发现；四是财务报告被注册会计师出具否定或保留意见；五是企业审计委员会和内部审计机构对内部控制的监督无效。

2. 非财务报告相关内部控制缺陷的认定标准

非财务报告相关内部控制是指针对除财务报告目标之外的其他目标的内部控制。这些目标一般包括战略目标、资产安全、经营目标、合规目标等。非财务报告评价应当作为企业内部控制评价的重点。具体缺陷认定则需综合考虑造成的直接财产损失金额以及造成直接或间接影响的性质、影响的范围等因素确定。在定量标准方面，涉及金额大小，既可以根据造成直接财产损失绝对金额制定，也可以根据直接损失占本企业资产、销售收入及利润等的比率确定，为简化起见，我们先考虑用前者，具体标准同上。在定性标准方面，我们认为以下迹象可能代表公司的非财务报告内部控制可能存在重大缺陷：一是"三重一大"事项未经过集体决策程序；二是关键岗位管理人员和技术人员流失严重，影响业务正常开展；三是重要业务内部控制系统性失效；四是因为内控缺陷致使公司面临严重法律风险；五是因为内控缺陷致使商誉受到重大影响；六是因为内部控制缺陷致使公司受到严重行政处罚；七是除政策性亏损和市场环境影响等原因外，公司连年亏损，持续经营受到挑战，未达到上市公司的要求，可能面临退市或二级市场并购的风险；八是并购重组失败，或新扩充下属单位经营难以为继。

（五）对信息技术的考虑

在实施内部控制规范时，我们也应考虑到行业特性对实施范围及方法的影响。中国证券市场虽起步较晚，但技术起点较高，从一开始就选择了一条信息化程度较高的道路。短短几年时间，在开户登记、无纸发行、委托、成交回报、清算交割、信息披露等环节就实现了全程电子化。证券公司的信息系统也已经从最初简单的交易电子化功能发展到包含交易、客户服务、业务支持、办公自动化和企业管理等多层次、多功能的运营平台。这些平台支撑着证券公司整个业务及管理流程，成为各公司稳步发展不可或缺的基础。

高度信息化的环境使得我们需要增加对信息系统的内部控制的评估，不仅作为组织运营流程的一部分，而且也是监督的工具之一，具体影响如下：

第一，在选择实施范围时，应将"信息技术"作为一个大流程，梳理相关风险控制措施，并在日常评价工作和年终全面评价工作中予以定期或不定期测试。

第二，控制手段的类型，手工控制和信息系统控制，将会影响测试的效率和样本数量，若一个特定风险点，同时有信息系统控制措施和手工控制措施，则优先测试信息系统控制措施，且这种测试在全年中都只用选取一个样本进行穿行测试，若测试结果显示有效，则可判断此环节控制有效。

第三，一些自动化控制系统或被植入相关系统，在证券行业中广泛应用于监督程序，比如相关风控部门，风管部、合规部和稽核部，都会按照分工，采用部分信息系统控制的方式对各自负责的业务及其风险领域进行日常实时监控，包括执行"持续控制监督"。这些工具通过检查出现某些特定异常情况的每笔交易或选定的交易为正常的交易流程作补充（如识别超过特定金额或特定权限的交易，分析与既定标准有出入的数据来发现潜在的控制问题，如重复支付，或者设定各种异常识别进行定期筛选报警等）。这些应用不仅能提高监督特定控制的效率、效果和及时性，而且，如果他们具备足够的精确度，在错误变得重大前将其防止或识别，就能提高整个内部控制系统或是接受监督的关键控制的效率和效果。

第四，以信息技术为载体的流程管理工作的使用，可以通过影响监督的一些活动，包括评估风险、识别和评估控制、沟通结果等，来使监督更加有效和持续。比如我们目前使用的 TeamMate、MIS 等流程工具，都为相关监督程序的运行和报告提供了统一的框架和一贯性。

第五，若公司将信息系统建设等交由外部第三方完成，则应适当考虑外部服务方的内部控制情况。

第六，信息化是行业发展大趋势，在时机成熟时考虑内控信息化。这种前瞻性的思路在国资委《关于加快构建中央企业内部控制体系有关事项的通知》中已有体现，即"推进内部控制体系建设同信息化建设的融合对接,在将制度和控制措施嵌入流程的基础上,结合企业信息化建设进程,将业务流程和控制措施逐步固化到信息系统,实现在线运行"。从我们现场交流的情况看,不少先行者已开始尝试,如中国移动就已开始尝试建设推广"SOX 在线"系统,以提升内控工作效率。

(六) 将内控自评与日常工作开展相结合的考虑

证券行业对风险高度重视,按照外部监管法规和内部管理需求,大多设立风险管理部、合规部、稽核部等,按照职责分工对相关经营活动开展事前审核、事中监控和事后检查等,工作内容、范围和性质会与内控自评工作在一定程度上产生重叠,例如:2012 年 2 月发布的《证券公司合规管理有效性评估指引》要求各证券公司"应当以合规风险为导向,对合规管理有效性进行评估,覆盖合规管理各环节,重点关注可能影响合规目标实现的关键业务及管理活动,客观揭示合规管理状况,及时发现和解决合规管理中存在的问题","证券公司可将合规管理有效性评估纳入内部控制评价,但其合规管理有效性评估工作应当符合本指引的要求,并单独出具合规管理有效性评估报告";《关于加强证券经纪业务管理的规定》要求"所有分支机构需要每三年进行一次现场稽核"、"营业部负责人离任时应当进行离任审计";《证券公司自营业务指引》要求"定期对自营业务的合规运作、盈亏、风险监控等情况进行全面稽核";广东省证监局《关于加强证券公司内部稽核工作监督管理的意见》中第四条第三款要求"每年对本公司财务管理和会计核算、信息系统、经纪业务、自营业务、投资银行业务、客户资产管理业务、证券投资咨询业务和创新业务分别进行不少于一次专项稽核";《证券公司合规管理试行规定》明确合规总监作为公司的合规负责人,"应对公司及其工作人员的经营管理和执业行为的合规性进行审查、监督和检查"。

以上工作要求占据了稽核部、合规部等类似性质部门日常工作的相当比重,且已经覆盖到部分业务及流程,内容也有部分重叠,因此,在建设阶段可适当将相关硬性要求的检查点纳入到风险控制矩阵当中,形成具有全面和综合意义的控制矩阵,在年终自评工作时也可适当予以考虑和应用日常相关工作成果,即若日常项目开展时间较早,可适当在剩余期间进行补充抽样,若较晚,则可直接在相关项目成果基础上予以评价。将内控自评与日常工作开展相结合进行考虑,不仅有利于节省有限的资源,而且有利于提高相关工作的效率与效果。

五、报告结果并出具评价报告

除了执行测试工作之外,将测试结果报送至合适的层级,以便及时修正完善,形成良好的防疫机制,这才是实施内控规范的最终目标。

关于测试结果的对内报送,《企业内部控制基本规范》规定"对于监督检查中发现的内部控制重大缺陷,应当分析缺陷的性质和产生的原因,提出整改方案,采取适当的形式及时向董事会及其审计委员会、监事会报告",此规定较为含糊,相较之COSO《监督指南》的规定则较为具体,具备可操作性。在内部报告方面,监督指南强调将识别的控制缺陷进行排序,影响排序的影响因素包括"第一,控制缺陷影响组织目标实现的可能性;第二,补偿性控制的有效性;第三,众多控制缺陷的合计影响",并根据监督目的和缺陷的严重程度确定报告的对象,并考虑了欺诈的情况,"将评估结果报告给适当的人,原则是要将发现的控制缺陷报告给直接负责该控制运行的人以及至少高一级别的有监督职责的管理层","在某些情况下,缺陷可能严重到需要与最高管理层和董事会讨论","在涉嫌欺诈的情况下,可能不报告给直接负责控制运行的人,而是报告给高一级别的管理层"。

关于对外出具自评报告,《企业内部控制评价指引》中对内控评价报告的格式及必备内容已经做了清晰界定,另外需关注的是,在《深圳证券交易所上市公司内部控制指引》和《上海证券交易所上市公司内部控制指引》中也对上市公司内部控制自我评估报告的内容做出相应规定,且与《企业内部控制评价指引》中的要求有不同之处,我们在查看证券行业较具规模的上市券商公开披露的自我评价报告中发现,各家券商自评报告的内容组织和风格也差异较大,比如兴业证券和宏源证券是按照侧重程序和组织的《企业内部控制评价指引》的要求编制并披露自评报告,海通证券、华泰证券和广发证券则是按照侧重具体内部控制设计和执行情况的在《深圳证券交易所上市公司内部控制指引》和《上海证券交易所上市公司内部控制指引》中的要求编制并披露自评报告,而中信证券和招商证券则二者兼顾。我们在编制自评报告时需要考虑到两种来自监管层的需求。

以上即是以证券公司为例,如何借鉴美国COSO监督模型,从五大步骤去建立和执行良好的监督程序,以促进企业可以最大限度地发挥监督要素的功能,促进内部控制的持续有效运行,从而为企业提供价值。

参考文献

[1] The Committee of Sponsoring Organization of the Treadway Commission. 1992. Internal control – integrated framework [R]. New York.

[2] The Committee of Sponsoring Organization of the Treadway Commission. 2004. Enterprise Risk Management – Integrated Framework [R]. New York.

[3] The Committee of Sponsoring Organization of the Treadway Commission. 2006. Guidance for smaller public companies reporting on internal control [R]. New York.

[4] The Committee of Sponsoring Organization of the Treadway Commission. 2009. 《Guidance on Monitoring Internal Control Systems》[R]. New York.

[5] 财政部. 2010. 企业内部控制评价指引, 财会〔2010〕11 号.

[6] 陈汉文, 张宜霞. 2008. 企业内部控制的有效性及其评价方法 [J]. 审计研究, 2008 年第 3 期.

[7] 陈汉文, 吴益兵, 李荣, 徐臻真. 2005. 萨班斯法案 404 条款: 后续进展 [J]. 会计研究, 2005 年 2 月.

[8] 迪博企业风险管理技术有限公司. 2012. 中国上市公司 2012 年内部控制白皮书. 2012 年 6 月.

[9] 郭燕敏. 2009. 内部控制监督要素之应用性发展: 基于风险导向的理论模型及其借鉴 [D]. 厦门大学硕士学位论文 [D], 2009 年 4 月.

[10] 鞠菲. 2006. 基于公司治理下的内部控制研究 [D]. 同济大学硕士学位论文, 2006 年 1 月.

[11] 李心合. 2007. 内部控制: 从财务报告导向到价值创造导向 [J]. 会计研究, 2007 年 4 月.

[12] 刘克宜. 2009. 内部控制要素相关性研究—以监督责任为核心 [D]. 厦门大学博士学位论文, 2009 年 4 月.

[13] 财政部. 2010. 企业内部控制审计指引, 财会〔2010〕11 号.

[14] 王光远, 刘秋明. 2003. 公司治理下的内部控制与审计—英国的经验与启示 [J]. 中国注册会计师, 2003 年 2 号刊.

[15] 王光远, 严晖. 2006. 内部审计具体准则第 21 号《内部审计的控制自我评估法》的解析 [J]. 中国内部审计, 2006 年 9 月.

[16] 王光远. 2007. 现代审计十大理念 [J]. 审计研究, 2007 年 2 月.

[17] 王造鸿, 吴国萍. 2010. 美国内部控制评价制度及其对我国的启示 [J]. 税务与经济, 2010 年 1 月.

[18] 王立勇. 2004. 杜绝内患—企业内部控制系统分析 [M]. 北京: 中国经济出版社, 2004 年.

[19] 王立勇. 2004. 内部控制系统评价定量分析的数学模型 [J]. 审计研究, 2004 年第 4 期.

[20] 五部委. 2008. 企业内部控制基本规范, 财会〔2008〕7 号.

[21] 吴水澎. 2006. 萨班斯法案 – COSO 风险管理综合框架及其启示 [J]. 学术问题研究 (综合版), 2006 年.

［22］上海证券交易所.2006.上海证券交易所上市公司内部控制指引，2006年6月.

［23］深圳证券交易所.2006.深圳证券交易所上市公司内部控制指引，2006年9月.

［24］徐明磊.2012.沪市上市公司2011年内控自我评估报告披露情况分析，2012年8月.

［25］南京大学会计与财务研究院课题组.2010.论中国企业内部控制评价制度的现实模式—基于112个企业案例的研究［J］.会计研究，2010年6月.

［26］张谏忠，吴轶伦.2005.内部控制自我评价在宝钢的运用［J］.会计研究，2005年2月.

［27］张超，陈兴述.2010.试论内部控制计分卡在监督模型中的应用［J］.内部控制，2010年9月.

［28］赵鹏飞.2006.从"后中航油时代"谈我国国有企业内部控制环境的治理［J］.集团经济研究，2006年9月.

［29］中国注册会计师协会.2011.企业内部控制审计工作底稿编制指南，2011年12月.

［30］中国证监会.2003.证券公司内部控制指引，证监会机构字［2003］260号.

［31］朱文轶.2009.中信泰富156亿港元巨亏的责任链［Z］.三联生活周刊，2009年1月.

课题编号：1106

企业集团公司内部审计管理体系研究

国家电网公司课题组

课题负责人：陈月明
课题组成员： 辛绪武　闫学文　任振良　李　涛
　　　　　　 林汉银　韩　锟　叶陈云　卢　蕙
　　　　　　 张　颖　朱永彦　余中福　简建辉
　　　　　　 龙成凤　胡　浩

【摘要】　内部审计作为现代公司治理结构中的一个重要组成部分，对于促进大型企业加强集团化运作、确保战略目标顺利实现具有十分重要的作用。本课题研究报告基于管理学视角，以价值增值为目标，重点针对国有独资及国有控股的企业集团公司进行分析研究，采用系统分析、经验研究等方法，构建了体系结构合理、要素有机关联、系统互动运行的创新型企业集团公司内部审计管理体系框架。

　　本课题依据国内外理论研究成果，立足企业集团公司内部审计管理实践，从服务于组织战略的视角，提出企业集团公司内部审计管理体系是以科学战略规划为指引，以审计功能发挥为目标，以合理组织架构为依托，以流畅运行机制为核心，以客观综合评价为手段，以健全保障机制为支撑的管理系统。根据IIA关于内部审计的最新定义，确立了增加组织价值的内部审计战略目标，构建了包含环境分析、规划内容和规划实施在内的内部审计战略管理体系；依托企业集团公司战略管控特质以及治理结构特征，立足于提高内部审计工作的独立性和客观性，构建了治理型、管理型两种内部审计功能定位模式；阐述了企业集团公司内部审计组织架构及其管理模式；设计了战略层、执行层两个层面的包含组织、计划、协调、控制等内部审计管理活动的运行机制；以平衡记分卡法为基础建立了六个维度34项指标的内部审计综合评价体系；搭建了涵盖文化、人力资源、信息技术和经费等方面的保障机制框架。

【关键词】 企业集团公司 内部审计 管理体系

绪 论

一、问题的提出

（一）课题研究背景

审计署拟定了"企业集团公司内部审计管理体系研究"课题项目，作为审计署2011年至2012年公开招标内部审计科研课题，于2011年4月27日发布。审计署顺应内部审计发展的新形势，与时俱进地提出研究创新型企业集团公司内部审计管理体系，具有十分重要的现实意义。审计专家诺曼·马克斯指出："从来没有一个时代像现在这样给内部审计带来如此巨大的挑战，也从来没有一个时代像现在这样给内部审计带来如此丰富的机会。"当前，内部审计正面临着来自两个维度的挑战：一是内部控制的纵深度挑战，内部审计对象不仅限于"钱财"方面，而是向更多的管理领域延伸；二是公司治理的拓展度挑战，内部审计职能不仅限于对企业高级管理层负责，同时还承担了对股东、利益相关者以及社会的受托责任（王立彦，2003）。可见，大型企业集团公司内部审计管理工作已成为关注的焦点。

本课题基于我国企业集团公司发展的新阶段和内部审计发展的新挑战，立足企业集团公司的管理特征、治理结构、管控模式，研究如何建立适合我国企业集团公司发展要求的目的明确、内容完善、运行高效、特色鲜明的内部审计管理体系，为进一步提高内部审计管理工作效率提供理论指导和实践参考。同时，研究成果也可为我国企业集团公司治理层或管理层进行科学的战略决策与运营管控提供咨询和参考。

（二）课题研究意义

改革开放以来，我国大型企业集团公司的内部审计管理工作历经三十多年的探索，取得了显著成效，但也存在一些突出问题：内部审计管理思维方式还有待变革创新，内部审计管理运行机制还不能完全适应快速发展的需要，内部审计管理体系还没有形成系统化的结构框架等。课题组认为，深入研究创新型的企业集团公司内部审计管理体系具有十分重要的现实意义。

1. 构建创新型的内部审计管理体系是适应企业集团快速发展的需要

为加快国有经济布局和结构调整步伐，国务院办公厅转发了《国资委关于推进国有资本调整和国有企业重组指导意见的通知》（国办发〔2006〕97号）。近年来，通过企业重组和资源整合，推动国有资本向重要骨干企业集中，形成了一批具有较强竞争力的大公司大集团，中央企业户数由国资委成立时（2003年）的196户减少到目前的118户。截至2012年，美国《财富》杂志公布的世界500强中，国资委监管的中央企业由2003年的9户增加到42户。加快国有企业股份制改革，改制为公司制企业的中央企业及其所属子企业的比重由2003年的30%增加到目前的70%。中央企业整体上市或主业资产上市步伐不断加快，截至2010年底，实现主营业务整体上市的中央企业有43家，中央企业控股境内外上市公司达336家，中央企业资产总额的52.88%、净资产的68.05%、营业收入的59.65%都在上市公司。改制后的企业，按照公司法的要求，初步建立起现代企业制度所要求的组织框架和运作模式。尤其是国资委成立后推进的中央企业董事会试点，拓展了仅在上市公司和其他多元投资主体企业建立健全董事会制度、完善公司治理结构的内容。目前，中央企业董事会试点企业已达30多家。经过多年的探索和演变，我国已经形成了不同于欧美国家的混合治理模式。

随着国有及国有控股企业资产重组、转型改制不断深入，经营规模、管理幅度不断扩张，经营形式、竞争模式不断创新，集团化、多元化、国际化的经营特征日益凸显。内部审计作为公司治理结构不可缺失的重要组成部分，对于健全公司治理，促进公司稳健发展具有重要意义。构建创新型的内部审计管理体系，已经成为我国企业集团公司健全治理结构、保障快速发展的现实需要。

2. 构建创新型的内部审计管理体系是适应内部审计工作转型发展的需要

内部审计自1941年正式成为一项职业以来，对于内部审计内涵和外延的研究不断深入。从国际内部审计师协会（IIA）发布的内部审计定义可以看出，全球内部审计工作是在不断创新中提升发展的。1947年IIA首次提出内部审计定义为："内部审计是建立在审查财务、会计和其他经营活动基础上的独立评价活动。为管理提供保护性和建设性的服务，处理财务与会计问题，有时也涉及经营管理中的问题。"也就是说，内部审计范围主要是财务和会计事项，也可考虑经营事项。1957年重新修改颁布的新说明书所确定的审计范围，除检查会计财务事项外，加上了"其他经营事项"。1971年修订为："内部审计是建立在审查经营活动基础上的独立评价活动，并为管理提供服务，是一种衡量、评价其他控制有效性的管理控制"。定义取消了"建立在财务会计基础上"，保留了"建立在审查经营活动基础上"，这表明内部审计从财务审计向经营审计的方向发展。1978年IIA首次制定的《内部审计实务标准》重新阐述了内部审计定义，将内部审计服务对象由先前的"管理当局"扩大到"整个组织"。1993年IIA定义"内部审计是在组织内部建立的一种独立的评价职能，目的是作为该组织的一种服务工作，对其活动进行审查和评价，以合理成本促进控制工作的有效开展，以帮助组织成员有效地履行责任"，主要是强调评价职能。1999年首次用"咨询"取代"评价活动"，"评价和改进风险管理、控制和治理过程的效果"，预示着内部审计的发展实现了由管理审计向风险评估转变，开始强调内部审计的价值增值。2004年的定义，服务对象范围更加广泛，不仅为增加本组织价值提供服务，还为组织的所有利益相关者服务。2011年，强调了内部审计是一种独立的、客观的确认和咨询活动，旨在增加价值和改善组织运营。

构建创新型内部审计管理体系，内部审计才能与时俱进地成为企业价值增值资源，实现内部审计领域从公司治理领域向风险管理、战略管理等领域延伸；内部审计职能从财务审计向业务审计、管理审计和风险审计过渡；内部审计从业务导向型、管理导向型向风险导向型发展。

3. 构建创新型的内部审计管理体系是适应内部审计管理规范发展的需要

审计署审计长刘家义（2008）提出现代国家审计作为国家的"免疫系统"，有责任更早地感受风险，有责任更准确地发现问题，有责任提出调动国家资源和能力去解决问题、抵御"病害"的建议，有责任在永不停留地抵御一时、一事、单个"病害"的同时，促进其健全机能、改进机制、筑牢防线。企业内部审计机构要成为所在单位的"免疫系统"，不仅要成为现实资产的守护者、财务账表的复核者，更要当好为企业高层提供风险前瞻的瞭望者。

财政部会同审计署等部门印发的《企业内部控制基本规范》（2008）明确要求，内部审计机构应当结合内部审计监督，对内部控制的有效性进行监督检查。内部审计机构对监督检查中发现的内部控制缺陷，应当按照企业内部审计工作程序进行报告；对监督检查中发现的内部控制重大缺陷，有权直接向董事会及其审计委员会、监事会报告。

国资委《中央企业全面风险管理指引》（2006）规定，中央企业内部审计部门在企业内部管理中承担着全面风险管理"第三道防线"的重要职责。国资委《关于加强中央企业经济责任审计工作的通知》（2008）要求，中央企业内部审计部门在强化领导干部的履职管控等方面负有重要职责，应根据《中央企业内部审计管理暂行办法》、《中央企业经济责任审计管理暂行办法》（2004）规定，改进经济责任审计方式，扩大审计范围。

对企业集团公司内部审计管理体系进行研究、学习、提炼与总结，借鉴国际、国内大型企业集团公司建立内部审计管理体系的成功经验，基于审计理论研究的最新成果，以及企业集团公司经营管理实际，提出建立内部审计管理的基本架构，重构工作运行机制，理顺工作职责，改进工作方式，健全各项保障措施，是我国现代企业集团公司对内部审计工作新要求的必然选择。

二、研究内容与方法

（一）研究内容

本课题研究的主要内容是：

1. 基于管理学视角，在系统梳理内部审计管理活动，以及深入分析企业集团公司内部审计管理特性的基础上，研究提出企业集团公司内部审计管理体系框架，即企业集团公司内部审计管理体系应包括的内容，以及各要素之间的互动关系，科学界定本课题的研究对象，并以此为基础构建逻辑严密、内容完整的理论架构。

2. 从内部审计作为公司治理重要环节，促进企业价值增值的目标出发，对审计战略进行研究，确立内部审计的战略目标，构建包含内部审计战略环境分析、规划内容和规划实施在内的相互作用、相互依存的内部审计战略管理体系。

3. 通过对企业集团公司战略管控特质以及治理结构特征的分析，将内部审计作为企业集团公司加强管控、改善治理的重要管理活动之一，研究分析内部审计的功能定位，并由此研究分析相应的组织管理架构与运行机制。

4. 将内部审计作为企业集团公司价值链中重要的辅助价值增值活动，在总结分析现有的内部审计评价机制的基础上，基于先进、科学的绩效评价方法、评价模型，根据内部审计管理特性进行改进、优化，建立科学的内部审计综合评价机制框架，包括指标设计、模型构建、评价方法以及结果应用等，为内部审计管理实践提供思路和方法。

5. 基于企业集团公司管控特性，以及构建创新型内部审计管理体系的目标要求，从企业文化、人力资源、信息技术、工作经费等对内部审计管理实践具有重要影响的四个方面，研究构建协调、有力的保障机制框架。

（二）研究方法

本课题是针对国有企业集团公司应如何加强改进内部审计管理工作而进行的整体研究，在研究过程中采用规范研究与实证研究相结合的方法。

1. 规范研究

将内部审计作为企业集团公司一项重要的管理活动，站在公司治理的高度，在对内部审计管理活动各方面进行深入分析的基础上，应用管理学理论，以及内部审计管理理论发展的最新成果，系统阐述内部审计的战略、功能、组织架构、运行机制与工作评价等一系列问题，为构建企业集团公司内部审计管理体系建立理论基础。

2. 实证研究

（1）访谈调研。课题组以国有大型骨干企业集团公司为抽样访谈对象，在综合考虑行业、公司规模、公司性质、行业影响力等因素后，从中选取 5 家典型企业作为访谈对象开展了面对面访谈，访谈对象覆盖石油化工、电力能源、通信网络、银行以及金融控股等主要行业领域，并在其中选取一家企业，对该企业所管理的二级、三级单位的内部审计管理工作进行现场调研。课题组从访谈调研中总结、归纳企业集团公司内部审计管理的实际做法，支持构建企业集团公司内部审计管理体系。

（2）问卷调查。课题组以国有大型骨干企业集团为重点，以涉及石油化工、电力能源、通信网络、航空运输、设备制造、银行以及金融控股等多个行业的 10 家大型企业集团为样本完成了问卷调查，既了解这些企业集团公司在内部审计管理方面的实际做法及其特征，又分析了受访者对改进内部审计管理的期望与设想，进行理论概括，为构建企业集团公司内部审计管理体系提供实证支持。

（3）案例研究。课题组主要研究了 ABB、西门子等国际大型企业集团，以及中国石化、中国神华、五大国有商业银行等国内大型企业集团的内部审计管理实践，为构建内部审计管理体系提供了有益借鉴。

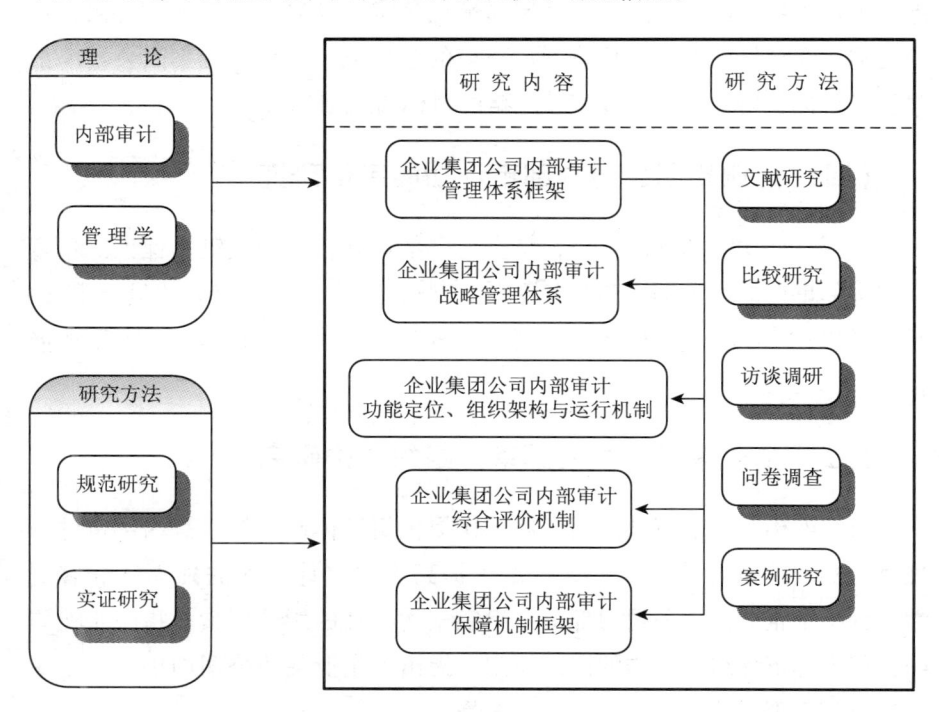

课题研究的技术路线图

三、研究报告结构

(一) 绪论

绪论主要阐明本课题的研究背景、研究意义、分析视角与研究方法、主要内容以及篇章结构等。

(二) 企业集团公司内部审计管理体系的理论基础研究

本章通过回顾内部审计管理的相关理论研究成果，分析企业集团公司的管理特征、治理结构、管控模式，以及内部审计的价值与特性，提出我国企业集团公司内部审计管理体系的基本框架。

(三) 企业集团公司内部审计战略规划研究

内部审计战略规划研究是企业集团公司内部审计管理体系构建的起点。本章利用内部审计战略规划实施情况的调研结果，剖析目前普遍存在的问题，在分析内部审计战略制定环境的基础上，依据企业集团公司的最终发展目标，研究明确内部审计战略的目标与实施方式。

(四) 企业集团公司内部审计功能定位研究

内部审计功能的准确定位，是实现内部审计目标的关键和保证。本章根据内部审计的设立动机和服务重点，以及 IIA 关于内部审计的最新定义，研究提出内部审计的功能定位模式，分析不同模式的适用条件和功能特性。

(五) 企业集团公司内部审计组织架构研究

组织架构为内部审计部门开展工作提供组织体制支持，是内部审计管理目标实现的重要依托。本章立足于提高内部审计工作的独立性和客观性，分析了企业集团公司内部审计组织架构设计的影响因素，指明企业集团公司内部审计组织架构的设计原则，提出了企业集团公司内部审计组织架构及其管理模式。

(六) 企业集团公司内部审计运行机制研究

运行机制是企业集团公司内部审计管理体系的核心和关键环节。本章分析了企业集团公司内部审计运行机制的影响因素，提出了企业集团公司内部审计运行机制的基本框架，划分了内部审计管理工作的层级，并明确各层级在审计管理活动中的工作侧重点。

(七) 企业集团公司内部审计综合评价机制研究

综合评价是对内部审计进行的全方位评估和反馈，是改进内部审计管理的重要手段。本章分析影响内部审计综合评价的内、外部因素，提出内部审计综合评价机制的构建思路，设计了包括评价主体、评价对象、评价内容、评价方法、评价模型和评价结果等六要素的评价体系。

(八) 企业集团公司内部审计保障机制研究

企业集团公司内部审计管理体系的高效运转，离不开一系列坚实有效的保障条件和措施。本章分析了保障机制建设的影响因素，提出了企业集团公司内部审计保障机制框架，阐述了保障机制的构建目标、原则和具体内容。

(九) 结论

提出了本课题的创新成果，分析了本课题研究的局限性，指出了后续研究的方向。

第一章　企业集团公司内部审计管理体系的理论基础研究

一、内部审计管理相关理论研究综述

内部审计已经发展成为一个独立的职业和学科，在其发展历程中也遵循着客观事物运行的一般规律。随着欧美国家商业活动规模的增加及范围的扩大，管理者产生了对分离的内部鉴证职能的迫切需要，对经选择的业务事项进行细致、综合和解释性的报告成为内部审计的初始阶段（Mautz，1964）。可以说，社会需要产生了内部审计，并使之成为现代组织中一个必要的组成部分，任何大型组织都不能回避它。

我国内部审计工作起步于 20 世纪 80 年代。1983 年 9 月，中国石化总公司率先成立审计部，开展内部审计监督活动；2004 年 8 月，国资委发布的《中央企业内部审计管理暂行办法》，则要求所管辖的国有企业应当认真组织做好内部审计工作，及时发现问题，明确经济责任，纠正违规行为，检查内部控制程序的有效性，防范和化解经营风险，维护企业正常生产经营秩序，促进企业提高经营管理水平，实现国有资产的保值增值。

（一）内部审计概念研究

内部审计是组织加强控制的工具。1941 年，美国人维克托·布林克出版了世界上第一部内部审计理论与实务专著《内部审计－程序的性质、职能和方法》，从而宣告了内部审计学的诞生，指导人们对内部审计活动进行管理，提高审计工作绩效，帮助公司管理人员更深更好地理解内部审计作为加强控制的工具的优点。

内部审计主要是为组织运营服务。作为"现代内部审计之父"的劳伦斯·索耶于1973年撰写并出版了《现代内部审计实务》一书，将现代管理科学与内部审计职业实践融为一体，强调业务导向和管理导向的综合审计。索耶认为，现代内部审计通过评价组织的全部经营活动来为组织服务，审计人员应将视野转向业务审计和管理审计，这需要新的态度、方法、分析和思想。索耶将重点放在管理审计上，认为管理审计是从企业顾问的角度审视经营活动，试图从业务审计人员发现的缺陷中透视隐蔽的违背管理原则的行为，帮助管理层更加经济、更有效率、更有效果地进行管理。

  内部审计是组织治理不可或缺的部分。国际内部审计师协会研究基金会集合了内部审计理论界和实务界享有盛誉的多位学者的成果，编著了《内部审计思想》一书。该书对内部审计的本质问题进行了深入探讨，以内部审计职业化为背景讨论了独立性与客观性的重要性，认为独立性依附于客观性，一味执著于独立性容易造成内部审计部门和被审计单位的冲突与对立。因此，不要过分强调独立性，而应重点关注客观性。它将内部审计置于组织治理的框架下予以考察，分析内部审计活动的利益相关者及内部审计的作用，视内部审计为组织治理不可或缺的一部分；强调以良好的公司治理为目标，以风险管理为核心，视控制为一个业务，内部审计的基本治理活动就是进行"风险监控"和提供"控制确认"。

  内部审计的目的是为组织增加价值。1996年，国际内部审计师协会研究基金会启动了以建立内部审计全球性框架为宗旨的研究项目，形成了《内部审计的未来：特尔菲研究》报告。该报告提出了内部审计要从注重风险防范、提供增值服务、帮助组织实现其目标的方向发展。国际内部审计师协会指导任务小组（GTF）1999年发布的报告对内部审计未来的展望提出了四重目的，即增加内部审计的经济价值；确保一贯高质量的内部审计；加强内部审计的职业地位；赢取对内部审计的广泛市场认识。2003年，中国内部审计协会在其公布的《内部审计基本准则》中将内部审计定义为一种独立客观的监督和评价活动，通过审查和评价经营活动及内部控制的真实性、合法性和有效性来促进组织目标的实现。王光远（2007）指出：内部审计服务于组织各个层次，它能给企业带来收益、增加组织价值。我们应该研究内部审计的价值体现在哪里，如何为众多的内外部客户提供服务，如何实现价值。目前国际上公认的组织目标是组织价值最大化，该定义虽然没有直接提出"为组织增加价值"的概念，但其"促进组织目标的实现"也暗示了"为组织增加价值"的目标。

（二）内部审计战略研究

国外最新研究认为，内部审计可以通过评价、改进风险管理和内部控制与公司治理过程中的效果，帮助组织实现其战略目标等手段来达到增值的目的。为了满足外部投资者对提升公司治理的需求，管理层要求完善各种职能以实现价值增值的目标（Zoellick 和 Frank，2005）。为了增加企业价值，内部审计必须调整战略需求，满足审计委员会、管理层及外部审计人员的需要，成为企业战略实施的支持者（Simons，2000）。

在复杂多变的市场环境中，企业面对着许多不确定因素，这些因素都对企业的经营成败起着重要作用。内部审计师作为公司的一员，在各种类型的公司业务中都有着重要的利益，自然有浓厚的兴趣促使这些业务尽可能给公司创造更多的效益（Brink 和 Cashin，1958）。通过内部审计，可以及时了解内外环境因素的变化，为经营决策提供政策上和经济上的论证；针对经营中出现的内部管理问题，提出具体并可操作的改进意见和建议；对企业各种决策实施后取得的经营成果进行评价，使企业经营者能够迅速了解决策行为是否完善，企业资源是否得到充分利用，以便及时调整决策，修正战略的制订与执行，促进提升企业价值。

（三）内部审计功能研究

在内部审计的历史发展进程中，其功能和工作范围已经扩展到几乎对所有经营事项的验证，现代内部审计又将其重点逐步从为管理而审计发展到对管理进行审计上来（Reeve，1986）。自 2001 年内部审计的最新定义颁布以来，对内部审计功能的研究便受到理论界的广泛关注。安然、世通事件的发生，《萨班斯—奥克斯利法案》（SOX）等相关规定的出台，更是将该项研究推向高潮。国际内部审计师协会自身对于内部审计功能的理解也是一个不断完善和深化的过程：从对财务和会计问题进行独立评价，到关注商业活动的各个阶段；从发现舞弊行为到协助管理人员履行其职责；时至今日，内部审计准则已将内部审计定位于通过内部控制、公司治理和风险管理的整合来实现其为组织增加价值的目标。

IIA 最新定义的内部审计主要具有确认服务和咨询服务两大功能：确

认服务是内部审计的一项传统职责，是为了提供对组织风险管理、控制及公司治理流程的独立评估而进行的客观审查，其工作内容包括财务、经营绩效、合规性、系统安全、责任履行等；咨询服务是内部审计人员利用自身的独特优势，建立与客户服务有关的作业，旨在改善运营并增加组织的价值，从而在竞争中取得优势，包括顾问服务、程序设计及培训等。如果配合得当，这两个方面能构成一个供应链，反映出组织如何将原始投入转变为对客户有价值的产品，从而提高组织的活力。随着公司治理浪潮的兴起，内部审计职能面临着两方面的拓展，即保证和服务两项基本职能的自身拓展以及确认服务向咨询服务的拓展，主要体现在绩效审计、遵循鉴证、战略审计、控制自我评估、风险管理审计等（蔡春等，2006）。

（四）内部审计组织架构研究

内部审计作为企业内部控制活动的一部分受到公司治理的制约，不同组织管理模式下，通过对内部审计权力的配置、制衡、激励和约束的安排，使得内部审计有不同的效益、效率和效果。国内外内部审计机构设置模式主要有三种：一是董事会主导的内部审计机构，在英美等公司治理结构较完善的国家较多使用董事会主导的内部审计机构模式，把内部审计机构设在董事会有利于保持内部审计的独立性、客观性和较高层次地位；二是监事会主导的内部审计机构，这种模式在德国最为典型，监事会和内部审计机构都是企业内部监督组织，监事会下设内部审计机构，使监事会有了实施监督职能的信息资源，提升了内部审计机构的地位和作用；三是总经理主导的内部审计机构，这样一种机构设置意味着内部审计机构只是一个普通职能部门，执行更多的是管理工作，主要接受管理层的管理。

国际内部审计师协会 2003 年公布对 CAO（Chief Auditing Officer）调查的报告显示，90% 的回答者满足于内部审计的功能和其直接向审计委员会报告的关系；67% 的回答者承认会定期与审计委员会单独会面；28% 的回答者认为只有在被召唤时才与审计委员会单独会面；6% 的回答者则认为不允许与审计委员会单独会面。由 Philomena Leung、Barry Cooper 和 Peter Robertson 执行的调查发现，内部审计师都赞同与首席执行官和审计委员会的定期沟通，但内部审计师似乎更关心来自管理层支持的水平。总经理下设内部审计机构的模式使得内部审计更接近经营管理，对经营管理信息掌握得更全面、准确，有利于发挥其管理咨询、提高经济效益的功能。但这样一种机构设置意味着审计机构既要接受管理层的领导又要对其进行评价考核,则评价结果很难客观,这种情况下内部审计人员往往屈从于压力做出有利于管理层的评价。

我国国有企业基本都设有内部审计机构并不断发展内部审计职能,《中国国有企业内部审计发展研究报告》(2008)指出,国有企业内部审计机构在组织中存在六种形式:隶属于高级管理层;隶属于财务部门;与纪检监察合署办公;董事会与高级管理层双重领导;垂直管理;高级管理层与监事会双重领导。其中62.62%的企业内部审计归高级管理层领导。这种机构设置赋予内部审计机构审查中级管理活动的权力,但难以审查公司的高级管理层,难以对其经济责任进行独立的监督和评价。垂直管理是逐渐兴起的一种组织管理模式,银监会更是以制度规定的形式在商业银行广泛推行,这种管理模式提高了集团总部内部审计机构相对下属单位的独立性,但是容易诱发下属单位与企业集团公司总部的博弈行为,增加内部管理成本。

(五) 内部审计运行机制研究

国际内部审计专业实务标准2000要求首席审计执行官应该有效地管理内部审计活动,以确保其增加组织的价值。这些内部审计活动包括管理活动,如制订一项审计计划和分配审计任务。国际内部审计专业实务标准2200声明:内部审计师在开展每项业务时都应制订并记录业务计划,包括审计业务的工作范围、目标、时间安排以及资源分配。为了与国际内部审计专业实务标准中的实务公告2010条款计划相一致,内部审计活动必须利用以风险为基础的技术制订相应的审计计划。国际内部审计师协会知识共同体(Common Body of Knowledge,简称为CBOK)2006年进行的全球调查显示,86.7%的首席审计执行官表示按照标准2010条款使用风险评估方法制订年度审计计划;73.1%的首席审计执行官表示,在制订审计计划时,还需要额外考虑管理部门的要求。

内部审计的定义和国际内部审计专业实务标准2100概括了内部审计活动的工作性质:评估并协助改善治理、风险管理和控制过程。调查显示排名前六位的业务分别是内部控制审计(85.6%)、运营审计(79%)、舞弊和违规调查(56.3%)、财务审计(56%)、道德审计(47.1%)和管理效果审计(48.5%)。

国际内部审计专业实务标准 2340－1 规定：内部审计机构应当对审计业务进行适当的督导，以保证审计质量，实现审计目标。督导是一个从计划开始并贯穿业务活动始终的过程，包括具有职业能力的审计人员的选派、参与制订审计方案并确保执行，要求对业务记录进行复核，以确保支持审计报告和执行了必要的审计程序。

国际内部审计专业实务标准 2500 规定：审计执行主管应设立并维持一个体系，对报告给管理层的审计结果的处理情况进行监测。国际内部审计专业实务标准 2500.A1 条更为具体的规定：内部审计执行主管应建立后续审计过程，以监督、保证管理行为得到了有效的落实，或者高级管理层已经接受了不采取行动所带来的风险。

（六） 内部审计评价体系研究

Perry（1998）提出了改善和提高内部审计生产力的十大原则，他主张建立一个良好的激励奖惩制度，建立一套科学的业绩考核标准，以及一个可以计量的、明确的、工作结束后可以客观评估的审计目标。为了衡量内部审计生产力水平，他还提出了一系列指标体系。在国际内部审计师协会研究基金的资助下，Albrecht 等（2000）完成了一份名为《评估内部审计部门的业绩》的研究报告，该报告研究了内部审计对组织的贡献或内部审计的效益、内部审计的内部业绩评价和外部业绩评价原则，提出了考量内部审计部门有效性的数量性标准、质量性标准、反馈性标准。在此基础上，通过调查问卷的形式就组织的内部环境、内部审计部门和内部审计人员的特质对内部审计工作有效性的影响进行了深入分析研究，归纳出具有决定性作用的 23 个影响因素。Ziegenfuss（2000）对全球审计信息网络（GAIN）中的 84 个指标进行了检查，根据参与全球审计信息网络调查项目的内部审计执行主管的意见，列出了最为重要的 25 个绩效指标。Farmer（2004）在对内部审计绩效评价的理论研究和实践调查的基础上，得出了一个内部审计绩效评价的框架。

王光远（2002）介绍了国际上和美国一些知名公司对内部审计的业绩评价标准。卫晓玲（2004）提出了现代内部审计方式的精髓是参与式审计，即在整个审计过程中及时地反馈信息，与其他部门共同分析问题，一起探讨改进的可行性措施以及进一步的行动计划，从而充当经营管理人员加强内部控制、改善经营管理、完成所负经济责任的参谋和助手。同时，卫晓玲还利用平衡计分卡的模型从顾客、财务、内部业务流程、学习与成长四个维度提出了内部审计业绩评价指标。

由此可见，对内部审计评价体系虽然已经形成一定的研究和归纳成果，但由于这些指标缺乏内在的系统性和连续性，并没有形成综合的统一的评价标准。

（七）内部审计其他管理理论研究

目前，对内部审计文化、内部审计人员专业胜任能力、内部审计信息化建设等方面的研究较多。在内部审计文化方面，一般认为，审计文化是在审计工作过程中形成的具有本行业特点的工作技艺、行业风格、行为模式等，总体包括确定责任与真实、服务权力与公众、恪守独立与谨慎、遵循准则和规范、追求能力与修养、崇尚理性与证据、主张证明与公开、维护秩序与法制等内容。在内部审计人员专业胜任能力方面，一般认为，内部审计的发展对内部审计人员提出更高要求，必须具备广博的知识、多元化的技能以及处理人际关系的能力和技巧，使内部审计职能得以发挥，内部审计增值目标得以实现。在内部审计信息化建设方面，一般主张建设覆盖面广、集成度高、信息共享的内部审计信息系统，能够实时获取所需数据，实现在线监督，为内部审计管理、内部审计作业提供全面的信息化支撑。

二、企业集团公司内部审计特性

由于本课题研究的企业集团公司内部审计管理体系，是企业集团公司管理体系这一大系统范畴下的子系统，因此，本课题组从企业集团公司的管理特征、治理结构和管控模式等视角入手进行研究，进而引申出对内部审计特性等相关内容的研究，是进行企业集团公司内部审计管理体系研究的基础和前提。

（一）企业集团公司管理特征

在我国的企业实践中，企业集团公司是一个法人经济实体，必须进行企业法人登记。企业集团公司有多种称号，如控（持）股公司、母公司、集团母公司、集团公司等，本课题使用的企业集团公司概念涵盖了上述称谓的内涵。

本课题重点针对国有独资及国有控股的企业集团公司进行分析研究。国有独资企业集团公司由国家全额出资，受公司法规范，以社会公共目标为主，经济目标居次，主要是典型的自然垄断企业和资源类企业，如铁路、自来水、天然气、电力、机场等。国有控股企业集团公司是指在企业的全部资本中，国家资本股本占较高比例，并且由国家实际控制的企业，受公司法规范，兼具社会公共目标和经济目标，以经济目标支撑社会公共目标，主要是准自然垄断企业和国民经济发展的支柱产业，如电子、汽车、医药等。

企业集团公司一般具有以下管理特征：

1. 总部角色体现二维性

在英美等国，大企业作为上市公司，其股权结构高度分散（尽管很多公司一开始也为家族所创设，但经过多年不断增资扩股，已不再被家族所控制），这就是西方理论界提出"Berle–Means 命题"（股权高度分散、管理层控制公司）的背景，并引发"代理理论"的兴起。但从全球角度来看，非英美等国的大型企业大多存在控股股东，且控股形式多为家族式控股。我国企业集团公司存在控股股东，且本质为"国有"，并呈现出"国资委—集团公司"这样一种基本的控股架构。在这一架构中，集团公司的角色是二维的：一方面，行使受托人职责。作为国家独资设立或国家控股设立的国有公司，对国有资产的保值增值负责（面对国资委）；另一方面，被"股东"授权对其全资、控股、参股企业行使"出资人"权力，在相关国有资产的资产受益、重大决策和选择管理者等方面拥有对下属企业的管理控制权。

2. 权力结构为金字塔型

企业集团公司由于产权层级多、经营规模大、内部产权关系复杂，在管控上通常实行的是金字塔型的纵向控制结构模式，权力逐级向上集中。在该模式下，集团公司的股本规模、控股结构及大股东地位并不会因为集团规模扩大而自动改变（除非集团公司主动引入战略投资者或进行外部股权融资等），或者说，纵向控制结构有利于在维持集团"老股东"所占份额不变情况下，通过衍生多级下属投资，来追求其规模的外延增长：集团公司可以以少量资本且在不改变股权结构的情况下，利用资本的杠杆作用，扩大集团规模的外延增长，并"杠杆化"其集团公司的股权投资收益。当然，金字塔式控制结构也会带来潜在的投资风险，如因信贷规模扩大而使集团"过度杠杆化"；控股链条的拉长可能会削弱集团公司的管控能力、增加管理级次与管控成本，以及因资源配置无序、信息不对称等所带来的投资过度、投资质量下降等问题。

在我国，金字塔型纵向控制结构不是企业集团控股方案的一种备选形式，而是制度环境使然下的"必然"结果。一方面，中国资本市场的发展程度还不足以支持集团公司的规模扩张；另一方面，中国企业集团公司的控股股东对保持其控制地位有强烈的渴望与审慎，同时，中国的商业银行为这一切提供了外在助力。

3. 集团运作趋向一体化

在我国企业集团公司发展的历程中，"先有子公司后有母公司"几乎是集团公司形成的一种典型方式。因此，组建初期的被"生成"的集团总部往往在业务经营、管理能力、信息拥有等各方面都不及下属公司，集团总部在管控监督力度上处于相对弱势。随着国家产业发展规划的逐步实施，在国资委的强力支持下，不少企业集团公司开始进行产权制度的变革，使得集团总部开始由"名义控股"变为"实际控制"。集团总部在资源配置、管理控制体系建立、战略及组织架构调整、人员安排等方面，都推行一体化管控要求，强化集团总部的管控能力，日益显现出强势、主导地位。

4. 业务领域呈现多元化

国有独资和国有控股企业是我国国民经济的中流砥柱，在几乎所有的工业领域占据着主导地位。在国资委管理的中央企业中，资产总额超过1000亿元的企业有50多家，营业收入超过1000亿元的企业有40多家，2012年进入美国《财富》杂志世界500强的中央企业达到42家，一大批中央企业不仅是国内行业排头兵，在国际市场上也有很强影响力。这些企业集团凭借其雄厚的财力，普遍采用多元化投资经营战略，注重产品系列化和产业的多元化，实行经营层次和经营产品的多元化，通过进入市场经济的多种领域，增强其竞争发展能力，提高其抵御不同市场风险的能力，以加速整个集团资本扩张与资产增值速度。

(二) 企业集团公司治理结构

作为现代企业制度中最重要的组织架构，公司治理结构是明确划分股东会、董事会、监事会和经理层之间的权责利及明确相互制衡关系的一系列制度安排。通过这样一种以系统化控制为特征、以监督与约束为手段、以利益相关者权益制衡为目的的制度安排，企业决策层就可以形成清晰的利益分享制度和决策保障机制，确保企业生产经营管理活动的有序、有效与可持续发展。

近年来，国资委将完善国有企业的公司治理结构列入了重要工作日程，采取一系列措施推动治理结构的完善。倡导我国大型国有企业集团公司通过大规模扩张、资源重组等方式实现跨越式发展，以提高其在国内外市场上的核心竞争能力。但由于管理体制、运营方式与规模过度扩大和多元化经营等方面的不适应，各种经营风险也在不断积聚增大；同时，鉴于我国立法体系、金融模式和传统文化等制约，国有企业集团公司的治理结构运行状况实际上与理论效果相去甚远。企业集团公司的治理结构依然体现为一种混合治理模式，具备双重特征：一方面依据我国公司法的规定，股份制公司应采用类似于德日的公司董事会与监事会并行的水平式双层制模式；另一方面，2002年《上市公司治理准则》又突出强调企业应采用英美法系的独立董事制度下的单层制模式。

公司治理结构和内部审计相互作用，互为影响，二者间的有机结合可以对企业集团公司内部控制与风险管理行为产生积极、良好的促进作用，进而有效创造和提升企业集团公司的整体价值。内部审计是公司治理结构的重要组成部分之一，内部审计通过识别和预防风险，通过监督和检查公司内部控制结构，可以客观反映管理控制薄弱环节，帮助规避经营风险，客观上会对组织的经营管理者和其他职能部门产生威慑作用，使其必须维持良好的控制系统，并努力改善工作绩效。因此，企业集团公司内部审计是公司治理结构趋于健全的保证，公司治理结构的完善及其作用的发挥离不开内部审计。另一方面，公司治理结构适当与否对内部审计监督行为的效率与效果会产生显著的影响。如公司治理结构是实施内部审计的制度环境，会直接影响内部审计机构的设置，影响治理层或管理层对内部审计的重视程度和对内部审计成果的应用效果。因此，企业集团公司的治理结构是促使内审计有效开展、保证内部审计功能有效发挥的前提和基础。

（三）企业集团公司管控模式

企业集团公司的管控，是指为了实现集团的战略目标，通过对下属企业采用层级的管理控制、资源协调分配、经营风险控制等策略和方式，使得企业集团公司组织架构和业务流程达到最佳运作效率。

企业集团公司的管控模式可以分为狭义和广义两个层次。狭义的管控模式，是指对下属企业基于集权分权程度不同而形成的管控策略。广义的管控模式，不仅包括企业集团公司与各下属公司的角色定位和职责划分，还包括企业集团公司治理结构、组织架构的具体形式、对企业集团公司重要资源的管控方式（如对人、财、物的管控体系）、绩效管理体系、工作流程体系以及管理信息系统等相关内容。

本课题主要研究狭义的管控模式。管控模式的选择，本质是对集团集权与分权的度的把握，实现整个集团各层级权、责、利的平衡。按集权、分权的不同程度，管控模式可划分成运营管控型、战略管控型和财务管控型。这三种管控模式各有特点，现实中，企业集团公司更多的是以一种模式为主导的多种模式的综合。战略管控型由于较为合理地平衡了运营管控型和财务管控型两个集权和分权模式，目前世界上大多数集团公司都采用或正在转向这种管控模式（王琦，2011）。

在战略管控型模式下，企业集团公司加强管控的目标是为集团整体创造合理的附加价值，为集团整体目标的实现发挥积极的作用，并因此承担以下六方面的职能：

第一，战略领导。包括制定战略方向，管理业务组合，建设企业文化，建立共同的愿景和价值观，确定并实施重要的投资并购活动，创建共同的运作政策、标准和流程，培育核心竞争力。

第二，资本运营。企业集团公司资本运营工作可以分为两个层面：层面一是公司整体的资本运营工作，由企业集团公司负责；层面二是各下属公司的资本运营工作，这类工作一般需要企业集团公司总部审批。

第三，资源配置。包括制定和实施下属公司间的资源共享机制，整合资金管理、市场营销渠道和供应链，核心人才和能力培养。

第四，关键活动。包括股东关系管理，对顾客、供应商、中介机构、协会、政府等公共关系管理与危机管理。

第五，咨询服务。为企业集团公司运营提供服务和专家支持，包括提供各种共享服务、信息技术支持、质量标准、保险、养老金管理、人事财务处理、政策咨询、教育与培训、国外服务。

第六，绩效管理。指对各下属公司的经营绩效进行考核和评价。企业集团公司可以通过检查、分析与评价下属公司相关人员已经取得的工作成绩，以及存在的主要问题等绩效管理手段，对下属公司进行有效管控，从而为下一年度经营计划的制订、下属公司管理层成员的奖惩等提供考核、评价依据。

（四）企业集团公司内部审计的管理价值

在企业集团公司实现增加价值目标过程中，内部审计的管理价值主要体现在以下几个方面：

1. 内部审计能够促进企业集团公司控制权的合理配置

现代企业理论把企业产权分为控制权和索取权。控制权在所有者和经营者之间进行了分配，所有者拥有剩余控制权，经营者获得特定控制权。内部审计的开展，客观上有利于企业集团公司所有者对经营者的监督和评价，有利于及时发现经营者的缺陷与问题，有利于合理配置企业集团公司的控制权。因而，在企业集团公司治理中，为了确保各主体获得对称、公允、真实的经营信息，调整和落实公司的实际控制权，就必须有效开展内部审计工作。

2. 内部审计是企业集团公司实施战略管控的重要保证

在战略决策阶段，内部审计可以为决策提供可靠信息和积极建议；在战略实施过程中，内部审计可对组织战略执行的进程进行动态的监督和控制；在战略评价过程中，内部审计可将战略执行效果进行及时反馈，以便更快速地修正企业集团公司未来的战略设计。因此，通过内部审计，一方面可以评价管理层受托责任的履行是否与股东的利益一致，另一方面又可以防控风险，增加组织价值。

3. 内部审计是企业集团公司履行受托责任的控制机制

企业集团公司通过构建完善的内部审计管理体系，无论是通过审计活动防范风险和发现舞弊行为，减少经营损失，还是通过提供改善内部控制、风险管理、治理程序的建议，提高管理效率和效果，改善公司绩效，其最终目的都是为了确保受托责任的有效履行，实现企业集团公司价值最大化战略目标。而且由于内部审计人员掌握了相关专业技能，内部审计机构独立于被评价方，相应地，内部审计的评价结果具有较高的说服力。所以，完善、有效的内部审计是客观评价企业集团公司经营者绩效的重要手段，进而是确保企业集团公司管理层能够履行受托责任的重要制度设计。

4. 内部审计是企业集团公司进行有效治理的四大基石之一

企业内部审计是现代公司治理机制的重要组成内容，是有效公司治理的四大基石（内部审计、外部审计、董事会以及高层管理人员）之一。作为企业集团公司强化对公司各层级管理责任与权利进行监督和制约的内部需要，建立健全的内部审计机构对关键控制和程序进行监督，必将有利于保持企业集团公司内部控制系统的有效性。

5. 内部审计是企业集团公司风险管理的确认者与捍卫者

伴随着经济全球化、国际化和信息化的程度加深，企业集团公司经营风险大大增加，内部审计积极参与企业集团公司的风险管理并发挥着重要作用。可以说，内部审计已经成为企业集团公司各类风险管理的关键确认者和公司经济利益的坚强捍卫者。

（五）企业集团公司内部审计特性

由于企业集团公司经营与管控的特殊性，势必导致其内部审计除具有一般组织中内部审计的独立性、客观性等基本特征外，还在诸多方面具有特殊属性。

1. 目标的战略性

企业集团公司内部审计的最高目标是提供有效、全面的监督与评价，为企业集团公司提供增值服务。因此，其内部审计工作目标具有长期性与稳定性，应该与企业集团公司的战略目标相一致，提供明确的战略指引，服务于企业集团公司战略的正确制定和有效实施。

2. 组织的层次性

企业集团公司多层次的组织机构，决定了企业集团公司内部审计一般包括两个层次：一是集团总部的内部审计；二是下属企业自身的内部审计。由此可见，企业集团公司的内部审计是一个复杂的体系，包含着很多方面的内容，其核心和主体是集团总部的内部审计。

3. 监督的双重性

企业集团公司内部审计监督一个突出特点是，内部审计机构的工作往往具有内部审计和外部审计的混合属性。一方面，从集团公司整体来看，表现出与一般的内部审计相同的特点；另一方面，从对下属企业的管理来看，集团总部的内部审计机构对于下属公司来说处于相对超脱的地位，不论从机构独立性、权威性，还是从内部审计结论的客观性、公正性以及内部审计的组织方式上看，都具有明显的外部审计特征。

4. 内容的复杂性

由于集团公司经营范围广泛、经营业务多样、管理层级多元，其在企业治理结构、战略制定实施、风险管理防范、内部控制设计与运行等方面的内容相当复杂、管控难度较大，因此，与单个、非集团企业的内部审计相比，集团公司的内部审计对象更加多重、审计内容更加复杂。

5. 功能的多样性

现代企业集团公司内部审计工作已超越了单纯的财务审计、业务审计层面，不仅要检查和发现舞弊，更多的是服务于战略管理、治理结构、风险管理、内部控制等领域，因此，对于企业集团公司而言，其内部审计功能已经开始向多样化方向发展，即已经开始从传统的鉴证、检查等功能逐步转向提供管理建议、政策咨询、专业培训等多样性服务功能。

三、企业集团公司内部审计管理体系框架的设计

（一）企业集团公司内部审计管理体系的内涵

体系是指一定范围内或同类的事物按照一定的秩序和内部联系组合而成的整体。根据2000版 ISO9000 族标准的定义，所谓管理体系是指建立方针和目标并实现这些目标的体系，具体是指相关范围内的主体为实现一定目标，充分发挥管理的基本职能，而建立起的由若干管理要素组成的相互作用、相互影响的有机系统。企业管理体系是指以企业作为管理主体，为实现企业主体的发展目标，由一系列关系密切、彼此具有影响作用的管理方针、政策、程序与措施构成的一个相对完整的动态运行系统。本课题研究的内部审计管理体系则是企业管理体系的重要组成部分，该体系是由一系列关联影响的内部审计管理要素构成的协调运行、动态调整的系统。

根据企业集团公司发展特点与集中管控的现实需要，集合国内外内部审计管理理论最新研究成果与最佳管理实践经验，综合考量内部审计管理体系与企业管理体系的联系，本课题组认为，当前形势下，建立科学、高效、创新型的企业集团公司内部审计管理体系势在必行。

（二）企业集团公司内部审计管理体系框架设计目标

内部审计管理体系作为企业集团公司管控体系的重要组成部分，其目标应服从并服务于企业集团公司总体目标，即价值最大化，而这也正是内部审计应致力实现的价值增值目标。现代企业内部审计工作指导原则是以风险为导向、以控制为主线、以治理为核心、以发展为目标（刘家义，2010）。所以，基于企业集团公司管控目标及内部审计工作指导原则，本课题组认为，企业集团公司内部审计管理体系构建的目标是：根据企业集团公司的管理特征、治理结构和管控需求，构建体系结构合理、要素有机关联、系统互动运行的创新型企业集团公司内部审计管理体系，明晰内部审计工作目标，发挥内部审计功能，指导内部审计组织架构和运行机制的设置，保障内部审计工作提高效率，使内部审计工作能促进和改善企业集团公司的组织治理、内部控制及风险管理，帮助支撑企业集团公司实现价值最大化。

（三）企业集团公司内部审计管理体系框架设计原则

企业集团公司要建立起科学、高效、创新型的企业集团公司内部审计管理体系，应注意坚持协同性、权变性、经济性等基本原则。

1. 协同性

完善的内部审计管理体系既要保持内部审计管理目标与集团公司管控目标之间的协同，也要保持内部审计管理体系各要素之间的协调与均衡，不同的内部审计战略与功能定位，应构建不同的组织架构、运行机制、综合评价机制和保障机制与之相配套、相适应。

2. 权变性

科学的内部审计管理体系既要考虑处于不同生命周期的企业集团公司外部经营环境的变化，也要考虑企业集团公司内部管理要求和资源要素等对内部审计管理体系的影响，需要因时因境而设计构建，才能满足内部审计管理环境复杂多变的客观需求。

3. 经济性

内部审计管理体系在带来效益的同时也需付出一定的成本，成本与效益之间应取得动态平衡。如果在内部审计管理体系构建过程中未充分考虑构建的经济性，就可能会失去构建内部审计管理体系的现实意义。

（四）企业集团公司内部审计管理体系框架设计方法

企业集团公司内部审计管理体系的构建实质上是一个系统性工程，要运用多元的分析思路与应用方法，才能顺利完成内部审计管理体系的构建目标。

1. 系统分析法

对于内部审计管理体系这一系统工程，应从系统论的视角开展研究，明确企业集团公司面临的具体经营环境、发展战略及管控要求，以便合理确立相适应的内部审计管理体系的目标、性质和组成要素。

2. 经验研究法

内部审计管理体系的构建思路来源于实践，构建结果应用于实践，因此，必须收集、研究企业集团公司内部审计管理的丰富经验，即重视分析集团公司内部审计管理的现状与问题，深刻查找内在原因，识别内部审计管理工作中存在的系统性与特殊性风险，全面考虑影响内部审计管理体系存在和运行的各个因素。

3. 目标导向法

作为系统工程，明确企业集团公司内部审计管理的根本任务与长远使命，制定合适的集团公司内部审计发展战略，才能正确定位内部审计职能，合理构建组织架构和运行机制，确保内部审计管理体系具有明确的方向感。

4. 统筹安排法

鉴于集团公司的架构复杂性与管理多元化，在构建管理体系具体环节时，应充分考虑影响因素，基于总体目标统筹安排各构成要素，充分整合与配置内部审计资源，提出优选的构建方案，保障内部审计管理体系有序与有效地运行。

5. 动态调整法

要充分发挥内部审计管理体系的功能与效率，必须及时、动态地调整和修正内部审计管理体系中存在的缺陷，持续优化与更新组成要素及其运作机制，保持内部审计管理系统的活力与创新能力。

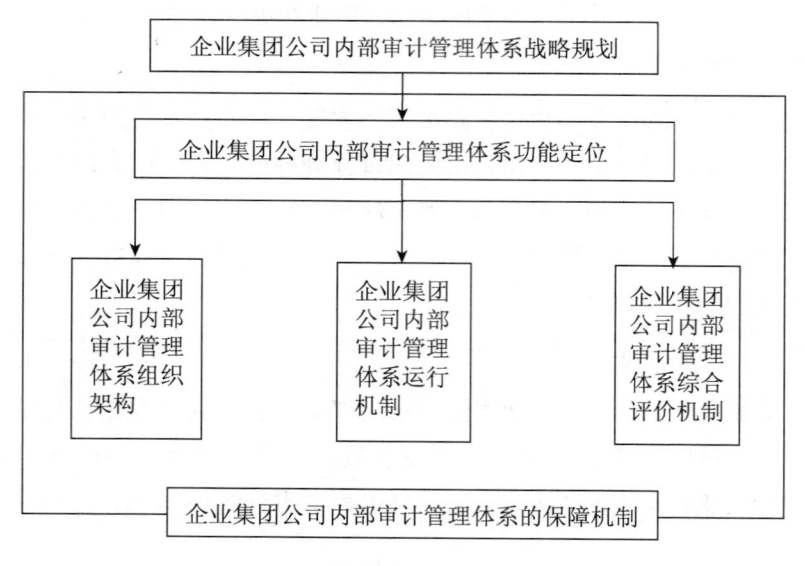

（五）企业集团公司内部审计管理体系框架

1. 企业集团公司内部审计管理体系基本框架

依据目前国内外关于集团公司内部审计管理的理论研究成果与管理实践，遵循内部审计管理工作的内在规律，本课题组认为，对于一个现代企业集团公司而言，科学、高效、创新型的内部审计管理体系应该主要包括内部审计战略规划、内部审计功能定位、内部审计组织架构、内部审计运行机制、内部审计综合评价与内部审计保障机制六大模块内容，如图1-1所示。

图1-1 企业集团公司内部审计管理体系框架

（1）内部审计战略规划

内部审计战略规划是指为改善企业集团公司管理，支持与保障实现公司价值增值的战略目标，而采取的长远性、前瞻性和全局性的内部审计决策与规划。内部审计战略决定企业集团公司内部审计管理工作的发展方向。

(2) 内部审计功能定位

内部审计功能是指内部审计本身所固有的内在功能，能够体现内部审计工作的本质。不同治理结构和公司管控的要求，会直接影响内部审计功能的定位，而不同的功能定位又代表了企业集团公司对于内部审计部门和人员不一样的价值期望，从而影响到内部审计组织架构设计和运行管理效率。

(3) 内部审计组织架构

在内部审计战略的指引下，为使内部审计功能发挥最大效用，企业集团公司应明确选择并尽早确立符合公司治理优化和管控要求，能够胜任内部审计工作并实现内部审计目标的内部审计组织架构。内部审计组织架构的主要内容包括：选择和确定企业集团公司内部审计组织架构的设置模式；界定企业集团公司内部审计组织架构管理模式和内部审计部门组织机构的设置等。

(4) 内部审计运行机制

在确定了内部审计战略规划、基本功能与合理的组织架构后，企业集团公司的工作重心就是致力于设计与优化科学高效的内部审计运行机制，这是保障战略和功能实现的核心工作程序与关键载体。内部审计运行机制主要内容包括：设定企业集团公司内部审计工作运行的目标与方向；设计企业集团公司各层级内部审计运行工作内容等。

(5) 内部审计综合评价

企业集团公司内部审计管理体系的一个很重要的组成部分，就是构建一套针对集团公司内部审计管理全方位、全过程的综合评价机制。综合评价机制是对企业集团公司的内部审计管理综合效果、效率进行全方位评估和反映的管理手段。内部审计综合评价的主要内容包括：合理确定内部审计评价主体、评价内容与评价方法，构建比较完善的综合评价指标体系等。

(6) 内部审计保障机制

内部审计保障机制是否健全是整个企业集团公司内部审计管理体系战略目标是否实现、功能能否充分发挥、组织架构是否适当的充分条件，并最终影响内部审计运行与评价工作能否顺利开展。企业集团公司内部审计管理体系保障机制的主要内容包括：确定内部审计保障机制的工作目标与原则，设定内部审计保障机制内容等。

2. 企业集团公司内部审计管理体系构成要素的互动机理

企业集团公司内部审计管理体系是一个要素相辅相成、动态协调运行的管理系统，其内部审计战略、功能定位、组织架构、运行机制、综合评价和保障机制六大模块要素，在管理体系中联系密切、相互依赖、相互作用，每一要素均在其中发挥不可或缺的重要作用。任何一个管理要素发生变化，都会影响其他要素发生相应变动；同时，整个企业集团公司内部审计管理体系又会随着企业集团公司外部环境和内部条件的变化而相应发生变革。

(1) 内部审计战略是企业集团公司内部审计管理体系的工作指引

内部审计战略在企业集团公司内部审计管理体系中是首先要明确的一个至关重要的问题。企业集团公司的内部审计战略思维，会直接影响企业集团公司决策层对内部审计战略地位的认知和功能目标的期望，进而影响到内部审计的组织架构、运行机制、综合评价的制定，同时，也在总体上决定了内部审计保障资源是否充足，最终影响到内部审计管理在增加组织价值和改善组织运营上的作用发挥。

(2) 内部审计功能是企业集团公司内部审计管理体系运转实现的目标

内部审计功能是内部审计对于企业管理所能实现的基本职能，并会随着企业集团公司管控要求和内部审计战略的变化而演变。在内部审计战略的指引下，企业集团公司应恰当、准确定位内部审计功能，搭建符合公司治理和管控要求、能够胜任相应工作的内部审计组织架构，即选择和确定企业集团公司内部审计的管理体制、组织模式、人员配备等，设计与优化科学高效的内部审计运行机制与综合评价机制，并配之坚实有效的保障机制，以保证最大程度地发挥内部审计的应有功能。

(3) 内部审计组织架构是企业集团公司内部审计管理体系的重要依托

内部审计管理工作需要相应的内部审计组织体制支持，内部审计战略执行需要相应的内部审计组织机构和人员去实施。企业集团公司管理体制与具体管控要求不同，其内部审计组织架构亦会不同。而不同的内部审计组织架构，又会带来不同的内部审计运行机制，最终会影响到企业集团公司内部审计功能的发挥和内部审计管理目标的实现。因此，合理与协调的内部审计组织架构是企业集团公司内部审计管理目标实现的重要依托，其在企业集团公司内部审计管理体系中起着重要的支撑作用。

（4）内部审计运行机制是企业集团公司内部审计管理体系的核心环节

内部审计运行机制是企业集团公司内部审计管理体系的核心和关键环节。内部审计运行高效通畅是企业集团公司内部审计管理体系成功的标志。企业集团公司内部审计运行机制不仅包括下属企业层面的审计运行机制，更应包括集团总部层面的审计运行机制。企业集团公司内部审计运行机制会受到企业内外部经营环境和管控目标的影响，并与其他内部审计管理体系构成要素相辅相成。不同的内部审计战略、功能和组织架构，其内部审计运行管理流程亦不相同；不同的内部审计运行机制，也影响了内部审计评价机制的构建，需要不同的保障机制。所以，科学与高效的内部审计运行机制是有效构建企业集团公司内部审计管理体系的核心环节。

（5）内部审计综合评价机制是企业集团公司内部审计管理体系改进的重要手段

综合评价机制是对企业集团公司内部审计进行全方位评估和反映的管理手段。全面、系统、客观的内部审计综合评价机制，可以更好地实现内部审计管理目标，提高系统运行效率和效果。内部审计战略规划、内部审计功能的定位、内部审计组织架构的设置、内部审计运行的效率效果等不仅应成为内部审计评价的内容，也应成为审计评价反馈进而调整改进的对象，从而促进内部审计管理体系的良性循环和企业集团公司的持续健康发展。

（6）内部审计保障机制是集团公司内部审计管理体系作用发挥的重要支撑

企业集团公司内部审计管理体系的效能发挥，离不开一系列坚实有效的保障条件和措施，包括文化保障、人力资源保障、信息技术保障、经费保障等。因为坚强的内部审计组织领导、和谐的审计文化环境及先进的知识管理系统可以为企业集团公司内部审计管理提供可靠的文化保障，数量充足具有专业胜任能力的内部审计人员队伍为内部审计管理体系提供重要的人力资源保障，先进的审计技术和信息系统为内部审计管理体系提供了扎实的技术支撑。可以说，没有完善有效的保障机制，内部审计的职能将很难得以发挥，内部审计管理的战略目标也更加难以实现。

四、小结

本章研究的内容是内部审计管理体系的基础理论研究部分，对内部审计管理的理论研究进行了回顾，对企业集团公司的管理特征、治理结构、管控模式以及内部审计的价值、特性进行了分析，在此基础上，提出了我国企业集团公司内部审计管理体系的基本框架。创新型的企业集团公司内部审计管理体系由战略规划、功能定位、组织架构、运行机制、综合评价与保障机制组成，是一个以科学战略规划为指引，以审计功能发挥为目标，以合理组织架构为依托，以流畅运行机制为核心，以客观综合评价为手段，以健全保障机制为支撑的管理系统。本章的研究为后续研究奠定了重要基础。

第二章 企业集团公司内部审计战略规划研究

一、我国企业集团公司内部审计战略规划的现状与问题

(一) 我国企业集团公司内部审计战略规划的现状

伴随着我国国内外宏观经济、市场竞争、产业结构调整与政府监管政策或要求等情况的变化，以及企业集团公司在管理体制、管理目标、管理方式和管控手段上面临发展升级的客观需要，内部审计保障、支撑企业集团公司顺利实现发展目标的作用日益凸显。在此环境下，内部审计理念得到强化和更新，内部审计战略思维开始树立。我国部分大型企业集团公司已意识到内部审计战略规划对内部审计管理工作的重要性，并开始就内部审计战略规划的确立与实施进行有益的探索或研究。如，中国石油、中国联通和中国农业银行等单位，为适应其管理体制与竞争机制的变革需求，开始对内部审计管理工作进行改革，其中一个重要的变革即是尝试施行内部审计战略规划，拓展内部审计管理工作视角、提升内部审计管理工作层次、转变内部审计管理工作重心，促进内部审计管理工作与企业发展战略的融合、支持，更好地提高内部审计管理效率与效果，实现为企业集团公司增加价值的目标。

课题组调研结果显示，90.36%的被访者认为内部审计战略对本公司而言非常重要，但80.92%的被访者认为还没有制定明确的内部审计发展战略或长远目标。与国外先进的企业集团公司内部审计管理工作相比，我国企业集团公司的内部审计管理观念仍然比较滞后，治理层或管理层还没有充分认识到影响企业内部审计管理工作效率与效果的重要原因，在于缺乏高层次的内部审计发展理念和明确稳定的战略目标，以至于内部审计管理

工作未能自觉、有效地和企业集团公司的总体战略发展目标相结合，造成了内部审计执业层次水平较低、工作范围有所局限、工作环境缺乏和谐等一系列问题。因此，对于我国大多数企业集团公司而言，无论是出于弥补内部审计管理缺陷方面的需要，还是为了缩小与国际先进的内部审计管理实务间的差距，均有必要建立健全适合各企业集团公司的内部审计战略及规划，为内部审计管理工作的高效开展提供强有力的指导。

（二）我国企业集团公司内部审计战略规划的主要问题

从管理实践看，我国企业集团公司无论在内部审计战略规划意识、理念，还是实践效果方面都存在诸多值得探讨的问题，主要表现为：

1. 内部审计工作理念缺乏战略性，影响了转型发展

目前，我国大多数企业集团公司对内部审计管理工作的认识仍停留在查错防弊阶段，对内部审计管理工作支撑与提高企业集团公司管理水平的积极效应认识不足，缺乏战略性内部审计思维。这种前瞻性、全局化的战略观念与思维方式的滞后，使得企业集团公司统一运作内部审计工作受限，导致企业集团公司内部审计管理工作缺乏方向性的指引，客观上阻碍了企业集团公司内部审计管理工作的规范发展和转型升级。目前，我国企业集团公司内部审计工作正在开始向业务鉴证、绩效评价、管理咨询、危机预警等价值增值功能方向转型，但总体进展比较缓慢，一定程度上与战略性审计思维的缺乏有关。在实践中，战略目标的缺失，造成了内部审计机构设置不健全、审计对象与范围界定不合理、内部审计人员配置不科学等问题，影响了内部审计工作效率的提升和功能的发挥。

2. 内部审计工作目标缺乏战略性，限制了作用发挥

目前，我国大多数企业集团公司未制定内部审计战略规划，使得企业集团公司内部审计工作目标缺乏全局性、系统性和持续性，不能与公司发展战略相协调、相配合，导致企业集团公司内部审计工作的作用发挥存在局限性。一方面，战略性理念的缺乏，使得大部分企业集团公司设置的战略目标与经营目标中未包含内部审计战略内容，也就无法支撑和引领内部审计工作，阻碍其充分发挥在促进企业集团公司整体管控效率方面的作用；另一方面，大部分企业集团公司内部审计工作目标设定时，不具备战略性发展思维，工作目标主要仍关注财务会计是否存在违规行为等具体事

项上，缺乏长远性谋划和持续性指引，大量的内部审计资源耗费在查错纠弊审计上面，导致内部审计管理工作在评估和改善企业集团公司风险管理、控制和治理过程中发挥作用有限。

3. 内部审计运行机制缺乏战略指导，难以满足管控需要

缺乏长远性、系统性的发展战略及规划，使得内部审计定位与功能拓展不能契合企业集团公司的战略发展要求，导致内部审计工作的性质、时间与范围常常被简单地割裂或静态化考虑，难以满足企业集团公司开展集团化与一体化管控的需要。内部审计管理运行缺少战略的引领、支撑，就难以对重要业务活动与项目开展有效的内部审计工作，导致内部审计管理工作的质量与效率不能得到有效提升或改善，从而无法很好地发挥保障企业集团公司可持续健康发展的"免疫系统"功能。

为了实现企业集团公司的战略目标，有效降低企业集团公司发展战略的执行风险，合理确认运营活动聚焦于公司战略目标，客观上需要企业集团公司决策层或高级管理层以战略思维审视内部审计工作，充分认知内部审计战略规划在内部审计管理中的指引作用，努力解决其应用与实践中存在的一系列问题，不断完善内部审计战略规划的内涵、目标和实施。

二、企业集团公司内部审计战略规划的内涵

（一）企业集团公司内部审计战略规划的含义

内部审计战略是战略理论在内部审计管理方面的应用与延伸，是公司战略在内部审计领域的具体化部署，是内部审计理念的最高体现，决定了内部审计工作的深度和广度。

内部审计战略规划，是指对内部审计的发展愿景和对未来要实现的内部审计工作长期目标轨迹进行的总体性、指导性谋划，是内部审计工作方向和策略的组合，是对内部审计工作的未来发展使命与路径等问题的全局性定位，具有指导性、长远性、系统性等主要特征。

企业集团公司内部审计战略规划，是指为了进一步优化公司治理结构，落实风险管理措施，支持与保障企业集团公司实现公司价值最大化的战略性目标，企业集团公司基于公司治理结构、公司整体发展战略和公司资源容量与发展能力等基础，采取内容筹划、阶段分解、行动安排等具体

行为与方式，制订出可用于指导、规范和控制一定时期内的企业集团公司内部审计工作的总体性规划方案。

内部审计战略规划是构建内部审计管理体系的逻辑起点，只有设定切实可行的长远发展目标，才能保证内部审计管理活动得到正确、客观、有效的执行。

（二）企业集团公司内部审计战略规划的意义

在一个完善的公司管理系统中，战略规划具有重要作用与影响。企业集团公司内部审计管理体系作为企业集团公司管理体系的有机组成部分，其有效运行也必然要求有明确的内部审计发展战略，以适应企业集团公司的管控需要，有效融入企业集团公司内部治理结构，支持与保障企业集团公司整体发展目标的顺利实现。

1. 内部审计战略规划是维护所有者权益，落实企业集团公司经营战略目标的重要支撑

作为促进企业集团公司治理结构有效完善和对公司管理层进行有效制衡的重要力量，内部审计客观上可以促进企业加强经营管理、提高经济效益、保障资产保值增值，维护公司所有者的合法权益。在公司总体战略目标下，制定清晰可行的内部审计发展战略，可以更好地适应企业集团公司的总体发展及内部审计自身职能更高定位的要求。

2. 内部审计战略规划是合理确定内部审计功能，促进企业实现可持续发展目标的管理基础

企业集团公司内部审计战略规划的制定与实施，有助于科学、合理地界定企业集团公司内部审计的发展方向和主要工作领域，直接决定着内部审计的工作目标、工作内容及基本功能。企业集团公司内部审计战略规划的应用，可促进内部审计实现从职能管理向战略管理转变，夯实企业实现可持续发展的管理基础。

3. 内部审计战略规划是构建完善的内部审计组织架构，形成流畅的内部审计运行机制不可或缺的导向因素

企业集团公司内部审计战略规划不仅仅是公司总体战略目标的支撑力

量、内部审计功能定位的前提和基础，还为企业集团公司内部审计组织架构模式的选择与确立、内部审计组织管理方式的运用、内部审计机构设置的合理性等组织管理问题提供工作指引；同时，为企业集团公司建立科学、协调和高效的内部审计运行机制提供准确的发展方向。因此，科学的内部审计战略规划是完善内部审计管理体系构建的首要环节。

4. 内部审计战略规划是保证内部审计综合评价机制科学性，促进内部审计保障企业战略实现的内在动力

内部审计综合评价机制对内部审计管理体系的正常运行十分重要，评价机制的科学建立要综合考量内部审计战略规划，将规划的宗旨、核心思想等融入评价机制，并妥善处理好长、短期评价指标之间的关系，使评价机制科学，评价结果客观。同时，适时、科学、全面的内部审计战略规划的建立，有助于科学设置内部审计的监督与控制体系，能够更准确地反映内部审计工作在识别、防范、控制和监督运营风险方面的业绩与水平，提高保障企业战略实现的能力。

企业集团公司内部审计战略规划的研究和应用是一种崭新的内部审计工作管理思路与模式，目前在理论界，对其概念界定及根据企业所处环境开展具体规划等方面的论述较少，因而，对企业内部审计战略规划相关问题的探索极具研究价值。

创新型的内部审计管理体系的成功构建，首先应该积极完善内部审计战略规划的理论框架和实践指导，为我国企业集团公司内部审计管理体系增添必备要素与核心内容。

三、企业集团公司内部审计战略规划的环境分析

战略环境分析是对所面临的内外部环境以及自身拥有的资源和业务特点等进行全面的了解、分析，它是客观、合理、科学地进行战略规划的前提和基础。课题组认为，企业集团公司内部审计战略规划的环境分析一般包括内部审计的外部宏观环境分析、内部审计的企业微观环境分析、以及内部审计自身状况分析三部分内容。全面、详尽的环境分析为内部审计战略规划的科学、合理确定奠定基础。

（一）内部审计的外部宏观环境分析

目前，我国企业集团公司内部审计面临的主要外部宏观环境分析

如下：

1. 经济环境

经济贸易的全球化、经营竞争的激烈化和组织管理的复杂化，以及企业利益相关者对企业规范管理的要求不断提高，使企业集团公司管理层面临较大压力，这些经济环境的影响会传导给内部审计。比如受风险管理环境日趋复杂，以及国资委倡导做大做强央企等发展战略的影响，企业集团公司更加重视内部审计作用的发挥，促进了内部审计向风险导向审计的发展，审计咨询功能的发挥也日益受到关注。

2. 法律环境

国家及行业法律法规对企业集团公司内部审计管理工作的规范要求，是规划内部审计战略必须考虑的重要因素之一。《中华人民共和国审计法》、财政部《企业内部控制基本规范》、以及国资委《关于推进国有资本调整和国有企业重组的指导意见》、《中央企业全面风险管理指引》等法律法规都对内部审计工作提出了具体要求。

3. 社会环境

企业集团公司内部审计部门与人员是处于社会网络中的，必然受到社会文化环境的影响。社会文化环境同时影响企业文化环境，会对内部审计人员的执业行为和心理状态造成影响。

（二）内部审计的企业微观环境分析

一般来说，内部审计所处的微观工作环境有如下内容：

1. 公司治理结构

一定的公司治理结构状况决定着公司的组织结构设置，影响着公司的发展战略方向，指引与约束着内部审计战略的制定。不同的公司治理结构要求不同的内部审计战略与之相匹配，治理结构的变化引起组织架构和管控模式的调整优化，必然造成内部审计管控点的不断变化，内部审计战略规划中就需要相应地对内部审计制度、流程和方式方法进行改变和创新。

2. 公司总体战略

内部审计战略与企业集团公司总体战略密不可分，公司总体战略制约着内部审计战略的目标定位和主要内容。内部审计战略在遵循内部审计活动基本规律的基础上，要体现企业集团公司战略的原则要求，有了明确的公司总体战略目标才能确定内部审计战略方案的选择，才能排除那些偏离公司发展方向的战略选择。

3. 公司生命周期

企业集团公司应当按照发展不同阶段的特点来考虑内部审计战略。企业集团公司处于不同的生命周期，其面临的风险不同，其运用的经营手段不同，相应地对内部审计的需求和定位就不同。在对公司生命周期的分析基础上，合理确定内部审计目标和内部审计关注重点，科学制定与公司发展阶段相适应的内部审计战略。

4. 公司内控环境

内控环境是企业管理控制行为的基调与氛围，体现了管理层的经营理念和经营风格、企业的权责分配方法和人力资源政策。内控环境会直接影响企业员工的控制意识，使员工的诚信、职业道德和工作胜任能力呈现出不同的状态，影响战略规划的制定与实施。

5. 信息技术环境

信息技术的不断发展给内部审计工作带来了极大挑战，特别是在企业信息化水平不断提高，主要经营管理活动基本实现信息化的情况下，企业集团公司内部审计的工作方式、方法，以及审计所需的工作信息都已发生根本变化，在制定内部审计战略时必须考虑这一重要因素的影响。

（三）内部审计自身状况分析

内部审计自身状况分析主要是对自身拥有的资源和业务特点进行分析。

1. 内部审计功能定位

随着内部审计工作的发展，内部审计功能的定位也经历了从确认功能主导向咨询功能发展的不断演变。通过对内部审计日常业务、工作目标等情况的了解，分析和判断目前内部审计功能定位的阶段，有助于了解企业集团公司内部审计的发展状况，从而为内部审计战略目标制定提供支撑。

2. 内部审计组织架构

组织架构是内部审计管理目标有效实现的重要依托，内部审计的独立性和执行力往往受到了组织架构的制约。通过对组织架构层次、部门设置、管理方式、报告路径等方面的分析，可有效评估组织架构对内部审计工作的影响，有助于内部审计战略规划的制定。

3. 内部审计运行机制

运行机制的稳定性和有效性直接决定了内部审计管理目标的实现效果。通过对组织计划、协调控制等运行方式方法的分析，可衡量内部审计运行机制能否支撑实现既定的内部审计战略。

4. 内部审计资源

内部审计资源状况是制约内部审计管理目标有效实现的直接因素。通过对内部审计人力资源、技术资源等的全面分析，可针对性地制定与内部审计资源状况相匹配的内部审计战略。

四、企业集团公司内部审计战略规划的设计

（一）企业集团公司内部审计战略的目标

内部审计战略目标是内部审计战略规划的逻辑起点，可以为内部审计整体战略规划定下基调，是企业集团公司在制定内部审计战略规划时必须予以考虑的重要内容。现阶段，大部分企业集团公司的内部审计工作规划的目标是加强内部控制或加强风险管理。课题组研究认为，随着时代的发展和企业集团公司竞争的加剧，内部审计要成为价值增值部门，仅仅以加强内部控制或加强风险管理作为内部审计战略目标是有局限性的。未来内部审计战略目标定位的根本方向应是增加组织价值。

关于增加组织价值，IIA《内部审计作业管理的业绩标准》（2000年）作出如下规定："首席审计官应该有效管理内部审计作业以确保内部审计作业能够增加组织的价值。" IIA（2011）也作出如下解释："组织存在的目的是创造价值，或者使组织的所有者、其他股东、消费者以及客户受益。组织提供价值的方式则是生产产品或者提供服务，并且利用资源推销这些产品或者服务。在收集、理解和评估风险的数据时，内部审计人员对组织的运营有了更为深刻的理解，并提出了一些改进运营的机会，而这对于组织来说都非常有益。内部审计人员可以通过咨询、建议、书面报告或者其他形式向合适的管理人员或运营人员传递这种非常重要的信息。"从

管理实践来看，当内部审计通过努力使其自身的成本低于组织损失的减少时，就实现了增值。

企业的内部审计战略是企业发展战略与公司发展目标的重要组成部分，企业集团公司总体目标以及发展战略的成功与否必须依赖包括内部审计战略在内的众多战略的指导与实施。因此，企业的整体发展战略指导和约束着内部审计战略。企业集团公司的最终发展目标是通过有效的管理手段与方式积极创造企业价值，实现企业价值最大化，因此，企业集团公司内部审计工作必须支持和保障这一目标。课题组认为，企业集团公司内部审计战略目标是：增加组织价值。

（二）企业集团公司内部审计战略规划的内容

内部审计战略在确定发展方向后，就需要开展具体规划。将内部审计战略目标细化、分解后，最终形成具体的战略规划安排，也即内部审计战略规划内容。课题组认为，内部审计战略规划的内容主要包括以下几个方面：

1. 内部审计组织规划

根据内部审计战略目标，适应企业集团公司对内部审计的管控要求，在战略规划中制定优化完善审计组织架构的相关策略和步骤。企业集团公司内部审计组织规划的内容主要包括：一是集团公司内部审计组织架构的总体发展思路；二是集团公司内部审计组织架构的设计；三是集团公司内部审计组织架构管理方式；四是内部审计部门组织机构的设置，包括部门内部处室的设置，部门负责人的设置以及部门人员的优化配置等，使组织架构能形成对内部审计战略目标实现的依托。

2. 内部审计功能规划

内部审计功能规划就是在内部审计战略目标指引下，合理确定内部审计的功能属性，从而明确内部审计主要业务范围。在战略导向下，内部审计功能定位要符合内部审计的发展方向，并立足内部审计工作的现时定位，努力拓展业务领域，为最终实现价值增值目标提供支撑。

3. 内部审计运行规划

企业集团公司内部审计运行机制规划，主要在内部审计战略指引下，根据具体功能和组织架构，重点规划运行机制建设，围绕公司发展战略，适应企业集团公司管控需求，强化运行机制的高效、流畅。内部审计运行规划内容主要包括：运行机制总体建设思路、运行机制具体建设环节、运行机制组织、协调和控制的相关内容。

4. 内部审计制度规划

根据企业集团公司内部审计战略目标，应当积极促进内部审计制度的规范化、系统化建设，推动内部审计制度的持续创新，实现内部审计的标准化管理，将程序化的组织设计和业务流程贯穿于内部审计管理工作始终。企业集团公司通过制定制度规划，逐步推动内部审计管理机制创新，有效落实内部审计的战略目标。内部审计制度规划的内容主要包括：内部审计管理制度体系构建规划和内部审计管理制度体系完善措施规划等。

5. 内部审计人力资源规划

内部审计人力资源规划，要与企业集团公司的业务领域、发展状况以及内部审计工作的目标和范围相适应，着力培养具备战略视角和胜任能力的内部审计人员，科学进行人力资源统筹调配，使人力资源形成对内部审计工作的有效支撑。内部审计人力资源规划内容主要包括：中长期内部审计人力资源需求预测与安排，人员的聘用、考核、培训、交流、晋升等，内部审计人力资源集中调配和集约化管理等。

6. 内部审计信息化建设规划

信息化是企业集团公司内部审计运行管理中的重要技术环境，对内部审计工作的方式方法有重大影响，信息化建设应列入内部审计战略规划。应通过集中资源，统筹安排，加快推进内部审计信息系统建设，不断提高内部审计信息化应用水平和支撑水平，促进内部审计完善管理方式方法和优化管理效率效果，从而促进企业集团公司内部审计战略目标的有效实施。信息化建设规划的内容主要包括：明确内部审计信息化建设的总体目标、发展思路、中长期建设任务和各阶段实用化应用提升等。

（三）企业集团公司内部审计战略规划的实施

战略规划实施过程是指，依据战略目标制定具体的战略规划实施内容和措施，并根据战略实施结果，调整并制定新战略的过程。在内部审计战略实施中，应加强全过程控制，检查围绕目标所进行的各项活动的进展情况，评价战略实施效果，把它与既定的战略目标相比较，发现并分析实施偏差，最终纠正偏差，保证战略目标得以实现，为下一轮战略的规划和实施做好准备，使战略规划更能与所处的内外环境、总体目标协调一致。

1. 战略规划实施的事前谋划

在实施内部审计战略之前，要设计好正确有效的战略规划，在环境分析时做好基础资料的收集和分析评估工作；在战略目标制定时，主观决策要与客观分析相结合，确保战略目标制定的科学性和合理性；在内容设计时，强调系统性、导向性和规范性，保证资源配置策略实施的恰当性和可持续性。

2. 战略规划实施的事中控制

在实施内部审计战略规划过程中，保证重点规划内容的落实。可通过关键控制、持续跟踪、动态反馈等手段，对重大的机构设置、人员调配、机制运行、制度规范等实施过程监控，不断向战略制定者反馈各阶段的战略规划实施效果，及时调整偏差，保证内部审计战略阶段实施与总体目标的协调一致。

3. 战略规划实施的事后调整

在战略规划实施后，应对规划实施效果进行评价和反馈，以促进其完善优化。首先，对企业集团公司内部审计战略规划实施开展总体评价；其次，根据评价结果来合理衡量内部审计战略规划的实施效果和存在不足；最后，结合内外部环境的变化，动态调整内部审计战略目标及规划内容，优化完善内部审计战略规划体系，确保目标实现、内容完备和实施高效，为实现企业集团公司价值最大化提供保障。

五、小结

本章对国内理论与实务界较少涉及的内部审计战略问题进行了相关研究。通过调研我国企业集团公司内部审计战略规划的现状，剖析普遍存在的问题，分析内部审计战略环境。依据企业集团公司的最终发展目标，将内部审计战略目标设定为增加组织价值，在战略目标指引下，明晰战略规划内容，包括内部审计的组织规划、功能规划、运行规划、制度规划、人力资源规划和信息化建设规划等，并就内部审计战略规划的实施提出建议。内部审计战略规划研究是企业集团公司内部审计管理体系构建的起点。

第三章 企业集团公司内部审计功能定位研究

一、我国企业集团公司内部审计功能定位的现状

目前，在我国企业集团公司的内部审计管理实践中，包括监督和评价在内的确认功能依然是内部审计最为基本的功能，在企业集团公司的内部管理与控制过程中得到了普遍的应用。课题组关于内部审计功能的调查数据显示，98.47%的被访者认为具备监督功能，86.26%的被访者认为具备评价功能，58.78%的被访者认为具备咨询功能。关于内部审计业务活动的调查数据显示，93.13%的被访者单位开展了经济责任审计；90.2%的被访者单位开展了财务审计；89.31%的被访者单位开展了重大事项的专项审计；70.23%的被访者单位开展了基建工程审计；55.73%的被访者单位开展了经济效益审计；50.43%的被访者单位开展了内部控制审计。

同时，伴随着我国企业集团公司的快速发展以及内部审计自身变革的新形势，内部审计"价值增值"的作用正在日益凸显，内部审计逐步拓展咨询服务功能。在改进企业治理环境、优化运行模式和拓展业务流程等方面，内部审计提供了富有成效的咨询服务工作，帮助企业增加价值，顺利实现战略目标。例如，中石化企业集团公司提出了"四大"审计理念：大审计理念、审计"免疫系统"功能理念、审计监督与服务并重理念和审计增加价值理念，进一步明确了内部审计的咨询功能定位及其在现代企业中的作用。招商局集团公司强调内部审计的"价值贡献"理念，内部审计不仅可以有效地控制企业成本费用，还强调"服务定位"，着力提供以公司治理、内部控制、风险管理为主要内容的咨询服务。

调查发现，我国企业集团公司业务领域多样、地域分布广泛，各企业集团公司间内部审计发展不平衡，功能定位相差较大。尽管有一定数量的企业集团公司已注重发挥内部审计咨询功能，参与改善公司治理，但仍有

不少企业存在内部审计理念落后、内部审计工作层级较低等问题，导致内部审计无法正常发挥保障企业健康发展的"免疫系统"功能。

二、企业集团公司内部审计功能内涵与定位

内部审计功能是指内部审计工作本身所固有的内在功效与能力，体现和反映了内部审计职业的本质特征。企业集团公司内部审计要想顺利实现战略规划，改善组织运营，防范经营风险，就必须准确定位内部审计功能，为最终实现价值增值的目标发挥作用。

（一）企业集团公司内部审计功能

伴随着 IIA 内部审计定义的修订和发展，内部审计经历了由财务导向型向业务导向型、管理导向型、风险导向型的发展，内部审计的目标不断变化，内部审计功能也不断延伸和拓展。根据 IIA 定义（2011），内部审计是"一种独立的、客观的确认和咨询活动，旨在增加组织价值和改善组织运营"，强调了内部审计增加价值的理念，并明确了确认和咨询是内部审计的两大功能。

在总结 IIA 规定的基础上，考虑内部审计功能的内涵和外延，结合我国企业集团公司内部审计的管理实践，课题组认为，应将企业集团公司内部审计功能界定为确认功能和咨询功能。

1. 确认功能

IIA 认为，确认是指客观检查相关证据，对控制充分性、法律法规的遵循情况和资产的安全性等方面开展独立的评价，评价结果向组织或相关方提供，其目的是提高信息质量。确认服务包括：(1) 财务审计，可与外部审计人员合作执行的鉴证/遵循性审计；(2) 业绩/业务审计，评估风险和对内部控制提供确认的传统内部审计；(3) 快速反应审计，应管理层要求所提供的服务，一般是舞弊调查（Anderson，ROIA，2003）。

从我国内部审计管理实践来看，财务审计主要是提供监督经营服务，保证信息的准确性；业务审计主要是评价风险管理、组织治理和内部控制效果，帮助检查控制的有效性以及经营活动的效率和效果；快速反应审计是对产生舞弊进行预控和估计。因此，确认功能涵盖了监督、评价和控制等内部审计具体职能。

监督是指内部审计通过对企业的经济活动进行检查，依照法律法规或标准加以评价和衡量，发现违纪违规或不经济行为，追究受托经济责任，以督促企业在正常的轨道上运行，是一种最基本的鉴证确认行为。企业集团公司内部审计监督的范围大大超过一般企业，随着我国企业集团公司日益趋向一体化运作，集团总部对下属企业运营管理与财务管理活动的监督更集中、更直接。

评价是指内部审计通过审核检查，评定企业的计划、预算、决策、方案是否先进可行，经济活动是否按照既定的决策和目标进行，经济效益的高低优劣等，以促使其改善经营管理，提高经济效益（秦荣生，2003）。与监督职能类似，企业集团公司内部审计评价范围涵盖集团总部和下属企业。在评价过程中，鉴于集团公司成员单位存在不同的类型和不同的层次，评价的重点也有所不同，对全资子公司主要评价其投资决策的正确性、经营管理的效益性和资产的保值、增值性；对分支机构主要评价其经营活动是否合规合法以及生产经营的效果、效益和效率。

控制是指内部审计对公司内部控制建立与实施情况进行监督检查，评价内部控制的有效性。企业集团公司内部审计通过发挥控制职能，合理保证企业经营管理合法合规，促进企业提高经营效率和效果，实现发展战略。

2. 咨询功能

IIA认为，咨询是指提供建议及相关的客户服务活动，其性质与范围通过与客户协商确定，目的是增加组织价值并提高组织的运行效率。咨询服务包括：（1）评估服务，审计人员对各种业务的过去、现在或未来的某些方面进行检查或评价，并以此提供信息帮助管理层作出决策；（2）协调服务，审计人员协助管理层检查组织业绩，引导管理人员发现组织的优势和改进的机会，以实现促进变革的目的；（3）补救服务，审计人员履行委托人的管理工作，直接发挥预防或补救已知或疑似问题的作用，是一项管理性的职能。

咨询功能对于内部审计实现其战略规划以及促进企业实现价值最大化，具有十分重要的意义。企业集团公司内部审计可针对不同服务对象发挥咨询功能。内部审计为治理层提供咨询服务时，可参与到企业集团公司战略管理过程中，为治理层就组织治理、风险管理以及内部控制等进行科学决策提供意见、建议等信息；内部审计为管理层提供咨询服务时，重点针对经营管理、业务流程等具体管理内容提出建议，以促进提高经营管理水平、降低经营风险。

（二）企业集团公司内部审计功能定位

课题组认为，企业集团公司内部审计功能定位应界定为：根据企业集团公司的战略规划以及内部审计的战略规划，对内部审计的核心功能做出适当选择。

在制定企业集团公司内部审计战略规划之后，就需要对内部审计功能进行准确、恰当的定位，才能使企业集团公司内部审计战略目标以及实施得以落实或具体化。在内部审计的功能定位明确之后，内部审计组织架构、内部审计运行机制以及相应的资源配置也随之可调整确定。因此，企业集团公司内部审计通过恰当的功能定位，实现企业价值保护和价值创造的目标，成为中央企业改善管理水平、改进运行机制的重要力量（孟建民，2010）。

三、企业集团公司内部审计功能定位的影响因素

根据理论研究和调查数据，课题组归纳出如下五个影响企业集团公司内部审计功能定位的主要因素：

1. 公司治理结构

公司治理与内部审计有密切的关系。不同的公司治理结构影响公司的组织结构设置和对内部审计工作的需求和定位，进而对内部审计功能产生影响。完善的公司治理结构，使得内部审计更具独立性地位，内部审计作为内部管理控制重要一环的作用也更能发挥。

2. 内部审计战略

企业集团公司内部审计战略目标是内部审计功能定位的导向与指南，内部审计战略的转变是内部审计功能转变的主要动因，恰当的内部审计功能定位是内部审计战略得以实现的重要保障。当企业集团公司内部审计战略目标与企业的整体战略目标相契合，则内部审计的功能就需定位在为企业战略决策服务的层次和高度；反之，如果内部审计目标未能具备战略

性，那么内部审计功能的定位就会相对简单、狭隘。

3. 领导重视程度

领导对内部审计的重视程度就是公司的治理层或管理层对内部审计工作的关注度以及对内部审计价值能力的认识程度，该重视程度是内部审计功能能否准确定位以及作用是否正常发挥的重要动因。在以高级管理层为公司治理核心的企业集团公司，高级管理层是内部审计的服务对象，高级管理层对内部审计的重视程度，直接关系内部审计工作的层级范围和业务领域，影响内部审计功能的发挥。

4. 企业生命周期

企业的生命周期也就是企业所处的发展阶段。企业发展的阶段不同，企业的发展程度会有所差别，内部管理的重点也会有所不同，对内部审计的需求也不同。发展比较成熟的企业更侧重于加强内部管理，内部审计正是内部管理的重要手段之一。因此，成熟阶段的企业集团公司对内部审计功能要求的层次也更高。

5. 内部审计资源

企业集团公司内部审计功能的选择应该以内部审计资源作为依据和基础。内部审计资源包括：内部审计人员、内部审计技术、内部审计经费以及共享的信息资源等。如果没有足够的内部审计资源做支撑，内部审计很难完成对企业集团公司的经济行为的确认活动，提供改进治理和风险管理的咨询服务更是无从谈起。

四、企业集团公司内部审计功能定位模式

根据内部审计的设立动机和服务重点，可以将内部审计功能定位模式划分为两种：治理型内部审计功能定位模式和管理型内部审计功能定位模式。在治理动机下，所有者出于对管理层的监督考虑设立内部审计，则形成治理型内部审计功能定位模式，内部审计为治理层服务，主要在改进公司治理以及风险管理与控制方面发挥功能。在管理动机下，管理层出于对经营管理的考虑设立内部审计，形成管理型内部审计功能定位模式，内部审计为管理层服务，主要作为日常经营中的管理手段，对运营管理活动开展确认和咨询，保障企业经营合法合规，提高经营的效益和效率。

（一）治理型内部审计功能定位模式

1. 治理型内部审计功能定位模式的含义

治理型内部审计功能定位模式下，治理层是内部审计的主要服务对象，内部审计成为公司治理的组成要素，保证公司治理有力、有效；评价重要的风险因素和控制的效率与效果，帮助企业实现有效的控制。在这种模式下，正如 IIA 所说，内部审计通过多种方式，在两种主要的治理活动——监督风险和确保控制有效中扮演重要的"一线人员（frontline player）"，充当公司治理层的"耳目"。当然，它在公司治理中发挥作用的前提是，要进入股东、董事会和高级管理层等较高层级（王光远，2006）。此时，内部审计可以被视为一种公司治理机制，其独立性很强。内部审计的主要业务领域包括：风险评估、提供控制确认、管理建议和风险预防等。

2. 治理型内部审计功能定位模式的适用条件

国有控股企业大都建立较完善的公司治理结构，董事会代表出资者的利益，并在公司治理中处于核心地位，董事会与经营者处于相互的权力制衡状态。因此，股份制企业的内部审计主要为治理层服务，更关注企业战略，要对企业集团公司开展全方位、多层次的内部审计管理。

当国有控股企业集团公司具备以下条件时，一般可选择治理型内部审计功能定位模式。

（1）建立现代公司治理结构。股东大会为最高权力机构，董事会代表出资者的权益行使权力，出资者的诉求能够通过董事会得到充分的表达，企业各项经济活动最终体现出资者的利益诉求。公司治理结构完善的情况下，内部审计机构主要隶属于董事会或是董事会下设的审计委员会，能够实现对整个集团公司的各个层面的内部审计管理，内部审计的主要功能体现和落实出资者的价值增值目标。

（2）企业处于生命周期的成熟期。加强企业内部管理是该时期管理工作重点，通过加强内部管理来进一步提升企业的效率并增加企业的价值。内部审计作为企业集团加强管控的重要手段，在增加企业价值、实现企业战略目标方面发挥重要的功能。

（3）内部审计具备明确的战略目标。内部审计目标的战略性体现在内部审计工作的触角向公司战略层延伸，逐渐参与到企业集团公司战略决策的制定和执行过程中,并对战略执行结果进行监督和评价,同时利用所掌握的信息和专业知识,为集团公司的经济活动提供咨询服务。

3. 治理型内部审计功能定位模式的功能特性

(1) 确认功能是基本功能

在治理型内部审计功能定位模式下,提供确认服务是内部审计的基本活动,确认服务的类型和范围已基本完善和成熟。内部审计主要通过对经济活动开展监督、评价工作,发挥确认功能。内部审计的业务类型以财务审计、经营审计、经济责任审计和内部控制审计为主,确认经营管理信息的真实性、完整性和合规性,对业务流程、内部控制的健全、有效提供确认意见,发现并预防各种形式的错误和舞弊。

(2) 咨询功能是核心功能

在治理型内部审计功能定位模式下,企业集团公司的内部审计工作将咨询功能作为核心功能。基于公司治理和集团管控的需要,内部审计在组织中的地位上升,内部审计的功能发生转变,为实现内部审计作为一个价值增值部门的目标服务。内部审计不再仅仅是对经济事项、风险控制提供确认服务,更是在确认服务的基础上,发挥咨询功能作用,参与到公司治理层面和战略决策层面,为战略规划、重大决策、重要事项提供建议,致力于为公司增加价值。

我国国有商业银行内部审计是治理型内部审计功能定位模式的典型代表。国有商业银行的治理结构不断完善,其内部审计一般采取的是由董事会主管的模式。内部审计具有较强的独立性和客观性,它能够更好地基于企业集团公司治理层的需求对公司生产经营活动进行监督和评价。在履行上述基本的确认功能之外,作为公司治理的组成部分,内部审计引导管理人员发现企业的优势和存在的不足,支持企业开展流程再造、自我评估和标杆管理,为战略规划提供决策支持,改进公司治理并支持关键治理程序。

(二) 管理型内部审计功能定位模式

1. 管理型内部审计功能定位模式的含义

管理型内部审计功能定位模式下,内部审计部门作为企业集团公司的职能部门之一,服务于高级管理层,帮助其规避经营风险,提高经营绩效。在这种模式下，尽管与组织内其他职能部门相比，内部审计的位置具有一定独立性，但从本质上看，内部审计对高级管理层负责，向其汇报，充当"耳目"。

在管理型内部审计功能定位模式下，内部审计也关注为企业增加价值，但更强调完成高级管理层下达的任务和指标。内部审计无法成为改善组织治理的有效力量，它主要对各职能部门和下属企业的受托责任开展经济活动的确认工作，并对存在的问题进行揭示和查处，确保经营管理行为的合法性、合规性。

2. 管理型内部审计功能定位模式的适用条件

企业集团公司内部审计的功能定位离不开企业集团公司的具体组织特性。就本课题的主要研究对象而言，国有独资企业集团公司一般没有董事会，公司总经理办公会（公司党组会）是最高决策机构，日常生产经营活动主要围绕高级管理层的决策进行，内部审计功能定位在很大程度上取决于高级管理层的重视程度。

当国有独资企业集团公司具备以下条件时，一般可以选择管理型内部审计功能定位模式。

（1）未建立现代公司治理结构。一般情况下，治理结构以总经理等高级管理层为核心，不设置董事会以及审计委员会，总经理办公会是最高决策结构，内部审计机构隶属于总经理，对总经理负责并汇报工作。这种定位下，内部审计范围覆盖到高级管理层以下的各职能部门及下属企业。高级管理层对内部审计工作的重视程度直接决定内部审计机构的定位以及内部审计功能的发挥程度。

（2）企业处于生命周期的成长期。一般情况下，企业集团公司处于成长期，企业以扩张业务和占领市场为主要的战略目标，内部管理不是此阶段的重点，内部审计还没有得到应有的重视。此发展阶段下，内部审计服务于高级管理层，重点是查错纠弊，提高管理效率。

3. 管理型内部审计功能定位模式的功能特性

（1）确认功能是核心功能

在管理型内部审计功能定位模式下，内部审计发挥的核心功能是确认功能，内部审计的工作领域主要是开展监督、评价和控制。监督各级经济责任人是否按既定的目标、计划、预算等要求，认真履行其承担的经济责任；监督公司运营管理和公司内部控制的运行情况；揭露违法违纪、营私舞弊以及经营管理中的缺陷，为高级管理层改善公司管理提供相关确认信息。集团总部拓展确认服务的深度和广度，并对下属企业开展监督、评价工作，主要是业务上的审核、评价，跟踪审计结果的落实和整改等。

(2) 咨询功能是辅助功能

在管理型内部审计功能定位模式下，内部审计开始发挥咨询功能作用，但主要在集团总部逐步施行，并没有成为主导功能。随着内部审计战略思维得到重视和集团总部内部审计活动范围的拓展，集团总部的内部审计功能定位也开始转变，会根据高级管理层需要提供数量较少的咨询服务活动，增加企业的价值和改善企业的经营管理。

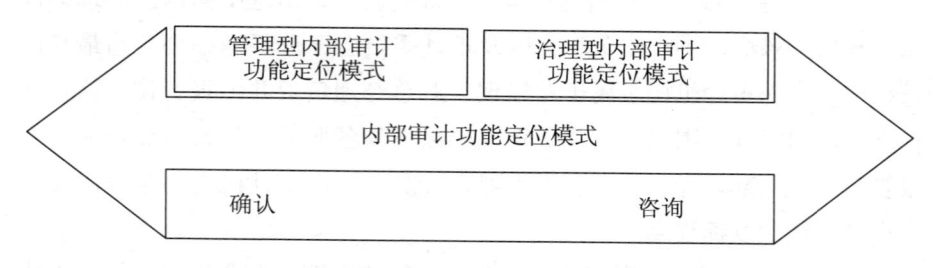

综上所述，企业集团公司内部审计功能定位分为治理型内部审计功能定位模式和管理型内部审计功能定位模式。如图 3-1 所示，在两种模式下，内部审计都是确认功能和咨询功能的连续统一体，所不同的是，在治理型内部审计功能定位模式下，内部审计更加侧重于咨询功能；而在管理型内部审计功能定位模式下，内部审计更侧重于确认功能。企业集团公司应通过制度安排，优化资源在两类服务之间的配置，从而更好地实现内部审计增加价值的战略目标。

图 3-1 企业集团公司内部审计功能定位模式

五、小结

本章从我国企业集团公司内部审计功能定位现状分析入手，归纳总结企业集团公司内部审计具备确认和咨询两大功能。根据内部审计的设立动机和服务重点，将内部审计功能定位模式划分为治理型内部审计功能定位模式和管理型内部审计功能定位模式，进一步确定了两种模式的适用条件和功能特性。在两种模式下，确认功能和咨询功能都构成连续统一体，治理型内部审计模式下更侧重咨询功能，而管理型内部审计模式下更侧重确认功能。内部审计功能的准确定位，是实现内部审计战略规划的关键和保证。治理型内部审计功能定位模式可使内部审计更加关注企业集团公司战略决策层面，更多地参与完善公司治理、改善风险管理和控制，应是我国企业集团公司内部审计功能定位的发展方向。

第四章 企业集团公司内部审计组织架构研究

一、我国企业集团公司内部审计组织架构的现状与问题

(一) 我国企业集团公司内部审计组织架构的现状

目前，我国企业集团公司大多建立了具有企业特色的内部审计组织架构与管理模式。主要表现在两个方面：一方面，内部审计机构隶属关系上存在多种方式。《中国国有企业内部审计发展研究报告》(2008) 的调查数据显示 (图 4-1)，企业内部审计的组织机构隶属关系中，隶属于总经理的占 42.02%；隶属于副总经理或总会计师的占 20.83%；隶属于董事会的占 19.98%；与纪检、监察部门合署办公的占 13.64%；隶属于监事会的占 3.53%。另一方面，企业集团公司内部审计组织架构管理方式和机构设置也呈多样性。课题组调研表明，不少企业集团公司设置了有特色的内部审计部门分支机构，主要形式有设置审计分部和审计分局，如中石化设立了四个区域审计分局，中国联通在各省级分公司均设立了审计分部。

一般认为，内部审计组织架构作为内部审计管理工作的依托，在企业集团公司内部审计管理体系中具有积极作用与重要影响。课题组对内部审计组织架构作用的调查结果表明，81.68% 的被访者认为能够提升内部审计质量；80.15% 的被访者认为能够提升内部审计绩效；67.18% 的被访者认为有助于优化内部审计人力资源；31.30% 的被访者认为能够促进内部审计文化建设。

(二) 我国企业集团公司内部审计组织架构的主要问题

国外企业集团公司的内部审计组织架构存在很多共同之处，概括而

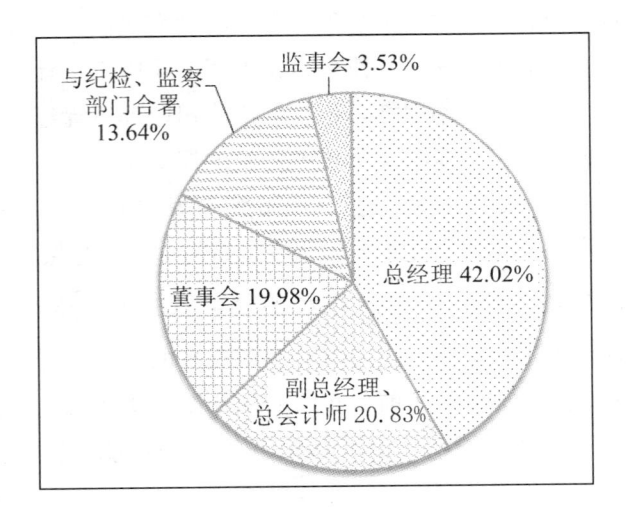

图 4-1　企业内部审计组织架构隶属关系情况

言,主要是高级管理层非常关注内部审计组织架构的形成与完善,非常重视内部审计机构的独立性,组织管理设置模式倾向于采取内部审计部门隶属于董事会或董事会下设的审计委员会的模式,赋予内部审计部门较高的行政地位、较高的监督权力和相当广泛的审计检查职权,确保内部审计部门与人员的独立性和客观性,使其能够积极参与到企业集团公司治理和风险管理等高层次的管理活动中去。例如,瑞士ABB集团公司的内部审计机构直接对公司董事会负责,总部设在瑞士苏黎世,下设特别项目、审计程序、特别调查办公室、集团IT审计4个部门,直接领导全球五大区域内部审计机构,通过制定审计规划、设计审计流程、确定审计方法、培训、指导和监督各区域内部审计机构等工作,确保了ABB全球内部审计的高效率和广覆盖。

相较而言,我国企业集团公司内部审计组织架构仍存在不足。调查数据显示,87.02%的被访者认为内部审计机构与人员配置不够合理;43.51%的被访者认为公司治理结构不健全、内部审计管理体制尚不完善;32.06%的被访者认为改造内部审计组织机构的理念滞后。

1. 企业集团公司内部审计组织架构设置存在制度性缺陷

企业集团公司的治理结构会直接影响集团公司的管理组织架构与内部机构设置。目前,我国部分国有企业集团公司仍然没有有效建立起权力机构、决策机构、监督机构和经营管理者之间的制衡机制，导致内部审计组织架构设置上存在制度性缺陷，使得企业集团公司内部审计机构相应地缺乏独立性和客观性，权责不相称。企业集团公司内部审计组织架构设置上的制度性缺陷，使其在企业集团公司中所处的层级不高，妨碍内部审计部门有效拓展业务领域，对战略决策、风险管理等重大事项无法有效参与，进而导致内部审计无法为企业集团公司发展目标提供充分保障。

2. 企业集团公司内部审计组织架构的改造理念滞后

内部审计组织架构改造理念是指对变革现有的内部审计组织架构设置与管理模式的思路及设想。目前，我国的一些企业集团公司改造内部审计组织架构的理念还比较滞后，没有从内部审计的功能定位、组织特性出发，充分意识到优化内部审计组织架构的必要性与紧迫性，造成内部审计组织架构的调整往往是被动适应公司的组织机构改革，使得内部审计组织架构设置比较僵化、陈旧，不能适应公司的发展要求。

3. 企业集团公司内部审计部门与岗位设计不够合理

由于对内部审计发展战略和功能定位的认识不够到位，导致对内部审计工作的重视程度不够，使企业集团公司内部审计部门设置与岗位设计还不够合理。一方面，部分企业集团公司中未合理设置内部审计机构，或者未在下属企业中设立相对独立的内部审计机构；另一方面，在内部审计机构中未合理设置职能处室和未有效配备内部审计人员，人员的知识结构、年龄结构与审计工作不匹配。随着我国企业集团公司资产规模的不断扩大，业务范围的不断延伸，这些问题在客观上极大地制约了企业集团公司内部审计工作的顺利开展。

总之，我国企业集团公司的内部审计组织架构在设置理念、结构安排和设计模式等方面仍存在不足，需要进行深入的理论与实践研究，寻找出适合我国企业集团公司发展环境与条件的内部审计组织架构，以便进一步提高我国企业集团公司内部审计管理的效率与效果。

二、企业集团公司内部审计组织架构的内涵

（一）企业集团公司内部审计组织架构的含义

企业集团公司内部审计组织架构作为内部审计管理体系的重要一环，

可以为内部审计管理目标的实现提供重要的组织依托。企业集团公司的管理体制与管控要求各有不同，其内部审计组织架构设置也会不同，进而影响到内部审计运行机制、内部审计综合评价和内部审计资源配置，最终会影响到企业集团公司内部审计功能的发挥。

课题组认为，企业集团公司应以内部审计战略为指引，以充分发挥内部审计功能为目标，结合企业集团公司的管理性质与业务特点，构建内部审计组织架构，具体内容主要为内部审计机构的隶属关系安排、内部审计架构管理模式以及内部审计部门机构的具体设置。

（二）企业集团公司内部审计组织架构的意义

积极建立并不断完善企业现有的内部审计组织架构，具有如下重要的应用价值：

一方面，在企业集团公司管理实践中，科学合理的内部审计组织架构能够确保良好的监督管理和层级间的有效沟通，从而使内部审计的发展与公司治理结构的完善处于良好的互动循环之中；能够向企业外部利益相关者提供客观的企业信息，协调他们与企业集团公司的关系；还可以为公司高级管理层强化企业的内部控制和风险管理系统提供必要的支持和保障，不断提高公司内部管理效率。

另一方面，建立合理的内部审计组织架构还符合国内外行业协会组织及监管机构的有关要求。比如中国内部审计协会《内部审计具体准则第24号——内部审计机构的管理》中规定内部审计机构应建立合理有效的组织结构，多层次组织（大型国有企业集团）可实行集中管理体制或分级管理体制。IIA 在《国际内部审计专业实务标准》中指出，企业内部审计部门应用系统、规范的方法来评价并协助改善治理、风险管理和控制过程，以改善组织的运营状况和经营效率，实现组织目标。2004 年国资委发布的《中央企业内部审计管理暂行办法》以及 2009 年起正式实施的《企业内部控制基本规范》中都明确规定，企业应当加强内部审计工作，保证内部审计机构设置、人员配备和工作的独立性。因此，我国企业集团公司内部审计组织架构的设置应当从企业集团公司治理结构和集中化管控的实际情况出发，围绕企业集团公司战略和内部审计功能对集团总部和下属企业的内部审计资源进行有效配置，提高内部审计组织在企业集团公司中的独立性，加强和规范企业集团公司的内部控制制度，提升企业集团公司整体经营管理水平和风险防范能力。

三、企业集团公司内部审计组织架构的影响因素

课题组研究认为，影响内部审计组织架构的因素主要有以下几个：

1. 公司治理结构

纵观我国企业内部审计机构的变迁，从隶属于财务部门领导到隶属于总经理领导，再到隶属于董事会的领导，无不是因为受到公司治理结构变革的影响、无不是随着公司治理机制的逐步完善而相应地发生着变化，其中根本原因就在于完善的公司治理结构为内部审计机构独立性的彰显与确认、咨询功能的发挥提供了有利条件。我国股份制企业集团公司的治理结构主体主要由股东大会、董事会、监事会和总经理等利益群体组成。此类公司治理结构下，企业集团公司的内部审计部门一般隶属于公司董事会下属的审计委员会，独立性较强，对企业内部经营管理活动的监督与控制的效果比较明显；而我国国有独资企业集团公司则没有设立董事会，企业最高决策机构为公司总经理办公会（公司党组会）。在这种治理结构下，内部审计部门难以独立于公司高级管理层，其监督权限与范围会受到限制。因此，不同的治理结构必定导致内部审计组织架构出现差异，进而影响内部审计工作的效率与效果。

2. 领导层管理理念

企业集团公司领导层的管理理念往往会直接影响公司的战略目标与方向，影响着公司组织结构与管理制度的变革，进而影响企业集团公司各层级内部审计机构的设置。如果领导层将内部审计作为企业治理层的重要内容，内部审计将被赋予较高层级的权力，不仅仅对生产经营活动进行监督控制，还能从风险管理角度对重大决策提出建议，为企业整体价值增值目标作出贡献。如果仅将内部审计作为一般的职能部门，内部审计将更强调完成管理层下达的任务和指标，无法成为改善组织治理的有效力量。

3. 公司组织结构

企业集团公司组织结构限制着内部审计组织架构的设计。内部审计部门作为企业集团公司这一组织整体的一部分，其组织架构设计应遵循公司

组织结构安排的一般原则，并在此基础上根据本身业务发展需要进行差异性设计与安排。随着集团总部的组织架构变革，各层级的内部审计组织架构也会随之发生改变。

4. 公司管控模式

企业集团公司内部审计组织架构管理模式与公司管控模式密切相关。基于管理协同效应的原理，企业集团公司内部审计架构管理模式应与集团公司管控模式相协调，集权或分权的管控模式影响着内部审计组织在集团公司各层面集中或者分级的具体设置，进而影响着内部审计管理体系基本功能的发挥。

5. 公司行业特点

由于企业集团公司所属企业数量多、层级复杂、涉及众多行业领域，其不同行业特点制约着企业集团公司成员企业的内部审计组织分布、审计范围及审计活动涉及的程度。如，能源类企业集团公司所在行业涉及多个生产经营环节，实行多级管理模式，其内部审计组织架构设置实行统一领导、分级管理，总部和下属企业均设置有内部审计部门。在业务相对单一的电信行业，其内部审计组织架构设置已出现集中管理现象，即主要是在集团总部和省级下属企业设置内部审计部门，逐步取消了地市级的内部审计部门机构。在银行业，则一般只在总行设置审计部，在全国重点地区设置审计分部。

6. 内部审计战略规划

内部审计战略为实现公司价值最大化的战略性目标与经营性目标提供支持和保障，内部审计战略规划对组织架构设计具有导向作用。明确、清晰的内部审计战略定位对内部审计组织架构设计影响明显，内部审计组织架构中的隶属关系、分层级机构设置等需要战略定位作为基础性依据。

7. 内部审计功能定位

企业集团公司内部审计组织架构与其内部审计功能的合理定位之间存在着密切的联系，内部审计功能定位适当与否影响着内部审计部门的工作目标，进而影响着内部审计的组织管理层级、内部审计的工作范围和内部审计资源配置等内容。因而，不同的功能定位下的内部审计组织架构必然有差异。

四、企业集团公司内部审计组织架构设计

（一）企业集团公司内部审计组织架构设计原则

1. 独立性原则

IIA 认为，独立性是指内部审计部门不偏不倚地履行职责，免受任何威胁其履职能力的情况影响。独立性是保证内部审计人员在企业集团公司中能够客观、公正地从事审计活动的先决条件。因此，只有内部审计机构具有独立审计活动的良好组织地位，才能够确保内部审计行为不受限制、内部审计意见或决定得到实施、内部审计建议得到适当采纳。

2. 法定性原则

监管机构对企业集团公司内部审计机构设置有明确的规定。国务院国资委《中央企业内部审计管理暂行办法》（2004），要求所属企业应设置独立的内部审计机构，配备相应的专职内部审计人员，并在公司董事会（监事会）或企业负责人的领导下开展工作。《中外合资企业法》实施细则，要求非小型企业建立内部审计制度。中国证监会《上市公司治理指引》和中国内部审计协会《内部审计具体准则第 24 号——内部审计机构的管理》等也对企业建立独立的内部审计机构和在董事会领导下开展工作进行专门规范。除此之外，法定性原则还应包括在集团公司章程中应明确内部审计机构领导关系、人力资源计划、预算安排等保证内部审计发挥作用的规定。

3. 适应性原则

在实践中，鉴于企业集团公司内部审计环境与条件的差异，其内部审计组织架构管理并没有统一、固定的模式，同时，内部审计组织架构的影响因素也非常多，它们均可能在不同程度上制约着内部审计组织架构具体模式的选择和内在作用的发挥。由于各相关要素对内部审计需求的侧重点不同，内部审计的组织架构设置需针对各相关要素进行对应地安排，滞后或超前都会阻碍内部审计的健康发展。因此，只有科学合理地处理内部审计组织架构与各影响要素间的关系，才能使内部审计组织架构与企业整体组织管理体制相协调、相适应。

4. 系统性原则

企业集团公司内部审计组织架构的设计不仅要符合各成员企业自身的需要，还要符合整个企业集团公司协调管理的需要。因此，企业集团公司内部审计组织架构的设计应从整体出发，对其进行系统规划，充分发挥企业集团公司内部审计的整体效应，达到"1+1>2"的资源聚合和优劣互补，实现资源的集中整合及优化配置。

（二）企业集团公司内部审计组织架构

1. 企业集团公司内部审计组织架构基本模式

（1）服务于治理层的内部审计组织架构模式

这类内部审计组织架构模式是以企业出资者为最终服务对象，其目标是帮助治理层改进管理，并监督管理层的受托履约责任。按隶属关系不同，可分为几种形式：

1）决策层领导下的内部审计。内部审计直接向董事会报告或是通过审计委员会向董事会报告。在该组织架构模式下，内部审计能够保持较高的独立性与工作地位，有足够的责权深入到经营管理的各个层面，使得内部审计机构能够真正地理解企业出资者的意图，有效实现对管理层进行监督、控制的目标，确保决策层能够对生产经营风险全面了解与及时控制。董事会成员不但可以利用内部审计师的专业知识来理解公司所面临的风险及控制弱点，还需要他们提供改进意见以履行董事会成员的职责。如图4-2所示。

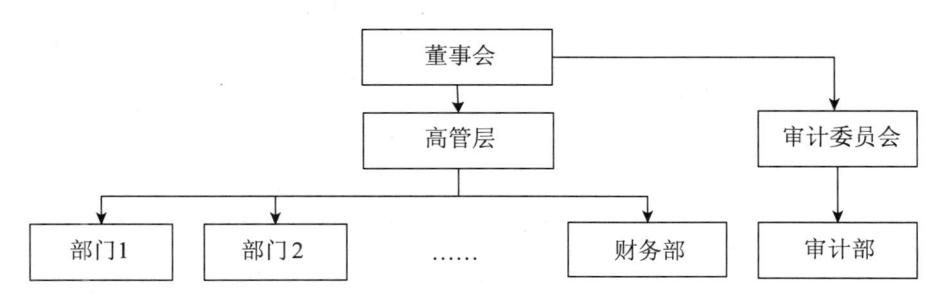

图4-2 决策层领导下的内部审计组织架构

2）监督层领导下的内部审计。即内部审计直接向监事会报告，由监事会来主导公司内部审计工作。监事会是公司的监督机构，它由股东代表和职工代表组成，主要职权是对董事、经理在执行公司职务时是否违反法律法规和章程进行监督。监事会不能直接参与企业经营决策，但是对公司董事会和管理层是一种有效制约。如图4-3所示。

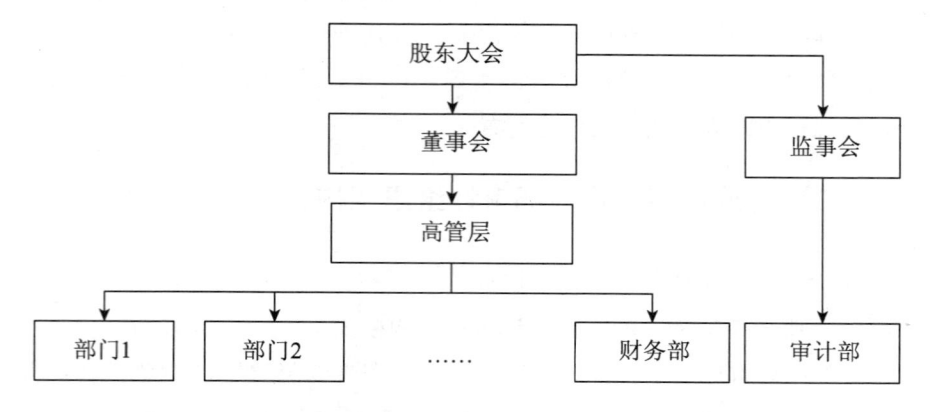

图4-3 监督层领导下的内部审计组织架构

（2）服务于管理层的内部审计组织架构模式

内部审计机构设在管理层，即为企业高级管理层服务，能直接为日常经营决策服务，发挥内部审计过程管理的作用。但该模式下，内部审计机构难以监督高级管理层，无法有效保持本级监督和检查的独立性与客观性，其对公司发展战略的支持、保障作用将会削弱。按隶属关系，该模式可分为几种形式：

1）总经理领导下的内部审计。内部审计机构直接向总经理负责，独立于财务部门，也具有较高的地位，有利于对企业提高经营管理水平和实现经济效益进行监督和控制，但是不能监督高级管理层。如图4-4所示。

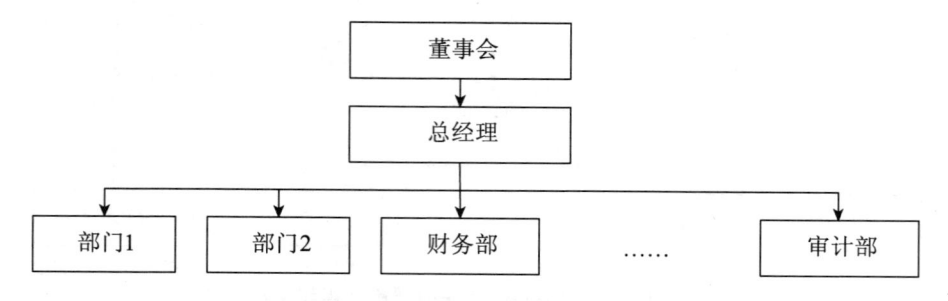

图4-4 总经理领导下的内部审计组织架构

2）总会计师领导下的内部审计。一般独立于财务部门，但是由于与财务部门同受一人领导,独立性较差,监督权限受限。如图4-5所示。

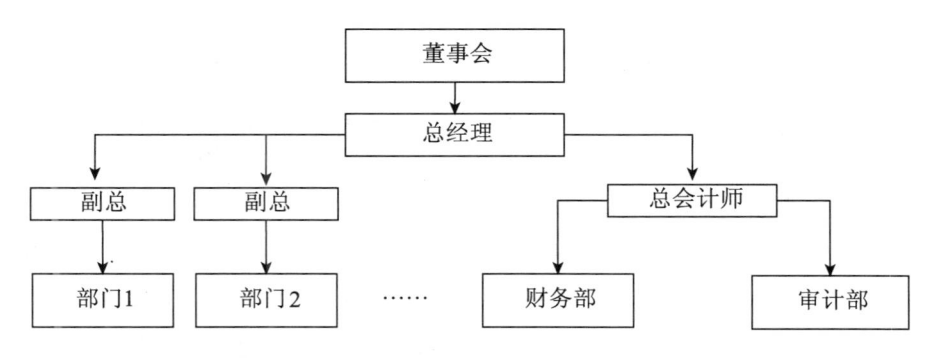

图4-5 总会计师领导下的内部审计组织架构

3）公司其他高管层成员领导下的内部审计。部分企业集团公司的内部审计机构由公司其他高管层成员领导。如图4-6所示。

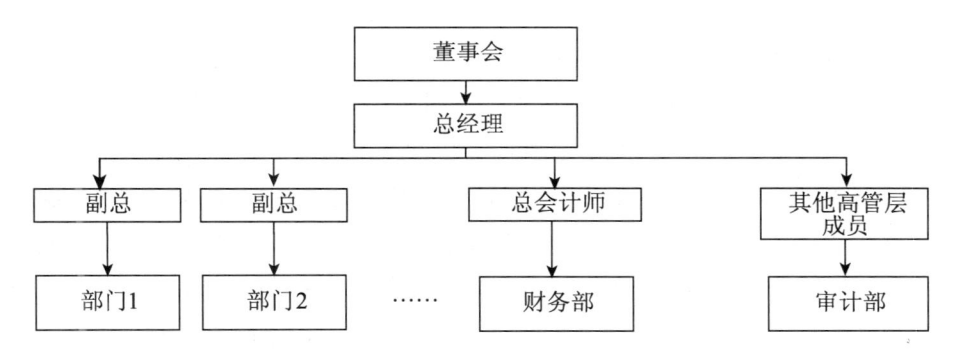

图4-6 公司其他高管层成员领导下的内部审计组织架构

2. 企业集团公司内部审计组织架构模式选择

（1）企业集团公司内部审计组织架构模式选择的思路

尽管对于不同组织形式的企业集团公司,其内部审计组织架构的方式不尽相同,但从根本上来讲,内部审计组织架构都是进一步优化公司治理结构、落实风险管理措施、支持与保障企业集团公司顺利实现公司价值增值战略目标的重要手段。因此,结合内部审计管理发展现状,综合考虑内部审计对企业集团公司整体的服务支持,课题组认为,企业集团公司内部审计组织架构优化设计的根本指导思想应是在内部审计组织工作的战略导向和推动目标下,致力于提升内部审计的管理层级、提高内部审计组织的独立性,扩大内部审计职能的覆盖面,使内部审计能参与到企业集团公司最高层面的战略决策中,推进内部审计作用的充分发挥。

(2)股份制企业集团公司内部审计组织架构模式选择

股份制企业集团公司治理结构较完善,建立了较完备的权力制衡机制。为提高内部审计独立性,其内部审计组织架构模式应主要采取服务于治理层的模式,对集团公司最高层面的重大决策进行确认和咨询,实现企业集团公司价值增值的战略目标。

从管理实践来看,股份制企业集团公司的内部审计组织架构可采取"双重领导"模式,向董事会(审计委员会)与总经理两个上级主管负责。此模式下,内部审计机构的人事管理、资源计划等决策权属于审计委员会。此种"双重领导"模式具备现实可操作性,分别对出资人和受托人双重负责的内部审计组织架构模式,可以较好地起到与我国企业集团公司的二维管理特征相协调、相匹配的作用。

(3)国有独资企业集团公司内部审计组织架构模式选择

国有独资企业集团公司一般没有设立董事会,公司总经理办公会(公司党组会)作为最高决策机构。因此,对于国有独资企业集团公司而言,在进行内部审计组织架构模式选择时,应注意考虑两个关键问题:

首先,应综合考虑其企业性质与管理控制模式的现实情况,积极采取措施构建独立、客观的内部审计组织架构。对于未设置董事会的国有独资企业集团公司而言,其内部审计部门在向总经理负责的基础上,可设立主管内部审计工作的总审计师,作为公司领导成员,以增强内部审计部门的相对独立性。

其次,在当前国有独资企业的公司治理结构下,为确保企业集团公司内部审计战略目标的实现及功能的全面提升,可通过公司章程给予内部审计机构参与公司治理的必要职责和权力,使其能对集团公司的各项经营决策活动行使监督与建议权,增加对高级管理层的权力制衡,以逐步优化国有独资企业集团公司的内部制衡机制。

3. 企业集团公司内部审计部门组织机构设计

为了充分整合企业集团公司范围内的各种审计资源,我国企业集团公司内部审计的部门机构设置可尝试采用"矩阵式"方法。"矩阵式"内部审计部门组织机构的设置,一方面按具体审计内容将审计业务划分至不同处室,另一方面再按管辖区域将审计对象划分至不同处室,实行横向的业务与纵向的区域交叉，使专业化审计与属地管理相互结合。在具体业务管理上，专业性审计项目（如工程审计、内控评价等）以业务管理为主；跨业务的综合性审计项目（如经济责任审计等）以区域管理为主；同时，建立工作成果的共享机制。从纵向上看，按区域设置划分，能够提升内部审计人员对审计对象的熟悉程度，提高内部审计工作效率，改进内部审计工作质量；从横向上看，能够根据内部审计的具体业务特征来组织开展工作，提升内部审计工作的专业化管理水平。

五、企业集团公司内部审计组织架构管理模式设计

（一）企业集团公司内部审计组织架构基本管理模式

综合分析国内外企业集团公司内部审计组织架构管理方式的现状，将集团公司内部审计组织架构的管理模式分为以下几种：

1. 分级管理

在集团总部、下属企业分别设置内部审计机构，分别根据实际情况开展内部审计工作。内部审计人员由各自所在单位管理，只对本单位负责，并向其报告；总部仅就审计业务给予指导。这种管理模式的主要特点是管理权限下放，下属企业自主安排和管理内部审计工作。内部审计组织架构的分级管理模式的内容如图 4-7 所示。

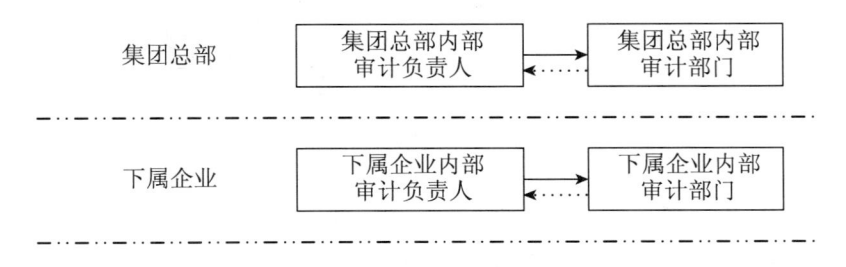

图 4-7 内部审计组织架构的分级管理模式

2. 双重管理

集团总部、下属企业分别设置内部审计机构；下属企业内部审计机构受总部和所在单位的双重管理，受总部委托和所在单位要求开展内部审计业务；总部对下属企业内部审计机构进行绩效考核并对其人员有一定的调配权限。这种管理模式的主要特点是管理权限有限下放，业务管理以集团

总部为主，日常行政管理以下属企业为主。内部审计组织架构的双重管理模式的内容如图4-8所示。

```
集团总部    集团总部内部  ←→  集团总部内部
            审计负责人          审计部门

下属企业    下属企业内部  ←→  下属企业内部
            审计负责人          审计部门
```

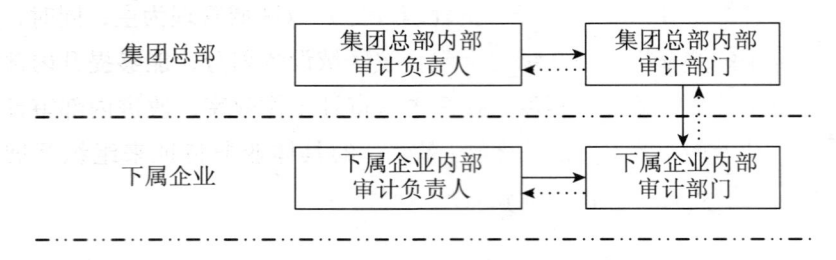

图4-8 内部审计组织架构的双重管理模式

3. 派驻管理

派驻管理以垂直管理、监督驻地为原则，总部设置内部审计机构，并向下属企业派驻内部审计分支机构；分支机构按总部要求执行计划并向总部报告，人员隶属总部管理，驻地公司提供行政后勤服务。这种管理模式的主要特点是派驻机构主要为驻地公司提供服务，集团总部对派驻机构的人员有直接管辖权。内部审计组织架构的派驻管理模式的内容如图4-9所示。

```
集团总部    集团总部内部  ←→  集团总部内部
            审计负责人          审计部门
                                  ↕
下属企业                        内部审计
                                派驻机构
```

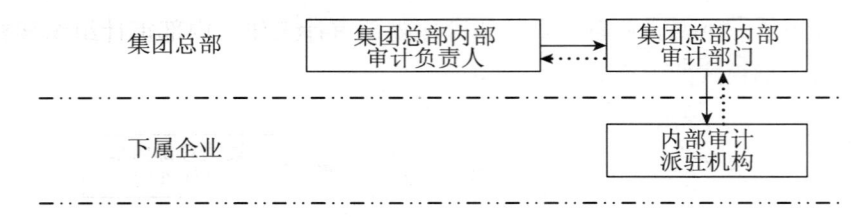

图4-9 内部审计组织架构的派驻管理模式

4. 集中管理

集中管理模式是指内部审计机构和人员由集团总部集中管理，集团总部负责组织实施整个集团公司的内部审计业务。该种模式体现对内部审计活动及内部审计人员的高度标准化、集约化管理。内部审计组织架构的集中管理模式的内容如图4-10所示。

```
集团总部        集团总部内部  ←······→  集团总部内部
                审计负责人              审计部门

下属企业
```

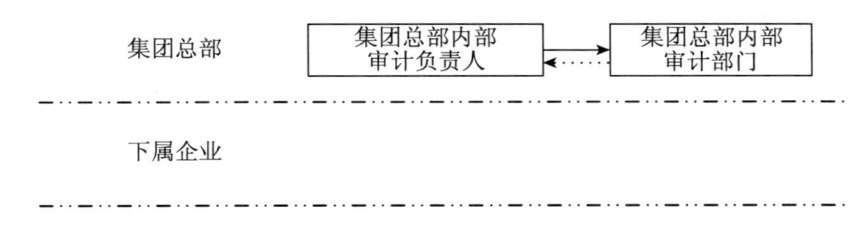

图 4-10　内部审计机构的集中管理模式

（二）企业集团公司内部审计组织架构管理模式选择

目前，国际跨国企业集团公司的内部审计组织架构管理模式总体朝集中化方向发展。基于我国企业集团公司现状和管控模式，可尝试以集中管理与分级管理相结合的方式来进行统筹设置，既突出集团总部集中统一管理的战略方向，又能够充分发挥下属企业内部审计工作的积极性。

另外需重视的是，企业集团公司内部审计组织架构的管理模式还因下属企业的性质不同而有所区别。对于业务类型单一、分支机构主要属于全资子公司的企业集团公司而言，内部审计组织架构管理模式更便于采取集中管理的模式，由总部对下属企业的内部审计工作进行统一管理，具有更高的独立性与客观性；对于业务类型多元的企业集团公司，分级管理模式更合适。

企业集团公司应根据自身特性、管控要求，采取相应的内部审计组织架构设置，最大限度地保证企业集团公司整体范围的内部审计工作正常运行。

六、小结

本章立足于提高内部审计工作的独立性和客观性，分析了企业集团公司内部审计组织架构设计的影响因素，指明企业集团公司内部审计组织架构的设计原则，提出了企业集团公司内部审计组织架构和企业集团公司内部审计组织架构的管理模式等内容。其中企业集团公司内部审计组织架构指集团公司的内部审计组织机构的隶属关系安排及其内部审计部门机构的具体设置，企业集团公司内部审计组织架构的管理模式则是集团总部内部审计部门对下属企业内部审计部门的管理与控制方式。企业集团公司内部审计组织架构设计分为服务于治理层和管理层两个模式。集团公司内部审计组织架构的管理模式有分级管理、双重管理、派驻管理、集中管理等。内部审计组织架构的设计必须与企业集团公司实际情况相结合，以现有的企业组织形式与公司治理结构为基础，紧紧围绕实现内部审计战略目标，才能促进提升内部审计工作的价值。

第五章 企业集团公司内部审计运行机制研究

一、我国企业集团公司内部审计运行机制的现状与问题

(一) 我国企业集团公司内部审计运行机制的现状

内部审计对于健全公司治理，防范经营风险，促进公司发展具有重要意义。良好的内部审计运行机制，可以更好地实现内部审计工作的战略目标，充分发挥内部审计的确认、咨询功能，不断优化资源配置，切实提高内部审计工作的效率和效果。

我国内部审计工作自1983年恢复至今，历经三十多年的改革发展，目前，国有企业集团公司基本都围绕公司管理体系，结合公司整体经营战略，形成了各具特色的内部审计工作运行机制。这些运行机制的主要特点可以概括如表5-1：

表5-1 国有企业集团公司内部审计运行机制比较

组织形式	业务性质	管控模式	内部审计运行管理模式	内部审计运行管理具体表现	代表公司
多级法人制	多元化	以战略管控为主，兼有集约运营管控。	集中管理与分级管理相结合。	集中管理方面：实现总分部一体化管理，总部统一管理内部审计计划、调配、考核工作，分部根据总部审计计划，承担日常性、基础性和监督性工作；分级管理方面：在下属企业设立审计部门，实行统一计划管理与业务指导。	某大型电力能源集团

续表

组织形式	业务性质	管控模式	内部审计运行管理模式	内部审计运行管理具体表现	代表公司
多级法人制	多元化	以战略管控为主,兼有财务管控,不涉及运营管控。	基于公司战略管控的指导性协调管理。	总部对各子公司内部审计以指导型管理和协调为主。	某金融控股集团
一级法人制	单一化	以战略管控为主,兼有一体化运营管控。	"派驻制"垂直管理。	采用集约的管控模式,坚持审计制度体系、计划管理、业务管理、绩效考核、指挥调配"五统一"。	某通信服务企业集团
多级法人制	多元化	以战略管控为主,采用两级行政、三级业务管理体制。	"审计中心制"分级审计管理。	总分部分别设置内部审计机构,根据实际情况开展审计工作,总部设置的审计中心仅对子公司的审计业务给予指导和监督审查工作。	某大型石油化工集团

（二）我国企业集团公司内部审计运行机制的主要问题

课题组调查数据显示，60.21%的被访者认为内部审计运行机制对战略目标的保障和支撑不足；59.14%的被访者认为内部审计工作与业务管理工作关系不顺；48.39%的被访者认为集团公司内部审计一体化程度不高。

内部审计运行机制是企业集团公司内部控制管理经过多年发展的产物，是内部审计部门经过多年变革的结果，在实践探索中取得了一定成绩，但仍存在如下问题：

1. 内部审计工作范围存在局限，未能以集团战略目标实现为中心

目前，由于对内部审计战略规划工作的关注度不够，内部审计战略规划未能纳入企业整体的发展战略，使得内部审计工作缺乏战略性与长远性指引，未能和企业集团公司的战略目标相适应，不能及时根据企业发展目

标适时调整运行环节；同时，内部审计工作的管理层级不高，一定程度上造成企业集团公司的内部审计运行范围有限，特别是在企业集团公司重大决策制定及治理结构优化等方面的参与程度明显不够，使得内部审计运行机制难以保障和支撑企业集团公司发展战略目标的顺利实现。

2. 内部审计工作一体化管理程度不高，影响工作效率与效果

当前，部分企业集团公司的内部审计工作采用分级管理，集团总部对下属企业以指导性、协调性管理为主。审计计划安排、审计质量控制、审计人员调配等不统一，无法形成上下联动的运行机制，各下属企业间内部审计运行管理水平参差不齐，一定程度上造成内部审计资源利用不充分，缺乏合力，导致出现重复审计、审计资源浪费等一系列影响内部审计效率与效果的问题。

3. 内部审计与业务工作的协调性不够，作用难以充分发挥

内部审计部门作为企业集团公司内的一个职能部门，既要保持机构与人员的相对独立性，也要履行一定的管理职能，需要其他业务管理部门的配合。实践中，由于内部审计工作较多地体现出监督和控制的特性，存在其他业务管理部门不配合内部审计部门工作的情况，使得内部审计部门无法顺畅获得业务经营管理活动的最新资料或信息，从而无法对公司管理、控制活动进行充分有效审查，限制了内部审计作用的发挥。

二、企业集团公司内部审计运行机制的内涵

（一）企业集团公司内部审计运行机制的含义

内部审计运行机制是企业集团公司内部审计管理体系的核心环节，它的高效通畅关系到内部审计管理体系是否有效。企业集团公司内部审计运行机制与一般企业的内部审计运行机制相比，关键要解决的是：如何使企业集团公司内部审计工作能够更好地服务于公司战略规划、战略设计、战略实施与战略评价的全过程；如何在企业集团公司管理机制的支配下，有效实现企业集团公司内部审计工作的标准化和一体化，更充分地发挥内部审计的功能作用。

企业集团公司内部审计运行机制可以定义为：企业集团公司内部审计管理各要素之间彼此依存、有机结合和互动调节所形成的内在关联与运行

方式，其核心内容是企业集团公司内部审计工作的计划安排、内部审计资源的组织调配、内部审计活动的协调管理和内部审计管理的过程控制。课题组认为，在企业集团公司中，内部审计运行机制应包括战略层内部审计运行机制和执行层内部审计运行机制两个层面，明确这两个层级在内部审计工作计划、资源组织调配、管理活动协调以及过程控制管理上的侧重点，统筹协调战略层与执行层的关系，实现内部审计管理的优质高效运行和内部审计资源的优化配置。

（二）企业集团公司内部审计运行机制的特征

鉴于企业集团公司业务复杂、管理层级多等特性，企业集团公司内部审计运行机制应具备如下特征：

1. 以集约化战略为导向

公司战略是提高企业内部管理效率、构建高效通畅的内部审计运行机制不可或缺的导向因素。企业集团公司内部审计运行机制必须服务于企业集团公司发展战略，为全面增加公司价值服务。因而，企业集团公司的内部审计运行必须提升监督高度，扩大制衡深度，积极参与企业集团公司的战略制定、战略实施、战略修正和战略评价的全过程。

2. 以一体化运作为核心

一体化运作是企业集团公司战略管控运行模式的必然要求，即要求内部审计工作实现统一指挥、统一行动、高效运作。对企业集团公司内部审计工作实行统一的组织、计划、协调与管理，整合企业集团公司审计资源，实现资源的集约调配。

3. 以标准化管理为基础

建立完善的制度标准，是企业集团公司内部审计高效运行的基础。规范的内部审计制度，为内部审计的一体化运作提供了统一的标准，支撑实现对企业集团公司内部审计工作的统一领导，促进内部审计功能的发挥。统一的制度标准，同时还为内部审计工作的考核评价提供制度化的依据，在对集团总部、下属企业内部审计工作考核时做到有规可依、有据可评，实现内部审计工作的全过程、标准化管理。

4. 以信息化建设为支撑

信息技术对现代社会发展正产生着越来越深刻的影响，随着财务信系统、企业资源规划（ERP）、电子商务等信息系统的运用，信息化已成为企业提升内部管理、加强科学管控最为有效的手段，企业的组织形式、管理体制、控制要点等正发生着重大变革，内部审计的环境、技术和内容等也随之发生深刻而巨大的变化。内部审计也必须随着外部环境的变化而调整，切实加速自身的信息化、现代化建设，以信息化为支撑优化工作流程，创新内部审计工作方式、方法。

三、企业集团公司内部审计运行机制的影响因素

构建企业集团公司内部审计运行机制受多方面因素影响，课题组开展的调查显示，公司组织体系、管控模式、业务性质、信息系统状况，以及外部环境等是主要的影响因素（被访者的选择频率分别为：组织体系84.95%；管控模式78.49%；业务性质35.48%；信息系统状况33.33%；外部环境51.61%）。

1. 公司组织体系

公司的组织体系比如机构设置情况、上下级机构权责划分、部门内部人员管理情况、业务价值链的组织与实施等都会对内部审计运行产生影响。内部审计部门隶属关系层级越高，其独立性就越强，就越有足够权限实施监督，就越有可能整合内部审计力量，就越有可能建立强大的内部审计运行系统。内部审计部门负责人和员工的管理政策也会对内部审计运行产生影响，如部门负责人的任免、员工的考核和晋升等。

2. 公司管控模式

从实地调研的结果看，企业集团公司的内部审计运行管理要符合企业集团公司整体管控要求。如在经营管控上倾向于一体化、集中化运作，其内部审计运行管理往往采取高度集中的垂直管理模式。

3. 公司业务性质

企业集团公司的业务性质不同，导致面临的风险类型与影响不同，内部审计重点也不同，进而影响到内部审计运行机制发生调整与变化。采用多元化战略的集团公司和采用专业化战略的集团公司，其内部审计运行机制会有明显差异，前者需考虑行业差异，运行机制上更为复杂，对内部审计工作更具挑战性。

4. 公司信息系统

IT技术和信息系统为企业管理提供了良好的技术分析与系统支持，在企业中的应用提高了企业业务流程的自动化程度。而内部审计具体实施是根据业务流程的各个环节以及交易方式来进行的，因此，业务流程的自动化不可避免地对内部审计的各个要素以及控制理念等产生不同程度的影响。企业集团公司管理应用的信息系统的状况，是否已经形成了较完整的业务信息传递网络等，对内部审计运行方式会产生重大影响。信息化水平越高，融合程度越深，越能促进内部审计业务流程再造和工作方式改变，支持开展持续审计、异地审计和交叉审计，直接、及时、快捷地监督和评价决策行为与业务活动，提升内部审计运行机制的效率。

5. 公司外部环境

外部环境包括法律环境、社会环境、经济环境等。目前，中国内部审计协会发布的一系列内部审计准则都是内部审计人员从事内部审计活动的引导性依据。基于内部审计规范发展等方面的考虑，国家和行业也将发布更多的法律和规章，无疑会对企业集团公司内部审计运行机制产生重大影响。

四、企业集团公司内部审计运行机制的设计

（一）企业集团公司内部审计运行机制的框架设计

内部审计运行机制框架主要由运行机制的目标、运行机制的双层级实施主体和组织、计划、协调、控制等构成，如图5-1所示。

1. 企业集团公司内部审计运行机制的目标

课题组认为，根据企业的治理结构状况、经营管理环境、组织架构等特点，企业集团公司内部审计运行机制的目标应当确定为：提高内部审计部门的运行效率，充分发挥内部审计的确认和咨询功能，实现内部审计战略目标。

2. 企业集团公司内部审计运行机制的双层级主体

鉴于企业集团公司管理的多层次性，课题组将内部审计运行机制的主体划分为战略层和执行层两类，两层次主体执行内部审计运行工作各有侧

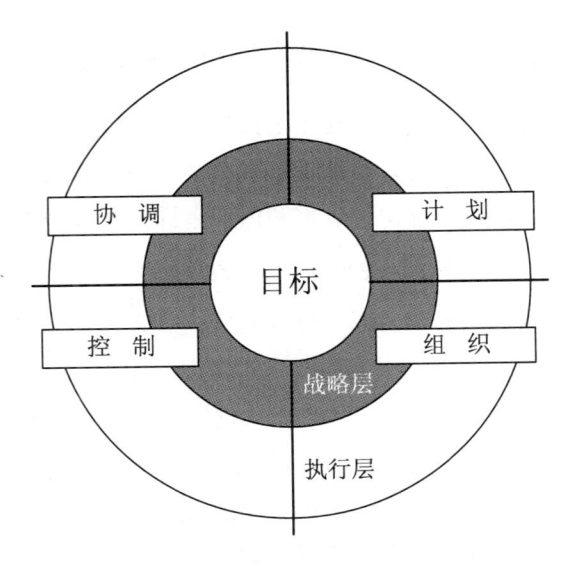

图 5-1　内部审计运行机制框架

重点。战略层运行机制主体侧重于：参与公司战略目标的制定，参与公司战略规划与落实，组织战略实施的评价，负责制定和组织实施内部审计战略；执行层运行机制主体侧重于：具体执行内部审计战略部署，确认与反馈战略规划执行情况。

企业集团公司战略层内部审计运行机制，以其工作的战略相关性为特征，更加关注有助于公司实现价值增值的管理程序和面临的系统性风险，突出集团总部内部审计部门参与集团战略、经营目标和预算制定过程，通过战略层面的组织、计划、协调、控制管理，使内部审计在影响战略目标制定、跟踪目标实施、监督目标整改上形成联动。执行层内部审计运行机制，主要是下属企业如何在集团总部统一的工作计划安排下，以统一的行动集中落实公司内部审计工作安排，重点开展基础性内部审计工作，对公司总体战略的实施形成支撑。

3. 企业集团公司内部审计运行机制的主要环节

企业集团公司内部审计运行机制的主要环节由组织、计划、协调和控制四方面共同组成。通过四个环节的内部审计活动，既支持战略层针对战略决策等重要事项统一部署，又合理保证执行层按预定方案进行操作，最终促进增加组织价值。

（二）企业集团公司战略层内部审计运行机制

战略层面内部审计以集团公司发展战略为导向，以实现企业价值最大化为目标。战略层面内部审计运行机制的内容包含内部审计组织管理、内部审计计划管理、内部审计协调管理和内部审计控制管理等四部分。

1. 企业集团公司战略层内部审计组织管理

无论集团公司采用哪种内部审计组织方式，此组织方式必定都服务于内部审计目标，并通过专业分工和协调来实现。所以应当明确企业集团公司内部审计工作管理与实施的主体以及内部审计工作的报告路径。

（1）内部审计工作主体。由于企业集团公司拥有复杂的多层次组织机构，战略层内部审计工作就必须站在集团总部的层面，对全公司范围内的内部审计工作进行全方位、全局性的把握。因而，集团总部的内部审计机构就是战略层内部审计运行机制的实施主体，主要职责是制定内部审计战略规划，参与集团公司重大战略决策，如预算、投资、融资、并购等活动的决策过程，最终服务于公司整体战略的制定与执行。

（2）内部审计工作报告路径。为保证内部审计工作在战略管理中发挥积极作用，内部审计工作必须能够向集团公司高层直接进行报告。目前，可采纳的有三种报告路径。

第一种是向高级管理层报告。一方面，相对而言能够更好地为生产经营服务，促进企业经营管理水平的提升；但另一方面，内部审计部门与其他职能部门地位相同，不可能实现对高级管理层的监督，其独立性和客观性都会受到较大的影响，其职能发挥也比较有限。

第二种是向监事会报告。内部审计部门独立性有所提高，但由于监事会的职责主要偏重于治理过程监督，并不参与公司经营管理，内部审计部门促进组织价值增值的作用可能难以充分发挥。

第三种是向董事会（审计委员会）报告。内部审计部门被纳入到公司治理结构中，具有较高的相对独立性和权威性，能够较好地对经营管理中的重要方面或环节发挥确认和咨询功能，也最有利于内部审计作用的发挥和目标的实现。在此模式下，为健全内部审计部门与董事会（审计委员会）、高级管理层之间的交流和合作机制，内部审计部门在向董事会（审计委员会）报告的同时，向高级管理层报告。这种报告机制设计既是公司治理的客观需要，又是解决信息不对称，改进内部审计工作的有力措施，使内部审计部门与董事会、各业务部门之间的信息交流畅通。如中国银监会2006年发布的《银行业金融机构内部审计指引》规定，"首席审计官和内部审计部门应按季向董事会和高级管理层主要负责人报告审计工作情况"。

对于未建立现代公司治理结构的集团公司，一般采用第一种汇报路径；对于已建立现代公司治理结构的集团公司，则应根据具体情况在第二种或第三种方式中进行选择。课题组认为第三种报告路径最利于充分发挥内部审计的战略服务作用。

2. 企业集团公司战略层内部审计计划管理

企业集团公司战略层内部审计计划应以战略为导向、以风险防范为基础，确定内部审计管理活动重点，体现集团总部的发展要求和管控特点。

（1）内部审计计划范围。集团总部的内部审计计划应紧密结合审计战略，对上服务、对下指导，使战略层的计划管理具有系统性、前瞻性与指导性。内部审计计划工作应围绕公司的核心发展战略开展。集团总部内部审计计划的编制应基于企业集团公司所处行业和自身经营特点，全面涵盖企业集团公司各业务领域，不仅涵盖企业集团公司管理的常规内容，还应根据不同业务领域的经营特点制订审计计划，以覆盖企业集团公司所有业务领域。

（2）内部审计计划重点。集团总部内部审计计划的制订，应从战略角度出发，分析内、外部环境，识别影响公司目标实现的内部和外部事项，区分风险和机会，开展风险评估，充分考虑风险事项的影响力、可能性、重要性、复杂性和变化程度等因素，以确定内部审计计划的重点。

（3）内部审计计划执行。战略层内部审计计划的执行，主要通过以下三种方式开展工作。

第一种方式是积极参与企业集团公司战略决策。对企业集团公司重大事项的决策提供可靠的信息和建议，最大程度上维护出资人的合法权益。

第二种方式是全面发挥对战略实施与执行的监控作用。对企业集团公司战略是否全面、有效执行开展确认服务，避免战略决策在执行过程中发生偏差，达不到决策的最初目标。

第三种方式是对战略实施效果进行评价。参与评价和分析集团公司战略实施的效果，提供评估建议，使战略目标及时得到修正。

（4）内部审计计划修订。战略层内部审计工作应及时关注企业集团公司外部环境的变化以及企业内部各种资源的协调，把握战略规划方向，及时对内部审计工作计划进行修订。

3. 企业集团公司战略层内部审计协调管理

企业集团公司战略层内部审计协调管理内容包括内部审计部门与企业集团公司决策层或管理层、集团总部其他职能部门、外部监管部门等相关方之间，所进行的交流与沟通。主要内容如下：

（1）重大审计事项报告。建立重大审计事项报告制度，明确重大审计事项范围、报送时限和相关要求、报告程序、责任认定与追究等内容，以加强内部审计部门对重大事项的动态管理，保障内部审计组织的常态运行。

（2）内部审计联席会议。建立内部审计联席会议制度，定期组织集团总部内部审计部门和其他相关职能部门，共同就集团公司内部审计工作中涉及的关联事项进行沟通与协调，以达到各职能部门相互配合、协同作战，更好地支持和配合内部审计部门履行职能，充分利用内部审计成果，取得最佳的内部审计效果。

（3）听取审计执行情况汇报。集团总部内部审计部门应采取定期或不定期的方式听取下级内部审计机构负责人工作情况汇报，掌握内部审计管理工作开展情况以及集团总部计划执行情况等。此种听取情况汇报的协调方式，可有效帮助下级内部审计机构处理在执行集团总部部署过程中遇到的难题，有效解决下级内部审计机构与被审计单位之间的矛盾和冲突，促进企业集团公司内部审计战略规划目标的落实。

（4）向政府监管部门定期报告。企业集团公司须接受审计署、国资委监事会、中国内部审计协会等相关部门的监督管理和业务指导，因此，集团总部内部审计机构应就集团公司内部审计工作开展情况进行报告，加强联系沟通，营造和谐的外部环境。

4. 企业集团公司战略层内部审计控制管理

战略层内部审计控制管理是集团总部内部审计部门对企业集团公司战略目标的制定、执行、实施效果与绩效评价的管理工作。

（1）内部审计过程控制。鉴于战略实施在企业战略管理过程中的关键地位和重要价值，以及集团总部内部审计部门具有自我检查、自我预防、自我发展的特殊地位与客观经营环境下被赋予的监控服务、参与管理的功能，集团总部内部审计部门应通过各种渠道和方式积极开展对战略执行情况的过程控制工作，保障企业集团公司战略目标的实现。主要内容包括：对公司战略方案的落实情况进行跟踪检查、对公司战略计划执行的主要业务进行审计，对战略实施过程的关键环节进行全面了解和监督等。

（2）内部审计评价控制。由于内部审计评价在战略执行信息的及时反馈、修正与改进战略规划方案、提高战略管理效率等方面具有重要意义，因此，集团总部应通过对战略目标的实施效果和管理绩效进行评价，充分发挥内部审计的事后监控作用，及时、快捷地向决策层、管理层反馈缺陷和问题，为企业集团公司发展提供保障和支持。

（3）内部审计成果运用。集团总部应以 PDCA 管理理论为基础，从计划（Plan）、实施（Do）、检查（Check）和处理（Act）四个方面建立审计成果运用机制，形成闭环管理。首先，要以内部审计成果运用专项规定为基础，建立健全集团内部审计成果管理制度，明确工作方针和目标，制订审计成果运用计划；其次，建立审计成果利用和转化的协调机制，协调和推动审计成果运用，并建立审计成果信息系统，为审计成果运用提供便捷工具；再次，建立审计成果运用检查机制，在确保审计质量的前提下，协调有关职能部门定期或不定期开展后续审计，共同掌握成果运用情况；最后，对检查的结果进行处理。建立内部审计成果运用考核机制，健全审计成果运用档案管理制度，这一轮未解决的问题放到下一个 PDCA 循环。建立"内参"和审计案例分析报告机制，定期编辑出版，通报最新的审计成果运用等。

（三）企业集团公司执行层内部审计运行机制

执行层内部审计运行机制旨在充分发挥下属企业内部审计资源的作用，保障集团总部安排与布置的内部审计工作在执行层面能够顺畅高效运行，全面落实集团公司内部审计的目标。围绕集团总部的统一运作，执行层内部审计运行机制也主要是组织、计划、协调、控制四个环节。

1. 企业集团公司执行层内部审计组织管理

（1）明确内部审计工作职责。在内部审计工作的安排上，下属企业应明确各类内部审计管理工作的职责界面,规定各项工作的具体实施主体,在保持应有的独立性基础上,按照权责对等的原则开展内部审计工作。

(2)配合内部审计资源调配。下属企业应根据集团总部的审计工作计划进行资源调配。在搭建企业集团内部"大审计"格局的背景下,要切实加强对本单位内部审计工作的组织领导,集中、整合内部审计资源,发挥内部审计资源的协同和联动效应,有效提升审计的及时性和有效性。

(3)实践内部审计工作创新。随着企业集团管控模式的不断创新,企业集团公司下属企业应根据管理需要,探索并实践创新内部审计工作的组织管理方式。适时按照集团总部要求进行交叉审计、协同审计、非现场审计、远程联网审计等,转变内部审计的方式、方法,提高内部审计效率,改进内部审计工作质量。

2. 企业集团公司执行层内部审计计划管理

执行层内部审计运行机制的计划管理,关键在于全面体现一体化运作的核心思想,围绕集团总部的中心任务和决策部署,服务公司发展战略和经营目标。

(1)执行总部计划部署。执行层应在集团总部统一部署的基础上,围绕集团总部中心任务,执行总部下达的计划安排,服务于公司发展战略和经营目标,提升内部审计工作质量与效果。

(2)有序开展计划实施。在计划实施中,将年度内部审计工作计划分解成季度(月度)计划,有序安排组织实施,加强审计质量控制,确保各项计划任务的完成。执行中,重点关注公司经营目标和工作重点,关注重要领域、重点项目、重大风险和大额资金,关注经营管理存在的问题和薄弱环节等。

3. 企业集团公司执行层内部审计协调管理

执行层内部审计协调管理重点在于处理好以下四个方面的协调工作:

(1)与上级内部审计机构的协调。企业集团公司执行层内部审计部门需与集团总部保持联系沟通,确保企业集团公司内部审计战略的有效贯彻和高效落实。主要包括内部审计计划的上报与沟通、集团总部下发的审计制度和实务指南的执行与反馈、内部审计信息系统技术的应用与完善,并积极参与集团总部业务交流与专业培训等。

(2)与各职能部门之间的协调。加强与业务管理部门之间的协调,如与工程部、物资部、财务部等，以取得资料、人才、知识上的支持和配合。加强与其他监督管理部门的协调，包括与监察部门、纪检部门、安全管理部门、质量监督部门等之间的协调，充分利用其监督成果，提高内部审计效率和效果。

（3）与外部单位之间的协调。包括与政府相关部门、与会计师事务所等中介机构的协调，定期对与外部单位间的协调工作进行评估，并及时调整、改进。

（4）审计部门内部协调。主要协调内部审计队伍的组织、分工、调配等工作安排，如组织基层审计人员的培训和审计知识管理、审计技术的开发与指导、开展表彰奖励和激励等，实现内部审计资源的优化组合，节约审计成本，提高审计效率。

4. 企业集团公司执行层内部审计控制管理

下属企业应按照集团总部的统一部署，加强内部审计控制管理对实现内部审计战略的保障作用。

（1）强化内部审计质量控制。下属企业要根据集团总部内部审计部门的工作要求，进一步细化内部审计工作规则，明确内部审计工作标准，实现对内部审计业务的同步质量控制。将业务流程优化要求纳入内部控制管理中，全面梳理业务流程、风险点和控制点，进一步充实内部审计控制标准，实现内部审计质量控制的标准化、程序化。

（2）强化内部审计成果管理。下属企业内部审计部门应加强内部审计报告管理，按照集团总部的统一规定，充分利用内部审计档案管理系统，保持内部档案收集、提取、整理、保管、统计的畅通有序，及时上报集团总部。加强对内部审计工作成果的运用，跟踪管理结果落实情况，加强内部审计成果应用的交流、通报，提高内部审计成果应用水平，服务于集团公司整体管理水平全面提高这一目标。

五、企业集团公司内部审计运行机制的制度基础

企业集团公司内部审计一体化运作的基础就是规范统一的内部审计制度体系。标准化制度基础使企业集团公司内部审计的组织、计划、协调、控制工作融合于标准化、一体化的管理流程中，确保内部审计运行机制的高效运行。

（一）企业集团公司内部审计运行的制度基础现状

我国大型企业集团公司内部审计制度建设已取得很大进步，大部分企业根据内部审计准则以及企业规范和管理需要，制定了适合企业集团公司的内部审计制度和管理标准，规范了企业集团公司内部审计的内容、方法和流程等。总体上看，我国大型企业集团公司的内部审计制度基本涵盖了内部审计管理的各方面。表5-2列示了制度建设的调研结果：

表5-2 我国大型企业集团公司内部审计制度建设概况

项目 代表公司	制度类型	管理模式	主要内容
某大型电力能源集团	管理类与专业类	总部统一制定审计制度，分部根据需要制定工作流程、档案管理、方案模板、操作手册、绩效考核办法。	审计人员职业道德规范；经济责任审计办法；工程项目审计办法；审计项目档案管理办法；审计案例管理办法；招投标管理审计办法；物资管理审计办法；优秀审计项目评审办法；委托社会中介机构审计管理办法；审计统计报表管理办法等。
某金融控股集团	章程类与手册类	总部与子公司分别制定内部审计章程和手册。	按照我国内部审计准则、国际内部审计师协会、自身行业规范以及"银监会""证监会""保监会"三会的具体要求分别制定。
某通信服务企业集团	规程类与专业类	实行统一的内部审计制度体系，分支机构可以制定相应的实施细则，但必须与总部保持统一的标准和规范。	规程类管理制度；专业类的管理办法，包括经济责任暂行管理办法、绩效考核办法、内控评价管理办法、工程审计的管理办法、工程审计的委托管理办法、信息化的暂行管理办法等。
某大型石油化工集团	指导性管理类与监督类	总部下发纲领性指导监督原则，分部根据指导制定业务规范和管理办法。	内部审计组织保障制度；质量控制人员保障制度；审计项目负责制；审计业务督导制；审计工作底稿和审计报告分级复核制；审计质量评价制度；以及审计质量责任追究制度。

内部审计制度建设是一个不断推进的过程，随着集团化运作的日益深入，特别是内部审计创新实践和转型升级，需要结合企业集团公司管控要求、现行业务发展变化以及内部审计管理手段、方式的改进而不断更新完善。

（二）企业集团公司内部审计运行的制度基础建设

课题组认为，为保障企业集团公司内部审计运行的一体化运作，需要建立起健全、规范、统一的内部审计制度体系。基于此，结合集团公司的管控要求，企业集团公司内部审计制度体系的建设应纳入公司总体制度框架，坚持"集中制定，统一规范"的建设原则。

企业集团公司内部审计制度体系按照类别可划分为纲领性章程、规程类与专业类管理制度以及通用实务指南三个层次。集团总部负责集中制定上述三层次的制度体系，企业集团公司的下属企业在集团公司内部审计制度体系的基础上，可以进一步细化。如图5-2所示。

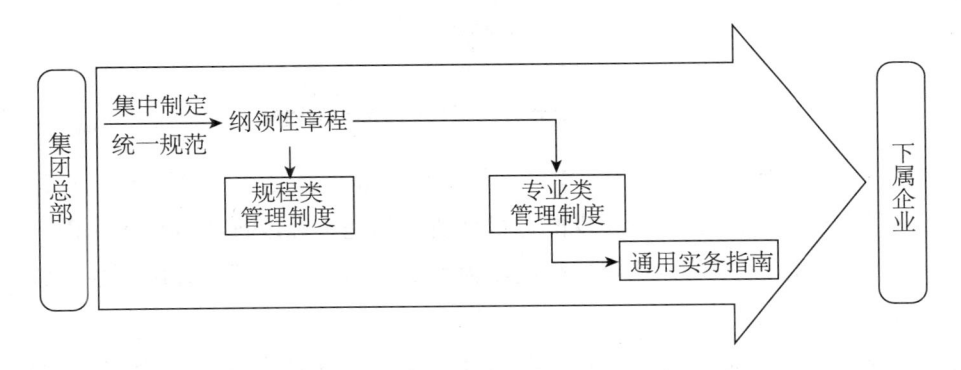

图5-2 企业集团公司内部审计制度体系设计

1. 内部审计纲领性章程的建设

（1）内部审计纲领性章程的建设思路。纲领性章程是内部审计工作的总纲，是内部审计机构和人员应当遵循的基本规范，是制定内部审计规程类与专业类管理制度以及通用实务指南的基本依据。作为内部审计制度体系的基础导向，对内部审计管理具有统领性作用。传统的内部审计纲领性章程，往往只把重点放在促进内部审计运行的效率效果上，即根据内部审计准则以及自身行业规范提出，强调内部审计运行的独立性、客观性等，而没能对内部审计的服务、监督职能给予足够重视。课题组认为，纲领性章程的建设不仅应该把重点放在促进内部审计运行的效率效果本身上，还应该以集团公司的审计战略为导向以及风险管控要求为指导，并依托于企业集团公司的总体制度框架。

（2）内部审计纲领性章程的影响因素。不同的集团公司内部审计战略和管控要求存在很大差异。因此，要对内部审计纲领性章程的影响因素进行研究。课题组认为，影响内部审计纲领性章程的因素包括以下几个方面，如图5-3所示。

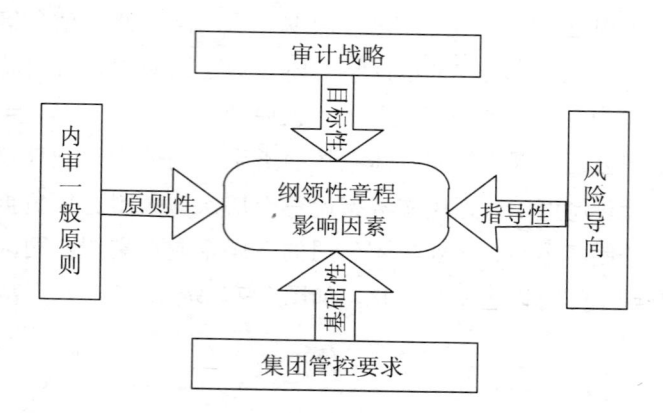

图 5-3 内部审计纲领性章程的影响因素

1）内部审计战略。内部审计战略决定着企业集团公司内部审计工作的发展方向、目标以及为实现既定目标所必须完善和改进的具体工作内容与范围。因此，应将内部审计战略作为企业集团公司内部审计纲领性章程的目标性影响因素。

2）风险导向。风险导向强调关注、识别、评估企业的内外部风险，使内部审计成为增加企业价值的链条中的必要环节。企业集团公司内部审计纲领性章程设计应视风险导向为指导性影响因素。

3）管控要求。企业集团公司内部审计服务于集团整体的经营发展，企业集团公司的内部审计制度应符合集团的管控要求。因此，内部审计纲领性章程的设计应将集团管控要求作为基础性影响因素。

4）内部审计原则。包括独立性、客观性，它们共同影响内部审计运行工作本身的效率效果，是内部审计纲领性章程设计的原则性影响因素。

2. 内部审计规程类与专业类管理制度的建设

（1）内部审计规程类管理制度。规程类管理制度即内部审计基本制度规范，是明确内部审计目标、内容、工作方式方法和内部审计管理等基本问题的准则和规范，是内部审计工作组织、计划、协调和控制的依据。从课题组调研结果看，规程类管理制度主要是对内部审计人员和工作的基本规范。

结合企业集团公司的管控特点和发展方向，课题组认为内部审计规程类管理制度应从以下几方面进行完善：①内部审计人员的管理，包括职业道德、业务素质、业务能力建设，特别是信息化条件下业务能力的更新、补充；②内部审计工作成果的管理，包括审计档案的管理、审计案例的管理等；③内部审计业务质量的评价与监督，包括审计业务的督导、审计质量评价、审计质量责任追究等；④内部审计环境和内部审计手段更新管理，包括内部审计信息化管理、委托社会中介机构管理等。

（2）内部审计专业类管理制度。专业类管理制度的健全完善主要围绕集团公司内部审计运行管理的内容展开。企业集团公司内部审计专业类管理制度可分为共性制度和特性制度。共性制度主要针对集团公司内部审计日常工作领域，包括经济责任审计、工程项目审计、招投标管理审计等；特性制度主要针对集团公司的专业领域和专业需求，如业务管控审计、节能减排审计等。

3. 内部审计通用实务指南的建设

（1）促进内部审计理论研究与实务工作的结合。中国内部审计协会及 IIA 在内部审计理论和审计技术方面都进行了深入的探索研究，为内部审计实务和内部审计技术提供了良好的指导。因此，企业集团公司内部审计工作实务指南可以《国际内部审计专业实务标准》、《中国内部审计具体准则》以及《中国内部审计实务指南》为指导，借鉴成熟的审计技术、方法和程序，总结实务工作的经验进行编订。

（2）促进内部审计技术方法的规范化。课题组认为，在具体内部审计业务工作手册中，应强调内部审计技术方法的统一性、规范性和先进性。具体内容主要包括：①内部审计人员在从事具体审计业务时，所运用的审计技术方法应该充分体现风险导向审计理念，注重审计执业过程与职业判断方面的风险管理，严格控制审计风险；②编制统一、规范的内部审计信息系统应用手册，使内部审计人员在执业时充分利用现代信息技术，科学运用先进的审计工具，创新内部审计取证手段，提升内部审计工作效率。

六、小结

企业集团公司内部审计运行机制是集团公司内部审计各要素之间彼此依存、有机结合和互动调节所形成的内在关联与运行方式。企业集团公司内部审计运行机制呈现以集约化战略为导向、以一体化运作为核心、以标准化管理为基础和以信息化建设为支撑等特征。

本章分析了我国企业集团公司内部审计运行机制的影响因素，提出了企业集团公司内部审计运行机制的基本框架，框架由运行机制目标、运行机制主体和运行机制环节组成。企业集团公司内部审计运行机制包括战略层内部审计运行机制和执行层内部审计运行机制两个层面，明确这两个层级在内部审计工作计划、资源组织调配、活动协调以及控制管理上的侧重点。同时，本章论述了标准化制度基础的建设，对制度基础涉及的纲领性章程、规程类与专业类管理制度和通用实务指南做了说明。

第六章　企业集团公司内部审计综合评价机制研究

一、我国企业集团公司内部审计评价的现状与问题

(一) 我国企业集团公司内部审计评价的现状

目前，我国企业集团公司对内部审计工作的评价大多体现在绩效评价和质量评估中，独立、系统的评价体系还未有效建立。

内部审计部门的绩效评价，在我国提出得较晚，1999年左右才开始在理论界进行有关评价方式、方法以及指标体系设计的研究。课题组的调查显示，33.59%的被访者认为内部审计部门的绩效评价尚处于规划阶段；23.24%的被访者认为处于试点阶段；4.86%的被访者认为处于已出台相关办法但尚未实施阶段；6.11%的被访者认为完全没有实施。而在绩效评价指标的选择上，通常简单地使用审计计划完成情况、审计的及时性、时效性以及领导的满意度等指标，在权重赋值上随意性强，还常常出现被审计单位充当评价主体等现象。

内部审计质量评估是近年来IIA和中国内部审计协会一直推动的一项工作。在北美地区，大约50%的组织已经开展了独立的外部质量评估。中国内部审计协会2007年与IIA签署了《质量评估协议》，引入了质量评估，即专门成立了质量委员会，汇聚各方面力量研究和规划内部审计质量评估工作。2008年，江苏省内部审计协会在全国率先启动了内部审计质量评估试点工作，积极推动中国电信江苏分公司等四家单位开展内部审计质量评估。2012年4月6日中国内部审计协会发布了《内部审计质量评估办法（试行）》和《中国内部审计质量评估手册（试行）》，并组织对中铁大桥局集团有限公司内部审计质量进行了现场评估。但由于相关工作处于起步阶段，还未广泛开展。

（二）我国企业集团公司内部审计评价的主要问题

目前，我国企业集团公司内部审计评价的实践还处在起步阶段，存在的主要问题概括如下：

1. 内部审计评价战略导向不突出

内部审计部门根据企业战略目标，确定内部审计工作重点，内部审计评价也随之确定评价的内容重点。现阶段，我国的内部审计评价体系往往局限于对内部审计的工作数量和质量进行评价，缺乏与企业集团公司战略的有效联系，无法反映内部审计工作是否为战略目标提供支持，从而无法全面、准确地评价内部审计战略的有效性。

2. 内部审计评价指标体系不系统

评价指标体系是内部审计评价机制的核心内容，评价指标体系的设置是否科学合理，关系到评价结果的客观公正，同时，评价指标也在一定程度上对内部审计管理工作有引导作用。目前，实践中应用的一些内部审计评价指标体系，指标设置的系统性不强，指标之间的逻辑联系和主次关系不明确，造成评价体系不能有效反馈和引导内部审计管理工作。

3. 内部审计评价方法有待改进

根据调研结果，我国企业集团公司主要采用关键绩效指标法作为内部审计评价方法。这种方法的优点在于目标明确，能够将实现公司目标的关键绩效指标层层分解后形成员工个人的关键绩效指标，但其主要的缺点是，指标间内在联系不强，缺乏系统化和结构化，与组织战略的联系不紧密，而且准确界定指标是否真正影响关键绩效的难度较大。因此，有必要引进更为科学合理、便于实务操作的评价方法。

二、企业集团公司内部审计综合评价机制的内涵

（一）企业集团公司内部审计综合评价机制的含义

内部审计作为企业内部管理的重要组成部分，其目的在于"增加价值和改善组织运营"（IIA，2011）。因此，内部审计评价的重点应对内部审计能否"增加组织价值和改善组织运营"进行全面、客观的衡量。

课题组认为，企业集团公司内部审计综合评价机制，是指在企业集团

公司战略目标导向下，依据内部审计相关法律法规和企业集团公司内部审计规范，对内部审计活动开展全面覆盖、分层分级的检查，重点对内部审计管理总体情况、内部审计业务质量情况和内部审计人员能力素质进行评价，针对存在的不足提出改进建议，旨在提高内部审计管理的有效性，引导内部审计健康持续发展，进而提升组织的运行效率，实现组织的价值增值。如图 6-1 所示。

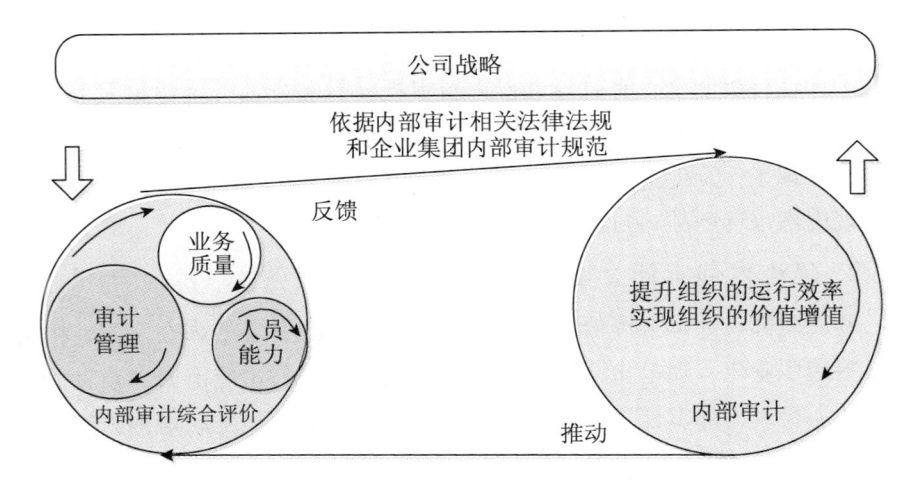

图 6-1 企业集团内部审计综合评价机制

企业集团公司内部审计综合评价机制与管理实践中开展的内部审计质量评估和内部审计绩效评价既有相同点，又有差异性。根据我国内部审计协会出台的《中国内部审计质量评估手册》（试行），内部审计质量评估强调"以《准则》为标准"，主要评估内部审计活动对准则的遵循程度。内部审计绩效评价现阶段以理论研究为主，主要提出了考量内部审计部门行为和结果有效性的标准和考核程序。本课题组提出的内部审计综合评价机制，是更广义范围的对内部审计行为、结果综合效率及增加价值的衡量，评价内容不局限于内部审计具体业务流程和管理活动，拓展到内部审计管理总体工作。

（二）企业集团公司内部审计综合评价机制的意义

科学、合理的内部审计综合评价机制，可以更好地实现内部审计战略目标，促进内部审计功能的准确定位、优化内部审计组织架构的设置、保障内部审计运行机制良好运行，最终促进内部审计管理工作的良性循环，保障企业集团公司的持续健康发展。开展企业集团公司内部审计综合评价，对于内部审计管理工作的完善具有重要意义，主要表现在以下几个方面：

1. 促进内部审计战略目标的实现

通过开展内部审计综合评价，一方面，企业集团公司可以对内部审计管理工作进行整体评价，包括对内部审计功能定位是否明确、组织架构是否合理和运行机制是否有效等进行重新审视；另一方面，企业集团公司能够通过对集团总部和下属企业的综合评价，掌控并完善每个组织层级的内部审计管理工作，促进企业集团公司内部审计管理工作的总体优化，以最终实现内部审计的战略目标。

2. 促进内部审计管理工作的规范

开展内部审计综合评价，一方面，是社会经济发展的内在需求，内部审计更趋职业化、规范化；另一方面，是企业集团公司规范内部审计管理工作的需要，内部审计评价机制提供了一个有效执行和推动增加组织价值的内部审计活动框架，以 IIA 颁布的"内部审计师责任说明书"、"内部审计执业标准"等制度、标准为基础，持续规范内部审计管理工作。

3. 促进内部审计资源的合理分配

随着内部审计范围的扩大，复杂程度的提高，完成内部审计需要消耗大量的内部审计资源。如何把有限的内部审计资源用到实处是需要考虑的重要问题。建立基于企业战略的内部审计综合评价体系，明确各个内部审计管理影响因素之间的内在逻辑关系，合理设置内部审计综合评价的指标和权重，为内部审计资源分配提供了重要指导作用。

4. 促进内部审计队伍的优化

通过开展内部审计综合评价，可以及时地发现内部审计人员在胜任能力和执行能力方面的不足，有针对性地组织学习和培训，进一步提高内部审计人员技术水平，实现内部审计队伍能力提升的目标。

三、企业集团公司内部审计综合评价机制的影响因素

调查问卷结果显示，关于内部审计综合评价的影响因素，52.67% 的被

访者认为是内部审计人力资源；55.94%的被访者认为是企业文化；30.53%的被访者认为是利益相关者；38.93%的被访者认为是公司治理结构；27.48%的被访者认为是社会经济环境。课题组研究认为，影响因素主要有以下几个：

1. 企业文化

企业文化环境会对内部审计的设计和运行产生潜移默化的影响，进而影响对内部审计部门及其组成人员的评价。如果企业文化强调人情和关系，轻视法律和制度，那么在开展内部审计综合评价时，评价指标的客观反映度会有所降低。

2. 利益相关者

利益相关者对内部审计评价有强烈的需求，因而是内部审计评价的重要影响因素。例如，主要外部利益相关者对内部审计评价会产生如下影响：

（1）政府部门。政府部门承担宏观经济调控的功能，需要获得支撑宏观调控的信息和国有资产的保值增值信息，同时，宏观政策也要落实在企业的微观层面，这都需要内部审计工作发挥作用，检验信息的真实、完整，并在微观层面降低舞弊的发生。因此，政府部门在政策制定等方面有支持内部审计的动力，有助于内部审计效率的提高。

（2）外部投资者。外部投资者决策时往往要考虑收益性和风险性的统一，内部审计作为内部控制体系的组成部分，能够在一定程度上为企业对外披露信息的可靠性提供保证，提高外部投资者的信心。与此同时，正是外部投资者的这种压力，促使企业更加重视内部审计工作，提高内部审计绩效。

（3）社会审计组织。社会审计组织的审计意见和建议，对企业治理层和管理层都有重要影响。企业需要内部审计部门加强监督，保证内部控制健全、有效，以使社会审计组织出具无保留意见的审计报告；此外，社会审计也会在评估的基础上利用内部审计的成果，以提高效率和降低成本。

3. 公司治理结构

我国国有企业集团公司治理结构借鉴了英美单层董事会结构，在董事会中设立审计委员会，又借鉴欧洲大陆法系国家双层董事会结构的监事会制度，加上我国原有党委会、职工代表大会和工会，公司治理结构更加复杂，必然会对内部审计管理工作造成影响。

4. 经济社会环境

内部审计评价取决于企业的需要，而企业的需要是与经济社会环境相适应的。具体来说，经济社会环境包括经济发展水平、法律环境和技术水平。社会经济发展水平的提高，使得企业经营环境越来越复杂，影响内部审计的角色定位，影响内部审计评价机制。法律环境直接影响内部审计评价的广度和深度。信息技术导致内部审计运行机制发生重大转变，必然要求内部审计评价随之改变。

5. 内部审计人力资源

内部审计人力资源包括内部审计人员数量、内部审计专业人才储备、内部审计人员的专业知识和技能等。内部审计人力资源状况作为评价的主要内容和评价实施中的主要组成，其充分、有效性直接影响内部审计评价效果。

四、企业集团公司内部审计综合评价机制的框架构建

（一）企业集团公司内部审计综合评价机制的构建原则

1. 战略性原则

战略目标是企业一切活动的最高导向，是企业长期稳定发展的核心轨迹。目前，内部审计对象由内部控制扩大到风险管理和公司治理领域，内部审计站在了促进企业战略目标实现的前沿和更高层次，逐渐进入到战略管理审计阶段。因此，必须立足于企业发展战略，对内部审计综合评价的相关指标进行选择和构建。

2. 适应性原则

在企业集团公司这一背景下，内部审计的战略选择、组织架构和运行机制等必然受到企业集团公司组织架构、运作模式和管控理念的影响，评价体系也相应地应有所侧重。因此，企业集团公司内部审计综合评价机制的确立，必须要实现"企业集团公司"和"内部审计管理"的融合。

3. 可操作性原则

内部审计综合评价体系必须具备可操作性，否则无论设计得如何完善，都

无法真正发挥作用。为此，在设计和构建综合评价体系时，应尽量选择有代表性的主要指标，既要防止因面面俱到使指标过于繁杂且逻辑联系受影响，也要防止指标选择过于简单，难以有效评估内部审计工作的全貌。指标的含义和量化标准应具可操作性，增强评价体系的实用性。

4. 成本效益原则

只有当行动所带来的增量效益大于增量成本时，理性的经济人才会选择采取行动。内部审计综合评价体系的构建成本包括评价体系的开发成本和组织实施成本，如果构建成本大于应用评价体系所带来的收益，则内部审计综合评价体系就缺失了应用的现实基础。

（二）企业集团公司内部审计综合评价机制的基本框架

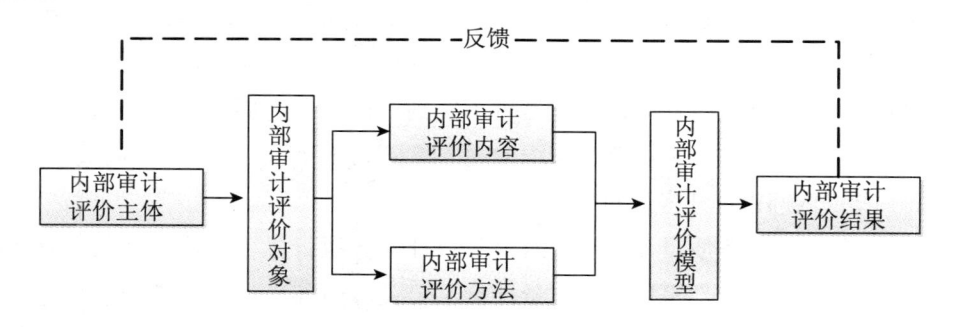

内部审计综合评价机制是一个完整、动态的管理子系统。根据内部审计综合评价机制的内涵，综合评价机制的基本框架由评价主体、评价对象、评价内容、评价方法、评价模型和评价结果六个要素构成，如图 6-2 所示。

图 6-2 内部审计综合评价机制框架

1. 评价主体

企业集团公司内部审计综合评价的主体，即由谁来组织开展内部审计综合评价工作。就企业集团公司管控特点而言，内部审计综合评价主体一般包括企业集团公司的董事会、审计委员会、监事会和总经理等。

2. 评价对象

根据企业集团公司的管理要求，内部审计综合评价对象应划分为两个层次。

（1）集团公司内部审计管理

集团公司内部审计管理在内部审计综合评价对象中居于高层级。以其作为综合评价对象，主要是对企业集团公司整体的内部审计管理工作进行评价，重点涵盖集团总部统一部署的各项内部审计管理活动，包括内部审计战略规划是否科学、内部审计功能定位是否恰当、内部审计组织架构是否合理、内部审计运行机制是否高效等。同时，也应对业务流程和人员能力进行评价。

（2）下属企业内部审计管理

下属企业内部审计管理在内部审计综合评价对象中居于次层级，主要是对下属企业的内部审计管理具体工作进行评价。

3. 评价内容

内部审计综合评价内容具体包括三个方面：内部审计管理总体评价、内部审计业务质量评价和内部审计人员能力评价。

（1）内部审计管理总体评价

企业集团公司内部审计管理各环节相互传递、相互作用，因此，对内部审计管理的总体评价应该综合战略规划、功能定位、组织架构、运行机制等方面进行系统评价。评价内部审计战略规划是否符合企业集团公司整体的发展愿景和战略导向，实施是否落实到位；评价内部审计是否满足企业集团公司管控的要求和符合组织治理的特征；评价运行机制是否高效。

（2）内部审计业务质量评价

内部审计业务质量评价，是对内部审计业务执行过程和执行结果的具体考量，因此，内部审计业务质量评价主要关注内部审计业务管理的规范性和有效性。

（3）内部审计人员能力评价

内部审计人员是企业集团公司内部审计管理和业务执行的主体，内部审计人员的工作效果和效率是体现内部审计管理成效的关键因素。因此，对企业集团公司内部审计人员的能力评价，是对其具备的综合胜任能力的总体评价。

4. 评价方法

目前，理论研究和管理实践较多涉及的内部审计评价方法主要有以下三种：

（1）目标管理法。目标管理法是一种以目标为导向，以人为中心，以成果为标准，促进组织和个人取得最佳绩效的现代管理方法。目标管理法认为企业员工在目标明确的基础上能够对自己的行为负责。主要优点在于明确各项活动的目的，改进组织结构和职责分工，激发员工的积极性，改进管理。

（2）关键绩效指标（KPI）法。关键绩效指标法是按一定方式分解、建立指标体系，从总目标开始，将实现总目标的一级关键绩效指标层层分解到二级、三级，构成一个关键绩效指标体系。该方法的优点在于通过层层分解、整合和控制，使组织目标相关的关键绩效指标与员工个人的关键绩效指标相一致，有利于组织利益与个人利益和谐共赢。

（3）平衡计分卡法。平衡计分卡法以战略为导向，以管理为核心，相互影响、相互渗透，以综合、平衡为原则，从财务、顾客、内部业务流程、学习与成长四个维度出发，将企业的战略目标逐层分解、细化为相互平衡、完整周密的具体绩效考核指标，建立起为战略实现提供重要保障的战略性绩效评价体系。平衡计分卡法不仅是一种管理手段，也体现了一种管理思想：组织战略的达成要考核多方面的指标，不仅是财务要素，还应包括客户、业务流程、学习与成长要素；只有量化的指标才是可以考核的，必须将要考核的指标进行量化。

考量这几种方法的实际应用效果：目标管理法难以准确定位目标，在向下属企业传递时会发生偏差，而且强调短期目标，对企业长期规划安排往往关注得不够；关键绩效指标法由于缺乏系统的理论支持，且更倾向于采用定量指标，较难准确界定指标与关键绩效之间的关联度。平衡计分卡法服务于战略目标，能克服采用财务类评价指标的短期行为，有效地将组织的战略转化为组织各层级的目标和行动，使整个组织行动一致，有利于组织和员工的学习成长及核心能力的培养，实现组织长远发展。

课题组认为，企业集团公司内部审计必须以战略为导向，建立起为战略实现提供重要保障的综合评价机制，因此，内部审计评价方法应以平衡计分卡法为基础，结合关键绩效指标法和目标管理法的思想。

5. 评价模型

根据企业集团公司内部审计综合评价机制的构建原则和构建方法，结合内部审计综合评价内容，内部审计综合评价模型由三部分构成，即评价指标体系、评价指标权重和评价指标评分。

（1）评价指标体系

内部审计综合评价指标体系是指根据内部审计综合评价机制的评价方法和评价内容，设计并选择综合评价指标，明确评价指标涵义并建立逻辑联系的完整的评价指标架构，包括评价指标选择、评价指标解析和评价指标量化等内容。课题组以平衡计分卡法为基础，吸收关键绩效指标法等逐级细化指标的思想，针对企业集团公司内部审计管理总体情况、内部审计业务质量和内部审计人员能力的主要内容，筛选、整合、构建综合评价指标体系。

（2）评价指标权重

内部审计综合评价指标权重是指各个内部审计综合评价指标在整个评价模型中相对重要的程度以及所占比例大小的量化值。主要通过主观、客观的方法，实现指标权重的科学衡量。课题组采用层次分析法获取评价指标的主观权重，采用熵值法获取评价指标的客观权重。为了克服主观权重随意性强、客观权重不能有效前馈战略的缺点，课题组引入最优化模型，通过对主、客观权重的平衡，实现综合评价指标权重的科学衡量。

（3）评价指标评分

评价指标评分是指针对指标体系，根据指标属性和指标说明，形成指标的具体评分标准，结合企业集团公司内部审计管理的实际情况，对评价指标进行量化和赋权，并最终通过科学合理的数量化关系进行综合评分。

6. 评价结果

对内部审计综合评价内容进行综合打分后，形成内部审计综合评价结果。综合评价结果反馈给评价主体，通过分析评价结果，得出薄弱环节以及导致问题的根源，明确完善措施，为内部审计管理提供改进方向，是进一步加强内部审计管理的决策基础。同时，内部审计综合评价结果，也可作为企业集团公司绩效管理的重要依据，引导和激励内部审计部门、人员自觉地改善管理行为、提高胜任能力。

针对综合评价机制的理论和实践的关注重点，本课题将重点介绍评价模型和评价结果两个要素。

五、企业集团公司内部审计综合评价模型

(一) 内部审计综合评价指标体系

1. 指标体系设计的战略导向原则

内部审计综合评价指标体系应以战略为导向，借鉴 Kaplan 和 Norton（1996）提出的将平衡计分卡与战略联结的三个原则，考量战略目标与指标设计的关联。

第一，结果驱动。战略是一套关于因果的假设，应该清楚表达各个层面的目标和指标之间的关系，这样才能有效管理和通过评价证实。

第二，业绩动因。一个好的业绩评价指标体系，应该是既包括为企业战略制定的成果指标，又包括业绩驱动指标。只有成果指标而没有业绩驱动指标，无法显示成果获得的过程；只有业绩驱动指标而没有成果指标，无法揭示经营改进是否带来了业绩的提升。

第三，价值体现。财务成果指标的改善是企业战略目标实现的显性价值考量。在设定指标时，应合理设置指标与财务目标的关联关系，客观反映实现价值增值的效率和效果。

2. 内部审计评价平衡计分卡基本模型

平衡计分卡是一种聚焦战略的绩效管理方法，它包括源自组织使命和战略的财务和非财务绩效指标。赵红英（2006）将平衡计分卡基本模型引入了内部审计部门的绩效评价，从财务、客户、内部审计流程、内部审计学习和创新四个角度分别设计内部审计部门绩效评价指标。内部审计评价平衡计分卡基本模型如图 6-3 所示。

3. 内部审计综合评价平衡计分卡修正模型

（1）模型维度修正

将平衡计分卡引入内部审计管理，必须结合内部审计的管理特征，才能真正发挥平衡计分卡的作用。课题组认为，内部审计从根本而言，是向其服务对象提供独立、客观的确认和咨询活动，其实现的价值增值有时很难通过简单的财务指标度量，接受内部审计服务的客户是内部审计综合评

价的重要影响因素。基本模型中的内部审计客户角度指标并不能全面反映内部审计的管理特性和效率,需要对客户进行分类,修正基本模型。

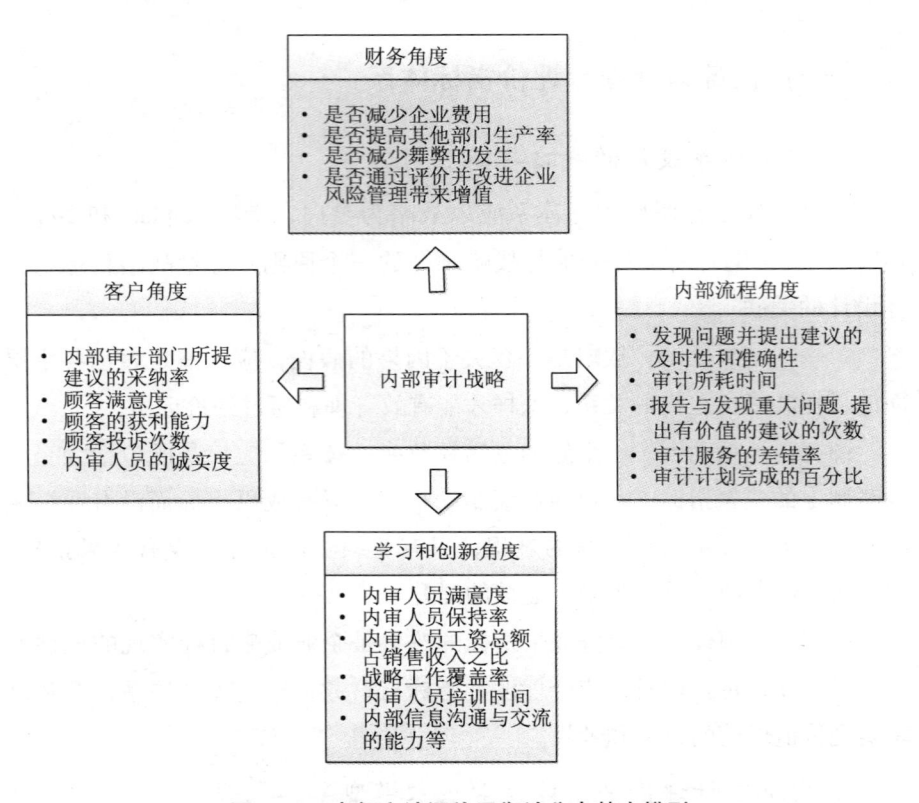

财务角度
- 是否减少企业费用
- 是否提高其他部门生产率
- 是否减少舞弊的发生
- 是否通过评价并改进企业风险管理带来增值

客户角度
- 内部审计部门所提建议的采纳率
- 顾客满意度
- 顾客的获利能力
- 顾客投诉次数
- 内审人员的诚实度

内部流程角度
- 发现问题并提出建议的及时性和准确性
- 审计所耗时间
- 报告与发现重大问题,提出有价值的建议的次数
- 审计服务的差错率
- 审计计划完成的百分比

学习和创新角度
- 内审人员满意度
- 内审人员保持率
- 内审人员工资总额占销售收入之比
- 战略工作覆盖率
- 内审人员培训时间
- 内部信息沟通与交流的能力等

图 6-3 内部审计评价平衡计分卡基本模型

在企业集团公司中,内部审计提供服务的客户主要有三类:董事会/审计委员会、高级管理层和外部客户(主要为外部审计师),因此,将平衡记分卡基本模型中的内部审计客户角度分解为审计委员会维度、高级管理层维度和外部审计师维度。而基本模型中的内部流程角度、财务角度以及学习和创新角度基本适用综合评价内容,分别映射内部审计流程维度、财务维度以及学习和创新维度。

(2) 模型维度与评价内容关联

课题组根据企业集团公司管理特点以及内部审计管理特征,将上述六个维度与评价内容关联。

内部审计管理总体评价,评价内部审计管理总体工作,将其与审计委员会、高级管理层、外部审计师和财务四个维度关联;内部审计业务质量评价，评价审计业务的规范性和有效性，将其与内部审计流程维度关联；内部审计人员能力评价，评价审计人员的综合胜任能力，将其与学习和创新维度关联。

六个维度与评价内容关联后，搭建起内部审计综合评价平衡记分卡修正模型的基本框架，并根据评价内容的重点选取具体指标。如内部审计管理总体评价涉及战略规划、功能定位、组织架构和运行机制等方面，其选择具体指标时就应重点关注服务对象对内部审计的观点、对内部审计战略的关注程度、内部审计的业务报告关系等方面；内部审计业务质量评价关注流程有效性，其选择具体指标时就应考虑计划完成比例、重大审计发现和建议的数量等关键点；内部审计人员能力评价关注人员胜任能力，可以从员工经验、教育程度等方面选择具体指标。

（3）综合评价指标选择

全球审计信息网络（GAIN）在广泛调查和征求意见的基础上，形成内部审计的 84 个绩效指标，具有很强的现实指导意义。2000 年，Ziegenfuss 在 IIA 的支持下，对 GAIN 的 84 个绩效指标进行检查，根据参与全球审计信息网络调查项目的内部审计执行主管的观点，Ziegenfuss 识别出对内部审计执行主管最为有用的 25 个主要的 GAIN 绩效指标。《中国内部审计质量评估手册（试行）》将评估内容分为两大类别，一是内部审计环境类，二是内部审计业务类，形成包含 19 个评估要素、34 个评估要点的评估手册。

在研究和实践的基础上，分析企业集团公司内部审计综合评价机制影响因素，依据内部审计管理总体评价、内部审计业务质量评价和内部审计人员能力评价的需求，通过以下程序优选综合评价指标。

第一，筛选。通过前期的准备工作，结合统计分析结果与实地调研情况，针对每个维度设计比较详细和全面的评价指标。然后，考虑内部审计综合评价机制的构建原则，按照指标精简、重点突出、行为引导的指导思想，将前导型指标和结果型指标相结合，进行有针对性的筛选，确保指标具有可操作性、可衡量性。

第二，验证。筛选出的指标，并不能够保证均具有适用性，因此，还需要对这些指标进行验证。一方面验证这些指标的合理性，即是否能合理反映出企业集团公司内部审计管理情况，另一方面验证这些指标的可操作性，即是否在实际评价时可以得到准确的量化。只有经过筛选和验证两步程序，才能保证选择的指标符合综合评价的需要。

第三，整合。将被选中的指标进行一一对比，对存在重复和矛盾之处的指标加以有选择的淘汰和修正，以便做到既能全面了解和评价内部审计管理工作，又不失精简和协调。

(4) 内部审计综合评价平衡计分卡修正模型

通过上述维度修正、内容关联和指标选择后，形成了内部审计综合评价平衡计分卡修正模型。如图 6-4 所示。

高级管理层维度
- 管理层对内部审计的期望
- 审计建议得到执行的比例
- 管理层满意度调查
- 对审计部门投诉的数量
- 被审计者对内部审计角色的看法
- 管理层要求的数量
- 流程改进的数量
- 重复发现的数量

外部审计师维度
- 对内部审计部门提供的内部控制情况的满意度
- 与外部审计师交流的数量
- 对内部审计工作底稿的利用程度
- 由于内部审计的协调而减少的外部审计时间

审计委员会维度
- 审计委员会对内部审计角色的观点
- 审计委员会对内部审计的满意度
- 审计委员会对审计战略的关注
- 内部审计执行主管与审计委员会直接交谈的情况
- 内部审计主管的业务报告关系

学习和创新维度
- 员工经验
- 审计人员教育程度
- 每名内部审计人员的培训时间
- 具有职业认证的员工比例
- 审计经验的平均年限

财务维度
- 发现的违规金额
- 内部审计支出占公司成本的百分比
- 节约外部审计费用
- 提高其他部门的生产率
- 减少的非增值作业数量

内部审计流程维度
- 内部质量评估的结果
- 审计计划完成的比例
- 审计事项的重要程度
- 审计节约额
- 信息技术综合审计
- 重大审计发现和建议的数量
- 从现场工作结束到报告签发的天数

中心：内部审计管理总体评价 / 内部审计综合评价 / 内部审计人员能力评价 / 内部审计业务质量评价

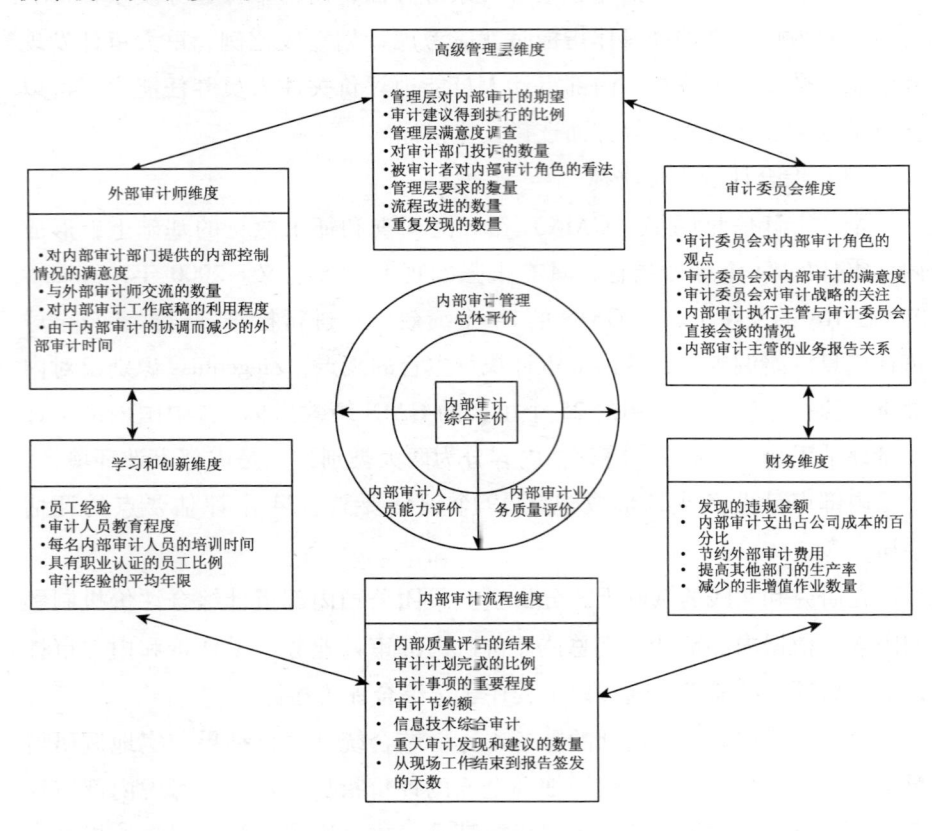

图 6-4　内部审计综合评价平衡计分卡修正模型

4. 综合评价指标体系

课题组按照内部审计综合评价指标设计的原则、思路和方法，修正了内部审计评价平衡计分卡基本模型，得出包含审计委员会、高级管理层、外部审计师、财务、内部审计流程以及学习和创新六个维度 34 项指标的内部审计综合评价指标体系。如表 6-1 所示。

表 6-1　内部审计综合评价指标体系

一级指标	二级指标	三级指标
内部审计管理总体评价（B1）	审计委员会维度（A1）	审计委员会对内部审计角色的观点（A11）
		审计委员会对内部审计的满意度（A12）
		审计委员会对审计战略的关注程度（A13）
		内部审计主管与审计委员会直接会谈的情况（A14）
		内部审计主管的业务报告关系（A15）
	高级管理层维度（A2）	管理层对内部审计的期望（A21）
		审计建议得到执行的比例（A22）
		管理层满意度调查（A23）
		对审计部门投诉的数量（A24）
		被审计者对内部审计角色的看法（A25）
		管理层要求的数量（A26）
		业务流程改进的数量（A27）
		重复发现的数量（A28）
	外部审计师维度（A3）	对内部审计部门提供的内部控制情况的满意度（A31）
		与外部审计师交流的数量（A32）
		对内部审计工作底稿的利用程度（A33）
		由于内部审计的协调而减少的外部审计时间（A34）
	财务维度（A4）	发现违规金额（A41）
		内部审计支出占公司成本的百分比（A42）
		节约的外部审计费用（A43）
		提高其他部门的生产率（A44）
		减少的非增值作业数量（A45）

续表

一级指标	二级指标	三级指标
内部审计业务质量评价（B2）	内部审计流程维度（A5）	内部审计质量评估结果（A51）
		审计计划完成比例（A52）
		审计事项的重要程度（A53）
		审计节约额（A54）
		信息技术综合审计（A55）
		重大审计发现和建议的数量（A56）
		从现场工作结束到报告签发的天数（A57）
内部审计人员能力评价（B3）	学习和创新维度（A6）	员工经验（A61）
		审计人员教育程度（A62）
		每名内部审计人员的培训时间（A63）
		具有职业认证的员工比例（A64）
		审计经验的平均年限（A65）

课题组以审计委员会维度为例对评价指标的具体含义进行说明（34项指标详细说明参见附录）。如表6-2所示。

表6-2　审计委员会维度指标涵义

序号	指标	涵义
（1）	审计委员会对内部审计角色的观点	这个指标反映了审计委员会对内部审计的职能定位。现代内部审计直接受审计委员会的领导，审计委员会对内部审计角色的观点是对内部审计的实际定位，通过该指标可以反映内部审计的实际职能定位与内部审计的自我职能定位是否一致，此外，还可以检查内部审计部门自我职能定位是否符合审计委员会的要求。所以，这个指标既可以是前导型指标，也可以是结果型指标。
（2）	审计委员会对内部审计的满意度	审计委员会是内部审计服务的重要客户之一，客户满意度体现了内部审计对审计委员会的贡献程度。审计委员会满意度是审计委员会对内部审计提供的服务的总体评价。因此，它是一个结果型指标。
（3）	审计委员会对审计战略的关注程度	审计委员会对审计战略的关注程度越高，表明对内部审计的过程要求越严。审计战略贯穿内部审计过程的始终，审计委员会对审计战略的关注影响内部审计的范围和程序，对内部审计的效果产生影响。这个指标是前导型指标。

续表

序号	指标	涵义
(4)	内部审计主管与审计委员会直接会谈的情况	这一指标反映了内部审计部门与审计委员会的沟通情况。内部审计与审计委员会沟通，一方面有利于增强内部审计的独立性，使之职能充分发挥；另一方面，有利于审计委员会及时向内部审计执行主管传达股东以及利益相关者对内部审计的期望。内部审计执行主管与审计委员会直接会谈的频率越高，越能促进内部审计管理效率的提高。这一指标是前导型指标。
(5)	内部审计主管的业务报告关系	内部审计执行主管的业务报告关系反映了内部审计的独立程度。内部审计执行主管业务报告的对象层次越高，内部审计的独立性就越高，进行客观评价的能力就越强，内部审计的管理效率就越高。这一指标是结果型指标。

5. 指标量化标准

（1）定性指标

定性指标的得分标准分为 A、B、C、D、E 五个档次，A 档得分 90~100 分，B 档得分 80~89 分，C 档得分 70~79 分，D 档得分 60~69 分，E 档得分 0~59 分。对于定性指标的量化处理，可采用语义差别隶属度赋值方法。语义差别隶属度赋值是将赋值标准分为：很好，较好，一般，差，很差 5 个等级，并对每个等级内容所反映的指标趋向程度提出明确、具体的评价参考标准。根据赋值标准，评分人员（一般是专家）在对应档次得分范围内给出指标的具体得分。

（2）定量指标

定量指标的得分标准分为 A、B、C、D、E 五个档次，A 档得分 90~100 分，B 档得分 80~89 分，C 档得分 70~79 分，D 档得分 60~69 分，E 档得分 0~59 分。

根据指标实际发生数，定量指标得分 = min ｛对应档次下限得分 +（对应档次上限得分 - 对应档次下限得分）*（实际发生数 - 对应档次下限标准数）/（对应档次上限标准数 - 对应档次下限标准数），100｝。

课题组以审计委员会维度为例说明评价指标的量化标准（34 项指标量化标准见附录），如表 6-3 所示。指标评分后形成工作底稿，格式参见附录。

表6-3 审计委员会维度指标量化标准

序号	指标	评分方法	评价结果
(1)	审计委员会对内部审计角色的观点	通过比较审计委员会对于内部审计的职能要求和内部审计工作实际职能，专家确定两者之间的区别，分析内部审计实际职能与审计委员会职能要求的匹配性，加以判定。	A. 完全一致 B. 基本一致 C. 部分一致 D. 不一致 E. 完全不一致
(2)	审计委员会对内部审计的满意度	审计委员会对内部审计工作的整体满意度。	审计委员会对内部审计工作的整体满意度，满意度总分10分： A. 10　B. 8~9 C. 5~7　D. 3~4 E. 0~2
(3)	审计委员会对审计战略的关注程度	通过查阅审计委员会工作计划、会议纪要以及相关公告，分析与审计战略相关的内容在其中所占的篇幅和比例，从而全面衡量审计委员会对审计战略关注的程度。对审计委员会进行访谈，了解审计委员会对审计战略关注的程度。	A. 非常高 B. 高 C. 较高 D. 不高 E. 一般
(4)	内部审计主管与审计委员会直接会谈的情况	根据企业内部审计主管与审计委员会直接会谈的频率计算确定。企业结合历史情况和未来发展展望自行设定内部审计主管与审计委员会直接会谈频率的标准。	A. 超过3次/季 B. 2次~3次/季 C. 1次~2次/季 D. 0.5次~1次/季 E. 低于0.5次/季
(5)	内部审计主管的业务报告关系	专家根据企业内部审计的业务报告对象，判断内部审计的独立性，报告级别越高，内部审计独立性越强，得分越高。	A. 董事会 B. 审计委员会 C. 总经理办公会 D. 总经理 E. 副总经理（审计）

（二）内部审计综合评价指标赋权

1. 综合评价指标赋权的方法

确定综合评价指标权重，即对综合评价指标赋权，有三种基本方法：主观赋权法、客观赋权法和组合赋权法。

主观赋权法也称专家赋权，即通过一定方法综合各位专家对各指标的赋权。主要有层次分析法、德尔菲法、专家评判法等。主观赋权法简便易行，但是容易受主观因素的影响。

客观赋权法是根据原始数据之间的关系通过一定的数学方法来确定权重，其判断结果不依赖于主观判断，有较强的数学理论依据。常用的客观赋权法通常包括主成分分析法、离差及均方差法、多目标规划法、熵值法等。由于客观赋权法要依赖于足够的样本数据和实际的问题域，通用性和可参与性差，计算方法也比较复杂，而且不能体现评判者对不同属性指标的重视程度，有时候定的权重会与属性的实际重要程度相差较大。

组合赋权法是指将各种赋权方法得出的指标权重进行组合，计算得出最终的指标权重。

为了保证权重确定的科学性与合理性，课题组将采用组合赋权法确定权重，即首先运用层次分析法获得主观权重；其次，对被评价单位相关指标得分数据采用熵值法确定客观权重；最后，根据最优化模型，确定组合权重。

2. 综合评价指标赋权的程序

（1）运用层次分析法获取主观权重

T. L. Saaty（1977）提出层次分析法（Analytic Hierarchy Process，简称 AHP）的建模方法，它特别适用于那些难于完全定量分析的问题。层次分析法首先建立指标层次体系，其次根据层次结构，由专家对各层级指标进行重要性排序，即形成判断矩阵。判断矩阵评价的方法是：针对每一个层级指标所属的下一层级全体指标进行重要性排序，从第一个指标开始与同一隶属关系的本层级指标进行两两比较。对判断矩阵求取一致性比率（consistency ratio，简称 C. R.）并进行判断，当 C. R. < 0.1 时，则该判断矩阵的一致性水平可以接受，当 C. R. > 0.1 时，则认为不符合判断矩阵的一致性要求，需要重新修正该判断矩阵。

（2）运用熵值法获取客观权重

熵（entropy）原本是热力学概念，是对系统状态不确定性的一种度量。根据信息论基本原理，信息是系统有序程度的一个度量，而熵则是系统无序程度的一个度量，二者绝对值相等，但符号相反。我们把熵值理论引入到企业集团内部审计管理综合评价中来，利用客观调查问卷获得的数据来计算评价指标的权重。具体的计算步骤下：

第一步，假设在一个评价体系中，由 M 个评价指标、N 个评价对象构成，得到初始的评价矩阵：

$$Y = \begin{bmatrix} y_{11} & y_{12} & \cdots & y_{1n} \\ y_{21} & y_{22} & \cdots & y_{2n} \\ \vdots & \vdots & & \vdots \\ y_{n1} & y_{n2} & \cdots & y_{nn} \end{bmatrix} \qquad (式6.1)$$

其中，y_{ij} 为第 j 个评价对象第 i 个指标的值，对于某项指标 i，若评价对象的指标值 y_{ij} 间的差距越大，则该指标在综合评价中所起的作用就越大；反之，作用就越小。

系统熵的表达式为：

$$H(x) = -\sum_{i=1}^{n} p(y_i) \ln p(y_i) \qquad (式6.2)$$

其中，

$$p(ij) = y_{ij} / \sum_{i}^{m} y_{ij} \qquad (式6.3)$$

表示所研究的系统将会出现多种不同的状态，而各种状态出现的概率为 $p(ij)$。

第二步，求评价指标 j 的熵值 r_j。

$$r_j = -k \sum_{i=1}^{m} p(y_i) \ln p(y_i) \qquad (式6.4)$$

其中，$k>0$，$r_j>0$。

第三步，计算各级指标的变异系数 k_j。对于既定指标 j，y_{ij} 的差异性越大，熵值 r_j 就越小，y_{ij} 的差异性越小，熵值 r_j 就越大。定义变异系数向量为 $k = (k_1, k_2, \cdots k_n)$，其中 $k_j = 1 - r_j$。此时，k_j 的值越大，指标越重要。

第四步，计算各评价指标的权重。变异系数越大表示该指标所提供的信息量也就越大，则其权重也应该越大；反之，权重也就越小。所以直接根据公式 $W_j = k_j / \sum_{}^{n} k_j$ 可以求出各级评价指标的权重。

（3）运用最优赋权法获取指标组合权重

最优组合赋权法原理是假设某一多指标综合评价有 n 项指标，s 种赋权方法。第 k 种方法所得的权重向量表示为：$w_k = (w_k, w_k, \cdots, w_k)$

$k=1,2,\cdots,s$ 且有 $\sum_{k=1}^{n}W_{jk}=1$,则集成权重向量表示 $w_0=(w_{10},w_{20},\cdots w_{n0})$ 且 $\sum_{j=1}^{n}W_{j0}=1$。对于本课题主客观两种赋权法组合优化模型下：

$$\max F(x_1,x_2) = \sum_{i=1}^{m}(\sum_{j=1}^{n}(x_1 w_{AHP-j}+x_2 w_{entropy-j})r_{ij})^2$$

$$\begin{cases} x_1,x_2 \geqslant 0 \\ x_1^2+x_2^2 \end{cases}$$
（式6.5）

解得：x_1', x_2' （式6.6）

归一化得：$x_1^* = \dfrac{x_1'}{x_1'+x_2'}, x_2^* = \dfrac{x_2'}{x_1'+x_2'}$ （式6.7）

则最优组合赋权模型为：

$$W_{comb-j} = x_1^* w_{AHP-j} + x_2^* w_{entropy-j}, j=1,2,\cdots,n$$
（式6.8）

课题组在某企业集团公司总部开展了内部审计综合评价指标赋权的案例应用。首先，以专家对综合评价指标重要性排序的结果进行计算，获得主观权重；其次，对调查问卷的结果数据进行处理获得客观权重；最后，获取综合评价指标的组合权重。表6-4列示了综合评价指标的组合权重。综合评价指标体系赋权的完整数据参见附录。

表6-4　内部审计综合评价指标体系的组合权重

三级指标	决策目标	W_{COMB}
审计委员会对内部审计角色的观点	A11	0.04
审计委员会对内部审计的满意度	A12	0.03
审计委员会对审计战略的关注程度	A13	0.03
内部审计主管与审计委员会直接会谈的情况	A14	0.03
内部审计主管的业务报告关系	A15	0.03
管理层对内部审计的期望	A21	0.04
审计建议得到执行的比例	A22	0.04
管理层满意度调查	A23	0.02
对审计部门投诉的数量	A24	0.02
被审计者对内部审计角色的看法	A25	0.02
管理层要求的数量	A26	0.02
业务流程改进的数量	A27	0.02

续表

三级指标	决策目标	W_{COMB}
重复发现的数量	A28	0.02
对内部审计部门提供的内部控制情况的满意度	A31	0.03
与外部审计师交流的数量	A32	0.02
对内部审计工作底稿的利用程度	A33	0.01
由于内部审计的协调而减少的外部审计时间	A34	0.02
发现违规金额	A41	0.06
内部审计支出占公司成本的百分比	A42	0.05
节约的外部审计费用	A43	0.03
提高其他部门的生产率	A44	0.03
减少的非增值作业数量	A45	0.03
内部审计质量评估结果	A51	0.04
审计计划完成比例	A52	0.05
审计事项的重要程度	A53	0.04
审计节约额	A54	0.03
信息技术综合审计	A55	0.03
重大审计发现和建议的数量	A56	0.03
从现场工作结束到报告签发的天数	A57	0.03
员工经验	A61	0.03
审计人员教育程度	A62	0.02
每名内部审计人员的培训时间	A63	0.02
具有职业认证的员工比例	A64	0.02
审计经验的平均年限	A65	0.02

（三）内部审计综合评价指标评分

将各指标具体量化后，经过数据处理，与相应权重相叠加，汇总得出评价指标综合得分。具体过程如下：

1. 数据预处理

在企业集团公司各层次选择 M 个内部专家，对综合评价指标体系中的定性指标进行打分，同时，根据企业实践获得定量指标实际发生数，由专家计算出定量指标得分。定性指标与定量指标进行组合，最终形成企业集团公司内部审计综合评价指标体系的决策矩阵$\lfloor y_{ij} \rfloor_{34 \times M}$，对矩阵进行标准化处理：

$$\overline{y}_{ij} = \frac{y_{ij} - \min(y_i)}{\max(y_i) - y_{ij}} \quad （式6.9）$$

对 M 个决策矩阵进行统计处理，形成企业集团公司内部审计综合评价指标体系最终决策矩阵：

$$\overline{y}_i = \sum_{j=1}^{m} \frac{\overline{y}_{ij}}{M} \quad （式6.10）$$

2. 综合评分

采用组合权重与决策矩阵的复合向量积表示，将指标体系最优组合权重 W_{com}，与标准化后的决策矩阵相乘，得出企业集团公司内部审计综合评价指标得分 Z。评价指标评分表格式参见附录。

$$Z = W_{comb} \times \lfloor \overline{y}_i \rfloor \times 100 \quad （式6.11）$$

（四）内部审计综合评价模型的适用性

课题组根据内部审计综合评价的内容，分析评价机制的影响因素，对内部审计评价平衡计分卡基本模型进行修正，构建了企业集团公司内部审计综合评价模型。在模型的实际应用中，必须考虑模型的适用性。我国企业集团公司的管控模式、发展阶段、业务领域和经营情况差异较大，应根据实际情况，优化使用综合评价模型。具体而言，应用内部审计综合评价模型时应重点关注以下内容：

1. 综合评价模型主要适用于集团总部

内部审计综合评价内容包括内部审计管理总体评价、内部审计业务质量评价和内部审计人员能力评价三个部分。其中，内部审计管理总体评价主要涉及的战略规划、功能定位、组织架构和运行机制等方面，一般由集团总部负责设计和构建，因此，评价指标体系中，审计委员会、高级管理层、外部审计师和财务四个维度的指标主要适于在集团总部层面使用。内部审计流程及学习和创新这两个维度的指标在集团总部和下属企业都可适用。

2. 综合评价模型实际应用需动态调整

企业集团公司所面对的经济环境、法律环境以及企业自身所处的生命周期、治理结构等不同，就会有不同的内部审计综合评价的侧重点。因此，课题组设计构建的内部审计综合评价模型，在实践应用时，宜根据企业集团公司特点和内外部环境影响，对指标选择、指标量化和指标赋权等进行动态调整。

在指标选择上，着重考虑评价工作的构建原则和影响因素，体现战略导向、环境影响和公司管理需求。比如，目前我国内部审计协会正在推行《内部审计质量评估办法（试行）》，必然会重视内部审计流程维度的"内部审计质量评估结果"指标；比如，处在成熟期的企业集团公司，管理制度比较完善，更关注内部审计在治理层发挥作用，因此会重视选择审计委员会维度的评价指标。在指标量化和赋权上，主要考虑评价阶段企业集团公司对指标所代表的评价内容的关注度。比如，处在成长期的企业集团公司会更加关注内部审计查错纠弊功能的发挥，因此，财务维度中"发现违规金额"一类的指标在量化、赋权时可设置较高数值；反之，当企业内部控制运行有效时，就不宜对"重复发现数量"等指标赋予过高的权重。

六、企业集团公司内部审计综合评价结果及运用

（一）内部审计综合评价结果

企业集团公司内部审计综合评价结果可分为优、良、中、及格、不及格等五类，并可对各类结果赋以分值，如：综合评分90分以上，内部审计综合评价为"优"；综合评分在80~89分，综合评价为"良"；综合评分在70~79分，综合评价为"中"；综合评分在60~69分，综合评价为"及格"；综合评分低于60分，则认定为"不及格"。

通过内部审计综合评价，提供评价体系中每个维度、每个指标的得分以及评价总得分。评价主体可对各类得分情况进行分析。通过分析维度得分，可以评估该领域内部审计工作的效率、效果；通过分析单个指标得分，可以评估导致内部审计在该领域效率、效果未能达到期望水平的具体因素。以内部审计流程维度为例，如该维度得分低于79分，说明内部审计

业务质量一般，再具体分析维度内各指标得分情况，发现具体问题指标，提出改进工作的方向和思路。

（二）内部审计综合评价结果运用

1. 为促进内部审计管理提供改进方向和决策支持

内部审计综合评价不仅仅是评估内部审计管理工作规范性、有效性的重要手段，也是企业集团公司加强内部管理的一项重要工具。内部审计综合评价涉及内部审计管理各个方面，对于保证内部审计工作高效运行、提高内部审计管理水平具有重要意义。通过内部审计综合评价，得出六维度34项指标的单个得分、维度得分和综合得分，与指标设计的期望值、行业数据、历史数据等进行比对后，可发现内部审计工作中存在的主要问题和薄弱环节，通过分析问题产生的根源，可就进一步完善内部审计管理体系、改进内部审计质量、提高人员胜任能力等提出建议措施；同时，内部审计综合评价结果在一定程度上反映了内部审计工作与相关方的关联内容和工作效率效果，因此，根据评价结果也可对影响内部审计工作的组织结构、内控环境、运营管理等提出完善意见，作为进一步加强管控、充分发挥内部审计作用的决策基础。

以审计委员会维度为例设计内部审计管理改进建议表，如表6-5所示。

表6-5 审计委员会维度内部审计管理改进建议

序号	指标	指标得分	存在缺陷	改进建议
（1）	审计委员会对内部审计角色的观点			
（2）	审计委员会对内部审计的满意度			
（3）	审计委员会对审计战略的关注程度			
（4）	内部审计主管与审计委员会直接会谈的情况			
（5）	内部审计主管的业务报告关系			

2. 为绩效管理提供考核依据

内部审计综合评价的结果，可以作为各层级内部审计部门、人员绩效考核的一项重要依据。集团总部可对企业集团公司各层级的内部审计部门的综合评价结果进行排名和历史对比，在评价对象之间开展考核评比。综合评价指标选择和评价结果可与绩效考核所设定的考核标准和目标相比较，为加强绩效管理提供依据。针对内部审计人员能力的评价，可揭示内部审计人员在专业素养、知识管理、业务执行等方面的综合能力，相关的评价结果可作为员工绩效考核的参考依据，在员工职位晋升、培训安排、岗位配置和职业发展设计等方面发挥作用。

七、小结

本章在研究管理实践的基础上，明确了企业集团公司内部审计综合评价机制的内涵，分析了影响内部审计综合评价机制的内、外部因素，提出了内部审计综合评价机制的构建思路，设计了评价主体、评价对象、评价内容、评价方法、评价模型和评价结果六个框架要素。综合评价是对内部审计管理能否增加组织价值进行全面、客观的衡量，涉及内部审计管理总体评价、内部审计业务质量评价和内部审计人员能力评价，因此，应按照战略性、适应性和可操作性原则设计评价机制。课题组以平衡记分卡法为基础，以战略目标为导向，基于内部审计的管理特征和企业集团公司的管控需求，建立综合评价模型。构建了审计委员会、高级管理层、外部审计师、内部审计流程、学习和创新以及财务等六个维度34项指标的评价指标体系，应用主、客观方法确立评价指标权重，并通过管理实践，对综合评价的适用性和结果应用提供思路。本章的研究内容在理论上具有超前性与前瞻性，对于全面促进企业集团公司内部审计工作质量的提升具有积极的指导意义。

第七章　企业集团公司内部审计保障机制研究

一、我国企业集团公司内部审计保障机制的现状与问题

(一) 我国企业集团公司内部审计保障机制的现状

为了保障内部审计战略有效实施，充分发挥内部审计的确认与咨询的功能，实现企业集团公司内部审计目标，企业集团公司必须完善制度、措施和程序，提供资金、技术、人员、文化等各种资源要素，建立内部审计保障机制以支撑与保障内部审计管理体系。

随着企业集团公司的发展和对内部审计工作的重视，许多单位已建立了一系列保障内部审计工作顺利开展的工作机制。从课题组调研情况来看，70%以上的被访者认为，内部审计价值增值的理念已得到树立，在集团公司内建立了审计联动机制，形成了尊重审计、自觉接受审计的和谐审计环境。内部审计职业道德文化建设取得了一定的成效，培养了一批具有较高职业道德素质、年龄结构合理的专业审计队伍；企业内部审计制度建设的成效也比较明显，不少企业建立了比较规范的各种内部审计管理规章制度，形成了制度管理的良好文化氛围和习惯；企业内部审计工作比以前更受管理层和业务层的重视，经费投入有所增加。

但从企业集团公司内部审计整体发展来看，企业集团公司的内部审计保障机制建设方面仍然有较大的提升空间。课题组认为，企业集团公司要做好内部审计工作，必须认真分析内部审计保障机制建设的问题与成因，健全或优化内部审计保障机制的方案和措施，以促进我国企业集团公司内部审计管理体系的不断完善与发展。

（二）我国企业集团公司内部审计保障机制的主要问题

从管理实践来看，内部审计保障机制仍然不够健全，还存在多方面的问题。

1. 文化保障机制建设方面的问题

（1）内部审计理念有待更新。部分企业集团公司对内部审计的认识存在片面性，甚至还有些企业集团公司在机构改革、精简编制的过程中，将原来已设立的内部审计机构或合并、或取消。部分企业集团公司不重视内部审计文化构建或内部审计理念落后，存在不情愿审计、抵制审计、隐瞒审计的意识和现象。

（2）职业道德文化建设有待深化。部分企业集团公司对职业道德文化建设的认识和重视程度不够，内部审计人员对诚信、客观、保密和胜任能力等方面的核心价值观认识不足。部分企业集团公司管理层干预内部审计执业过程，导致部分内部审计人员基于压力或利益诱惑，可能违背职业道德，做出损害国家利益、组织利益和内部审计职业荣誉的事情。

（3）制度管理文化建设有待加强。仍然有一定比例的企业集团公司，虽制定相关的管理制度，但未能形成统一的分级分类管理的制度体系，规范性不够、操作性不强、执行力度差。

（4）知识管理文化环境有待发展。企业集团公司内部审计知识管理和信息资源共享程度还不高，影响到内部审计的效率及工作质量。课题组调查显示，只有47.33%的被访者表示曾举办内部审计工作经验交流会，有22.90%的被访者认为尚未建立内部审计知识库。

2. 人力资源保障机制建设方面的问题

（1）人力资源配置不能满足工作需要。目前，我国企业集团公司内部审计普遍存在人员少、任务重的现象，人员年龄、技术专业及岗位结构的配置不够科学合理，且内部审计岗位职责与人员配置不协调，导致内部审计精细化程度不够，内部审计成效不明显。

（2）人员专业胜任能力有待提升。经过近几年的大力发展，企业集团公司内部审计人员的素质有了大幅提升，但专业知识水平、执业经验、沟通协调能力、职业价值观等方面都与现代企业集团公司的需求存在一定的差距。此外，还有相当比例的内部审计人员对于复杂或特殊的经营业务、信息技术的驾驭、掌握能力不够，专业胜任能力还有待提高。

（3）人员激励常态机制尚未形成。调查发现，74.05%的被访内部审计人员薪酬在公司中处于中间水平，16.79%的被访内部审计人员处于较低水平。以上情况说明内部审计人员工资待遇水平在公司中并不突出，在少数公司还处于较低水平。此外，内部审计人员的职业发展通道不畅，绩效考核和激励机制还不够合理，影响了内部审计队伍的积极性和稳定性。

3. 信息技术保障机制建设方面的问题

（1）信息系统应用程度不高。问卷调查结果显示，不同的企业集团公司之间内部审计信息化建设水平差异显著，14.50%的被访者认为其所在单位尚未开展内部审计信息化建设，未能借助信息技术工具，仍然以传统手工审计为主；有9.16%的被访者认为本单位只是建设了审计工作管理方面的信息系统；37.40%的被访者认为本单位只是建设了辅助审计作业的信息系统，而认为其所在单位已经开展了审计信息化建设的38.93%的被访者，也认为审计信息化建设不够深入全面，作用有限。

（2）信息系统集成化和智能化水平有待提高。目前，内部审计工作中计算机辅助审计运用仍然不够广泛，内部审计信息系统的集成化和智能化程度还不高，信息系统的功能实现和快捷便利还有待进一步建设与完善。

（3）信息技术人才队伍建设有待加强。调研发现，目前，相当多的企业集团公司内部审计机构中缺乏既懂计算机又熟悉内部审计的复合型人才，存在信息系统操作不熟练等现象，影响了内部审计的效果和效率。

4. 内部审计经费保障机制建设方面的问题

近年来，我国多数企业集团公司对内部审计工作的重视程度大大提高，内部审计经费的预算额度、核准使用等方面相比以前有了较大改善。随着现代内部审计的多样性、复杂性和内部审计风险的增加，内部审计工作成本必然增加，经费保障需持续关注。

二、企业集团公司内部审计保障机制的内涵

在现有理论研究和企业实践中，对于企业集团公司内部审计保障机制进行系统研究与案例探索的还比较少。课题组认为，基于企业集团公司管控及构建创新型内部审计管理体系的目标要求，企业集团公司内部审计保障机制的含义是指：为实现企业集团公司实施企业整体战略目标的管理需

求，落实内部审计战略规划目标，充分发挥企业集团公司内部审计的确认与咨询的功能，而采取的一整套用于支持与保障内部审计效率与效果提升的基础性管理制度、措施和程序。企业集团公司内部审计保障机制应主要包括四方面内容：内部审计文化保障机制、内部审计人力资源保障机制、内部审计信息技术保障机制和内部审计经费保障机制。具体内容如图7-1所示：

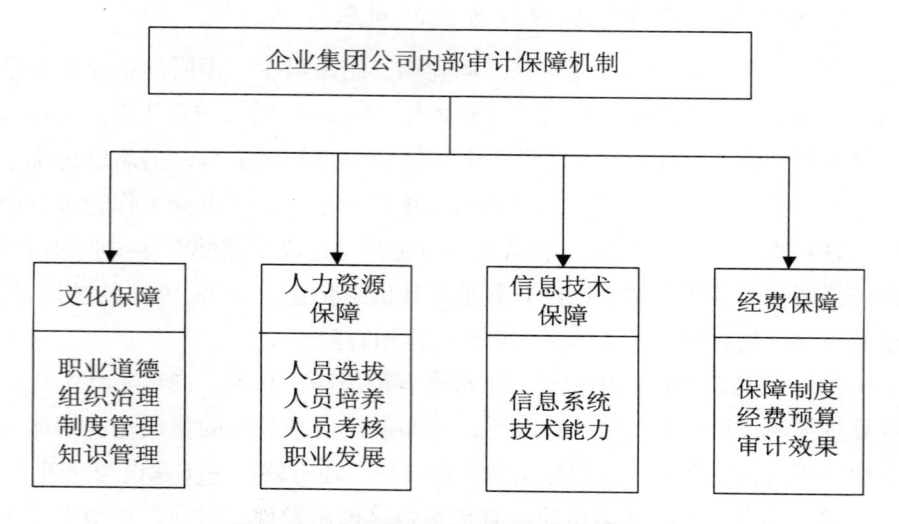

```
          企业集团公司内部审计保障机制
        ┌───────┬───────┬───────┬───────┐
      文化保障  人力资源  信息技术  经费保障
                保障      保障
      职业道德  人员选拔  信息系统  保障制度
      组织治理  人员培养  技术能力  经费预算
      制度管理  人员考核            审计效果
      知识管理  职业发展
```

图7-1 企业集团公司内部审计保障机制

上图中，内部审计文化保障机制主要指企业集团公司内部审计发展过程中形成的与企业文化息息相关的一种核心价值观和行为方式，用以从企业文化层面来支持和协调内部审计工作的发展。内部审计人力资源保障机制是指为提高内部审计人员素质，采取的包括人员选拔、培养、考核、职业发展等在内的管理措施与方法。内部审计信息技术保障机制是指为配合企业集团公司整体管控的需要，建立的以管理系统化、系统信息化、信息专业化为发展目标，以内部审计信息管理系统建设与维护为主要内容的综合性信息技术支持体系。内部审计经费保障机制是指为实现内部审计目标，保障内部审计工作的有效运行而采取的支持与保证内部审计经费的措施。

企业集团公司内部审计保障机制的四个内容是相互支持、相互影响、密不可分的有机统一体。在保障机制中，文化保障是核心要素，人力资源保障是根本条件，信息技术保障是重要手段，经费保障是基本前提。

（一）文化保障是核心要素

文化对于一个社会组织的持续健康发展具有决定性影响。同样，内部审计文化对于企业内部审计管理而言具有不可替代的重要作用，企业集团公司对内部审计的共同认识和核心价值观及基于该认识基础之上的行为方式会直接影响到内部审计功能的发挥。企业集团公司治理层、管理层应积极创建能够保障内部审计运行顺畅高效的文化机制，在企业集团公司范围内建立起和谐的大审计格局，形成尊重审计、支持审计、主动审计的良好氛围。

企业集团公司内部审计文化主要包括：职业道德文化、组织治理文化、制度管理文化及知识管理文化等具体内容：

1. 职业道德文化

指企业集团公司内部审计部门和人员自身的基本价值观和行为方式，包括内部审计人员的心理素质、精神状态、理想信念、价值追求等，其中诚信、客观、保密和胜任是内部审计人员职业道德文化的核心价值观。

2. 组织治理文化

指内部审计各相关方对于内部审计功能与管理工作要求的共同认识和合作意识等内容。

3. 制度管理文化

指通过内部审计工作规程的制度化建设，在企业集团公司内部逐步形成的规范化、标准化、系统化制度管理的文化氛围。

4. 知识管理文化

指在企业集团公司内部，内部审计专业知识与内部审计人员执业经验的共享（沟通、探讨、学习和交流），内部审计成果的转化及积极推广和应用等内部审计文化环境。

上述四个文化因素相互依存，相互影响。如果内部审计部门和人员自身坚守职业道德，则能保障内部审计工作质量；如果组织治理结构完善，相关方能重视、配合与支持内部审计，则能保持内部审计独立性，使内部审计履行职责；如果在集团公司内部形成按章办事、规范操作的管理氛围，则能进一步加强内部审计执业行为的标准化、规范化；如果建立起广泛而通畅的知识管理系统，则能形成共享内部审计知识和经验的良好氛围，内部审计成果会得到更好运用，内部审计人员成长更快。其效用关系如图7-2所示。

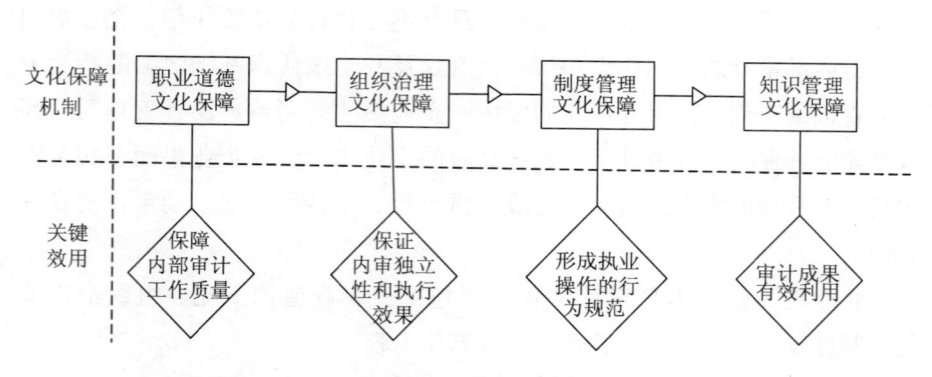

```
文化保障    ┌─────────┐   ┌─────────┐   ┌─────────┐   ┌─────────┐
机制        │职业道德 │▷  │组织治理 │▷  │制度管理 │▷  │知识管理 │
            │文化保障 │   │文化保障 │   │文化保障 │   │文化保障 │
            └─────────┘   └─────────┘   └─────────┘   └─────────┘
- - - - - - - - - - - - - - - - - - - - - - - - - - - - - - - - - -
关键          ◇保障        ◇保证         ◇形成执业    ◇审计成果
效用          内部审计     内审独立      操作的行      有效利用
              工作质量     性和执行      为规范
                           效果
```

图7-2　内部审计文化保障机制要素效用关系

（二）人力资源保障是根本条件

企业集团公司内部审计人力资源机制主要包括：人员选拔、人员培养、人员考核和职业发展等方面。

1. 人员选拔机制

指企业集团公司按照一定的标准和程序选拔出最适合企业内部审计工作岗位要求的优秀人才，保证内部审计工作有序开展。

2. 人员培养机制

指在现代管理思想指导下，企业集团公司按照特定的内部审计培养目标和人才规格，以相对稳定的培养计划、管理制度和评估方式，实施人才教育和培养。

3. 人员考核机制

指企业集团公司按照一定的标准，采用科学的方法，衡量与评定内部审计人员完成岗位职责任务的能力与效果，发掘与有效利用审计人员的能力，给予公正的评价与待遇。

4. 职业发展机制

指企业集团公司为实现企业长期发展愿景和个人职业目标的有机融合，设计清晰、明确和公平的审计人员职业发展通道，并与员工培训、绩效管理相结合,通过员工自我评估、组织评估、职业信息传递、职业咨询和职业道路引导等实施方式,形成审计人才职业发展规划,提高审计人员的企业归属感。

(三) 信息技术保障是重要手段

McGowan(1985)曾预见性地指出:"信息技术正改变市场自身的结构,也改变着市场产品的生命周期,它们正在重新调整生产和配送模式,它们引起组织结构和人们工作方式的重大改变","信息时代做好准备,并保持竞争力是我们这个时代唯一最重要的管理挑战"。在现代信息化环境下,信息技术已成为企业管理的必备工具。企业集团公司的内部审计管理必须借助信息技术实现信息化和自动化,必须建设内部审计信息系统,提高计算机辅助审计的技术和方法,以应对日益复杂的内部审计业务,实现内部审计管理的现代化,提高内部审计效率。

在企业集团公司信息化的发展过程中,必然要对基于手工审计的传统内部审计业务流程造成影响,内部审计要重新思考和定位审计工作方式,优化内部审计的业务流程以适应新的内部审计环境,以提高内部审计工作的效率和效果,并从传统条件下的检查审核逐步向对企业业务流程的整个过程与最终结果并重的持续审计发展,提高审计信息的全面性和相关性。

1. 再造内部审计业务流程

依据信息化环境下开展审计业务的要求,对审计流程进行重新设计和优化,其目的是以内部审计工作流程的革新来满足信息化条件下的管理需求,促进企业集团公司内部审计运行的高效、通畅。

基于IT技术和信息系统的内部审计流程再造是指利用内部审计信息平台,结合流程再造理论的思想,重塑现有的内部审计制度和内部审计组织体系,设计新的内部审计流程。如果企业集团公司目前还不适于进行全面的内部审计业务流程再造,可以基于信息化平台对现有流程进行局部改进。内部审计流程再造可以分为内部审计流程梳理、内部审计流程设计、内部审计流程实施和内部审计流程评价四个步骤。

2. 改变内部审计工作方式

信息化建设的快速发展对企业集团公司内部审计的工作方式产生了重要影响,内部审计传统的工作方式正在发生着重大变化。内部审计信息作为企业信息系统的一个重要组成部分，信息使用者对其时效性也提出了更高的要求，主要体现为持续审计得到了高度重视和积极运用。

持续审计是信息时代内部审计发展的必然结果，其满足了在信息化条件下以内部控制为基础的风险导向审计的要求，可实现对被审计对象全过程、全方位、全天候的实时动态监控。持续审计利用先进的信息技术手段，实现内部审计从事后审计向事中审计、事前审计发展，更好地服务于企业集团公司的风险管理，提高内部管理的效率和效果。

（四）经费保障是基本前提

鉴于内部审计工作的性质及企业集团公司业务复杂性等因素，要保障顺利开展内部审计各项管理工作，客观上需要管理层的高度重视，资金预算的有力支持，有效地落实审计计划和监督执行。

企业集团公司内部审计经费保障主要包括：制度保障、经费预算和审计效果等具体内容。

1. 制度保障为前提

指企业集团公司建立程序规范、内容完整、措施适用的经费保障制度，有力保证内部审计经费保障的常态化、科学化，有效保障内部审计项目的顺利实施。

2. 经费预算为基础

指企业集团公司为保证顺利开展内部审计，将应投入的必要成本纳入年度财务预算管理中，按照预算管理的程序及时下达，有效执行。

3. 审计效果为支撑

指通过有效的内部审计，保证企业集团公司发展的依法规范，从而更好地保障企业对内部审计的支持和理解，形成内部审计发展的良性环境，确保审计经费的有效到位。

三、企业集团公司内部审计保障机制的影响因素

现实发展显示，我国不同企业集团公司内部审计工作发展并不平衡，还面临着许多困难和问题，从侧面反映出，制约与影响我国企业集团公司内部审计保障机制的因素众多、原因复杂。

1. 内部审计战略

战略规划主导发展方向，决定资源配置重点与范围。因此，战略规划的内容直接影响资源保障程度。企业集团公司内部审计战略定位将直接影响到内部审计工作目标、审计计划、内部审计机构设置、管理制度建设、人员配置以及信息化建设水平等，进而影响内部审计资源配置。

2. 内部审计功能

内部审计功能如何定位是另一个影响内部审计保障机制的关键因素。内部审计功能的不断变化，必然会引起内部审计组织机构设置、制度建设、人员配置以及信息化建设等方面进行全方位的调整和变化。

3. 公司治理结构

不同形式的公司治理结构会直接影响到内部审计报告路径和内部审计效果，内部审计在公司治理结构中的层级越高，则内部审计的资源保障就可能越充分。如股份有限公司治理结构一般优于独资企业公司治理结构，其内部审计受到公司治理层的支持力度会更大，内部审计保障机制会更完善。

4. 政府监管要求

作为监管对象，我国企业集团公司受国家宏观管理部门的控制程度比较高。审计署、国资委、证监会等相关监管部门，对企业内部审计的机构设置、制度建设、人员配置以及信息化建设提出各项具体要求，条件不同、执行力不同的企业集团公司之间，其内部审计保障机制就会出现明显差异。

5. 经济成本考量

不同的投入会有不同的产出，资源投入与保障效果存在密切关系。大型企业集团公司的经济状况与规模显然要优越于小型企业集团公司，内部审计的现实需求也自然明显大于小型企业集团，投入内部审计的经济资源会更多，内部审计保障机制会更加完善。因此，经济成本是影响内部审计保障机制建设不可忽视的最重要现实因素。

四、企业集团公司内部审计保障机制的构建

（一）企业集团公司内部审计保障机制的构建目标

内部审计保障机制是内部审计管理体系的重要支撑，对内部审计管理体系中的其他构成要素起着支持与保障作用。因此，企业集团公司内部审计保障机制的目标就是要充分发挥保障的功能和作用，积极促进内部审计战略的贯彻落实，最大程度发挥内部审计功能，推动内部审计组织架构的科学合理设计，确保内部审计运行的协调高效，支持内部审计综合评价更加客观公正，从而实现企业整体战略目标。

（二）企业集团公司内部审计保障机制的构建原则

1. 统一性原则

内部审计保障机制是内部审计管理体系的一个重要组成部分，受到影响的因素很多，存在的矛盾与问题也很多。因此，内部审计保障机制建设就必须围绕企业内部审计管理的战略目标，对影响因素进行深入分析，有机统一文化保障、人力资源保障、信息技术保障和经费保障机制，提高内部审计保障的工作效率。

2. 系统性原则

企业集团公司内部审计管理体系是促进内部审计工作高效有序运行的一项系统性工程。建立完善的内部审计保障机制就必然需要对内部审计的战略规划、功能定位、组织架构、运行机制和综合评价机制等内容、效果进行全面衡量、综合考虑、统筹安排，均衡配置保障资源，才能充分发挥其综合协同效应。

3. 经济性原则

企业集团公司在设计内部审计保障机制时必须考虑成本效益，只有当保障机制建设所付出的成本与取得的效益之间取得动态平衡，内部审计管理体系保障机制才是经济的，才具有现实意义。

（三）企业集团公司内部审计保障机制的构建内容

1. 内部审计文化保障机制

（1）构筑职业道德文化

①培育内部审计人员职业道德价值观。《国际内部审计专业实务标准》实务公告指出，内部审计活动要在组织内部推广适当的道德和价值观方面发挥作用。客观而言，内部审计人员的职业道德文化氛围不会天然形成，企业集团公司决策层、高级管理层应高度重视并把内部审计人员职业道德价值观建设纳入到内部审计整体战略规划中来，将其与内部审计计划和任务同布置、同落实、同考核。一方面做好职业道德核心价值观的理论研究，另一方面做好职业道德相关规范的制定和宣传教育，以先进的职业道德实例为榜样，引领组织内部审计文化的建设。企业集团公司高级管理层、内部审计部门负责人和内部审计业务人员在保持良好的职业道德行为方面应协同推进，自觉遵守职业道德的行为与习惯，尽早在内部审计人员中培养一种相互信任、相互协作的团队精神，塑造一种客观公正的职业操守与职业形象。

②建立职业道德考核机制。除了在源头上通过学习和教育等方式帮助、培养和促进内部审计人员自觉养成良好的职业道德价值观与行为之外，还应定期进行评估考核，采取激励与约束相结合的办法做好事后监督。对于职业道德良好的内部审计部门和人员应给予精神和物质双重表彰，对于道德失范或行为不端的人员则及时给予警示或惩罚。这些措施可通过人力资源部门的考核、给予职业晋升或批评、警告等方式予以体现。

（2）塑造组织治理文化

①塑造内部审计一体化管理方式。企业集团公司应结合现代审计管理新趋势和新要求，及时调整和完善内部审计组织架构，强调内部审计的独立性，强化集团总部管控，推行扁平化管理，整合集团公司内部审计资源，建立统一管理、分级负责、有序联动的内部审计组织管理模式，形成统一的内部审计工作目标，塑造统一的内部审计理念和行为方式。

②提升高级管理层内部审计理念。企业集团公司的高级管理层对内部审计的认识和重视是内部审计工作发挥功效的至关重要的保障。应通过外部监管、组织治理完善和内部审计管理宣传等措施，使高级管理层树立起

内部审计是促进企业价值增值、改善组织运营的观念，激发其对内部审计的内在需求。这样，集团公司高级管理层就会在内部审计的组织领导、组织机构设置、人员配置、经费支持等方面给予保障，创造良好的内部审计工作环境。

③创建和谐型"大审计"文化格局。内部审计不仅具有确认的功能，还具有咨询服务的作用。首先，在企业集团公司范围内积极营造"学习审计、尊重审计、支持审计、自觉接受审计、主动要求审计"的工作环境。企业集团公司内部审计部门可以通过管理和绩效审计等对被审计单位的经营管理活动提出审计意见建议，充分发挥咨询功能，从而提升被审计单位对审计工作的理解、支持与配合，变"要我审"为"我要审"；其次，企业集团公司可以积极探索创新审计工作机制，充分整合利用内部审计资源，探索内部审计与纪检、监察、财务以及其他业务部门的协调联动机制，做到资源和信息共享，形成企业内部"大审计"格局，最大限度发挥企业集团公司内部审计部门的作用。例如中石化、中石油、国家电网等单位，领导高度重视内部审计工作，通过内部审计联席会议和跟踪审计等，为业务部门和被审计单位进言献策，确认和咨询并举，使内部审计部门取得了业务部门和被审计单位的信任和支持，和谐的审计文化格局已基本形成。

(3) 构建制度管理文化

制度管理文化是内部审计文化的重要组成部分。制度管理文化保障机制应当坚持有章可循的基本原则，在企业集团公司内形成全面建章立制、严格执行制度、认真落实责任追究的内部审计制度化治理的文化氛围。

①构建科学的内部审计管理制度体系。企业集团公司应建立一套内容完备、科学统一的层级分明、性质明晰、范围清楚的内部审计制度管理体系。层级分明指企业集团公司应建立由纲领性章程、规程类与专业类管理制度以及通用实务指南等各层级制度组成的内部审计制度体系；性质明晰指制定的内部审计制度应明确该制度所针对的业务性质和所规范的对象，尤其是对于单项审计业务规范应分类单独制定；范围清楚指制定的内部审计管理制度应明确内部审计工作的范围、内部审计的对象和内部审计执行的力度、深度。

②严格执行内部审计管理制度。内部审计部门和人员在具体工作中务必严格执行各项制度规定，努力提高内部审计质量，切实保证内部审计效

果。企业集团公司一方面应当对被审计单位违法违纪事项严肃查处，落实跟踪审计；另一方面也应对内部审计的质量和成效进行评估。

（4）建立知识管理文化

①建设内部审计知识学习文化体系。企业集团公司应搭建统一规范的内部审计知识管理平台，建设法律法规库、内部审计案例库，实现内部审计信息在线查询、内部审计经验在线交流等，让内部审计人员可以随时查看内部审计结果公告、内部审计要情简报等信息与知识。企业集团公司还应定期组织进行内部审计工作先进实践、内部审计管理研究、内部审计知识宣讲等专题研讨、交流和学习，开创共享内部审计经验、主动学习内部审计知识的文化氛围。

②提高内部审计成果转化与运用效果。内部审计成果通常包括审计报告、审计建议书、审计决定、审计工作报告等，是企业内、外部相关方了解的最直接的内部审计工作信息。在实践中，有些企业对于形成的内部审计成果综合利用度不高，许多有价值的信息未得到充分挖掘，使内部审计的整体效果受到影响。因此，企业集团公司治理层、管理层应充分重视内部审计成果的转化与运用，认真听取内部审计工作汇报，重点审阅内部审计报告，对报告反映的有关问题及时作出重要批示，促进相关单位、部门认真落实整改。内部审计部门也应通过跟踪审计，强化内部审计成果应用效果。

2. 内部审计人力资源保障机制

内部审计人才队伍建设是集团公司内部审计管理的重要工作，要建设一支稳定的高素质的职业人才队伍，保证履职尽责。

（1）完善人员选拔机制

①有效配置内部审计人员。首先，企业集团公司可结合内部审计的发展战略、工作计划、工作量、人员变动、人员绩效考核等因素，对内部审计人力资源现状进行分析，制定相应的人力资源长期及短期需求规划，合理配置内部审计人员的年龄、专业、职业经验等方面的结构；其次，应根据内部审计管理目标、要求及人员结构状况，进行科学的内部审计人员岗位设计，明确每个岗位的具体职责，制定明晰的岗位说明书，保证事得其人，人尽其才，才尽其用；最后，考虑岗位的适度动态轮换，以正向激励为原则调动人员工作的积极性，保持工作新鲜感，提升工作绩效。

②科学构建专业胜任能力模型。内部审计人员专业胜任能力模型是指对内部审计组织结构、岗位配置以及内部审计工作特点、内部审计业务对象进行分析,明确内部审计人员应具备的胜任能力指标体系。IIA《内部审计人员专业胜任能力框架》(CFIA)指出,内部审计人员专业胜任能力标准的综合指标,根据属性,可分为认知技能和行为技能两类。设计胜任能力指标体系应充分考虑:语言能力(书写及表达能力)、学历水平、专业背景、内部审计专业知识水平和实务工作经验、内部审计工作资历证明、内部审计工作其他相关业务知识水平、文案工作能力、独立解决问题能力、独立学习知识能力以及关系管理能力。内部审计人员能力模型应与内部审计发展战略、内部审计职能、个人职业发展需求以及集团公司整体人力资源需求相匹配,并进行动态调整。

(2)健全人员培养机制

①制订系统的人员培训计划。针对内部审计人员胜任能力模型提出的要求,编制相应的评估问卷,对内部审计人员进行技能测试及评估,并根据评估结果制定系统的培训计划。

②完善多元化人员培养机制。2012年6月IIA的一份调查报告发现,有73%的被访者认为企业需要的内部审计人员要具备分析能力和批判思维,其他技能分别是沟通能力(61%)、数据挖掘和分析(50%)、基本的IT知识(49%)以及商业头脑(46%)。内部审计工作需要复合型人才,因此,内部审计人员能力培养与升级成为企业集团公司内部审计管理中急需解决的课题。可通过多种渠道和方式培养、锻炼内部审计人员,如施行内部审计项目主审轮流负责制和岗位轮换学习机制等。内部审计项目主审轮流负责制可以培养责任意识、组织协调和沟通能力,在项目组内建立起共同讨论、畅所欲言的氛围。岗位轮换或异地交流对内部审计人员的专业技能提升和掌握公司实际运营状况更有帮助。企业集团公司既可以从业务部门抽调专业人员加入内部审计团队,同时也鼓励内部审计人员到业务部门工作,促进跨部门业务能力融合。

(3)科学建立人员绩效考核机制

①建立全面的人员绩效评价体系。企业集团公司应坚持公开、公平、公正原则,自上而下地建立以内部审计人员为对象的、更加科学合理的内部审计人员绩效评价考核体系。考核体系中应综合考量内部审计人员工作绩效的影响因素,全面涵盖内部审计人员工作绩效的内容,科学设置绩效

考核指标、权重及评估程序。

②进行常态化的绩效考评活动。企业集团公司应坚持定期化、常态化的内部审计人员工作绩效的考察与评价，可采取交叉评价、上对下评价、同行评价、外对内评价、自我评价等方式，落实内部审计人员绩效评价的目标。

（4）有效创建职业发展机制

①拓展职业发展空间。企业集团公司可以通过建立透明通畅的晋升与职业发展通道，创建内部审计人员良好的职业发展愿景，增强内部审计人员的职业意识与专业知识自修习惯，使得内部审计部门成为企业高级管理人才的培训基地。

②提供有效激励。应提供有效激励来增强内部审计人员工作的使命感与职业成就感。正面激励主要包括：精神与物质双重激励，其中精神激励又可包含事业激励、声誉激励、地位激励、权力激励、晋升激励、道德与情感激励等，比如授予奖励证书、公开表彰、经验交流和交付责任更重大、意义更重要的专项审计任务等；合理的物质激励则包括提供较为可观的职务岗位工资及奖金、落实带薪休假制度等福利待遇。

3. 内部审计信息技术保障机制

（1）完善内部审计信息系统

企业集团公司应积极支持建设内部审计信息系统，建立起系统化、动态化的内部审计决策支持平台、内部审计管理工作平台和内部审计业务操作平台。深化审计信息系统的应用，持续完善信息系统，不断提高内部审计信息系统的集成化和智能化水平，支持内部审计工作的高效运行。

①实现审计信息集约化管理。随着信息技术、网络技术和现代通信技术的发展，企业集团管理不可避免地向集成管理方向发展，技术、信息和管理之间的整合趋势也日益明显。内部审计作为不断优化组织治理、内部控制和风险管理的连接器、协调器和推进器，其信息化触角应涉及企业人、财、物、产、供、销各个价值量环节，而且还应深入到网络安全、信息资源管理等领域中。

②完善内部审计管理工作机制。基于完善、高效的审计管理工作平台和业务操作平台，逐步实现内部审计管理机制的三个转变，即从单一的事后审计转变为事后审计与事中审计、事前审计相结合，从单一的静态审计

转变为静态审计与动态审计相结合，从单一的现场审计转变为现场审计与远程审计、非现场审计相结合。

③提高审计管理智能化水平。建立内部审计专业数据规划和数据库，完成数据积累，深化对集团公司经营决策的审计评价。探索建设监控预警机制，为审计业务、审计管理和领导决策提供仿真预测等有效支持。实现内部审计管理数字化，创新信息化环境下的审计管理方式。

④确保审计信息安全。加强信息安全和保密工作，建立健全规章制度，落实安全保密技术方案要求，强化技术管理和组织管理，保证信息安全。形成完备的信息系统运行维护、系统监管与应急响应等机制，确保系统的正常运行、稳定可用。

（2）提升信息技术履职能力

企业集团公司应加强内部审计人员的信息技术相关知识与能力的培训，同时，选拔、整合企业内部资源，引进信息化专业人才或借助外部信息技术专家的力量，全面提升内部审计部门的履职能力。

①加强审计队伍信息化素质建设。强化内部审计信息系统培训，加大高层次审计信息化专业人才培养力度，建设高素质的领军人才、骨干人才队伍。完善计算机等级培训人员和定向培训人员作用发挥的跟踪机制。定期分析信息技术在审计管理和业务中的应用情况，促进人才作用发挥。建立网上培训制度和考核机制，全面提高广大审计人员的综合素质。

②发挥审计资源合力。不断优化人才结构，逐步提高计算机应用相关专业人员比例，合理配置人才资源。科学利用外部人才资源，探索建立外聘专家库和专家咨询制度，实现优势互补、合理搭配，发挥整体功能。

4. 内部审计经费保障机制

（1）健全经费保障制度

作为内部审计保障机制运行的现实前提，内部审计经费的保障必须依靠集团公司各级管理层的高度重视，并在制度、办法中予以明确规定。通过规范化的内部审计经费制度安排，确立经费保障的基础。

（2）完善经费预算内容

为落实内部审计经费保障的制度安排，内部审计部门应制定合理的内部审计经费预算，充分估算内部审计各项成本，并争取相关部门的支持，融入企业集团公司的整体预算中予以落实保证。

（3）提升审计效果质量

内部审计经费得以保障的根本性影响因素在于内部审计功能的充分发挥和效益的有效体现。内部审计管理工作如能给被审计单位和整个企业集团公司带来明显的效益，将使得内部审计工作得到更多的理解、帮助和支持，从而改善内部审计经费保障的环境，实现经费保障目的。

五、小结

本章对我国企业集团公司内部审计保障机制现状进行了研究，分析了存在的问题，明确了保障机制的内涵，是为实现企业集团公司实施企业整体战略目标的管理需求，落实内部审计战略规划目标，充分发挥企业集团公司内部审计的确认与咨询的功能，而采取的一整套用于支持与保障内部审计效率与效果提升的基础性管理制度、措施和程序。梳理了保障机制建设的影响因素，提出了企业集团公司内部审计保障机制框架，主要包括文化保障机制、人力资源保障机制、信息技术保障机制和经费保障机制。在保障机制中，文化保障是核心要素，人力资源保障是根本条件，信息技术保障是重要手段，经费保障是基本前提。阐述了内部审计保障机制的构建目标、原则和具体内容。

结 论

IIA对内部审计的新定义，强调了内部审计的价值增值导向，揭示了内部审计的本质功能。本课题以国有独资及国有控股企业集团公司为研究对象，以企业集团公司的管理特征、治理结构和管控模式为主要切入点，以内部审计前沿理论为指导，从服务于组织战略的视角，系统提出创新型企业集团公司内部审计管理体系是以科学战略规划为指引，以审计功能发挥为目标，以合理组织架构为依托，以流畅运行机制为核心，以客观综合评价为手段，以健全保障机制为支撑的各要素互动运行的管理系统。本课题丰富了内部审计理论体系，具有较高的实践指导价值，主要创新之处如下：

1. 前瞻研究内部审计战略规划，确立了增加组织价值的内部审计战略目标，构建了包含内部审计战略环境分析、规划内容和规划实施在内的相互作用、相互依存的内部审计战略管理体系。

2. 凸显企业集团公司战略管控特质以及治理结构特征，基于管理学视角，构建治理型、管理型内部审计功能定位模式，设计战略层、执行层内部审计运行机制。

3. 首创建立企业集团公司内部审计综合评价机制，按照全面涵盖、分层组织、动态调整的原则建立科学的综合评价模型，理论与实证充分结合，为内部审计管理实践提供思路和方法。

由于数据获取困难，本课题的实证研究样本覆盖面尚不够全面，研究范围受到一定限制，可能无法反映我国企业集团公司内部审计的全貌，在一定程度上影响了研究结论的普适意义。同时，在研究过程中，因为学术能力以及实务经验的限制，有很多地方可能考虑得还不全面。但是通过本课题的研究，提出了构建创新型企业集团公司内部审计管理体系的工作思路，期望能够抛砖引玉，引起理论研究者和实务工作者对这一命题的更多关注，以进行更为深入的理论研究和更加丰富的实践探索，促进企业集团公司内部审计管理工作的创新发展。

参考文献

[1] 安德鲁·D. 钱伯斯等著，陈华译. 1995. 内部审计（第 2 版）[M]. 北京：中国财政经济出版社.

[2] Andrew D. Bailey, Jr. Audrey A. Gramling, Sridhar Ramamoorti 著，王光远译. 2010. 内部审计思想 [M]. 北京：中国时代经济出版社.

[3] 蔡春，蔡利. 2010. 关于中国内部审计未来发展战略问题的相关思考 [J]. 中国内部审计（6）：24－25.

[4] 陈月明. 2009. ABB 集团的内部审计 [J]. 国家电网（1）：20－22.

[5] 程新生，刘思思，程璐. 2009. 战略审计——董事会战略控制的正式机制 [J]. 会计之友（4）：34－35.

[6] 耿建新，续芹，李跃然. 2006. 内部审计部门设立的动机及其效果研究—来自中国沪市的研究证据 [J]. 审计研究（1）：53－60.

[7] 国际内审计师协会著，中国内部审计协会译. 2010. 国际内部审计专业实务框架 [M]. 北京：中国财政经济出版社.

[8]《国资委关于推进国有资本调整和国有企业重组指导意见的通知》（2006）.

[9]《国资委关于中央企业全面风险管理指引》（2006），

[10]《国资委关于加强中央企业经济责任审计工作的通知》（2008）.

[11] 傅黎瑛. 2008. 企业内部审计与外部审计趋同的机理研究 [J]. 财经论丛（2）：74－81.

[12] 诺曼·马克斯著，夏青译. 2012. 对治理过程的审计 [J]. 中国内部审计（4）：37－37.

[13] 韩晓梅. 2009. 企业内部审计绩效研究 [M]. 大连：东北财经大学出版社.

[14] 胡继荣. 2009. 基于 ERM 框架的商业银行内部审计机制研究 [J]. 南开管理评（2）：146－152.

[15] 廖洪，陈波. 2005. 企业战略审计研究的回顾与展望：一个综述 [J]. 审计研究（2）：20－25.

[16] 刘家义. 2008. 以科学发展观为指导，推动审计工作全面发展 [J]. 审计研究（2）：1－9.

[17] 刘家义. 2010. 树立科学审计理念，发挥审计监督"免疫系统"功能—国家审计署审计长刘家义答本报记者问 [J]. 学习时报，2010（7）.

[18] 剧杰，施建军，时现. 2010. 后萨班斯法案时代的内部审计探析 [J]. 南京审计学院学报（3）：32－36.

[19] 孟建民. 2010. 进一步加强和改进内部审计工作，努力推动中央企业管理再上新台阶——国资委副主任孟建民在中央企业内部审计工作会议上的讲话 [J]. 工业审计与会计（5）：2－6.

[20]《企业内部控制基本规范》（2008）.

[21] 石爱中. 2006. 从内部控制历史看内部控制发展——内部控制的信息化改造 [J]. 审计

研究（6）：3-7.

[22] 时现，毛勇. 2009.08 中国国有企业内部审计发展研究报告［M］. 北京：中国时代经济出版社.

[23] 罗伯特·莫勒尔著，刘霄仑译. 2007. SOA 与内部审计新规则［M］. 北京：中国时代经济出版社.

[24] 卫晓玲. 2004. 对参与式内部审计业绩的评价［J］. 财会月刊（17）：24-26.

[25] 王光远，时现，李庭燎，等. 2010. 全球信息系统审计指南［M］. 北京：中国时代经济出版社，2010.

[26] 王光远. 2002. 内部审计业绩的评价基础和评价方式［J］. 财会月刊（8）：3-4.

[27] 王光远，瞿曲. 2006. 公司治理中的内部审计——受托责任视角的内部治理机制观［J］. 审计研究，2006（2）：29-37.

[28] 王光远. 2007. 现代内部审计十大理念［J］. 审计研究（2）24-30.

[29] 王光远，颜艳. 2010. 公司治理中的战略审计［J］. 财会通讯（34）：6-12.

[30] 王立彦. 2003. 面对双维挑战的审计委员会和内部审计［J］. 中国审计（17）：27-27.

[31] 张红英，等. 2010. 国际内部审计专业实务框架：阐释与应用［M］. 上海：立信会计出版社.

[32] 郑石桥. 2012. 组织治理、机会主义和内部审计［J］. 中国内部审计（1）：24-31.

[33]《中国内部审计协会内部审计人员职业道德规范》（2003）.

[34]《中央企业内部审计管理暂行办法》（2004）.

[35] 中国内部审计协会. 2005. 中国内部审计规定与中国内部审计准则：原文与释义［M］. 北京：中国石化出版社.

[36] AICPA. *SAS.* 61, *Communication with Audit Committees or Others with Equivalent Authority and Responsibility*. www.aicpa.org.

[37] AICPA. *Practice Alert* 2000 - 2, *February* 2000 (*Updated through March* 15, 2004). Available at http://www.aicpa.org/download/auditstd/2004_ 0315_ Practice Alert 2000-2.pdf.

[38] Brian Shapiro, Diane Matson. 2008. Strategies of resistance to internal control regulation [J]. *Accounting, Organizations and Society*, 33 (2-3): 199-228.

[39] Coase, R. H.. 1937. The nature of the firm [J]. *Economical*, 4: 86-405.

[40] Collingridge, D., and C. Reeve. *Science Speaks to Power: The Role of Experts in Policy Making* [M]. New York: St. Martin's Press, 1986.

[41] Dahlman, C. J.. 1979. The problem of externality [J]. *Journal of Law and Economics*, 22 (1): 141-162.

[42] Douglas E. Ziegenfuss. 2000. Developing an internal auditing department balanced scorecard [J]. *Managerial Auditing*, 2000 (1): 12-19.

[43] IIA. *A Global Summary of the Common Body of Knowledge* (*CBOK*) 2006 [M]. The IIA Research Foundation, 2006.

[44] IIA. *International Standards for the Professional Practice of Internal Auditing* (*ISPPIA*).

2009. http://www.iia.org.

[45] IIA. *International Standards for the Professional Practice of Internal Auditing*（*ISPPIA*）. 2010. http://www.iia.org.

[46] Lawrence B. Sawyer, Mortimer A. Dittenhofer, James H. Scheiner, Anne GrahAnne Graham, Paul Makosz. *Sawyer's Internal Auditing: The Practice of Modern Internal Auditing* [M]. USA: Institute of Internal Auditors, 2003.

[47] Kaplan, S. E., and J. J. Schultz, Jr. *The Role of Internal Audit in Sensitive Communications* [M]. The IIA Research Foundation, 2006.

[48] Mark L. Frigo. *A Balanced Scores and Framework for Internal Auditing Departments* [M]. The Institution of Internal Auditors Research Foundation, 2002.

[49] Mautz, R. K. and Sharaf, R. *The Philosophy of Auditing, American Accounting Associate* [M]. Sarasota, FL, 1964.

[50] Roth, James. *Best Practices: Value – Added Approaches of Four Innovative Auditing Departments* [M]. The Institution of Internal Auditors Research Foundation, 2002.

[51] Sarbanes, P. & Oxley, M. The Sarbanes – Oxley Act, 2002.

[52] Simons, Robert. *Performance measurement & control systems for implementing strategy* [M]. New Jersey: Prentice Hall, 2000.

[53] Scapens, R W. 2005. Reactions on Reading The Withering of Criticism [J]. *Accounting, Auditing and Accountability Journal*, 18（1）: 147–149.

[54] Stanley Alan Farmer. *A Performance Measurement Framework For Internal Audit*. 121 – 130, 2004.

[55] USSC, increased penalties under the sarbanes – oxley act of 2002, (January 2003), available at http://www.ussc.gov/rCongress/S – Oreport.pdf.

[56] Victor. Z. Brink. *Internal auditing: its nature and function and methods of procedure* [M]. Ronald, 1941.

[57] William E. Perry. 1988. *Improving audit productivity* [M]. New York : J. Wiley, 1988.

[58] Williamson, O. E.. *The Economic Institutions of Capitalism* [M]. New York: The Free Press, 1985.

[59] W S Albrecht. *Evaluating the effectiveness of internal audit departments* [M]. The Institution of Internal Auditors Research Foundation, 1988.

[60] Zoellick, B and Frank, T. Governance. *Risk Management and Compliance: An Operational Approach* [M]. Phoenix, Arizona, 2005.

附录一 内部审计综合评价模型

（一）指标体系解析

附表 1-1 审计委员会维度指标涵义

序号	指　　标	涵　　义
(1)	审计委员会对内部审计角色的观点	这个指标反映了审计委员会对内部审计的职能定位。现代内部审计直接受审计委员会的领导，审计委员会对内部审计角色的观点是对内部审计的实际定位，通过该指标可以反映内部审计的实际职能定位与内部审计的自我职能定位是否一致，此外，还可以检查内部审计部门自我职能定位是否符合审计委员会的要求。所以，这个指标既可以是前导型指标，也可以是结果型指标。
(2)	审计委员会对内部审计的满意度	审计委员会是内部审计服务的重要客户之一，客户满意度体现了内部审计对审计委员会的贡献程度。审计委员会满意度是审计委员会对内部审计提供的服务的总体评价。因此，它是一个结果型指标。
(3)	审计委员会对审计战略的关注程度	审计委员会对审计战略的关注程度越高，表明对内部审计的过程要求越严。审计战略贯穿内部审计过程的始终，审计委员会对审计战略的关注影响内部审计的范围和程序，对内部审计效果产生影响。这个指标是前导型指标。
(4)	内部审计主管与审计委员会直接会谈的情况	这一指标反映了内部审计部门与审计委员会的沟通情况。内部审计与审计委员会沟通，一方面有利于增强内部审计的独立性，使之职能充分发挥；另一方面，有利于审计委员会及时向内部审计执行主管传达股东以及利益相关者对内部审计的期望。内部审计执行主管与审计委员会直接会谈的频率越高，越能促进内部审计管理效率的提高。这一指标是前导型指标。
(5)	内部审计主管的业务报告关系	内部审计执行主管的业务报告关系反映了内部审计的独立程度。内部审计执行主管业务报告的对象层次越高，内部审计的独立性就越高，进行客观评价的能力就越强，因而，内部审计管理效率就越高。这一指标是结果型指标。

附表 1−2　高级管理层维度指标涵义

序号	指　　标	涵　　义
(1)	管理层对内部审计的期望	管理层对内部审计的期望是指管理层对内部审计所关注的活动内容，它是高级管理层事先希望内部审计能够达到的要求，以及事后进行评价内部审计业绩的标准。IIA2003 年对内部审计的报告关系研究结果表明：高级管理层最关注的内部审计的六项活动内容是内部控制、遵循性、风险、计算机系统、经营评价及道德遵循情况。这些关注的内容规定了内部审计的范围、内容和审计技术，同时又是内部审计综合评价的一个依据，因此这一指标既是前导型指标，又是结果型指标。
(2)	审计建议得到执行的比例	这个指标反映了内部审计所提出的建议的质量。审计建议并不是提出的越多越好，内部审计综合评价不仅强调效率，而且注重效果。这个评价指标能够促进内部审计部门充分关注高级管理层所关心的领域，提出高质量的审计建议，从而贡献于企业战略目标的实现。这个指标是结果型指标。
(3)	管理层满意度调查	管理层是内部审计提供服务的对象，是内部审计重要的客户之一，内部审计代表管理层对各业务进行审计。现代内部审计由"监督型"向"服务型"转变，内部审计除了监督，更多的是服务。高级管理层满意程度是高级管理层对内部审计提供的服务的认可程度，是结果型指标。
(4)	对审计部门投诉的数量	对内部审计部门投诉的数量反映了内部审计提供服务的态度。现代内部审计更强调服务，所以，服务的态度是衡量其管理效果的重要指标。但是，课题组认为，这个指标在使用的时候，应该对投诉的内容加以考虑，因为，管理层作为被审计者，其利益目标与代表股东利益的审计委员会的利益目标不同，面对内部审计的监督检查可能会产生逆反心理，从而有可能对内部审计部门投诉的数量会增加，但是，这些数量并不是内部审计管理效果的反映。这是一个结果型指标。
(5)	被审计者对内部审计角色的看法	被审计者关于内部审计角色的看法反映了被审计者对内部审计职能定位的看法。现代内部审计的职能定位已经由"监督检查"为主转变为"服务咨询"为主，因此，这个指标可以反映内部审计角色是否转换，是否适应内部审计发展的新形势。这是一个结果型指标。

续表

序号	指标	涵义
(6)	管理层要求的数量	这一指标反映了管理层对内部审计的需求程度和信任程度，一定意义上也反映了内部审计工作量的大小。管理层只有获得对内部审计能力的充分肯定和从内部审计的结果中得到实惠，请求审计的数量才会增加。因此，这个指标从侧面反映了内部审计效果。它是一个结果型指标。
(7)	业务流程改进的数量	业务流程改进的数量反映内部审计对经营管理过程的直接贡献。这是一个结果型指标。
(8)	重复发现的数量	重复发现是指内部审计以前发现的问题重复出现。重复发现说明内部审计虽然发现了经营管理中存在的问题，但是没有提出解决的方案，或者是提出的解决方案没有被有效地执行。重复发现的数量越大说明内部审计的效果越差，其评价结果也越差。这是一个结果型指标。

附表1-3 外部审计师维度指标涵义

序号	指标	涵义
(1)	对内部审计部门提供的内部控制情况的满意度	劳伦斯·索耶（LaneeB. Sawyer）曾经说过："内部审计师和外部审计师往往是互为补充、相互支持的，他们都关注内部控制。"但是，他们对内部控制关注的目的不一样，内部审计师是通过检查现有内部控制的适当性和有效性，来设置更好的内部控制；而外部审计师关注内部控制是为了通过对内部控制有效性的检查来设定实质性测试的范围。外部审计师利用内部审计部门对内部控制情况的结论，可以减少符合性测试的步骤。外部审计师对内部审计提供的内部控制情况的满意度越高，表明内部审计关于内部控制的掌握越是透彻。它是一个结果型指标。
(2)	与外部审计师交流的数量	与外部审计师交流数量反映了内部审计师与外部审计师之间的协作程度。外部审计师主动与内部审计师交流是对内部审计人员工作能力和工作效果的肯定，这个指标是结果型指标。
(3)	对内部审计工作底稿的利用程度	外部审计师在情况允许的情况下，会充分利用内部审计的工作底稿，因为从中可以获得许多对外部审计师来说非常有用的信息。外部审计师对内部审计工作底稿的利用度越高，一定程度上说明了内部审计管理效果也越高。
(4)	由于内部审计的协调而减少的外部审计时间	良好的内部审计和外部审计的协调可以减少外部审计的时间，从而促进企业的价值增值。这个指标是反映内部审计管理效果的重要指标，特别是大型上市公司的内部审计与外部审计的协调显得尤为重要。

附表1-4 财务维度指标涵义

序号	指　　标	涵　　义
(1)	发现违规金额	内部审计活动能够识别并改善组织在日常运营管理中出现的问题，提高组织的运营效率和效果，为此，通过内部审计可以发现组织潜在的成本节约，如制造费用、财务费用和销售费用等。
(2)	内部审计支出占公司成本的百分比	内部审计支出占总成本百分比＝内部审计支出/总支出×100%。
(3)	节约的外部审计费用	当内部审计的工作成果获得外部审计人员的认同时，其可以利用内部审计人员对内部控制发表的意见来缩短符合性测试的范围，以节约相关的审计费用，进而减少组织的成本。
(4)	提高其他部门的生产率	内部审计在发现组织在内部控制、风险管理和公司治理等方面存在的问题的基础上，提出相应的改进建议，以改善其他部门的工作效率，进而对组织效益的提高做出贡献。
(5)	减少非增值作业数量	内部审计活动通过对存在于组织业务流程中的作业的效率和效果进行评价，来衡量其是否能够为组织创造价值，这是决定其能否存在于组织业务流程中的关键因素，只有相关的增值作业才是有意义的。为此，内部审计人员会提出减少非增值作业的建议，从而提高组织的整体经济效益。

附表1-5 内部审计流程维度指标涵义

序号	指　　标	涵　　义
(1)	内部审计质量评估结果	内部审计为了提高服务的质量，符合不同客户的要求，必须不断开发新的质量保证技术。这个指标是内部审计综合评价的前导型指标。
(2)	审计计划完成比例	这个指标反映了内部审计的工作效率和效果。但是，课题组认为这个指标应该结合具体的情况来衡量。因为，审计计划是期初内部审计部门根据当时的环境制订，但是企业面临的内外部环境瞬息万变，期初的审计计划有可能不符合变化了的环境。这是一个结果型指标。
(3)	审计事项的重要程度	审计事项的重要程度是对内部审计过程质量的度量。内部审计部门的资源有限，不可能对企业中每一个细节都关注。所以，为了有效地分配内部审计资源，内部审计部门应该关注重要的审计事项，切中要害。这个指标是内部审计综合评价的前导型指标。

续表

序号	指　　标	涵　　义
(4)	审计节约额	审计节约额是指由于内部审计的发现而为企业带来的费用的减少，体现了内部审计对企业的价值增值作用，是内部审计综合评价结果型指标。
(5)	信息技术综合审计	信息技术综合审计的开展程度体现了内部审计技术的先进程度，内部审计技术越是先进，内部审计管理效率就越高。内部审计新的角色和使命要求内部审计采用信息技术综合审计，提高工作的效率和效果。这是一个前导型指标。
(6)	重大审计发现和建议的数量	重大审计发现和建议的数量是内部审计综合评价的结果型指标。重大审计发现是指对组织运作有重要影响的事件，这个指标在一定程度上体现了内部审计对组织风险的关注程度。
(7)	从现场工作结束到报告签发的天数	从现场工作结束到报告签发的天数反映了内部审计的工作效率。但是，课题组认为这个指标不能用来单独地评价内部审计管理效果，因为，对这个指标的过度评价会影响其他指标。这个指标是内部审计综合评价的结果型指标。

附表1-6　学习和创新维度指标涵义

序号	指　　标	涵　　义
(1)	员工经验	审计过程当中有许多环节都需要审计人员的专业判断，这个专业判断的水平就取决于员工经验的多少。员工审计经验丰富，有助于内部审计部门提高审计的效率和效果。这个指标是内部审计综合评价的前导型指标。
(2)	审计人员教育程度	新时期内部审计的职能范围的拓展和层次的提高对内部审计人员的综合素质提出了新的要求。内部审计人员的教育程度越高，一定程度上反映了其综合素质越高，学习的能力越强。审计人员综合素质是内部审计管理效果的重要支撑。因此，这一指标是前导型指标。
(3)	每名内部审计人员的培训时间	信息时代是知识更新极快的时代，内部审计要发挥在企业战略管理中的作用，提高管理效率，必须不断学习内部审计技术，企业管理，法律等相关知识。每名内部审计人员的培训时间越多，其接受的新技术就越多，内部审计就会产生越高的管理效果。这个指标是前导型指标。

续表

序号	指标	涵义
（4）	具有职业认证的员工比例	通过了职业认证的内部审计人员从一定程度上来说具有很高的专业水平、业务能力和道德品质。具有职业认证的员工比例越高，说明内部审计队伍的综合素质越高，就越有可能实施高水平的内部审计。这是一个前导型指标。
（5）	审计经验的平均年限	审计经验的平均年限从量化角度反映审计部门整体经验所处的阶段，可以表征审计部门学习和创新能力。这是一个前导型指标。

（二）指标量化标准

评价专家根据企业具体情况确定评价指标的评分标准。各维度指标具体量化标准如附表1-7至附表1-12所示：

附表1-7 审计委员会维度指标量化

序号	指标	评分方法	评价结果
（1）	审计委员会对内部审计角色的观点	通过比较审计委员会对于内部审计的职能要求和内部审计工作实际职能，专家确定两者之间的区别，分析内部审计实际职能与审计委员会职能要求匹配性，加以判定。	A. 完全一致 B. 基本一致 C. 部分一致 D. 不一致 E. 完全不一致
（2）	审计委员会对内部审计的满意度	审计委员会对内部审计工作的整体满意度。	审计委员会对内部审计工作的整体满意度，满意度总分10分： A. 10　B. 8~9 C. 5~7　D. 3~4 E. 0~2
（3）	审计委员会对战略的关注	课题组建议专家采用以下两种方法进行判断： 1. 通过查阅审计委员会工作计划、会议纪要以及相关公告，分析与风险管理相关的内容在其中所占的篇幅和比例，从而全面衡量审计委员会对风险关注的程度。 2. 对审计委员会进行访谈，了解审计委员会对风险关注的程度。	A. 非常高 B. 高 C. 较高 D. 不高 E. 一般

续表

序号	指标	评分方法	评价结果
（4）	内部审计主管与审计委员会直接会谈的情况	根据企业内部审计主管与审计委员会直接会谈的频率计算确定。企业结合历史情况和未来发展展望自行设定内部审计主管与审计委员会直接会谈频率的标准。	A. 超过 3 次/季 B. 2 次~3 次/季 C. 1 次~2 次/季 D. 0.5 次~1 次/季 E. 低于 0.5 次/季
（5）	内部审计主管的业务报告关系	专家根据企业内部审计的业务报告对象，判断内部审计的独立性，报告级别越高，内部审计独立性越强，得分越高。	A. 董事会 B. 审计委员会 C. 总经理办公会 D. 总经理 E. 副总经理（审计）

附表 1-8　高级管理层维度指标量化

序号	指标	评分方法	评价结果
（1）	管理层对内部审计的期望	专家通过对比管理层对内部审计的职能要求、工作目标和内部审计工作实际职能、效果的区别加以判定。	A. 完全一致 B. 基本一致 C. 部分一致 D. 不一致 E. 完全不一致
（2）	审计建议得到执行的比例	审计建议得到执行的比例，具体指标，企业根据企业内部审计的实际情况加以确定。	A. 企业自行设定审计建议得到执行的比例"非常高"的标准，超过 30% B. 企业自行设定"高"的标准，20~30%（不含 20%） C. 企业自行设定"正常"的标准，10~20%（不含 10%） D. 企业自行设定"低"的标准，5~10%（不含 5%） E. 企业自行设定"非常低"的标准，0~5%
（3）	管理层满意度调查	对管理层进行满意度的问卷调查或访谈。	管理层对内审计工作的整体满意度，满意度总分 10 分： A. 10 分 B. 8~9 分 C. 5~7 分 D. 3~4 分 E. 0~2 分

续表

序号	指标	评分方法	评价结果
(4)	对审计部门投诉的数量	根据企业实际收到对审计部门投诉的数量确定。企业根据实际情况自行设定对审计部门投诉的数量评价标准。	A. 少于2次/年 B. 2~4次/年（不含4次/年） C. 4~5次/年（不含5次/年） D. 5~7次/年 E. 超过7次/年
(5)	被审计者关于内部审计角色的看法	专家通过对比被审计单位对内部审计职能的定位与内部审计实际职能对比、判定。	A. 完全一致 B. 基本一致 C. 部分一致 D. 不一致 E. 完全不一致
(6)	管理层要求的数量	根据企业管理层在评价期初制定的内部审计工作任务中实际数量确定。企业根据实际情况自行确定"管理层要求的数量"评价标准。	A. 超过企业80%审计覆盖率 B. 60~80%的审计覆盖率 C. 50~60%的审计覆盖率（不含60%） D. 30~50%的审计覆盖率（不含50%） E. 低于30%的审计覆盖率
(7)	业务流程改进的数量	根据企业实际业务流程改进的数量确定。企业根据实际情况和历史数据自行确定"流程改进的数量"的评价标准。	A. 超过30项 B. 20~30项 C. 15~19项 D. 5~14项 E. 少于4项
(8)	重复发现的数量	根据企业实现重复发现的数量确定。企业根据实际情况和历史数据确定"重复发现的数量"的评价标准。	A. 少于2项 B. 3~5项 C. 6~8项 D. 9~12项 E. 超过13项

附表 1-9　外部审计师维度指标量化

序号	指标	评分方法	评价结果
(1)	对内部审计部门提供的内部控制情况的满意度	外部审计师对内部审计部门提供的内部控制情况的满意度。	外部审计师对内部审计工作的整体满意度，满意度总分10分： A. 10分 B. 8~9分 C. 5~7分 D. 3~4分 E. 0~2分
(2)	与外部审计师交流的数量	根据企业实际与外部审计师交流的数量确定。企业根据实际情况和历史数据自行确定"与外部审计师交流的数量"的评价标准。	A. 10次以上 B. 6~9次 C. 3~5次 D. 2~3次 E. 少于2次
(3)	对内部审计工作底稿的利用程度	根据企业实际和对内部审计工作底稿的利用程度确定。企业根据实际情况确定"对内部审计工作底稿的利用程度"的评价标准。	A. 80%以上 B. 60~80%（不含80%） C. 50%~60%（不含60%） D. 30~50%（不含50%） E. 30%以下
(4)	由于内部审计的协调而减少的外部审计时间	根据企业实际和由于内部审计的协调而减少的外部审计时间确定。企业根据实际情况确定"由于内部审计的协调而减少的外部审计时间"的评价标准。	A. 5天 B. 3~5天 C. 2~3天 D. 1~2天 E. 低于1天

附表 1-10　财务维度指标量化

序号	指标	评分方法	评价结果
(1)	发现违规金额	根据实际发现违规金额确定。企业根据实际情况确定"发现违规金额"的评价标准。	A. 超过企业当期收入的10% B. 占企业当期收入的5~10% C. 占企业当期收入的3~5% D. 占企业当期收入的2~3% E. 少于企业当期收入的1%

续表

序号	指标	评分方法	评价结果
(2)	内部审计支出占公司成本的百分比	根据企业内部审计支出占公司成本的百分比确定。企业根据实际情况确定"内部审计支出占公司成本的百分比"的评价标准。	A. 内部审计支出占公司成本的百分比超过10% B. 内部审计支出占公司成本的百分比5~10% C. 内部审计支出占公司成本的百分比3~5% D. 内部审计支出占公司成本的百分比1~3% E. 内部审计支出占公司成本的百分比低于1%
(3)	节约的外部审计费用	根据企业外部审计费用的节约额确定。企业根据实际情况确定"外部审计费用的节约额"的评价标准。	A. 超过外部审计费用预算的30% B. 占外部审计费用预算的20~30% C. 占外部审计费用预算的10~20% D. 占外部审计费用预算的5~10% E. 低于外部审计费用预算的5%
(4)	提高其他部门的生产率	专家根据企业其他部门的生产率发生的变化确定。企业根据实际情况确定"其他部门的生产率"的评价标准。	A. 改善非常显著 B. 改善显著 C. 明显 D. 作用不明显 E. 作用非常低
(5)	减少的非增值作业数量	根据实际减少的非增值作业数量。根据实际情况确定"减少的非增值作业数量"的评价标准。	A. 超过50项 B. 30~49项 C. 20~29项 D. 10~19项 E. 少于9项

附表1-11　内部审计流程维度指标量化

序号	指标	评分方法	评价结果
(1)	内部审计质量评估结果	专家根据企业内部审计质量评估实际结果确定。企业根据实际情况确定"内部审计质量评估结果"的评价标准。	A. 非常好 B. 好 C. 正常 D. 差 E. 非常差

续表

序号	指　标	评分方法	评价结果
(2)	审计计划完成比例	根据企业实际发生审计计划完成比例确定。企业根据实际情况确定"审计计划完成比例"的评价标准。	A. 超过99% B. 95~99% C. 90~95% D. 80~90% E. 低于80%
(3)	审计事项的重要程度	专家根据审计事项的重要程度确定。企业根据实际情况确定"审计事项的重要程度"的评价标准。	A. 非常高 B. 高 C. 正常 D. 低 E. 非常低
(4)	审计节约额	根据企业实际发生的审计节约额确定。企业根据实际情况确定"审计节约额"的评价标准。	A. 超过占企业运营成本的20% B. 占企业运营成本的15~20% C. 占企业运营成本的10~15% D. 占企业运营成本的5~10% E. 低于企业运营成本的5%
(5)	信息技术综合审计	专家根据企业信息技术综合审计水平确定。企业根据实际情况确定"信息技术综合审计水平"的评价标准。	A. 非常高 B. 高 C. 正常 D. 低 E. 非常低
(6)	重大审计发现和建议的数量	根据企业实际发生的重大审计发现和建议的数量确定。企业根据实际情况确定"重大审计发现和建议的数量"的评价标准。	A. 超过10项 B. 6~9项 C. 3~5项 D. 1~2项 E. 0项
(7)	从现场工作结束到报告签发的天数	根据企业实际发生的从现场工作结束到报告签发的天数确定。企业根据实际情况确定"从现场工作结束到报告签发的天数"的评价标准。	A. 少于7天 B. 7~10天 C. 10~15天 D. 15~20天 E. 20~30天

附表 1–12　学习和创新维度指标量化

序号	指标	评分方法	评价结果
(1)	员工经验	专家根据企业员工经验确定。企业根据实际情况确定"员工经验"的评价标准。	A. 非常高 B. 高 C. 正常 D. 低 E. 非常低
(2)	审计人员教育程度	根据企业中审计人员教育程度确定。企业根据实际情况确定"审计人员教育程度"的评价标准。	A. 本科学历占审计人员超过90% B. 本科学历占审计人员的比例80~90% C. 本科学历占审计人员的比例60~80% D. 本科学历占审计人员的比例50~60% E. 本科学历占审计人员的比例低于50%
(3)	每名内部审计人员的培训时间	根据企业实际发生的内部审计人员的培训时间确定。企业根据实际情况确定"内部审计人员的培训时间"的评价标准。	A. 超过30天 B. 20~30天 C. 10~20天 D. 5~10天 E. 少于5天
(4)	具有职业认证的员工比例	根据企业实际具有职业认证的员工比例确定。企业根据实际情况确定"具有职业认证的员工比例"的评价标准。	A. 获得中级资质认证超过90% B. 获得中级资质认证80~90% C. 获得中级资质认证70~80% D. 获得中级资质认证超过50~70% E. 获得中级资质认证不足50%
(5)	审计经验的平均年限	根据企业中审计人员实际经验年限确定。企业根据实际情况确定"审计经验的平均年限"的评价标准。	A. 超过25年 B. 16~25年 C. 9~15年 D. 5~8年 E. 低于5年

（三）指标评分工作底稿

附表 1-13　指标评分工作底稿

维度名称	审计委员会维度（A1）	
指标名称	审计委员会对内部审计角色的观点（A11）	
	指标评价操作指南	指标评价过程与结果
指标说明	这个指标反映了审计委员会对内部审计的职能定位。现代内部审计直接受审计委员会的领导，审计委员会对内部审计角色的观点是对内部审计的实际定位，通过该指标可以反映内部审计的实际职能定位与内部审计的自我职能定位是否一致，此外，还可以检查内部审计部门自我职能定位是否符合审计委员会的要求。所以，这个指标既可以是前导型指标，也可以是结果型指标。	资料、数据	取得与计算情况
评价方法		评价层级
评价结果		
指标得分		

（四）评价指标赋权

1. 运用层次分析法获得主观权重

根据权重计算和一致性检验结果附表 1-14 至附表 1-21 所示，内部审计主观权重如附表 1-22 所示。

附表 1-14　内部审计评价一级维度判断矩阵及一致性检验结果

决策目标	B1	B1	B1	W_{AHP}	一致性检验
B1	1.00	2.34	5.51	0.62	
B2	0.43	1.00	2.15	0.26	0.0009
B3	0.18	0.47	1.00	0.12	

附表 1-15　内部审计评价二级维度判断矩阵及一致性检验结果

决策目标	A1	A2	A3	A4	W_{AHP}	一致性检验
A1	1.00	2.42	3.87	0.73	0.21	
A2	0.41	1.00	4.11	0.47	0.33	0.0193
A3	0.26	0.24	1.00	0.21	0.08	
A4	1.37	2.13	4.76	1.00	0.38	

附表 1-16　内部审计评价三级维度判断矩阵及一致性检验结果（审计委员会维度）

决策目标	A11	A12	A13	A14	A15	W_{AHP}	一致性检验
A11	1.00	2.93	2.04	2.54	2.84	0.38	
A12	0.34	1.00	1.64	1.68	2.19	0.20	
A13	0.49	0.61	1.00	2.96	2.51	0.21	0.0537
A14	0.39	0.60	0.34	1.00	2.10	0.12	
A15	0.35	0.46	0.40	0.48	1.00	0.09	

附表 1-17 内部审计评价三级维度判断矩阵及一致性检验结果（高级管理层维度）

决策目标	A21	A22	A23	A24	A25	A26	A27	A28	W_{AHP}	一致性检验
A21	1.00	2.97	3.98	3.76	3.78	2.57	3.20	2.65	0.29	
A22	0.34	1.00	3.90	4.01	4.39	3.35	2.98	3.45	0.24	
A23	0.25	0.26	1.00	1.90	1.63	1.45	1.60	1.61	0.10	
A24	0.27	0.25	0.53	1.00	1.90	2.21	1.75	3.53	0.10	0.069
A25	0.26	0.23	0.61	0.53	1.00	1.36	1.37	1.25	0.07	
A26	0.39	0.30	0.69	0.45	0.74	1.00	2.27	2.58	0.07	
A27	0.31	0.34	0.63	0.57	0.73	0.44	1.00	2.84	0.07	
A28	0.38	0.29	0.62	0.28	0.80	0.39	0.35	1.00	0.05	

附表 1-18 内部审计评价三级维度判断矩阵及一致性检验结果（外部审计师维度）

决策目标	A31	A32	A33	A34	W_{AHP}	一致性检验
A31	1.00	2.81	2.57	2.55	0.46	
A32	0.36	1.00	1.74	2.23	0.24	0.0506
A33	0.39	0.57	1.00	2.19	0.18	
A34	0.39	0.45	0.46	1.00	0.12	

附表 1-19 内部审计评价三级维度判断矩阵及一致性检验结果（财务维度）

决策目标	A61	A62	A63	A64	A65	W_{AHP}	一致性检验
A41	1.00	3.25	3.71	2.78	3.22	0.43	
A42	0.31	1.00	2.59	2.04	2.10	0.22	
A43	0.27	0.39	1.00	1.41	1.51	0.13	0.0397
A44	0.36	0.49	0.71	1.00	1.91	0.13	
A45	0.31	0.48	0.66	0.52	1.00	0.09	

附表 1-20 内部审计评价三级维度判断矩阵及一致性检验结果（内部审计流程维度）

决策目标	A41	A42	A43	A44	A45	A46	A47	W_{AHP}	一致性检验
A51	1.00	1.45	1.93	2.43	2.32	1.62	2.72	0.23	
A52	0.69	1.00	2.91	3.18	3.44	2.18	3.89	0.26	
A53	0.52	0.34	1.00	2.21	1.89	1.56	2.82	0.15	
A54	0.41	0.31	0.45	1.00	2.07	1.40	2.52	0.11	0.0473
A55	0.43	0.29	0.53	0.48	1.00	1.48	3.05	0.09	
A56	0.62	0.46	0.64	0.71	0.68	1.00	3.59	0.11	
A57	0.37	0.26	0.35	0.40	0.33	0.28	1.00	0.05	

附表1-21　内部审计评价三级维度判断矩阵及一致性检验结果（学习和创新维度）

决策目标	A51	A52	A53	A54	A55	W_{AHP}	一致性检验
A61	1.00	3.08	3.04	2.64	2.57	0.40	0.0528
A62	0.32	1.00	1.99	1.84	1.51	0.20	
A63	0.33	0.50	1.00	2.26	1.95	0.17	
A64	0.38	0.54	0.44	1.00	1.61	0.12	
A65	0.39	0.66	0.51	0.62	1.00	0.11	

附表1-22　内部审计综合评价指标体系的主观权重

三级指标	决策目标	W_{AHP}
审计委员会对内部审计角色的观点	A11	0.05
审计委员会对内部审计的满意度	A12	0.03
审计委员会对审计战略的关注程度	A13	0.03
内部审计主管与审计委员会直接会谈的情况	A14	0.02
内部审计主管的业务报告关系	A15	0.01
管理层对内部审计的期望	A21	0.06
审计建议得到执行的比例	A22	0.05
管理层满意度调查	A23	0.02
对审计部门投诉的数量	A24	0.02
被审计者对内部审计角色的看法	A25	0.01
管理层要求的数量	A26	0.02
业务流程改进的数量	A27	0.01
重复发现的数量	A28	0.01
对内部审计部门提供的内部控制情况的满意度	A31	0.02
与外部审计师交流的数量	A32	0.01
对内部审计工作底稿的利用程度	A33	0.01
由于内部审计的协调而减少的外部审计时间	A34	0.01
发现违规金额	A41	0.10
内部审计支出占公司成本的百分比	A42	0.05
节约的外部审计费用	A43	0.03
提高其他部门的生产率	A44	0.03
减少的非增值作业数量	A45	0.02

续表

三级指标	决策目标	W_{AHP}
内部审计质量评估结果	A51	0.06
审计计划完成比例	A52	0.07
审计事项的重要程度	A53	0.04
审计节约额	A54	0.03
信息技术综合审计	A55	0.02
重大审计发现和建议的数量	A56	0.03
从现场工作结束到报告签发的天数	A57	0.01
员工经验	A61	0.05
审计人员教育程度	A62	0.02
每名内部审计人员的培训时间	A63	0.02
具有职业认证的员工比例	A64	0.01
审计经验的平均年限	A65	0.02

2. 运用熵值法获得客观权重

附表1－23　内部审计综合评价指标体系的客观权重

三级指标	决策目标	$W_{ENTROGY}$
审计委员会对内部审计角色的观点	A11	0.04
审计委员会对内部审计的满意度	A12	0.03
审计委员会对审计战略的关注程度	A13	0.04
内部审计主管与审计委员会直接会谈的情况	A14	0.04
内部审计主管的业务报告关系	A15	0.04
管理层对内部审计的期望	A21	0.04
审计建议得到执行的比例	A22	0.03
管理层满意度调查	A23	0.02
对审计部门投诉的数量	A24	0.02
被审计者对内部审计角色的看法	A25	0.02
管理层要求的数量	A26	0.03
业务流程改进的数量	A27	0.02
重复发现的数量	A28	0.03
对内部审计部门提供的内部控制情况的满意度	A31	0.03

续表

三级指标	决策目标	$W_{ENTROGY}$
与外部审计师交流的数量	A32	0.02
对内部审计工作底稿的利用程度	A33	0.02
由于内部审计的协调而减少的外部审计时间	A34	0.03
发现违规金额	A41	0.03
内部审计支出占公司成本的百分比	A42	0.04
节约的外部审计费用	A43	0.03
提高其他部门的生产率	A44	0.02
减少的非增值作业数量	A45	0.03
内部审计质量评估结果	A51	0.03
审计计划完成比例	A52	0.03
审计事项的重要程度	A53	0.04
审计节约额	A54	0.03
信息技术综合审计	A55	0.03
重大审计发现和建议的数量	A56	0.03
从现场工作结束到报告签发的天数	A57	0.04
员工经验	A61	0.02
审计人员教育程度	A62	0.04
每名内部审计人员的培训时间	A63	0.02
具有职业认证的员工比例	A64	0.02
审计经验的平均年限	A65	0.02

3. 运用最优化获得指标权重

附表1-24 内部审计综合评价指标体系的组合权重

三级指标	决策目标	W_{COMB}
审计委员会对内部审计角色的观点	A11	0.04
审计委员会对内部审计的满意度	A12	0.03
审计委员会对审计战略的关注程度	A13	0.03
内部审计主管与审计委员会直接会谈的情况	A14	0.03
内部审计主管的业务报告关系	A15	0.03
管理层对内部审计的期望	A21	0.04

续表

三级指标	决策目标	W_{COMB}
审计建议得到执行的比例	A22	0.04
管理层满意度调查	A23	0.02
对审计部门投诉的数量	A24	0.02
被审计者对内部审计角色的看法	A25	0.02
管理层要求的数量	A26	0.02
业务流程改进的数量	A27	0.02
重复发现的数量	A28	0.02
对内部审计部门提供的内部控制情况的满意度	A31	0.03
与外部审计师交流的数量	A32	0.02
对内部审计工作底稿的利用程度	A33	0.01
由于内部审计的协调而减少的外部审计时间	A34	0.02
发现违规金额	A41	0.06
内部审计支出占公司成本的百分比	A42	0.05
节约的外部审计费用	A43	0.03
提高其他部门的生产率	A44	0.03
减少的非增值作业数量	A45	0.03
内部审计质量评估结果	A51	0.04
审计计划完成比例	A52	0.05
审计事项的重要程度	A53	0.04
审计节约额	A54	0.03
信息技术综合审计	A55	0.03
重大审计发现和建议的数量	A56	0.03
从现场工作结束到报告签发的天数	A57	0.03
员工经验	A61	0.03
审计人员教育程度	A62	0.02
每名内部审计人员的培训时间	A63	0.02
具有职业认证的员工比例	A64	0.02
审计经验的平均年限	A65	0.02

(五) 评价指标评分

内部审计综合评价指标评分如下表所示：

附表 1-25 内部审计综合评价指标评分表

维度名称	指标名称	评分	权重	指标得分	维度得分	综合得分
审计委员会维度（A1）	审计委员会对内部审计角色的观点（A11）					
	审计委员会对内部审计的满意度（A12）					
	审计委员会对审计战略的关注程度（A13）					
	内部审计主管与审计委员会直接会谈的情况（A14）					
	内部审计主管的业务报告关系（A15）					
高级管理层维度（A2）	管理层对内部审计的期望（A21）					
	审计建议得到执行的比例（A22）					
	管理层满意度调查（A23）					
	对审计部门投诉的数量（A24）					
	被审计者对内部审计角色的看法（A25）					
	管理层要求的数量（A26）					
	业务流程改进的数量（A27）					
	重复发现的数量（A28）					
外部审计师维度（A3）	对内部审计部门提供的内部控制情况的满意度（A31）					
	与外部审计师交流的数量（A32）					
	对内部审计工作底稿的利用程度（A33）					
	由于内部审计的协调而减少的外部审计时间（A34）					
财务维度（A4）	发现违规金额（A41）					
	内部审计支出占公司成本的百分比（A42）					
	节约的外部审计费用（A43）					
	提高其他部门的生产率（A44）					
	减少的非增值作业数量（A45）					
内部审计流程维度（A5）	内部审计质量评估结果（A51）					
	审计计划完成比例（A52）					
	审计事项的重要程度（A53）					
	审计节约额（A54）					
	信息技术综合审计（A55）					
	重大审计发现和建议的数量（A56）					
	从现场工作结束到报告签发的天数（A57）					
学习和创新维度（A6）	员工经验（A61）					
	审计人员教育程度（A62）					
	每名内部审计人员的培训时间（A63）					
	具有职业认证的员工比例（A64）					
	审计经验的平均年限（A65）					

附录二　问卷调查情况

第一部分：基本情况

问卷设计目的：课题组旨在通过问卷调查的方式，从内部审计战略、功能定位、组织结构、运行机制、评价机制和保障机制等方面，深入了解我国企业集团公司内部审计管理现状，借助先进的统计分析方法，为本课题深入研究提供实践数据与案例支持。

问卷发放对象及回收情况：本次问卷调查在中国石油天然气集团公司、国家电网公司、中国光大（集团）总公司、中国农业银行、中国联合网络通信集团有限公司、中国东方航空集团公司、中国航空工业集团公司、中国广东核电集团有限公司、中国中材集团公司、北京汽车集团有限公司等10家大型国有企业集团或其部分下属单位发放调查问卷，共回收问卷208份。经筛选判别，131份问卷符合调研要求，问卷有效率63%。

问卷设计内容：本次调查问卷共设计42项问题，涵盖内部审计战略、功能定位、组织结构、运行机制、评价机制和保障机制等六个方面，分单选、多选及多选（排序）三种类型。其中，战略规划方面，主要针对内部审计战略规划的开展情况及内部审计战略影响因素设计问卷；功能定位方面，主要针对现阶段内部审计主要功能情况和业务内容设计问卷；组织结构方面，主要针对内部审计组织架构设计原则和层次现状设计问卷；运行机制方面，主要针对内部审计运行机制的影响因素设计问卷；评价机制方面，主要针对内部审计评价主要方式和影响因素设计问卷；保障机制方面，主要针对文化保障、经费保障和信息化情况等设计问卷。

第二部分：问卷内容

1. 贵公司是否存在内部审计战略规划？（单选，请打钩）

    否（　）　　　　　是（　）

2. 若存在内部审计战略，现阶段贵公司的内部审计战略目标是（可多

选，并按影响程度由高到低排序）

  A. 加强财务控制

  B. 加强内部控制

  C. 加强风险管理

  D. 促进企业价值增值

  E. 提升综合管理效能（涵盖提升企业效益、运营效率及治理效果三大目标）

  F. 其他（请写出您的观点）

 3. 您认为规划内部审计战略对于贵公司而言是否重要（单选，请打钩）

  A. 不重要，可有可无 B. 一般 C. 非常重要

 4. 您认为影响贵公司内部审计战略规划的因素有_____（可多选，并按影响程度由高到低排序）

  A. 所处产业环境特点

  B. 国家的宏观政策

  C. 内部审计法规

  D. 企业不同的发展阶段

  E. 公司治理结构

  F. 公司总体目标

  G. 管理层意愿

  H. 企业资本投入多寡

  I. 其他（请写出您的观点）

 5. 您认为制定内部审计战略规划的重要意义在于_____（可多选，并按影响程度由高到低排序）

  A. 维护出资者权利，支撑企业总体经营战略目标的实现

  B. 合理确定内部审计功能定位

  C. 为内部审计组织架构及运行机制的构建与完善提供方向

  D. 有利于保证内部审计综合评价机制的科学性、正确性

  E. 有效规避与预防集团公司的运营风险

  F. 其他（请写出您的观点）

 6. 您认为目前贵公司的内部审计战略规划工作存在哪些问题_____（可多选，并按影响程度由高到低排序）

A. 决策层及管理层对内部审计战略规划工作的关注度不足

B. 公司的内部审计工作目标缺乏战略性，不能引导内部审计工作有效开展

C. 公司的内部审计工作目标不能适时调整，不能适应企业发展的内在要求

D. 审计范围狭窄，内部审计的方法模式滞后

E. 内部审计人员在经营管理、重大决策及公司治理等方面的参与程度不够

F. 内部审计职能没有突破传统向现代的转变，依然以财务收支审计为主

G. 其他（请写出您的观点）

7. 贵公司现阶段的内部审计的主要职能有_____（可多选，并按影响程度由高到低排序）

A. 合规性检查和舞弊发现：对审计对象是否符合国家即企业内部的规章制度的要求进行判断与说明，发现并预防错误和舞弊，以便为企业管理的规范性与合法性提供积极建议。

B. 监督职能：通过专项审计检查程序，掌握企业运行情况，以发现既往的违规行为，同时形成对未来违规企图的威慑力，表现为财务监督与经营管理监督。

C. 评价职能：检查和评价企业内部控制系统的健全性、有效性；风险管理过程的客观性、合理性；发现和预防各种形式的错误或舞弊，并提出进一步的改进意见或建议

D. 咨询职能：主要是内部审计人员在审计执业中针对各职能经营单位和员工在内部控制系统和风险管理过程中的遵循情况、执行效果、存在的突出问题与关键缺陷等情况，提供能够完善和改进相应内部控制系统、能够解决相应问题与矛盾的意见与方案等方面的服务。

E. 其他

8. 为了实现上述内部审计职能，贵公司开展了哪些审计工作（可多选，并按影响程度由高到低排序）

A. 财务报表审计　　B. 战略审计　　C. 风险导向审计

D. 经济效益审计　　E. 经济责任审计

F. 重大事项的专项审计/调查　　G. 基建工程审计

H. 经济合同审计　　　I. 内部控制审计　　　J. 安全环保审计

K. 节能减排审计　　　L. 舞弊审计　　　M. 其他（请写出您的观点）

9. 贵公司现阶段内部审计职能选择的影响因素_____（可多选，并按影响程度由高到低排序）

 A. 集团公司管控模式　　　B. 治理结构

 C. 企业发展阶段，即初创期、成长期、成熟期以及衰退期

 D. 公司发展战略（主要是内部审计战略）

 E. 企业的业务特点　　　F. 内部审计部门设置

 G. 内部审计工作机制　　　H. 内部审计内容及目标

 I. 审计环境　　　J. 各部门对内部审计的需求

 K. 其他（写出你的观点）

10. 贵公司现阶段内部审计职能发挥的影响因素是_____（可多选，并按影响程度由高到低排序）

 A. 领导重视程度　　　B. 内部审计管理组织机构设置

 C. 内部审计工作机制　　　D. 审计人员素质

 E. 内部审计内容及目标　　　F. 内部审计人员的独立性

 G. 各部门的配合程度　　　H. 其他（写出你的观点）

11. 您认为企业组织形式（股份制企业或国有独资企业）对内部审计机构设置的影响程度是怎样的？（单选，请打钩）

 A. 很大　　　B. 中等　　　C. 很小　　　D. 无影响

12. 您认为影响内部审计组织架构模式选择的主要因素是_____（可多选，并按影响程度由高到低排序）

 A. 公司治理结构　　　B. 集团管控模式

 C. 企业所处行业特点　　　D. 内部审计战略目标

 E. 内部审计功能定位　　　F. 领导管理理念

 G. 其他（请写出您的观点）

13. 您认为内部审计组织架构设计应遵循的原则是_____（可多选，并按影响程度由高到低排序）

 A. 遵循相关法律法规　　　B. 相对独立性原则

 C. 权威性原则　　　D. 适应企业发展特点

 E. 系统性　　　F. 其他（请写出您的观点）

14. 贵公司审计部门内部机构设置是以_____为标准进行划

分的。(可多选，并按影响程度由高到低排序)

　　A. 区域属地　　　　　　B. 职能分工
　　C. 审计业务类型　　　　D. 其他（请写出您的观点）：

15. 请选出您认为内部审计人员应具备的最重要的五项能力（可多选，按重要程度由高到低排序）

　　A. 语言能力　　　　　　B. 学历
　　C. 专业背景　　　　　　D. 工作经验
　　E. 内部审计工作资历资格　F. 内部审计工作相关知识水平
　　G. 公司经营业务知识水平　H. 文案工作能力
　　I. 独立解决问题的能力　　J. 独立学习知识的能力
　　K. 审计人员人际交往及沟通能力

16. 您认为内部审计组织结构对内部审计管理体系的重要作用主要体现在哪些方面：_____（可多选，并按影响程度由高到低排序）

　　A. 提高内部审计绩效　　　B. 提升内部审计质量
　　C. 内部审计人力资源优化　D. 内部审计文化建设
　　E. 发挥依托支撑功能

17. 贵公司现阶段内部审计管理组织结构存在哪些问题？（可多选，并按影响程度由高到低排序）

　　A. 公司治理结构不健全，内部审计管理体制尚不完善
　　B. 内部审计机构管理与人员配置不够合理
　　C. 内部审计组织结构改造的观念滞后
　　D. 其他（请写出您的观点）

18. 贵公司在审计工作管理中已实现_____（可多选，请打钩）

　　A. 统一计划管理　　　　　B. 统一工作要求
　　C. 统一组织实施　　　　　D. 统一考核标准

19. 以下对内部审计战略层（总公司）与执行层（分、子公司）关系的描述，哪项最符合贵公司的现实情况？（单选，请打钩）

　　A. 下属企业有一定的职能自主权，公司本部主要负责审批
　　B. 下属企业完全执行公司本部的职能要求
　　C. 下属企业与公司本部的审计职能彼此独立

20. 为加强审计工作的一体化管理，您认为亟须从哪些方面入手？_____（可多选，并按影响程度由高到低排序）

A. 统一制度办法　　　　B. 统一业务流程

C. 统一评价考核　　　　D. 工作成果共享

E. 统一处理整改　　　　F. 管理信息化

G. 其他

21. 请列举将审计资源调配的影响要素：_____（可多选，并按影响程度由高到低排序）

A. 审计目标　　　　　　B. 审计任务性质

C. 审计任务工作量　　　D. 审计人员专业

E. 审计主体

22. 贵公司在集团化运作下如何编制内部审计计划？（单选，请打钩）

A. 统一编制计划，下达各单位执行

B. 各单位制订计划上报，公司本部审批

C. 公司本部与各单位共同讨论制订

D. 各单位自行编制执行计划，无需报批

23. 请您对以下协调关系按照重要性排序：_____

A. 公司本部与各单位审计部门之间的协调

B. 审计部门与其他职能部门之间的协调

C. 审计队伍内部之间的协调

D. 本单位与外部单位之间的协调

24. 目前贵公司的内部审计控制关口主要放在：（单选，请打钩）

A. 事前控制　　B. 过程控制　　C. 事后监督　　D. 其他

25. 针对集团公司内部审计运行机制问题的描述，您认为以下哪些问题迫切需要解决？_____（可多选，并按影响程度由高到低排序）

A. 内部审计没有站在所有者的角度自觉维护所有者利益

B. 内部审计运行对战略目标的保障和支撑不足

C. 审计组织层级不高，导致独立性不强

D. 集团公司审计一体化程度还不够强

E. 审计工作与业务管理工作关系模式不顺

F. 审计人才队伍的专业和能力限制

26. 您认为集团公司内部审计运行机制的影响因素有哪些？_____（可多选，并按影响程度由高到低排序）

A. 外部环境

B. 集团公司组织形式

C. 公司业务性质

D. 集团公司管控模式

E. 组织体系构成设置情况

F. 公司信息系统状况

G. 其他_____

27. 贵单位是否已开展审计信息化建设，审计信息化程度相比其他企业如何？（单选，请打钩）

A. 已开展，但还很有限

B. 还没开展，主要以传统手工审计方式为主

C. 建立了审计信息管理系统，实现审计无纸化办公

D. 建立了审计作业系统，实现了计算机辅助审计

28. 贵单位有明确的内部审计组织文化建设的措施吗？（单选，请打钩）

A. 无　　　　　　B. 有，措施分别是

29. 您认为在构建审计文化工作中的困难是什么？_____（可多选，并按影响程度由高到低排序）

A. 领导不重视，审计理念落后

B. 审计部门权威性不够，审计走走过场，持续审计难度大，落实效果差

C. 被审计部门提防审计，配合支持力度较差

D. 审计工作任务太重，经费预算上没有充足保障

E. 其他

30. 贵单位是否建立了有关内部审计方面的知识库？（单选，请打钩）

A. 是　　　　　　B. 否

如果是，请问包含以下哪几方面内容：_____（可多选，请打钩）

A. 审计法律法规库　　　B. 公司内部审计规章制度库

C. 审计案例库　　　　　D. 审计方法和技术资料库

E. 其他，

31. 据您所知，贵单位是否开展过内部审计工作的经验交流或学习，

频率如何？（单选，请打钩）

  A. 从来没开展过

  B. 偶尔举办审计工作经验交流会

  C. 经常举办或召开审计讲座及案例通报会等

  D. 不知道，没听说，也不关心

  32. 贵单位内部审计人员的薪酬与综合福利待遇，在公司中处于：（单选，请打钩）

  A. 较好水平　　　　　　B. 中间水平

  C. 较差水平　　　　　　D. 最差水平

  E. 其他

  33. 您认为影响其薪酬待遇的因素主要有哪些？_____（可多选，并按影响程度由高到低排序）

  A. 业绩考核制度　　　　B. 灰色收入

  C. 内部审计工作受重视程度　　D. 个人业务素质和能力

  E. 其他，请说明

  34. 您认为贵单位是否有必要建设比较先进但价格不菲的审计信息系统吗？（单选，请打钩）

  A. 应该，可以提高审计效率和质量，领导会同意

  B. 没必要，反正也用不好

  C. 有必要，但单位经费紧张，领导可能会等等再说

  D. 不会上，领导嫌太贵

  E. 其他

  35. 您认为贵公司审计经费对审计工作的重要性？（单选，请打钩）

  A. 非常重要，是制约审计工作发展的关键原因

  B. 很重要，是保障审计工作正常开展的重要支柱

  C. 比较重要，是审计工作稳定运行的约束条件

  D. 不太重要，不是影响审计工作正常开展的主要因素

  E. 不重要，主要受其他因素影响。

  36. 贵公司内部审计绩效评价（对内部审计工作的绩效考核）工作的实际开展情况：（单选，请打钩）

  □ 全面应用阶段

  （评价内容涉及范围：A. 集团层面　B. 分子公司层面　C. 具体职能

岗位）

□ 试点起步阶段

（评价内容涉及范围：A. 集团层面　B. 分子公司层面　C. 具体职能岗位）

□ 出台相关办法，未实施

（评价内容涉及范围：A 集团层面　B 分子公司层面　C 具体职能岗位）

□ 处在战略规划阶段

□ 完全没有

37. 贵公司内部审计质量评估（参照《中国内部审计质量评估手册（试行）》办法实施的）工作的实际开展情况：（单选，请打钩）

□ 达到或准备接受 IIA 评估

（评价内容涉及范围：□ 集团层面 □ 分子公司层面 □ 具体职能岗位）

□ 全面开展自我质量控制

（评价内容涉及范围：□ 集团层面 □ 分子公司层面 □ 具体职能岗位）

□ 试点起步阶段

（评价内容涉及范围：□ 集团层面 □ 分子公司层面 □ 具体职能岗位）

□ 出台相关办法，未实施

（评价内容涉及范围：□ 集团层面 □ 分子公司层面 □ 具体职能岗位）

□ 处在战略规划阶段

□ 完全没有

38. 贵公司开展内部审计评价的负责部门为：（单选，请打钩）

A. 公司高级管理层（审计委员会）等同级机构

B. 公司审计部门

C. 公司审计部门与下属企业审计部门联合

D. 公司审计部门与外部咨询机构联合

E. 完全外包

F. 其他

39. 贵公司审计评价的结果与激励机制挂钩情况：（单选，请打钩）

A. 与具体岗位薪酬奖金直接挂钩（考核比重）

B. 单位间评优创优争先

C. 单位间评优创优争先为主，与岗位薪酬奖金间接挂钩

D. 完全没有

40. 贵公司内部审计评价采用的主要方法：（单选，请打钩）

　　A. 工作量法

　　B. 关键绩效指标法

　　C. 平衡记分卡法

　　D. 完全没有

　　E. 其他

41. 您认为影响内部审计评价效果的主要原因：_____（可多选，并按照重要性程度排序）

　　A. 领导不重视审计评价

　　B. 企业员工不重视审计评价

　　C. 审计人员数量不足

　　D. 审计人员员工普遍缺乏实施内部审计评价所必备的知识和技能

　　E. 审计评价专业人才储备不足

　　F. 审计评价的结果与奖惩没有挂钩

　　G. 审计缺乏科学的方法

42. 您认为贵公司影响内部审计评价的主要外部因素是：_____（可多选，并按照重要性程度排序）

　　A. 公司发展战略，企业文化

　　B. 领导员工的重视程度

　　C. 公司治理结构

　　D. 各部门的配合程度

　　E. 政府部门的宣传提倡

　　F. 外部投资者的要求

　　G. 审计准则的规定

　　H. 审计技术的发展

课题编号：1107

发挥内部审计在促进企业转变发展方式中的作用研究
——基于浙江内部审计转型创新实践

浙江省审计厅课题组

课题负责人：王小龙
课题组成员： 叶 青　甘伟军　陈英姿　王 祥
　　　　　　 任伟莲

【摘要】 在竞争日趋激烈、成本迅速攀升、国际市场空间逐步压缩等外部环境背景下，转变发展方式成为企业的当务之急，这对作为现代企业战略管理重要组成部分的内部审计提出了新的更高的要求，如何适应企业发展的需求以更好地践行"免疫系统"功能，在促进企业转变发展方式的过程中发挥着怎样的作用以及如何发挥作用，是现阶段内部审计需要重点关注的问题。本文采取规范研究和实证研究相结合的研究方法，指出现阶段企业需要通过转变经营方向、调整运营模式、优化资源配置这三条途径来实现发展方式的转变，分析了这一转变对内部审计提出的要求，以及内部审计通过自身的转型创新满足这一要求，重点结合近年来浙江省企业内部审计在转型创新中的典型经验，结合理论，探讨了内部审计通过自身的转型创新促进企业转变发展方式的途径与方式。研究结论是：企业发展方式转变这一背景下需要内部审计进行自身的转型创新，内部审计通过自身的定位调整、管理创新、资源整合等实现转型创新，达到发展方式转变和内部审计转型创新双赢的模式。

【关键词】 企业　转变发展方式　内部审计　转型创新

第一章 导 论

一、研究背景

经过改革开放三十多年的发展，我国的经济社会发生了巨大变化，市场经济制度逐渐完善，社会经济发展开始进入后工业化阶段。我国当前的工业体系是在利用本国劳动力、资源和土地等生产要素廉价优势的基础上，通过从境外引入国内缺乏的资本和管理技术等要素建立起来的，这使我国的经济更多地表现为粗放型的发展方式、外延式的发展方法、单一化的发展目标和依赖量的扩张发展手段。这一方面造成了高污染、高能耗和低附加值等一系列不良后果，另一方面也制约着综合国力的进一步提升。此外，由于我国新劳动法的出台和实施、资源需求总量的急剧增长以及土地供求矛盾的增加等因素的影响，原有的发展模式对推动经济社会发展的微观主体——企业的生存和发展提出了挑战。

2007年6月25日，胡锦涛同志在中央党校发表重要讲话，首次提出"转变经济发展方式"。这不仅要求经济增长从粗放型向集约型转变，而且要求其从单纯注重数量的扩张转向既重数量扩张又重质量提高；不仅要强调经济效益的提高，而且更加注重经济结构的调整和优化；不仅要重视经济发展，而且还要保持人与自然、人与社会、人与环境的和谐发展。为此，各个部门都将"转型升级"摆上了重要议事日程，中央制定的《国民经济和社会发展第十二个五年规划纲要》重点突出了"转型升级"的内容；浙江省制定的《浙江省"十二五"规划纲要》也将"加快推动科学发展和转变经济发展方式"放在了重要的位置。可以说，转变发展方式既是宏观经济导向的需求，也是企业生存和发展的诉求。

浙江省拥有较为完备的工业体系、较为成熟的产业层次和相对富足的资本要素。然而，浙江省的企业仍以劳动密集型为主，资本密集型和知识密集型企业数量较少。在现阶段劳动力成本迅速攀升、各类原材料价格上涨、国际市场空间不断受到压缩的环境下，企业必须主动转变发展方式，利用自身的资本、管理等优势，逐步实现同资本密集型和知识密集型方向转型。

企业转变发展方式对内部审计提出了新的要求，客观上要求内部审计不断进行转型和创新以适应不断发展变化的外部环境，提升自身价值，实现科学发展。因此，转型创新是内部审计永恒的主题。实践同样表明，转型创新是我国内部审计以"有为"确保"有位"的关键。近年来，在中国内部审计协会的引领下，内部审计围绕国内外社会经济形势的变化对政府部门、企事业单位等各类组织的目标、发展战略、组织政策、管理控制等产生的深刻影响，关注组织的环境资源、收入分配、科技创新、风险管理、社会责任政策，加大审计调查力度，不断提高审计质量、优化队伍结构、提升人员素质，努力构建以风险为导向、以控制为主线、以治理为目标、以增值为目的的现代内部审计模式，不断提升内部审计工作的建设性、预防性、主动性和时效性。内部审计功能不断拓展，内部审计领域不断延伸，内部审计队伍不断壮大，内部审计新理念不断深入人心，内部审计影响力不断增强，内部审计社会认可度不断提升。内部审计工作转型升级所取得的可喜成绩，已经成为社会主义市场经济建设中一支不可或缺的重要力量。

同时，作为现代企业战略管理重要组成部分的内部审计，服务企业发展方式的转变，既是其内生职能，又是企业对其提出的现实需求。国际内部审计师协会《国际内部审计专业实务框架》（2009）对内部审计的定义是："内部审计是一种独立、客观的确认和咨询活动，旨在增加价值和改善组织的运营。它通过应用系统的、规范的方法，评价并改善风险管理、控制及治理过程的效果，帮助组织实现其目标。"因此，围绕组织目标实现、价值增值和营运改善开展工作是内部审计的职责所在。同时，企业转变发展方式涉及组织目标定位及管理、控制及治理等各个层面的调整，都需要内部审计发挥其控制的再控制这一特质，为企业转变发展方式保驾护航。

二、研究意义

作为较早开放的沿海省份，先发优势使浙江省在各方面发展水平都位居全国前列，但这也导致浙江省最先遇到一些发展中出现的瓶颈，由于没有现成经验可以借鉴，浙江省必须依靠自己的力量不断探索，并以此继续推动改革的进一步深化。随着经济跨越式发展的不断推进，浙江省的体制活力持续增强，创新驱动更趋明显，转变经济发展方式综合配套改革全面推行，对外开放水平逐步提升。全省经济社会逐步转入科学发展、和谐发展的轨道，全面小康实现水平达到90%以上。浙江省正站在转型发展新的历史起点上。

浙江经济的跨越式发展，为内部审计的迅速发展带来了前所未有的机遇，但同时也带来了许多未曾经历的问题。面对这些发展中遇到的困难，浙江内部审计正在通过自身的转型创新加以克服，达到更好地服务企业价值增值和营运改善，帮助组织实现目标的宗旨。研究浙江内部审计丰富的转型创新实践，特别是对具有内生性的浙江民营企业内部审计工作的研究，探寻浙江内部审计通过转型创新适应企业发展方式转变，转型后的内部审计更好地服务企业转变发展方式这一双赢模式，可以提升内部审计价值，实现内部审计的科学发展，同时，对其他地区内部审计工作的开展和发展也具有十分重要的借鉴意义。

三、本课题国内外研究现状

国内外对企业转变发展方式的研究现状如下：

对于企业转变发展方式的研究最早见于古典经济学的创始人亚当·斯密（Adam Smith，1776），他指出单个企业的成长与其分工程度正相关，分工使得企业以较低的成本获得更高的产出，从而取得规模效益。新制度经济学创始人科斯（Coase，1937）从交易成本的角度出发，指出企业扩张的动力是为了减少交易费用，管理费用和交易费用相比较决定了企业的规模。威廉姆森（Williamson，1975）进一步指出企业会通过前向和后向一体化，以减少市场交易中的机会主义和交易费用。指出企业资源决定了企业能力，企业能力决定了企业成长的速度、路径，而企业成长则是企业资源和企业管理能力交互作用的结果。他还强调产品创新和组织创新对企业成长的重要性。普拉哈拉德认为企业的竞争优势来自于企业配置、开发和保护资源的能力。施振荣（2006）基于宏基的成长经验提出"微笑曲线"理论，认为企业在成长过程中应当加速产业升级和转型，向代表产品研发和品牌营销的曲线左右两端转型，以便在产业链分工中占据有利的位置。胡迟（2010）针对中国制造企业500强存在的劳动生产率偏低、研发投入不足、"大企业病"严重、高耗能项目反弹和工资推动成本上升等问题，指出促进我国制造业转型升级需要采取大力推进自主创新、继续承接国际产业转移、推行扁平化组织变革、制造企业服务化、实施有效兼并重组、以信息化提升制造业、大力发展新兴产业、政府发挥恰当作用和加强货币政策与财政政策协调等措施。叶宁、叶深练（2011）根据厦门港务控股集团有限公司的发展经验，总结出四点企业实现转型升级的经验：一是制定并实施正确经营战略；二是构建精干高效的组织结构；三是推行既有压力又有动力的运行机制；四是加强日常管理。慕小军、朱占荣（2011）指出实现企业转型升级要做好五个方面：一是企业要加快推进结构调整，向科学发展转变；二是加快推进自主创新，向"创新驱动、内生增长"转变；三是加快推进节能减排，向低碳发展、绿色发展转变；四是加快推进战略转型，向可持续发展转变；五是加快推进社会责任建设，向和谐发展转变。金寅迹（2010）在分析了造成我国中小企业平均寿命较短原因的基础上，指出企业从内部进行调整和改革获得政府和金融机构的外部支持是必要的。梁磊（2011）认为企业加快转变发展方式，需要结合行业特点和企业情况，加快从行政导向型、劳动密集型、外延粗放型增长方式向资本密集型、技术密集型、市场导向型、质量效益型增长方式的转变，加快调整优化治理结构、产业结构、经营结构，加快提升运行质量、经济效益、科技进步、人才队伍建设和履行社会责任等方面的水平，以实现企业持续健康发展。他进一步站在建筑企业的角度指出，实现企业转型升级的途径一要健全治理结构，完善管理构架；二要调整业务结构，提升核心竞争能力；三要强化内部管理，提升管理效率；四要强化科技创新，加大节能减排；五要坚持以人为本，塑造企业文化。徐明华、李红伟（2010）认为民营企业实现转型升级要从四点着手：一是构建民营企业的核心竞争力；二是转型升级应量力而行；三是加强企业包括产品技术创新和组织创新在内的创新能力；四是企业整合优化资源，同时争取政府的扶持。李翔、陈聿（2010）在分析浙江外向型中小制造企业发展困境的原因的基础上提出了四点企业转型升级的对策：首先是流程型升级，巩固生产环节的核心竞争力；其次是产品升级，寻求新的利润增长点；再次是功能型升级，摆脱对采购商的过度依赖；最后是跨部门型升级，寻找新的机遇。

国内外对内部审计的职能定位、发展方向及其在企业治理中发挥作用的研究现状如下：

从内部审计的职能定位上看，Turnbull 报告（Turnbull Committee, 1999）认为，内部审计师的主要作用是"确证和建议"，而不是遗忘的"监督与复核"。Chapman C 和 U Anderson（2002）认为，内部审计的工作不仅仅是履行其传统的职责，更重要的是增加企业的价值，根据增值目标，内部审计进入了咨询、风险管理以及治理程序等新的领域。张金辉（2005）和蔡春、唐滔智（2006）的研究都论证了内部审计有助于强化风险管理，增加公司价值，完善公司治理结构。张颖萍（2006）从民营企业的角度出发，认为内部审计具有经济监督职能、控制职能、经济评价职能、服务职能、管理职能、鉴证财务状况和财务成果真实性的职能。丁宁（2009）归纳了五个作用：一是检查经济活动，监督责任履行；二是鉴证相关信息，评价责任履行；三是检查内部控制，促进企业良性循环；四是识别风险因素，进行风险预警；五是利用工作优势，提供咨询服务。陈建梅（2010）认为内部审计在企业风险管理、企业内部控制、企业综合治理和企业道德文化建设中会发挥重要作用。张萍（2011）认为内部审计在管理中有四个作用：一是有利于健全内部控制，提高经营管理水平；二是有利于保护财产的安全和信息的真实；三是有利于合理配置资源，节约成本，提高经济效益；四是有利于配合外部审计，加强企业审计监督的力度。

从内部审计的发展方向及其在企业治理中发挥作用上看，程新生、罗艳梅、游晓颖、刘建梅（2010）分析了内部审计的治理职能和管理职能所造成其角色的冲突，认为独立性是内部审计角色冲突研究争议的焦点。齐绍琼从公司治理与内部审计核心职能管理的角度出发，认为需要在风险管理目标下实现公司治理与内部审计的整合。张宇在分析了我国内部审计在公司治理中和在实际工作中存在的诸多问题，认为内部审计需要在职能方面扩展及创新：一是在核心职能上，应从确认向确认与咨询转变；二是在职能发挥的目标上，应转向为组织增加价值；三是在职能作用的内容上，应确定为评价并改善风险管理、内部控制和治理程序的效率；四是在职能的服务对象上，应转变为组织完成目标服务。王雅婧（2011）在对比了风险导向与治理导向内部审计之后，认为风险导向内部审计依然会发挥积极的作用，然而随着企业完善治理水平以及对内部审计要求的提高，治理导向内部审计会越来越受到大企业的重视。周友梅、管亚梅（2005）在研究了德国的内部审计模式的基础上，结合我国内部审计所存在的问题提出了六点解决意见：一是内部审计服务于公司治理及内部控制；二是内部审计人员"职业化"；三是提升企业内部审计的组织地位；四是重视内部控制审计与风险管理审计；五是将内部审计的角色监督职能逐步转变为服务职能；六是注重内部审计中的人际关系。梁素萍（2010）则直接分析了内部审计转型所面临的工作难点，并提出了相应的解决思路：一是在服务组织中实现内部审计的转型；二是在传统审计的基础上逐步推进内部审计的转型；三是在创新中加快内部审计的转型；四是重视转型后的审计质量的研究。

综合来看，在当前企业转型升级问题日益紧迫之时，理论界分别就企业如何实现转型升级以及内部审计的发展等问题做了大量的探讨。但是对于内部审计如何促进企业转型升级问题的研究却比较薄弱，对于企业转变发展方式对内部审计理念、目标、内容、重点、方式等方面的需求和期望方面的研究也需要填补。

四、研究思路及技术路线

本文依照"从理论分析再到实践总结"的研究思路，全文以"内部审计根据企业转变发展方式的需求而对自身进行有目的性的调整"作为主线，在理论上，深入分析了内部审计如何促进企业转变发展方式作用发挥，在实践上，认真总结了浙江内部审计促进企业转变发展方式的典型经验，用实践经验证实内部审计转型创新的具体做法，以及其在促进企业转变发展方式中发挥着重要作用。

课题第一章从剖析企业转变发展方式的途径入手，提出企业转变发展方式的途径为：转变经营方向，调整运营模式，优化资源配置。第二章指出企业转变发展方式的三种途径对内部审计提出的要求，内部审计在企业转变发展方式中能够发挥的具体作用。第三章提出内部审计通过对自身定位重新调整的基础上，进行自身的管理创新和资源整合，从而更好地服务企业转变发展方式的需要。第四章对应第三章论述思路，系统地介绍了浙江企业内部审计在促进企业转变发展方式中的实践经验。

技术路线如下图：

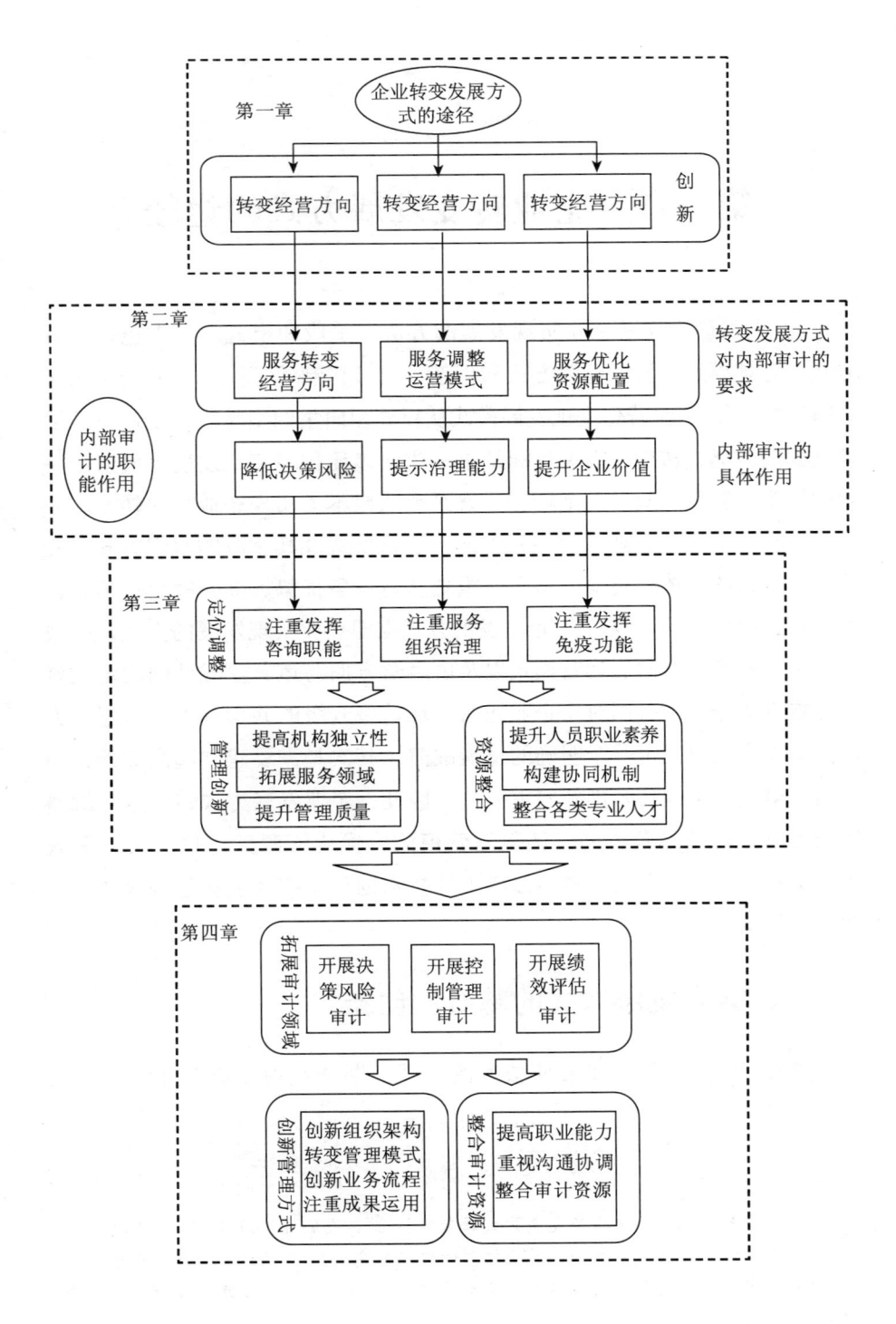

发挥内部审计在促进企业转变发展方式中的作用研究

第一章

企业转变发展方式的途径
- 转变经营方向
- 转变经营方向
- 转变经营方向
- 创新

第二章

转变发展方式对内部审计的要求
- 服务转变经营方向
- 服务调整运营模式
- 服务优化资源配置

内部审计的职能作用 / 内部审计的具体作用
- 降低决策风险
- 提示治理能力
- 提升企业价值

第三章

定位调整
- 注重发挥咨询职能
- 注重服务组织治理
- 注重发挥免疫功能

管理创新
- 提高机构独立性
- 拓展服务领域
- 提升管理质量

资源整合
- 提升人员职业素养
- 构建协同机制
- 整合各类专业人才

第四章

拓展审计领域
- 开展决策风险审计
- 开展控制管理审计
- 开展绩效评估审计

创新管理方式
- 创新组织架构
- 转变管理模式
- 创新业务流程
- 注重成果运用

整合审计资源
- 提高职业能力
- 重视沟通协调
- 整合审计资源

第二章 企业转变发展方式的途径

"企业发展方式是企业实现发展的方法、手段和模式。其中包括经营方式、管理模式、资源配置方式和创新、成长机制等。"[①] "企业转型属于战略转换"[②]，企业若想实现发展模式从粗放型向集约型转变，发展方法从外延式向内涵式转变，发展目标从单一化向多元化转变，发展手段从依赖量的扩张向质量和效益并举转变，就必须从根本上实现企业战略转型。企业战略转型是指"企业长期经营方向、运营模式及其相应的组织方式、资源配置方式的整体性转变，是企业重新塑造竞争优势、提升社会价值，达到新的企业形态的过程。"[③] 企业发展方式也即企业实现发展的方式，一般包括企业的经营方向、运营模式以及由经营方向与运营模式共同决定的资源配置方式等，学者们对于企业如何实现转型升级的共识基本上有三个方面：首先是需要制定一个明确的发展战略；其次是需要建立起高效的组织机构；最后是强调技术创新的重要性。因此，企业发展方式转变这一战略转型可以从转变经营方向，调整运营模式，优化资源配置这三个方面入手。当然，以上三方面的转型都离不开技术创新，技术创新是企业转变发展方式的基础。

一、转变发展方式的基石：创新

熊彼特认为，经济发展所依赖的是"不断地从内部革新经济结构"，

---

① 康仲朝. 加快中小企业发展方式转变 [J]. 环渤海经济瞭望. 2011（4）
② 王吉发，冯晋，李汉铃. 企业转型的内涵研究 [J]. 统计与决策. 2006（2）
③ 王东. 电信运营企业战略转型的评估体系研究 [D]. 北京：北京邮电大学. 2007（5）

而这种革新就是创新①。按照熊彼特的观点，创新可以理解为创造一种新的生产函数，该函数将某些自变量——生产要素和生产条件的新组合引入生产体系，经济则在这种不断产生的新组合的推动下发展。因此，创新是推动经济（或企业）发展的根本力量。

发展方式的转变要求企业在发展方法、发展手段和发展模式上都进行转变，以达到促进自身进一步发展的目的。由于任何形式的转变都需要对生产要素和生产条件的组合关系进行重新排列，因此企业转变发展方式的基础就是创新。

从创新对象是否形象来看，可以将创新划分为对形象事物的创新和对抽象事物的创新。对形象事物的创新包括物理、化学和生理等方面的创新，例如材料创新、技术设备创新和生物技术创新等；对抽象事物的创新则包括技术工艺方法创新、组织形态创新、管理创新等。由于内部审计本身属于广义的管理学范畴，因此作为企业内部管理组成部分的内部审计能够直接发挥作用，促进企业在经营方向、运营模式和资源配置这三个方面实现抽象事物创新，进而促进企业转变发展方式。考虑到内部审计这个抽象事物对形象事物创新的影响较小，因此本文中所指的"创新"的概念范畴仅限于在抽象事物创新的范围。

二、转变经营方向

经营方向是企业所从事经营活动种类的问题，是指"企业现在可以提供的产品与服务范围以及未来一定时间内拟进入或退出、拟拓展或限制的某些业务范围，它为企业活动确定了界限"②。可以认为它包括企业的发展方向、业务范围和经营领域。经营方向的转变就是企业发展方向的转变、业务范围的转变和经营领域的转变。

（一）转变发展方向

发展方向决定企业的目标市场。当前我国企业发展方向所定位的发展

---

① 约瑟夫·阿洛伊德·熊彼特. 经济发展理论［M］. 叶华，译. 北京：九州出版社，2006（12）.
② http：//wiki.mbalib.com/wiki/经营方向

目标比较单一，目标客户和目标市场的需求层次较低，企业所设置的战略目标高度也因此偏低。这具体表现在两个方面：一方面，企业往往过多地依赖某一单一市场，面对市场和政策的变动总是无所适从；另一方面，企业普遍缺乏品牌意识，所生产的商品（或提供的服务）也往往处于产业链底端。单一的市场致使企业难以抵御较大的市场风险和政策风险；极低的利润率迫使企业只能通过生产并销售海量商品（或提供服务），并不断压低生产成本以换取能保证其继续维持正常运转的利润额。这使得企业的发展空间受到很大限制。因此企业必须在发展方向上有所改变，将目标市场多样化，并向市场提供具有高附加值的差异化、个性化的高端产品或服务。通过将目标市场的多样化举措，企业可以有效地提高自身抵御偶发性的非系统性风险的能力。如果所选择的多个目标市场分属相关系数小于零的不同市场，企业可以在很大程度上提升自身抗击系统性风险的能力。提高产品或服务的附加值，也是企业转变发展方式的必然趋势。通过提供更具差异化、个性化的高端产品或服务，企业可以获得更高的利润，积累更多的资本，有助于企业实现从成长阶段到成熟阶段的跨越。

（二）转变业务范围

业务范围指企业经营涉及的行业及其业务或生产的范围。在企业的发展方向发生变化后，业务范围需要立刻进行调整。在确定目标市场多样化，以及以实现产品或服务差异化、个性化为目的的条件下，企业需要根据自身所处的具体环境来决定是采用横向一体化或纵向一体化的方式来扩张业务范围，还是采用部分业务第三方化的方式来提高自身的专业化水平来收缩业务范围。在这个过程中，企业的边界范围需要重新界定，此时企业的内控边界也随之变化。首先，企业需要根据重新定位的发展方向，并结合自身的内部环境和外部环境现状来选择自身转变业务范围的方式。企业通过扩张业务范围来扩大其规模，以横向一体化的方式可以进一步提高自己的生产或销售能力，进而提高市场影响力；通过纵向一体化的方式有助于进一步压低成本并提高利润。通过收缩业务范围，有助于企业进一步将目标市场定位在需求层级更高的目标市场，便于企业提高其产品或服务的附加值，进而提高自身的利润率。

（三）转变经营领域

经营领域是指企业所选择的为其提供产品或服务经营场所的特定目标客户。在企业发展方向和业务范围进行调整后，经营领域需要进一步的细化。在确定目标市场多样化，以实现产品或服务差异化、个性化为目的，以及明确业务范围如何调整的情况下，企业既要对目标客户进行重新定位，又要准确地确定新的目标客户的真实需求，还要进一步挖掘这些目标客户的潜在需求。这期间，企业首先需要更加了解各个目标市场，并准确地找出各个目标市场消费群体的各种需求、不同的需求层次及其消费能力，在此基础上对目标市场进行细分，之后结合自身发展的条件及发展方向和业务范围变动所带来的影响来决定向每一个目标市场提供何种产品或需求，以此实现对其经营领域的调整和转变。

三、调整运营模式

企业运营模式是指对企业经营过程的计划、组织、实施和控制，是与产品生产和服务创造密切相关的各项管理工作的总称。它包括组织形式、经营方式和管理模式。运营模式的调整就是对组织形式、经营方式和管理模式进行调整。

（一）调整组织形式

组织形式是指企业财产及其社会化大生产的组织状态，它表明了财产构成、内部分工协作和外部社会经济联系方式。在企业转变发展方式的背景下，企业经营方向的调整要求组织形式必须进行转型，以配合完成经营方向调整所带来的各类目标。组织形式转型的主要方向是进一步完善现代公司制度。发展方向的转变要求企业的组织架构能够适应目标市场差异化和投放市场产品及服务的变化，能够应对经营领域的扩张或收缩，能够适应目标客户的变化。此外，企业也必须通过组织形式的调整来提高其自身的管理绩效。在传统的粗放经营模式下，企业的管理绩效水平普遍较低，管理成本与收益比过高。然而，在更加激烈的市场竞争及更加不稳定的外部环境下，如果无法提高自身的管理绩效水平，企业就难以在市场中生存，因此通过组织形式的调整提高管理绩效水平，是企业转变发展方式的必经之路。同时，企业需要通过建立或健全合理的组织架构和运作模式等组织形式的调整来提升自身抵御风险的能力。

（二）调整经营方式

经营方式指企业在经营活动中所采取的方式和方法，例如代理、租赁、制造、批发、零售、咨询、采掘等。它是在所有者和经营者相互作用下表现出来的，是经济单位经营的具体形式。随着企业转变发展方式的有序推进，企业的发展方向、业务范围和经营领域都将发生巨大的变化。面对多样化的目标市场、重新定位的业务范围、更加精准的客户需求，企业必须综合考虑内部和外部因素，对经营方式进行调整，以便适应以上变化。这要求企业必须能够科学地选择应该采取哪些经营方式，并确保所采取的经营方式能够在它的有效控制下高效、健康地运行。

（三）调整管理模式

管理模式是在传统的人性假设（Douglas McGregor，1960）的基础上设计出的一整套具体的管理理念、内容、工具、程序、制度和方法论体系的管理规则，并且它被反复运用于企业，使企业在运行过程中自觉遵守。通俗地讲，管理模式就是一个企业在管理制度上和其他企业不一样的地方，按照制度经济学的角度划分，可分为正式制度和非正式制度，本质上就是企业在成文的管理规章制度和不成文的企业文化上最基本的不同特征。在企业转变发展方式的背景下，发展模式、发展方法和发展手段的转变使得企业必须提高管理的有效性，这就要求企业的管理模式进行转型。具体来说，就是要在注重培养企业文化的同时更加注重管理规章制度的建设。正式制度和非正式制度具有互补性，当正式制度存在不足时，可以通过较好的非正式制度进行弥补；同理，正式制度也可以弥补非正式制度的不足。由于企业的发展速度在转变发展方式期间较快，需要通过较长时间培育的企业文化不足以完全跟上企业变化的速度，因此必须通过加快管理规章制度建设的方式来弥补前者的不足。

四、优化资源配置

企业资源配置是指企业对相对稀缺的资源在各种不同用途上加以比较

做出的选择。此处的稀缺资源即人力资源、物力资源和信息资源这些组成企业的三大要素。资源配置调整就是指对以上要素增量调整和存量调整的总和。因此，当前企业转变发展方式所做的资源配置调整主要集中在对人力资源、物力资源和信息资源的调整上。

（一）优化人力资源

对于企业而言，人力资源指企业所拥有的能够推动其持续发展，并实现企业目标的成员能力的总和。在转变发展方式的背景下企业对经营方向和运营模式的调整，不但要求员工能够适应以上调整所带来变化，而且也能够保障所在部门与其他部门的顺利沟通。因此，企业除了需要大量的专业化员工，也需要一批具有较好的沟通协调能力的管理者。首先，在经营方向和运营模式发生变化的情况下，一方面企业会逐渐丧失对一部分原有专业技术员工的技能需求，另一方面企业也会逐渐增加对一些其他专业技术人员的需求。因此，企业既要做好对内部在职人员的培训工作，又要主动在外部寻找合适的专业技术人员。其次，在经营方向和运营模式发生变化的情况下，一方面企业的内部环境将发生巨大变化，另一方面与外部的接触对象和方式也会发生变化。所以，企业需要通过内部培养或外部挖掘等方式获得一批具有较强沟通能力的管理者。随着技术创新在企业发展中的作用加深，企业也需要加大对技术创新的投入力度，配备专业的技术人才。

（二）优化物力资源

物力资源是指企业进行生产经营活动所需的土地、厂房、建筑物、构筑物、机器设备、仪表、工具、运输车辆和器具、能源、动力、原材料和辅料等。转变发展方式下对经营方向和经营领域的调整，一方面要求企业对物力资源进行结构上的存量调整，另一方面要求企业在增量上对某些部门或领域进行适当的倾斜。企业经营方向和运营模式的变化，要求企业对物力资源进行分配，根据具体需要将部分物力资源从一些部门中抽调出来，同时将大量物力资源投放到另外一些部门中，如加大研发投入。在这个过程中，企业对发展趋势的判断至关重要，物力资源的增量和存量调整必须及时，并且能够在一段较长的时间内切实有效地发挥作用。

（三）优化信息资源

信息资源是企业生产及管理过程中所涉及的一切文件、资料、图表和数据等信息的总称。它涉及企业生产和经营活动过程中所产生、获取、处理、存储、传输和使用的一切信息资源，贯穿于企业管理的全过程。在转变发展方式的背景下，经营方向和运营模式的调整一方面要求企业必须及时获得更多、更详细的信息资源，另一方面也要求企业内部各部门之间的信息传递更加通畅。在此过程中，企业首先能够准确地确认并识别自身所需要的信息，在以最低的成本获取所需要的信息后对其进行科学分类，之后再将其所掌握的信息及时、有效地分配到各个部门，并保证所有信息传递过程中的安全、完整和通畅。

第三章　内部审计在促进企业转变发展方式中的作用

企业发展方式的转变涉及经营方向、运营模式、资源配置等方方面面的转变与调整，势必会对企业原有的模式产生冲击，对作为现代企业战略管理重要组成部分的内部审计也提出了新的更高的要求。在这一大环境下，内部审计需要适时做出调整以适应企业发展的需要。同时，内部审计的内在职能及自身优势决定了其可以通过自身的转型创新，充分发挥"免疫系统"功能，为企业转变发展方式保驾护航，达到互促双赢的良好格局。

一、内部审计的职能作用

职能是"一个事物的本质功能，是该事物本质的表现"[①]。同样，内部审计职能，是内部审计本质属性的反映，是人们对内部审计作用的一种抽象认识。一般来说，理论界普遍认同企业内部审计具有监督、评价、控制和咨询四项基本职能。

（一）监督职能

内部审计部门是企业内部一种独立的经济监督主体，其基本职能就是经济监督。监督职能是指以财经法规和制度规定为评价依据，对被审计对象的财务收支和其他经济活动进行检查和评价，衡量和确定其会计资料是否正确、真实，反映的财务收支和经济活动是否合法、合规、合理和有效，有无违法违纪和浪费行为，从而督促被审计对象遵守财经纪律，改进经营管理水平，提高经济效益，使企业自身的经营活动与国民经济和社会

---

① 吴水澎. 中国会计理论研究 [M]. 中国财政经济出版社，2000：62.

发展协调一致，进而实现自我完善和自我约束。

（二）评价职能

所谓评价职能，就是通过履行审核检查程序，评价被审计对象的计划、预算、决策、实施方案是否先进可行，经济活动是否按照既定的决策程序和目标进行，经济效益的好坏以及内部控制制度是否健全和有效等，从而有针对性地提出意见和建议，促进企业改善经营管理，提高经济效益。

（三）控制职能

内部审计作为企业内部控制系统中一个重要组成部分，是企业内部控制的再控制，因其受企业主要负责人的直接领导，能够站在企业发展的全局来分析和考虑问题，对企业的生产经营活动实行有效控制可以提供直接的技术支持，并检查控制程度和效果，提出控制中存在的不足和问题，实现控制系统的最终目标。

（四）咨询职能

内部审计机构有义务和责任对企业的各项经营活动提供政策咨询服务，将自身特有的专业优势融入到企业经营管理的各个方面，在工作中发现问题，对制度、管理和经营控制等方面有针对性地提供咨询服务，预防出现大的经营波动和管理漏洞。同时，还可以开展一些包括顾问、建议、协调、流程设计和培训等工作，为企业各管理层提供扎扎实实的服务。

内部审计职能外在表现出的内部审计的作用主要体现在：通过应用系统化、规范化的方法，评价并改善风险管理、控制和治理过程的效果，帮助组织实现目标。

二、企业转变发展方式对内部审计的要求

（一）服务企业转变经营方向

转变发展方式的背景下，企业首先需要考虑对其经营方向进行转变，即对发展方向、业务范围和经营领域进行重新定位。在这个调整过程中，

企业决策层需要做出众多选择，这就很容易出现发展方向定位错误、业务范围设定不合理以及经营领域确定不佳等情况，使决策风险大大增加。如何降低企业决策风险、保证企业朝着健康高效的经营方向发展是企业转变发展方式背景下首当其冲需要考虑的事情，企业发展方向的转变、业务范围的转变和经营领域的转变这一系列的转变，对作为现代企业战略管理重要组成部分的内部审计提出了更高的要求。

1. 促进企业转变发展方向的要求。在转变发展方式的背景下，企业必须将目标市场多样化，并向市场具有高附加值的差异化、个性化的高端产品或服务。因此内部审计需要做好三件事：一是要帮助企业规划目的明确的战略目标；二是要帮助企业选择合适的目标市场；三是要帮助企业定位产品和服务。

2. 促进企业转变业务范围的要求。在转变发展方式的背景下，企业的边界范围需要重新界定，此时企业的内控边界也随之变化。因此，内部审计需要实现三个"有助于"：一是有助于企业在横向一体化的情况下，控制一体化的边界并有效地管理企业；二是有助于企业在纵向一体化的情况下，选择一体化的方向并控制边界，以及协调产业链各环节之间的关系；三是有助于企业在部分业务第三方化的情况下，选择哪些业务被第三方化，以及选择能进一步提高专业化水平的业务。

3. 促进企业转变经营领域的要求。在转变发展方式的情况下，在确定目标市场多样化，实现产品或服务差异化、个性化为目的，以及明确业务范围如何调整的情况下，企业既要对目标客户进行重新定位，又要准确确定新的目标客户的真实需求，还要进一步挖掘这些目标客户的潜在需求。这一方面要求内部审计能够帮助企业寻找新的目标客户所需要的产品或服务；另一方面要求其能够帮助企业推动对新的目标客户的营销。

（二）服务企业调整运营模式

转变发展方式的背景下，企业需要考虑对其运营模式进行调整，即对组织形式、经营方式和管理模式等方面进行重新整合。首先，在整合的过程中，企业决策层需要科学合理地设计组织框架以适应企业转变发展方式的需要，契合企业发展的目标；其次，在整合之后，企业还需要对各个部门实施有效的管理和控制，并在实际运行中逐步完善企业组织架构。这些都对企业的内控能力提出了更为严格的要求。对于本质是一种控制的内部审计，如何更好地服务于内部控制的完善，进而促进企业调整组织形式、调整经营方式以及调整管理模式也提出了严格的要求。

1. 促进企业调整组织形式的要求。在企业转变发展方式的背景下，企业经营方向的调整要求组织形式必须进行转型，以配合完成经营方向调整所带来的各类目标。这对内部审计提出了三点要求：一要能够帮助企业调整内部组织框架；二要能够帮助企业各部门在调整后的组织形式下发挥作用；三要能够帮助协调企业内部的各个部门。

2. 促进企业调整经营方式的要求。随着企业转变发展方式的有序推进，企业所采取的经营方式的种类中所包含的与服务业相关的经营方式会越来越多。这对内部审计提出了三点要求：一要能够帮助企业确定新增经营方式的边界；二要能够帮助企业选择运作新增经营方式的部门；三要能够帮助企业对这些经营方式实施控制。

3. 促进企业调整管理模式的要求。在企业转变发展方式的背景下，发展模式、发展方法和发展手段的转变使得企业必须提高管理的有效性，这就要求企业的管理模式进行转型。具体来说，就是要在注重培养企业文化的同时更加注重管理规章制度的建设。这一方面要求内部审计能够帮助企业选择管理模式的种类，另一方面也要求其能够确保新的管理模式得到顺利的推行。

（三）协助企业优化资源配置

转变发展方式的背景下，企业需要对其人力资源、物力资源和信息资源的配置进行优化调整。如何实现有限资源的高效利用，是现代企业在激烈竞争中立于不败之地的法宝。高效利用企业现有的人力、物力及信息资源，一方面要求决策层科学地选择各类存量要素的投放比率，及增量要素的投放方向；另一方面也要求企业对调整的各类资源实施有效的监管。这两方面的有效实施，都需要内部审计参与其中，对内部审计也提出了新的要求。

1. 促进企业优化人力资源配置的要求

为实现发展方式的转变，企业除了需要大量的专业化员工，也需要一批具有较好的沟通协调能力的管理者。这就对内部审计提出了五点要求：一是能够帮助企业从外部找到企业需要的人才；二是能够帮助企业从内部培养出合格的员工；三是能够帮助企业确定最适当的人力资源结构；四是能够帮助企业确定最适当的人力资源规模；五是能够帮助企业实现内部人力资源的最合理配置。

2. 促进企业优化物力资源配置的要求

转变发展方式下对经营方向和经营领域的调整，一方面要求企业对物力资源进行结构上的存量调整，另一方面要求企业在增量上对某些部门或领域进行适当的倾斜。这对内部审计提出了四点要求：一是能够帮助企业从外部找到企业需要的物力资源；二是能够帮助企业确定最适当的物力资源的结构；三是能够帮助企业确定最适当的物力资源的规模；四是能够帮助企业实现内部物力资源的最合理配置。

3. 促进企业优化信息资源配置的要求

在转变发展方式的背景下，经营方向和运营模式的调整一方面要求企业必须及时获得更多、更详细的信息资源，另一方面也要求企业内部各部门之间的信息传递更加通畅。这就对内部审计提出了三方面的要求：一要能够帮助企业确认并识别需要的信息；二要能够帮助企业获得需要的信息；三要能够帮助企业实现内部信息的无障碍传递。

三、内部审计在企业转变发展方式中可以发挥的具体作用

（一）降低决策风险

转变发展方式的背景下，企业首先需要考虑对其经营方向进行转变，即对发展方向、业务范围和经营领域进行重新定位。而这个调整的过程很容易出现发展方向定位错误、业务范围设定不合理以及经营领域确定不佳等情况，使决策风险大大增加。而作为现代企业战略管理重要组成部分的内部审计，与企业的战略能够保持"天然"的一致性。具体来看，包括三个方面：

第一，内部审计的工作目标与企业预期目标高度一致。内部审计部门是企业实施内部控制以实现预期目标的重要工具，企业核心领导层在架构内审机构、配置审计资源时的出发点必然与企业预期目标相一致。第二，内部审计能够检验被审计对象的工作是否偏离企业战略轨迹。内部审计是

根据公司的战略定位和管理方式来确定并建立工作标准的,因此在评判被审计对象的工作时,内部审计能够兼顾是否符合公司发展的战略方向和法律法规两个方面。第三,内部审计具有相对的独立性和综合性。由于内部审计往往相对独立地对企业内部各个部门实施审计,因此与企业组织的其他部门相比,内部审计人员的业务职责和技能决定了其更能从组织的全局角度,把检查、评价、建议结合在一起。

综上所述,可以认为内部审计能够通过自身的转型创新,更加充分地发挥自身的咨询职能,从而在企业决策层做出决策之前向其提供建设性的意见和建议,提高决策层决策的科学性,有效地降低决策风险,最终促进企业转变发展方式。如,内部审计部门通过加强调查研究,围绕转变发展方式的背景下企业的目标定位,跟踪企业发展动向,密切关注外部市场环境变化对企业的影响,密切关注发展战略与经营策略的落实情况,客观反映不适应战略转型需要的体制、机制问题,及时揭示不符合转型方向、不顾质量与效益、简单粗放的发展方式与经营行为,为企业更好地把握发展方向、转变发展方式建言献策。

(二) 提升治理能力

国际内部审计师协会发布的内部审计准则(2004年)指出:"内部审计活动应评估公司治理过程,并对公司治理过程做出恰当的建议,从而推动组织道德和价值观的良性发展。"一般认为公司治理具有以下主要作用:第一,在组织内部树立恰当的道德观和价值观;第二,确保企业绩效目标的实现;第三,确保受托责任制的完成;第四,在组织内部恰当有效地传达有关风险与控制的信息;第五,有效协调董事会、管理层、外部审计和内部审计之间的分工合作与信息沟通。因此,有效的公司治理对于企业至关重要。

在现代企业公司治理中,内部控制是一项贯穿全局的重要机制。出于风险管理和实现组织既定目标的目的,企业必须要建立和维持有效的风险管理和控制程序,以便用于确保:财务和运营信息的可靠性和完整性;运营和程序的效率和效果;资产的安全;对法律、法规、政策、流程及合同的遵守。由于内部审计所具备的评价职能能够对企业风险管理和控制程序的合理与否进行判断,因此内部审计对于企业实现良好的治理具有一定的促进作用。

转变发展方式的背景下，企业需要考虑对公司治理模式、运营模式进行调整，即对组织形式、经营方式和管理模式等方面进行重新整合。在这一过程中，对企业的内部控制提出了更高的要求，对于自身就是一种控制活动的内部审计，可以很好地服务于企业内部控制的建设与完善。一方面，内部审计可以通过自身的转型创新，更加充分地发挥自身的咨询职能，从而协助企业决策层设计出更加科学的组织框架，使企业更容易实施内控。另一方面，内部审计可以通过自身的转型创新更加充分地发挥其监管职能，更进一步地提高企业的内控能力。由此促进企业转变发展方式。具体来看，组织形式的调整、经营方式的调整和管理模式的调整对内部审计提出了不同的要求。如，内部审计在风险评估结果的基础上，评价覆盖公司治理、运营及信息系统等内容的控制程序的适当性和有效性。主要包括：控制系统的适当性，即控制系统能否适当保证机构的任务和目标有效地完成；控制系统的有效性，即是否能取得预期效果，是否达到了预期的控制目标。同时，主动关注企业组织架构和管理模式调整后可能发生的风险转移与变化，调查了解影响管理效率的主要环节，查找管理方面存在的缺失，为企业进一步完善一体化运营体制提供参考，帮助企业防范风险。

（三）提升企业价值

价值最大化是企业管理的最终目标，内部审计部门作为企业价值链中的一个重要环节，在企业内部控制运行、企业风险防范方面具有不可替代的作用，其自身的优势和特点决定其能够促进企业价值的提升。国际内部审计师协会对内部审计的表述为："内部审计是一种独立、客观的确认和咨询活动，其目的在于增加价值和改进组织的经营。"该定义明确了内部审计的目标之一——增加企业价值。

在企业转变发展方式的背景下，内部审计可以通过自身的转型创新，将工作重心进行调整，进而满足企业在优化资源配置过程中的各项需求，从而促进企业转变发展方式，提升企业价值。如：加强投入产出评估审计，重视对重点项目的过程跟踪审计，帮助企业从源头上加强投资管理，优化投资决策，提高投资效益；在促进企业加强存量资产管理方面下功夫，帮助企业加强付现成本管理，查找影响成本总量和使用效率的关键因素，为企业更有针对性地实施成本精确管理提供参考信息，使有限的付现成本发挥出最大效益。

第四章 内部审计服务企业转变发展方式的基本思路

内部审计的本质属性与优势,决定了其在企业转变发展方式中可以发挥降低决策风险、提升治理能力、提升企业价值等作用。但是,这些作用的有效发挥,需要内部审计根据企业转变发展方式对其提出的要求,有目的性地进行转型,在对自身定位调整的基础上实现管理创新和资源整合。

一、内部审计在企业转变发展方式下的定位调整

(一)立足服务,注重发挥咨询职能

随着企业的发展,尤其是转变发展方式的推进,决策者面临的决策失误风险所带来的损失压力变得越来越大。为了降低企业管理层的决策风险,内部审计所发挥的作用将会更加倾向于提供咨询服务。这就需要内部审计进一步发挥其所具备的咨询职能。然而,现阶段我国对内部审计咨询职能的认识还不够充分。若想改变这种情况,首先就要从认识上进行改变。这就需要内部审计进行战略定位时必须要更多地考虑如何充分发挥其咨询职能的问题。

首先,企业转变发展方式要求企业必须实现经营方向的转向,企业在发展方向、业务范围和经营领域的调整过程中产生了众多需求,这些需求基本上都是要解决"如何选择"和"如何做"的问题,由此产生了大量的咨询服务需求。其次,运营模式的调整过程中对组织形式、经营方式及管理模式的调整,本质上是对企业自身管理体系的重构,这使企业在此过程中产生了"如何控制"的需求,由此产生了大量的咨询服务需求。最后,转变发展方式背景下对人力资源、物力资源和信息资源的进一步调整,让企业面临了"如何辨别"、"如何找"和"如何调整"的问题,这也使企

业产生了大量的咨询服务需求。

因此，咨询职能上升为内部审计的主要职能是企业转变发展方式背景下的大势所趋。通过以提供咨询服务的方式对内部控制的合理性、决策的科学性、项目投资的可行性进行评价，并对经济效益、资源利用和企业行为对社会的影响进行评价，不但将成为内部审计的重要业务，也将促进企业实现经营方向的转变、运营模式的调整和资源配置的优化。通过进一步发挥咨询职能，内部审计必须越来越多地参与到企业高层决策中，通过定位调整，进一步发挥咨询职能。其所发挥的作用也将逐渐成为服务于企业管理、辅助企业制定决策的重要手段。

（二）着眼宏观，注重服务组织治理

内部审计的根本目的是帮助组织完成目标。企业转变发展方式，涉及企业目标及企业治理、控制等各个层面的调整。因此要求内部审计着眼企业宏观层面，围绕企业长远发展目标和战略部署，发挥内部审计在组织治理、风险和控制中的作用，使内部审计既要成为内部控制的组成部分，也要成为评价其他管理控制的手段。

首先，企业转变发展方式下经营方向的转向，发展方向、业务范围和经营领域的调整，要求企业要对内部各个职能部门的权限进行再调整，由此造成了企业内部控制的再调整，这激发了企业对重构公司治理结构的需求。其次，运营模式调整所带来的组织形式、经营方式及管理模式的重构，本身就是对公司治理的重构。最后，企业人力资源、物力资源和信息资源重新整合的根本目的，就是为了进一步配合企业转变发展方式条件下公司治理水平的提升。

所以，内部审计从重点关注微观业务而转变为更加注重宏观治理的自身变化，是企业转变发展方式背景下的必然趋势。内部审计通过对自身组织架构、业务范围、工作重心等方面的定位调整，以进一步适应转变发展方式过程中企业组织治理的要求。内部审计在治理和内控中的地位也将随之提高。

（三）围绕风险，注重发挥"免疫"功能

企业转变发展方式，既是一个不断变革与调整的过程，又是不断发现风险、控制风险的过程。内部审计围绕企业转变发展方式过程中出现的问

题开展工作，是服务企业实现目标的有效途径。即，要求内部审计既能在审计过程中揭露相关风险，又能为控制反险提出建设性意见。充分发挥预防、揭示和抵御功能，及时消除各类隐患，发挥内部审计"免疫系统"功能，从而促进组织目标的实现，为组织价值增值服务。

首先，在转变发展方式过程中对发展方向、业务范围和经营领域调整的情况下，企业将进入更多的陌生市场，所面对的外部风险也由此增大。因此，企业对风险预警和风险控制的需求随之增大。其次，在运营模式调整的情况下，企业内部组织形式、经营方式及管理模式的转型使得企业需要对内部控制进行重新调整。在这个调整的过程中，企业需要重点关注内部风险的预防和控制。最后，企业在对人力、物力和信息资源调整的过程中，面对资源配置错误带来损失的风险有所增大，企业对风险控制的需求进一步增大。

因此，进一步控制风险并发挥"免疫"功能，是企业转变发展方式背景下内部审计的发展方向。内部审计对风险的及时有效的识别、预警、控制，可以将企业遭受损失的可能性大幅降低，显然符合企业转变发展方式的基本需求。通过定位的调整，内部审计所构建的"免疫系统"也将为企业实现价值增值提供保障。

二、内部审计在企业转变发展方式下的管理创新

（一）提高审计机构独立性

独立性是内部审计的基本特征，是保证内部审计发挥功能的前提。内部审计机构的设置方式及内部审计工作的报告机制直接影响内部审计独立性水平，影响内部审计作用与方式，进而影响内部审计职能的发挥。发挥内部审计在促进企业转变发展方式中的作用，要求内部审计必须发挥在企业战略与治理等较高层面的作用，而这需要以较高层次的独立性作为基础保障。一般认为董事会或董事会下设审计委员会等组织权力机构下的内部审计、且内部审计工作向董事会或者审计委员会汇报工作这样的机构设置具有较强的独立性。在这种模式下，内部审计监督范围可以得到有效的扩大，可以立足于整个组织治理开展工作。同时，由于内部审计人员在开展内部审计工作时在人员、经费、工作上不再受制于总经理和其他管理部门，也可以减少操纵或误

导内审人员审计工作的可能性,确保审计结论的客观性和独立性。

(二)拓展审计服务领域

拓展服务领域是内部审计更好地适应企业发展的客观需要。企业转变发展方式的现实条件下,要求内部审计服务企业转变经营方向、服务企业调整运营模式、服务企业优化资源配置等各个环节,涉及企业战略目标、组织形式、经营方式、管理模式、资源配置等多个领域。以保障组织安全、增加组织价值为目标的内部审计,只有根据企业不同发展阶段的实际情况,拓展服务领域,才能更好地围绕企业目标,服务企业价值增值。一是围绕保障组织安全目标拓展审计领域。组织运行的安全是增加组织价值并改善组织运营的基础,也是内部审计工作的首要任务,需要内部审计的工作重心逐渐从传统的以真实性、合规性为导向的财务收支审计为主,向以关注真实性、合规性的财务收支审计和以内部控制和风险为导向的管理审计并重的现代经营审计延伸,从单纯的事后评估控制转为事前参与风险管理和过程控制。二是围绕增加组织价值目标拓展审计领域。内部审计通过自身不可替代的专业判断,发表建设性的审计意见,帮助组织完善管理,提高效率,从而服务组织价值增值,这是内部审计实现自身价值的集中体现,也是内部审计的职责所在。

现阶段,不少审计领域是传统内部审计未曾涉足的。因此,能否有效拓展审计服务领域,发挥内部审计在各个服务领域的能动作用,成为内部审计服务企业转变发展方式的关键。

(三)提升审计管理质量

通过对审计工作的管理,确保审计工作质量,从而使审计价值最大化。审计管理,涉及项目质量的控制、审计流程的规划及审计计划与成果的管理等诸多内容。转变发展方式下,企业对内部审计提出了更高的要求,尤其是随着内部审计理念调整与领域的拓展,提高审计工作质量成为内部审计所面临的现实问题。要求内部审计既能发现问题,又更注重解决问题。这使原有以规范为基础的质量控制模式难以为继,必须重新定义审计质量的涵义。审计领域的拓展,特别是更加注重对企业治理过程中具体事项的审计,也要求采取新的更灵活的审计方式。这使得审计流程的重置成为必然。另外,审计的计划项目成败的关键以及项目价值的提升又必须使审计重视成果管理。因此,需要构建面向组织需求的审计计划管理模式、构建面向审计成果的审计质量管理模式、构建面向转化应用的审计成果管理模式、构建面向审计效率的审计资源管理模式,从而提升内部审计工作质量、降低审计风险。

三、内部审计在企业转变发展方式下的资源整合

(一)提升内部审计人员的职业素养

服务企业转变发展方式,对内部审计人员职业素养,特别是"宏观思维、战略意识、沟通协调"能力提出了更高的要求。宏观影响审计方向,内部审计一定要注意宏观的方向与趋势,宏观的把握对审计方向具有决定性作用。组织治理、管理控制、风险防范以及战略发展等都要考虑到组织面临的外部环境。同理,考虑审计做什么时首先应当考虑影响组织发展的各种宏观因素。战略决定审计高度。内部审计一方面要关注组织的发展战略,围绕组织战略开展审计,从而做到有的放矢,实现审计价值;另一方面也要注重自身战略的谋划,认真思考未来一段时间应该做什么、怎么做,并注意将审计固有规律性内容融入到审计自身发展的战略中去,这比一味低头干审计重要得多。沟通提升审计价值。内部审计特别需要沟通,通过沟通让被审计对象理解,让审计成果使用者理解,才能达到审计最佳的效果。同时,对审计人员的专业胜任能力也提出了更高的要求。根据《国际内部审计师协会内部审计标准说明》规定,内部审计师应具备财务、会计、企业管理、统计、计算机、概率、线性规划、审计、工程、法律等各方面的知识,以保证执业质量。因此,需要通过诸多措施提升审计队伍的职业素养,从而保证发挥内部审计服务企业转变发展方式的作用。

(二)构建与企业相关职能部门的协同机制

企业转变发展方式需要企业不同层级的每个成员、每个部门协调配合。内部审计在企业转变发展方式中,通过发现问题,提出建设性的改进意见来防范企业风险,确保其按正确的目标健康运行。在这个过程中,无论是发现问题,还是最终审计意见的整改落实,都需要相关部门、相关人员的协同配合。内部审计作用的发挥,很大程度上取决于企业内部其他部

门的协同配合度。因此，企业需要构建内部审计部门与企业相关职能部门的协同机制，内部审计通过在企业内部"营销"自己，不断改变和改善企业内各层级、各部门对内审工作的认识，获取企业内部不同部门的认可，在企业内形成支持审计、配合审计的氛围。

首先是与董事会及其所属审计委员会的协作。内部审计通过向董事会及其所属审计委员会汇报工作，完成受托责任，得到董事会及其所属审计委员会的肯定，以有为确保有位，从而得到董事会及其所属审计委员会高度支持。

其次是与高管层的协作。内部审计通过向高管层报告公司内部审计结果，积极与管理层沟通，使其遵循法规、改进经营过程、完善内部控制和风险控制等，以体现增加公司价值的目的。同时，这些增加价值的建议将加大管理层对内部审计的支持力度，从而影响内部审计在公司治理中作用的发挥。

最后是与被审计部门的协作。内部审计工作的有效开展，需要被审计单位的积极配合，内部审计要用一种积极的态度来建立新的形象，从以监督为主的"警察"角色向企业的"参谋"、"智囊"角色转变。改变被审计单位对内部审计的抵触情绪，将内部审计的目的是改善企业经营管理，提高经济效益这一观念融入到被审计单位，从而在审计工作中得到被审计单位的积极配合。

（三）整合企业内外部各类专业人才资源

随着企业经营领域的不断拓展与深化，审计领域不断拓展，服务企业转变发展方式，对内部审计人员的专业背景提出了前所未有的要求。只有熟悉相关专业领域的专业人员才能胜任内部审计工作，从而发挥内部审计的功效。但由于成本等因素，企业不可能完全按照审计的需要配置各个种类的专业人才组成内部审计队伍。因此需要整合企业内部与外部的各种专业人才，以提升内部审计的服务能力与水平。一是企业内部资源的整合。在内部审计开展过程中，可以组建内部相关部门的业务骨干形成兼职审计队伍参与审计工作。二是借助社会资源开展内部审计。可以通过聘请外部相关专业领域的专家学者临时参与内部审计项目或者直接利用外部审计开展内部审计工作。通过内外部资源的有效整合，解决内部审计人员力量不足、专业限制等问题。

第五章　企业内部审计发挥促进企业转变发展方式实践路径
——基于浙江内部审计创新转型实践

在转变发展方式的大背景下，浙江内部审计根据具体情况，通过自身不断地摸索，总结出了大量的实践经验。这些经验经过多年积累，已逐渐形成了一套富有特色的转型实践体系。在浙江内部审计协会的引导下，这套体系不但在实践中取得了很好的效果，而且在理论上也符合内部审计转型创新、服务企业转变发展方式的基本思路。

一、拓展审计领域

（一）围绕服务企业转变经营方向，开展决策风险审计

服务企业转变经营方向，要求内部审计在促进企业转变发展方向、业务范围、经营领域中发挥作用。而企业发展方向、业务范围、经营领域转变等任何一项经营方向的变化，都属于企业重大决策的调整。其决策的科学性，直接影响企业的未来发展，甚至生死存亡。因此，内部审计服务企业转变经营方向的关键，在于是否能对其调整决策的过程及结果进行科学评价，能否对决策后的风险进行揭示并提出建设性的审计意见。浙江广厦集团对企业兼并前所开展的内部审计和某公司内部审计开展的盈利模式审计等经验做法值得借鉴与思考。

浙江广厦集团为实现占领异地建筑市场、扩大企业规模，从1998年起至今，先后兼并十多家企业。在资本扩张过程中，为切实控制企业并购重组过程中的投资风险，集团审计部门坚持事前、事中、事后全面审计原则，事前对集团公司投资管理部提出的可行性报告进行审计，予以综合分析，并提出合理的建议；事中客观公正地介入被并购企业的产权界定及其资产转让价值的鉴证审查；事后对重组资产进行追踪审查以保证资产的安

全性和有效性。内部审计的具体工作分为四个内容。一是内部审计参与制定公司并购策略。内部审计部门首先对自身及目标企业进行详尽的分析，再根据企业当时的内外部环境制定明确、具体、符合战略目标的并购标准，确定是否并购、何时并购、选择哪些行业并购、同一行业的不同目标的选择、并购的方式等。二是内部审计对并购前的目标企业进行调查评估。当集团找到合适的标的企业之后，内部审计部门通过对所有可能的公司进行初步的调查评估，选择其中最适合并购的标的公司。三是内部审计对目标公司进行核查，控制和防范财务风险。公司审计部门首先要求目标企业对资产进行自查，再根据自查结果进行逐一核查，之后委托社会中介机构对资产进行评估，最后核对资产评估报告并决定是否同意自查评估结果。四是内部审计评价企业并购重组后的效益。在企业并购重组后，内部审计部门还要审查企业并购重组后账务处理的合规合法性，并在对比分析并购重组前后的变化，对企业并购重组的成效进行评价。

M公司开展的盈利模式审计也卓有成效。从企业生命周期来看，M公司正处于成熟期，内部审计部门通过对其盈利模式的评估，为在建中的A公司和B公司的模式复制提供借鉴，并为集团未来在该产业的发展提供战略支持。审计通过对M公司自投入运营以来至2010年上半年以来经营策略、经营效率与效益进行测试，揭示其盈利模式的演进、形成与确立。审计实施过程主要做好两件事情：一是研析M公司所处产业的发展战略、包括区域布局、模式复制、资本优化方案以及产业在集团战略中的发展定位等，评估M公司发展、商业模式对产业战略的支撑点；二是索取档案资料，借助ERP系统、会计账册，查询、复核、审查、比较整理经营、管理、财务及相关信息。待审计实施结束后，再通过发展阶段分析、盈利模式分析和财务指标分析等方法对经营结果进行分析，最后根据分析结果对盈利模式做出评估。

（二）围绕服务企业调整运营模式，开展控制管理审计

服务企业调整运营模式，要求内部审计在促进企业组织形式、经营方式和管理模式的调整中发挥作用。这就要求内部审计领域必须向管理、控制与治理层面进行拓展。卧龙集团对子公司开展管理评审、东方通信公司开展合同管理审计的经验值得借鉴。

卧龙集团在创新、改善和强化管理制度的同时，通过内部审计对企业

管理进行评审，推动了企业的发展。集团为此专门制定了《企业管理评审实施细则》，根据不同行业特点设立评审细则，按照经营责任制要求和财务预算计划及管理目标，重点评审以财务为中心的制度执行力、经济运营质量、企业获利能力和可持续发展能力。管理评审由控股集团董事会授权稽查审计部牵头与相关职能部门负责人及专业人员组成评审组，由一名董事或高管人员带队。评审组按专业分工，通过对被评审企业相关人员的交谈询问、检查现场和原始资料（特别是相关财务资料）的核查，做出客观公正的评审意见，经交流汇总，编写评审报告。评审报告在肯定主要成绩与经验的基础上，着重揭示存在的问题，剖析存在问题的根源，并提出整改意见与建议。评审报告报经集团董事会审批后，责成被评审企业限期整改，制定整改方案，相关产业集团和事业本部跟踪督查整改，定期向董事会和稽查审计部报告整改情况。通过审计管理评审，进一步发挥了内部审计的作用，促进了企业规模效益的提升，有利于现场解决财务管控不力的问题。

针对合同管理，东方通信内部审计部在平时开展常规跟踪审计的基础上，不定期开展专项审计。以某次专项审计为例：该公司内部审计部重点关注、分析合同管理执行状况与内控规定的差异、差异存在的原因及风险评估，分析评价管理缺失与损失的相关性。首先对审计对象开展深入剖析。通过结合合同管理、业务开展过程，以及存在问题的形式，对审计对象进行分段梳理，确定为从客户选择、谈判直到合同执行结束后的文档保存八大环节——即"全面"合同管理。其次是联合多部门发挥部门合力。在审计工作中采取了联合法务、财务等相关部门联合作战的模式，有效地弥补自身在相关领域能力的不足，保证了审计结果的客观、合理。最后是针对不同环节采取不同手段相结合的方式。采取审计测试、分析、评价等方法，剖析过程、测试管理、评估风险、统计分析各环节对结果的影响。

（三）围绕协助企业优化资源配置，开展绩效评估审计

服务企业优化资源配置，要求内部审计在促进企业劳动力、实物和人力资本等各种资源的优化中发挥作用。这就要求内部审计对资源配置的绩效进行审计评估。XX区国有资产经营有限公司审计组对A客运公司开展的综合绩效审计的经验值得借鉴。

因管理机制尚未理顺，A客运公司存在财务管理薄弱、经营低效、资

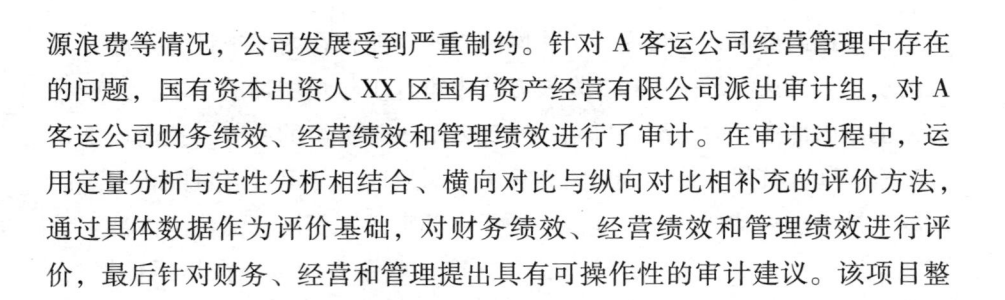

源浪费等情况，公司发展受到严重制约。针对 A 客运公司经营管理中存在的问题，国有资本出资人 XX 区国有资产经营有限公司派出审计组，对 A 客运公司财务绩效、经营绩效和管理绩效进行了审计。在审计过程中，运用定量分析与定性分析相结合、横向对比与纵向对比相补充的评价方法，通过具体数据作为评价基础，对财务绩效、经营绩效和管理绩效进行评价，最后针对财务、经营和管理提出具有可操作性的审计建议。该项目整合审计成果，延伸审计价值链，将审计成果转化为经济效益、管理效益和社会效益，实现了审计成果效用的最大化。

二、创新管理方式

为了充分发挥内部审计的监督、咨询职能，仅调整战略定位还远远不够。还需要对内部审计的组织架构、业务流程、计划与成果管理等审计管理方式进行调整。

（一）创新组织架构

企业在通过经营方向的调整，转变发展方式过程中，必须转型组织形式，以配合其完成经营方向调整所带来的各种变化。浙江多家企业在组织形式的转型方面进行了大胆的探索。通过转变组织形式，从源头发挥内部审计的监督、咨询职能，促进了企业转变发展方式。具体转型创新方式有两种。

一是分层构建内部审计体系。根据企业的管理层次划分审计体系层次。分层次的内部审计机构体系有助于配合大型企业的分层次管理而实施审计，有助于企业实现规范化的内部控制，从而在很大程度上促进其价值增值。如，浙江省电力公司内部审计组织体系不断健全完善，目前已构建了"省、市、县"三级审计组织体系，实行"机构独立、分级管理、专业指导、分层负责、资源统筹、高效协作"的管理模式。省、市、县三级供电企业都建立了独立的审计监督机构，基本实现了机构设置、人员配备、职责履行"三到位"，省公司审计部统一管理系统内部审计工作，市、县审计部门负责所辖范围内的审计工作。此外，该公司内部审计部门按照合法性、符合性、全面性、系统性、可操作性、开放性原则，建立了涵盖"制度、规范、指南"三个层次的内部审计制度体系。

二是按内部审计力量完善工作网。一些企业存在内部审计力量配备不足的现状，无法满足企业转变发展方式中审计工作量增加的需求。这就有必要创新内部审计力量配备机制，实现内部审计资源的共享，提高内部审计效率。如，杭州日报报业集团为解决集团层面内部审计力量配备不足的问题，推出了一系列举措，逐步完善了内部审计工作网，强化了内部审计职能作用。具体措施包括：第一，建立审计联系人制度。在集团各报刊、经营部门、全资（控股或主要参股）子公司建立审计联系人制度，形成审计工作联系网络，适度借助相关人员的力量开展内部审计工作；第二，建立审计联系人例会制度。从2006年起，集团实行每季度一次的审计联系人工作例会制度，这对于了解分析集团各层面的经济运作，保证内部审计意见和决定的执行落实，都起到了积极有效的作用。同时，通过对下属报刊、公司的走访和沟通，了解各单位的实际需求以及对内部审计工作的评价，进一步完善健全内部审计工作制度和方法，促进了内部审计工作的创新发展；第三，在部分二级单位设立内部审计机构或建立内部审计机制。为规范自身经营管理工作，集团部分二级单位开始设立内部审计机构或建立内部审计机制，配备专职内部审计人员或整合内部资源展开审计工作，成为集团内部审计工作的有效补充和助力。

（二）转变管理模式

在内部审计组织形式发生变化的情况下，内部审计的管理模式也需要随之进行调整。通过管理模式的创新，进一步提高审计效率并发挥审计职能，从而促进内部审计在企业转变发展方式过程中职能作用的发挥。具体方式有四种：

一是向最高层负责。内部审计报告的对象级别越高，内部审计所受到的干扰就越小，独立性就越强，监督、控制职能就更便于发挥。通过向最高层报告，有助于最高层更加充分地了解企业的总体运营状态，利于决策层在转变发展方式中做出更加正确的决策并实施更为有效的控制。如，兄弟科技采取内部审计工作由董事会直接领导、向总裁报告业务工作的组织管理模式。

二是建立量化考核标准。通过量化的考核标准不但提升了审计效率，而且也增强了审计的客观性，从客观上促进了内审职能的发挥，为企业转变发展方式提供了更多的监督服务和咨询服务。如，传化集团审计部确立了一个"量化价值"的"考核规则",创建了"项目—价值—发展"审计体系,通过创建《审计体系核算评价办法》和项目管理体系结合,建立一个"精确的管理+绩效挂钩"和具有"切身感"的机制,通过"革"自己的"命",让组织全员"不甘平庸、激发斗志、有成就、求发展",实现了团队绩效和个人绩效的全面共振提升,并实践了"团队经营和标准化审计推进"新模式。

三是实施分层次管理。转变发展方式阶段,企业内部的转型并不同步,因此不同管理层的需求差异也会有所增大。内部审计通过分层次管理的方式有助于满足企业内部不同管理层的需求。如恒逸集团为适应集团公司内部经营管理和审计监督需要,公司开始尝试建立二级或多级内部审计制度,并形成交叉审计机制。

(三) 创新业务流程

通过创新业务流程的方式,有助于使内部审计为企业在转变发展方式中提供更高质量的内部审计服务。业务流程创新的具体方式有三种。

一是将审计流程标准化。审计操作流程至关重要,有必要进行规范,实现标准化。通过对流程的标准化,不但有助于提高审计效率和审计客观性,而且还有利于克服内部审计人员经验不足而无法高质量地完成审计任务的困难。如宁波电业局审计部在审计期间,审计组组长每周召开现场工作例会,讨论各专业组审计情况,互相核对审计数据和发现的问题,为下一步审计工作确定方向,以减少重复工作,提高审计工作效率。审计工作底稿和审计工作报告内容必须经过专业组组长、主审、审计组组长多道审核,以减少工作失误概率,做到事实清楚、定性准确、观点明确、评价适当、建议可行,从而保证审计质量。

二是将审计流程专项化。在企业转变发展方式的过程中会产生许多新的需求,内部审计需要结合具体问题进行具体分析,使其流程更具有针对性。如恒逸集团审计部针对对外投资项目与集团本部在地理位置上距离较远的问题,采用了日常非现场审计和常规的现场审计相结合的方式。一方面,指定专人每月就对外投资项目的财务报表进行跟踪并分析,加强与投资项目公司的日常联系,定期写出分析报告提交集团领导;另一方面,对投资项目每年至少安排一次现场审计。

三是将审计流程具体化。流程的细化使内部审计能够提供更高质量的审计服务，有利于满足企业转变发展方式中对高质量内部审计服务的需求。如兄弟科技股份有限公司建立起PDCA循环，即P-策划，公司领导定期召开审计工作会议，确定审计工作计划方案及审计安排，以确保审计活动的有序开展；D-执行，严格按照内部审计制度规定和方案要求开展内部审计工作；C-检查，对审计意见建议整改情况进行后续跟踪检查；A-改进，对在审计和改善过程中发现的改进机会，用内部审计改善表和内部审计报告的形式输出，规划改善人员和相关部门，制订改进计划，及时处理有关问题，进入另一个PDCA循环。从而规范内部审计程序，强化过程管理。

（四）注重成果运用

将审计发现的共性问题在一定范围内进行通报，不但能把问题消灭在萌芽状态，而且也能够加强警示作用，便于抑制企业转变发展方式过程中增加的风险；而及时总结审计中发现的问题，有助于为决策者提供解决思路，以便满足企业转变发展方式中对审计咨询服务的需求。具体的方式有三种。

一是制度层面推广成果。审计过程中发现的许多共性问题表面上看是由于个人原因，但其根本原因还是在于制度层面，这种问题在转变发展方式阶段将会更加明显。内部审计通过在制度层面对共性问题进行研究，并推广研究成果，有利于内部审计进一步发挥咨询职能。如，中国电信浙江公司除了做好被审计单位"点"上的运用外，而且还涉及专业"线"的问题。通过省公司专业部门从专业"线"上落实整改，对具有代表性和普遍性的问题在"面"上加以总结，在全省通报和整改，促进审计成果共享，更好地发挥审计价值。

二是管理层面推广成果。通过及时向企业有关管理者通报审计成果，便于内部审计成果与企业管理更紧密地进行结合。不但督促了整改，而且增强了管理层对企业的控制，还发挥了内部审计的咨询职能，有利于控制转变发展方式阶段的风险。浙江省电力公司出台审计成果应用管理办法，严格审计意见建议整改落实情况的上报和回访制度，并将审计整改纳入各单位业绩考核指标中，确保审计工作得以闭环管理。同时，建立审计动态管理机制。按照集约化管理原则，以"每月一本账、每季一分析、定期一报告"为要求，畅通省、市、县三级信息渠道，全面及时地向公司领导、

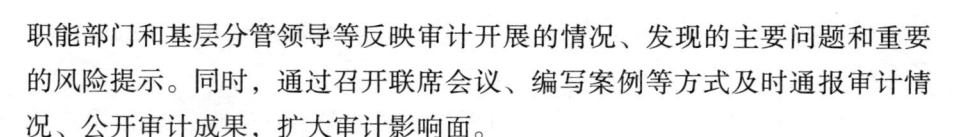

职能部门和基层分管领导等反映审计开展的情况、发现的主要问题和重要的风险提示。同时，通过召开联席会议、编写案例等方式及时通报审计情况、公开审计成果，扩大审计影响面。

三是上下联动协调推广。审计成果的推广一定程度上得益于上下级部门的协调合作，自上而下的整改少不了自下而上意见的反馈。在转变发展方式阶段，各类问题将会集中出现，通过上下联动的方式有助于及时完成审计任务。如，宁波市电业局将区供电局审计职能进行上调，对各区供电局形成"上审下"审计模式，消除了区供电局内部管理掣肘因素，严格按审计程序进行审计。对审计发现的问题，上级审计部门及时下达审计整改通知书，区供电局整改落实后，在规定时间内将整改落实情况向上反馈给审计部门。对一些疑难问题，确需上级审计部门协调的，由市电业局审计部门召集相关部门和单位，召开专题审计协调会，进一步明确责任，落实审计整改意见。在经过一段时间后，由审计部门组织对审计整改落实执行情况的检查工作。正是这样上下联动，反复整改、落实、反馈才形成了行之有效的成果推广模式。

（五）推进信息化建设

转变发展方式的条件下，由于企业经营方向转变、运营模式调整和资源配置的再优化，使得整个管理系统的信息量呈级数方式增长。面对如此海量的审计数据，内部审计需要通过推进信息化的方式来进一步释放审计效率，从而为转变发展方式提供技术保障。从浙江企业的创新经验来看，具体方式有三种。

一是搭建审计信息系统平台。搭建信息系统平台是推进信息化建设的基本前提。根据企业转变发展方式的需要，及时地将信息系统平台的覆盖范围与审计范围结合起来，提高了内部审计的效率，促进了内部审计各项职能的发挥。如，传化集团通过审计信息化，提升内部审计效率，建立"阳光监督机制"。利用企业现有信息化管理和技术体系，将审计关键控制点植入信息技术控制系统，形成了以"审计业务管理与交流平台"和"审计数据管理平台"两大实施平台为基础的审计信息化应用系统，实现内部审计方式由传统的手工审计模式，转变为以信息化审计模式为主体的立体系统审计模式。具体来看，"审计业务管理与交流平台"包括审计流程及信息管理、管理审计管理、风险审计管理、投资审计管理等子模块；"审计数据管理平台"包括采购数据、销售数据、财务数据三大审计数据管理子系统。

二是构建内控信息系统。提高内部控制能力是企业转变发展方式的基本要求，这也是内部审计在企业转型阶段所需要发挥的重要作用。专门构建针对内控的信息系统的做法有助于内部审计进一步发挥提高内控能力的作用。如，中国移动浙江公司在前期大规模手工测试的基础上，提出充分利用现有资源、建设符合公司IT工作环境的内控内审管理系统的构想，以有效支撑内控建设维护管理、内控执行情况管理和内控测试评价管理。在梳理系统需求、确定系统构架、组织系统开发的同时，内部审计部门牵头梳理以往测试工作记录，规范所有控制点的测试步骤，标准化工作底稿。通过系统实现内部控制在线分散测试，并在此基础上进一步完善系统功能。

三是构建内审信息网络系统。一方面，转变发展方式使得企业内的其他部门也在加速信息化的建设，内部审计需要与这些被审计部门的信息系统对接；另一方面，企业转型阶段内部审计自身信息化的建设，也要求内部审计部门内部的各类信息之间能够实现对接。构建内部审计信息网络系统的客观需求自然呈现。如，杭州日报报业集团提出了"推进内部审计信息化建设，初步完成内部审计信息网络系统搭建"的五年目标，循序渐进地打造内部审计信息系统。一方面积极开展计算机辅助审计，将计算机在内部审计工作中的应用从先前的单纯用于办公自动化和收集信息、数据等功能，扩展到运用审计软件实现数据采集、整理和审计分析，使计算机从审计辅助手段变成主要工具；另一方面，集团提出构建全方位的审计信息系统，逐步分层次建立审计数据库和管理系统，把单机运作的审计资源通过网络系统实现共享，同时逐步实现与财务信息系统和业务信息系统的网络连接，及时全面收集信息，实时监控，最终实现风险管理和控制的系统化和信息化。

三、整合审计资源

（一）整合人力资源

随着内部审计领域拓展、业务深入，对内部审计人员的职业素养提出了很高的要求，借用内外部可用审计资源，是解决内部审计人员力量不足、专业限制等问题，实现内部审计成本效益最大化的有效捷径。一是企业内部资源的整合。可以组建内部相关部门的业务骨干形成兼职审计队伍参与审计工作。如，卧龙集团利用集团内种类专业人员开展管理评审。二是系统内资源的整合。如，浙江农村信用联社整合全省农信系统内部审计人员力量，建立审计大队，有效解决审计资源不足问题；浙江省电力公司内部审计部门注重发挥市、县两级审计资源优势，根据人员层次和专业情况，进行统一调配，整合使用。三是借助社会资源开展内部审计。可以通过聘请外部相关专业领域的专家学者临时参与内部审计项目或者直接利用社会审计开展审计工作。如，德力西集团聘请外部专家服务工程造价审计，有效防范工程造价中的风险，同时为内部审计人员提供了学习工程审计的机会。

（二）整合信息资源

随着信息技术的发展，企业信息化水平日益提高，内部审计通过有效利用信息数据，可以起到节约成本，提高审计效率与效果的作用。如，中国电信浙江公司针对移动业务经营初期可能存在的风险，内部审计转变以往传统的以财务信息、业务流程入手的审计方式，而是以信息系统入手，挖掘数据，分析风险。首先，了解信息系统。内部审计全面了解移动业务相关的渠道管理与业务支撑、计费账务、开通与保障、数据应用等涉及的数十个信息系统以及数据流向。其次，设计宽表取数。针对涉及系统多，数据流复杂，审计需求众多的情况，内部审计采取了"宽表"取数分析法。将审计关注的信息从各系统中抽取，整合后形成用户维度或账单维度的基础数据"宽表"，有效解决了审计取数问题。

（三）整合环境资源

企业转变发展方式的背景下，由于业务拓展、服务内容升级等方面的原因，内部审计所面临的工作任务将会越来越重，内部审计的效率必须进一步提高，这从客观上要求企业内形成支持内部审计的环境氛围，要求内部审计具有良好的沟通协调能力，善于在企业内部"营销"自己，不断改变和改善企业内各层级、各部门对内部审计工作的认识。根据克服工作阻力的种类，可将沟通协调的方法分为两种。

一是注重相关部门的协同配合。如，传化集团内部审计部门在理念上注重审计"团队经营"的重要性。即，在以建设一支以传化文化武装的、思维灵活的、专业的、阳光的、合作的、包容的、有亲和力、执行力和渗透力的阳光审计团队的理念下，将审计（项目）报告作为审计产品，通过有效沟通把审计产品出售给顾客以获得价值（满意度和价值）。沟通作为整个"团队经营"的一个环节被放在重要的位置。

二是注重内部审计团队与被审计部门沟通的方法。内部审计团队与被审计部门之间的有效沟通，不但可以减少审计阻力，而且便于审计人员更多了解被审计部门的情况，有助于内部审计向管理层反映最为真实的情况。如，卧龙控股集团开展管理评审，对被评审部门各级管理人员进行面对面的沟通，共同探讨解决管理不善的问题。作为管理评审过程中重要参与部门的内部审计，通过交流沟通、共同探讨，促使审计的切入点贯穿于财务管控密切相关的管理领域，达到财务管理与其他管理互为贯通、互为促进，有助于现场解决财务管控不力的问题。在整个实施过程中，内部审计人员的沟通协调能力也逐渐提高。

第六章　结束语

转变发展方式是现阶段企业的当务之急，这对作为现代企业管理重要组成部分的内部审计提出了新的更高的要求。探寻内部审计通过调整以适应企业转型的需求，从而更好地践行"免疫系统"功能，促进企业发展方式转变这一互促双赢的模式，对企业转变发展方式和内部审计都具有长远意义。本文系统阐述了企业转变发展方式的途径，深入剖析了企业转变发展方式对内部审计提出的要求以及内部审计的对应之策，在理论研究的基础上，结合浙江企业内部审计转型创新实践，论证了内部审计通过定位调整、管理创新、资源整合等途径，可以有效地实现促进企业转变发展方式这一目标。通过系统的探讨，主要形成以下几点认识：

（1）企业转变发展方式，即实现发展模式从粗放型向集约型转变，发展方法从外延式向内涵式转变，发展目标从单一化向多元化转变，发展手段从依赖量的扩张向质量和效益并举转变，需要企业通过转变经营方向、调整运营模式、优化资源配置等来实现。

（2）企业转变发展方式势必对现行模式提出挑战，对作为现代企业管理重要组成部分的内部审计也提出了新的更高的要求。要求内部审计立足企业战略层面，加强企业风险防范与评价，服务企业转变经营方向、调整运营模式、优化资源配置。

（3）内部审计作为一种独立、客观的确认和咨询活动，它通过应用系统的、规范的方法，评价并改善风险管理、控制和治理过程的效果，在增加价值和改善组织的运营，帮助组织实现目标中具有其他职能部门不可替代的作用，是组织治理中不可或缺的重要组成部分。在企业转变发展方式过程中，内部审计可以发挥自身的特质与优势，服务企业转变经营方向，降低决策风险；服务企业调整运营模式，提升治理能力；协助企业优化资源配置，提升企业价值。

（4）基于企业转变发展方式的现实需要及浙江内部审计转型创新实

践，得出内部审计在促进企业转变发展方式中发挥作用可以有以下几种途径与方式：一是从内部审计职能定位转变入手。包括服务层次提升、审计领域拓展、审计模式转变等；二是从内部审计技术方法创新入手。包括创新审计组织形式、探索审计管理新模式、加强审计信息化建设等；三是从内部审计成果价值提升入手。包括提高成果的有效性、及时性、针对性，进一步提升成果的转化力等。

发挥内部审计在促进企业转变发展方式中的作用研究是一项崭新的课题，既涵盖抽象的理念，又必须落实到具体的措施，涉及范围广，内涵丰富。由于时间和水平有限，本课题研究尚存在以下不足之处：第一，内部审计促进企业转变发展方式的研究涉及众多学科和内容，本研究论述的深度和广度仍然有所欠缺，本文只是站在我们的分析水平与角度进行了阐述。第二，浙江企业内部审计工作的典型经验是基于企业的实际开展的，对不同地区、不同产业的适用性不一。

本课题局限之处也就是未来研究的方向。未来的研究可以从以下几个方面开展：第一，综合多学科知识，对企业转变发展方式的途径、内部审计促进企业转变发展方式的作用及途径进行深入系统研究，以形成更完整的视角。第二，深入开展案例研究，对内部审计促进企业转变发展方式进行长期的跟踪研究。今后希望在进一步的研究中予以完善。

参考文献

[1] 国民经济和社会发展第十二个五年规划纲要．

[2] 浙江省国民经济和社会发展第十二个五年规划纲要．

[3] 坚定不移走中国特色社会主义伟大道路 为夺取全面建设小康社会新胜利而奋斗．人民日报，2007 – 6 – 26（1）．

[4] 赵洪祝．用好战略机遇期开创发展新局面［J］．人民论坛，2011（1）．

[5] 王小龙．浙江内部审计转型创新实务经验与案例汇编．［M］．北京：中国时代经济出版社，2011.

[6] 李冰．产业集群发展与产业集群升级研究［D］．济南：山东大学，2006.

[7] 刘珂．产业集群升级的激励及路径研究［D］．天津：天津大学，2006.

[8] 龚双红．中国产业集群升级研究［D］．北京：中共中央党校，2009.

[9] 王兆峰．给予产业集群的旅游产业结构升级优化研究［D］．长沙：中南大学，2009.

[10] 刘艳林．全球价值链视角下的产业集群升级研究——以东莞 PC 产业为例［D］．广州：暨南大学，2007.

[11] 乔云莉．基于转型的企业内部沟通研究［D］．武汉：武汉理工大学，2008.

[12] 姚娜．广东省加工贸易转型升级问题研究［D］．广州：暨南大学，2008.

[13] 杜焱．经济转型国家中小企业融资困难分析［D］．长沙：湖南大学，2007.

[14] 郭慧敏．开放经济下浙江纺织服装业转型升级研究［D］．杭州：浙江大学，2010.

[15] 赵建平．浙江省制造型中小企业转型模式及其能力结构研究［D］．杭州：浙江大学，2006.

[16] 宋成．浙江中小企业转型期竞争力提升的实证研究．西安：西北大学，2003.

[17] 周丽芳．珠江三角洲企业的转型升级策略——以康达国际有限公司为例［D］．上海：复旦大学，2009.

[18] 王进领．转型经济中的企业家战略能力对成长型中小企业绩效的影响：给予浙江的实证研究［D］．杭州：浙江大学，2008.

[19] 施振荣．再造宏碁：开创、成长与挑战［M］．北京：中信出版社，2005.

[20] 李广平，高因．马克思经济增长方式转变理论的模型及其分析——兼论当前中国经济增长方式转变的条件和途径［J］．当代经济研究，2004（5）．

[21] 高峰．国外转变经济发展方式体制机制经验借鉴［J］．世界经济与政治论坛，2008（3）．

[22] 谢少安，谢原．日本企业战后快速成长对我国转变发展方式的启示［J］．中国商界，2011（1）．

[23] 胡迟．论"后金融危机时代"我国制造业的转型升级之路——以 2010 年中国制造业企业 500 强为例［J］．经济研究参考，2010（65）．

[24] 叶宁,叶深练. 努力提高管理水平推动企业转型升级 [J]. 水运管理,2011 (1).

[25] 慕小军,朱占荣. 企业视阈下的经济发展方式转变探析 [J]. 生产力研究,2011 (2).

[26] 金寅迹. 浅析中国中小企业的转型升级 [J]. 经济师,2010 (11).

[27] 梁磊. 探寻转变发展方式的路径 [J]. 施工企业管理,2011 (1).

[28] 徐明华,李红伟. 浙江民营企业转型升级的路径选择——基于企业成长理论的分析 [J]. 树人大学学报,2010 (3).

[22] 李翔,陈耸. 浙江外向型中小制造企业转型升级研究——基于价值链的思考 [J]. 改革与战略,2010 (11).

[23] 张萍. 内部审计在企业管理中的作用 [J]. 山西财经大学学报,2011 (11).

[24] 丁宁. 论内部审计在企业中的职能定位 [I]. 中国总会计师,2009 (5).

[25] 陈建梅. 论内部审计在企业管理中的作用 [J]. 山西财经大学学报,2010 (11).

[26] 张颖萍. 对民营企业内部审计职能的探讨 [J]. 会计之友,2006 (34).

[27] 王宝进. 浅谈内部审计在民营企业中的作用 [J]. 中国农业会计,2007 (6).

[28] 张东伟. 民营企业内部审计的建立及作用 [J]. 辽宁经济,2006 (10).

[29] 刘蓉. 公司治理中企业内部审计问题研究 [D]. 长沙:长沙理工大学,2007.

[30] 王光远. 公司治理下的内部控制与审计 [J]. 中国注册会计师,2003 (2).

[31] 理查德·钱伯斯. Sarbanes – Oxley 法案以及其他趋势对全球内部审计的影响. 中国内部审计协会演讲稿,2003.

[32] 周明智. 家族企业公司治理中的内部审计问题研究 [D]. 广州:暨南大学,2008.

[33] 李维安,程新生. 公司治理审计探讨 [I]. 中国审计,2002 (1).

[34] 时现. 现代企业内部审计的治理功能透视 [J]. 审计研究,2003 (4).

[35] 严晖. 风险导向内部审计整合框架研究 [M]. 北京:中国财政积极出版社,2004.

[36] 张金辉. 公司治理中内部审计问题研究 [J]. 财会研究,2005 (4).

[37] 蔡春,唐滔智. 公司治理审计论 [M]. 北京:中国时代经济出版社,2006.

[38] 刘军. 企业内部审计外包动因问题研究 [D]. 成都:西南财经大学,2006.

[39] 曹洁. 企业内部审计外包决策系统研究 [D]. 兰州:兰州大学,2009.

[40] 俞杰. 企业内部审计外部化研究 [D]. 苏州:苏州大学,2006.

[41] 杨宏霞. 企业内部审计与外部审计相互协作研究 [D]. 兰州:兰州商学院,2009.

[42] 顾光. 企业内部审计运作问题研究 [D]. 合肥:安徽大学,2007.

[43] 黄国瑞. 企业内部审计质量保证问题研究 [D]. 合肥:安徽大学,2007.

[44] 高兴娥. 企业集团内部审计研究 [D]. 济南:山东大学,2007.

[45] 韩颂. 我国企业内部审计体制的研究 [D]. 长春:长春理工大学,2004.

[46] 程新生,罗艳梅,游晓颖,刘建梅. 基于角色冲突的内部审计研究回顾与分析 [J]. 经济与管理研究,2010 (8).

[47] 齐绍琼. 论公司治理与内部审计 [J]. 财务与金融,2011 (1).

[48] 张宇. 我国内部审计职能的现状及扩展 [J]. 会计之友,2009 (13).

[49] 余中福. 风险导向绩效审计: 企业内部审计的突破与创新 [J]. 商业会计, 2010 (4).

[50] 王雅婧. 风险导向与治理导向内部审计的比较分析 [J]. 会计之友, 2011 (9).

[51] 涂君. 论公司治理中内部审计的职能重构 [J]. 中国贸易导刊, 2010 (14).

[52] 周友梅, 管亚梅. 我国内部审计的创新思路——对德国内部审计模式的借鉴与思考 [J]. 科技管理研究, 2005 (7).

[53] 梁素萍. 内部审计全面转型的难点及理性思考 [J]. 商业会计, 上半月, 2010 (2).

[54] [英] 马歇尔. 经济学原理 [M]. 廉运杰, 译. 北京: 华夏出版社, 2005.

[55] [美] 科斯. 企业、市场与法律 [M]. 盛洪, 陈郁, 译. 上海: 格致出版社, 2009.

[56] [美] 威廉姆森. 反托拉斯经济学 [M]. 张群群, 黄涛, 译. 北京: 经济科学出版社, 1999.

[57] [英] 彭罗斯. 企业成长理论 [M]. 赵晓, 译. 上海: 上海人民出版社, 2007.

[58] [美] 普拉哈拉德, 克里施南, 普拉哈拉德. 企业成功定律 [M]. 林丹明, 徐宗玲, 译. 北京: 中国人民大学出版社, 2009.

[59] [英] 亚当·斯密. 国富论 [M]. 郭大力, 王亚楠, 译. 上海: 上海三联书店, 2009.

[60] [美] 约瑟夫·阿洛伊德·熊彼特. 经济发展理论 [M]. 叶华, 译. 北京: 九州出版社, 2006 (12).

[61] David J. Teece. Essays in Technology Management and Policy [C]. Pengiun Group, 2003.

[62] The Cadbury Committe. The Financial Aspects of Corporate Governance. London: Gee and Co. Ltd, 1992.

[63] Turnbull Committee. Internal Control: Guidance for Directors on Combined Code. London: The Institute of Chartered Accountants in England and Wales, 1999.

[64] Orlikoff, James E. Building Better Boards in the New Era of Accountability. Fronties of Heath Services Management, 2005 (3).

[65] Chapman C, U Anderson. Implementing the Professional Practices Framework. Altamonte: The IIA Research Foundation, 2002.

附录　浙江民营企业内部审计案例

经验和成效表明,浙江民营企业内部审计的发展始终走在前列,其转型创新的实践经验非常值得借鉴。本课题组特此另附民营企业内部审计案例三篇,以供参阅。

案例一:M 公司盈利模式审计

开启企业战略谋划的金钥匙
——M 公司盈利模式审计案例

(一)审计目标与范围

审计的目标是通过对 M 公司盈利模式的评估,为在建中的异地 A 公司和 B 公司的模式复制提供借鉴,并为未来集团该产业发展提供战略支持。

审计范围是对已处于成熟期的 M 公司自投入运营以来至 2010 年上半年经营策略、经营效率与效益进行测试,揭示其盈利模式的演进、形成与确立。

(二)审计准备

审计项目思路导图

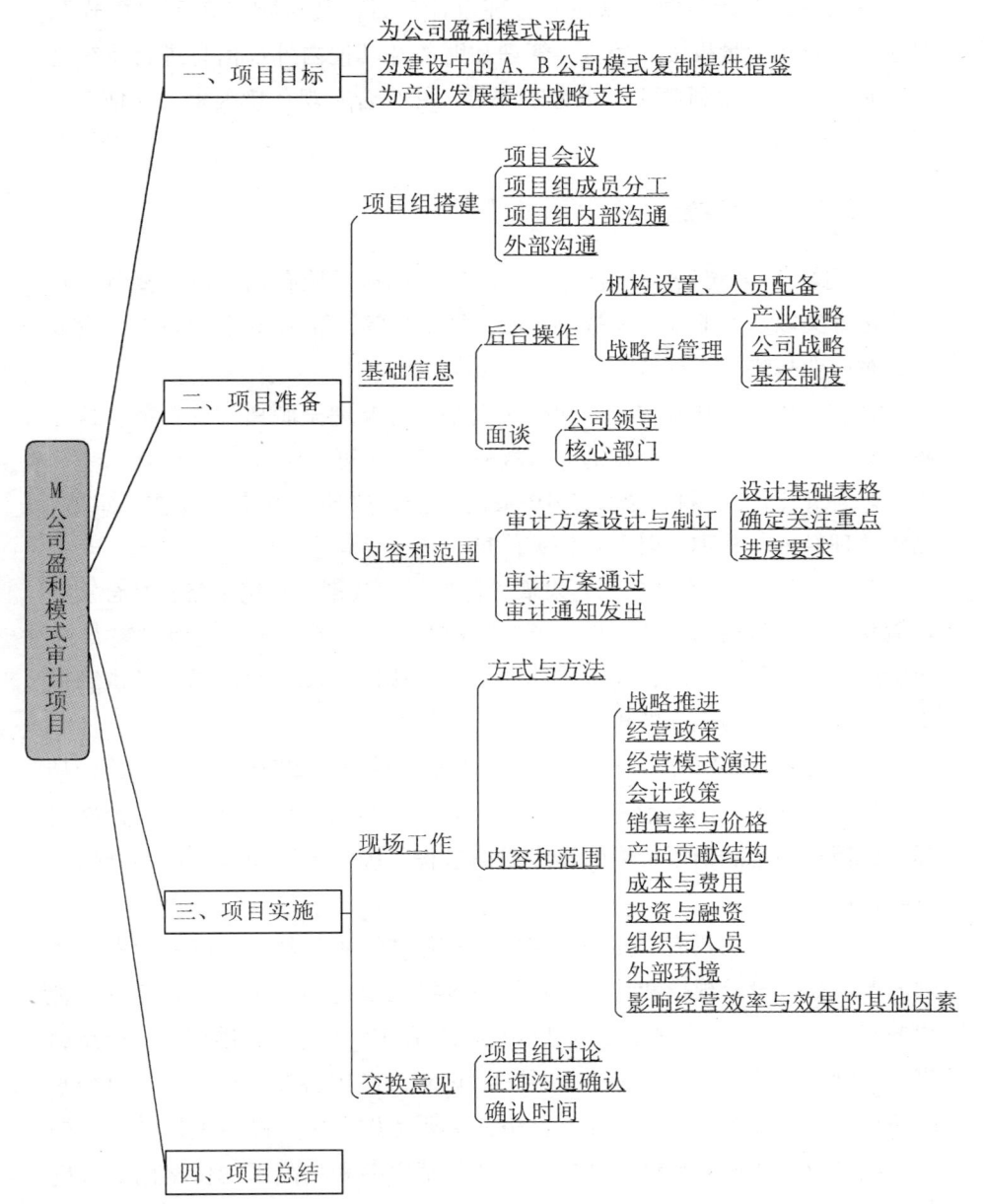

发挥内部审计在促进企业转变发展方式中的作用研究

```
M公司盈利模式审计项目
├─ 一、项目目标
│   ├─ 为公司盈利模式评估
│   ├─ 为建设中的A、B公司模式复制提供借鉴
│   └─ 为产业发展提供战略支持
├─ 二、项目准备
│   ├─ 项目组搭建
│   │   ├─ 项目会议
│   │   ├─ 项目组成员分工
│   │   ├─ 项目组内部沟通
│   │   └─ 外部沟通
│   ├─ 基础信息
│   │   ├─ 后台操作
│   │   │   ├─ 机构设置、人员配备
│   │   │   └─ 战略与管理
│   │   │       ├─ 产业战略
│   │   │       ├─ 公司战略
│   │   │       └─ 基本制度
│   │   └─ 面谈
│   │       ├─ 公司领导
│   │       └─ 核心部门
│   └─ 内容和范围
│       ├─ 审计方案设计与制订
│       │   ├─ 设计基础表格
│       │   ├─ 确定关注重点
│       │   └─ 进度要求
│       ├─ 审计方案通过
│       └─ 审计通知发出
├─ 三、项目实施
│   ├─ 现场工作
│   │   ├─ 方式与方法
│   │   └─ 内容和范围
│   │       ├─ 战略推进
│   │       ├─ 经营政策
│   │       ├─ 经营模式演进
│   │       ├─ 会计政策
│   │       ├─ 销售率与价格
│   │       ├─ 产品贡献结构
│   │       ├─ 成本与费用
│   │       ├─ 投资与融资
│   │       ├─ 组织与人员
│   │       ├─ 外部环境
│   │       └─ 影响经营效率与效果的其他因素
│   └─ 交换意见
│       ├─ 项目组讨论
│       ├─ 征询沟通确认
│       └─ 确认时间
└─ 四、项目总结
```

思路导图是审计项目的必备程序，以上思路导图在实际工作中层级可进一步延伸，比如项目实施的内容与范围中销售率与价格、成本与费用、投融资等会继续细分，为简便起见，导图做了删减。

685

盈利模式审计不同于以往的管理审计项目,其落脚点在于"模式",要通过对企业大量投资、经营、管理和财务及其他内外部信息进行系统地深度研析,给"盈利模式"以客观评价,并结合宏观环境因素,评估其示范与借鉴作用。

(三) 审计实施

1. 研析 M 公司所处产业的发展战略、包括区域布局、模式复制、资本优化方案以及产业在集团战略中的发展定位等,评估 M 公司发展、商业模式对产业战略的支撑点。

难点:M 公司从某传统行业衍生而来,却又完全脱离传统业务,这在我国该产业领域是独具开创的蓝海战略,无先例可效仿。

2. 索取档案资料,借助 ERP 系统、会计账册,查询、复核、审查、比较整理经营、管理、财务及相关信息。

(1) 搜集、查询 M 公司各发展阶段的经营政策、营销策略,结合宏观环境和审计确认后的经营结果,评估其预期目标达成情况,进而研究 M 公司所经历的初创期、成长期到成熟期三个阶段的发展历程,揭示其盈利模式的演进、形成与确立的规律。

(2) 根据 M 公司产品分类,整理比较自投产至 2010 年上半年的产品价格、折扣折让、产品销售率和产品利润贡献结构变化,分析产品销售目标完成情况和产品销售价格的逐步提高过程,确定盈利模式中产品结构与贡献比例。

难点:M 公司具有"重资产形式、轻资产实质"特点,以有形资产表现的产品是按投资规模和结构与功能在投资已确定的一个定数,理论上理想的产品销售率为 100%,事实上不可能存在 100% 的产品销售率,产品销售率达到 95% 已处于饱和状态。再者,因对产品销售具有整体性不可分割的特点,故既要考虑已售产品的价格,又要考虑未售产品对整体产品价格的影响,以真实反映初创期和成长期产品销售率和产品平均价格两个维度的变化。

(3) 研析产品作为资源聚集平台,而纵向延伸、横向扩展 M 公司所处产业衍生产品链,不断创新丰富和优化其盈利模式。

(4) 比较投资成本、投资产品结构、融资结构变化对投资效益的影响,如单位土地使用权购置成本、融资成本、单位建筑成本、产品结构规划设计等。

（5）采用"因果分析法"与"果因分析法"，分析影响产品贡献的因素，如资本化与费用化、成本与费用及费用分配标准对产品毛利润贡献的影响等。调整 M 公司因承担集团、产业费用而对其损益的影响。

难点：因 M 公司的业务特点，部分生产费用、销售费用与管理费用难以区分，产业财务对此界定也不够具体细致，加之过去形成的一些费用信息不够清晰，产业费用也是逐步从 M 公司分离出来的，这对审计测试调整带来困难。

（6）研究组织、岗位设置与人员配备及结构，分析人力成本，尤其是经理及以上层级人力成本对公司损益的影响。

（7）比较分析会计政策变化对 M 公司经营效益的影响，如折旧年限划分、资产摊销期限与方法等。

（四）审计结果与结论要点

1. 经营结果

按照相关政策和会计原则，剔除了影响 M 公司损益的相关因素，调整后历年经营结果及财务指标如下：

历年经营结果关键指标汇总（万元）						
项目	投产年	2004 年	…	2009 年	2010 年上半年	合计	2009 年净利结构
营业收入							
净利润							
——产品利润								X%
——衍生产品利润								X%
——补贴收入利润								X%
营业利润率							
——产品利润率							
——衍生产品利润率							
折旧及资产摊销							
经营净现金流							

2. 结果分析

（1）发展阶段分析

M 公司经筹建自 2003 年 4 月 18 日起投入运营，至 2010 年 6 月累计实现收入 xx 万元、累计净利润 xx 万元。根据自运营以来的经营结果分析，其发展大致可划分为三个阶段：

①初创期：开业至 2004 年年底，经历了 1.8 年。期末年营业收入 xx 万元，产品和衍生产品收入已使公司接近盈亏平衡点。

②成长期：2005 年至 2007 年年底，期末年营业收入为 xx 万元，当年产品和衍生产品收入创造净利润 xx 万元。

③成熟期：2008 年以后，年均营业收入 xx 万元以上，仅产品收入贡献净利润 xx 万元。营业利润率由成长期的 x% 以下，跃升为 x% 以上，其中，产品利润率从 2008 年以前的 x% 以下，上升到 2009 年的 x%，M 公司进入业绩稳定阶段。

（2）盈利模式分析

公司盈利模式是在其发展三个阶段的探索中演进、形成并不断丰富的，主要体现为：

①产品作为资源聚集平台的作用逐步显现，配套产品不断丰富，每年都有各种新产品投入运营。

②进入成熟期后，现有业务基本处于饱和状态，其盈利模式已相对稳定。以 2009 年为例，产品收入、衍生品收入、政策补贴收入分别占利润贡献的 x%、x% 和 x%。结果表明：产品本身是微利的，利润提升空间有限；衍生产品是利润的重要来源；政策补贴收入是集团、第三方企业、政府的三赢创新。

③从成长期开始，分析产品销售均价的增长趋势变化，可见 M 公司经营策略、盈利模式的调整、形成和确立过程。如：某产品销售均价由 x 元上升到 x 元以上……。（如下表）

| 产品价格趋势变化情况 ||||||
产品	x 年	x 年	x 年	x 年	x 年	x 年预估
xx						
xx						
xx						
……						

(3) 财务指标分析

①投资效率。M 公司账面累计投资 xx 万元，其中，固定资产投资 xx 万元……。至 2010 年，累计收回投资 xx 万元，若后续投资剔除 xx 因素，假设以 2009 年经营结果测算，静态投资回收期约为 x 年，投资报酬率为 x%。

②运营效率。2009 年，我国某传统行业总资产报酬率为 x%，净资产收益率为 x%，集团 E 公司总资产报酬率为 x%，集团标杆 F 公司总资产报酬率、净资产收益率、资本收益率分别为 x%、x% 和 x%。相比而言，M 公司含政策补贴收入，各项指标均领先于该传统行业及集团企业，若剔除政策补贴，其指标也高于该传统行业中间水平。（如下表）

财务指标	xx 年		xx 年	
	传统行业	集团企业	传统行业	集团企业
总资产报酬率				
净资产收益率				
资本收益率				
……				

成熟期财务指标分析

3. 盈利模式评估

（1）某传统行业属微利行业，其发展需要政策扶持。M 公司的战略定位是准确的，"产品+增值服务+政策扶持"的盈利模式是可以肯定的。

（2）该行业门槛较高，公司已有较为成熟运作经验，外部进入较难。

（3）盈利模式特点为：该产业一次投入大、但无需后续投资、无需流动资金，且有销售预收款，企业进入成熟期后，若宏观经济不出现大的波动，业绩是稳定的，没有经营风险。

（4）该产业随着我国经济持续增长，成长空间广阔，又有升值的巨大潜力。

（5）补贴无政策可循，靠企业谈判争取，且有期限性，需要不断争取以保持补贴的延续性，此为最大不确定性风险。

（五）审计建议

1. 在直接产品盈利有限的情况下，应进一步挖掘、聚集衍生产品资源,不断开拓延伸和丰富产业链。

2. 建立标准化的运营管理团队和管理体系,挖掘内控潜力,减员增效。

3. 对外投资模式复制应关注三点:

(1)"产品+增值服务+政策扶持"盈利构成模式是不可分割的,政策扶持是首选条件,一些补贴政策难以政府文件形式确定,即使有文件也是有期限的。另外,国家相关税收政策面临重大调整,不确定因素增加,应谨慎决策。

(2)投资成本,尤其是某投资成本和投融资比例是决定产品能否直接盈利的关键因素,应谨慎测算。

(3)融资应力争长期借款,防止因货币政策调整而导致的资金风险。

(六)审计效果与启示

1. 本项目立项之初,项目如何切入实现预期目标,只有总体概念,许多思路、方法是在实施过程中逐步清晰和具体的。项目实施对团队水平的提高,有关后续项目的开展意义重大。

2. 在产业战略、商业模式尚存争议的情况下,统一思想认识、坚定信心起到重要的导向作用。

3. 审计的独特视角得到集团、产业和企业的一致认可,审计建议引起产业、集团高层重视,关于产业投资建议已列为投资论证必需内容,关于建立标准化的管理团队和运营管理体系,减员增效,已列入今年产业的重点工作。

4. 好的审计项目,有质量的审计报告,一定会引起共鸣,发挥审计的独特作用,实现审计价值最大化。

案例二:G集团企业并购审计

G集团企业并购审计案例

(一)审计背景和目标

在当前市场经济条件下,企业兼并和收购已成为现代企业高风险高收益的"智慧角力",其最直接的动因和目的,无非是谋求竞争优势,实现股东利益最大化，具体讲主要有以下三方面：一是为了扩大资产，抢占市场份额；二是取得廉价原料和劳动力，进行低成本竞争；三是通过收购转产，跨入新的行业。G集团公司收购Q公司，集团公司审计部门直接参加了该并购工作，是一次拓展内部审计价值的有益探索。

Q公司成立于1994年6月，原系国有企业，目前主要经营纺织面料印染和家纺制品。现有员工400余名，下属全资进出口企业1家，实际控股或参股企业3家，年销售收入在X亿元左右，账面总资产为X亿元。

G公司对其进行并购，目的在于抢占行业上游产业，降低生产成本，增加产品竞争力。G公司审计部与法律事务部组织了该次并购审计，对并购实施及并购完成后的Q公司运营管理全过程进行审计，旨在核实财务、协助定价、完善协议、杜绝纠纷、降低风险、提高收益。

（二）审计重点与方法

本次并购中，审计部门与G公司高层充分沟通，全面了解公司意图，高度关注并购中存在的磨合风险、融资风险、财务风险、退出风险、政策风险等，实施审计时全面核查Q公司的行业特点、发展前景、资产性质及数额、财务实力、营销渠道等，重点关注并购实施中的Q公司的资产真实状况，合并协议具体条款以及劳资关系处理情况等，同时调查预测Q公司并购后的制度建设、资源配置、运营能力等。力争为公司科学决策提供准确、翔实的依据。

1. 审计核查重点内容

（1）资产评估。根据Q公司的资产、收益状况，市场份额，发展前景等，对其资产价值和经营成果进行具体的审计、鉴定、估算和评价，为G公司的收购定价提供可靠依据。

（2）财务状况。相对于正常经营状态下的审计来说，并购财务审计更侧重资产的真实性、专用设备重置值及或有负债的审查，同时兼顾未来经营情况的财务资金等预测，对历史经营情况相对可投入较少精力。

（3）协议条款。并购的关键步骤之一是双方签署合并协议。审计对合并协议的合法、合理性进行重点检查，看是否存在违反法律、法规及其他有关规章的规定。

（4）劳资关系。在并购中，充分了解Q公司的公司治理、技术等主要人力资源的素质及配备，做到心中有数。考虑诸如人员安置等影响社会稳定的因素，如有多少人员可以削减，多少离退人员的工资需要负担，当地政府对人员安排的方案的认可度。

（5）有关联的第三人情况。对Q公司提供担保的单位、主要购销单位等进行调查，避免并购后发生意外事件，同时也为以后的正常交易做准备。

（6）内部控制。对Q公司的现时内控和合并运营后的内控需求及措施进行检查。

2. 主要采用的审计方法

并购审计综合性很强，要求对被收购公司多方面信息的真实性、合法性进行审查，包括对被收购公司内外部环境的考察、财务报表的鉴证、企业并购协议的审计，以及目标企业资产评估过程及结果的审计等。除传统审计工作中常用的审阅、函询、观察、调整、计算、复核等方法外，还需运用效益考评和鉴定评估方法，如审查兼并决策时要用到投资回收期法、追加投资回收期法、净现值法、现值指数法、内含报酬率法；审查被收购公司各方面能力时要用到盈利能力、营运能力、偿债能力、社会贡献能力等综合的指标分析法；审查资产评估时要用到清算价格法、现行市价法、收益现值法、重置成本法等。按照不同对象"因材施法"。

（三）审计发现问题及建议

1. 并购实施阶段

（1）流动资产核查审计。在货币资金的校对中，发现有很多的银行账户余额与银行对账单不符，原因是某些银行票据丢失，导致资产虚增X万余元。在应收款项的校对中，对400多家客户单位进行了区分：一类为正常客户，相应进行了拜访和函证；一类为确认无法收回货款的关联客户，作为并购协议的一部分直接扣减总资产X万元；另一类则是账期在1年之内的客户，在协议中限定Q公司在6个月内全部收回，并相应抵减收购款。在存货的校对中，发现了产成品的盘亏损失、现有产品或材料的跌价损失、呆滞库存的处理成本及库存产品质量等问题，审计组在加计对应的税收损失的基础上区别对待，盘亏损失全额调整，库存处理建议按原值三分之一计算，对有流动市场的大批面料进行质量重新鉴定从而重估成本价，对于跌价损失在并购协议中预提了30%的费用，仅此四项调整存货价值X万元。

（2）对外股权投资审计。审计中发现，除全资的进出口公司外，实际关停2家控股公司，损失X万元，另外1家参股公司实际账面亏损X万元。最终核减股权投资X万元，同时与参股公司的主要投资方接触，考虑进行股改债或固定返利。

（3）固定资产核查审计。固定资产审计中发现：一是部分设备丢失或核心部件损毁导致减值近X万元；二是折旧年限相较行业水平偏长。对在建工程每个项目进行核实后，考虑到并购协议中已经考虑了房产和土地评估增值部分，故在建工程项目就不再计入。合计核减资产X万元。

（4）负债情况核查审计。虽然负债审计比较简单，但难度却比较大，尤其是关联单位的借款和担保的案件诉讼风险，预提的各项费用以及员工遣散的安置费等。历史资料和企业信息相对缺乏，只能在双方信任的基础上，通过以前年度的账务分析加评估分析，最终确认或有负债X万元，原投资方自动放弃关联负债X万元。

2. 运营阶段

在并购成功后，审计组配合G公司经营团队开展盘活Q公司资产等评估工作。如对设备进行经营效能核查，发现原热电设备还需投入X万元才能形成产能，仅供应本厂用电又效率太低，建议转卖该设备，改为向公用部门购电；发现原生产设备无法充分利用，主要是非配套购买，自行组装造成效率不能充分发挥，建议进行设备更新，提高生产能力。又如对Q公司制品业务核查发现，制品业务量占40%，但基本为外发加工，利润很薄，且与主业有所冲突，建议结束制品业务，回笼资金，加大对主业的投入。

（四）审计成效和启示

通过本次并购审计，累计核减了资产X万元，原投资方放弃关联负债X万元，为G公司高层的最终决策提供了有力的谈判筹码。在并购后，G公司决策层认可审计意见、建议，果断进行设备更新、业务重组，并引进相应技术人才。在并购过去1年多的时间里，虽然Q公司仍然处于亏损状态，但已有几个月当月能盈亏平衡。同时在市场普遍不景气的前提下，G公司基本实现并购意图，抢占了行业的上游产业，有能力也有信心展望市场的回暖。

在取得成效的同时，也获得了以下启示：

1. 紧跟并购意图，进行重点突破。在审计前，必须与高层充分沟通并购意图，明确为什么买，买什么，这样才能有效指导后续并购审计，这点类似于需求导向审计。

2. 紧扣谨慎原则，简化财务审计。并购审计不等同于日常的财务审计，基本不考虑被并购方的历史生产经营情况，只核实资产负债。在时间紧、目标企业陌生的前提下，审计工作不可能完全按常规程序进行，但必须维护收购方公司利益，在谨慎性原则的基础上，充分核实有疑问的资产负债。

3. 着眼长远发展，进行全面审计。审计应对被并购企业的人力资源、公司相关制度、市场营销渠道、当地政府经济政策等进行调研，对资产评估尤其是特种设备、土地应全面考虑，不能简单以账面价值来衡量，最大限度地保障公司并购后的正常运转。

4. 完善协议内容，降低并购风险。把相关未确定因素列入并购协议清单，有效降低并购风险。充分运用陈述与保证条款，要求被并购方做详细而真实的"陈述"，对错误和不实之处承担法律责任；开列其对第三者所负的详细债务清单，并由其保证除清单上所列债务外，对其他人不再负任何债务。

5. 正视文化差异，加强企业融合。每个企业都有一定的文化传统。因此，审计人员在运营阶段的审计中，应适当关注并购方和被并购方之间的企业文化差异，协同其他管理层面设计制定科学、有效的协调措施，促使企业文化的快速融合，正常发挥企业并购协同效应。

案例三：H集团增值型内部审计

完善集团内控体系 促进企业价值增值
——H集团积极探索增值型内部审计模式

（一）把握公司进入资本市场的机遇，推动集团审计工作的创新和转型

进入资本市场是集团公司当前的重要战略目标，如何构建良好的内部

控制体系，适应资本市场的经营规则，是摆在集团审计部人员面前的一个新课题。

1. 完善集团内控体系建设，从根本上促进企业价值增值。长寿企业的秘诀是有较强的控制风险、适应环境和战胜疾病的能力。2010年作为集团公司进入资本市场关键性的一年，集团审计部把规范上市公司的运作作为头等大事来抓。完善上市公司的内控制度建设，并将有效的内控制度和流程管理相结合，运用日常非现场审计和常规现场审计相结合的手段，规范经营主体采购、生产、销售、资金的流程管理，逐步形成一整套以法人治理结构为依托的全员、全过程、全方位管理的内部控制体系，并对采购、生产、销售、资金及往来款等重要环节采取内部牵制、授权管理、不相容职务分离、岗位轮换、回避等有效措施，防范和减少经营风险，提高集团的风险管理能力，从根本上促进企业价值增值。

2010年，审计部对营销采购中心的销售流程、设备及物料采购流程、原料贸易流程、物流公司流程、资金结算中心的对外担保流程、综合管理中心的土建管理流程等进行了专项稽核，在审计报告中敦促相关部门修订完善内控制度。在得到领导的同意后，积极与主管部门协商落实审计建议，并进行必要的审计回访，使审计建议真正落到实处。

如在对设备及物料采购流程的审计中，建议可以借鉴大连公司的操作模式，改进目前新建、在建公司的设备采购操作流程，增加采购内部复核岗位以减少可能的失误；在制度建设上，建议采购部门能够根据不同业务特点，制订出台相应的采购管理制度。这些审计建议都被采纳。

2. 以成本预算管理为抓手，推进经营绩效考核。经过几年的实践，目前公司已形成一整套较为完整的预算管理体系，财务部每月有预算执行分析报告。审计部在财务预算分析的基础上，主要从各个生产经营主体的成本费用变动等情况入手，客观地评价各生产主体的预算执行情况，并以月度报告、专项报告、通报等形式，定期或不定期地为各管理层、决策层提供翔实的数据。审计部还在投资预算的基础上，针对投资资产的效益状况、冗余无效资产的处置情况等方面提出管理建议，为集团领导决策作好参谋，推进经营绩效考核的逐步完善。

3. 尝试内部交叉审计机制，增强自我监督能力。目前集团下辖参股和控股企业多达20余家，控股的生产经营主体也达5家之多。为适应集团公司内部经营管理和审计监督需要，公司开始尝试建立二级或多级内部审计制度，形成交叉审计机制。在各级生产主体内部设立审计机构或审计人员，在集团审计部的指导下，开展本主体单位日常内部审计业务，并在集团审计部的组织下不定期地对同级生产主体进行交叉审计，以交流审计资源，总结审计经验，发现审计工作中存在的问题，进行审计工作评比，从而推动审计工作水平的提高。

4. 开展行业内其他竞争对手的横向对比分析，直接促使企业节约成本，实现企业价值增值。审计部通过对本公司与兄弟单位的主营业务盈利能力做了比较分析，发现本公司主营业务产业链享受价差利润优势明显，但在盈利能力方面包括销售费用和管理费用的控制上还有待提高。审计部针对下游公司的人工成本和机物料费用与同行业进行了横向对比分析，促进下游公司加强成本控制管理，通过精减员工、加强物料流程管理等措施，每吨产品节约成本129元，按上半年13.28万吨产量计算共节约成本1713万元。

（二）配合上市公司规范要求，加大对外担保的审查力度

为配合公司上市要求，审计部配合资金结算中心加大了集团对外担保业务的清理审查力度，连续几个月对担保数据进行跟踪检查清理，按照集团担保会议的决议，对几家担保单位进行了财务评估，为董事会担保决策提供建议。并在集团分管领导的组织下召开专题会议，建议修订完善集团和上市公司的对外担保制度，在健全内部控制方面增加以下三方面控制点：

1. 关注担保立项程序的合规性。审查集团董事会是否在年初对担保对象、范围、条件、担保限额和禁止担保的事项进行审批并出具"董事会关于同意对外担保的决议"，审查资金结算中心每年4月前完成互保协议的签订等程序情况。

2. 突出对融资担保业务的审计。盲查资金结算中心是否在原有的融资主管经办对外担保业务的基础上，增加内勤的复核和台账登记及复核环节，并对每月台账和报表数据及归档情况进行核对。同时审计部每年两次与资金结算中心一起将业务数据和人民银行的数据进行核对。

3. 对集团担保单位进行常规财务评估。审计部每年年初跟踪检查、清理对外担保数据，要求被担保单位提供连续三年的审计报告，并对被担保单位进行财务风险评估。审计部对每一家被担保单位的风险承受能力提出

明确的担保建议，较为有效地控制了或有负债的风险，加强了内部控制，也得到了董事会的肯定。

（三）创新方法，加强对外投资项目的审计力度，保障投资主体健康发展，促进对外投资资产保值增值

随着集团公司对外投资项目增多、比重增加，加强对外投资项目的管理和监督，防范投资风险，提高投资效益，促进集团公司可持续发展和投资资产保值增值，成为公司日益重要的工作。审计部作为董事会领导下的独立的内部监督机构，加大对外投资项目的审计管理力度，运用日常非现场审计和常规现场审计相结合的手段，及时为决策层提供翔实的数据作为决策依据。

1. 创新审计方式。对外投资项目与集团本部在地理位置上距离较远，因此，审计部采用了日常非现场审计和常规的现场审计相结合的方式。一方面，指定专人每月就对外投资项目的财务报表进行跟踪并分析，加强与投资项目公司的日常联系，定期写出分析报告提交集团领导；另一方面，对投资项目每年至少安排一次现场审计。

2. 突出审计重点。对不同进度、不同投资比例的投资项目，突出不同的审计重点内容。

对筹建初期的项目，重点关注项目公司在法人治理结构建设、组织架构设置的合理性、内控制度建设、审批流程的建立、筹建期的财务核算、资本金的运作等方面。如与四家兄弟公司联合投资设立的 A 公司成立刚半年，审计部侧重于帮助其建立良好的法人治理结构、组织架构等，协助起草了 A 公司董事会审计委员会议事规则、A 公司审计委员会2010年年度工作计划等，并联合四家股东单位对其半年来的运行情况进行了全面审计。

对已投入运行的项目，重点关注其经营能力、内部管理、投资效益等方面审计绩效评价。如对较早的投资项目 B 公司进行现场审计时，对该项目的重组背景、重组现状、潜在债务、组织架构、经营管理现状、财务及资金管理、老公司的资金占用情况、目前的生产经营能力和技改后的盈利能力等方面作了较为深入的了解和摸底，指出该公司目前经营管理的风险所在，提出建议并对建议的落实进行跟踪检查。

（四）发挥审计"第三只眼"作用，构建以决策层需求为导向的内部审计新模式，增值功能更加显现

近年来，H集团内部审计工作积极适应企业快速发展的需求，紧紧围绕集团董事会的年度工作目标，将完善内部控制体系建设、提高风险管理能力作为审计工作的主要内容，加强各项基础工作的建设，以确保公司资产、资金的安全和增值为目的，构建了以决策层需求为导向的内部审计新模式。内部审计工作重心逐渐从传统的以真实性、合规性为导向的财务收支审计为主，向以关注真实性、合规性的财务收支审计和以内部控制和风险管理为导向的管理审计并重的现代经营审计延伸；从单纯事后评估控制转为事前参与风险管理和过程控制。

在各领域充分发挥审计"第三只眼"作用。集团审计部对公司资金密集区域进行全程实时跟踪，对企业合同评审、工程招投标、原辅料及设备招投标、工程资金审批等实行审计报备制，内部审计真正成为企业的"第三只眼"，及时发现日常经营活动中存在的问题，使企业管理更加科学、透明，不断促进企业运营健康与安全。

2010年，集团审计部制定了三年中期审计工作规划，明确了在今后的三到五年中，内部审计将以决策层的需求为导向，以完善集团内控体系建设，提高集团风险管理能力为主要内容，对企业的经营风险进行分析评估。依据风险确定审计范围与重点，对企业的风险管理、内部控制和治理程序进行评价，建立一套行之有效的自我监控、自我约束、自我完善、自我发展的内部审计机制，逐步实现公司长效管理与有效发展，将风险控制在萌芽状态，促进企业价值增值，提升企业经营管理水平，加快股份公司上市步伐，适应集团不断发展的管理需要。

图书在版编目(CIP)数据

审计署内部审计科研课题研究报告.2011~2012/中国内部审计协会编.
—北京:中国时代经济出版社,2013.6
ISBN 978-7-5119-1549-8

Ⅰ.①审… Ⅱ.①中… Ⅲ.①审计-科研课题-研究报告-中国-2011~2012
Ⅳ.①F239.22

中国版本图书馆 CIP 数据核字(2013)第 127430 号

书　　名：审计署内部审计科研课题研究报告(2011~2012)
作　　者：中国内部审计协会
出版发行：中国时代经济出版社
社　　址：北京市丰台区玉林里 25 号楼
邮政编码：100069
发行热线：(010)68320825　88361317
传　　真：(010)68320634　68320697
网　　址：www.cmepub.com.cn
电子邮箱：zgsdjj@hotmail.com
经　　销：各地新华书店
印　　刷：北京嘉恒彩色印刷有限责任公司
开　　本：787×1092　1/16
字　　数：700 千字
印　　张：44.25
版　　次：2013 年 6 月第 1 版
印　　次：2013 年 6 月第 1 次印刷
书　　号：ISBN 978-7-5119-1549-8
定　　价：95.00 元

本书如有破损、缺页、装订错误,请与本社发行部联系更换

版权所有　侵权必究